中村稔

私の交遊抄

故旧哀傷・五

青土社

私の交遊抄　故旧哀傷・五

目次

第一部

中村 豊　9
本田幸太郎　30
小林 昭　46
林 聖子　71
高野仁太郎　93

第二部

遠藤麟一朗　115
岸 薫夫　195
小柴昌俊　215

太田一郎 228
橋本攻 251
都留晃 271
高清一郎 298
楠川徹 312
宇田健 338
副島有年 357

第三部

加藤建二 375
木内良胤 389

能村幸雄 406
マーティン・フリート 420
ベルンハルト・ザイドラー 436
松尾和子 451
滝川武信 482
大野晋・小山弘志 500

第四部

北川太一 531
粕谷一希 553
清岡卓行 574

高見秋子 593
小田久郎 610
樋口 覚 627
野見山暁治 650
菅野昭正 675
米川哲夫 698
小田切 進 717
平井啓之 739

後記 765

第一部

中村豊

中村豊は私の兄である。一九二三（大正一二）年五月生まれだから、一九二七（昭和二）年一月、早生まれの私よりも三学年、年長であった。兄も私と同じく、大宮の北小学校に学び、五年生から六年生に進むときに本郷の誠之小学校に転校した。私たちの父は裁判官であったが、正規の高等教育を受けていなかったので、学業について劣等感を覚えていたと思われる。そのため、息子たちには是非、正規の学校教育を履修させたいと考えていたのであろう。そこで、長男は、東京高校尋常科を受験し、合格してほしい、と思い、そのためには東京の名門校である本郷の誠之小学校に転入学すべきだ、と教えられたようである。父が師事していたのか、兄事していたのか、定かではないが、いずれにしても大いに尊敬していた宮城実という裁判官がおいでになった。この方は旧制度の大審院判事から新制度に変わった後、最高裁の裁判官に就任なさったように聞いた憶えがあるが、確かではない。私のおぼろげな記憶では、この方のご子息が東京高校に合格し、卒業し、東大に進学なさっていたらしい。そこで、兄にも東京高校尋常科を受験すること、そのため、誠之小学校に転入学することを勧められたように理解している。

東京高校という学校は、戦後に新制度が発足したさいに、旧制一高とともに、新制の東大教養学部に吸収されるようにして消滅したので、卒業生もいまではほとんどご存命ではないし、ご承知の方もごく少ないようにみえる。そこで、東京高校について説明する必要があるのだが、そのためには、まず、旧制の高等教育制度を説明しなければならない。戦前は、中学で五年間学び、高校、専門学校に三年間学び、高校を卒業して、大学に進学するか、専門学校を卒業して企業などに就職するか、の選択があった。高校は一高、三高、浦和高校、弘前高校などであり、専門学校は東京高等商業、東京高等工業などであり、東京高等商業が戦後の学校制度、いわゆる新制の一橋大学の前身であり、東京高等工業が現在の東京工業大学の前身である。ところで、中学四年修了時には高校、専門学校の受験資格が認められていた。かなりの数の俊才が中学四年修了で、旧制の高校に合格し、入学していた。このような学校制度の中で、七年制高校というものが設立されるようになった。七年生高校のばあいは、尋常科四年で高等科に進学し、三年間の高等科を卒業時に大学受験、入学の資格が認められる。それ故、旧制の中学から高校に入学するために受験勉強をする必要なしに、旧制の高校と同じ資格を認められた高等科に進むことができたわけである。この七年制高校には私立では成蹊高校、成城高校などがあったが、国立の七年制高校は東京高校だけであった。そこで、東京高校尋常科の入学試験に合格するのは、東京府立一中の入学試験よりも難しいと言われていた。入学を許された人数も一学年六〇人か八〇人ほどで、ごく少なく、いわば英才教育を建前としていたのであろう。それ故、東京高校尋常科に合格すれば、東大進学が保証されたことにかなりに近いと考えられていた。じっさい、東京高校尋常科育ちには頭脳明晰、俗に頭がよいと言われるような秀才が多かったらしい。卒業生には東大に進み、社会的に重大な業績を遺した方々も少なくないと言われるが、そのかわり、温室育ちのような趣きがあり、彼らはジュラルミン秀才と評されることもあった。

そこで、兄は大宮北小学校から本郷の誠之小学校六年に転入学したのだが、転入学を勧めたのは、北小学校の担任であった鈴木秀吉先生という説もある。鈴木先生は後に私が北小学校に学んだきい、四年生のときから三年間、担任していただいたが、非常に教育熱心であったので、東京の名門校といわれる誠之小学校ではどのような授業をするのか、兄を通じて、習得したいという思いをお持ちだったと聞いている。それはともかく、誠之小学校六年に転入学した兄は、母と共に、本郷のアパートに一室を借りて暮らし、小学校に通い、受験勉強することになった。これは、いまでも異常な教育パパ、教育ママと言われると思うのだが、当時はなおさらであった。母はいまの浦和一女の前身である四年制の浦和女学校を卒業してすぐに父と結婚し、まもなく兄を出産したので、当時は三〇歳かそこらで、まだ若かった。兄はそれほど出来が良かったのか、と言えば、大宮北小学校では、同級に小板橋惣一という方がおいでになって、兄と一番、二番を争っていたと聞いている。兄が、小板橋はよくできる、と褒めるのを何度も耳にしている。小板橋さんはバランスのとれた秀才であったらしい。後年、徴兵されて入営なさる前夜に、私も兄に連れられてお別れにお訪ねしたことがある。軍隊に入って戦争に行くのは嫌だと、ずいぶん率直にお気持ちを打ち明けてくださった。彼は浦和中学から、浦和高校を経て、東大法学部に在学中であった。書棚にはその頃刊行されたばかりの小学館版の『萩原朔太郎全集』が並んでいた。彼はフィリピンで餓死同様にマラリヤのため亡くなったそうである。いたましい限りである。話を戻すと、兄と暮らしていた母は二・二六事件の日に、御徒町に買い物に出かけ、雪で難渋したということである。ところで、兄は無事に東京高校尋常科に合格した。その通知を受けたときには、私は自分のことのように嬉しくてたまらなかった。兄が家に帰ってきたら見せるつもりの『少年倶楽部』を買いに急いで自転車に乗った私自身をいまでもよく思いだすことがある。

私は兄とそんなに仲が良かったのかと言えば、すこし躊躇するところがある。まだ兄が小学校の三年か四年のころ、父が兄に子供用の自転車を買ってやった。私が自転車の兄を追いかけて、駆けまわっているのを見た祖父が、私を憐れんで、私にも自転車を買ってくれたことがあった。また、祖父母は毎年、夏を長野県の渋・安代温泉の旅館で過ごしており、いつも三週間ほど、兄と私を呼び寄せて、一緒に暮らすようにしてくれたのだが、その温泉場で私は兄と一緒に遊んだ憶えがない。一人で下手なスケッチをしていたり、川の土手で赤とんぼの群れるのを見遣っていたりした、そんな記憶があるが、私の記憶から兄は欠落している。それに、ふだん母の用事で買い物に行ったりすることも必ず私が言いつけられ、兄が言いつけられることはなかった。わが家では、兄はいわば総領息子として育てられたのであった。兄の横暴にたまりかねて、私が兄に、殺してやる、と掴みかかったこともあった。年齢の差があって、私は相手にもされなかったのだが、しばらく私が泣き止まなかったように憶えている。だからといって、私が兄と仲が悪かったかと言えば、そうではなかった。いざというときには頼りになる兄がいることを私は誇りに感じていた。

*

兄は昭和一二（一九三七）年四月に東京高校尋常科に入学し、大宮の自宅から通い始めた。東京高校の校舎は代々木の幡ヶ谷にあった。兄は大宮駅から京浜東北線で赤羽へ、赤羽で乗り換えて池袋へ、池袋で山手線に乗り換えて新宿へ、新宿で京王線に乗り換えて幡ヶ谷へ、幡ヶ谷駅から一五分か二〇分、徒歩で東京高校の校舎へ。毎日、こうした通学路を往復した。私は後日、巣鴨駅から五、六分の東京府立五中に通学したが、同級生から、大宮の田舎から通ってくると、よく揶揄された。兄の通学は、私に比べ、よほど辛かっただろうと思うが、兄が泣き言を言うのを聞いたことはなかった。

兄が尋常科に通っていたころ、父兄会とか保護者会といった催しがあり、母が参加した。その都度、お宅のお子さんは乱暴で困る、よく注意してください、と苦情を言われた、と母が話していた。兄は大宮育ちの野生児であった。東京の山の手の知識層の子弟とは育った環境が違っていた。兄は、小板橋さんを別にすれば、成績が抜群、腕力もつよく、家庭も大宮では裕福な階層に属していた。そういう条件が相俟ってか、兄の生来の気質か、兄は大宮では餓鬼大将であり、お山の大将であった。この餓鬼大将、お山の大将というような気分は兄の一生を通じても変わりがなかったように見える。ただし、同時に、内弁慶という趣きもあったことも付け加えておかなければなるまい。

私のばあいは、大宮育ちの劣等感がつよく、小石川、本郷育ちが大勢を占めていた東京府立五中の同級生に溶け込むことに執心していたから、同級生に揶揄《からか》われることがあっても、私の側から乱暴をするというようなことはまるで考えられなかった。私は腕力に自信がなかったし、臆病であったが、兄はどこでも自分の思うままに押し通していたので軋轢が絶えなかったようである。

兄はスポーツマンであった。これも私が運動は不得手であるのに比べて、特異な資質である。私たちの弟もスポーツが得意だったから、私だけが例外的に運動神経に乏しいのである。尋常科のころ、兄は水泳部に属し、背泳を得意にしていた。とは言え、私は兄が泳ぐのを見たことはない。

＊

兄は、尋常科の四年間は、父兄会ないし保護者会で母が苦情を言われ、注意を受けはしたものの、大過なく終えることができ、高等科に進学した。そのとき、兄は理科を選択した。将来は医者になりたいということであった。父は法律関係を職業とするように希望していたはずだが、兄の志望が強固だったので、父もあえて反対しなかった。高等科に進学したとき、外部からの入学生があった。高等科には外部の中学生のための枠があり、高等科入学の試験があった。この高等科受験は、ふしぎなことだが、尋常科の試験と違い、そう難関ではなかった。旧制一高はもとより浦和高校よりも容易だと思われていた。このとき、かつて誠之小学校で同級だった信木三郎さんが入学した。

東京高校では高等科に進むと一年間、寮生活をするように決められていた。私は一度だけ寮生活をしていた兄を訪ねたことがあった。後に私が馴染んだ一高の全寮生活では、三年間、四六時中、十数人が同じ部屋で暮らすことになり、個人個人の資質、知能から体質にいたるまでのすべてを互いに知り合うことになったが、東京高校のばあいはそうではなく、各人が個室で暮らしているように見えた。しかし、これは私の記憶違いかもしれない。二人ないし四、五人が同室だったのかもしれない。それにしても、一高の寮生活のように、上級生と同じ部屋で暮らし、上級生やすぐれた同級生の精神的なしごきを受けるような暮らしとはまるで違う、緊張感の乏しい、気楽な寮生活のようにみえた。

当時の新宿と言えば、映画の封切館としての武蔵野館であり、カレーライスの中村屋であり、紀伊國屋書店であったが、これらと並んで、ムーラン・ルージュが知識人の憩いの場所であった。斎藤茂吉にも歌集『白桃』の昭和九年の項に「新宿のムーラン・ルージュのかたすみにゆふまぐれ居て我は泣きけり」という作が収められている。寮生活をしていた兄はずいぶんとムーラン・ルージュに通ったらしい。明日待子、小柳ナナ子といった女優がスターであった。兄の贔屓の女優さんの名を聞いたこともあるが憶えてはいない。ただ、その当時、兄が書いた詩に、遊び疲れて、深夜、人気《ひとけ》のない、新宿駅の地下道を自分の足音だけを聞きながら、寂しく帰っていく、といった思春期の抒情を素直に描いた作があった。兄は早くから詩作を止めてしまったが、私はこの兄の影響で詩を書き始めたので、この作だけは若いころの兄の詩として残しておきたかったと考えている。

＊

兄は高等科に進んで後、たぶん二年生のときに、野球部に入った。そして、毎日が野球漬けの日々であった。兄は投手、信木三郎さんは捕手であった。兄はかなりの速球を投げたらしいが、コントロールが悪かった。静岡高校野球部との試合に一七対〇という惨敗を喫したことがあった。当時、静岡高校には山崎という名投手がいて、東京高校の選手はまったく手玉にとられたようである。この山崎という投手は東大でも投手として六大学野球で活躍した名手であった。東京高校の校内誌に、この静岡高校との試合の記事が載っていたことを憶えている。力と頼む投手はコントロールが悪く、四球につぐ四球、いつも静岡の選手が塁を埋めていた、などと書かれていた。兄は、おれの代わりがいなかったのだ、という。後に東大文学部の教授としてドイツ文学を講じた、詩人の生野幸吉さんはこのチームの補欠であったという。生野さんから、そんな兄の噂を聞いたことがあった。

たぶん、高等科の二年から三年に進学するときに、兄は落第した。この、原級に留める、という通知を兄が受け取ったときの光景を私はまざまざと憶えているが、来るものが来たか、といった感じであった。野球に打ちこんでいたために落第したのではあるまい、授業にまともに出席していなかったために違いない。おそらく野球部の部室かどこかでお喋りしていると、教室がむやみと遠くて、とても授業に出る気になれなかったのではないか。これは私自身の経験から想像できることである。その結果、兄は多くの理科系の試験科目について白紙に近い答案を出していたのであろう。文科の科目の試験であれば、語学を別にすれば、歴史でも何でも、どうにかごまかしがきくけれども、理科の科目では、物理であれ、化学であれ、勉強していなければ、何も書くことができない。だから、兄としても、多くの科目がたぶん落第点であることを予想し、落第の可能性の高いことも予期していたに違いない。父が兄の落第に失望したことは間違いないが、私の記憶では、そのときの父がどのように反応したか、はっきりしていない。

兄は東京高校の高等科の二年生のときから、大宮の自宅から学校に通っていたのだが、落第した、二年目の二年生のころから、英語の授業に先立って、私に下調べを頼むようになっていた。私は当時、東京府立五中の三年生であったはずである。私が好んで下調べをしたわけではない。兄に言いつけられると、断るのが難しかったのである。しかし、こうして下調べしていたことで、私の英語の読解力はだいぶ向上したらしい。そのことは中学四年生になって、模擬試験を受けることになり、英語について良い成績を得たことから分かったのであった。そこで、先走ると、四年生のときの模擬試験で私が莫迦に好成績であったので、おそらく四年修了時に一高（旧制）に合格するものと思われていた。兄は、そのころ、私に追いつき追い越されるのではないか、と心配したそうである。つまり、一年落第したので、学年差が一年短くなり、私が四年修了で高校に進学するとさらに学年差がちぢまり、もし兄が、さらに落第したりすると、学年差もなくなるのではないか、ということが、兄の心配であった。もちろん、そのようなことはよほど兄が落第を繰り返さなければ起こり得ないことだから、これは杞憂にすぎなかったのだが、兄としては本気で心配したらしい。じっさいは、私は四年修了時の受験に失敗したので、本当に兄の心配は杞憂に終わったのであった。

私自身が信じられないことだが、兄は東京高校在学中に大宮でも野球チームを組織して大宮のアマチュア野球のトーナメントに出場したことがある。そのころ、兄は東京高校の高等科の二年生で、野球部では補欠であったと思われる。捕手は信木三郎さんであった。金子さんという知りあいに投手を頼んでいた。たしか兄は一塁手で四番打者であった。どういうわけか、勝ち進んで決勝戦が県営大宮球場で行われることになった。そのとき、どうしても一人メンバーが足りないので、私に右翼を守れということになり、私まで駆り出された。右翼にはボールは来ないだろうと言われていたが、たまたま飛んできた。私はボールが私の前に落ちるのを待ってから、拾って一塁に投げた。観客席から、ライト、気がないぞ、という野次が飛んできたことを鮮明に憶えている。染工場というチームに敗けたのだが、このチームには、当時は職業野球と言った、元プロ野球の選手であった、横沢五郎とか六郎とかいう選手とか、たしか柳沢という名前の選手が中心になっていたので、アマチュアの間では抜群につよく、優勝したのであった。このとき右翼を守ったことは、スポーツにおよそ縁のない私にとって、唯一の輝かしい思い出である。

ところで、一九四二（昭和一七）年春、兄は東大医学部の受験に失敗、不合格となり、千葉医大に進学することになった。これは、兄の不勉強の報いであり、うぬぼれて七年制高校の温室で怠惰、自堕落に過ごしてきた結果であった。あるいは、通常の時期であれば、一年浪人して勉強し直し、再度、東大医学部を受験することになるのであろうが、当時は戦争中だったから、浪人すれば、徴兵されることとなるので、そうした選択肢はなかった。

兄は餓鬼大将であり、お山の大将だったが、私と比べると、よほど友人が少ない。七年制高校で、七年も一緒に過ごしたのだから、かなり親しい友人がいてもふしぎがないと思うのだが、黒岩甫さんという、東北大学で鉱山学を学び、家業の製本業を継いだ方とは中年までずいぶん親しく交際していたようだが、その他の友人はほとんど聞いたことがない。たとえば、大谷幸夫さんは丹下健三の片腕として知られ、東大教授、国立京都国際会館の設計者として著名な方だが、兄の同級生として名前を聞いているだけで、交友があったとは思われない。これまで再三、名前が出てきた信木三郎さんは誠之小学校の六年生に転入学したときの同級生であり、東京高校高等科で一緒になり、野球部でもチームメイトだったから、ずいぶん親しい友人には違いなかったが、仕事の関係の法律相談で私と昵懇になり、どちらかと言えば、私の方が、兄よりも親しいほどになった。ことに信木さんもその晩年は兄を敬遠するようになった。これは兄のお山の大将といった気質が我慢できなくなったためであろう。じつは兄は無邪気にふるまっていただけなのだが、それが気に障ることがあるのも止むを得ないことであった。千葉医大の友人の話も聞いたことがない。

兄は、いわばカンのいい人であった。直感で本質を見抜くことにすぐれていたのではないか、と思われる。だから、算術が得意であった。それに、記憶力も、理解力も、私など、舌をまくほど、すぐれていた。しかし、持久力をもって辛抱つよく、勉強することは苦手だったのではないか、と思われる。たしかに東大医学部には合格できなかったが、千葉医大には合格したのだから、まるで話にならぬほどに怠けていたわけではなく、もう一歩の努力が足りなかったのではないか。これは兄にとって惜しまれることだが、もう一歩の努力を惜しむところが兄の弱点であったと私は考えている。

*

一九四五（昭和二〇）年八月、終戦になった。それより前、父は青森地裁の所長に就任し、青森に単身赴任し、家族は後に青森に赴くことになっていたが、空襲のため官舎は焼失し、父は刑務所職員のクラブ兼武道場といった建物に仮住まいしていた。八月一六日に大宮を出発した私たち家族は、この刑務所職員のクラブで父と再会し、九月初めに、弘前の借家に住み、父は弘前から青森に通うことになった。この弘前の暮らしは窮乏を極めていた。誰もが食糧に不自由した時期であったが、ことに、裁判所の職員を除けば、まるで知り合いのいない私たちは食糧をはじめ、あらゆる物資の調達に極度に苦労した。兄も私も学校はほとんど休校になっていた。そのころ、たまたま、市島さんという父の知り合いの検事が、東北管区行刑指令という役職に就き、父と会う機会があった。この役職は、いわば東北六県の刑務所の総司令官ともいうべき地位であった。私たち一家の状態をお聞きになって、兄を盛岡刑務所の医者か医者の助手のようなことで勤めさせたらどうか、と勧めてくださった。好奇心のつよい兄は大いに乗り気であった。刑務所は、服役している人々が農作業をしているので、食事にはまったく不自由しない、当時としては天国に近かったのである。こうして、兄は間もなく盛岡に移って行った。

私が盛岡刑務所に兄を訪ねたのは、その年の九月の下旬か一〇月のごく初めであったと思われる。それは、このとき兄が、日本共産党の幹部が、盛岡刑務所に服役している、と私に話してくれたのを憶えているからである。日本共産党の徳田球一、志賀義雄らは、敗戦後もなお釈放されることなく、連合国軍総司令部（GHQ）の指令によって一〇月の七日ころに釈放されたので、盛岡刑務所に収監されていた日本共産党の幹部もやはり徳田、志賀らと同じく、一〇月の七日ころに釈放されたに違いない。そうとすれば、私が盛岡で兄に会ったのも、それ以前のはずである。このとき兄は、左翼でも、右翼でも、思想犯は刑務所の中でも大きな顔で暮らしているのだ、と私に話し、そのころ盛岡刑務所に収監されていた左翼、右翼の人々の名前を挙げて、おまえも名前を聞いたことがあるだろう、左翼の大物など、服役しているといっても、図書室係、のような楽な仕事しか命じられていないのだ、などと言っていた。私は兄が名前を挙げた人々の名前を聞いた憶えがなかったが、兄の話では、彼らは左翼、右翼の大物だということであった。私はむしろ兄がそういう名前に詳しいことに驚いて、耳をそばだてていたのであった。兄はそんなことにも関心を持っていたのである。兄は私にそんなことを刑務所の医務室のような場所で話してくれたわけではない。刑務所の外、盛岡の市街地、北上川の川辺で、話しこんだのであった。その情景を私はいまだにくっきりと憶えているのだが、それはそのときの情景を四行詩に書きとめたからかもしれない。しかし、ここで私の一八歳のころの習作を引用することは差し控えることにしたい。

私たちの父は、その後、青森から水戸に転勤になり、私が東大法学部の三年生になったばかりの一九四六年四月ころには、水戸から千葉地裁所長に転任になっていた。その当時、兄は千葉医大を卒業し、医師の国家試験を受ける準備にとりかかることになっていた。それまでは医学部を卒業すれば無条件で医師の資格が与えられたのだが、そのころから国家試験が課せられるようになったと記憶している。いずれにしても、私は兄から、国家試験のための受験参考書を一〇冊近く、お茶の水の本屋に行って買ってくるように、と頼まれた。いま考えると、どうして兄が私にそんな自分に必須の用事を言いつけたのか、ふしぎでならないのだが、私は兄にそんな用事を頼まれると、気軽に引き受けて、お茶の水に出かけて、所望の参考書を買ってきてあげた。これは私が大学の授業を受けに出かけたついでのことではなかった。その参考書を買うためにだけ出かけたのである。兄は無事、国家試験に合格したが、私と兄との関係はそのようなものであった。

＊

兄は医師国家試験に合格すると間もなく、東大病院の小児科の医局に勤め始めた。どういう縁故を頼ったのか、聞いたことがあるが、経緯は憶えていない。当然のことだが、無給であった。東大医学部を受験して、不合格になったのに、医師の資格を得てから、東大の小児科の医局に勤めるのは、ずいぶん居心地が悪かったはずだと思うのだが、そんな悩みを兄から聞いたことはなかった。このころ、兄は真面目に小児科医になる決意を固くしていたのではないか。人間はその一生には、どんな人でも、真面目に人生の前途について考えることがあるように思うのだが、兄もこの時期には真っ当な小児科医になるために勉学にいそしむつもりであったのではないか、と思われる。

ここで東大の小児科の医師たちと面識を得て、ある程度、東大人脈に繋がりを持ったことが、小児科医を開業した後に、兄にとって大きな資産となったものと、私は考えている。

兄はこうして数年を過ごした後、古河電工横浜工場附属病院に小児科の医師として勤めることになった。はじめて兄は給与を得ることになった。兄の生活が安定すると、母が兄に結婚を勧めた。母の知人に結婚の世話をするのがお好きな方がおいでになって、聖心女子大卒業、大宮郊外の大和田に広大な敷地、土間だけで一〇坪もある古民家を移築した住居をもつ家の長女、武藤光子を母に紹介し、兄が彼女と見合いをし、結婚し、二人は横浜に所帯をもった。

この結婚が私の生涯に大きな意味を持つことになったのは、兄夫婦の紹介で、私が亡妻、桐山和子と知りあい、結婚したからである。私が和子と会ったのは一九五五（昭和三〇）年初夏であった。和子は聖心女子大で、兄の連れ合いよりも一年上級生で、当時、聖心女子大の助手として哲学科に勤務していた。和子の親友に葛原葉子という方がおいでになり、英文科の助手であったが、私の一高の同級生で住友銀行に勤めていた猪熊時久と結婚し、猪熊葉子になっていた。兄の連れ合いはこの猪熊夫人とも親しく、亡妻とも親しかったようである。ついでのことだが、猪熊夫人は歌人として知られた葛原妙子の長女であり、本人も後に聖心女子大、白百合女子大などの教授を歴任し、児童文学の研究、翻訳などに大きな業績をあげた方である。そんな関係から、兄の夫婦と猪熊夫妻とが、私と和子を横浜中華街の料理店に招いて、私たちを引き合わせてくれた。そこで、私と和子は交際することになった。交際がふかまる過程で、私は和子が演劇好き、いわば演劇少女であったが、いわゆる文学少女ではないことを知った。私は『世代』の関係で多くの文学少女を知っていたが、文学少女を連れ合いとするのはご免こうむりたいと考えていた。それに、和子が深く物事をつきつめて考える性質であるらしいことにも惹かれたのであった。一九四五年八月六日、彼女が広島原爆により被災したことも聞いていたが、そのことは気にしていなかった（私たちが結婚し、長女、次女が生まれたときにはじめて、原爆の後遺症が娘たちに生じるのではないか、と懸念したのであった）。和子の側が私をどのように思っていたのかは聞いていないが、私と結婚することに異存がないようであった。彼女はカトリックの洗礼を受けていた。結婚に先立ち、私は、子供が生まれたら幼児洗礼を受けさせるのに反対しないこと、和子の信仰を妨げないことを約束させられた。私は信仰にはまったく無縁だが、カトリックに親近感を持っていたし、いまでも、そうした心情に変わりはない。そこで、私たちは結婚した。一九五六（昭和三一）年三月であった。亡妻和子を引き合わせてくれたことは兄が私にくれた生涯最高の贈り物であった、と私は考えている。

＊

私が和子と結婚した一九五六年の三月、兄は古河電工横浜工場附属病院の勤務を辞め、大宮に戻って小児科医を開業した。

このときから、私が小学校三年のとき以来、弘前、水戸、千葉に一家が移り住んでいた時期は別にして、また一高の寮生活をしていた三年間は別にして、私たちの生家であった家の母屋に兄夫婦が住み、父と母は隠居所に住むことになった。そのため、隠居所に居間、厨房、浴室、それに二階に父の居室、寝室を増築した。増築の資金に乏しかったためであろうが、いまから考えると、ずいぶんと手狭であった。

ことに二階は八畳間であったが、風通しが悪く、夏は西日が差しこんで暑さが耐えがたいような部屋であった。

それよりも、兄は母屋の玄関などを取り壊して診療室、待合室などを建て増しした。このとき、銀行からその増築の費用を借入れたのだが、僅かな資金借入れのために、三百坪ほどの土地に抵当権を設定し、かなり高い利率の利息に加え、借入金額の一割を天引きで強制的に定期預金させられたのであった。このとき、私自身が銀行に出向いて借入れをしたので、私は銀行のあくどい商法に呆れて、何としても銀行などから借金をするものではない、と身に沁みて感じたのであった。

しかし、それは一時の不愉快な記憶にとどまるのだが、もっとその後、いまに至るまで、不快な思いを持ち続けているのは、このとき、診療所などのために、玄関を取り潰してしまったことである。実際は表玄関だけでなく、内玄関も取り壊したのであったが、ことに私が残念に思っているのは表玄関であって、この玄関は二間ほどの横幅があり、堅牢な三和土《たたき》があり、ひどく立派な床板から三畳間に続いていた。この三畳間では私はしばしば勉強したこともあった。そのような回想の懐かしさはともかくとして、この増築の結果、わが家は、といっても、かつて私が多年寝起きしていたという意味でわが家というのだが、診療所のための患者さんなどのための出入り口はあっても、居宅には、庭に回って、庭に面した廊下からしか、出入りできないことになったのであった。これも資金に乏しく、貧しかったためには違いないのだが、兄はこの増築のために専門家に相談したわけでもなく、大工に任せて、自分の診療所の都合だけしか考えていなかったのであろう。兄はそういう計画性のない、軽率な行動をしがちな性格の持ち主なのだと私は考えている。

＊

ところで、こうして開業した小児科医院は大いに繁昌した。当然と言えば、当然のことだが、大宮では最初の小児科の専門医であった。それまでは内科の医師が片手間に小児の医療にも当たっていたのであった。だから、当然、小児科医の需要があった。それに加えて、まさにベビーブームであった。大宮の人口も増加し続けていた。何より、兄はカンがよかった。直観的に病症を診断することに異能があったのではないか、と感じている。逆に、兄は、学究的にふかく掘り下げて考えることは不得手だったと思われるのだが、とっさの判断が正しいことが多かったのであろう。それに、手に負えない重症の患者は、すぐに東大病院や小石川分院に送り込むように手配した。これには東大病院小児科の医局に勤めたことから得た人脈が役に立ったらしい。それにもまして、兄は医師として小児の患者に接することが好きであった。それに、患者の父母などから、先生、と敬意を払われることも、兄の気性を満足させたに違いない。まさに小児科医は兄にとって天職であった。

私が兄の仕事ぶりを見ていて、羨望に堪えなかったのは、患者の家族から、命の恩人のように、感謝されることが多かったことであった。私は弁護士として依頼者のために仕事をして感謝されて然るべき結果を挙げたことも少なくないが、兄が患者の家族から感謝されるように感謝されたことはない。弁護士が処理しなければならない法律的な紛争などというものは、原告として訴訟を提起するときも、被告として、訴訟を提起されたときも、訴訟前の紛争であっても、そんな訴訟、紛争そのものが、当事者には迷惑きわまることだから、解決しても、そのために弁護士に感謝するまでもない、ということが常識である。感謝されても、命を救われた、というような大事ではありえない。だから、兄にとって小児科医院を開業したことは、ずいぶんと兄の気分をよくさせたであろう。

兄が開業したころは、まだ、医薬の分業が行われていなかった。そのため、引きも切らぬ患者の応対も大変であったが、それにもまして、兄の処方する薬を調合したりして、患者の家族にお渡しするのにてんてこ舞いする毎日であった。そのために、結婚して間もなかった私の妻、和子まで、毎日のように駆り出されたのであった。やがて、兄の診療所では、いつも小児科の医師に手伝いに来てもらうことになり、看護師もそれなりに雇用するようになったのであろう。私の妻が手伝いに出向くこともなくなったのであった。

そんな状態で小児科の診療所を開業してから、兄の家のマージャンが始まった。かつては私の勉強部屋だった土蔵の二階がマージャンの部屋となった。土蔵の二階からは、マージャンの騒音が住居に届かないので、便利であった。マージャンは土曜の夜に決まっていた。後に東大で国際法を講じた寺沢一さんは北小学校で兄より一年下級生であり、幼少のころからの知り合いであった。寺沢さんの浦和中学の同級生で山形高校から東大文学部社会学科を卒業し、三井信託に勤めていた、嶽山幸一さん、おなじく浦和中学を卒業して早稲田大学に学び、成瀬証券に勤めていた小林昭さん、私の一高の同級生で、司法修習生も同期であった弁護士の平本祐二、平本の府立三中の同期で、四年修了で一高に入学、東大で物理を専攻しながら、野球好きで、毎日新聞の運動部の記者をしていた高原修一さん、私の小学校の同級生でタトル商会に勤めていた小竹哲郎、それに私などが常連であった。私は東京で週日の夜、一、二回、マージャンをしていたから、よく付きあったものだと、我ながらあきれるばかりだが、土曜の夜には、必ず、前記の人々の五、六人が兄の家の土蔵の二階に集まったのであった。一二時過ぎに駅前に繰り出して、鮨をたべ、折詰を作らせて土産に持ち帰って、亡妻にいかにも迷惑そうな思いをさせたことも多かった。

兄は、そんなにマージャンが好きだったが、けっして他人の家に出向いてマージャンをすることはなかった。これも兄の気質であって、いわばお山の大将であって、自分の城の中だけで勝手に振舞っているのが好きだったのである。しかし、一九六五（昭和四〇）年ころには、私はふっつりマージャンを止めたので、その後は、兄の家に出入りすることもごく稀になった。そのため、兄がいつごろまで、マージャンに打ち込んでいたのかは知らない。

＊

時間的にすこし前に戻るが、一九六二年四月、父は母と長野県の池の平湿原に出かけて数日間滞在した。私の知るかぎり、これが私の父母が一緒に旅行した最初であり、最後であった。じつにつましい夫婦であった。父も母も、遊びということ、閑雅に日々を過ごすということを、生涯にわたって、知らなかったのだと思われ、気の毒でならないし、申し訳なくも感じている。この旅行から帰宅してから、父は微熱を発するようになった。兄が父を診察して、その後、私を呼び寄せ、父の病気はリンパ腺の腫瘍だ、と言い、リンパ腺は体中をまわっているから、たちまち、体中に腫瘍が転移するので、余命は二、三か月だろう、ということであった。現在ではリンパ腺の腫瘍であっても、治療の手段があるように聞いているが、そのころは手の施しようもなかったようである。一時、父は聖路加病院に入院したが、はかばかしいこともなく、帰宅し、八月八日、炎暑のなか、永眠した。六九歳であった。いまの私から比べると、若すぎる死であった。これは開業医としての兄の手腕のほどを示すエピソードとして私は記憶しているのである。

＊

その後、いくつか記憶していることもあるが、書きとめるほどのことは乏しい。乏しい記憶の中から、些細なことを記しておくと、兄は吝嗇だったのかどうか、と私が感じた事実を二つ記しておく。一つは、兄の家に、私が少年時代から見慣れている柱時計がある。むろん、ネジで巻く時計なので、面倒がって、久しく止まったままになっていた。ある日、その時計を見上げて、古き良き時代の遺物といった雰囲気があるのに気づいたので、兄に、あの柱時計をくれないか、と言った。兄は、柱時計を見遣って、なかなかいい時計だな、嫌だよ、とすげなく答えた。ああ、そうか、と言って私は引き下がった。また、別のとき、母屋と隠居所の間に、見捨てられたように雪見灯篭があることに気づいて、私は兄に、あの灯篭をくれないか、ぼくの家の庭には灯篭がないので、ちょうど良さそうだ、と言った。すると、兄は、いい灯篭だな、お前にはやらない、と言った。そうか、と言って私は諦めたのであった。つけ加えて言えば、父が死んだときの相続のさい、母屋の敷地、建物など主要な資産はすべて兄が相続したが、私はいかなる遺産も相続していなかった。それは、私が弁護士として充分な収入があり、わが家の敷地、建物などをすでに所有していたので、父の遺産の一部でも相続する必要がなかったからであった。それ故、柱時計、雪見灯篭など、兄が惜しがることもあるまいと考えたのであった。こうして柱時計も雪見灯篭も、兄は私にくれなかったが、だからといって、大事にする気配はなかった。いまでもこれらは兄の家、つまりは、兄の長男の家と思われる家に、放置されている。

＊

兄のマージャンも五〇歳になるころには、終わっていたのではないか、と思われる。そして、その前後に中軽井沢、千ヶ滝の分譲地に別荘を建てた。私は一度だけ招かれて訪ねたことがある。兄には長女、長男、次男の三人の子があるが、彼らとその家族が滞在できるだけ、充分に広い建物であった。これは当然、建築の専門家が設計した建物であって、兄の思いつきで建てたのではない。行き届いた設計だったように憶えている。それだけに、兄は暇さえあれば、この別荘で過ごすことを択んだようであった。千ヶ滝では、兄の連れ合いの学校時代の友人たちと友人たちの連れ合いの人々との間の社交サークルがあり、その交友の中で、かなりに愉しく過ごしていたらしい。

そんな兄の晩年、兄は、二〇〇一年六月、胃癌という診断を受け、日大病院で手術をうけた。日大病院を択んだのは、兄の長男が日大医学部を卒業し、小児科医となるため、勉強していたからであろう。この手術により、兄は胃のほぼ三分の二を切除したという。そのためか、退院後は食事もずいぶんと細くなったという話であった。久しぶりに会うと、げっそり痩せたのが目立った。

その二年後、二〇〇三年五月、肺癌という診断を受けた。この月一八日の日曜日に私が兄を訪ねたところ、癌が肺に転移したのだと教えられ、明日入院すると聞かされた。私は慰める言葉もなかった。このとき、兄は一方の肺を全部切除、一つの肺だけで暮らすことになったという。そのため、このとき、兄は小児科医院を廃業した。

そのような不自由な体にもかかわらず、兄は元気に暮らしたようである。二〇一八年五月下旬にさいたま市民医療センターに入院した。私が六月一日に見舞いに行ったときは、たいした骨折ではない、ということであった。七月一四日には、兄の長男から、容態が急変、思わしくない、という連絡があり、一六日にも見舞いに行った。そのときは、すでにほとんど会話はできない状態であったが、その夜、兄は永眠した。

享年九五歳であった。胃を三分の二切除し、片肺で、よく生きながらえたという感がふかい。後に聞いたことだが、永眠の二日前の七月一四日、カトリックの洗礼を受けたそうである。洗礼名は「マチア」という。カトリック信徒である連れ合いと五〇年近く過ごしながら、洗礼を受けなかったのに、何故臨終まぢかになって洗礼を受けたのか、ふしぎにも感じるのだが、このように死の間際に洗礼を受ける人も少なくないから、兄もその一例なのであろう。私は、カトリックに親近感を持っているけれども、洗礼を受けるつもりはない。臨終まぢかになって、意識が朦朧とした状態で洗礼を受けることはご免こうむりたいと思っている。

それにしても、こうして兄の生涯をふりかえってみて、たぶん兄は気ままに思う存分に生きたのではないか、という感をふかくするのである。

本田幸太郎

本田幸太郎は私の小学校のときの同級生である。一年に入学したときから六年で卒業するまで、いつも同級であった。それに住居がごく近かったので、小さいころから馴染んでいた。彼を本田君とか幸ちゃんとか呼んだことはない。誰もがコーヤと呼んでいたので、私も彼をコーヤと呼んでいた。たぶん彼の家の人々がコーヤと呼んでいたのだと思われる。

本田幸太郎と題したが、この文章で私は私が小学校に入学してから三年生のころまでのことを回想するつもりである。ここで私は拙著『私の昭和史』の余滴とでもいうべき事柄を書きとめておきたい。コーヤはその余滴ともいうべき回想の中に真っ先に登場する人物だが、この文章ではその他の人々も思いだすことになるであろう。その当時、私の家は平林寺横丁といわれた通りに面していた。大宮に市制が施行される以前、埼玉県北足立郡大宮町だったころ、土手宿と呼ばれていた地域であった。まだ大宮町だったころは市街地の北の場末と言ってよい。北のはずれとまではいえないが、はずれにそう遠くはなかった。土手宿は現在では土手町と改称されている。新宿は新宿で田舎じみていないのだが、土手宿では田舎じみていると感じる人が多いらしい。私が四年生のときにこの家から北小学校の南側に隣接した、宮町の家に引っ越したので、この文章ではその引っ越しより前のことを回想することになる。平林寺横丁はいまでは平和通りと言われるそうだが、平林寺という寺があるわけではなかった。どうして平林寺横丁と言われたのか私は知らない。大宮の旧市街から川越に通じる、旧一六号国道は、いまでは県道二号線というそうだが、そのころは川越新道と呼ばれていた。いま大栄橋といわれる位置には鉄道の踏切りがあった。この踏切りには歩行者のために跨線橋があった。跨線橋に上ると下の線路を列車が通るとき、蒸気を吹き上げてきた。その蒸気は石炭の粉塵混じりだったが、浴びると顔がほっと暖かくなるのを愉しみに、私たちは列車を待ち構えたのであった。この踏切りの手前、ほぼ百メートルかそこら離れた位置から、高崎線などの鉄道線路と並行して、南北に三、四百メートルほど伸びているのが平林寺横丁であった。その北方向に向かって右側の一角にわが家があり、わが家に向かって右側には東西の東方向へ延びる路地があった。この路地を東方向に進むと百メートルほどで突き当たる。そのあたりは、後に赤線地域と称されたような、遊郭というにはかなりにみすぼらしい、娼家が軒を連ねている一画であった。その一画を私たちは新地と呼んでいた。いまでは風俗営業の店舗で占められている地域である。新地に突き当たって、左折して二、三メートル進むと、右に曲がる路地があり、この路地を東方向に進むと、すぐに旧中山道に出ることになる。この右に曲がる角の左側の娼家が私の小学校以来、生涯をつうじてごく親しい友人であった小竹哲郎の家であった。小竹の父親は大宮の町議会の議員を多年務めていた。選挙のときなど、小竹の父親の立て看板をよく見かけたものであった。戦前はいわゆる公娼制度だったから、私の理解するところによると、娼婦は毎月のように梅毒など性病の検査を受ける義務があった。娼家という営業は、そういう意味でも公認だったから、町議会の議員に立候補し、当選して議員としての職責を果たすことについて、何の差し支えもなく、通常の市民、町の住人たちと何ら差別されることはなかった。借家、借地住まいの人々よりも社会的にみて地位が高かったのかもしれない。その新地を通りぬけるときは、両側が娼家だったから、朝から、あるいは昼間から、肌脱ぎになった若い女性が濃い化粧をして、しどけなく横坐りしているのを見かけた。たまに大人の男性が通りかかると、遊んでらっしゃいよう、などと言って、誘いかけた。私は小学校三年生のときまで、そういう風景を目にしながら、何も分からずに、登校し、下校したのであった。というのは、小竹の家の前で右折してすこし進むと、旧中山道に出るのだが、旧中山道を越すと、やや広い通りがあり、その通りの突き当たりに私が通った大宮北小学校があったからである。わが家から北小学校まで子供の足でも十分ほどの距離であった。

コーヤこと本田幸太郎の家はわが家の右側の路地を隔てた一画の中にあった。そこらには小さな家々が散在していた。彼の家はわが家から二、三分の距離であった。だから、親しくならなければ、むしろふしぎである。学校から帰っても、私は彼と毎日のように顔を合わせていた。奇妙なことだが、私は彼の父親に会った記憶がないし、母親に会った記憶もない。しかも、やはり奇妙な記憶だが、本田幸太郎がカレーを作ってくれて、私にご馳走してくれたことがあった。そんなご馳走になったと聞いたら、私の母は吃驚したに違いない。コーヤが野菜の類、馬鈴薯とか、人参とかを切り刻み、カレー粉をまぶして料理してくれたのであった。カレーのルーのある時代ではなかったから、どうしてカレーのような料理ができたのか、彼はたぶん母親の料理するのを見よう見まねで作ったに違いないのだが、小学校の二年生か三年生であった彼がどうして料理できたのか、ふしぎでならない。ご飯がついていたようには憶えていないから、たぶんカレー汁のようなものだったのだが、確かにカレー味だったのである。考えてみれば、不可解なことばかりなのだが、思い出を疑う余地はない。彼は体格がよくて、背も私より高かった。そのせいか、どうかすると私を見下す大人じみたところがあった。

それだけ、そのころの私が幼稚であったのかもしれない。彼は頑健であり、私はひ弱に見られていたようである。

そんな彼が、あるとき、キンポサン、を知ってるか、おれんちのあんちゃんはキンポサンだ、と威張った。俺の家の兄ちゃんがキンポサンだ、というのである。彼の兄がキンポサンなどとは聞いたこともなかったから、何、それ、と訊ねると、彼は、近衛歩兵第三連隊だ、と教えてくれた。そして、キンポサンは歩兵の中でも、陸軍の中でも、一番だ、と言った。何故、一番なのか、と訊ねると、たしか、宮城の中に兵舎があるのだ、といった趣旨のことを説明してくれたように憶えている。近衛歩兵第三連隊の兵舎が宮城、いまの皇居の中に所在したのか、そのごく近辺に所在したのか、私は調べたことがない。しかし、近衛歩兵第三連隊はいわば天皇の親衛隊とでもいうべき軍隊だったのではないか。だから、コーヤは、彼の兄がそんな部隊に所属していることを誇りに思い、自慢する相手に私を選んだのではないか。これは間違いない事実である。

ところが、彼の誇りを一挙に打ち砕く事件が起こった。二・二六事件である。私が承知しているところによれば、近衛歩兵第三連隊の兵士たちは、当時の大蔵大臣であった、私の敬愛して止まない、高橋是清の邸に乱入し、その指揮官の青年将校が、高橋是清を殺害した。その日の戒厳司令官か誰かが、ラジオ放送で兵隊たちに速やかに兵舎に戻れ、といった訓示をしていたことをいまもありありと憶えているように思うのだが、私の記憶も、その後に知ることになった知識が交じっているかもしれない。

だが、間違いないことは、事件の数か月後、コーヤが私に、キンポサンの兵隊はみんな満洲にやられちゃうのだ、あんちゃんも満洲だ、何しろ反乱軍だからな、仕方ないよ、もうキンポサンじゃなくなるんだ、と話してくれたことである。コーヤのそのときの暗い表情を思い浮かべると、私はなにか涙ぐましくなる。その後のことは聞いていない。コーヤが彼の兄について話すことは二度となかったのである。

＊

わが家の前は魚房という屋号の魚屋であった。その向かって左側に鉄道線路ぎわまで百メートルほど伸びる路地があった。路地の左右には小さな家々や長屋が低い軒を連ねていた。線路の手前に三百平方メートルほどあるか、ないか、の空き地があった。私たちはその空き地を原っぱと呼んでいた。そのころの大宮の市街地にはいたるところに原っぱがあった。原っぱは子供たちの遊び場だったが、私たちの原っぱは、この魚房の左側の路地を入った先の空き地であった。この原っぱで遊んでいると、始終、リヤカーに野菜を積んだ八百屋さんの青年がリヤカーを止めて、原っぱで遊んでいる子供たちを所在なげに眺めているのを見かけた。私たちはその一六、七歳の青年をセイちゃんと呼んでいた。セイちゃんはきっと休んでいたのだろう。原っぱの脇の路地しか休憩に適当な場所がなかったのだろう。そのセイちゃんは店を構えている八百屋の次男だということだった。戦後になって、セイちゃんは何か会社を作って大きな商売をするようになった。背広を着こんで紳士のような服装をしていた。噂では、戦後のどさくさの時期に闇商売で大儲けしたということであった。原っぱでリヤカーを止めて休んでいたときには、何か儲け口がないものか、などと思案していたのかもしれない。

私たちは原っぱでベイゴマとかケンダマとか、いろいろ遊んだが、中でも野球が好きであった。私たちの野球では、硬球と違い、軟球を使っていたから、そんなに飛ぶわけでもなかった。それでも、原っぱは野球をするには狭かったので、すぐホームランになった。コーヤは私たちの野球のスターであった。小学校の二年生くらいのときに五年生や六年生のような豪速球を投げ、打ってはいつも四番打者であった。私は補欠にもしてもらえなかった。しかし、その後もそうだが、私は野球を見ているのが好きで、友達の野球を見ていることに飽きることがなかった。

ここで、コーヤの後日談を披露しておくと、彼は大宮工業に進み、三年生のときは、もうレギュラーの三塁手になった。旧制だから、中学と同じく、工業も商業も五年制であった。そのころにはショートには、小柄だが、敏捷で派手なプレーをする選手がいたので、コーヤとそのショートの選手とが、女学生の間で人気を競っていた。コーヤは、しかし、五年生のころになると、肩をいためた、とかいうことで二塁手にまわされ、結局、大成することはなかった。私たちが三〇歳を越したころ、小学校の同級生の集まりがあった。私はコーヤと久しぶりに顔を合わせた。彼は子供が生まれたと言い、和久という名を付けたと言っていた。西鉄ライオンズの全盛時代だったので、ライオンズの投手、稲生和久にあやかったのである。その子が野球選手になったとは聞いていない。彼の野球選手としての黄金時代は、たぶん大宮工業の三年生か四年生のころに終わったのだと思われる。

*

平林寺横丁はささやかながら商店街であった。わが家のようなしもた屋は稀であった。わが家の前の魚房の右隣は煎餅屋であった。魚房の左には、線路に延びる路地があり、路地の左側に駄菓子屋があった。私は魚房に入り浸って、仕出しに使うきんとんが大きな平たい桶に入れてあるのを、つまみ食いしたりしていた。その他に、八百屋、荒物屋、ラジオ屋など、職種はさまざまであった。旧中山道通りにも商店が立ち並んでいたのだが、こちらの商店はおおむね間口が四メートルか五メートルほどの中規模の商店が多かったのに対し、平林寺横丁の商店はだいたい、間口が二メートルか三メートルほどの小規模の店であった。これらの商店街はいまは失くなってしまった。大宮が経済的に発展したためだが、発展とは、反面、寂しくなることでもある。

この平林寺横丁の表通りと鉄道線路との間にはごみごみと小さな家々や長屋が立ち並んでいた。これらの家々にはほとんど必ず、鉄道に勤める人とその家族が住んでいた。鉄道線路の向こうは鉄道工場が大きな敷地を占めていたので、工場に勤めている人が多かったが、その他にも、駅とか、保線区、機関区、など鉄道に関する職種もさまざまであった。

＊

野球のことを思いだしたので、平林寺横丁から話題は逸れるが、忘れられない県営大宮球場の思い出を書きとめておきたい。昭和九年一一月二九日、県営大宮球場で、ベーブ・ルース、ルー・ゲーリッグなどのメジャー・リーグのオール・スター・チームが全日本選抜チームと対戦した。試合の結果は調べれば分かるはずだが、私にはどうでもよいことである。その日、兄が、ベーブ・ルースのホームラン・ボールを拾いに行くから、お前も来い、と言って、命令するように私を誘った。私は不承不承兄について出かけた。氷川神社の参道を進むと、本殿の社屋の手前の鳥居、これはたぶん、三の鳥居だと思うのだが、その鳥居の手前に、右に入る道がある。この道のだらだら坂をくだり、左側に池を見ながら進むと、大宮公園の南の端に突き当たることになる。私の少年期には、この道の右側にも池があった。公園の南の端に沿い、この池に沿って細い道があり、この道は沼沢地、マツ林などを経て見沼用水（西縁）にまで続くのだが、この道の池との反対側は松林の丘陵であって、松林の向こうが大宮球場であった。球場の外の松林の中に蛇松《じゃまつ》と呼んでいた有名な松があった。蛇松は球場の右翼の外野席の外側にあたる位置に立っていた。兄は、ベーブ・ルースは左利きだから、ホームランを打つと必ず野球場の場外まで飛んで、蛇松のあたりに落ちるに違いない、と私に言い聞かせ、な、お前もそう思うだろ、と念をおした。だから、このへんで待っていれば、きっとベーブ・ルースのホームラン・ボールが飛んでくるから、拾って持ち帰るのだ、と言った。私たち兄弟の外には誰もいなかった。ベーブ・ルースはホームランを打つに違いないし、ホームランは必ず場外ホームランになって、このあたりにとんでくるから、それを拾えるのはぼくたちだけだ、と兄は断定的に話してくれた。兄はいかにも賢そうであった。私たちは球場の喚声を聴きながら、ホームラン・ボールを待ち構えていた。やがて試合が終わった。とうとうホームラン・ボールは飛んでこなかった。ルース、打てなかったな、と兄が言った。さすがに兄もしょんぼりしていた。私たちは石を蹴りけり、とぼとぼ家に帰った。私が小学校二年生のとき、兄が五年生のときであった。

この蛇松を思いだしたので、ついでに思いだしたことがある。この蛇松のある丘陵の下が、池であったことは前に書いたとおりである。氷川神社の参道から右に入る道を下りてくると、道の右側にあるこの池はいまではサッカー場の敷地になっているが、これが蛇松の丘陵の下の池で、私たちはメッカチトーヤの池と教えられていた。現代では差別用語の感がつよい。視覚障害のあるお爺さんが踏み外して、この池に落ちたことがあるのかもしれない。この池のたもとに茶店があった。お茶のほかにサイダーなども供していたようだし、あるいはお団子なども供していたのかもしれない。私はこの茶店で休んだことがないから、詳しくは何も知らない。私が憶えていることは、この茶店に綺麗なお姉さんがいたことである。茶店の持ち主の娘さんかもしれない。このお姉さんが恰好のよいお兄さんと仲良しだという噂であった。小学校の二年生か三年生でも、私はその茶店のお姉さんに憧れていたのかもしれない。公園の側からこの池の向こう側を眺めると、小高い丘に大きな邸が池を見下ろすように建っていた。「猫いらず」の社長の邸だそうであった。「猫いらず」は、戦後はまったく聞いたことがないが、たぶん殺鼠剤だったと思われる。戦前はかなりに売れた商品だったのではないか。そのメーカーの社長はたいへんな金持ちだという評判であった。

そこでさらに思いだしたのだが、この「猫いらず」の社長の邸の近くに、十数件の邸宅が建ち並んでいた。私たちが暮らしていた平林寺横丁がごたごたした下町の小規模商店街だったのに比べ、まるで雰囲気の違う、住宅地であった。このあたりの住宅地はいまでもそんな高級住宅地の趣きをとどめているのではないかと思われるのだが、氷川神社の参道の側から言えば、参道の東側の高台の北の端にあたる地域である。どうして私がそんな地域を思いだすかと言えば、私の小学校二年生か三年生のころ、その住宅地に友達がいたからである。どうしてその子と知り合ったのか憶えていない。幼稚園で知り合っていたのかもしれないのだが、その友達の名前も憶えていない。憶えているのは、その友達の親分か兄貴分かになる少年である。私たちは彼をヤスクニさんと呼んでいた。ヤスクニさんはいつも四、五人の弟分のような少年たちに囲まれていた。小柄だが、貴公子のような風情があった。彼の父親は外国航路の商船の船長か、何か、偉い人だということであった。そのせいか、彼は大宮とはすこし場違いな、舶来品が似つかわしいような、そんな雰囲気を持っていた。彼がベイゴマとかケンダマとか、いうような遊びをすることはなかった。私にトランプを教えてくれたのは確かヤスクニさんだった。彼にはそんなハイカラな遊びが似合っていた。幼い私はそんなヤスクニさんに憧れていたのかもしれない。彼をヤッチャンとか、ヤスちゃんとか、呼ぶことがなかったのは、彼が、まわりの少年たちに、いつもヤスクニさんと呼ばせていたからに違いない。彼は私や私の友達よりも一学年、年長であった。一学年、と書いたけれど、そして、その事実に間違いはないと思うのだが、それなら、北小学校で一学年上の級に彼がいたようには思わない。記憶がそのあたりではっきりしない。私も一時期、ヤスクニさんの取り巻きの少年たちの一人だったのだと思われる。しかし、彼らの住宅地は子供の足では平林寺横丁のわが家から二〇分ほどもかかる距離にある。だから、私がヤスクニさんの取り巻きだったのも半年かそこらだったのではないか。私が成人してから、ハヤカワ文庫の目録を見ていて、高橋泰邦という方の訳著があることに気づいた。ヤスクニさんの姓もタカハシと聞いたように憶えている。文化人名簿のようなものを参照すると、高橋泰邦さんも私よりも一学年年長である。ヤスクニさんが成人して翻訳などを手がけている高橋泰邦さんになったと考えるのはごく自然のようであった。しかし、こんな事実を確かめてみても、お互いに記憶の底に沈んでいるような、幼いころの、つかの間のことだから、確かめることもせずに、いまに至っている。それでも時に、ヤスクニさんを思いだし、懐かしさに胸が熱くなるような覚えを感じることがある。

＊

また、私の回想は平林寺横丁に戻る。私の祖父はマージャンが好きであった。一年に、二、三回、ご近所の方々に声をかけてマージャン大会を催した。参加してくださるのは、おおむね魚房の裏、平林寺横丁と鉄道線路との間に住んでいた鉄道関係の人々であった。離れの隠居所の八畳間に三卓ほどマージャン卓を並べて、午後一時ごろから午後八時ごろまで、三つの卓を囲むメンバーを入れ替えて、総点数を競う決まりであった。そのために、大きな点数表に氏名、得点数、順位などを書き込んだ。仕出しの弁当は魚房から祖父が取り寄せて、お客の方々に振舞ったはずである。私が物心ついたころからマージャンを覚えたのはこの機会があったからであり、また、そのころ国鉄に勤めていた人々の話を聞くことができたのも、そして、彼らを限りなく懐かしく、親しく、思いだすのも、このような機会に恵まれたからであると思っている。父がそのマージャンの会に参加したことはないはずである。兄ももちろん傍から見ていただけであった。

それでも、父が集った鉄道の人々と話すのを何回か見かけたことがある。父が私たちに話してくれたことで忘れられないことは、ここに来ている鉄道の人たちの中でも保線区の人が一番偉いのだと話していたことである。父によれば、保線区の人たちは終列車が出てから真夜中まで線路を見て歩いて、不具合があればすぐ修理して夜っぴて働くのだ、あの人たちが働いてくれるから、私たちは毎日、安心して通勤したり、旅行したりすることができるのだ、ということであった。私は父の教えてくれたことを信じているから、長い間、保線区の人々に敬意を払ってきた。このごろ、分割・民営化して以後、最近のJRでは、車両点検のため遅れるとか、異音がしたので調べるために遅れが生じているとか、いろいろな口実で、時刻表のとおりに運転されないことがしばしばである。戦前、良き時代の国鉄では、その種のことは、始発の列車の前に、すませていたはずだ、といった感慨に耽ることが多い。そんなわけで、私たちは保線区の人々を尊敬するように教育されたのだが、わが家に集まる鉄道の人々の間では、断然、機関区の人々、ことにお召し列車の機関士が圧倒的なスターであった。お召し列車というのは、天皇、皇后両陛下がお乗りになったりする列車のことである。陛下が那須の御用邸においでになるために黒磯駅までお召し列車をお使いになる機会が多かった。そのような機会には大宮機関区のもっとも技能の卓越した機関士が運転を命じられたようである。

　何とかさんは、すごいもんだよ、と名指しでお召し列車の運転をする機関士を褒め讃えるのを何回聞いたか、数えきれない。あの人が運転するとね、所定の位置から十センチとは違わない位置に、ぴったり止まるんだがね、いつ列車が止まったのか分からないほど、すんなり、静かに、停車するんだよ、もちろん発車もおんなじだ、いつ動きだしたのか分からない間に、いつの間にか、列車が動きだしているんだな、まあ神業に近い、と言ってもいいんだ。そんな話をくりかえし聞かされて、私は少年時を過ごしたのであった。

　あの人たちは鉄道を愛していた。また、彼らの職業に誇りを持っていたのだ、と私は痛感している。何よりも安定した職業であったのだろうと私は考えている。景気、不景気に左右されることがないから、不景気になったからといって、馘首されることはない。労働条件も、早出、遅出のようなことはあっても、それほど苛酷ではない。機関車の釜に石炭を投げ入れ続ける機関助手のような辛い仕事もあるようだが、一時期の辛抱だと聞いていた。だから、例外があるにしても、体を酷使しなければならないような職業ではなかった。私の見知った人々は、保線区勤務の人々も含めて、みな愉しそうに勤めていた。

　それに、勤続一〇年とか二〇年とか、いう区切りの年に、無料パスのようなものが与えられて、全国どこへでも、ただで鉄道に乗り放題、といった特典がもらえる。ある年限では、無料の家族パスも与えられる、ということであった。私が一〇歳にもならないころに聞いた話だから、正確にどういう年限で、どういうパス、といったことはまるで自信がないけれども、この種の特典が勤続年限に応じて与えられていたことは間違いないし、それが鉄道に勤めることの励みになり、インセンティヴにもなっていたことは確かである。

それに、これは大宮だけのことかもしれないのだが、購買部という施設があった。購買部は鉄道の線路を越した西口にあった。現在でこそ、大宮駅の西口の乗降客の数が東口の乗降客よりも多いと言われるし、それなりに、西口が大いに発展していることは間違いはないのだが、その当時の西口は、鉄道工場が大きな敷地を占めているほかには、鉄道員官舎が低い軒を連ねているだけで、ろくに商店もなかったし、住宅もなかった。それでも、西口には桜木小学校があったのだから、それなりに住民はいたのであろう。購買部は、そんな侘しい一角にあった。私を購買部に連れて行ってくれたのが誰か憶えていないのだが、やはりコーヤが連れて行ってくれたのだとしか思われない。コーヤしか私には購買部に連れて行ってくれそうな友達はいないからである。そうとすると、コーヤの父親も鉄道に勤めていたのだろうか、ということになるのだが、それはかなり訝しい。ただ、購買部は鉄道に勤めている人たちのための物資や商品の売店だったが、客に一々身分証明を要求したわけではないから、コーヤは平気で買い物したのかもしれないと思うのである。私の記憶では、購買部はあらゆる物資、商品の販売店であった。米、味噌、醤油、砂糖などから、全国各地の産物を、産地の値段で、つまり、運賃、輸送費もなし、販売のための手間賃ほどは上乗せしても、ほぼ仕入れ値に近い値段で、すべてを販売していた。この購買部で物資や商品を購入できることは鉄道に勤めている人々の特典であった。もちろん、電気製品をはじめ、購買部で買えない品物も多いけれども、生活必需品の多くを産地値段に近い値段で買うことができる便益はちょっと表現しがたいものがある。

そんなことから、当時鉄道に勤めていた人々は鉄道を愛し、鉄道に勤めていることに誇りをもっていたのだと私は信じている。私の小学校の同級生五〇人中、一〇人近くが当時の国鉄に就職したのも、私のこのような理解の裏付けになるであろう。

一九七〇年代の初めから国労が順法闘争と称するサボタージュをくりかえし、一九七五年一一月二六日から、いわゆるスト権奪回のためのスト権ストが、八日間にもわたって、強行され、その間、当局は分割民営化構想を進めていた。一九七七年当時、国労の組合員は二四万人、衆議院議員一二人、参議院議員四人を擁し、通常予算一四〇億円、闘争費予算二〇億円を計上していたという。国鉄の利用者である公衆は順法闘争やスト権ストによって迷惑を受けるだけで、まったく国労や国労より過激だった動労、動力車労組を支持していなかった。むしろ国労などに憤り、怒りを強くしていた。知られるとおり、分割民営化が行われ、土壇場で、当局に詫びを入れたかの感がある動労の組合員は、御用組合であった鉄労の組合員とともに、新たに出発したＪＲに再雇用されたが、国労の組合員たちは再雇用の対象にはならなかった。国労は当局から二〇〇億円を超す損害賠償を請求され、八重洲口に在った国労会館の敷地、建物をふくめ、資産その他のすべてを失った。この経過において、国労、動労の鉄道員も分割民営化を推進した当局の職員も、利用者の迷惑など歯牙にもかけていなかった。私の少年時に親しかった鉄道の人々とはまるで別の人種のように思われる。何よりも、彼らが鉄道を愛していたか、鉄道員であることに誇りを持っていたか、私はつよい疑問を感じている。そして、同じ思いを、現在のＪＲの職員にも抱いている。

＊

もう一度、本田幸太郎、コーヤに戻る。あるとき、コーヤが煎餅を買いに行こうと私を誘ってくれた。私がついていくと、コーヤは私の家の前の魚房の隣の煎餅屋に行った。私の眼には老人に見えたのだが、いまから考えると五〇歳過ぎくらいであったかもしれない。あるとき、コーヤが私に一銭だしな、煎餅を買ってやる、と言って私から一銭むしり取るように取り上げ、その老人と押し問答をしていた。やがて煎餅屋の主人が大きな袋をコーヤに渡し、コーヤは袋と引き換えに二銭ほど払ったらしい。袋から煎餅のかけらをとりだして、キュースケを買ってやった、と言って半分ほどを私にくれた。食べてみると、醤油にムラがあって、濃いところと淡いところがあったが、何か複雑な味がして美味しかった。うまいだろう、とコーヤが訊ね、私は、うまいな、と答えた。コーヤは煎餅のクズ、ハミダシの売り物にならないのを、主人にせがんで買ったのであった。売り物の煎餅なんぞ買うもんじゃない、値段ばっかり高くて、うまくはない、煎餅はキュースケに限るのだ、と口癖のように話していた。

コーヤはまた、駅前の弁当屋に朝早くサンドイッチのクズを買いに連れて行ってくれた。これは必ず、日曜に限っていたように憶えている。大宮駅のプラットフォームで旅客にサンドイッチを売っていた。売り物にするにはどうしても端を切り落としてそろえなければならない。コーヤが買うのは、この切り落としであった。これも非常に廉価であった。切れ端にはハムの一部がついていたり、辛子がついていたりしたので、どこかハイカラな食品を口にするような満足感を味わったのであった。

そのころは、家を新築すると建前という行事があった。建前をふつうは棟上げといい、上棟式ともいうようである。棟上げのときには、棟梁以下の大工さんたちに酒や料理をふるまうのが常であった。神主さんが来て祝詞をあげることもあった。そんなときに、棟の上から、棟梁がおひねりを撒いた。おひねりには一銭か二銭か、そこらの金銭が包んであった。コーヤはどこに建前があるか、よく知っていた。ときに私を誘うこともあった。私はいつもコーヤについていって、撒いてくれるおひねりを拾って小遣いの足しにした。ただ、このことを両親や祖父母、兄などには秘密にしていた。多少、疚しく感じていたのであろう。

その当時は、大きなお葬式があると、必ず、子供たちにもおひねりを配る習慣があった。子供たちはおひねりを目当てに行列をつくり、お線香をあげた。そうすると、係の人が、ご苦労様、と言っておひねりを呉れるのであった。コーヤは葬式があると聞くと、少しは遠くても必ず、列に並んでおひねりにありついていた。あるとき、どういうわけか、私が大宮製油という会社の前を通りかかったら、お葬式があって、子供たちが列を作っていた。私は何気なしに列の後尾について、順番が来ると、おひねりをもらって家に帰った。やがて、母から、お前は逸見さんのお葬式でおひねりをもらってきたそうさね、とんでもない、恥ずかしい真似をしてくれたもんだ、とこっぴどく叱られた。逸見さんとは大宮製油の社長の姓である。たまたま、わが家にも出入りしていた百貨店の外商の人が大宮製油、逸見家の葬儀の手伝いをしていて私をみとめ、母に告げ口したのであった。私は一銭、二銭の小遣いに不自由していたわけではなかった。戦中、戦後、物資の不足していた時期に、行列があると何の行列かもわからずに、何かの物資にありつきたいと思って、行列に並ぶ習慣があった。私はお葬式に子供たちが列を作っていたら並ぶもんだ、とコーヤから教えられていたので、ごく気軽な気持ちで並んだのだった。それにしても、お前は根性が賤しい、と母にひどく叱責されたことが忘れられない。

小学校四年生になったときに、わが家は平林寺横丁から宮町の北小学校のすぐ南隣に引っ越した。本田コーヤとは相変わらず同級生であったが、学校を終えてから一緒に遊ぶことはなくなった。コーヤに代わるような遊び友達は宮町にはいなかった。こうして、いわば、私の少年時、というよりその前の一時期、いわば、幼年時が終わったのだった。

小林昭

小林昭さんは、私の中学四、五年ころから結婚後数年に至るまでの青春期において、私が兄事し、私の先達となってくださった人々を代表する方である。そういう方々として私は、小林昭、寺沢一《はじめ》、嶽山幸一の三人をあげ、ついで先崎元彦さんをあげ、本項ではこれらの群像を回顧したいと考えている。小林昭さんはこれらの人々の中でもっとも親しく、懐しい人なので、彼らを代表して、本項の題名に採りあげたのであり、本項では彼以外の人々の回想にも多く筆をさくことになるはずである。

ふだん私は小林昭さんを昭さんとよび、寺沢一さんを一さんとよび、嶽山幸一さんを幸ちゃんとよんでいたが、本項では昭さんだけは昭さんと、寺沢一さんは寺沢さんと、嶽山幸一さんは嶽山さんとよぶこととする。この三人は私より二学年、年長であり、いずれも旧制浦和中学の出身である。

本項を「小林昭」と題したにもかかわらず、私の記憶する限り、もっとも古く現れるのは、寺沢さんである。

私は中学三年の終わりころ、急性腎臓炎に罹り、絶対安静を命じられ、毎日主治医に尿を届けて蛋白量を検査していただいていた。その恢復期にトルストイの『戦争と平和』を初めて読み、これが生涯で最初の読書体験というべきものになったのだが、それはさておき、絶対安静にしていなければならないため、私はわが家の一番奥の客間で終日臥床していた。客間は八畳で南面と北面の二面に廊下をめぐらし、庭に面していた。私はその庭から、莞爾とした笑顔を浮かべて寺沢さんが現れた、その表情を忘れがたく記憶にふかく刻みこんでいる。彼は、浦和高校（旧制）に合格した、と私に告げ、手に持っていた一抱えの受験参考書を私の眼の前に差し出し、

「これらは稔さんの受験勉強に役立つと思ってね、持ってきてあげたんだ」

と言った。私が四年に進級する日は間近であった。四年生になれば高校受験の勉強を始めるのが通常であった。寺沢さんの親切を私は身に沁みてうれしく、有難く思った。

このことから考えると、それ以前から寺沢さんは私を知っていたはずである。同じ大宮北小学校の出身であることは承知しているが、いつ、どういう機会に寺沢さんと私が知りあったのか、私は憶えていない。まして私は浦和中学の後輩でなく、都立五中に在学していたのだから、どうして寺沢さんが受験参考書をそっくり揃えて私に譲ってくれるよう決心したのか、ふしぎといえばふしぎである。私の回想は、そんな一九四二年の早春の穏やかな日差しの中の風景に始まる。

*

そこで昭さんに筆を移すと、昭さんは、私の母のいう、白田のねえちゃん、の長男である。白田は小林家が大宮駅前でタクシーなど運送業を経営していたときの屋号である。いまは大宮駅前広場のバス・ターミナルの一部になっているあたりに、銀座通り側と南銀座通り側の双方に三、四軒の店舗があり、その中の銀座通り側の一軒が白田であった。その帳場で采配をふるい、すべてを仕切っていたのが昭さんの母堂、私の母のいう、白田のねえちゃんであった。私の母は昭さんの母堂榮子《よしこ》夫人の妹

君子さんと浦和女学校（現在の浦和一女の前身）で同級生であり、非常な仲良しであった。この方は早く結婚し、早逝なさったので、私はまったく知らないが、そのような関係で、わが家は小林家とほとんど親戚つきあいに近いような親密な関係をもっていた。その一つの証拠として、私自身が白田のタクシーを利用したことがあることを記しておきたい。

都立五中（当時は府立五中と称していた）の入学試験の前日、私は突然発熱した。原因は分からない。他の学校に願書を出していなかったので、とにかく受験しなければならない、ということで、頓服か何か、解熱剤で一応熱を下げ、タクシーで大宮から小石川駕籠町（いまの千石四丁目）の府立五中まで出かけたのであった。たぶん母が同行したはずである。どうにか試験を終え、帰りを待っていたタクシーで帰宅した。ほとんど信号のない時代だったし、中山道を真直ぐ往復するだけだから、片道三〇分ほどではなかったか、と思う。中学受験のためにタクシーで往復するのは、当時でも常識外れの贅沢だが、一つには私の両親が何としても府立五中に入学してほしいと切望していたためであり、もう一つには、白田のタクシーを利用することに極度の気安さを覚えていたからであると思われる。私は中松潤之助先生のお供でずいぶんと贅沢をさせていただいたが、この中学受験のさいの、タクシー利用が生涯で最初の贅沢であった。

＊

大宮駅前に広場を造成するため、南北両側の駅に近い六、七軒の店舗が立退きを命じられたのは、たぶん私が中学二年か三年のときである。当時、中国大陸での戦争は膠着状態にあり、大宮では、宮原に中島飛行機製作所、日進に大宮造兵廠が設けられ、寿能その他三ヵ所に高射砲陣地が造られていた、という。そういう観点から大宮駅周辺を整備する必要があったのであろう。当時は、政府がそう決定すれば、住民としては否も応もなかった。白田は自動車によるタクシー、トラック輸送などの他、バス路線ももっていたが、そこで家をとりこわし、明渡しを余儀なくされた。それはまた、廃業を余儀なくされたことでもあった。小林家は西角井邸の西面の一角を譲受けて家屋を新築した。氷川神社には千年以上にわたり宮司をつとめてきた家が三家ある。岩井、東角井、西角井の三家である。岩井家がどこに所在するかは知らないが、今でも参道の東側に東角井家が、西側に西角井家があり、かつてはそれぞれ千坪ほどもある広大な邸を構えていた。この時代には西角井家は神職を離れ、当主の西角井正慶先生は國學院大學教授として、神楽、神楽歌の研究などの業績で知られていた。現在では、東角井家は神職をなさっているようだが、西角井家の人々は神職とは関係ない職業についておいでになる。正慶先生の長男は、級は違うが、私と同学年の北小学校の出身であった。いまでも東角井家は往年の面影を残しているが、西角井の邸宅はまったく往年の面影がない。小林家や、正慶先生の子息たちの住居をはじめとして、順次、こまかに分割、切売りなどされた結果である。小林家への西南の一区画の譲渡がその発端であった。

　それ故、小林家の新居は氷川神社の参道から西へ一筋入った角地に位置し、たしかその一筋南寄り手前に寺沢さんの住居があった。わが家からは徒歩で五分ほどの距離である。小林家が西角井邸の一角を譲受けて、住居を新築したのは、正慶先生が昭さんの母堂、私の母のいう白田のねえちゃん、榮子夫人に非常に好意をもっていた、いわばファンであったからであるという。いずれにしても、強制疎開、廃業を余儀なくされたけれども、当時でも、一応の補償をうけたに違いないし、昭さんの父君は日本通運の大宮支店長をつとめていた。たぶん、小林家が新居に移転してから私は昭さんをはじめ小林家の人々と親しくなったに違いない。

＊

そこで昭さんの最初の思い出は、昭さんに日本劇場に連れていってもらったときのことである。私は『私の昭和史・戦後篇』にこのときの回想を書いているが、これは終戦前、一九四二（昭和一七）年の春のことである。

昭さんは非常に美男子であった。容貌が整っているというだけでなく、一瞬自ら他人をふりむかせ、惹きつける、内部から滲みでる華やかさ、一種のオーラ、華というべきものをもっていた。昭さんは優男型の二枚目であった。上原謙とか一五代目市村羽左衛門の系統の二枚目であった。戦後は、三船敏郎とか高倉健のような野性味をもった、男っぽい二枚目が好まれたようだが、昭さんは、そういう意味では、いわば古典的な美男子であった。彼が早稲田大学専門部に入学し、特徴のある角帽をかぶり、新調の制服を身に着けた姿は、私が見てもほれぼれするほど颯爽としていた。

どうして昭さんから日劇に誘われたのか、私は憶えていない。李香蘭が初来日し、日劇に出演、日劇を何廻りかの行列ができたのはその前年であった。日劇で当日、何を上演ないし上映していたのかも憶えていない。私たちが有楽町駅に着くと、もう駅の近くまで行列ができていた。何かといえば、すぐ行列をつくり、行列があればその行列のあとにつく、ということが当時の風潮であった。私は気が短いのでそういう行列の尻について根気よく順番を待つのが嫌いである。思わず尻ごみする私を昭さんは、まあ、ちょっと待って、と言って、つかつかと行列の先頭近くまで歩いていった。そして、先頭に近い位置に並んでいた女学生に何やら話していた。やがて、昭さんは、その女学生が買ってくれた切符を二枚もって、私の許に戻ってきて、さあ、稔さん、入ろう、と言った。昭さんは、その美貌に惹かれた女学生に私たちの切符二枚分の代金を渡し、彼女に切符を買わせたのであった。私はまるで手品でも見たような思いで、日劇に入った。

ここで断っておけば、昭さんは、こうしてその美貌を売りものにすることはあったし、その美貌に惹かれる女性が多く、若い女性たちにちやほやされる機会も多かったが、浮いた噂はまったくなかった。昭さんは気質としては物堅い人であった。親切だったし、信頼できる人であった。昭さんは、結局は、見合結婚し、久美子夫人を連れ合いに選んだのであった。久美子さんもすぐれて器量よしである。だから二人の間の二人のお嬢さんは稀有の美少女として評判だったそうである。

＊

嶽山さんとはいつ知り合ったのか、やはりはっきり憶えていないが、一九四二（昭和一七）年ころには確実につきあいがあった。私は嶽山さんが浦和中学の三塁手として全国中等野球大会の埼玉県予選に出場し、県営大宮球場でプレイしたのを見物していた記憶がある。嶽山さんは派手ではなかったが、堅実なプレイヤーであった。嶽山さんは釜重という、いま一の宮通りと名づけられている道路沿いの大手の魚屋さんの長男であり、釜重には始終私は母に言いつけられて買物に行っていたから、当然嶽山さんも知っていたはずである。ただし、彼の実母は亡くなり、後妻になる方が店を仕切っていた。この嶽山さんの父君の後妻になった方は、でっぷり、ふくよかで愛想がよく、非常に商売上手だったようである。物資統制令下にもかかわらず、公的には何か特別の資格を与えられていたらしい、公式、非公式に、魚だけでなく、あらゆる物資を豊富に在庫していた。私が中学五年の卒業前、突然、担任の関口孝三先生がわが家を訪ねておいでになったことがあった。口実はともかく、本当の目的は物資、ことに食糧品の調達であった。私は母に言われて釜重に行き、お土産におもたせする食糧品を買って、先生に差し上げたことがある。また、終戦後、父の転勤のため、父母をはじめ家族が弘前に住んでいたころ、一高の寮で生活していた私は帰省する前、必ず釜重に立ち寄って、嶽山さんの義母にあたる、ふくよかな笑顔で応待してくれるおかみさんから、煙草を一〇本ほど頒《わ》けてもらって、ほぼ一昼夜かかった弘前行の列車に乗りこむのがつねであった。なお、嶽山さんは釜重の長男として生まれたが、店をつぐ気はなかったので、後妻の方のお子さんが後継者になっている。

嶽山さんと知りあったのは、たぶん、兄が組織した野球チームの関係だったに違いないが、これについては後に説明する。

先崎元彦さんは、たしか昭さん、寺沢さん、嶽山さんより一学年上級のはずである。東京高等商船学校を受験するため、勉強中だった。東京高等商船学校は、航海士から船長まで、高級船員の養成校なので、定員も限られており、入学試験は難関といわれていた。私がはじめて聞いた噂は、先崎さんは、仲良しの女性を梶岡にひっさらうように奪われて落ちこんでいる、ということであった。そのころ、専修大学野球部が練習のため大宮球場を使っていて、選手たちはシーズン・オフには大宮に合宿していた。そこで、専修大学のエースである梶岡が、先崎さんが仲良くしていた女性と知りあい、結婚してしまった、という。梶岡は後に阪神タイガースに入団し、エースとして活躍した。一九四七（昭和二二）年、二二勝八敗、防御率一・九二、一九四八年、二六勝一七敗、防御率二・五四から始まり、一九五二年が最高だったらしく、二一勝八敗、防御率一・七一、一九五五（昭和三〇）年を最後に引退したが九年間で一三一勝八五敗、通算防御率二・八〇、という記録が残っている。セ・パ両リーグに分裂後、若林、別当らが大毎オリオンズに移籍後の阪神タイガースを背負って立つエース投手であった。このような将来性は大学時代から嘱望されていた。だから、先崎さんの仲良しだった女性が梶岡の許に走ったことも、先崎さんはまだ一介の受験生なのだから、当然といえば当然であった。ただ、先崎さんは容姿端正で精悍な感じの好青年だったから、かなり自信をおもちだったのだろう。彼の結婚については後にふれることとする。

そこで、兄の組織した野球チームだが、兄は東京高校高等科二年生で野球部に属していたが、三年生が在籍していたから補欠だったのではないか、と思われる。そこで、大宮で実業団等の野球部のトーナメントが催されると聞き、チームを編成、トーナメントに参加することにしたらしい。東京高校から兄の親友だった信木三郎さんが参加し、その他は大宮の知り合いで野球の上手な人々に片端から声をかけた。声をかけられたのが寺沢さんであり、嶽山さんであり、先崎さんであり、私の家のすぐ前で開業していた福田歯科の長男、福田勇さんらであった、と思われる。

私も練習に誘われたが、北小学校でノックされたボールを受ける練習のさい、フライを捕球しようとして、オーライ、オーライといった途端、ボールが私の頭を直撃したことがあり、私は大いに嗤《わら》われ、私は勘定から外れることとなった。私は自分が野球ないしスポーツが不得手なことは自覚していたから、練習に参加したのも、私の本意ではなかった。私をチームの一員として勘定に入れないことを私はむしろ歓迎していた。

このチームの試合か、練習で、私は寺沢さんが無類にコントロールの良い投手であることを知った。球威はそれほどなかったが、直球もカーブも思うところに投げることができた。また、福田勇さんは兄よりも二、三歳年長だったはずだが、豪速球を投げた。嶽山さんは山形高校に進学していたが、堅実な内野手であり、先崎さんも器用に内野手でも外野手でも、どこのポジションもこなす、有能なプレイヤーであったように記憶している。捕手はいつも信木三郎さんで、兄は投手をすることもあったが、速球に威力はあったけれども、コントロールが悪く、フォアボールを連発して自滅するおそれがあったので、おおむね一塁手で四番を打っていた。

どういうわけか、この野球チームが三、四回勝ち続けて、決勝戦に臨むことになった。決勝戦は大宮球場で行われるということであった。どうしても一人、選手が足りなかった。「しょうがない、稔、おまえ、ライトを守れ」と兄に言われ、私は右翼手として決勝戦に参加し、大宮球場でプレイした。これは私としては稀有の体験であった。

すでに別に書いたことがあるが、右翼を守らされたのは、たぶん打球が右翼を襲うことはあるまいという予測だったからだが、意外にフライがやってきた。駆けよればダイレクトに捕球できたはずだが、私は慎重に地面に落ちるのを待ってからボールを拾って、一塁に投げかえした。大宮球場には若干の観客がいて、観客席から、「ライト、気がないぞ」という野次がとんだのを憶えている。

決勝戦の相手は染工場といい、横沢、柳沢という二人の元職業野球選手が属していたので、圧倒的に強いという評判であった。兄のチームは染工場に負けた。たしかスコアは七対三だった。ろくに揃って練習したこともない、毎試合、九人そろえるのがやっとという、寄せ集めの、烏合の衆というべきチームとしては善戦したといってよいだろう。

戦前の職業野球チームの一に東京セネタースがあったが、その初代監督は横沢三郎といい、後には審判部長をつとめて野球界に知られた存在であった。その弟の横沢七郎もセネタースの選手であった。彼らの兄弟の一人、横沢四郎はセネタースの創立時、一年だけ選手として参加、後に、映画俳優にもなったという。北小学校の通用門の一つには東側、氷川参道方向への通用門があったが、その通用門に接して、横沢という人の住居があり、その夫人を私たちは始終見かけていたが、垢ぬけた近代的な美貌が目立っていた。染工場の横沢は横沢四郎であり、この夫人の夫に違いない。

私の記憶はきわめて不確かだが、この時、嶽山さんは山形高校の一年生、寺沢さんは浦和高校（旧制）の一年生だったから、このトーナメントは一九四二（昭和一七）年の夏休みに催されたのではないか。

*

私が昭さんをはじめとする小林家の人々と何時ごろから親しくなったのか、判然としない。前述した日劇に連れていっていただいたころにはすでにずいぶん親しかったのかもしれない。ただ、忘れがたいのは一九四七（昭和二二）年の秋から冬にかけて、中山道通りの河内屋篠原薬局に居候していたころ、ほとんど毎晩、小林家を訪ねて、風呂に入らせてもらい、家族の談笑に加わった時期である。小林家の家族は、白田のねえちゃんこと、榮子夫人とその夫、長男の昭さん、私と同年の次男良二さん、三男健郎さん、末妹の節子さんの六人家族であった。昭さんの上に長女の昌子さんという方がおいでになるが、昌子さんは当時すでに三上さんという与野の医師と結婚なさっていた。昌子さんも楚々とした美貌の女性だったし、節子さんは当時、繊細、可憐な美少女だった。また、男兄弟も昭さんをはじめ、良二さんも整った容貌の持ち主だったし、健郎さんも、昭さんと違って、野性的な、男っぽい美少年であった。父君も整った容貌であったが、良二さんと同様、昭さんがもっていたようなオーラないし華はもっていなかった。どちらかといえば影が淡かった。

そこで、榮子夫人だが、この方はじつに豊満な美貌の持ち主であった。この美貌に匹敵する方は後にふれる公論社書店の奥さんだけで、このお二人に並べられるような美貌の女性は、その後、私の世代の女性までふくめて、私の知る限り、一人もいない。榮子夫人は、映画女優でいえば京マチ子が近いといえるだろうが、京マチ子よりもっと優しく、もっと厳しく強靭な感じであった。いいかえれば、女性らしい優しさと、自動車業という商売でも采配をふるい、家庭では入り婿である夫君をおいて、いかにも家長として家事全般をとりしきる毅然たる風格をお持ちであった。親しみやすく、女性の魅力を発散させるオーラをお持ちであった。考えてみると、一九四七年当時、彼女は四〇代の女盛りであった。

一方、ここで私がふれておきたいのは公論社という大宮駅にごく近い銀座通りの書店の奥さんである。『私の昭和史・戦後篇　上』で私は公論社書店の子息、夏井次郎さんにふれたが、ここで採り上げるのは次郎さんの母堂である。この方は、榮子夫人とは対照的に、ほっそりした顔立ちで、知的で清楚な美貌の持ち主であった。考えてみると、これら二人の女性は、そろって中背というよりもやや長身であり、次郎さんの母堂は、立ち姿がすらっとして見ばえがした。白田のおばさん、榮子夫人の美貌を牡丹の美しさにたとえるとするなら、公論社の奥さん、次郎さんの母堂の美貌は水仙の美しさにたとえられるであろう。この女性が公論社の主人と結婚なさったとき、非常な美人の嫁入りだそうだ、という噂が高く、公論社の周辺から駅の周辺まで、まるでお祭りのような人出だったそうだ、と私は母から聞いた記憶がある。

ついでに付け加えれば、わが家では公論社で本を買うのは、いつも「つけ」で買い、たしか、年に一回、年末に支払うことになっていた。年末が近づくと、私は度々公論社を訪ねて、店番をしていた奥さんに、まだ勘定できないだろうか、と尋ねたが、その都度、まだちょっと手が廻りませんので、という奥さんの弁解を聞くことが多かった。私の方が支払いをする立場なのに、逆に先方から謝られて、私は恐縮するのがつねであった。その応待はじつにしとやかでたおやかであった。そんな問答のさい、私はいつも綺麗な方だなあ、と内心感嘆していた。

さらに、ついでのことだが、次郎さんの代になっても、私は公論社で「つけ」で本を買っていた。私の娘たちも「中村稔につけておいてください」と言って、自由に本を買っていたという。それが一九八〇年代の初めころ、公論社が廃業に追いこまれるまで続いたのであった。公論社なら、いつでも、好きな本を「つけ」で買っていい、と言われていたから、自然と読書好きになったわけね、と次女は言う。それも公論社のような小規模書店の経営が行き詰まるより以前の良き時代のことである。

くりかえしになるが、昭さんの母堂と夏井次郎さんの母堂、このお二人の女性ほど魅力ある美貌の女性には、その後出会ったことがない。

そこで、小林家の団欒に戻ると、榮子夫人を中心に、子息たちが集って、面白可笑しい談笑が一時間、二時間も続くのだが、話題は新聞でいえば、社会面や娯楽欄の記事のような事柄に終始し、政治とか経済とか国際関係などが話題になることは決してなかった。私が日高普や中野徹雄、いいだももらと談笑するときのような話題が採りあげられることはなかったし、日高や中野、いいだらとの会話にさいして経験していた緊迫した気分とも無縁であった。心を開いた、団欒であった。私の家ではこうした談笑の機会はなかった。これは父の気質によるだろうし、小林家の団欒は榮子夫人が仕切っていたのだが、私の母には、そんな能力がなかった、厳格な父が仕切っていたからであろう。

*

ここまで書いて、昭さんは徴兵されたはずだが、ふしぎなことに、昭さんの軍隊の生活を聞いたことがないように思われる。不可解としか言いようがない。

寺沢さんも嶽山さんも一九四四(昭和一九)年の九月、二年半でくり上げ卒業したはずである。その時、嶽山さんはすでに応召されて軍隊に入っていたので、大学進学にさいし、兄が相談をうけ、東大文学部の社会学科に願書を出し、無事合格したことを鮮明に憶えている。山形高校から東大の法学部、経済学部を志望すると不合格になる恐れが高い。信木三郎さんがすでに文学部社会学科に進学していた。文学部でも社会学科であれば、就職にさいし、あまりハンディキャップにならないだろう、という兄の判断であった。嶽山さんは宇都宮の部隊で見習士官として勤務していた頃、終戦を迎え、帰郷した。それにしても、嶽山さんは、山形高校からの内申書だけで、受験することなく、軍隊に在籍したまま、東大に合格したのだろうか。当時の受験事情は謎である。

寺沢さんについては、私は『私の昭和史・戦後篇　上』の第一〇章に次のように記している。

「敗戦後抑留されていたシベリアから引揚げて、東大に復学し、横田喜三郎教授の許で、国際法を専攻するため、熱心に勉強していた。寺沢一さんからはシベリア抑留中にたちまちロシア語を習得して通訳をつとめた話を聞くこともあったが、学業、ことに自分が横田教授に目をかけられていること、などを聞くことが多かった。」

シベリアに抑留されると、きっと片言には違いないが、ともかくコミュニケーションできるだけのロシア語を曲がりなりにも習得し、ソ連兵との間で通訳をつとめて彼らに重宝がられる、といった利発さ、才覚はまさに寺沢さんならではの資質であり、横田教授に特に目をかけられていたことも真実に違いないから、右の話はまったく本当のことのように思われる。ただ、シベリアに抑留されたのに一九四七（昭和二二）年に早くも帰国できたとは信じられない。しかし、シベリアに抑留されたことは間違いない事実だから、一九四七年当時帰国していたという私の記憶が間違いで、こうした話を私が寺沢さんから聞いたのは一九五〇（昭和二五）年にわが家が大宮に戻ってから後だと思われる。

一九四四年九月のくり上げ卒業と徴兵、復員の関係で、寺沢さんや嶽山さんが大学の何年の課程に戻ったのか、戦後の混乱期なので、はっきりしないのだが、寺沢さんが横田喜三郎教授に目をかけられ、横田教授の許で国際法を専攻するようになったのは、シベリアからの帰国後かなり早い時期だったはずである。

これは一九四七年、篠原薬局に居候していた時期のことではなく、わが家が大宮に戻ってきた以後のことだと思うが、小林家の団欒のさい、寺沢さんを小林家の皆さんは「バカセ、バカセ」と呼んでいた。寺沢さんが博士号を取得しようとしていたか、取得したか、といった時期であった。「あれは、ハカセでなくて、バカセだ」と莫迦にしていた。学業の成績では寺沢さんの方が小林家の兄弟たちよりはるかにすぐれていたのだが、小林家の兄弟たちはまるで寺沢さんに敬意をはらっていなかった。寺沢さんが横田教授に目をかけられている、と自慢するのが気に入らなかったのかもしれない。寺沢さんが何事も要領よくこなし、才覚に富んだ世渡りをしているのが面白くなかったのかもしれない。本当の学者はあんな者であるはずはない、という反感だったのかもしれない。だからといって「バカセ」というのは気の毒だが、寺沢さんにはそう言われても仕方のない要領の良さや世渡りの才覚があったように思われる。

*

そこで昭さんに戻ると、どういう機会か、昭さんに東京の古着屋さんに連れていってもらったことがある。どうしてか、私はグレイのズボンを一本もっていた。その上着が必要になったのだから、司法修習生として勤め始めるのに、上下の背広が必要になったのかもしれない。私の兄はそういう時決して手を貸してくれる人ではなかった。大学に入学して以後、私は父から、払い下げをうけた陸軍将校の軍服を与えられた。父はその軍服を黒に染色してくれた。ところが、軍服は真っ黒に染色できなかった。黒とカーキの間のじつにふしぎな色合で、何とも表現のしようのない色調であった。恥ずかしくても、私は冬になれば、その服を着ていた。だから、グレイのズボンがどこからどうして出現したのか分からないのだが、ともかく、昭さんが東京の古着屋街に連れていってくれた。そのグレイと似たようなグレイの上着を探しあてるのに一時間もかかった。どうして上下そろいの古着を買わなかったか、ふしぎだが、たぶん、上着を買うだけの金しかなかったのだろう。それほど当時私は貧乏であった。そこで上着だけを探したのだが、昭さんに、私が、もういいから、どれでも決めてしまってください、と言うまで、昭さんは諦めなかった。現在なら、いっそ茶系統の上着で合わせるところだが、当日は、上下揃いのグレイの洋服に見まがわしいような上着を探したのであった。結局、買い求めて帰宅したのだが、昭さんの根気、親切には、本当に頭が下がる思いであった。

ついでにもう一つ、昭さんから親切にしてもらったことを記しておく。それは昭さんから社交ダンスの手ほどきをうけたことである。

当時、私は、祖母と二人で離れで暮らしていた。「港が見える丘」という流行歌がはやっていたころであった。離れの八畳の部屋であった。

「稔さん、左足を前に、一、二」

と拍子をとり、

あなたと二人で　来た丘は
港が見える丘

と口ずさみながら、「そこで左足前、さ、右足そろえて」といった調子で、手とり足とり昭さんは教えてくれた。しかし、

色あせた桜　唯一つ
淋しく咲いていた

と進むころには、私はもう足も身体も昭さんのかけ声についていけなかった。

「昭さん、だめ、ぼくはもうだめ」

と音《ね》をあげてしまった。私はリズムにのって身体を動かすことも、リズムを聴きとることもできなかった。まことに不器用なことを思い知った。昭さんの親切に私は報いることができなかった。

同じころ、私は大宮の銀座通りの居酒屋に昭さんに連れていってもらった。その当時は、焼鳥というものは居酒屋でしか食べられなかった。今では焼鳥の専門店がいくらもあるようだが、それは高度

成長期以来のことなのではないか。

一度、焼鳥というものをたべてみたいな、と言うと、昭さんは気軽に、じゃついておいでよ、と言って、ある夕刻、大宮の銀座通りの二階にある居酒屋に連れていってくれた。カウンターの前にずらりと椅子が並び、それぞれがカウンターに並んだ酒の肴をつまみながら、酒やビールを傾けていた。昭さんは焼鳥とビールを注文してくれた。焼鳥は何ということもなかった。

これが私の生涯で、ただ一度だけ、居酒屋というものを訪ねた経験となったわけである。

＊

一九五四（昭和二九）年四月、兄が結婚した。兄は医師の国家試験に合格して後、しばらく東大病院の小児科の医局で研修し、結婚当時は古河電工の横浜病院に勤務していた。その後、一九五六年四月に大宮に戻って小児科医院を開業した。このとき、わが家の玄関をとりこわし、その部分をふくむ、わが家の住居の前面に一〇坪ほどの診療所を建築した。玄関は誇るに足る立派な造作だったから、私にとってごく愛着がつよいし、この診療所のためにわが家の住居はまるで日蔭になってしまった。もうすこし他に診療所を造る方法はなかったのかと思うが、要するに、資金が調達できなかったので、こうするより他に方法がなかったのであろう。

この建築資金を調達するため、私が埼玉銀行大宮支店に出向いた。兄も父も出かけなかった。二人とも借金のために銀行に赴くのを嫌って私に押しつけたのであった。

このとき、わずか一〇坪ほどの建築費を賄うためにいくら借りたのか憶えていない。ただ、ごく些細な金額だったはずである。そのために、わが家の三百坪ほどもある敷地とその敷地上の建物すべてについて抵当権を設定し、借入金の一割を差引して定期預金するように強制され、法律で定められた最高率の利息を支払うという約定であり、また、抵当権設定の登記費用などはもちろん私共の負担とされていた。たいへん屈辱的な約定であった。帰宅して報告すると、母が、それじゃ、おじいさんの利息よりも高いじゃないの、銀行こそが高利貸だねえ、と嘆息した。祖父は金貸しを業としていたから、高利貸しと言われることが多かったのである。私はそうした条件に一言も抗議できる立場ではなかったから、私はただ黙って借入の手続をしたのだが、兄からも父からも一言の挨拶、感謝の言葉もなかった。

後に、開業してから、大宮ではじめての小児科専門医院だったので、兄は大いに繁盛したのだが、あるとき、私に、銀行がしょっちゅう金を借りてくれ、と言ってくるので、うるさくて困る、と得意そうに話したことがあった。私は、銀行とは、金を必要とする人には貸ししぶり、必要ない人に貸したがる、商売をする機関なのだ、と痛切に感じた。

それはともかくとして、兄が大宮に戻ってきた結果、私の交友関係も自ら変化した。

＊

このころ、先崎さんが福田さんの八千代さんと結婚した。わが家は敷地の前面に三軒の長屋と一軒の家屋があり、その両端、西側にわが家への通路、東側にわが家の勝手口、離れへの通路があったが、その三軒の二階建ての長屋は歯科医院、理容室、自転車屋となっていた。もう一軒はわが家の敷地を借り、家屋は自分の持家の菓子屋であった。この歯科医が福田先生で、私の中学二年生のころに、わが家への正面通路の西側に立派な居住を新築して戦後もずっとお住まいであった。福田家には先生の夫人はとうに亡くなっていたが、長男の勇さんと長女千鶴子さん、次女八千代さん、三女薫さん、四女千恵子さんと次男の勉さんの六人の子女がいた。四人の娘たちはそろって器量よしで、評判であった。八千代さんは私と同級生で、ことに人形のように可愛らしかった。ただ、たぶんそろって彼ら子女たちは学業があまり得意ではなかった。しかし、派手な目鼻立ちで、気さくな性分だったから、わが家が大宮を離れていたころ、かれら姉妹たちを、占領軍の兵士たちが始終訪ねてきて、どんちゃんさわぎをしていたという風評があった。

先崎さんが八千代さんと結婚したことは、彼女の美貌に魅せられたのに違いないが、学業や評判を聞いていた私には、まったく意外だった。先崎さんは当時、東京高等商船学校を卒業して、貨客船に乗りこんでいたらしいが、八千代さんが、船乗りは長期間留守になるので嫌だ、と言い、陸上の会社に変わってほしい、とせがみ、その結果、横浜に本社のある船荷を積んだり、積下ろしたりする会社に転職したそうである。一部上場の著名な会社だと聞いた。あるいは宇徳運輸という会社ではないかと思うが、確かではない。

先崎さんはこの会社でその才腕・技量を認められて順調に昇進し、常務取締役か専務取締役にまで昇進なさったと、これも噂として聞いている。結婚してから二〇年以上後のことだが、大宮北小学校の級会が催され、八千代さんが出席したことがあった。いかにも贅沢そうな和服で現れた彼女は、長唄のお稽古で忙しいのよ、ついこないだは国立劇場でおさらい会を開いたの、と婉然と微笑した。まるで大宮のおばさんたちの間に横浜の上流階級の貴夫人が、それこそ掃溜めに鶴が舞いおりたような風情であった。同級生一同、唖然とした。私は女性の運命はどんな亭主をひきあてるかで、ずいぶん変わるものだ、と彼女の小学校のころを思いだしながら、そんな感慨に耽ったのであった。

千鶴子さんについて忘れられない事件がある。ある夜ふけ、彼女が入浴中、「誰かわたしを覗いている」と叫んだ。福田家の人たちはもちろん、近所の人まで駆けつけて、不審の者を探した。やがて、福田家の縁の下に隠れていた男がひきずりだされてきた。みると、井上さんという福田歯科に勤めていた技工士であった。中背でがっしりした体格であった。二〇代の終わりに近い年齢であった。さすがに恥ずかしそうな表情であったことを憶えているのは、私も野次馬の一人だったからだろう。発覚してみれば、身内も同然の人だったから、井上さんがひどく気まずい思いをしただけで終わってしまった。

井上さんは歯科医院の診療所の奥の一室で毎日義歯などを細工していた。その部屋は私の家への正面通路に向かう側に窓があり、窓ごしに井上さんを始終見かけていたので、話しあう機会も多かった。その結果、私が井上さんから聞いたところでは、彼は画家が志望であった。師匠について習作を見てもらっているということであった。師匠の名前を聞いたはずだが、憶えていない。私の中学二、三年のころ、彼に連れられて、大宮の郊外に自転車で行き、スケッチを教えてもらったことがある。私は当時大宮の郊外の田園地帯を彷徨するのが好きだったが、風景を描くことは、好きな景色だからといって、そのまま描くものではなく、その景色から絵に描くにふさわしい部分を切りとって描くのだ、と教えられた。私はそんな言葉に絵を見る眼を開かれたように思っていたので、千鶴子さんの入浴覗きの騒ぎの井上さんのぶざまな様子が気の毒で仕方なかった。

千鶴子さんは男づきあいのさまざまな噂がたえなかった。寺沢さんもその一人として名前があがったことがあるが、真偽は分からない。千鶴子さんは、自分がいかに若い男性たちにもてるかをいつも自慢していたから、誰彼もなく、自分につきまとっているのだ、と名前をあげたので、彼らの中にはまったく関係ない人もふくまれていたのである。

その千鶴子さんは、結局、井上さんと結婚した。だが、数年で離婚したそうである。技工士という職業では、ことに福田先生が亡くなって以降、千鶴子さんを養うに足る収入が得られなかったようである。千鶴子さんは銀座の酒場につとめて、そこの顧客の一人と再婚したそうだが、詳しい事情は知らない。

薫さんは女子プロ野球があった当時、その選手であった。なまじの実業団のチームより、あたしたちの方が強かったね、と誇らしげに話していたことがあった。女子プロ野球は終戦後、ほんの一年から二年、たぶん二チームで発足したはずだが、客寄せのために実業団の野球チームとも試合をしたようである。女子プロのチームが強いことを見せる目的の興行だったが、結局、営業的に成り立たず、解散した。

その後、薫さんは後楽園のアイススケート場に勤めていた。たぶん、その関係だと思うが、彼女の長兄の勇さんが私を後楽園のアイススケートリンクに連れていってくれたことがある。勇さんは兄の野球チームに関連して豪速球を投げたことを記したが、スケートも上手であった。私にスケート靴をはかせるまで面倒をみてくれたが、スケートリンクのバーに私をつかませると、じゃ、ね、と言って、自分はさっさと中央の方向へ滑っていった。その恰好良い姿を横目で見ながら、私はバーをたよりによちよちと数メートルほど歩いたが、スケート靴を上手に制御できなかった。私は生来不器用なので、折角の勇さんの好意に報いることができなかった。

しかし、思いかえしてみると、スケッチに連れていってくれた井上さんといい、後楽園アイススケート場に連れていってくれた福田勇さんといい、福田家の関係でも、私はずいぶん厚意をいただいている。私に親切にしてくれたのは昭さんだけではなかった。私はそんな恵まれた星の下に生まれたのかもしれない。

なお、福田勇さんは三〇歳にもならずに早逝した。薫さんのその後は私は知らない。千鶴子さんが井上さんとの間に生んだお嬢さんは、成人して一七号国道から入った場所にラーメン屋を営業していたという噂を聞いている。当時、美少女だった四女千恵子さんの消息は聞いていない。

*

さて、兄が大学に戻ってから、兄の家にマージャン仲間が集まることになった。常連は、小林昭、寺沢一、嶽山幸一、小竹哲郎、といった人々であった。それに高原誠一という方が加わった。高原誠一さんは私の親友、平本祐二と府立三中で同級生であった。平本は私の一高の同級生で、私と同期の司法修習生であり、その間に後に埼玉県知事を長くつとめた畑和《やわら》弁護士の義妹と結婚、その直後にわが家の世話でわが家に近い萩原邸の一室に住んでいた。高原さんは四年修了で一高理科に入学、二年のくり上げ卒業で、東大理学部物理学科に学んだ稀代の秀才だったが、東大卒業のさい、心機一転、プロ野球記者を志して、毎日新聞運動部に就職した。兄の許には毎週土曜日の夜、マージャン仲間が集った。私も結婚して以後、娘たちが六、七歳になるまで常連の一人であり、その都度一二時近くか、一二時過ぎまで卓をかこんだ。

兄も、昭さんも嶽山さんも、私からみるとマージャンの腕前は平凡だった。寺沢さんだけはまざまざと記憶している。というのは、寺沢さんは社交的で自制心がつよい人だったが、マージャンの卓をかこんだときは人が変わったように熱中した。頭に血が上る、という言葉があるが、カッとなりやすかった。負けがこむと不機嫌になり、何かの拍子にマージャン卓をひっくりかえして、途中から帰ってしまうことが再三あった。穏やかで、交際について計算高いともみられた寺沢さんの意外な一面であった。そのため、しだいに声をかけるのが間遠になった。寺沢さんは自宅で気の合う仲間や後輩を集めて始終マージャンの卓をかこむようになったと聞いている。

兄の家のマージャンでは金を賭けなかったはずである。賭けたとしてもごく些少の金額だったのではないか、と思うが、記憶は定かでない。というのは、高原さんが綿密な記録をつけていたからである。その記録はたんにどんな勝敗であったかという結果だけでなく、個人別の勝敗率、月間、三か月、半年、一年間の個人別勝敗率（勝率順位）などがこまごまと記されていた。

私は月間ではいつも一位か二位だったし、三か月、半年以上の平均になると、いつも勝敗率一位であった。兄の家の常連に比べると、私はマージャンではるかに苦労していたので、昭さんをはじめとする皆さんはかけだしの素人のようにみえた。

そのころには、私も結婚していたし、昭さんも、嶽山さんも、寺沢さんも結婚していた。昭さんは前にも記したように見合結婚であった。嶽山さんも見合結婚で、夫人は川口の名家の出自だと聞いているが、私はお目にかかったことがない。

寺沢さんの結婚相手は有斐閣の元編集者であったと聞いている。東大の文学部、法学部、経済学部などの若手研究者の間で引く手数多だったのを、寺沢さんが射止めたのだそうであった。私の友人、今道友信は後に文学部美学の教授になったが、大学院生か助手かのころ、後の寺沢夫人につよい関心をもっていたそうである。彼女はゆらりゆらりとゆっくり歩く、大柄の悠揚迫らぬ、見方によるが、一種の美貌の持ち主であった。

そのころは、昭さんは成瀬証券という会社に勤め、嶽山さんは三井信託に勤めていた。寺沢さんは横田喜三郎教授に目をかけられ、大学院生から、助手、助教授、教授へと真っしぐらに昇進の途にあった。

寺沢さんは、ある時期からテレビで売れっ子になった。国際紛争があれば、必ずどこかのテレビ局からお呼びがかかって、意見を語っていた。その談話がじつに分かりやすく、要点を捉えていたし、それを砕けた口調で話すと、なるほどと思わせるような、一種の藝であった。

テレビ局にあまりちやほやされたこととマージャンに熱中したことが、寺沢さんが学者として大成しなかった理由だと、私は思っている。

嶽山さんからはこれと言って親切にしてもらった憶えはないが、いつも誠実で、物堅い人だったので、およそ意地悪や威張られることなどをされたこともなかった。

寺沢さんとはいつか疎遠になったが、彼が私に好意をもち続けていてくれたことは間違いない。寺沢さんは東大を退官後、獨協大学の教授となり、二〇〇三（平成一五）年まで存命した。

だが、何と言っても親切でやさしかったのは昭さんだった。昭さんは一九九八（平成一〇）年一一月二二日に他界した。享年七四歳であった。私は昭さんの訃報を耳にするとすぐ翌日、二三日に小林家に弔問にうかがい、二四日には小林家の菩提寺である東光寺におけるお通夜にもうかがった。しかし、葬儀には、東京でやむを得ない用事があって、顔を出すことができなかった。昭さんは弁護士としての私でない、文筆に係わっている私でない、素顔の私を可愛がってくれた、二歳年長の兄貴分であった。昭さんを思いだし、そのハンサムでやさしい笑顔を思いうかべると、いつも私は哀しさに胸が締めつけられるような思いがする。

ところで嶽山さんとはずいぶんまったく交際がなかったので、消息も聞いていないのだが、どんな病魔に魅入られたのか、五〇歳にもならずに、亡くなったらしい。ただし、詳しくは知らない。こうして私の大宮の知己も次々に世を去っていったのであった。

*

さて、この項を結ぶにあたって、エピソードを一つ紹介したい。

私の次女が高校二年か三年のころ、思春期にありがちなことだが、容姿について自信をなくしていた時期だったという。昭さんは五〇歳に近い年齢だったが、次女は昭さんを稀代の二代目、ハンサムで華やかな風情のあるおじさんだと思っていたそうである。ある時、次女が私の母の許に立ち寄ったとき、昭さんが居合わせていた。母は僅かな金額の投資について何かと昭さんに相談をかけていたのであった。昭さんは、一銭の儲けにもならないのに、何時もこころよく相談にのっていたのであった。次女をみとめると、昭さんは

「あ、朝子ちゃんね、――いいお嬢さんになったねえ」

と、お世辞でなく、しんそこの感想のように、やさしい声をかけてくれた。次女は、仄々と暖かい眼差しが心にしみるように感じ、昭さんって人は何てやさしい人だろう、と思ったという。

昭さんはその晩年まで華のある二枚目であり、心配りのやさしい人であった。

林 聖子

林聖子とか、あるいは、聖子とか、呼びすてにしたりするほど私は彼女と親しかったわけではない。私はいつも彼女を聖子さんと呼んでいた。しかし、この文章では、社会的な存在としての彼女を回想するつもりなので、あえて聖子と呼びすてにすることとする。

林聖子は私の中学時代以来の親友であった出英利と同棲していた。内縁の妻と言ってよいかもしれないし、連れ合いであったというのがもっとも適切であるかもしれない。そのことは追々この回想のなかで説明するつもりである。

私は旧制東京府立五中に学んだ。この中学は、卒業のときには東京都立五中と名称が変わっていた。現在の小石川高校の前身である。この中学では卒業までの五年間、同級生の編成替えがなかったので、五年間、同じD組で同じ級友と過ごしたのだが、五年間を通じてもっとも親しかったのが、出英利であり、高原紀一であり、また彼ら二人に次いで上条孝美であった。出英利については、拙著『忘れられぬ人々 二』に採り上げたし、『私の昭和史』などの回想でもしばしば書いてきたので、これから書きとめることも、どうしてもこれらの文章と、若干、重複することになるので、あらかじめお断りしておきたい。

まず、府立五中に在学中、保護者会とか父兄会とかいわれる会合に私の母が出向くと、担任の関口幸三先生が、かならず、お宅のご子息には、出や高原といった同級生とは付き合わせないようにしてくださいい、と注意されたそうである。ところが、この二人こそが、私にとってもっとも親しい同級生であった。それほどに先生方の間で、二人は悪名たかかったのだが、じっさい、それほど素行不良といわれるような悪さをしていたわけではなかった。私たちは軍隊嫌いであり、当時の時代風潮であった軍国主義には同調できなかったが、反軍国主義といえるような思想をもつほどに成熟してはいなかった。軍国主義になじむことができない、文学好き、映画好きの少年であったにすぎないし、その点で、私は彼らと大いに気が合ったし、後に松竹に入社して、映画を生涯の職業とした上条とも、気が合ったのであった。

出のご尊父は当時東大文学部の教授として哲学を講じておいでになった出隆《いでたかし》であった。当時の旧制高校生の間では、西田幾太郎『善の研究』、倉田百三『愛と認識の出発』と並んで出隆『哲学以前』が必読の書と目されていた。五中に在学中、出英利は、始終、おやじは哲学者ではない、哲学史学者だ、と語っていた。じっさい、わが国には、西田幾多郎に加え、田辺元、三木清の三人がかろうじて哲学者ということができるのだそうである。その他の方々はすべてギリシャ以降、西欧の哲学者の説くところを解説しているに過ぎないという。そういう意味で、出隆教授もたしかに哲学者とはいえない方だったらしいが、そのギリシャ哲学の造詣は驚くほどふかく、ひろかった、と聞いている。ここでつけ加えておけば、出隆教授には『英国の曲線』、『空点房雑記』と題する随筆がある。これらは出先生の余技に過ぎないが、滋味あふれ、ユーモアに満ち、しかも、高度に知的な読み物として、比類ない著述である。ほぼ同郷といってよい内田百閒の苦みの利いた、ユーモアのある随筆に似た感があるが、はるかに知的で、奥行きふかい著述であって、これらが現在、たやすく入手できないことは、出版社の見識ないし知識の不足によるのではないか、と私は考えている。

ところで、出英利は五中を卒業して早稲田大学の第二高等学院、いわゆる第二早高に学び、早稲田大学の文学部フランス文学科に進んだはずである。彼が、戦後、はたして卒業したかどうか、私は確かなことは知らないのだが、たぶん卒業したのであろう。高原紀一は東京商大の専門部に入学、卒業して後、最初は八雲書店に入社して編集者となり、その後、編集者として転々と職場を変えた挙句、後半生は石井好子事務所をはじめ、芸能界で暮らしたようである。上条は松本高校に進学、卒業したものの、家庭の事情により、大学進学は諦めて、松竹に入社、定年まで勤め、その後はテレビ番組の制作などに関わっていたらしい。

出は五中のころは、鉄棒の懸垂が一度もできない、小日向台町育ちのひ弱そうな少年だったが、二十歳を越したころには、目立って風貌が立派になった。酒焼けした肌、ばさばさの長髪、きっと背筋を伸ばした姿勢、ときに不気味にみえる、凄みのある眼差し。そのころの出を私はルイ・ジューヴェの日本版のように感じていた。当時、すでに太宰治のところに弟子のようになって出入りしていたらしい。

その彼から、聖子のことを聞かされた最初は、上条と一緒に、三人で、練馬の高原の下宿を訪ねたときであった。その夜、私たちは高原から、立ち寄ってもらいたい、という伝言を受けとっていたのだが、高原の下宿に行ってみると、済まないけど、今晩は都合が悪いから、引きとってくれ、と言われた。君たちは友情に篤いから、察してくれるよな、などと高原が言っていた。たぶん、女性客が来ているのだろう、と、私たちは想像した。そこで、出が、ぼくのところに来いよ、と言った。そして、ぼくの奥さんは、夜の遅いのには馴れているし、料理は上手だし、酔っ払いの扱いもうまいし、生活力もあるし、それに、美人だし、などと私たちに話して、三鷹の彼の住まいに来い、と誘ってくれた。私は出がそんな女性と一緒に暮らしていることを羨ましく感じたのだが、練馬から、三鷹まで行くよりは、大宮の自宅へ帰る方がよほど楽なので、出の誘いには乗らなかった。そのため、出の生前に聖子と会ったことはない。

＊

出英利を『世代』に誘ったのが、私であることは間違いない。それは、たぶん一九四六（昭和二一）年の秋ころではないか、と思われる。そのころ『世代』は休刊していたが、会合だけは続いていた。一九五〇（昭和二五）年の暮か、翌年の初めにガリ版の第一一号を発行し、第一四号から活版印刷になった。このころには、彼はいつも『世代』の会合に顔を出し、道化たことを言って座興を添えたりしていた。

『世代』第一五号に矢牧一宏が「一月八日未明」と題する、出英利の追悼文を寄せているが、この文章の中で、矢牧は、出英利の風貌、言動について「胸は酒に焼け、既に熟練されて特有な香りを放つ、微妙な羞恥に裏付けされた道化的言動と、老成され巧みな機智とを織りまぜた話術とを持って、僕らを驚かした」と書いている。この文章について、私は、かつて、矢牧が見落としているのは「出の純粋な魂であり、他人を傷つけまいとする出のやさしい心であった。道化的言動も、機智も、とぼけた調子も、じつは出の純粋さから出た本音を語るための対人的擬態であった」と書いたことがある。また、私は「さらに加えれば、はにかみがちな、自己を道化に仕立てた言動は、誇りと劣等感とをないまぜにもちながら、他人に接するための演技であったし、そうした演技をとぼけた機智とみせたのは出隆教授ゆずりの知的ヒューモアであったと思われる」とも書き、「考えてみると、私は出英利ほど複雑な陰翳をもつ人格を他に知らない。だから出は一篇の習作も残すことができなかったのだと考えると、いたましくてならない」とも書いたことがある。

一九五二（昭和二七）年一月七日の夕刻、『世代』の集まりがあった。その後、出は矢牧ら、二、三人と連れ立って、渋谷の飲み屋に寄り、かなり酩酊して、西荻窪の「街」という店で飲み、「ここはドン・ジュアンの館、こらスナガレル、灯をもて」などとルイ・ジューヴェの声色を演じたりして、終電にも乗り遅れ、中央線の線路を歩いて帰る途中、貨物列車にはねられて死んだのである。一月八日の未明であった。

出英利の葬儀は阿佐ヶ谷東教会で営まれた。この教会の高崎毅牧師の連れ合いが出の姉のまり子さんであり、戦災で小日向台町の家を焼け出された出隆教授夫妻と出英利の一一歳年少の弟、基人さんの三人が、この教会の敷地所在の家に住んでいたからであったに違いない。

私は葬儀のさいにはじめて林聖子に会ったのだが、哀しみに沈みながらも凛と背筋を伸ばした、ほっそりした容姿は、たしかに出が自慢していたのにふさわしい女性であったので、私の胸にもふかく刻まれたのであった。記憶ははっきりしないのだが、葬儀のさいに、一度、会っただけとは思われない。出の事故死を聞いた私はすぐに駆け付けたはずだし、通夜あるいは通夜にかわる前夜祭のようなものが催されたはずだし、納骨の段取りなども耳にしていたように憶えている。彼女が岡山県津山の出家の墓所に納骨に赴くことになった、と聞いたように憶えていたが、基人さんから教えられたところによれば、これは私の記憶違いであった。納骨には、出隆先生ご夫妻と基人さんが津山に赴き、元禄時代から累代先祖の納められている菩提寺に納骨なさった、ということである。出家は津山松平藩の家老の家柄であった、とこれも基人さんから教えられた。そのような記憶違いがあるにしても、葬儀の前後に、私は聖子と何回か会ったことがあるはずである。

また、私は出隆先生ご夫妻にご挨拶した記憶はないのだが、高崎まり子さんとは面識を得ていたのではないか、と思われる。それは、後年、まり子さんから、その住居に関する、高崎家と教会との紛争について、依頼され、高崎家の代理人として、教会を代理していた弁護士と、かなり長期間にわたり、難しい交渉をしたことがあるのだが、これも高崎まり子さんが私をそれ以前から知っていたから、私に依頼なさった、としか思われない。そうとすれば、私がまり子さんと面識を得たのは、この出英利の葬儀の機会であったと考えるのが、いかにも自然なのである。

ここで阿佐ヶ谷東教会について触れておきたい。阿佐ヶ谷東教会は、まり子さんの夫の高崎毅氏のご尊父、高崎能樹氏が一九二九(昭和四)年、自費で土地を購入し、教会堂、自宅を建て、幼稚園を併設して、伝道活動を始めたのが、その出発であった。一九四一年、日本基督教団の設立にともない、日本基督教団阿佐ヶ谷東教会となった。高崎毅氏は能樹氏の後継者として阿佐ヶ谷東教会の牧師をつとめていたが、後に東京神学大学の教授に就任し、やがてその学長に就任した。一九六九年、東京神学大学でも学園紛争がおこり、暴徒化した学生を排除するため機動隊を導入した。同時に、これら暴徒化した学生が阿佐ヶ谷東教会に押し寄せることを懸念し、杉並警察署に警護を要請し、私服警官の警護を受けた。阿佐ヶ谷東教会の長老たちはこのことを咎めて、高崎毅氏の牧師の職を罷免した。長老たちがいわば全共闘に肩入れしていた時代であった。困ったことに、教会堂、幼稚園のみならず、住居までが、教会の所有となっていたので、高崎家のものともいうべき教会から絶縁されることになったばかりか、住居まで高崎家が不法占拠している状態になり、高崎家は教会から立退きを迫られることになった。このように書きながらも、私は教会の長老たちにつよい怒りを禁じえないのだが、この紛争の解決のために、私は、毅氏の歿後、まり子さんから依頼をうけて、教会の代理人であった弁護士と折衝を続けることになった。おそらく教会としても毅氏のご存命中は、まさか不法占拠だから立退けという要求は差し控えていたのであろうが、毅氏の歿後、教会の信者が減り、幼稚園の経営も苦しくなって、立退きを要求することになったのだと思われる。最終的には、まり子さんの歿後、ご遺族の納得する条件で、この住居を高崎家の所有に戻すこととして、解決に至ったのであった。教会の代理人は、偶然、『智恵子抄』事件の相手方の代理人として私がごく昵懇な弁護士であった。私は『智恵子抄』事件では、この詩歌集の著者である高村光太郎の遺族を代理したのだが、その相手方である『智恵子抄』の出版社、龍星閣の代理人とは、一〇年以上、法廷で数知れぬ回数、顔を合わせていた、そのためにかなり心置きなく話し合える関係になっていた。彼としては、法律的には、いかにも教会には高崎家に立退きを要求する権利があるように見えるが、高崎家の人々を本当に立退かせるのはかなりに疚しい気分が残るので、和解で解決したい、という姿勢であった。高崎家としても立退くつもりはなかったが、どのような手段で、立退かないで済まされるか、法律的構成は容易ではなかった。そこで、高崎家としても和解するしかないと考えていたのだが、そういう意味では和解を希望していた教会側と同じであった。しかし、その条件について妥協点を見いだすのはきわめて困難であった。そのため、双方が受けいれられる条件にこぎつけるのに、かなりの年月を必要としたのであった。

この問題のために、後年、私は、出英利の姉、高崎まり子さんと深くお付き合いすることになったのだが、思い返しても、まり子さんという方は、人格高潔、穏やかで、聡明、真に魅力的な女性であった。

＊

出英利の葬儀に戻ると、私が感銘を受けたことは、この葬儀が、出家の嗣子、出英利の葬儀というより、もちろん、そのとおりには違いなかったが、聖子を喪主とする出英利の葬儀、という感がつよかったことである。どうしてそのような感想をもったかは憶えていないが、おそらく、献花のさいに、出の姉に当たる人々よりも先に、出隆先生ご夫妻に次いで、聖子が献花をする、といった配慮があったのではないか、と思っている。このような記憶は森まゆみさんの著書『聖子』(以下「森まゆみの著書」という)に、英利の一一歳年少の弟、基人さんが、「葬式は姉まり子の嫁いでいた阿佐ヶ谷の教会で行われた。それもみんな聖子さんが現場で検死をして、遺体を家に連れ帰ってくれたからです。父も母もいずれ英利と結婚する女性として認めていました。英利の死後も、父なんか、なんならずっとこの家にいて、養女になって、ここから嫁に行くといい、と言ってたくらいです」と語っている、と伝えている。この基人さんの談話も、葬儀のさいに、出隆先生ご夫妻をはじめとする出家の人々が、聖子を喪主のように処遇していた、という私の記憶に合致するといってよい。

森まゆみの著書からは、私は教えられることばかりで、聖子について私が知るところがまことに少なかった、と痛感するばかりであったが、その一つに、出英利と共同生活を送っていたころの暮らし向きのことがあり、聖子はこう語っている。「出さんは、阿佐ヶ谷の実家に帰ると、お母様から三〇〇円とかお金をもらって帰って来る。お母様が作ったお料理ももらって来た。生活がいよいよ行き詰まると、三人でお家に行くの。そうすると茶椀蒸しを作ってくださって、それがまたおいしかったのよね。お正月はご馳走を期待して、私は何も作らなかった。そうすると彼がとことこ家に行って、お重に何かもらってくる」というのである。

このような事実からも、婚姻届の有無にかかわらず、聖子を出隆先生ご夫妻が英利の妻として、彼の生前から、処遇していたことが窺われるのだが、聖子はお世辞やお愛想とは、およそ縁がない、言葉少ない女性だから、出先生ご夫妻に気に入られようとつとめたとは、到底思われない。ただ、お世辞や愛想はないとはいえ、いつもひっそりと心くばり、気くばりしていたから、自然と彼女とうちとけた関係になり、彼女を信頼するようになったのではないか、とも考えられる。これが、彼女の性格に由来する、他人を惹きつけ、親しい感じを抱かせる、人格のあらわれであり、いわば人徳のようなものだったのではないか、と思われるのである。

それにしても、私が感嘆するのは、英利に対するご両親の寛容さである。彼のような所業は、私と私の両親との関係では、夢にも考えられない破天荒なことであった。出英利は、大学を卒業し、就職しないし、収入もないのに、実家を出て、下宿かアパートで実家から生活費や小遣いを貰って自由、気ままに暮らしていた。じっさいは、大学在学中からすでに実家を出ていたのではないか、と私は考えている。そして、大学卒業後は、酒場で夜更かしすることも稀ではなかったらしい。出隆先生ご夫妻は、まともな定職ももたない英利にまことに気ままな生活をさせ、その小遣いなどの使途についても関心を払わなかったのであろう。そういう子息が、結婚を約束した女性を連れて帰って来たのだから、わが家のばあいであれば、玄関から一歩も立ち入ることも許されず、以後、勘当も同然になったに違いない。だが、出英利と聖子のばあいは、むしろ歓迎されたかのようである。これには聖子という女性がご両親の気に入ったことも大きいかもしれないが、それにしても、出英利に対して、ご両親はまったく甘やかし、彼を彼の思うまま、気の向くままに暮らさせたのだから、私などの想像を絶する寛容さである。

*

森まゆみの著書によれば、聖子は阿佐ヶ谷の出先生のお住まいに三月一八日まで暮らしていた、という。私は、出英利の葬儀などが一段落してから二、三度、聖子と会った憶えがある。私は出家に彼女を訪ねたことはないから、彼女が出家を出てから後のはずである。その年の三月には私は司法修習生の修了試験を受験し、無事に終了していた。この試験は、法曹界では二回試験と言われているが、当時、東京高裁の裁判官であった父が、最高裁の人事局に行って訊ねたところ、ご子息は抜群のご成績でした、と言われた、と言い、父はたいへんご機嫌で、私の弟に小遣いを呉れたそうである。これは人事局の方の外交辞令、父に対するおためごかしに決まっている。じっさい、私は二年間の司法修習生の間、『中原中也全集』を編集したり、宮沢賢治論を書きあぐねていたり、『世代』の関係の友人たちとお喋りしたりすることに、明け暮れていたので、法律の勉強など、最低限、課せられる宿題を提出するなどの義務以上のことはまるでしていなかった。確かに、司法修習生を終えたころ、私はおぼろげながら法律というものを理解したように感じたのだが、よい成績で修了することなど、夢にも考えられることではなかった。忘れもしないが、二回試験の合格、不合格が発表された日、私は裁判所に出かけて行ったのだが、途中、日比谷公園で顔なじみの同期の修習生に出会って、私は合格したかどうか、訊ねたことがあった。合格していると教えられても信じられず、やはり合格したことを確かめるために裁判所の掲示を見に行ったのであった。一体、最高裁人事局の方は外交辞令というかお世辞がお上手らしく、司法試験に合格したときも、父がお訊ねすると、ご子息は抜群のご成績で合格なさった、とお答えくださったそうである。私はわずか三か月か四か月ほどしか試験勉強をしなかったのだから、かろうじて合格できたにしても、好成績であったはずがない。二回試験のときも同じである。それでも、最高裁人事局の方の外交辞令を父が真に受けていたため、私はわが家で大きな顔をしていることができたので、かなりに気分よく、その年の三月、四月、五月ころを遊び暮らしていたのであった。

一方、四月には弁護士登録を済ませて、中松事務所に勤め始めるつもりであったが、事務所が戦前に所在していた三菱二十一号館が占領軍に接収されていたため、大森の中松先生の自宅を仮の事務所にしていた。そのため、中松先生から、まもなく接収が解除されて、事務所が丸の内に移ることになるから、それから勤めたらよかろう、と言われ、私は無為に日々を送り、暇をもてあましていた。ただ、その間、まったく収入がなかったので、小遣いにも不自由し、接収解除を待ちきれずに、八月から大森の事務所に勤めることになったのだが、接収が解除されたのはほぼ四年後であった。

私は、そんなことで、無為、徒然に暮らしていた、その年の四月か五月ころ、林聖子と二、三回、会ったのだが、どうして会うことになったのか、憶えていない。しかし、荻窪駅からすこし歩いて彼女が間借りしていた部屋を私が訪ねたことは確かだと思われる。電話のないころだったから、どうして連絡をとったのかも判然としないのだが、たぶん、彼女から、出英利の思い出話でも聞かせてほしいというような連絡があり、彼女の住まいも教えられていたはずである。そうでなければ、私が彼女を訪ねることができたはずがない。

彼女は和服で私を出迎えてくれた。その当時から、彼女はいつもきりっと和服を着こなしていた。その容姿、態度には、相手が彼女に狎れなれしく近づくことを拒むような、相手とちょっと距離をおくような感があった。このような姿勢、態度は、後に「風紋」で彼女を見かけたときにも感じたもので、あるいは、彼女の生来の気質だったのかもしれない。

そのころ、彼女と出英利のことをずいぶん話しこんだはずだが、どのような話であったか、記憶していない。出については、耳新しいことはなかったのであろう。むしろ、私にとって、彼女の身の上の方がよほど興味ふかかった。彼女は父親の林倭衛という洋画家についてしきりに話したがったのだが、私は彼の作品をまるで知らなかったし、その名前さえ聞いたこともなかったので、彼女の話をただ聞き流していたと言ってよい。むしろ、私は彼女の勤めに興味があった。銀座のバーとかクラブといった場所に勤める女性など、私は噂にも聞いたことがなかったからである。そのころ、森まゆみの著書によれば、「やま」という店に勤めていたらしい。彼女は、その店について、あなたたちが出入りできるところではないのよ、と断言していた。私たち風情の小遣いでは支払いができないほど、値段の高い店だということであった。そして、自分は、お客にお世辞を言ったり、お愛想を言ったりはしないのだ、とつつましげに、しかし、多少は誇らしげに、話していた。そのような店の女性たちは、ふつう、いわゆる媚び、を売って、お客のご機嫌をとるものなのであろう。ところが、逆に、自分はそうではないから、珍しがられて、かえってお客に大事にされるのだ、とこれまた、つつましげに、多少は誇らしげに、話していたことを私は思いだす。先走っていえば、これは後に「風紋」の主人となった林聖子についても当てはまりそうな接客の姿勢であると言えるかもしれない。「風紋」については、また、後に詳しく記すつもりである。

そのころ、私が彼女について印象ふかく憶えているのは、彼女が、新聞を手にすることを嫌っていたことである。彼女の言うところでは、新聞を手にしていると手がインクで汚れるのだそうであった。私は多年、新聞を、四紙か五紙、朝刊、夕刊とも読んできたが、そのために新聞の活字のインクで手が汚れるなどと思ったことがない。よほど、林聖子という女性は手の汚れに敏感なのか、人並みはずれて潔癖なのか、に違いない、というのが、当時からいまに至るまで、私が抱いてきた感想である。

それらのことよりも、私が驚いたことは、私が彼女と出会う都度、彼女はいつも村井志摩子と一緒であったことであった。その後、村井志摩子はチェコに留学し、演出家、劇作家として名をなしたが、そのころは、東京女子大卒、秋田雨雀主宰の舞台芸術学院を終えたということだが、まったく無名であった。たぶん、志摩子と聖子は同年配、どちらかが一歳ほど年長だったかもしれない。何よりも私が驚いたことは、村井志摩子の林聖子に対する姿勢であった。志摩子は聖子に対して、女主人に対する侍女のようにふるまっていた。私の印象では、聖子が志摩子を養っているらしい、志摩子は聖子に寄生しているらしい、ということであった。森まゆみの著書によれば、出英利が志摩子を知っていた。そこで、出英利と聖子が同棲するようになると、志摩子も二人の住まいに同居することになり、三人の共同生活をしていた、という。どうしてそんな三人の共同の生活ができるのか、私にはかなりに不可解なのだが、思うに、出英利も村井志摩子も、林聖子に養われ、聖子に寄生して暮らしていたのであろう。そのころの村井志摩子は丸顔で、目鼻立ちに欠点があるわけではないが、どことなく垢ぬけしない、肌もうす汚れた感じの女性であった。出英利を聖子が養っていたことは理解できるとしても、何故、村井志摩子を養っていたのか。私にはあまり事情がはっきりしないのだが、おそらく聖子の気っぷの良さではないか、と思われる。聖子は、頼られると嫌とは言わない、頼られることに馴れた気質だったのではないか。もちろん、村井志摩子は、聖子のそのような鷹揚さに応えて、侍女のように気遣って、聖子に仕えていた。それこそ、私が見届けて、奇妙に感じていた事実であった。おそらく聖子が「風紋」の主人として評判をとったのも、そんな気っぷの良さによるのではないか、と私は感じている。

ところで、出基人さんから聞いたところによると、出英利の事故死以後、聖子は阿佐ヶ谷の出隆先生ご夫妻の家に厄介になっていたが、そのさい、村井志摩子も、やはり出先生のお宅で暮らしていたということである。村井志摩子はそれほどに聖子にべったりと寄り添っていたわけである。だが、それにもまして、私が驚嘆するのは、志摩子まで引きとって二ヵ月以上も面倒を見ていた、出先生ご夫妻の寛容さである。このような寛容さは、私などには想像もできない。

＊

この年の四、五月ころ、林聖子に何回か会ったことは間違いないが、その後はすっかり彼女と会う機会がなかった。四月ころからは私は収入がなくなったので、大宮の自宅から上京する交通費にも不自由したし、八月半ばから大森の中松事務所に勤めることになって以降は、朝九時から午後五時まで、土曜も午後三時まで、という勤務時間に拘束される弁護士だったから、弁護士としての仕事を覚える必要もあり、とても余裕のある暮らしとは縁遠くなったのであった。そんなことで、ほぼ三〇年が過ぎた。

その間、林聖子の噂を聞かなかったわけではない。ある時期から、私は府立五中の後輩にあたる、中央公論社の編集者であった粕谷一希と親しくなり、粕谷がかなり頻繁に丸の内の事務所に私を訪ねてきた。そんな機会に、粕谷が、目白の酒場に、林聖子という女性がいますが、出英利さんと結婚していたそうですが、中村さんを憶えている、と言っていましたよ、一度、会ってみませんか、などと誘ってくれたこともあった。私は酒を嗜まないし、弁護士業のかたわら、ほそぼそ詩や評論なども発表し、ごく忙しい日々を送っていたので、粕谷の誘いにのるつもりはなかった。そうこうしているうちに、出英利歿後三〇年になるので、出を偲ぶ会を催す、という案内を受け取った。私はこの会合には是が非でも参加したいと思った。会場は新宿駅の西口のガード沿いの飲食店街の二階の日本料理屋であった。そこで、私は、高原紀一、上条孝美に会い、出英利が早稲田で同窓であった、佐野英二郎、井坂隆二、山沢貴士などに再会した。佐野、井坂、山沢らは、出、高原とともに、戦争中、土竜座という劇団を結成して、上演するつもりの芝居の稽古をしていた仲間であった。土竜座という名前のとおり、彼らの芝居は陽の目を見ることはなかった。私は稽古を見物に行ったこともあって、彼らと顔見知りであった。出英利を偲び、懐旧の情にひたり、会合はたいへん盛り上がった。なかでも、佐野が大いに気炎を上げていたように憶えている。やがて、出英利の彼女、聖子さんの経営する「風紋」にみんなで繰り出そう、という話になった。その会合には、村井志摩子も参加していた。村井志摩子も、一同を、「風紋」へ行こうよ、とけしかけた一人であった。志摩子は、その時には、チェコのカレル大学に留学、演劇学の博士号を得て帰国し、すでにかなり名の知れた演劇人になっていたはずである。

そこで、一同、「風紋」に出かけて、私は林聖子とほぼ三〇年ぶりに再会したのであった。彼女は、私の顔を見ると、いらっしゃい、と言っただけで、さして懐かしそうな表情を浮かべることもなかった。愛想がなく、お世辞もないのが、聖子らしいといえば、聖子らしかった。村井志摩子は、三〇年前と同じく、侍女のように、まめまめしく聖子を手伝っていた。そのころの志摩子の境遇からいえば、似つかわしくはなかったのだが、志摩子は気にしていないようであった。考えてみれば、チェコの大学に留学し、博士号を得るには、すさまじい苦労があったに違いない。そう思うと、聖子に養われていた時代は志摩子の雌伏の時代、ないしは、未来をまだ見いだせない、暗黒の時代だったのかもしれないのだが、よくその時代の恩義を忘れていないものだ、と私は感銘をうけたのであった。

一方、佐野、高原が主になって、これからは毎年、出を偲ぶ集まりをしよう、これを土竜忌と名づけよう、ということが決まり、一同が大喝采したのであった。そこで聖子が土竜忌の主催者になって当然と思われるのだが、そうならなかったのは、聖子が名乗りでなかったためであり、土竜忌は出英利の友人たちの集まりという位置づけであったからかもしれない。場所は「風紋」とだけ決まって、土竜忌の呼びかけは佐野や高原らがすることになったようであった。

ともかく、こうして三〇年ぶりで会った林聖子は、もう五〇歳をいくつか越していたはずだが、相変わらず、きりっと和服を着こなし、ほっそりした容姿を保っていた。

＊

そのとき以後、私は毎年、林聖子と顔を合わせるようになった。まず、土竜忌の集まりだが、高原、上条など、五中の同級生、佐野、井坂、山沢など、早稲田の同級生、出基人さん、ときに英利の姉君の和子さん、さらに五中で私たちよりも一学年、下級生だった、詩人相沢諒の妹の森本陽子、それに清水一男さんというような方々が常連であった。出と高原が、一時、練馬区桜台の一軒家を借りていたころ、太宰治さんと亀井勝一郎さんをお招きしたことがあり、たまたま、この席に三島由紀夫さんがおいでになったことから一種文学史的事件となった会合が行われたのだが、清水さんは相沢の加わっていた詩の同人誌の仲間であり、この家の家主であった。聖子はこの土竜忌の集まりの席には加わらなかった。場所を提供している「風紋」の主人という立場であり、我々とは少し距離をおいていたように思われる。

もちろん、土竜忌に集まった連中は「風紋」の一画を占めていたけれども、他にも「風紋」の客もいることだから、聖子が、土竜忌の集まりにまじることはできない。すこし距離をおいていたのだが、飲物や食べ物などには注意を払っていた。食べ物も、おつまみから、多少、夕食の代わりになるような、簡単な料理まで、この料理は聖子の手作りで、大きな皿に盛り付けて出したのだが、その味付けといい、タイミングといい、絶妙という感があった。その料理はどの家庭でも見られるようなごく普通の料理に、すこしだけ手慣れた感じがあった。しかし、肝心なことは料理をサービスするタイミングであったように思われる。彼女は、土竜忌に集まった連中を遠くから眺めていて、いつ、誰が、何を、欲しているか、注意を怠らなかった。しかし、彼女はそのような注意を口にすることはなかった。お愛想もなく、お世辞も言わず、言葉少なかったのだが、彼女はもてなし上手であった。言い方を変えれば、彼女はそのように客をもてなすのが好きであった、とも言えるのではないか。これは土竜忌の集まりで、私が感じたことだが、「風紋」が長続きしたことの理由が、そのような彼女の接客の姿勢にあるのではないか、と私は考えている。つまり、お愛想、お世辞を言わない、客と少し距離をおく、しかし、客をいつも見守って、口に出さずに、その希望や期待に沿うようにつとめる、といったことが、彼女の接客の姿勢であったように、私には思われるのである。

*

それにしても、森まゆみの著書を読み、私が知らなかったことが多いことに驚き、私は林聖子について何も知らなかったという思いを新たにしたのであった。その中でも、特記するに足ることは、彼女が勅使河原宏と四年近くも同棲していたという事実であった。草月会の二代目家元の霞さんが急逝なさった後、勅使河原宏が草月会の三代目家元を継いで後、すこし経ったころから、その晩年まで、私はずいぶん彼と親しい関係にあった。当初は、草月会の組織、運営などについて検討し、問題点を洗い出し、その解決の方法について提案してほしいということであった。それ以前、私が『世代』に属していたころ、勅使河原宏は安部公房らの「世紀」の会に属していたので、当時から一応の面識があったのだが、どうしてそんなことを依頼されたか、その経緯は記憶していない。じっさいはその後、彼が他界した後、茜さんが四代目家元に就任してからも、私はかなりの期間、草月会の理事をつとめて、茜さんに助言したり、求めに応じて、勧告したり、いろいろ草月会とはふかい関係を持ち続けていまに至っている。それはともかくとして、最初の依頼にしたがい、私は草月会の事務局の方々から詳細に聞き取り、問題の所在を突きとめ、私なりの解決の手段・方法について、一〇項目ほどの提案を勅使河原宏に提出したのであった。その結果、彼が私の提案の中から採用したのは、彼自身にとって都合の良い項目だけで、彼の耳に痛いような、彼に不都合な項目はまったく無視されることになった。ただそれでも、彼は私の提案のすべてを受け入れたつもりのようであった。私は、勅使河原宏のそういう性格を面白く思っていたので、差し支えないと思う相手には、勅使河原宏のそんな行動様式をしばしば話題にした。「風紋」を訪れたさいに、聖子にもそんなことを話したことは間違いない。

そのとき、彼女はとりたてて興味ありげには見えなかったのだが、彼女が彼と同棲していたことはつゆほども口にしなかったことは確かである。いまとなって考えてみると、彼女は彼と同棲していたことのあることを私が承知していると思いこんでいたのかもしれない、とまで考えられるほど、無造作な対応であった。

いったい、生花ほど空しい芸術はないのではないか。勅使河原宏や茜さんの制作する作品は、大作であれば、材料費だけで数百万円から一千万円をゆうに超すのだが、その大作の寿命は一、二週間から、せいぜい一月ほどで、後には写真が残るだけだから、まことに非生産的である。これほどの浪費的生産物は他には思い当たらない。そのことと勅使河原宏が浪費家であったことは関係があるようにみえる。たとえば、私は年末に歳暮ということで、大きな樽一杯の沢庵漬けを頂戴したことがあった。もちろん、わが家で食べ尽くせるような分量ではないから、隣近所の家々にお配りして喜ばれたのだが、それにしても、鷹揚というよりも浪費という感がつよかったのである。この沢庵漬けは越前産であったが、彼はその地に陶器を焼く窯を持ち、陶器の制作にも励んでいたはずである。これが『利休』という映画作品に結実したといえるかもしれないが、陶器作りは結局、彼の道楽ともいうべき浪費の一手段であった。生花についても彼は竹を素材に用いて、新分野を開く試みを手がけて、費用を惜しまなかった。私は彼の野心に共鳴し、その結実を期待したのだが、これも成果を挙げるには至らなかったようである。茜さんはむしろ勅使河原蒼風、霞の伝統にしたがって、これを発展させているように見える。そういう意味では、茜さんは宏よりもはるかに生花に天賦の才能を持ち、また、努力を惜しまぬ人柄のようである。

そこで、勅使河原宏と聖子の出会いは聖子のつとめていた銀座の「やま」であった、という。その後、森まゆみの著書に「宏くんが、東中野の大家さんの庭の離れに建ったマッチ箱みたいな一軒屋を見つけて来て、そこで暮らすようになったの。下が玄関と台所と六畳間で、二階にも六畳あった。昭和二七（一九五二）、二八、二九、三〇年にかけて四年ほど一緒にいましたかしら」という聖子の談話が載っている。勅使河原宏は私と同じく、昭和二（一九二七）年一月生まれだから、彼らが一緒に暮らし始めたとき、彼はまだ二五歳にすぎなかった。彼が映画監督として出発するよりもはるか前である。たぶん修行中だったのであろう。それでも潤沢な生活費、小遣いを持っていた。父親の勅使河原蒼風の存命中であったから、父親から仕送りを受けていたか、あるいは、草月会に名目だけの適当な役職について、大企業の役員ほどの給与を受けていたのかもしれない。そうでなければ、「やま」のような値段の高い店で遊ぶことはできなかったはずである。そういう意味で、彼はごく若いころから贅沢に馴れ、浪費を浪費とも感じないような暮らしをして、生涯を送ったのであった。私としては羨望を禁じ得ないという面もないわけではないが、彼のような生活は性に合わないという感がつよい。念のために付け加えておくと、彼にも悩みはあった。たとえば、彼の家庭における、かなりに深刻な問題についても、しばしば私は彼から相談された憶えがある。

それはともかく、林聖子という女性はまことに口の固い人であった。彼女の私生活について口が固かったことは言うまでもないのだが、共通の知人についても噂話をすることもなかったし、「風紋」の客について何かしら話すのを聞いた憶えはまるでない。そういう口の固さは、おそらく「風紋」のような商売をしていれば当然のことかもしれないのだが、それも「風紋」が長続きした理由ではないかと思われるのである。

＊

森まゆみの著書のオビに「文学者、思想家、映画人、出版人たち……どんな人をも受け入れる酒場は、戦後文学史を確かに支えた」と書かれている。オビの文章というものはつねに誇大広告になりがちだが、それにしても、文士に限っても、どんな人でも受け入れたにしても、とても「風紋」などに寄りつかない作家が圧倒的に多かったのではないか。たとえば、吉行淳之介のような作家には銀座の高級クラブが似つかわしく、「風紋」とはまるで肌が合わない。私が「風紋」で始終見かけたのは詩人でフランス文学者の渋沢孝輔さんであった。内藤三津子という女性は、『世代』の二代目の編集長で、出版社を設立しては倒産するということを繰り返した、私の友人、矢牧一宏の内縁の連れ合いであったと承知しているが、矢牧の死後、やはり、出版社を設立しては倒産する、ということを繰り返していた。「風紋」の常連と言えば、そんな詩人とか評論家とか、派手に著書が売れることがない文学者や地味な出版人などに限られていたのではないか、と私には思われる。それに内藤三津子は、行方不明になったと聞いているが、その後の消息を聞いていない。彼女は何年にわたるかは知らないが、ずいぶんと長い期間、つけがたまっていたはずである。だから、「風紋」は文壇人とか映画人、出版人とかが集う、賑やかな社交の場ではなく、地味な文学者などがひっそりと集まる場であったというべきなのではないか、と私は考えている。

私は「風紋」の終わりに近い時期には、佐野も井坂も、高原も上条も他界して「土竜忌」も自然消滅したし、それに私が健康をそこねたりしたため、「風紋」を訪ねていない。「風紋」が閉店したことも風の便りに聞いたにとどまる。それに林聖子の死去したこともやはり風の便りであったように憶えている。ただ、林聖子という女性は稀有の存在であった、という思いが去来し、彼女の死を悼んだのであった。

高野仁太郎

一九九九年九月一五日付『日本近代文学館館報』第一七一号の一面に「現代文学翻訳書多数も」という見出しで、「八月五日、オリオンプレスから、同社がエイジェントとなって各国で刊行された現代文学の翻訳書七百三十五冊を寄贈いただいた」という記事が掲載され、九面には次のとおりの受入れ報告が掲載されている。

「一面で紹介したオリオンプレス寄贈の翻訳書は、阿川弘之四冊、浅田次郎四冊、安部公房三十七冊、伊藤正徳六冊、井上靖四十九冊、井伏鱒二三冊、円地文子六冊、遠藤周作十五冊、大江健三郎九十九冊、大岡昇平十九冊、開高健七冊、川端康成七十四冊、坂口安吾、志賀直哉、司馬遼太郎、島崎藤村各三冊、高木彬光五冊、竹山道雄四冊、谷崎潤一郎五十八冊、太宰治九冊、永井荷風七冊、中上健次四冊、野坂昭如五冊、古井由吉六冊、松本清張五冊、三島由紀夫百七十冊、宮城谷昌光十八冊、宮本輝四冊、山田詠美三冊、和久俊三 七冊など七十五作家の作品と、研究書・叢書二十八冊、雑誌九冊。また中国語、韓国語、マラヤラム語、ヘブライ語、英語、ドイツ語、オランダ語、スウェーデン語、フランス語、スペイン語、ポルトガル語、イタリア語、チェコ語、セルボクロアチア語、ギリシア語、フィンランド語など多岐にわたる。」

日本近代文学館理事長であった中村眞一郎さんが一九九七年一二月二五日に急逝し、一九九九年三月二五日に開催された理事会で私は後任の理事長に選任された。これらの翻訳書は、オリオンプレスの社主であった高野仁太郎先生が私の理事長就任を記念して日本近代文学館に寄贈してくださったものであった。しかし、当時の私は、厖大な数量の翻訳書を寄贈してくださったことについて高野先生にお礼を申し上げたけれども、この翻訳書のもつ意味やこれらの翻訳書が刊行されるまでの苦労などについては、まるで考えが及んでいなかった。

いったい、この受入れ報告には冊数だけが記載されているので、たとえば、三島由紀夫のばあい、『仮面の告白』『金閣寺』『近代能楽集』の三著作の英語版が刊行されていれば、三島由紀夫三冊、という記載になり、『仮面の告白』が英語、ドイツ語、フランス語の三カ国語に翻訳出版されていたときも、同じく、三島由紀夫三冊、という記載になるので、翻訳書の実質は理解しにくい。しかし、三島由紀夫百七十冊、というのは驚くべき数量であることは間違いないし、大江健三郎九十九冊、川端康成七十四冊、谷崎潤一郎五十八冊、井上靖四十九冊、といった数は注目に値すると思われる。これほどの数量になると、必ず、三、四以上の作品がかなりの数の国の言語に翻訳、出版されたことは間違いなく推察できるであろう。一、二の作品がこれほど多数の翻訳になることはありえないからである。ということは、これらの作家の作品の多くが、人種や国籍の違いを越える普遍性によって、数多くの海外の読書人に受容されたことを、これらの数字は雄弁に語っているといってよい。ノーベル文学賞を受賞することと、このような普遍性をもつ文学作品であることとは、相当の関係があるに違いない。同時に、これだけ多量の翻訳書を出版するのに、オリオンプレスが手を貸したという事実については、オリオンプレスが海外諸国の読書人にわが国の文学作品を受容される道を拓いたという評価もできるわけである。

寄贈をうけた当時、そんなことに思い至らなかったことを私は恥ずかしく思い、これらの翻訳書を寄贈してくださった高野仁太郎先生に申し訳なかったという気持ちを噛みしめている。

＊

高野仁太郎先生は私の恩師である。私は東京都立五中（旧制）に学んだが、この学校は新制になって都立小石川高校と名称が変わった。いまではまた名称が変わったとも聞いたことがあるが、現在の名称は知らない。高野先生には、私の記憶に間違いがなければ、中学の四年生のときと五年生のときに英語を教えていただいたのである。都立五中は、私の入学したころはまだ東京都になっていなかったので、東京府立五中という名称であったが、入学以来、担任の関口孝三という先生にＡＢＣから教えられた。確か、二年生になって、英語の先生がお二人になって、二人目の先生は窪田鎮夫というお名前であった。窪田先生は温厚で、静かな方であった。窪田先生は私たちが三年生を終えたとき、松山高校（旧制）の教授に就任なさって、五中を辞職し、愛媛県松山に赴任なさった。その窪田先生の後任が高野仁太郎先生であった。関口先生は大阪外語大のご出身ということだったが、何を教えるのもごく正統的で、教えられる生徒の側からみると、授業は退屈であった。高野先生は東大英文科の出身のはずである。そのためか、先生の授業は溌剌としていて、たいへんダイナミック、生徒に自由な発言をお勧めになるような感じがあった。私たち生徒からどんな質問をお受けになってもたじろぐことなく、即座に回答が戻ってきた。そのため、高野先生の授業は生徒の間で人気が高かった。先生は私にとって忘れられない恩師である。

先走って言えば、高野先生は二〇〇六年一一月五日に亡くなったが、享年九二歳ということであった。そうとすると、たぶん一九一四年のお生まれのはずだから、私たちが都立五中の三年生になった一九四三年にはまだ二〇代の終わり。物腰が爽やかで、精悍、颯爽となさっていたのも当然の年齢であった。高野先生は私たちが卒業すると同時に、水戸高校(旧制)の教授に迎えられ、五中を辞職なさったとお聞きした。高野先生にはいつも華やかな雰囲気がおありであった。

*

その後、高野先生の動静についてお聞きしたのは、敗戦後、三、四年経ってから、五中の同窓会が催されたときであった。五中では一学年、A組からE組まで五学級あったが、入学から卒業まで、級変えがなかったので、私のばあいでいえば一年生として入学してから五年生で卒業するまで、D組であり、同級生は五年間をつうじて変わりがなかった。そのため、同じ学年であっても、他のクラスの生徒と交際することはほとんどなかった。クラス会といえば必ずD組の同級生だけの集まりであったが、この敗戦後の最初の同窓会では、どういうわけか、同学年合同であった。その同窓会のときに、高野さんは会社を始めて、ひどく景気がいいらしいよ、という噂を聞いたのである。そのときの会費がいくらであったか、記憶していない。かりに二円であったとすると、招待された先生方は無料だが、自発的に二円ほどを寄付してくださったのだが、高野先生はその一〇倍ほど、二〇円くらい寄付してくださった、ということであった。そんな噂を聞いて、私はせっかく水戸高校の教授という地位におつきになったのに、それを棒に振るとは、もったいない限りだというような感想をもったのであった。

*

それから、数十年が経った。私は弁護士として多忙をきわめていたが、そのかたわらで少しずつ詩や評論を発表し、日本近代文学館に関係したりしていた。そのころには、高野先生がオリオンプレスという会社を立ち上げ、著作権エージェントの仕事をなさり、社長、会長を勤めあげて、社主というような立場でいらっしゃるということを承知していた。そのように私に教えてくださったのは、著作権エージェントをなさっている酒井建美さんであった、と私は記憶している。私はかなり長い期間、東宝株式会社の顧問弁護士をしている。東宝の演劇部の関係で、酒井事務所が取り扱っている作家の許諾を得る必要がある、といった案件が何回かあり、私は酒井さんと面識を得た。そこで、酒井さんが元来オリオンプレスに勤務し、著作権エージェントの業務を習得したこと、この業務は日本では初めて高野先生が手がけたものであることなどを知ったのであった。

そんなことから、私は酒井さんに、一度、高野先生にお目にかかりたいものだ、という話をしたが、私を先生が憶えておいでになるかどうか、不安であった。とにかく、私は、先生がわずか二年かそこらの間に教えた二五〇人か五百人かの生徒の一人にすぎないのである。酒井さんは、私の希望を先生に伝えてくださったらしく、高野も懐かしがっていましたから、どうぞお会いになってみたらいかがですか、ということであった。そんな経過で、私は一九九九年七月三〇日に先生を神田神保町の事務所にお訪ねしたのであった。

先生の事務所は神保町の交差点からほど近い、近代的なビルに幾つかの階を占めていた。その中に、ひときわ広々とした執務室を先生がお一人でお使いになっていた。明るく、いかにも快適そうな部屋であった。私は半世紀を越える期間を経て、じつに久しぶりにお会いしたので、さぞ劇的な再会になるものと予想していたのだが、そうはならなかった。高野先生は私をまるで昨日会った知人を迎えるかのような態度で迎えてくださったので、私としてはいくらか拍子抜けした感じがした。お互いにいままでどんな仕事をして来たかは、酒井さんをつうじて知っていたので、あらためて説明し合うまでもなかった。先生は嘗ての面影をはっきりとどめておいでになった。精悍であった風貌がお年を召して円熟なさり、人間としてのカドがとれたかのように、私は思った。私の側から、日本近代文学館の理事長に選任されたこと、公的な支援、助成をまったく受けていないので、経営に苦心せざるを得ない、といったことをお話ししたことは間違いない。その結果が、その後、間もなく、オリオンプレスが手がけた翻訳書の寄贈という結果になったことはすでに冒頭に書いたとおりである。

その後、じかにお目にかかったことがどれほどあるかは記憶がさだかでない。しかし、始終電話をいただき、私からも電話したことは確かなのだが、格別の用件があるわけではないから、いつもとりとめもない話で終わっていた。そんなとき、たぶん、翌年の六月ころであったと思うのだが、突然、桜桃がどっさりわが家に届いた。高野先生が送ってくださったものであった。吃驚して、お電話すると、山形に果樹園を持っていて、そこで桜桃をつくっている、収穫の時期になったので、自動車を運転して収穫を見に行ったので、ついでに、きみに送ってあげたのだ、というお話であった。桜桃はいまではずいぶん大衆化したけれども、その当時は一粒が宝玉のように思われていた。そんな貴重なものを頂戴するとは、という思いに恐縮するばかりだったが、八〇歳を越えている先生が山形まで自動車をご自分で運転して往復なさるということに、私は、先生、大丈夫なのですか、そんな長距離のドライブは危ないのではありませんか、と申しあげると、どうということはないのだよ、と平然とお答えになった。

この桜桃はその後も二、三年、続いたように憶えている。誰よりも、桜桃の好きな次女が、高野先生といえば桜桃、と始終話すほどに、いまだにわが家の話題になっている。いったい、私は弁護士として国内の依頼者はもとより海外の依頼者が訪ねてくる機会が多く、昼の簡単な食事から、夕食まで、客を接待することが日常的だったのだが、高野先生とお食事をご一緒したことはなかったし、私が食事にお招きしたことも、先生から食事に誘われることもなかった。先生は、何故か、食事にお誘いするのを憚られるような、どこか近寄りがたい、厳しい一面をお持ちであったように思われる。いまとなっては、もっと親しくお話をお聞きし、私的な事情、会社の状況などもお聞きできればよかったのに、と思うことがしばしばである。

*

先生が亡くなってからずいぶん歳月が経過した。それでも時として、高野仁太郎先生を懐かしく思いだし、懐旧の情にひたることが少なくない。すこし前、酒井さんに連絡し、高野先生のなさった仕事を偲ぶための手がかりになるような資料をお持ちではないかしら、と訊ねてみた。その結果、酒井さんから相当数のオリオンプレスのファイルを拝借した。興味のないファイルもあったが、拝借したファイルの中のいくつかはじつに興味ふかいものであった。

興味を覚えなかったファイルは、たとえば、オリオンプレスが仲介して、日本で翻訳、出版されたアメリカの著書である。これらには私が読んだことのあるような本が、どういうわけか、含まれていなかった。逆に、日本の文学作品でヨーロッパの諸国の言語に翻訳され、出版された、経緯を示すファイルが七、八冊あった。大岡昇平さんのファイルが三冊、三島由紀夫のファイルが三冊、井上靖のファイルが一冊などである。これらのファイルは興味津々たるものであったが、読み終えてから酒井さんにお返しし、メモも残さなかったので、どれだけ正確にその内容を伝えられるか、はなはだ心もとないのだが、これから思いだせるかぎり、これらのファイルの内容を記すことにする。

はじめに大岡さんのファイルについて記すことにすると、驚いたことに、私が大岡さんの名前で原稿を起草した手紙が二通か三通ほどあった。いずれも『野火』のフランス語訳の出版に関して、パリ在住のフランスの著作権エージェントに宛てた手紙であった。私はどういう経緯でこのような手紙を起草し、発送し、その控がオリオンプレスに渡ったのか、憶えていないし、いまさら大岡さんにも高野先生にも確かめようがない。私の手許には、一九五八年にクノップ社から刊行されたアイヴァン・モリス訳の『野火』の英語版が残っている。これは大岡さんから頂戴したものであった。私は第一次の『中原中也全集』の編集について大岡さんのお手伝いを言いつかり、実際はほとんど私が編集の実務を仕遂げることになったので、大岡さんとはごく親しかった。そこで『野火』のフランス語訳の案件が持ちこまれたときに、大岡さんは気軽く私に相談を持ちかけ、私も気軽に大岡さん名義の手紙を英文で起草し、大岡さんの署名をいただいて発送したりしたものの、案件が本格的に進むにつれて私の手に負えなくなり、大岡さんも私に依頼するのは頼りなくお考えになり、そっくり高野先生のオリオンプレスに処理を任せることになさった。そこで、それまでの経緯を高野先生にご承知いただくために私の起草した手紙の控もオリオンプレスにお渡しになったのではないか、というのが私の推測するところである。

このアイヴァン・モリスについては、ドナルド・キーンさんがお書きになった文章がある。すなわち、『ドナルド・キーン著作集』第十巻『自叙伝 決定版』の第Ⅲ章「二つの母国に生きる」の章に「アイヴァン・モリスの思い出と古典の翻訳」という文章が収められており、彼をコロンビア大学の教員として招いたときの思い出をこう書いている。

アイヴァンは、アメリカ人の父とスウェーデン人の母の間に、イギリスで生まれた。成長期にはフランスにいたこともあった。学士号はハーヴァード大学から受けている。日本語はアメリカ海軍日本語学校で学んだ。私は、海軍の軍服姿の彼の写真を持っている。しかし、彼ほどイギリス人らしい人間を、私は他に見たことがない――遠慮がちな物腰、ユーモアのセンス、そして正義が行なわれるまで見届ける断乎とした態度などだ。外面も――服にしろ、杖（護身用の刃を秘めたいわゆる仕込み杖だった）にしろ、パイプにしろ――一九七六年の急逝までアイヴァンが十六年間を過ごしたニューヨークは、毛ほどの影響も彼に与えなかったようだ。彼はある時、コロンビア大学には二、三年しかいるつもりはなかったと私に語ったことがある。しかしいつの間にか彼の滞在は延びてしまったのだ。

アイヴァンの日本古典文学の英訳は群を抜いて優れていた。たとえば十八世紀に書かれた西鶴の『好色一代女』を訳した時、彼は自分が使った英単語の一つ一つが果たして同じ意味で十八世紀のイギリス文学に用いられていたかどうかを、苦心して確かめていったという。その結果、彼の翻訳は、噛《か》みしめるとダニエル・デフォーの味がしてくる。西鶴のいい英訳なら他にもある。しかしアイヴァンの翻訳は他に類を見ないものなのだ。彼の『枕草子』と『更級日記』とは、原典を損ねることなく作品に新生命を吹き込んだ、英語散文の見事な例となっている。

アイヴァン・モリスは誰から頼まれたわけでもなく、『好色一代女』を翻訳し、『枕草子』『更級日記』などを翻訳したに違いない。翻訳を終えて始めて出版社に持ちこみ、出版にこぎつけたのであろう。『野火』の翻訳についても誰に頼まれたわけでもなく、もちろん大岡さんから頼まれたわけでもなく、ひとり思い立ってこつこつ『野火』の英語訳を進めていたものと思われる。これが後にニューヨークのクノップ社に持ちこまれ、同社が納得して英語訳出版に至ったのだと言う。何時の時点で大岡さんにお話ししたかははっきりしないが、たぶん翻訳を終えてから、大岡さんにその出版をしたいと申し入れたのではなかったか、というのが私の記憶である。そのためか、大岡さんはアイヴァン・モリスに好感を持っておいでではないように私は感じていた。それはともかくとして、アイヴァン・モリスの英訳のおかげで、そのフランス語版その他の外国語版も刊行されることになったのだから、大岡さんも私たちもモリスに大いに感謝しなければならない立場にあるのだと思われる。そういう意味では現代日本文学の海外諸国における受容について、アイヴァン・モリスは大いに貢献した人として、ドナルド・キーンさんやサイデンステッカーさんらと並んで顕彰に値する人物であったようである。

オリオンプレスの大岡さんのファイルを読んで痛感したことは、大岡さんには翻訳にふさわしい作品が、『野火』を除くと、他に、ほとんどないということであった。フランスの著作権エージェントは年配の女性のようであったが、ヨーロッパ諸国に著作権エージェントのネットワークを確立していて、しごく能率的かつ効果的に、各国の著作権エージェントと連絡をとり、『野火』の各国語版の出版に至ったように憶えている。この時点では、オリオンプレスがヨーロッパ諸国の著作権エージェントと直接、緊密に連絡をとることができるほどには、各国の著作権エージェントとの業務提携関係が確立されてはいなかったので、パリの老練な女性エージェントがその実力を発揮する場面が多かったのではないか、と思われる。これは、たとえば、『野火』のスペイン語版の翻訳出版をパリの女性エージェントがマドリッドの著作権エージェントに持ちこみ、マドリッドのエージェントが然るべき出版社と折衝して出版に至ると、著作権使用料の一〇パーセントをマドリッドのエージェントが受けとり、残りの九〇パーセントの額からその一〇パーセントをパリの女性エージェントが差し引き、残余を日本に送金してくるが、その送金額の一〇パーセントをオリオンプレスがコミッションとして差し引き、残余を大岡さんに支払うことになる、といった仕組みである。各国の著作権エージェントはそれぞれの国や地域の出版社の経営方針や営業状態に通暁しており、この種の小説であれば、この出版社に話すのが適当、といったことを熟知しているから、著作権エージェント業務も維持、発展できるわけであり、このような有力な著作権エージェントのネットワークの実力こそ驚くべきものだ、ということを、私はオリオンプレスのファイルから学んだのであった。

つまり、このようなヨーロッパの著作権エージェントのネットワークによって『野火』はずいぶんと高く評価されたようである。ヨーロッパ諸国の多くの出版社が『野火』の各国語版を刊行した。そして、こぞって、大岡さんの次の作品を検討したいと申し入れてきた。ところが、次の小説『酸素』は中絶していたし、『俘虜記』はまるで相手にされなかった。わが国でこそ捕虜になるまでの記録は珍しいけれども、ヨーロッパでは捕虜になることは日常的だから、『俘虜記』は見向きもされないようであった。これはじつにヨーロッパの読者には不幸なことであった。ヨーロッパの戦争に際して捕虜になることは日常的な出来事であっても、この体験を『俘虜記』のような文学作品に昇華したものがヨーロッパでありふれているかといえば、決してそうではあるまいと、私は考えている。それはともかく、『武蔵野夫人』『花影』のような恋愛小説もヨーロッパの著作権エージェントには魅力的ではなかった。私の記憶する限りでは、パリの年配の女性エージェントが、かろうじて、『武蔵野夫人』『花影』の二作品のフランス語版の出版の約束をとりまとめてくれただけであった。

なお、大岡さんのファイルには大岡さんがパリを訪問し、このエージェントの女性に出会い、その他、パリ滞在のさまざまの感想を高野先生に書き送った手紙が入っていた。ソ連作家同盟の招待でモスクワにおいでになったときに足を延ばしてパリにおいでになったときのパリ通信であり、初めてのパリ滞在中のかなり長文の手紙だから、大岡さんの研究者には興味ふかい手紙だと思われるので付記しておく。

*

三島由紀夫さんとも私は一面識以上の面識はあったが、大岡さんとのおつきあいのような親しみは持っていなかったので、以下では、社会通念にしたがい、三島由紀夫と呼び捨てにして、書くことにする。

三島由紀夫のばあい、大岡さんとまったく違うのは翻訳、出版したいと海外、このばあいヨーロッパの出版社が希望する作品の数がむやみと多かったことである。『金閣寺』、『仮面の告白』、『近代能楽集』などという題名が咄嗟に浮かんで来るのは、これらがオリオンプレスとヨーロッパの著作権エージェントの間の通信で非常に頻繁に話題になったからである。その他にも『潮騒』とかいろいろの作品についてやりとりが行われたのだが、忘れがたいのは、『金閣寺』のフランス語訳である。このフランス語訳はユネスコの提案であった。私はユネスコがこのようなことまでその事業にしているとは、この前も、この後も聞いたことがないので、特に私の脳裏にふかく刻まれているといってよい。ユネスコのパリの本部の然るべき部門の担当者からオリオンプレスに連絡があり、ユネスコの事業として、三島由紀夫の『金閣寺』のフランス語版を翻訳、出版したいので、許諾を得たいという手紙が届いた。この作品についても英訳がこれ以前に出版されていたので、ユネスコの関係者が英訳を読み、フランス語訳を出版したいと考えたらしい。そこで、オリオンプレスが許諾するとユネスコの手配でフランス語への翻訳がされた。

ここで、ついでだが、書き添えておくと、このようなばあいに、つねに問題になったのが、日本語から直接、フランス語に翻訳しなければならない、という条件が付いたように私は記憶している。これは、一つには、日本語の原作からの翻訳でないと誤訳が生じやすいということであったと推測しているが、もう一方では、英訳からの翻訳のばあい、英訳者からの苦情が起こり得るので、英訳者の了解を得る必要があり得るからであろうと思われる。フランス語への翻訳であれば、日本語、日本文学に通暁した人を得るのは、たいした苦労はないかも知れないが、東ヨーロッパや中央ヨーロッパの言語に翻訳するばあいを考えると、日本語、日本文学に詳しい翻訳者が容易に得られるとは限らない。

信頼できる英訳やフランス語訳があれば、これらの言語に明るい人は得やすいはずだから、これらの翻訳からの重訳の方が、覚束ない日本語の理解にもとづく日本語からの直接の翻訳よりも良いかも知れない、とも考えられる。そんな状況ではどうするのがもっとも望ましいか、私には答えられないが、結局は、仲介した著作権エージェントの判断に頼らざるを得ないであろう。そう考えると、著作権エージェントの果たす役割はまことに重要なのだと思い知るわけである。

ユネスコの提案による『金閣寺』のフランス語版出版の件に戻ると、たぶん翻訳が出来上がるかどうか、という段階で、ガリマール書店がこのフランス語版をユネスコの斡旋で出版することになったという話がオリオンプレスの耳に入ってきた。オリオンプレスとしては寝耳に水であった。すぐに問い合わせると、担当者の上司の部長か誰かが、良かれと思って、早々、ガリマールの了解を取り付けた、という事実が判明した。オリオンプレスとしてもガリマール以上に望ましい出版社の心当たりがあるわけではなかった。そこで『金閣寺』のフランス語版はガリマールから無事、出版されたのであった。

このようなヨーロッパ諸国の言語による作品の出版契約にさいして、三島由紀夫が締結した出版契約書も面白いものだったが、もっと重大な事柄として、このオリオンプレスの三島由紀夫のファイルには三島由紀夫の高野仁太郎先生宛て、またはオリオンプレス宛ての直筆の手紙が一〇通ほど含まれていることを書き加えておかなければならない。私は三島由紀夫の手紙がどの程度公表されているかを知らないが、これらの手紙には彼の文学を解く鍵が秘められているかも知れないと考えている。

些細なことだが、このファイルには三島由紀夫の世界旅行の日程表も挿入されていた。これはヨーロッパの主要な都市を巡り、アメリカに渡り、ニューヨークその他、東海岸の諸都市から西海岸の都市を訪ね、ハワイで二泊か三泊して、帰国するまでの二、三か月にわたる旅行の日程表で、いまでは想像しにくいような旅行であり、日程表を見るだけでも興味ふかいものであった。

＊

井上靖さんのファイルに話を移すことにする。私は井上さんにもすこし面識を得ていたので、井上さんと呼びたい気持ちもあるけれども、三島由紀夫を呼び捨てにしたので、井上さんもやはり呼び捨てで書くことにする。

井上靖のファイルで目についたことは、作品の梗概を三、四頁に書いたものが、英文、日本文で五、六種類もあったことであった。私がファイルから理解したところによると、川端康成、谷崎潤一郎、大岡昇平、三島由紀夫といった方々の作品が英訳出版された時期には、まだ井上靖は見落とされていたらしい。井上靖の作品の梗概をいくつか添えてニューヨークのクノップ社に送り、英訳出版を検討してもらいたいと連絡したことがあった。クノップ社のストラウス副社長からオリオンプレスに宛てた返信がファイルに遺されていた。その返信は、同社が井上靖の作品の翻訳、出版を検討するつもりはない、という趣旨を懇切、丁寧に、説明したものであった。同社はそれまでにかなり多くの日本の現代作家の作品の英訳を出版していたが、その後はまったく日本の作家の作品の出版は手がけていない。思うに、日本の現代作家の作品を出版しても、あまり採算がよくなかったのではないか。それにしても、私はこの手紙を読んで、断り状として、じつに行き届いていることにふかい感銘をうけたのであった。

このクノップ社のストラウスさんについては、ドナルド・キーンさんのすでに引用した『著作集』第十巻の第Ⅲ章「二つの母国に生きる」の冒頭に「教師生活とパーティーと日本ブーム」という一節があり、この中に次のとおりの記述がある。

「私が直接関わっている分野で言えば、数々の出版社が現代の日本文学の翻訳に新たな関心を持ち始めた。その口火を切ったのはクノップ社の編集長ハロルド・ストラウスで、クノップ社は翻訳文学を手掛けるアメリカの出版社の中では最大手だった。ストラウスは戦時中に多少の日本語を身につけ、

（助けを借りながら）日本の小説の世界に分け入っていったのだ。」

このキーンさんの証言でクノップ社とストラウス氏の果たした重大な役割ははっきりしているが、キーンさんは続けてこう書いている。

ストラウスは、愛すべき人物ではなかった。いかにも尊大に構えていて、「翻訳者など掃いて捨てるほどいる」といったことを平気で言う人間だった。サイデンステッカーの素晴らしい翻訳にもかかわらず川端康成の『雪国』が売れなかった時、ストラウスは川端のように「淡泊《たんぱく》で無力な文学」は二度と出版するものかと宣言した。しかしのちに川端がノーベル文学賞を受賞すると、ストラウスは考えを変え、『山の音』を出版した。さらにのち、三島が自決した夜、ストラウスは私に電話してきて、翻訳にもっと高い原稿料を払う用意があると言った。

これら数々の欠点にもかかわらず、ストラウスは現代日本文学に関わりのある人間すべてから感謝されていい人物だった。大佛次郎『帰郷』の翻訳（一九五四年）を企画したのはストラウスで、これはそれより三十五年前に二葉亭四迷の『其面影』の翻訳が出て以来初めてアメリカで出版された日本の小説だった。『帰郷』は、日本人の主人公が自国の文化を再発見する物語である。もともと日本の文化に馴染みのない多くのアメリカ人読者にとっては、この小説は再発見というよりむしろ発見そのものだった。クノップ社が出した次の小説、谷崎潤一郎の『蓼喰ふ虫』もまた伝統の再発見を描いた作品だった。

このような文章を読んだ上で、井上靖の作品の英訳出版を断ったストラウス氏の手紙を思い返すと、この手紙は丁重ではあるが、じつはずいぶん高慢な断り状であったのではないか、という感じもしてくるからふしぎである。それに、『雪国』の「サイデンステッカーの素晴らしい翻訳」という言葉から、私は川端康成がノーベル文学賞を受賞したときに、日本のジャーナリズムは大騒ぎをしたけれども、サイデンステッカーさんらの貢献にはまるで触れていなかったのではないか、と思い、ノーベル文学賞受賞の背後には彼ら翻訳者の重大な貢献があったことを誰もが無視し、忘れていたように感じたのであった。また、私は、同時に、私がサイデンステッカーさんに一度だけお目にかかったときのことを思いだした。どういうわけか、私が日本近代文学館の理事長に在任中、たまたま、サイデンステッカーさんが文学館においでになった。文学館の理事長室は事務室の奥を衝立で仕切って、机と椅子、それに応接セットを配置しただけの狭くて、貧弱な部屋だが、そこで粗末なお茶を差し上げただけで一時間ほど話をお聞きしたのであった。そのときはサイデンステッカーさんはかなりお疲れの様子であった。いろいろと日本の古典や現代小説の英訳をし、出版したけれども、いまでも多少なりとも収入に寄与しているのは『源氏物語』の翻訳だけだ、というような趣旨のことを暗い表情でお話しになったことを、つい先日のように憶えている。じっさい、わが国では、翻訳者は必ずしも不遇とは言えないけれども、海外諸国では、翻訳者の処遇は恵まれていないし、彼らの寄与、貢献は忘れられがちである。同様に著作権エージェントの寄与、貢献も忘れられがちなのではないか、と思われる。

大岡さんの『野火』とか、三島由紀夫の『金閣寺』といった作品については、オリオンプレスが手がける前に、英語訳が出版されていたので、オリオンプレスとしてはこれらの作品の説明をする必要もなかったし、それにアメリカにおける評価も、ある程度、定まっていた。だから、売り込みにそれ程の努力は必要なかったはずである。しかし、井上靖のばあいはそうではなかった。そのために、作品の梗概を用意し、このような作品をあなたの国の言語に翻訳して出版しないか、という商談から始めなければならなかった。そこで、井上靖のファイルには英語の梗概が数篇、日本語の梗概が数篇はいっていたように憶えている。これらの梗概を作成したのがオリオンプレスの担当者であるか、井上靖さんご自身であるか、ファイルからは判然としない。いずれにしても、オリオンプレスの甚大な努力なしには、どの国でも、翻訳、出版ができたはずがない。ただ、ことに大岡さんと違う特徴だが、井上靖のばあい、短篇もあれば長篇もあり、現代小説があれば、歴史小説もあり、小説の舞台も日本に限らず、中国などを舞台にした作品もあり、作品がじつに多種多様である。だから、いわば引き出しが多いから、相手の国の著作権エージェントも、翻訳、出版を引き受けそうな出版者を見つけやすいのかも知れない。オリオンプレスが日本近代文学館に寄贈してくださった本の受入れ報告を、この文章の冒頭に記載したが、これには、井上靖四十九冊、大江健三郎九十五冊、大岡昇平十九冊、川端康成七十四冊などと記されている。大岡昇平、川端康成ら、すでに英訳が出版されていた作家と違い、井上靖の訳書四十九冊こそがオリオンプレスの労力の結晶である。そう考えると、よくこれほどまで売り込めたものだと、ふかい感銘を覚えざるを得ない。これほどの多数でない作家の訳書であっても、オリオンプレスがよくおやりになったものだ、という思いがつよい。言いかえれば、谷崎、川端、三島、大岡といったクノップ社が手がけた最初期の日本文学の翻訳・出版を除き、オリオンプレスが日本近代文学館に寄贈してくださった七百三十五冊の訳書の中の七、八割は、オリオンプレスの努力により、海外の著作権エージェントや出版社に売り込み、説得し、出版にこぎつけたものであり、日本文学の海外諸国における受容に果たした意義ははかり知れないほどのものだという感がつよい。これらは高野仁太郎先生がわが国で最初の著作権エージェントとして成就なさった成果であり、余人には果たしえなかった業績といってよい。そして、私が酒井建美さんから拝借したファイルは、これに挿入されている三島由紀夫の一〇通ほどの手紙、大岡さんの手紙は別として、日本の現代文学作品が海外諸国において受容されるに至るにはどんな手続きがあり、どんな苦労があったかを雄弁に語る貴重な資料である、と考える。

*

酒井さんはオリオンプレスで著作権エージェントの業務を学び、独立して彼自身の著作権エージェントの事務所を起業したのだが、そのさい、オリオンプレスから、著作権エージェントの業務について営業譲渡をお受けになったかのようにお聞きしたように憶えている。そうとすれば、高野先生が冒頭記載の日本近代文学館に訳書を寄贈してくださった当時、すでに著作権エージェントの業務は酒井さんに譲り、オリオンプレスではこのような業務はなさっていなかったのかも知れない。オリオンプレスの本来の事業は写真エージェントだとお聞きしたことがあり、高野先生が写真家協会といった団体から表彰されたことがおありのようにもお聞きしている。フォト・エージェントというのは、私の理解するところでは、写真家から写真を預かり、然るべき利用者に写真の利用を許諾し、許諾料から、手数料を差し引いて写真家に支払いをするといった事業である。もし私の理解が正しいとすれば、これも私の恩師である高野仁太郎先生にふさわしい、前人未到の新規な事業を起こし成功させたものである。そう思うと、何故もっと頻繁にお目にかかってお話を詳しくお聞きしなかったのか、という悔いを新たにするのである。

第二部

遠藤麟一朗

一九四四（昭和一九）年四月、私は旧制一高に入学した。一高では原則として入学してから卒業するまで寮生活をするきまりであったので、国文学会と称する文化サークルに入会し、国文学会が占めていた明寮十六番室で生活することとなった。国文学会には国文学を愛好する者や歌舞伎や能を見ることの好きな人々が集まっていた。三年生に飯田桃、太田一郎、西川省吾、理科の学生だった中川三与三といった人々、二年生に築島裕、今道友信、森清武、木村正中、喜多迅鷹、理科の学生であった岩崎京至といった人々がいた。私と同年に入学した一年生では中野徹雄、大西守彦、橋本和雄、それに私などが入部した。中川は東大医学部に進学し、後に九段坂病院の院長をおつとめになった。木村正中は当時は理科だったが、戦後文科に転科して国文学を専攻し、長く学習院大学で教鞭をとった。王朝文学の権威者であったと聞いている。岩崎さんは東大では水産学科に進み、水産庁につとめた。築島さんは後に東大で国語学を講じ、今道さんは同じく東大で美学を講じた。このように十数人が一室に雑居して生活することは、私にとってはじめての経験だったから、馴れるまでだいぶ苦労した。上級生も「さん」づけでは呼ばないこととなっていたので、私は飯田をはじめ、築島らもみな呼びすてにしていた。それだけ上級、下級を区別しない、自由で闊達な雰囲気が支配していた。

私が入学して間もなく新入生歓迎コンパが開かれた。その席には中村眞一郎、大野晋、小山弘志という三人の先輩がおいでになった。大野、小山の両先輩は東大国文学科の大学院生であった。中村眞一郎さんは国文学会創立者のお一人で、当夜、当時お住まいだった静岡からわざわざおいでになったのであった。いうまでもなく、三先輩ともこの当時はまだまったく無名であった。その席に、身綺麗に大学生の制服を着こなした、ひどく美貌の青年がおいでになった。彼は、遠藤麟一朗、と自己紹介し、傍らの西川省吾を省みながら、西川を駑馬に比すれば、僕は麒麟の如き者だ、とつけ加えた。一年生を除き、誰もが遠藤麟一朗という人の人格を熟知しているようであった。誰も顰蹙するような挨拶としてうけとる気配はなかった。私は何という気障な人だろうと思った。談論風発すると、小山さんはいくらか寡黙であったが、主として、中村眞一郎、大野晋、遠藤麟一朗、飯田桃の四人の間で丁々発止と討論が交わされたのであった。私は彼らのふかい学識、教養と爽やかな弁論術に魅せられて、ただ呆然としていた。これが私が遠藤麟一朗を識った最初の機会であった。私は彼の生前、遠藤さんと「さん」づけで呼び、遠藤と呼びすてにすることも、彼の愛称ともいうべき「エンリン」と言うこともなかったが、以下の文章では、敬称なしに、遠藤麟一朗または遠藤と呼ぶことにする。

ここで横道に逸れるが、西川省吾にふれたい。二年生が勤労動員されて日立に赴いた後のことだが、一高ではふつう文端と呼ばれていた文科端艇部の連中にストームをかけられたことがあった。後に戦史作家となった児島襄が先頭で、拙著『故旧哀傷』の第一回に採り上げた萩原雄二郎らが一緒であった。後に大蔵大臣をつとめた林義郎や検事総長をつとめた筧栄一も同じ文端に属していたから、加わっていたはずである。深夜、胴間声をはりあげて寮歌をうたい、太鼓でも叩いていて、すさまじい喧騒の中、明寮十六番室の寝室をドンドンとたたいて部屋に押し入り、起きろ、という。起きて立ち上がると、一年生は出身中学と姓名を言え、と言う。中野、橋本が府立一中、と出身校を言い、名のったので、私も府立五中、中村稔と答えた。このストームは、昼間の授業のさい、橋本が文端の誰かから代《だい》へんを頼まれたのに、代へんをしなかった、その仕返しのようであった。代へんとは、教官が出欠をとるため名簿を読みあげるさい、欠席者に代わって、出席と返事をすることをいう。橋本は代へんを頼まれたものの、代へんを頼まれたことを忘れたか、あるいは臆して代へんしなかったのであろう。

そのとき、むっくと起き上がった西川が、児島に、きみの出身校と卒業年次を言え、と迫った。児島は昭和一九年、府立一中卒業と答えた。西川はその児島の答えを聞くと、大きな顔をするな、おれは府立一中、昭和一五年卒業だ、さっさと帰れ、と言った。たしか一五年と言ったと憶えている。一四年でも一六年でもないはずである。児島からみれば、はるかに年長の先輩である。児島をはじめとする文端の連中は、すごすごと引き揚げていった。それほどに西川の啖呵は迫力があった。なまじ一高に多年暮らしているわけではなかった。このやりとりのさい、飯田や太田も同じ寮室にいたはずだが、起き上がって見物していたにとどまるようである。

このことが、遠藤の自分が麒麟、西川は駑馬、と言ったことと関連する。遠藤は昭和一六（一九四一）年四月、府立一中四年修了で一高に入学し、昭和一八年九月にくり上げ卒業し、東大経済学部に進学していた。西川は遠藤より府立一中で上級でありながら、遠藤の卒業後も一高にとどまっていた。一高入学の前に浪人していたかもしれないし、一高入学後も何回か原級にとどまっていたのかもしれない。いわば西川は駑馬のように一高に停滞し、遠藤は麒麟のようにすばやく一高を駆けぬけた、ということが遠藤の自己紹介の趣旨であり、西川に対しその才能、能力を侮蔑して駑馬と評したわけではなかった。

＊

遠藤麟一朗は稀代の秀才であった。遠藤の親友であった中村祐三が編集した遠藤の遺稿と知己友人たちの追悼文を収録した著書『墓一つづつたまはれと言へ——遠藤麟一朗 遺稿と追憶』（以下「遺稿追悼文集」という）に、遠藤と同級だった太田一郎は「彼は毎年抜群の成績で優等生になっており、またスポーツもよくこなし、校友会雑誌に文章を書いたりしていて、遠藤麟一朗という響きのよい名前は早くから校内に知れわたっていた」と書き、後に東京高裁の裁判官として令名高かった倉田卓次（ここでも「さん」を付したいところだが、本項ではすべて敬称を省略する）は次のとおり書いている。

「彼のノートのお世話になった。「倉田は遠麟のノートのおかげで卒業できたようなもんじゃないか」と同室の友人たちによくひやかされたものだが、全くそのとおりだった。私のノート借りは、自分でノートを作っていて、欠席した授業の分を借りて写すというタチのいいのではなく、自分ではノートを持たず授業もなるべくサボッておいて、試験前にひとのノートを丸ごと読もうというのだから、虫がいいというか図々しい話で、貸すほうはいい顔をしないのが普通である。それにそもそも試験前は誰でも余り貸したがらない。その点彼は実に気がよく、自分が空き次第——もっともそれが試験前夜おそくということもよくあって、こっちはそれから徹夜になるのだったが——貸してくれた。二年三年の時の学期試験はほとんど全面的に彼のノートに依存したのである。育ちのよさを反映してか、金銭的にも財布の紐の緩い性分だったが、そういう鷹揚さがノート貸しの気前のよさにも現れていて、私はその恩沢を受けたのであった。」

一高では試験の結果の成績順位が玄関ホールに貼り出されるのが常であった。私たちはこれを番付とよんでいたが、太田が、遠藤は優等生だった、というのも、この番付で確認していたのである。つまり、学業については、遠藤は一高在学中真面目に出席し、ノートをきちんととり、試験で抜群の成績をとっていたのである。

遠藤の運動神経については倉田卓次が同じ文章の中で、遠藤の思い出は「組選から始まる」と書きおこして次のとおり書いている。

「組選というのは旧制一高の年中行事の一つだった組別新入生選抜対抗競技で、特にボートの組選のクルーに選ばれると、四月初めの新入早々から一ヶ月半くらい組選部屋で先輩と合宿し、バック台から叩き込まれる。私はドッペって二度目の文科乙類一年生として遠藤の同級生になったのだが、前の年クルーとして漕いでいるので、その年の組選部屋では先輩として彼をコーチする立場だった。ドイツ語専修の文乙のクラスは昔風に独法と称されていた。独法組選は明寮一番室にあった。」

「匂うような美少年だった。ノーブルな面長の顔立ちで肌が白く、バック台で汗をかかせたあとなど紅顔という形容がぴったりに頬の血色が映えて、少年のエロティシズム——誤解をおそれずはっきり言えば、ホモセクシュアルな意味での牽引力——を発散していた。こっちは十九歳になっていたが、向うは四修だから十六歳、まだにきびもなかったのではないかと思う。目が大きくよく動いて齧《げっ》歯類の機敏さを連想させた。口許の歯並びが美しく、鼻も隆い。強いて難を言えば、これは彼自身十分認めていたが、顔の造作全体が僅かに左右非対称だった。しかしそれは、私の見るところでは、彼の美貌を「女にしてもみまほしい」行儀良さから少し外れたものにし、かえって別な魅力を生じさせていた。」

「そして、クルーとしても事実皆をリードする整調――一番前の漕座《こぎて》――の大役をこなした。組選ボートの練習はきびし過ぎるとて途中で逃げる者も出かねないのだが、彼は、一見スマートな容姿でありながら、案外に骨太な体格で頑張りがきき、百何十本というバック台練習で尻の皮が剥《けつ》けても音《ね》をあげなかった。からだがへばらぬだけでなく、心も強健だったのである。」

ところで粕谷一希に『二十歳にして心朽ちたり』と題する遠藤麟一朗の伝記（以下「粕谷の著書」という）がある。遠藤の自宅は松原にあったので、遠藤は「地方出身者とは異なり、気軽に家と寮との間を往復していた」と書き、遠藤の弟祥二郎氏の談として「ボートで尻の皮をむいて帰ってきた兄貴は、廊下に寝そべって、尻をむき出しにして、お袋に薬を塗ってもらっていました」という言葉を紹介している。これは当時の遠藤とその母親との関係を示す挿話として心にとめておいてよいが、このように母親に甘えたことがあったからといって、遠藤が整調をひきうけて、やりとげた強靭な精神を疑う根拠とはならない、と私は考える。

宗左近という筆名で知られることとなった古賀照一はやはり国文学会に属していたが、遠藤が入学した時は二年生であった。ただ「遺稿追悼文集」に寄せた文章には「桃の花、と書いたが、たぶん満十六歳の遠藤くんには歌舞伎の色若衆に似たあでやかさがあった。そして、ほのかにニンニクの匂いがした。しなやかな肢体をさらにしなわせて、誰が命じるのでもないのに、柔軟体操や縄跳びをよくした。

たぶんその昭和十六年の十月のある夜おそく、部屋に戻ってきたわたしは目を見はった。物凄い勢いで、それこそひょうのように跳ねて、遠藤くんが縄跳びをしているではないか。思わずわたしは、「すげえバイト・ウント・ファイトだね」と口走った。すると、たちまち跳ぶのをやめて色若衆にもどった少年の口から、すずやかな声が走った。

「すげえシャレだな。韻をふんで」

何となく、わたしは恥じた。」

宗左近はふとした思いつきの発言に対し遠藤が当意即妙に答えたのを聞き、自分の軽率さを恥じたのであろう。それにしても遠藤が抜群の運動神経、運動能力をもっていたことを、この文章は教えているし、「バイト・ウント・ファイト」と聞いて、即座に「韻をふんで」と褒めて反応する頭脳の回転の素早さをも、教えているであろう。

このように成績優秀、すぐれた運動能力をもつ一高生は遠藤に限らなかったかもしれない。遠藤が注目されたのは、むしろ文学等の芸術分野における、はなばなしい活動であった。

＊

遠藤麟一朗は一高の校内紙『向陵時報』昭和一七年一二月一〇日刊の第一四七号に次の短歌二首を発表した。

ひとりゐればかゞやきわたるしづけさを酒たうべする夜のおろけさ
さむざむと冷雨降りそむかそけくて秋はいつしか流れ逝くらし

第一首はともかく、第二首にはしみじみとした情感の流露が認められる。遠藤は大正一三（一九二四）年四月生まれだから、この年はまだ一八歳であった。第二首のような晩秋の気配のとらえ方は尋常でない早熟さのあらわれとみてよいだろう。『向陵時報』昭和一八年四月一三日刊の第一四九号には短歌一一首を発表している。私の好みにしたがい、若干首を紹介する。

夏ははや生の労き苦しむか交ひたる蝶むなしきに舞ふ

人おのおのおのれが道を歩みたり墓一つづつたまはれと言へ

自転車に乗つては海を聞きに行から砂のかげらふ冬の陽だまり

「遺稿追悼文集」が『墓一つづつたまはれと言へ』と題されたのは、遠藤の親友中村祐三が右の第二首から採ったのだが、一九歳にして遠藤がその生涯を予感したかの如き感があり、そういう意味で感慨を覚えるが、短歌としてみれば、第三首の口語短歌の新鮮な感覚の冴えに私は注目する。

『向陵時報』昭和一九年二月二日刊の第一五五号には「国文学会第二回句会より」として次の俳句二句を発表している。

新墓は霜伏す道の果なりき

病みほうけ猫の圍爐裏を追はれけり

この他、「遺稿追悼文集」にはドイツ語を学び始めて間もなく作ったという日独両語の四行詩が収められている。

夏　海

海原の青さよ

沖の空とほく

雲の峰さわと

浪にくづれぬAn der Sommersee

Blau ist das Seefeld,Am Himmel entfernt,Der Wolkenberg zerfällt,Aus Wellen her rauschend.

学習し始めてすぐにこうしたドイツ語の押韻詩めいた作品を作る遠藤の早熟さは驚くべきものだが、詩としては見るべきところがない。この他『向陵時報』昭和一八年二月一日刊の第一四八号に「ある森の話」と題する童話風散文を発表しているが、若干宮沢賢治の影響が認められるとはいえ、素朴すぎて興趣に乏しい。遠藤が一高在学中発表した文章中、白眉と目すべき作は『向陵時報』昭和一八年二月一日刊の第一四八号に発表した「サロン覚書」である。

これは、中村祐三による「序言」、遠藤麟一朗による「跋」を前後におき、「サロン覚書抄」全五章の擬古文と、第一章から第四章までに付記された「(備考)」から成る。

「ランブイエ侯爵夫人」著、「遠藤麟一朗、中村祐三共訳」とされており、「序言」の冒頭に「これは最近発見された仏蘭西に於けるサロンの創始者ランブイエ侯爵夫人の手記と看做されてゐる「メモアアル・ド・サロン」の抄訳である」と記されている。その第一章を以下に引用する。

「さろんいとあらまほしかんめり。みな人おのがじしの好みありやうにまかせてさるべきよそひこらし　おのがじしの見聞きせしやうの珍らかなる　世のことわり思ひ得たることのすぐれたるを　おのがじしの物腰し臈々じう　うるはしき言の葉もて楽しう睦み語らふ所になん。されば　さろんはゆまにての流れ交ふあとりえとも言ひつべう。むべ人さまざま。さるべきさろんの様恰も大殿の池に林なすふきあげに映ゆる七彩の虹に似てきよらに見るめ眩かれぬる　あるは紫紺の濃きに身を埋め給ひ身のこなしやゝ気忙しう　短く響きよき口ぶりにはづみ　すずろごゝろ進めば童めきて頬あからめ給ひしきりに　さなんめりさなんめりとひひらぎ給ふ。あるはいとかはらなるよそほひなれど　そこはかとなう優なる方を秘め給ひて安らけき身のもてなしふるまひおほどき　屢々ぴえろ気取りに　更に顔つきゆるがず軽きいろにいとういつとしづかに言ひなし給ふにみな人つい微笑まれあるはしみじみと言の葉にみやび浅からぬつきづきしうなど　げにさろんはきらびやかにもゆかしき所にぞなん。
（備考）人間は生れながれにして社会《ソシエテ》の人である。交遊《ソシエテ》の人でない人間等といふものはない。そこで人間達はあちこちに社会《ソシエテ》を作つて集る。そして其処で赤坊達が大人達の口真似を一所懸命してゐるやうにして彼等の苛酷な迄に発する種々の要求を満たしつゝ教へられ鍛へられして成長して行く。」

この戯文、偽作「サロン覚書」はほとんど遠藤の発想執筆と思われるが、遠藤の「跋」を読むと、趣旨がはっきりするであろう。

「田舎つぺは読んでも無駄である。都会といふ言葉をもつと丁寧に使はう。文化とは殆ど都会のものであることを忘れないやうにしよう。都会人であることをもつと幸福に思ふやうにしよう。
（都会人の住む所と都会とは必ずしも範囲の一致を有たないことは勿論である。）

向陵に人間の交流がないことは悲しいことである。僕はサロンだけが交流の機関であると言ふのではない。ほんたうの都会人にはサロンが必要なのである。溌剌としたサロンの数が向陵文化に比例することは過去の事実が証明する。

僕たちは若い。ちよつとばかりのペダントリイや倨傲やセンチメンタリズムや軽薄さは許されてもむ。サロンはそれを許すと同時にそれを消す。サロンは真実の都会人の精神のエチケットをはぐくい〻。

おたがひに一高生をもつと信用しよう。一高生はモリエエル時代の仏蘭西サロン人より誠実である筈である。（お歴々が説く日本国民性の美点は多く都会人のものであることを忘れないやうにしよう。）」

以下は省略する。遠藤は徹頭徹尾都会人であろうとした。それは彼自身が田舎っぺ的要素をもっていたからだという。彼はサロンにより、交遊により、たがいに他から学ぶことにより、切磋琢磨し、自らを鍛え、成長させることを志していた。

遠藤が当時在校をした一高生に強い感銘を与えたのは昭和一七年の記念祭に狂言「瓜盗人」を演じたことであった。太田一郎は「遺稿追悼文集」中に、次のとおり回想している。

「同じ学生の服装をしていても遠藤君の周囲には何かある「時分の花」がただよっていた。あの頃私たちはよく歌舞伎座にかよったが、先々代羽左衛門の熱心なファンが多かった。彼の場合もその例にもれず芝居好きであったようであるが、江戸前でいてしかもどことなくハイカラな姿はまさに羽左衛門であったといっても、いい過ぎではないと思う。彼には和服もよく似合った。いつだったかある記念祭の折に、彼は狂言の装束をつけて実際に「瓜盗人」を演じたことがある。その舞台姿はまことに堂にいったもので、その太郎冠者ぶりは山本東次郎ばりで、私たちは目をみはって感嘆したものである。」

やはり「遺稿追悼文集」中、日高普は「瓜盗人」と題して、「記念祭でかれは狂言の「瓜盗人」を独演したが、朗々たる美声と水際だった所作の美しさにただあきれるばかりだったのはぼくばかりではあるまい」と書いている。この狂言を演じる前、おそらくただ一度だけ遠藤は山本東次郎の「瓜盗人」を観たに違いない。その後詞章を読んだとしても、そのただ一度観ただけの記憶で台詞の声調から所作にいたるまで、すべてを自分のものとして会得して堂々と演じきったのだから、尋常の才能ではない。こんな異能の人は二度とこの世にあらわれることはないのではないか。

なお、日高は国文学会で遠藤と一緒に生活した時期を回顧して次のように書いている。

「かれの口から気のきいた言葉が歯切れよく次々とくり出してくるのを、ぼくはうっとりするような気持できさほれたものだ。ぼくの理解したかぎりでは、かれの考えは都会人と田舎っぺの二元論から成りたち、前者はすべて美しくよきものであり、後者はすべて醜くあしきものであった。ぼくにはかれが、かれのいう「都会人」そのものであるようにみえた。

かれには、弱みをかかえてべたべたともたれかかりあうのを冷然と拒否するようなところがあった。同室の生活で、かれから悩みを打ちあけられたことは一度もないし、生いたちや家庭環境についての話をきいたこともないような気がする。彼が幼年期を福島県の田舎で祖母に溺愛されてすごしたことを知ったのは、ずっとあとのことだ。

そのころになればぼくは、かれがけっして都会人そのものではなく、かなり多くの「田舎っぺ」的要素、それも豪放というような美徳をも含めて「田舎っぺ」的要素をもった男であり、先の二元論の発想そのものがひどく「田舎っぺ」的なものであることを理解するようになる。そしてかれの冷然とした表情の奥に意外にやさしいぬくもりを感じとったりもするのだが、一高のころはそうではなかった。」

日高の文章はまた次のようにも記している。

「最後までかれは、都会人というヨロイをぬぎすてようとはしなかった。ちょうど「瓜盗人」のようにして、都会人という理念を最後までかれは演じきった。賛嘆の思いとともに悲痛の思いが残るゆえんであろう。」

私は日高の考えに同感である。粕谷の著書にいうように、遠藤が「心朽ち」たか、どうかは別として、遠藤は最後まで都会人であり、高度の教養人であった。

そのことは後にまた考えることとし、遠藤は、こうして学業も優等生、運動能力にもすぐれ、文学、芸術にも抜群の異才として、一高を卒業したのであった。

＊

遠藤は昭和一九年九月末、海軍主計見習尉官として築地の海軍経理学校に入校したが、入校するまでには、すでに記した新入生歓迎コンパの後にも時々、明寮十六番に私たちを訪ねてくれた。そんな時、羽田書店版の『銀河鉄道の夜』などを見せ、こんな本をあげるのにふさわしい可愛らしい女の子はどこかにいないものかな、などと呟いたりした。彼は詩は中原中也の作が好きだったが、宮沢賢治については詩よりもはるかに童話が好きなようであった。私は中原中也を知ったばかりで、もちろん中原の詩に大いに惹かれていたが、同時に、宮沢賢治の『春と修羅』所収の「原体剣舞連」「永訣の朝」などにもふかい感動を覚えていたので、遠藤が宮沢賢治の詩に興味を示さないことがふしぎでならなかった。

やはり海軍経理学校に入学する前だと思うが、遠藤から、いちど家《うち》へ遊びにおいで、と言われたことがあった。遠藤の家は井の頭線の東松原駅に近く、前庭に芝生のある、外観は西洋風の瀟洒たる建物であった。遠藤はもっぱらアランについて語った。私はアランという名前さえ聞いたことがなかった。ひたすら遠藤の講義を聞くばかりであった。上品で容貌のすぐれた遠藤の母堂が紅茶をふるまってくださった。このとき、私は初めて紅茶というものを喫したので、忘れがたい思い出である。

＊

そこで『世代』の初代編集長に迎えられた遠藤麟一朗を偲ぶことになるのだが、じつは私はこの時期の『世代』に相当な距離をおいていたので、目黒書店にあった『世代』の編集室を訪ねたことも一回か二回にすぎなかった。そのため遠藤が編集長としてどんな手腕を発揮したのかも、私はほとんど知らない。

『世代』の発刊を推進したのは飯田桃と中野徹雄の二人であったと私は考えている。飯田は中村光夫さんに認められて早くから『展望』に「竹山道雄氏への手紙」というような評論を発表していたし、中野は竹山道雄、木村健康といった一高の教授の方々に絶対的な信頼をえていた。こうした方々の応援により目黒書店が発行をひきうけてくれたのだが、『世代』は全国大学高専の文藝部、雑誌部の連合体による、学生の企画、編集する、学生のための雑誌であると標榜していた。私はこのような建前にうさんくさいものを感じていた。私は飯田の企画、編集による雑誌ということが『世代』の実体であり、中野も飯田に利用されているにすぎないのではないか、と疑っていた。遠藤麟一朗を編集長にかつぎだしたのも、遠藤が稀有の才人であることは熟知していたが、遠藤をつうじて、国文学会の先輩である中村眞一郎、加藤周一、福永武彦のお三方をふくむ先輩たちと連繋を保つのに必要だと飯田が考えたからではないか。何よりも遠藤は頭脳明晰なだけでなく、その人柄が好く人望があったから、遠藤を編集長にかつぐことはすべての点でおさまりがよかったはずである。

創刊号の役員名簿をみると、編集長・遠藤麟一朗（東大経済）、編集幹部・中野徹雄（一高文）、甲藤重郎（早大政経）とあり、その最後に「各校連絡・飯田桃」とある。飯田の各校連絡という肩書は津田塾や東京女子大に出入りするのに便利だったかもしれないが、実状は企画編集担当者としての責任を回避するためだったと思われる。

この名簿には、その他、「政治部委員長・石川吉右衛門（東大法研究生）」、「社会科学部委員長・遠藤麟一朗、井出洋（東大社研）、松下康雄（一高社研）」といった名前が掲載されている。これらの人々は、遠藤を除き、終始『世代』とは関係がなかった。石川吉右衛門さんは後に東大教授として労働法を講じ、中労委の委員長などをつとめた後、早世なさったが、ここに名を連ねることを承諾しておいでになったのか。一高の社研は上田耕一郎が戦後早く設立したので、松下は一高社研とは関係ない。このように賑々しく名を連ねて権威ありげに見せていたことからも、私には『世代』がうさんくさいものに思われたのであった。

粕谷の著書は『二十歳にして心朽ちたり』と題しているが、いつ、どうして遠藤麟一朗の心が朽ちたのか、そもそも本当に「心朽ち」たとみるべきか、私は充分に書きこまれていないことに不満を感じている。それが本項の執筆を思い立った動機といってよい。

いったい『世代』編集長として遠藤麟一朗は何をしたのか。飯田は「遺稿追悼文集」に収められている文章の中で「キートン風カンカン帽とともにあらわれたかれが、白いワイシャツの腕をまくりあげるなり、原稿の割り付けをテンポよくはじめる姿を、つい昨日のことのように思い出します」と書いている。

吉行淳之介が『世代』に投稿された原稿の採否を決定する情景を描いた文章は、粕谷の著書にも引用されているが、その一部を引用すると次のとおりである。

「あるとき、ラモン・フェルナンデスの翻訳の朗読がおわり、一瞬座が静かになり、いいだ・ももが発言する気配になった。彼の発言は、一種ご託宣のおもむきがあった。開口一番、彼はこういった。

「誤訳はないようだね」

私はおもわず笑ったが、同時にうーむとうなる心持だった。そのときにも、いいだ・ももはまことに颯爽と見えた。」

小川徹の投稿を採用したのは遠藤麟一朗であったともいわれるが、通常は、吉行の文章にみられるとおり、投稿原稿の採否の決定権は飯田が握っていた。遠藤の意見が求められた気配はない。

『世代』創刊号の目次を見ると、次のとおりである。

「世代」に寄す　安倍能成
再建の為に　安倍能成
近代憲法への出発　佐藤　功
「文化と倫理」序　シュヴァイツァ　竹山道雄訳
精神の自由1　ヴァレリイ　中村光夫訳
温庭筠の金荃詞　唐宋詞選その一　中田勇次郎

群論と最近の幾何学（一）　矢野健太郎
再びなる帰来の日に（詩）　網代　毅
無花果（歌）　太田一郎
CAMERA EYES　マチネ・ポエティク
脱毛の秋（創作）　矢牧一宏

安倍能成先生の論説、竹山道雄教授の翻訳、中村光夫さんの翻訳を掲載したのは『世代』創刊の経緯からみて当然であった。詩、短歌の作者は国文学会所属であり、矢牧一宏は飯田の府立一中時代の親友、『世代』の二代目の編集長となる人物である。

この編集企画の特徴は矢野健太郎の幾何学の論説を掲載し、自然科学への関心を示していることにあり、また、中田勇次郎教授の解説による『唐詩選』で知られる唐宋の詩以外の詞に対する関心を示していることである。第二号以降にもこうした自然科学関係の論説が掲載され、中田教授の連載も続いている。このような企画は通常の総合雑誌にもみられない、『世代』の編集のエンサイクロペディア的関心の広さをあらわしている。これは飯田の企画にかかり、遠藤の発想によるものではない。いわば『世代』の編集・企画の大綱を決定していたのは、肩書上は「各校連絡」にすぎない、飯田桃であった。

いわば編集長としての遠藤の仕事は主として、後に『１９４６・文学的考察』として中村、加藤、福永三氏の執筆にかかる「カメラ・アイズ」の原稿の取立てを除けば、原稿の「割り付け」しかなかったのである。その結果、たぶん余白を埋めるために、遠藤は『世代』第四号に短歌七首と第三号に「幼年時」と題する創作を発表した。後者は美少年の自意識を主題とした作品で、かなり貧しく、紹介の必要を感じない。短歌七首の中には『向陵時報』第一四九号に発表した

夏ははや生《いき》の労き苦しむか交ひたる螺眩き狂ふ

の他、目につく作として次の二首がある。

貪婪《たんらん》の蜘蛛しづまりて破《や》れ破れし網は眞晝の光に濡るゝ
たまきはる命絶えつゝ眼の青き蠅が風無き棕櫚の葉に居り

遠藤がはじめて『向陵時報』に発表した二首の短歌の第二首「さむざむと冷雨降りそむかそけくて秋はいつしか流れ逝くらし」にも寂寥の感があるが、右の二首も「死」を身近に感じている作である。万能の異才にして若くから遠藤麟一朗が死ないし滅亡を身近に感じていたのは何故か、私にはふしぎでならない。

＊

遠藤麟一朗が飯田桃の『世代』の編集・企画等について意見を言ったり、苦情を述べたりした気配はまったくない。しかし、飯田の編集・企画方針は彼の独断、独善的思いこみによるもので、商業的にはまったく失敗であった。『世代』の潜在的読者層は、大学でいえば法学部、経済学部等文系の学

生、高専生についても同じく文科生であった。彼らが自然科学の論説に興味をもつことはありえなかったし、温庭筠のような特異な唐宋の詞に関心をもつことは期待できることではなかった。おそらく彼らが求めていたものは、戦後の混乱期にあって、いかに生きるべきか、を教えるような論説、倉田百三の『愛と認識の出発』、出隆『哲学以前』の戦後版というべきものだったのではないか。『世代』はこうした論説を提供することができなかった。遠藤麟一朗も編集・企画について助言することはなかったろう。遠藤は編集長としてかつがれ、編集の実権は飯田が握っていたからといって、「心朽ち」ることはなかった。むしろ後輩である飯田に仕事を委せて、その頭上に位置していることだけで満足し、納得していたのではないか。だからといって、第一期六号で休刊したさいに編集長を辞め、その後第二期以降はほとんど『世代』と縁を切ったかにみえる。これは名前だけ編集にかつがれたことにそれなりの不満もあったからではないか。

遠藤が第一期『世代』の編集長を退いた後、『世代』を去った理由として粕谷の著書は社交ダンスの流行を挙げている。同書から引用する。

「もうひとつ、当時の社交ダンスの熱病的な流行である。青年男女だけでなく、中年や初老までも巻き込み、大学の食堂や講堂で、あるいは焼跡のビルを借り切ってダンスパーティはひとつの風俗となり、それは昭和三十年ころまでの十年間の支配的風潮であった。いいだもも風にいえば、徳田球一までもステップを習っていた〝桃色路線《ピンキー》〟の時代であった。

解放感のなかでの自由の表現は、同人雑誌のサロンもあれば、演劇グループの芝居上演もあり、より直截な表現を求めれば、社交ダンスということにもなる。エンリンのように、心身強健で健康な青年が、多くの青年たち同様、ＳＢＫ（青年文化協会）に足が向いたからといって誰が責められよう。

SBKなる団体は、『世代』グループとは、また肌合いのことなった、七年制高校の有産階級の子弟が中心であり、社交ダンスからヨットまで、やがて「太陽の季節」に表現されるような遊戯としてのセックスが、かなり放恣に享楽されていたらしい。そしてまた、『世代』自体が女子学生が増えてゆくなかで、そうした気分を共有した部分もあったのであろう。

ともかく、戦時下に飢えたように求めた、自由なサロンは、敗戦直後の混乱のなかで、瞬間的には十二分に実現された、と考えられる。実現され、酔い痴れた宴のあとには、白々とした夜明けと、宴の残骸が残る。」

遠藤は社交ダンスに熱中した。

粕谷の著書に、遠藤麟一朗は「大学の講義という散文的な修得をまったく放棄していた。卒業間際に、日高普のところに経済学関係の書物とノートを借りにきたエンリンは、経済学部の学生にも拘らず、経済学をまともにはまったく勉強していなかった」という。粕谷の著書は、「高文や外交官試験、日銀などを受けて落ちたエンリンは、「入ってやる」といった調子で住友銀行に入った」とも記している。私はこの記述には間違いが多いと考える。

別の個所に粕谷が書いているとおり、日高普は東大では哲学科に学んでいた。それ故、遠藤麟一朗が日高に経済学関係の書物とノートを借りにきた、というような事実はありえない。当時から日高は『資本論』に関心をもち、講座派と労農派の間のいわゆる資本主義論争に興味をもっていたから、資本主義論争について遠藤に教えたことはあるかもしれない。中村祐三が丸山眞男助教授の日本政治思想史の卒業試験として提出することになっていたレポートを遠藤が代筆した「江戸精神の一断面」が「遺稿追悼文集」に収められているが、その末尾に近く、

「吾々の生産意欲が、吾々の労働の Ethos が決して近世資本主義的でなく、吾々の民主化近代化が要請されてゐるときに、あるひとびとは吾国の封建的下部構造のみの変革によつて之を克服し得ると主張するが、それは果して可能であるかどうかを吾々は疑ふ。」

という一節があるが、この文章はおそらく日高から教えられた資本主義論争をうけているに違いない。遠藤が『資本論』を論争しうる程度に読んでいたことは、後に住友銀行入行後の彼の経歴にとって致命的となった論争の挿話からも理解できる。もし、青年文化協会などの社交ダンスに陶酔して学業を廃していたのであれば、この時期に「心朽ち」ていたとみられるが、そうした見方をとることはできない。

また、粕谷の著書は「高文や外交官試験、日銀などを受けて」遠藤は落ちたと書いているが、現在の上級職公務員試験の前身である高文（高等文官試験）や外交官試験の受験者は当然法学部政治学科で学習したものでなければ試験科目に対応できない。遠藤の親友であり、会計検査院に就職した中村祐三が政治学科を卒業したことにみられるとおりである。私は遠藤が高文や外交官試験を受験したということは間違いと考える。日銀を受験したことは大いに可能性があるが、遠藤が受験したと思われる時期からほぼ三年後の私の時代には、日銀は全科目「優」かそれに準じる成績でなければ採用されないと評判されていた。社交ダンスにうつつをぬかしていた遠藤はいかに頭脳明晰、記憶力抜群であっても、それほどの成績ではなかったのであろう。これに対し、三菱、三井、住友といった一流銀行のばあい、全科目中八、九割ほどの科目が「優」でないと採用されないと言われていた。したがって、住友銀行に採用された遠藤は、おそらく二〇科目ほどの一七、八科目が「優」であったのではないか。住友銀行に採用されるにはその程度の成績を修めていたはずである。社交ダンスにうちこんでいたことを思えば、さすが遠藤、といった感がつよい。日銀に採用されることを期待していたということが事実であれば、遠藤としては、住友銀行への入行は「入ってやる」というほどの気分だったとしてもふしぎではない。それまで不合格になった経験をもたなかったための傲りに違いないが、こうしてともかく遠藤はかなり良い成績で大学を卒業し、住友銀行に入行したのであった。

ここまでが遠藤の華やかな前半生である。これから始まる後半生は波乱に富んでいる。

私見をいえば、東京ないし関東育ちの人間には住友銀行のような大阪ないし関西の企業の風土、風習はなじみにくいのではないかと思われる。なじみない風土、風習をもつ企業が遠藤を迎えたのであった。

*

粕谷の著書に国府重則という方の談話が記録されている。国府氏の談話によれば、遠藤が配属された住友銀行日比谷支店には当時配属される大学卒は毎期二名とされており、一人が国府氏、他の一人が遠藤であり、そのため従業員組合の代議員に二人が選出された。これは本部の中央執行委員になったのではなく、「連合体の東日本地区代議員で、私（国府氏）が地区の事務局長を勤め、彼（遠藤）は文化部長といった役割でした。ですから組合専従ということではないのです」という。

粕谷の著書はまた波多野一雄という方の談話を記録している。

「遠藤、よく覚えています。私が日比谷支店の次長をしていたころ、入社してきまして、よく居酒屋で焼酎を飲んで議論した仲です。気持のいい奴でね。組合運動に飛び込む連中には、不平不満組や恰好をつけたがる奴や権力志向の者もいましたけれど、彼はそのどの型《タイプ》でもなかった。結局、客気にはやったとしかいいようがない。ですから、私自身、彼のことは随分、弁護もし、庇ったつもりだったんですが、あるとき、こんなことがあったんです。当時労使双方で構成する経営協議会というのがありましてね。双方が交渉の終ったあと、ビールと弁当が出て、雑談する習慣だったのです。まあ、緊張した空気をほぐそうという懇談の意味もあったのですから、なごやかな話題を選べばよかったものを、ある重役が、『資本論』の解釈をめぐって理論闘争を吹っかけたんですね。そうしたら、遠藤君がそれに応じてしまって、最後に、全重役の前で〝レーニン・スターリン万歳〟を叫んでしまったんですね。こうなってしまうと私も庇い切れなくなってしまった。

配転といっても、本人のためを考えたんで、人間関係を断ち切らなければ、いつまでも〝行きがかり〟上、組合活動から足を抜けないでしょう。和歌山時代、あるとき突然、奥さんが私のところへやってきましてね。気性のはげしい奥さんで、いつ和歌山から帰してくれるのか、と談じ込まれたことがありました。」

波多野一雄氏は「レーニン・スターリン万歳」と叫んだのは、遠藤が日本共産党と縁があるからだ、と考えたようである。そうした「人間関係を断ち切」るために転勤させたということのようである。遠藤が「レーニン・スターリン体制」を支持していたわけでもないのに、どうしてこんな莫迦らしいことを叫んだのか、私は理解に苦しむ。遠藤は政治的人間ではなかった。高度に洗練された教養人であった。それにしても津那子夫人の陳情は私には許しがたい。

一方、住友銀行では昭和二七（一九五二）年堀田庄三が住友銀行頭取に就任した。それまでの頭取と違い、堀田体制下では組合活動に従事した者は、ただそのために、冷遇されることとなった。住友銀行に入行した私の友人は、通常の処遇をうけるようになるために、上司が無理無体な指示をしても、苦情をいうことなく指示にしたがい、銀行のすべての規則、慣行を忠実に守り、銀行への忠誠心をあらゆる局面で示さなければならなかった。私などは見るに見かねていたが、上昇志向のつよい彼は忍耐また忍耐の歳月を送り、結局は常務取締役にまで昇進、住友銀行の支配下にあった某企業に社長として天下りした。遠藤麟一朗は、こうした行動は不得手だったし、似つかわしくなかった。昭和二九(一九五四)年五月、遠藤麟一朗は西荻窪支店に転勤を命じられた。後に記すとおり、これ以前、遠藤は内藤津那子と知り合って一年余。昭和二七年に津那子と結婚している。粕谷の著書に次の記述がある。

「この結婚もかならずしも祝福されたものとはならなかった。放蕩息子に変貌してしまった麟一朗が、遠藤家に与えた傷痕は深かったはずである。とくに麟一朗にすべてを賭けてきた母親の打撃は大きかったであろう。

半狂乱になった母親は、ときとして勤め先の銀行や、麟一朗が入り浸ってしまった内藤家に現れて、麟一朗を自分の許に引き戻そうとしたらしい。

「ババア、出てゆけ」

そのたびに、この大きな駄々っ子は、それまでの愛情の全量を憎悪に変えて、母の手を拒絶した。現れたのは母親であるが、その裏には、やはり期待を裏切られた父親の、失意と怒りと、そして燐のように燃える憎悪とがあったにちがいない。」

西荻窪支店に出向いてきた母親に遠藤が「ババア帰れ」と言ったという話は私も何回か聞いたことがある。母君に対する遠藤の言動は言語道断、常軌を逸している。ただ、私は遠藤が「レーニン・スターリン万歳」と叫んだのは、『資本論』の解釈について遠藤が重役の解釈の誤りを指摘したのに、重役が誤りを認めないことに、業をにやして、思わず、口走ったのであろうと想像している。稀代の秀才である遠藤は他人の言う間違いを寛容に認める忍耐を身につけていなかった。しかし、このような失言をした途端に、住友銀行における昇進の道がとざされたことを自覚したに違いない。母君に対する暴言についても、私は、津那子ないし内藤家と母君との間で抜きさしならぬ境遇になって、津那子の側にい続けるために口走った暴言であった、と解している。

それにしても、私に理解できないのは、内藤家ないし内藤姉弟たちの遠藤家ないし遠藤の両親との関係に関する態度、姿勢である。じつは私は内藤家の長姉、内藤隆子とは『世代』の会合で屢々顔を合わせていたし、後年、唯一の男子である内藤幸雄とは彼の著書を新潮社から出版してもらうために頻繁に会っている。津那子とは会ったことがないが、末妹の美津子は矢牧と協力して出版に携わっていたし、毎晩のように新宿の「風紋」で飲んでいたので、たまに「風紋」で会話したこともある。しかし、私が他人の身上について関心がないためもあり、彼らが両親なり片親と同居していたのか、当時は両親とも他界していたのか、資産があったのか、彼らがどんな経歴、学歴だったのか、などまったく知らなかった。おそらく当時、すでに両親は他界し、四人で、ある程度の資産をもって暮らしていたのではないかと考えていた。長姉の隆子は「遺稿追悼文集」中、「クリスマスの夜・酒場のひとき」という文章を寄せているが、昭和二五（一九五〇）年、「当時二十歳を出て間もなかった」と書いているから、そんな年若い長姉の許で一八歳だったという津那子、その間の幸雄、それより若い美津子の四人が、世情に疎く、暮らしていたのかもしれない。

というのは、津那子を遠藤と結婚させる以上、遠藤の両親の了解を得て、円満な結婚を望むのが姉兄たちとしては当然だと思うのだが、内藤家の側から遠藤家に接触した気配はない。遠藤を内藤家に入り浸りさせるよりも、遠藤は遠藤家で生活し、頻繁に内藤家を訪ねる、といったかたちになるのが、結婚前の交際としては普通だろう。昭和二七（一九五二）年に二人は結婚したというが、遠藤家の両親は結婚したこと自体知らされていなかったのではないか。遠藤が日比谷支店から西荻窪支店に転任になったのが昭和二九（一九五四）年だから、遠藤の母君は、結婚したことを知らなかったかもしれない。事実上同棲しているものと信じていたかもしれない。そんな世間知らずの内藤家と我侭な遠藤とが母君との確執の原因であり、遠藤の破廉恥な暴言となったのではないか。

＊

ここで遠藤と内藤津那子のなれそめを記しておきたい。

津那子の姉、内藤隆子が「遺稿追悼文集」に寄せている文章を以下に引用する。

「昭和二十五年といえば、やっと敗戦の喪が明けかかったころですが、この年のクリスマスに、丸ノ内の工業倶楽部で、東大ヨットクラブの主催によるダンスパーティが開かれました。おそらく、この種のものとしては、戦後はじめての、ある落着きをもった催しだったと思います。

当時二十歳を出て間もなかった私は、これに誘われると大喜びで、もっと多勢の友だちを招いて、より楽しく過したいものと考えたのでした。なにしろ、せっかく舞踏会へ行くからには、相手がステップの踏み方も知らないのではつまりやしません。

親しくなりそめの矢牧一宏氏――彼はこの日のために私の特訓を受けていたのですが、もはや悪戦苦闘の甲斐もないと諦めていました――に相談しますと、それならとっておきの人物を紹介しよう、ダンスは巧いし、折紙つきの美青年で、あまつさえ一中時代はナポレオンという異名をとったほどの秀才、とこういうふれこみです。

――こうして現われたのがエンリンこと遠藤麟一朗氏でした。

しかし、初対面の瞬間、私は自己の期待に大急ぎで蓋をしなければなりませんでした。眼の前に立っていたのは、薄鼠色のオウバアに同色のソフト帽、それに分厚なロイド眼鏡といったいでたちの恰幅のいい大人で、青年というよりはオジサンでしたし、おまけに――よく見ると、すでに酒気をおびていて、なにか自分でないものの皮を鎧がわりにかぶっている、といった様子なのです。これでは初々しい気分で、最上級のおめかしをしていった私たち姉妹としては、持っていた切符とは違う列車に飛び乗ってしまったようなものでした。断わっておかねばなりませんが、妹の津那子はこのとき芳紀まさに十八歳の可憐な少女で、それこそ初めての舞踏会だったのです。

あとで聞くと、この日、矢牧氏に呼び出されたエンリンは、「お前はいつまで馬鹿な女の子相手に浮かれているのだ」と言い言いやって来たということでしたが――。

ところが、音楽が鳴りはじめ、フロアが暗くなってから、ふと見ますと、まるで別人のエンリンが、人混みのあいだをきびきびと横切っているではありませんか。ぴったりと撫でつけられた頭髪といい、紺スーツに包んだ上半身の反りぐあいといい、もう舞踏会という背景のために切り抜かれた影絵ともいうべき姿です。もはや酩酊のあとはどこにもなく、働き者のホストといった恰好で、一人ずつ女性を腕の中の船に乗せると、ゆったりと運び去り、また現われるといったふうで――しかし、終りの頃は紫色のビロードの服を着た少女、すなわち妹とだけ踊っていたようです。」

私はその当時、司法修習生であった。どういうきっかけで、どこで会ったのかも憶えていないのだが、遠藤麟一朗にお会いしたことがあった。

「すばらしい美少女に会ったよ。じきに結婚するつもりだ」

と聞かされた。「どういう女性ですか」と質問を許すような雰囲気ではなかった。彼女がどういう気質かも、どういう育ちかも、どういう学歴かも、遠藤はまるで気にかける様子はなかった。

ただ、すばらしい美少女だ、というだけの理由で、遠藤は全身的に惚れこみ、結婚を決意したようであった。生涯の伴侶を決めるのにそんなことでよいのか、と私は遠藤の顔をしげしげと見るばかりであった。彼は幸福を絵に描いたような表情であった。

*

内藤隆子の文章の続きを読む。

「その後まもなく矢牧氏に会ったエンリンは――電車の吊り革にぶら下りながら――「おれはあの娘と結婚する」と曇った窓ガラスに指で書いたそうです。」

電車の吊り革にぶら下りながら窓ガラスに字が書けるとは思われない。内藤隆子の文章は全面的には信用できない。

「私たち姉弟――弟は当時二十歳でいつも一緒に遊んでいたのです――にはこう言いました。

「ツナちゃんの顔を見ていると、眼そのものの眼、鼻そのものの鼻、耳そのものの耳――」と。

美感覚においてモラリストだったエンリンの面目躍如としたマドリガルだったと思うのです。

こうしてわが家に遊びに来るようになったエンリンは、その口実にと、私たち三人に、フランス語の手ほどきを申し出てくれたのでした。」

「フランス語のレッスンは、週に一度ずつ、二時間くらい持たれ、それがすむと、うち揃って荻窪の酒場へ繰り出すことになっていました。そこには矢牧氏や、ときには網代毅氏、工藤幸雄氏の面々が待っていて、私たちは顔を合わせただけで、それぞれに自分がそこから逃げて来たところのものを忘れ、束の間の自己回復に成功した気分になるのでした。

エンリンはお酒が入ると、にわかににこやかになり、まず雄鶏のような奇声を発して、私たちに歌わせようとする音楽の最初の音を示すのです。

どじょっこだの　ふなっこだの
夜が明けたと　思ンびなア

などという歌は、もしもコンダクターがエンリンでなかったら、私たちが歌おうなどとはユメ思わなかった種類のものですが、フランス語の先生転じてズーズー弁の男を演じたがる彼に合わせて、仕方なしに唱和したものです。」

途中をだいぶ省略して引用を続ける。

「こういう話に花が咲く頃、エンリンは津那子を――酔ってぐったりしている長い黒髪の少女を、ちょうど大きな花籠を抱えるようなぐあいに膝の上にのせていて、網代氏の「エンドウサン　ヨクソンナフウニ　オンナヲ　イツマデモ　ダイテイラレマスネ」などと控え目ながら抗議する声が聞かれたりしたものです。するとエンリンはケロリとして、「ああ、ぼくは何時間でも」と答え、ほんとうに一週間でもそのまま坐っていそうな気配でした。

しかし、この場合、妹はオンナというより、エンリンが手に入れたコドモといった感じで、どうも網代氏の心配は危惧にしか過ぎないと私たちの眼には映るのでした。

事実、エンリンは、結婚するとき、「ぼくはツナコを、少年のように愛す」とわざわざ私たちに断らないではいられなかった人です。」

「酒場の帰りに、しばしば私たちの幼い弟妹のために、菓子だとか竹の皮の舟に入ったお月見用のおそなえ物などを買い求めてくれるのですが、運ぶのに千鳥足で勢よく振り振りなもので、家に着いたときは外側の容器だけ、といったことがしょっちゅう起こるのです。

したがって、お礼を言うかわりに私たちの母は「酔っていても髪の毛だけは一糸乱れずね」と痛烈なカリカチュアを彼に献上することになり、エンリンも「参った」と唸る場面がありました。

これに対するエンリンのお返しは、「頽廃的なお母さんですね」ということでしたが、さあ、この言葉には嬰記号を五つくらいつけて吟味しないと間違いそうです。」

私はこれまで見過ごしていたのだが、内藤家には母親がいたのであった。そうであれば、二十歳を出たばかりの姉、一八歳の妹の娘たちが深夜まで酒場で遊びほうけるのを放任することは、頽廃的でないとしても、娘たちの自主的判断に委ねた放任主義だし、結婚までの間、遠藤家との間に円満な話し合いをもとうとしなかったことも、無責任きわまる、という感をつよくする。

津那子の兄の内藤幸雄も「遺稿追悼文集」に「遠藤さんと僕」という文章を寄せているが、この文章の方がよほど正確なようである。

「二人の婚約時代から結婚当初にかけて、遠藤さんを団長にして行なわれた連日連夜のような酒宴は忘れられない。〝我等の仲間〟と呼び合っていたが、メンバーは荻窪の酒場〝龍〟の常連達で、矢牧、網代、都留、工藤さんなどがいた。焼酎を飲みながら、ワイワイ、ガヤガヤと映画や文学の話をしたあと、歌を唱うのであるが、その時彼に教えて貰った〝どじょうの歌〟や〝あひるの歌〟〝豚の歌〟などはいまでも酔うと出てくる。このうち〝豚の歌〟はなかなかの傑作であり、歌詞を伝えておく必要があるだろう。

一、豚が線路の上にいた、
向うから汽車がやってきた、
豚は汽車を避《よ》けるため
線路の上から下りてった。

二、汽車が線路の上にいた、
向うから豚がやってきた、
汽車は豚を避《よ》けるため
線路の上から下りてった。

この歌はとくに遠藤さんが唱うと、何ともいえぬ味わいがあって面白かった。誰かが、〝一体この歌には節があるのかね〟といったことがある。すると別の誰かが〝俺もそう思ったんだけれど、それが何となくあるんだね〟。あとは笑いの渦だった。〝あひるの歌〟や〝とんぼの歌〟はみんなで歌詞を作っていったような気がする。あひるの食事の献立が、朝は鯨の目刺、夜が鯨の玉子とじに決まった時は、全員大喜びで合唱したものだ。

詩の斉唱もした。中也の〝春日狂燥〟のような長い詩を間違いもせずに、よくみんなで唱和したものだと思う。（中略）

二日も三日も続けて飲むこともざらであった。朝、勤めのある者は出掛けて行って、またその場処に戻るのである。その頃、〝我等の仲間〟の連中は、遠藤さんを除いては、無職か学生、もしくは就職していてもニコヨン程度の責任しか持っていなかったから構わなかったが、遠藤さんがどういう勤め方をしているのか不思議だった。あとになってみれば、不思議と思う方が不思議だったので、彼は日比谷支店から、西荻窪支店、和歌山支店へと変って行った。」

網代は『世代』創刊号に詩を発表して以後、第一次の遠藤編集長の時期、頻繁に『世代』編集部に顔を出していたようだが、復刊した第二次『世代』以降はまったく『世代』から遠ざかっていた。しかし、この文章で私は初めて知ったのだが、彼は遠藤とはふかく繋がっていたのであった。

噂を聞いて、私も一度だけ、この酒場を訪ねたことがある。「豚の歌」に非常に感銘し、これは遠藤の作詞、作曲に違いないと思い、あらためて彼の異能に驚いた憶えがある。ただ、その場の自堕落な乱痴気騒ぎには、酒を嗜まない私は辟易し、すぐに退去した。遠藤は生涯深酒したが乱れることはなかった。すでに拙著『忘れられぬ人々 三』の網代毅の項で記したとおり、彼は中年から晩年アルコール依存症になった。その素地はこの荻窪の酒場で養われたのかもしれない。その網代に『旧制一高と雑誌「世代」の青春』と題する著書がある。同書が荻窪の酒場「龍」の会合にふれているので次に引用する。

「荻窪にあった「龍」も「世代」の人たちにとって忘れられない店である。この店に足しげく通ったのは、矢牧、遠藤、内藤隆子、同幸雄、同津那子、都留晃、工藤幸雄、私などで、まれにいいだや中村なども加った。ここでの集会は、――特に雑誌が発行されなくなった後は――「世代」の同人会でもなく、その一部の会合でもなかった。「世代」の縁で結びついた者たちの若さの饗宴だった。だらしのないことも無類だったが、とにかく生命感がみなぎっていた。「龍」のマダムはすらりと背が高くやせぎすの彫の深い顔の人だった。

「思えばこの人も、「世代」の悪童たちに過分の好意を抱いてくれていたにちがいない。勘定の支払係は矢牧だったのだろうが、かれのことだからまともに支払っていたはずはない。それにしてもマダムこと喜美さんはいやな顔ひとつ見せたことはなかった。ある時大挙して訪れたところその日は休業で扉がしまっていたことがある。さしもの隊長遠藤が鼻白んだ時私は言った。ぼくに任せろ。――錠前はいとも簡単にこわれた。あとはいうまでもない。店内に無断闖入して飲みたいものを好きかってに飲んだ。この頃の酒宴はまずもって一日で終ることがなかったから、その翌日も「龍」にくり込んだ。その時マダムは少しもさわがず嫣然とほほえんで言った。「こんなことをするのはあなた達しかいないと思ったわ。」……」

私は遠藤がいつも勘定を支払っていたものと想像する。粕谷の著書に次の記載がある。

「学生時代から人眼を引いた彼のダンディな身だしなみは、建築会社の高級技師として、当時例外的に豊かであった家庭的背景が可能にしたものだが、住友銀行に入ってから、エンリン氏は、彼のためを考えて父親が、わざわざ、他から引き出して預けた銀行預金を、無断であらかた費消してしまうという悪事をやってのけている。

「数百万の金が finish でした」と、弟の祥二郎氏は歎息まじりに語った。

それは、銀座を飲み歩いているとき、卒業以来はじめて、ばったり会った小学校の旧友と、そのまま飲み歩いた末、借金を申し込まれ、即座に五十万近い金を約束し、実際に貸してしまっており、その債権は、後年、弟祥二郎氏がやっと取りたてた、という。

またあるとき、飲み仲間が集まって金に窮していたとき、エンリンは得意そうにある包みを持参した。それは妹美菜子さんの結納金だったのである。」

矢牧は都合のつくまで飲み屋の払いをツケにしておくことはまったく気にしていなかったが、きちんと毎回支払いをする性分ではなかった。遠藤はそのダンディズムからいっても、また、実際、数百万円の預金を自由にしていたことからみても、「龍」の勘定を負担していたに違いない。遠藤を「隊長」にまつりあげていた「我等の仲間」たちは、要するに遠藤にたかって毎日毎夜酒宴を愉しんでいたのではないか。

「遺稿追悼文集」に武田百合子が「思い出」と題する回想を寄せている。

「三十年も昔のこと。

私は神田神保町の「らんぼお」という酒房で働いていた。二階にある出版社の社長が経営主で、その出版社に矢牧一宏さんがいたから「世代」の一部の人たちは、この店を溜り場にしていた。ごくたまだけれど、遠藤さんも姿をみせた。糊とアイロンのきいた純白のシャツをいつも身につけていた。背広の前をわって長い脚を投げだすように腰を下ろすと、大人びた瀟洒な美男ぶりは辺りを払って、客もバーテンの少年たちも、はっと眼を遣ったものだ。

テーブルをまわって註文をうけ、運ぶのが私の仕事だった。黒いハイヒールに素足をおしこみ、板ばりの床をずかずか歩きまわる。冬も夏もそうで、一足しかない古靴は汚れに汚れてツヤが失せ、湿ってゴム製に見えた。履いていると重かった。「汚ねえパンプスだなあ」と、私の靴のことばかり言って酔払っている客もあった。

遠藤さんの美意識では見ていられなかったのだろう。ある日、店の近くの小さな靴屋で靴を買ってくれた。新しい靴に履き替えているとき、顔見知りの靴屋のおやじは「男前だねえ。あの人、あんたの旦那？」と、顔の下から訊いた。「ちがう。店のお客さん」「そりゃ、そうだろうなあ」表に佇って待っている遠藤さんと私とをもう一度見くらべて、至極当然という風におやじは肯いた。古靴を棄てて靴屋を出ると、陽がさんさんと射していたのをおぼえている。新しい靴は黒い靴ではなかったような気がする。灰色の靴だったような気がする。靴は私の給料二ヶ月分ほどであった。」

素直で、余計なことをまったくそぎおとしている、武田百合子の天性の名文である。この時点で遠藤は出所が給与であれ、銀行預金であれ、金銭的に充分な余裕があったのである。

宗左近が「遺稿追悼文集」に「バイト・ウント・ファイト」と題する追悼文を寄せていることはすでに記した。その前半はすでに引用したので、後半を以下に引用する。

「戦争が終って三年後、渋谷の夜の雑沓のなかで背広をきて髪の毛をわけた遠藤青年に、ぱったり出会った。わたしにはアプレゲールではなくアプレガールという名のぴったりする生きがよくて不良の女の子の連れがいた。連れもろとも遠藤くんはバーとも茶房ともつかぬ「ガス燈」に案内してくれた。

遠藤くんとわたしは恐ろしく早口でしゃべりあった。話の内容は一つしか覚えていない。「ゼニを貸してくれない？」であった。銀行員となっている遠藤くんはいとも簡単に「いいですよ、お安い御用だ」と答えた。酔っているわたしは「金と女、金と女」と、たぶん何度も呟いた。「ガス燈」のなかも、わたしのなかも、かなり暗かった。わたしのなかの灯りは「金と女」だけだと、遠藤くんは見抜いていて、それが恥しくて、早口なんだろうなあ、と思った。
三日後、「残念です。お金の融通、つかないのです」とハガキがきた。わたしは半分がっかりし半分ほっとした。」

国文学会の畏敬する先輩、古賀照一、すなわち、後の宗左近、をどうして『世代』に誘わないのか、私はかねて不審に感じていたので、後年、宗さんにお訊ねしたことがある。そのとき、宗さんの返事は、あのころぼくの生活が乱れていたからね、ということであった。そのように乱れた日々、すでに遠藤は金を費消しつくしていたのであろう。武田百合子に靴を買ってあげた時期よりかなり後のことに違いない。

*

住友銀行日比谷支店に勤務し、組合の文化部長をつとめていたころ、遠藤は同僚からどのように思われていたか、「遺稿追悼文集」から、同僚二、三の方々の回想を引用したい。
最初は「うたとショウチュウ」と第する橋詰忠夫という方の文章である。
「歌で知り合い、かわいがられた私は、遠藤さんを想い出すと、どうしてもこの頃のうたと結びついて了う。

〝森から森へ　いばらをこえて
ぬかるみわたり　僕等の自由はつき進む〟

と、遠藤さんはこの歌が気に入っていたようだった。この曲はあとで「若者よ」という曲名で一般にうたわれるようになったが、遠藤さんは折にふれよくこの歌をうたっていた。

住友の第五回文化祭（昭和二十六年頃）で「僕等の自由」という歌を歌唱指導して下さった。独得なフンイキで場内をもり上げたのしませてくれたものだったが、あの見事に大きく開いた口と潑剌としたイキのいい姿はいつまでも忘れることができない。

其後何回か作曲者の長沢勝俊さんの伴奏などでこのような機会があったが、当時、いつも先頭に立って、若い層をリードして下さった遠藤さんはとても貴重な人だった。

自由にものを言い、気さくに動き、又、よく飲んだ人でもあった。しかもたいていショウチュウだった。組合の文化部長時代には、時々ごちそうになったが、一杯のんではうたい又、次の屋台へと何軒もハシゴをやり、帰りを督促するのはいつも私たちだった。

〝どん底〟という洋酒バーが新宿二丁目の入口の一階で営業していた頃何回か連れて行ってもらったが、ここは、座っている目の前にカウンターの客の尻があるような、せまくて立体的なバーで歌の好きな人が集っていた。遠藤さんはこの店でロシア民謡やシャンソンをうたった。どん底カクテルと呼ばれた酒をのみ乍ら、のむほどによくうたい、このバーにいたヒロコさんというママさんが一言コメントしてくれたときなど得意気で、こんなときの遠藤さんは無邪気で子供っぽささえあった。とにかく決して退屈はさせなかったし、いつも周囲を楽しませ、よく気をつかってくれるやさしい先輩だった。

あまりまとまったことも言わず、そのくせ時々チクリと痛いところをつき、口が悪いのに人をおこらせず、一杯やっては放言し、文学を語りかけてはうたをうたい、それでいて全体としてまとまった感じを与えてくれる。若い時の遠藤さんはそんな人であったように思える。」

次に「囊中の錐」と題する大島民郎という方の文章である。

「昭和二十二年の秋、住友銀行の東京地区定期採用学卒者十二名が新橋支店の四階に集められて約一ヶ月の講習を受けたが、その中でひときわ異彩を放っていたのが遠藤麟一朗君であった。

当時は終戦後の混乱期で、大学も九月卒業という変則な形態であったが、学生気分の抜けない連中にまじって、一人超然とうそぶいていたのが遠藤君であり、府立一中、一高、東大という経歴に加えて、外交官試験を通っているというフレコミが何かしら彼を大物然とした雰囲気に祭り上げていた。なかなかのモダンボーイであり、若干高貴の育ちのようなムードもあって、私などいささか別世界の如き違和感を持たざるを得なかった。口を利いてみると、サバサバしていて案ずる程のこともなかったが……。

彼は背が高く、私は低かったため、傲然とした態度に見えたこともあり、時に嬌慢にも、あるいは豪傑風にも感ぜられたが、付き合ってみると案外照れ屋のような処もあって、今ひとつその心底をはかり兼ねた次第である。

その彼が組合運動にとび込んで行ったことはひとつの驚きであった。どう見てもブルジョアタイプと思われたのに、エリートコースをなげ打って弱者の味方に専念――というのが、彼の本質なのか、あるいは一時の火遊びなのか、これまた私にとってはいささか解し兼ねることであった。

しかし彼は猛然と、きびしく苦労の多い道を進み、世間的な利害に拘泥することを捨てたようである。そのために若い連中から絶大の信望を得たが、反比例して上層部からは多少けむたい存在に思われたのも是非ないことである。」

文章の途中だが、私見をさしはさむなら、遠藤は、たんに東日本地区代議員であって、中央執行委員になったわけでもなく、遠藤に致命的なこととなったのは重役との『資本論』の解釈をめぐる論争の末の「レーニン・スターリン万歳」という失言であった、という解釈をとっているかにみえる粕谷の著書の記述に反し、この文章の筆者は、組合活動にとび込んだこと自体がエリートコースをなげうつことであった、としている。遠藤にはそうした自覚はまったくなかったに違いない。大島氏の文章の続きを読む。

「普通であれば、上司に対しそこばくの気をつかう場合にも、彼は天真爛漫、直言して憚らなかった。こういう点が誤解を招いたことも、二三にはとどまらなかったと思われる。

彼の磊落な気質、トコトンまで弱い者には情を寄せる侠気――というような独得の持味が、堅苦しい金融の世界に馴染み得なかったのではなかろうかという気がしてならない。」

上司に直言して憚らない姿勢、磊落な気質、弱い者へ寄せる情、これらこそ遠藤麟一朗の真骨頂であり、これらを欠く遠藤の行動様式は考えられない。

後に大和証券会長になった山内隆博という方は「翔んでる男」という回想を「遺稿追悼文集」に寄せている。

「私たちは終戦後の住友銀行従業員組合のリーダーとして初めて知り合った。今の組合と違って新円時代の最低生活を闘いとるためのギリギリの活動がそこに在った。ところが彼とその仲間たちは一味も二味も違うのである。何よりも洒落れているのである。服装も言葉もそして考え方も洒落ているのである。今ならさしずめ「翔んでる…」のである。軍隊帰りで右も左も判らず唯仲間に押し出されて生活の要求をすることを組合だと考えていた私たちにとってかなり難解な男であった。そして時にひどい劣等感を持たされたことを今でも覚えている。だからといっていやな奴ではない、むしろスカーッとした好青年であり、共に語るにたる友情を感じさせるものがあった。

組合のことより、恋愛のこと、人生のこと、芸術のことなどを語り合った記憶の方が強い。むしろ組合の会議では常にアウトサイダー的発言で議事を混乱させ勝ちで閉口したことを覚えている。」

遠藤麟一朗は組合においても遠藤麟一朗であるが故に異分子であった。

組合活動のためか、あるいは『資本論』の解釈をめぐる論争の結果の失言のためか、はっきりしないが、遠藤は完全にエリートコースから脱落した。与えられた役職を忠実に、無言に、こなしていくだけの一銀行員として過ごすこととなり、西荻窪支店から昭和三一（一九五六）年和歌山支店に転任になった。

和歌山時代の遠藤夫妻について津那子の兄内藤幸雄は次のように「遺稿追悼文集」中の文章に記している。

「和歌山城の裏手の一角に建ち並んだ社宅に住まっていたが、二階建てながら黒ずんだ四軒長屋で、いかにも侘住居であった。しかし遠藤さんは朗かに見えた。どんな話をしたのか、彼にとっては不足な話相手である筈なのに、久し振りに酒が美味しいと、ぐいぐい飲んだ。その時は妹もあまり止めなかったようだ。それは友に恵まれないでいる日常が、いかに味気なく淋しいかを思わせた。彼はその地域社会を、愚劣、低級、無知、蒙昧と蔑んでいた。」

「ところで和歌山時代の遠藤さんは相当の貧乏生活だった。無論、まともに生活していれば人並の家庭が作れた筈だが、毎晩うさ晴らしに飲んで帰る夫と、休日には外での食事を要求する若妻とで、家計は火の車であったようだ。家の中に新婚生活をしのばせる調度品は何もなかったし、大して広くもない家がガラーンとして見えたのであるから相当な頑張りようであった。人里離れた山寺に、駈け落ちした二人が隠れ潜んでいるといった感じであった。」

ところで遠藤は和歌山へ赴任する以前、昭和二七（一九五二）年二月一五日刊『組合通信』第一四七号に次のとおりの「随想」を寄せている。

「吉田文五郎が人形を使います。人形は激しい情念のとりことなり艶麗無比な動作によって、私達を興奮と陶酔の中に誘い込んで行きます。しかし僕達がふと気付いて文五郎の顔を見ますと、これは又どうしたことでしょう。人形が髪を振り乱して泣こうが喚こうが、或は嬉々として笑おうが、既にしゃれこうべになって化石した様な文五郎の顔は冷酷そのものの様に終始無表情で眉毛一本動かす訳ではありません。僕達はひやっとします。

芸術家と素材と表現の関係という様な高尚な問題は措きましょう。僕はむしろ人形の身になってピエロの悲しさを思うのです。歴史という冷酷な人形遣いに振り廻されて、主体性を失ったアクロバットを演ずるのは、あれは誰なのでしょうか。ピエロは一応悲痛なものです。しかし観客を笑わせないピエロなぞ意味がありません。」

最後に「あと二ヶ月の辛棒です」とあるが、組合に関係ある事柄かもしれないが、意味不明である。ここで名人文五郎を遠藤は「歴史」といい、人形をピエロといい、ピエロの悲痛を語っているが、このピエロは遠藤自身を暗示し、文五郎を企業経営者になぞらえている、と考えてよいだろう。悲痛な辛さを耐えて、冷酷無残と思われる経営陣の人事にしたがって、与えられた職務を忠実に実行する一介の従業員に徹すること、いいかえれば俗世の立身出世とは縁を切って、たんなる一個人として生きることを決意したものと、この文章を読むべきだろう。一個人として生きることは都会人、教養人であることと矛盾しない。世俗の出世昇進を意に介しない、という生き方を遠藤麟一朗は選んだのだが、これを「心朽ち」たと見るべきだろうか。私はそうは思わない。再生の方途を見出したのだ、と考える。

この文章を発表して後、和歌山支店に転勤したが、その生活はすでに見たとおりである。

＊

やがて昭和三六（一九六一）年六月、府立一中、一高、国文学会の後輩、森清武の斡旋でアラビア石油に転職し、遠藤麟一朗の新しい人生が始まる。

＊

アラビア石油に就職した遠藤麟一朗が現地勤務を強く希望したので、入社の翌昭和三七（一九六二）年四月アラビア鉱業所管理部総務課長として単身赴任した、と「遺稿追悼文集」の略年譜にある。ほぼ二年後の昭和三九（一九六四）年七月総務部長に昇進、同年一一月、従業員家族の第一陣として夫人津那子同地着、とも同じ略年譜に記されている。

遠藤が現地勤務を強く希望したというのも、日本を離れることにより、日本社会のしがらみと少しでも離れたいという気持ちからであったろうと私は推測する。

遠藤に、アジア経済研究所発行『資源開発と国際協力――開発の現場から（アジアを見る眼49）』（斎藤優編）の第1章に収められた文章があり、その他、遠藤の手書き原稿も残っており、これをそのまま活字化したと思われる慶應義塾大学ビジネス・スクールのクラス討議用の資料も存在するが、「遺稿追悼文集」にはこれら三種のうちの手書き原稿を収めたという。「或る失敗例に関する報告――アラビア鉱業所に於ける一九六三年一月の山猫スト事件顚末」がこの文章である。これは遠藤の広汎で該博な学殖、透徹した見識、さらに明晰な文章等により、遠藤の生涯におけるもっとも卓抜な著述と目すべきものである。そのためこの文章から要旨を抄記することはきわめて難しいので、引用がかなり多く、長くなることをあらかじめ承知願いたい。

まず第Ⅰ章である。

「アラビア石油会社が、サウジアラビア＝クウェイト中立地帯沖合利権を獲得し、中立地帯海岸の南寄り（サウジ寄り）のカフジ岬に陸上基地を建設し始めたのは一九六一年八月である。それ迄生きものといっては、海岸を走る蟹しかみられなかった不毛の砂漠に、現在人口約一万五千人と言われる村づくりを行って来たわけであるが、水、電気、道路、交通等の infrastructure を初め、住宅、学校、病院、映画館、回教寺院、等々の諸施設は全部会社が自前で建設せねばならず、汚水処理、塵芥処理迄をも含む都市経営は未経験な素人の手に余るものがあった。

この他、会社は利権協定に基いてサウジアラビア、クウェイト両国政府に夫々毎年五十万ドル宛の寄附を行い、サウジ政府は之をダハラン石油鉱物資源大学の運営費の一部に充当し、クウェイト政府は国立科学研究所の運営費に之を充てている。

上記の如き、都市経営、或は教育、医療その他の福祉寄与は従来の日本企業海外進出の例としては一見極めて画期的なものに見えるかも知れない。然し乍ら之を国際石油資本（所謂 majors）の低開発国への進出という局面から見れば、決して目新しいものではなく、アラビア石油はこの既に確立された pattern に従ったただけのことである。」

ここで国際石油資本の手法はそれまでの中南米における経験から学び得たものであることを説明した上で次の文章に続く。

「上記の pattern は第二次大戦後のアラビア湾（ペルシア湾）への進出に際しても忠実に踏襲された。従ってアラビア石油会社が門前の小僧よろしく、暗中模索的な経営に乗り出したのはこの様な雰囲気の中に於てであったことを先ず認識する要がある。」

途中は若干省略し、「遊牧民族と農耕民族」という小見出しを付した項の記述を引用する。

「ベドウィン（遊牧民）には二種類ある。駱駝部族と羊部族である。前者は今や道路の発達とトラック交通の普及によって絶滅しつつあるが、以前は砂漠に於ける唯一の輸送手段の持ち主として、時に商人であり、時に剽盗であり、羊部族に比し、より漂泊性が強く、より独立不羈で、定着農民を軽蔑すること甚だしい部族であった。羊部族と雖も程度の差こそあれ、定着農民を蔑視することは同様で「神とおれと羊」だけという自恃自尊の念は極めて強い（註）。

（註）然し乍ら羊部族と雖も、ベドウィン的生活様式は漸次崩壊しつつあり、政府は之を定着農民と化すべく努力しつつあるが成果ははかばかしくなく、之等ベドウィン的生活様式からの脱落者が潜在的産業予備軍を形成している。

この点同じ中近東といっても農奴的封建制を通過して来たイランの場合とは極端に異る。中近東で最も安い、且つ生産性の高いと言われるのはイランから季節的に出稼ぎする農民である。彼等は人種的にもインドアーリアン系統で、セム系であるアラブ人と異なるが、何よりも農業という作業を通じて協同という観念を身につけ、封建制を通じて、組織の何たるかを知っている。

遊牧民の生活は厳しい。苛酷な自然のみならず、つい五十年位前迄は、即ちイブンサウド大王がアラビア半島を制圧統合する迄は、沙漠は部族間の掠奪と抗争に明け暮れていた。酷熱、渇き、飢餓、掠奪……常に死と向い合った生活を数千年も続けて来たアラブ人の生活観と、極東の孤島にいわばぬくぬくと農耕生活を送って来た日本人の生活観とが嚙み合わないのが当然である。所謂「日本人の甘えの構造」は此処では通用しない。」

〔サウジアラビアという部族連合国家〕（以下、筆者の見解により、読者の便宜のために小見出しを〔　〕中で示す。）

次に遠藤が記している事実は、私にとっては、あるいは遠藤の独創ではないとしても、じつに新鮮な見方であった。

「きだ・みのる氏は日本社会の底辺には部落がある、と指摘した。同様にアラブ社会の底辺には部族（Tribe）がある、と言うことが出来る。国、country（英）、pays（仏）が何れも「国家」の意と、「郷土」の意を併せ持つといった、謂わば農民的な愛国心は、アラブ人にとっては無縁のものであった。その愛国心、その民族主義は、部族という血縁集団の積み重ねの上に成立っていると理解するのが正しい。後にも実例を挙げるが、部族の一員が苦境に立った時、本人の理非曲直を問わず、部族員が挙ってその擁護に立ち上るのは見事である。

殊にサウジアラビアの場合、建国の歴史が部族間の合縦連衡の上に立った経緯もあり、依然として部族国家として之を把握する方が端的に正しいと言い得る。現ファイサル国王は、そのイスラム世界における象徴的地位にも不拘、仲々に現実主義的政治家として尊敬に値する人物であるが、ある時、さる米国人ジャーナリストの質問「サウジには憲法がないが、之を必要としないか？」に答えて、「私はコーランの教えに従ってこの国を統治する。従って憲法の必要はない。」と言ったことがある。蓋し、部族国家の統治についての、コーランの適合性をよく知り尽した名言であると言えよう。」

〔近代的労働契約〕

遠藤はさらに「契約法的労働倫理」という項目を設けて、以下のとおり説明している。

「米英石油資本がアラビア湾岸諸国に進出するに当って、社会構造全般に亘るmannerを持ち込んだことはさきに述べた通りであるが、労務管理の面に於ても、所謂米国流の、殊にStandard Oil Co.（New Jergy）に於て完成の域に達した、記述式労務管理方式が徹底的に採用され、又之は、素々アラブ的な、一神教的＝契約法的世界観によく適合して受入れられた。」

私にはアラブ世界における一神教的世界観が英米流の契約法的世界観と不即不離であり、アラブ世界において英米法の契約が受容されたのだという遠藤の見解に感銘をうけたのであった。遠藤の文章の続きを読む。

「当初、アラビア石油が現地に投入した日本人は、当然のこと乍ら、終身雇傭＝年功序列方式に育くまれた極めて日本的な労働観の持主であり、上記のアメリカ式労務管理方式については全く無知と言ってよかった。殊に操業開始当初は、所謂生産第一主義の下に、労務管理や厚生施設の拡充は殆どと言ってよい程無視され、兎も角も原油の生産積出が急務と考えられた為に、投入された日本人も外国人労務者の取扱いはおろか、労務管理的経験といっては、たかだか、日本の秋田、新潟の油田に於ける徒弟的労働倫理の雰囲気しか知らないという有様であった。殊にストライキの直接原因の一となった、下記ギャザリング・ステーションに於ける感情的軋轢は、同ステーションの上司である日本人が、技術関係のオペレーターのみで、Supervisory的労務管理に関する配慮を殆ど欠いていたことが主因と言えよう。

勿論、同ステーションに於ける険悪な雰囲気については、本部（殊に労務部）への報告が無かった訳ではなく、本部も対策には腐心していたものの、下に述べる様な労務トラブルの続出に追われ、適切な措置を講ずる暇もないまま、山猫ストに追い込まれたのである。」

〔油田と本部事務所〕

これから第Ⅱ章に入る。

「アラビア石油の主要油田は、陸上基地のあるカフジ岬に因んで、カフジ油田と名づけられた。この油田は陸上基地から約四十粁離れた海上にあるが、この油田から生産される原油の生産搬出施設が一応の完成をみたのは、一九六二年七月である。その後開発されたフート油田を併せ、現在坑井数は約百四十本を数えるに至っているが、六二年七月の時点に於ける坑井数は約三十本であった。この坑井から産出される原油を油田の中央部に一旦集め、pump up して陸上基地へ送り出す施設がギャザリング・ステーション Gathering Station である。」

坑井とはたぶん原油を汲みとる井戸の如きもの、ギャザリング・ステーションは各坑井から産出する原油を集めて、ポンプで陸上の基地に送るための構造物に違いない。

「同ステーションは水深約三十メートルの海底に固定された鉄骨の構造物で、謂わば人工島である。一つは従業員の居住区に、一つはポンプ・ステーションに使われる、二つの人工島を鉄橋で繋いだ形となっている。勿論四面は海で取囲まれ、陸地の影すら見ることが出来ない。」

ともかく陸地から四〇キロ離れた海上だから、陸地の影も見えないのが当然である。

「陸上との通信は、無線、有線の二系列があり、人員、食糧、郵便物等の輸送は時速十八ノット前後の便船（片道一時間半を要する。）によって行われるが、冬季に多い荒天時には便船の欠航も屢々であり、離島的な閉塞感、孤絶感は免れることが出来ない。

殊に六二年七月の発足当時は人員採用も未だ充分でなく、manual 記載の必要人員も充足されて居ない状態で、六日労働―二日休暇のスケジュールを規定通り行うことが出来ず、日本人、現地人共に長期連続労働を強いられ、閉塞感、孤絶感に裏付けられた感情的軋轢を助長した。
又、さきに述べた様な、日本人の外国人の取扱い方の不馴れ、自己表現の拙劣さは、日本人の英語の下手さとも相俟って、日本人と外国人の間の communication を極度に貧しくし、狭い居住区の中に毎日行住坐臥、皮膚を接する様な生活を共にしているだけ、益々お互に対する反感をつのらせて行った。」

私は右の遠藤の記述は、日本人スタッフと現地人労務者との間の一触即発の感情的軋轢の状態を描いて委曲を尽くした名文であると考える。そこで、新しい局面が展開する。

〔日章旗事件〕

「この様な状態で約半年を経過した翌六三年一月に山猫ストが発生したのであるが、その直前、「日章旗事件」と言われる事件が起り、反目に油を注ぐこととなった。

六二年の暮、日本から某代議士が鉱業所を訪問し、油田をも視察することとなった。会社の駐在代表は、些か不注意ではあったが、歓迎の意を表する為、代議士氏がギャザリング・ステーションを視察するに際して日章旗を掲揚することを命じた（註）。

（註）利権協定には、「会社は利権区域内においては、サウジアラビア国旗、クウェイト国旗を掲げる。」旨義務づけられている。

この不用意な指示は、偶々不幸にも、この問題の微妙さ、重要さを知っていた役職者の不在の為、ギャザリング・ステーションの日本人オペレーターに届き、その一人Sは忠実にこの指示に従って日章旗を掲揚した。

Sは、二つの人工島を結ぶ鉄橋の橋桁に旗竿を結びつけ、自分は橋の上に立って、双眼鏡で代議士氏の乗って来る便船を観ていた。その時偶々平素Sと仲の悪かった現地人従業員のIが彼の後を通りかかったのであるが、Sが無意識に後へ揚げた足がIの脚に当り、IはSが意識的に自分を蹴りつけたとして争いが起った。のみならずIはSの日章旗掲揚を利権協定違反であり、利権供与国に対する侮辱、主権侵害であるとして、有線電話を利用し、宗主国のカフジ基地駐在出先官憲に直訴するに至り、他の現地人従業員も之に同じた。

陸上基地の本部は直ちに出先官憲よりの厳重な抗議を受け、対策を協議したが、事件の真の原因は個人的な反目にあり、Iの訴追もS個人を対象としている点を考慮し、事件が中央政府に refer され、S本人の追放といった事態に発展するのを防ぐ目的をもって、S本人には意を含め、涙を呑んで同人を日本へ送還することとした。Sは両三日中に急遽帰国し、本件は一応局地的に解決するを得たが、この為残された日本人の会社 management 並に現地人に対する frustration は益々激化の度を加えた。」

右の文章に関しては、私は遠藤の記述に納得できない。たとえば日章旗が陸地の本部にあるのなら、利権協定にもかかわらず、必要が生じるかもしれないが、ギャザリング・ステーションに何故日章旗があったのか、説明できない。また、鉄橋の幅は狭いに違いないから、Sが「無意識」にせよ、後へ足を揚げるなどということは危険きわまるとしか思われない。SとIとが仲が良かったか、悪かったかの問題は別として、鉄橋上で後へ足を揚げたことだけで、Sは処罰されるべきだ、と私は考える。遠藤がこれらの点を明らかにしていないことを、私は遺憾に思う。

〔山猫スト〕

「一九六三年一月二十六日は断食月、ラマダンの第一日に当っていた(註)。この断食月の間、会社の労働時間は、回教徒に限り、午前七時より午後一時迄の六時間限りとする。午後一時以降日没、即ち夕の祈りの後食事の許される時間迄は、彼等は概ね自室に籠って休息する。

（註）ラマダンは回教暦（一種の太陰暦）の第九月に当り、この月間回教徒は神に仕える聖なる月として、日の出より日の入りに至る間、水を含む一切の飲食を採らない。

事件後現地人に聞いて知ったことであるが、断食を厳格に守ることは断食月の開始後数日間はやはり相当の苦行で、ことにその第一日はやや異常と言える程の緊張と興奮状態を伴うのを常とするという。考えて見ればこれは当然のことであるが、当日の日本人側にこうした事情に関する理解乃至は惻隠の情が全く欠けて居たことも上記の如き human relations の欠如から察知出来る所である。

事件は断食月第一日の断食が終って、日本人現地人共、夕食後娯楽室にくつろいでいる時に起った。当時、生産発足の当初でもあり、諸事雑然としていた上、建設、補修のあと片づけも未だ完全には終って居ず、材料、資材に居住区を占拠されることが多かった為、娯楽室も日本人、現地人の共用であった。日本人の数少ない娯楽の一つは勿論麻雀で、その時も彼等は娯楽室の一隅で麻雀を楽しみ、現地人は他の一隅で、ラジオ放送によるラマダン月特有の宗教音楽を楽しんでいた。

アラビア音楽、殊に宗教音楽は日本人の耳には特に単調極まりなく聞える。その音楽がうるさいとかうるさくないとかの口論が、日本人と現地人との間に持ち上り、揚句の果、日本人がラジオの真空管を引き抜いたことから、現地人の怒りは爆発した。

現地人は共同して直ちに宗主国出先官憲に対し、日本人による宗教妨害、並に現地人侮辱であるとして、電話による訴えを行った（註）。（中略）

（註）1　利権協定には「会社もその従業員も政府もしくは国民の行政上・政治上・宗教上の事柄を妨害してはならない。」旨規定してある。

2　「サウジ人侮辱罪」はサウジ労働法上の罰則規定としてある。

出先官憲〔警察・労働・海上保安〕は、会社本部に対し、直ちに現場検証を行う為、会社側責任者同道の上、同ステーションに向け出発する故、便船を用意する様要請し来ったが、偶々冬季にあり勝ちな荒天の為便船を出すことが出来ず、翌二十七日も同様の天候で便船の出航不可能、現場、本部、出先官憲共、夫々の立場から苛立ちつつ待つ外なかった。この間陸上では、消防署〔会社施設〕を中心として次の如きトラブルが顕在化しつつあった。」

ここで第Ⅱ章が終わり、第Ⅲ章で消防に関するトラブルの問題が採り上げられるが、私には、日本人のイスラム教徒のラマダンに対する理解の欠除に加え、現地人に対する日本人の蔑視が真空管の引き抜きというような暴挙を起こす心情の基礎にあったのではないか、さらに日本人は概して、仏教ないし神道を重んじているようにみえるが、じつは宗教心に乏しい民族であることも暴挙の一因だったのではないか、と思われる。

〔消防署問題〕

第Ⅲ章は次の記載に始まる。

「屡々繰返した様な、米英系国際石油資本の進出patternによれば、消防署は——政府機関ではなく——会社の組織の一環として維持運営されねばならない。アラビア石油も、従って、消防署の建物を建設し、消防自動車を購入し、消防署員を養成・組織することは、原油の生産開始と同時にスタートせねばならなかった。

以下に、消防署に起ったトラブルを報告する前に、当時の鉱業所従業員の人種別——従って部族別——構成について説明しておく要がある。

アラビア石油の利権獲得から、原油の発見、生産搬出開始迄のスピードは、経営陣の決断と、数々上の僥倖に恵まれ、世界でも有数の短期間に於ける成功であったと言われている。しかしその反面、上にギャザリング・ステーションに於けるトラブルの項でも触れた様に、とにかく生産搬出を急ぐの余り、人員の募集も何はともあれ頭数を揃える必要から、結果として採用された従業員は玉石混淆の憾を免れなかった。

而して、本来の宗主国たるサウジアラビアとクウェイトに於ては、教育乃至経験を有する適格者を求めることは極めて困難であった為、勢い中級技術者乃至は職長クラスは、利権協定による雇傭義務上、第二優先順位を有する、パレスタイン人、ジョルダン人、レバノン人、シリア人、エジプト人等の所謂 Other Arabs を採用せざるを得ない場合が圧倒的であった。その結果、会社人員構成上、日本人をトップに頂く組織ピラミッドは、少数の例外を除き、中間職に Other Arabs、最下級職に地元サウジ人乃至クウェイト人が位置する傾向とならざるを得なかった。

低開発国の常として、内務省、殊に警察系官憲の権力が強大で、民衆の日常生活の隅隅迄その発言が重みを持つ国の事迚、部族の後盾を持つ地元民の勢力は、かかる警察権力をバックに、他方、自部族の勢力範囲を離脱して、出稼ぎに来ているに過ぎない Other Arabs の中間層の、職制による統制を下から圧迫し、殆どの労務トラブルは、中間層を突き抜けて日本人管理層の処置に委ねられる有様であった。

加えて、之等トラブルを処置すべき日本人管理層は、前述の如く、権限委譲に基く、明確な職務範囲・権限に関する認識に乏しく、勢い場当り的弥縫策に終始することが多かった。当時さるレバノン人職長が日本人総務部長に語った、

"In this company, we can't know where is the right man in the right place." という言葉は蓋しこの混乱状態

を言い得て妙であったと言うべきであろう。」

ここにいう総務部長は遠藤であり、レバノン人の言葉を翻訳すれば、「この会社では、私たちはどこに正当な場の正当な人がおいでになるか分かりません」といったことであろう。遠藤の文章の続きを読む。

「消防署もこの混乱の例外たり得なかった。当時、消防署は総務部の一分課として、独立の建物と、二台の消防自動車、一台の水用タンクローリーを備え、之にジョルダン人の消防隊長を頭に、一直八人、四直（四チーム、三交代制の二十四時間勤務）計三十二人がその陣容であった。その上の直属上司は日本人の部長一名のみで、彼は勿論消防署経営はおろか、消防業務には全く未経験の素人に過ぎなかった。

三十二名の隊員中、約三分の二が全く未経験のサウジ人、あと三分の一が一〜二名の経験者を含むジョルダン人であったが、当時は訓練も殆ど行われず、烏合の衆といらに等しかったといっても過言ではあるまい。

上に述べた様に、ジョルダン人の隊長は多少の経験こそあれ、出稼ぎの外国人である為、職制上の威令は殆ど行われず、本人の統率力の低さとも相俟って、トラブルは日常茶飯事の如く、隊員は事毎に反抗し、他方、上司たる日本人部長は、毎日の対出先官憲との折衝、日本人来客との応接、日本人キャンプの経営等の日常業務に忙殺され、消防業務に関する無知もあって、消防署内の労務トラブル解決の根本的方策樹立には程遠い有様であった。」

これが遠藤の苦渋に満ちた回想による執筆であると思うと、遠藤の好きな言葉を借りれば、涙なしには読めない文章である。

「消防隊員の内で、最も反抗的、且つ煽動的で、日常的トラブルの中心であったのは、サウジ人Aであった。彼はサウジ部族の中でも比較的大きく、且つ勢力のあるハジュリ族に属し、消防署内のみならず、警備員（これも会社の従業員で、各出入口の監視、所内巡羅警備に当る。）連の中にも同族出身の者が多かった関係で、隠然たる勢力を有し、事毎にジョルダン人隊長に反抗してその命を無視し、隙あらば隊長を会社から追放して自分が後釜に坐ろうと画策していた。

隊長は無論日本人部長の助けを籍りて之を抑圧しようと画り、顕著な違命・反抗の事実をとらえて戒告状を本人に手交し、この戒告状の積重ねによって本人を馘首しようとの手段に出た。然し乍ら戒告状の発給には、違命の事実に関し、二人以上の証人が必要で、同部落出身者は決して証人に立とうせず、他部族出身者もAの勢威を怖れて仲々証人たることを肯んぜず、隊長の意図は容易に実現すべくも見えなかった。Aは益々図に乗り、終にある日隊長と口論の末、隊長の身体に対する攻撃の挙に出るに至った。偶々この攻撃は白昼衆人環視の中で行われ、隊長の怪我に関する医師の証言も得られたので、日本人部長は労務部と相談の上、Aを馘首することに決定、労務部長は一件書類を携行し、サウジアラビアの首都リヤドに向った。」

ここで、労務部長が地元官憲を経由せず、首都リヤドの内務省、労働省と直接談判に赴いたのはサウジアラビアに「直訴」がある意味で奨励されていたためであった、と説明されている。

その後、ストライキに至るまで紆余曲折があり、この文章に詳細が述べられているが、省略し、第V章に入る。

「一月二十九日朝、出勤した日本人は、サウジ人従業員が、十名足らずの警備員を除いては一人も出勤して居ないのに気がついた。出勤して居る他の現地人従業員に訊くと、どうも第一キャンプでストライキが発生したらしいという。
当時カフジ基地には未だ家族寮はなく、従業員は日本人も現地人も凡て独身寮に起居していた。
キャンプは次の四つに分れていた。
　第一キャンプ……サウジ人下級従業員用
　第二キャンプ……クウェイト人及 Other Arabs の下級従業員用
　第三キャンプ……アラブ人の上級並に中級従業員用
　第四キャンプ……日本人従業員（当然凡て上級従業員）用
スト発生の報に驚いた総務部長が第一キャンプに赴くと、彼等はキャンプ出入口の門扉を閉し、中庭に蝟集して口々に興奮し喋り合って居たが、代表者と覚しき連中が応待に出て、昨日から用意して居たらしい要求書を提出した。十数項目の要求が書かれてあったが主たる要求は次の如きものであった。
一、日本人による反サウジ的言動の即時停止。
二、サウジ人雇傭の促進。
三、サウジ人の訓練の促進。
四、キャンプ居住施設の改善。
五、本格的モスク（回教寺院）完成迄の間の簡易礼拝所の設置。
六、娯楽施設の拡充。
七、ギャザリング・ステーション内の居住施設の改善。（居住区・便所の日本人との分離。海上食事手当の増額。礼拝室の新設。等）

八、スト中の賃銀支払。

之を見て先進国に於ける組合要求の如き金銭上の経済要求が殆ど欠除していることに気付く。これには次の如き理由があったものと推測される。

サウジ労働法は、アメリカ労働法に倣い、一見極めて近代的な規定を多々有するが、最も特徴的なことは、労働組合結社を認めていない点である。国家の政策として、イデオロギー的統制は極めて厳重で、恰も戦時下の日本を髣髴させるものがある。「スト煽動者達は賢明にもこの点を考慮し、組合的と見られる金銭的要求を表面に出すことを意識的に回避したものと思われる。」（クウェイトの法制について註記があるが省略する。）

一月二十九日の朝、会社側がサウジ人従業員の要求を受領した直後、基地外側にあった間接従業員供給業者（所謂労務提供業者、即ちロ入屋）のキャンプでも、同様の要求に加え、会社の直接（正規）従業員への身分の切換要求をも併せ掲げてストに入ったことが判明した。

会社側の連絡により、地元労務官は直ちにスト中のキャンプ内に入り、ストの違法なることを説き、彼等の要求を労務官が彼等に代って会社側に折衝することを条件に、直ちにストを中止する様説得、ストは同日一日限りで解除され、翌三十日からは平常通りの操業に復した。

三十日午後から会社側は労務官との折衝を開始したが、本件に関する限り地元労務官がある程度は兎も角全面的にサウジ従業員側の要求に加担して会社側に要求を押しつけて来ることはあるまいというのが会社側の当初予想した処であった。その理由は、先ず第一に、サウジに於ては労働組合は違法である、故に組合的団体行動は違法である、故にかかる違法の行動による要求自体の正当性は、違法行為により阻却される——といった法律書生的な発想に先づ捉えられて了ったことである。

第二に、彼等の要求の社会的正当性に気付かなかった点である。石油会社として、既に生産販売を開始して半年余を経過した時点に於て、未だ建設段階の儘の貧弱な居住施設、娯楽教養施設、無経験で混乱した労務管理をそのまま放置するが如きは、社会正義が許さないのである。前に繰返し述べた様に、石油会社ともあろうものが沙漠に進出するについては、石油が出ようが出まいが、ある程度の町づくりは当然行なうのが当然であり、ましてや石油が出た現在、infrastructure を始めとする従業員や延いては国家社会への寄与は当然大々的に拡充するのが当然の責務である、ということに日本人は基本的認識を全く欠除していた訳である。」

ここで「日本人」というのは遠藤自身に他ならない。このような苦渋に満ちた文章を書きながら深い反省を余儀なくされていた遠藤の心境を思うと、まことに切ない。遠藤は決して「心朽ち」るような心情ではありえなかった。総務部長として会社としての責任を一身に引きうけて事態に対処したのであった。

「この様な認識不足の結果として、会社 management の先づ採った措置は、リヤド出張中の労務部長に対し、サウジ中央官庁に赴いて、ストの違法性を強調し、之を弾圧する様要請する陳情を行えと指示したことであった。

然し、労働省内の切れ者と言われた総務局長が労務部長に与えた回答は意外なものであった。

「日本人は cruel であり、宗教問題への理解も足りない。サウジ人の要求については、地元労務官に交渉を一任してあるので、彼等とじっくり協議して解決に努力する様。云々。」

爾後、約一週間に亘る日夜を分たぬ交渉の結果、サウジ人従業員側の要求は大部分会社側の容れる所となり、居住施設、娯楽施設は充分とは行かぬ迄も相当の改善が行われ、文盲退治を初めとする訓練コースの発足、ギャザリング・ステーションの日本人・現地人の夫々一部配置転換による人的融和の努力、等々が実現し、山猫ストを頂点とする一連の騒動は終熄に向った。

尚、消防署内のトラブル解消については、会社側は無能な署長を解雇し、新に経験あるサウジ人署長を採用して置換える一方、政府側は札付きのトラブルメーカーAを別件で逮捕投獄し、会社側は之を理由にAを解雇して、一応本件も落着した。又、消防隊員の訓練についてはアラブ世界の経験が深い英人コンサルタントを雇入れて、漸く本格的な訓練を開始することとなった。然し乍ら、ここに到る迄にはその後、尚約二年の時間を要したことは特記して置くに値しよう。」

＊

私はアラビア石油に入社、カフジ基地に赴いた遠藤を待っていた職務上、生活上の環境がどんなものであったかを記そうとして、結局、遠藤の「或る失敗例に関する報告」からの引用で紙幅を費い尽くした。しかし、右の文章ほど、遠藤がおかれた環境とこれに関する彼の思想を語るものはありえない、と考え、殆ど引用で終始したことに寛恕を願いたい。

その上で、この遠藤の文章には第Ⅵ章があり、ここに彼のアラブ文明観がよく表現されていると思うので、教えられること多いこの章からの引用を続けたい。

「謙譲の美徳の西限はバンコックである、と言われる。」とこの章の文章は始まる。これに対し、「アラブ世界に於ける唯一の美徳は復讐である、と言われる。」と後出の文章と対比している。「近時多少大陸法の影響によって緩和されたとはいえ、刑法は強烈な復讐刑の思想に貫かれている」と記し、次の文章が続く。

「前に「サウジ人侮辱罪」の規定がサウジ労働法の中にあると書いたが、カフジに働く日本人にとって、現地人従業員に向って手を挙げる、或は時に“Shut up!”と声を挙げるだけのことですら、直ちに即日国外追放を意味する。」

この文章の前に、「卑近な例に戻ろう」と言って、次の挿話を記している。

「現在アラビア石油のカフジ地区には約二百軒の家族社宅があり、内七十軒が日本人、百三十軒がアラブ人の従業員によって占められて居る。アラブ人の家族では、殊に上級従業員になると、大抵一人乃至は二人の女中或は下男を置くのが普通であるが、日本人の家庭でそれ等を置く家は一軒もない。言語の障壁も否定出来ない。しかしそのことだけならば、バンコックもザイールも同様であろう。

理由は呶々するを要しまい。顕著な実例を挙げる。

アラビア石油会社が利権を有するサウジアラビア・クウェイト中立地帯の、陸上部分の利権は、サウジアラビア側の利権をゲティ石油、クウェイト側をアミノイルという何れも米系の二社が保有し、ジョイントベンチャーによって操業している。

ゲティ石油の搬出施設はカフジ基地から約三十キロメートル程北にあるミナ・サウドという所にある。そのミナ・サウドで、これも約十年程前に起った事件である。

ゲティ石油の事業所長（勿論アメリカ人）の家で、アラブ人の女中を傭っていた。ある時その女中の働き振りか何かが気に入らないといって、所長夫人が激昂の余り、その女中をスリッパで打った。女中の訴えにより裁判所は、所長夫人に笞打ちの刑の判決を下した。

誇り高きアメリカ女性にとって、公衆の面前で笞打ちを受けることは堪え難い恥辱であったろう。その夫人は強度のノイローゼに陥った挙句、実刑に処せられる前にひそかに帰国し、裁判所もこの実際上の国外追放を以て、爾後本件を不問に付した。」

次がこの文章の結びに当たると考えられる。

「今、カフジは平穏である。」

然し乍ら、冒頭以来指摘し来った、日本人とアラブ人との間の遠い距離は、ほんの少し短縮されたと言うに過ぎない。数千年来の牧畜民族と農耕民族との間の生活観や心的態度の相違は僅か十五年やそこらの接触を以てしては、基本的には何等の相互適応を起してはいないと言うべきであろう。

アラブ人は、つい、五百年位前迄は、ヘレニズム伝来の輝かしい文明の担い手として、暗黒大陸ヨーロッパに君臨していた。その征服者としての誇りは、今でも彼等の血の中に脈打っている。従来のヨーロッパ中心的な史観の訂正は、例えば飯塚浩二教授らによって唱導されて来たが、この訂正は決してわれわれ日本人の為になされたのではなく、寧ろ彼等アラブ人の為になされたのであることを改めて認識すべきであろう。

日本人の明治以来のヨーロッパかぶれの為に、われわれの価値観や心的態度が、ヨーロッパ人よりは低いが、アラブ人よりは高いとするが如きは錯覚に過ぎない。若しそういう図式が書けるとするならば、アラブ人の方が単に地理的にのみならず、価値観や心的態度に於てずっと近いといえるであろう。

私はむしろ、アラブ人を西の果に置き、日本人を東の果に置いた直線上に、ヨーロッパ人をずっとアラブ人の近くに置いた図式が一番端的に真実を反映出来ると思う。

「今や世界の秘境は日本だけである。」と我が国の文化人類学者が言った。日本人こそ世界の田舎者ではないか。少くともアラブ世界に出て行こうとする日本人にとっては、そういう認識から出発する方が間違いがなさそうに思われる。」

ここには一高における眩しいほどの才人が予期しなかった多くの苦難を経験し、その結果、広い視野と深い学殖を得た上で、熟成した意見が認められるであろう。なお、山猫スト事件そのものはこの論説執筆よりほぼ一〇年前の出来事であると遠藤は付記している。

＊

これからカフジにおける遠藤の生活状況、帰国、離婚、死去を辿ることになる。カフジにおける遠藤の生活を彼自身が語った「砂ばくの食いしん坊」が、晩年の彼の文章にみられるような余剰をそぎ落とした名文と思われる。しかし、これを紹介する前に、福士幸世という方が山猫ストの後日談として一挿話を「遠藤さんと私」という文章で「遺稿追悼文集」に回想しているので、その一部を抄記する。

「当時、私は安全保安を担当していたが、明けて一九六三年の一月末、所管の消防署で勤務時間中に署長が部下に角材で殴られて負傷するという事件が起きた。たまたま加害者は札付きの悪質職員だったので、会社は、現地の労働慣行にしたがって手続きをとり本人を解雇した。そしてこれをきっかけとして、うっ積した不満が爆発するかのように、現地人職員による山猫ストが発生し、カフジ基地はそれまで経験したことのない混乱に陥ったのである。」

「しばらくすると、何がどうしたのか、私は、①反現地政府主義者であること、また②部下を不当解雇したこと等々の被疑事実により、警察隊長から地方裁判所に告訴された。私は、日常業務のかたわら、裁判所に出頭する身となったが、立会いの検察官は告訴人と同じ警察隊長であり、現地人通訳を介した英語の供述がアラビア語で調書に纏められ、自分では直接内容を確かめる術もなく末尾にサインさせられる、という日が続いた。私はまさにノイローゼになりそうだったが、そうした私を支えてくれたのは、遠麟さんはじめ周囲の日本人と、特に、親しかった政府関係者や現地人職員達だった。何しろこうした事件をうまく捌くのが役目だった私が巻き込まれてしまったので、これといった決め手がなく、結局、任期満了が迫っている私が帰国してしまえば、事は雲散霧消するだろうという空気だった。

五月頃のある夕方、数日後に帰国する私が一人事務所に残って仕事をしていると、突然ドアが音をたてて乱暴に開けられ、警察隊長以下大勢の完全武装した部下に取り囲まれた。隊長は、これが人間の顔かと思われる悪鬼の様な形相で私を睨みつけ、日頃は愛想の好い部下も取りつく島もない。呆然としている私に、しばらくの間、銃剣をガチャつかせながら摑みかからんばかりにまくしたてると、隊長は、荒あらしく一通の手紙を机の上に叩きつけ、部下を引連れ帰って行った。隊長は、中央政府の命令で、――カフジから何千キロも離れた避地に転勤することになったのだ。そして、手紙は、裁判判決が下るまでは被疑者たる私を、帰国はおろかカフジから外に出してはいけないという会社宛の命令書だった。

結局、私は勝ったのだ。個々の政府の役人との関係がどう努力してもうまく行かない場合は、政府の上層部に直訴するというアラビア式の方法は、相武さんが教えてくれたのだ。そして、遠麟さんは、黙って私のやることを見ていてくれた。

その夜、私は、食事中にフト先程の警察隊長の顔を思い出し意識が遠くなるような気がしたが、すぐに気分が悪くなり吐いてしまった。

遠鱗さんは、相変らず部屋で一杯やっていたが、この夜は別人のようだった。私の肩に手をおいて、「君は、すぐ逃げろ。もうやることはやったんだから、後は心配しなくていい。このままじゃ本当に病気になっちゃう。警察の方は何としてでも俺がうまくやるから」

遠鱗さんの一言は、胸にしみた。その夜のうちに、私はカフジを離れた。当時二八歳、若かった。」ここには部下の逃亡の責任を負う決意をした雄々しい男がいる。もちろん「心朽ち」てはいない。命じられた職務を忠実に果たそうとしているが、いかなる野心も野望ももっていない。私たちはここに遠藤の変貌をみる。

そこで「砂ばくの食いしん坊」を読む。

[カーペットにあぐら]（[　]中は原文の小見出しである。）

「こと飲み食いにかけては私はきわめて好奇心に富んでいるつもりである。だから世界中どこへ行っても土地の人の食ったり飲んだりしているものが一番うまくて安いという哲学を持っている。九年前はじめてここカフジ（アラビア石油の油田基地。アラビア半島の東側、アラビア湾――一名ペルシャ湾――に面したさばくの中）に着任してすぐ、近くに住むベドウィン（さばくの遊牧民）が平素会社から水をもらっているお礼にカルーフ（羊の丸焼き）をごちそうしたいと招待して来たときも前からいる日本人連中から面白半分にいかにそれが臭いか、舌を垂れ白い目を剥いた姿がいかにグロテスクであるか、いかに米にまじった砂粒をかまねばならないか等散々おどかされたにもかかわらず、私はきっとそれはすごくうまいものに違いないという確信を持った。

四月半ばの、かすかに夏の気配はあるが、汗は出てもすぐ乾燥した微風に消されるといったさわやかな昼下がり。四方八方目路のかぎり地平線しか見えないさばく。小高い丘の上の黒いテントで、砂の上に敷いたカーペットにあぐらをかいてすわらされたとき、台所とおぼしき隣のテントから流れて来る香ばしいにおいにおなかがキューと鳴った。

実際カルーフはうまかった。いかにそれがうまいか。私はそれ以来さばくに車を走らせているとき羊の群れの中に肉の柔らかそうな若い羊を見ると口中だ液のわくのを覚える。そう言うと同僚の日本人連中は「お前は少しおかしいんじゃないか」と憫笑するし、人の言うことは信用しなくちゃいけないから、なるほど少しおかしいのかと思うけれど、これは事実そうなのだから仕方がない。

カルーフとはアラビア語で本来牡羊という意であるが、ここアラビア半島東部地方では転じて羊の丸焼きを主体にした遊牧民の正餐をいう。お客をするときは何をさしおいてもこれを供さねばならぬしきたりになっている。洗たくたらい大の浅い大ざらに、肉桂、ナツメグその他の香料で味つけした米飯を盛り、その上に羊の丸焼きをのせる。羊の腹の中には肝臓やじん臓のみじん切りで味をつけた別の味の米飯が詰めてある。ときには肝臓やじん臓や胃袋などがその形のまま米飯の中に埋まっていることもある。この大ざらの周囲に簡単な野菜サラダと果実の小ざら、以上が最低限度の正餐で、ぜいたくになるほどスープその他のさら数が多くなる。」

［正客にまず目玉と舌］

「主客はともどもこの大ざら小ざらの周囲にあぐらをかき、おのがじし右手を使って飯をにぎり、肉をちぎって口に運ぶ。どのさらから、あるいは羊のどの部分から先に食べるという作法はないが、主人は正客にまず目玉と舌をとって勧めるのが礼儀で、ときにはお客同士うまそうな肉の部分をちぎって相手に投げてやる（文字通りポンとほうる）こともある。左手は不浄のものとされて使えないので、胃袋等をちぎるために仲の良い兄弟のように二人で引っぱりっこもする。

われわれが酒席を共にすると一夜にして親しみを増すように、カルーフを一緒に食うと親愛感が一時に増大する。カルーフの席は酒はもちろん出ず、飲み物はジュースと羊やらくだのヨーグルトだけであるが、実に陽気で、それも羊のさらが席に運び込まれる前から人々は口々に冗談をたたき、軽口を言い合って楽しんでいる。それは日本の酒飲みが、おちょこに口をつける前から、いな、おちょうしが目の前に来ただけで、もう多少ろれつの怪しくなったような物言いをはじめるのに似ている。

だれかが「謙譲の美徳はバンコクをもって西限とする」とか言った。実際遊牧民は妥協と譲歩をきらう誇り高い人々である。現にここで働いていると、アラブ人のみならず西欧人との接触も多いので、世界的に見て日本人の方がむしろきわめて特殊＝謙譲的少数人種であるとつくづく思い知らされることが多い。しかしカルーフの場に関する限り、それは歓待と互譲の大盤振る舞いで、私の職業柄、よんだりよばれたり一週間に一度ぐらいの割合でカルーフを食っているから、あれから九年、食った羊はもう五百頭にもなっているかと思うが、例外は一つもない。このモラルの例外的逆転現象については日本のいなかの冠婚葬祭における宴会と同様の宗教社会学的背景があるらしい。」

［脳みそはまさに珍味］

「三〇年代のフランス映画に「女だけの都」というのがあった。十七世紀初めごろだと思うが、スペインの一貴族が軍隊を率いてフランスのいなか町に進駐して来る話である。その時このスペイン貴族がナイフとフォークを使ってみせて、フランスのいなか貴族の女房共をびっくりさせるエピソードがある。フランスでもつい三百年ぐらい前までは手づかみで食っていたに違いない。フランソワーズ・ロゼェ扮するあだっぽい領主夫人や、ミシュリーヌ・シェイレル扮するかれんなその娘、要するにフラゴナールの絵から抜け出したような美女たちが手づかみで食べていた図は想像するだにほほえましいが、ことカルーフに関する限りナイフとフォークがその味を損ずることは経験上たしかである。

当然のことながら、羊の各部分は味わい分けてみるとそれぞれ特有の手ざわりと味と舌ざわりをそなえている。各部の肉も硬軟それぞれおいしいが、脳みそだとか、肩こう骨や鼻梁の軟骨、あるいは腹膜なぞまさに珍味というに値する。そしてこれらのあらゆる部分にはそれぞれにまつわる無数の説話や洒落や地口があって、彼らはこれを踏まえた冗談や軽口をたたき合いつつ食うのである。恐らくこの料理法は旧約以前からのものだろう。マホメットの軍団もこれを食いながらスペインを攻略し、ジンギスカンもこれを食いながら世界を席けんした。「女だけの都」のスペイン軍も野戦ではこれを食ったろうし「ロランの歌」の勇士たちも……。」

［遊牧民の歴史と共に］

「つまり多少大げさに言えば、羊の各部分にまつわる説話、洒落、地口の類には遊牧民族の有史以来の歴史と経験と知恵が凝縮されているわけである。彼らの歴史――われら極東の一孤島に他民族の侵略を知らず温和に数千年を閲《けみ》した農耕民族にとっては気も遠くなるような、風土上の、あるいは民族・部族間抗争の――灼熱と酷寒と、飢餓とりゃく奪と、虐殺と疫病と――常に死と隣合わせに生きなければならなかったか烈な歴史。今カルーフを囲んで鼓腹撃壌といった面持ちの中には、この歴史の酷薄に耐えて生き抜いて来たという自尊心が隠されている。

アラビア語は学ぶにむずかしく、ましてや洒落や地口はほとんど理解の外である。しかしこのさばくに職場を持ち、アラブ人をもって構成された会社という組織の中に働くわれら農耕民族の子孫にとって、いかにそれが困難であろうと彼らの自尊に満ちた魂は理解されねばならない最小限である。

ベドウィンの歌う単調な歌謡は中世ヨーロッパのトロバトーレの歌に似ている。もともと根は同じなのだろう。明治以来ヨーロッパかぶれした日本人の知性と感性にとっては、彼らの魂の理解のために、たとえば、ラベル・クープラン・グレゴリアンチャント・トロバトーレ・ベドウィンの歌、というような西側からのアプローチの方がかえって容易なように思える。カルーフも「女だけの都」や「ロランの歌」を通じてより身近に感ぜられるのと同じように。」

昭和四五（一九七〇）年一一月二七日刊の『日本経済新聞』に発表されたこの随筆は、遠藤のアラブに対するふかい理解と共感を示していると思われる。ただ、この文章について私は二、三の疑問をもつ。第一は、この文章に女性がまったく現れないことである。「カルーフ」に女性が主人側あるいは客の側で加わることはないのであろうか。もし女性も客の一人であり得るとすれば、遠藤は夫人津那子にこの珍味を味わうよう誘わなかったであろうか。目玉や舌がもっとも美味と聞けば津那子は、かりに招かれたとしても、断った可能性が高いのではなかろうか。そうした些事も夫婦間の亀裂の一因となり得たのではなかろうか。第二は、この文章で遠藤はカルーフはうまい、と語っても、どうらまいかを語っていない。そういう意味では独断的であり、私など読者の食欲をそそるように描かれていない。これは数多い食物随筆に共通のことだが、付け加えておく。

＊

ここでカフジにおける遠藤の上司、同僚、部下などから見た遠藤像を見ておきたい。まず、鼠入武夫という方の「遠藤君をしのんで」という文章が、遠藤がどうしてカルーフにそれほど加わったかについて、その心理的背景を説明しているように思われる。いうまでもなく「遺稿追悼文集」所収の文章である。冒頭は省略する。

「同君との公私にわたる接触が深まったのは、昭和42年、私が第2回目の鉱業所長として現地へ赴任してからのことである。当時、同君は鉱業所の総務部長をしていたが、その知的風貌からは想像もできないほど実戦的で、特に足で仕事をすることに徹していた。アラブ人との接触はほとんどの日本人にとって苦手の一つであったが、同君は地位の上下を問わず気軽に会い、苦情があれば相手の立場になって聞き、問題があれば、これを片付けるため骨身を惜しまず走り廻るといった具合で、アラブ人より最も頼りになる日本人として評価されていたことは現地にいた日本人の誰もが認めていたところである。」

この遠藤は一高の華麗な才人でもなければ、酒場「龍」ののんだくれでもないし、まして本社の意向に気を遣って仕事をする職員でもない。おそらくカフジにおける遠藤は立身出世、いわば昇進して役員になり、経営に携わる、などということはまったく考えていなかった。真に日本人とアラブ人との間の架け橋たろうとしていたのではないか。逆にいえば、日本的風土の中の企業に身をおくことに絶望していたのではないか。鼠入氏の文章の続きを読む。

「同君が本社に戻る少し前に、同君から聞いた言葉がある。「俺は、羊を千頭以上食ったよ」この数字には多少の誇張があるかもしれないが、同君がいかにアラブ人との接触を保ったかを物語るものである。私も現地勤務を通算15年やり、サウジアラビアの長期滞在者の一人だったと自負しているが、この15年間に食べた羊の数は立場上、比較的多かった筈であるが、それでも百頭には達していない。この羊を食べるということはアラブの仕来たりで会食を意味するもので、同君が現地勤務約10年の間に千回もの会食に参加したことになり、この記録は日本人として空前であり、恐らく今後何びとも破ることができないものであろう。「羊は実にうまいものですよ」と、よく同君はいっていた。或いは同君は本当に羊が好きだったのかもしれない。だが、千回にもなる会食参加の中には、時には体の調子が悪かったこともあったろうし気の進まぬ時もあったに違いない。おそらく同君は日本人が誰も出ないのでは、という気持が働いて無理をおして参加した回数も決して少なくなかったのではないかと思う。この地味な努力と屈託のない態度が、サウジアラビアとクウェートの二国の共同管理という複雑な体制のもとで進められてきた現地操業を円滑に運ぶ上に大きな支えとなったことは疑いのないところと確信している。」

カフジにおける遠藤の屈託のなさとか気さくさとか、カフジに同時期に滞在したアラビア石油の社員が口々に語っているが、私には、これは遠藤が俗臭を洗いながしていたからであると思われる。その裏面には吉田文五郎に遣われる人形のような悲痛さを秘めていたに違いないと考える。鼠入氏の文章の続き。

「同君の現地での職歴をみると、昭和45年に総務部長から広報部長に移動している。この広報部長への移動は、私が直接手がけたものであるが、一見同君の職務上のウェイトが下がったような感があることは否定できない。が、これには裏話があってのことなのである。日本的感覚でいうと、広報部の仕事は何となく軽くとられがちであるが、現地の広報活動の中には、カフジ基地を訪れる両国の官憲、日本人あるいは外国人の接遇も含まれている。カフジという所は、アラビア石油が無人の地を開発したところである関係上、こういった訪問者の受け入れは会社がすべて行なわなくてはならないが、アラブ人は気位が特に高いので、もしこの接遇に手落ちがあれば、これが会社に対する非難の的となり、会社の評価を著しく落すことになる。事実こういうことは、しばしばあった。又、日本人はアラブ人が誇張型であるのと対照的に控え目型なため、云うことが正しく評価されず時には誤解を招くもとにもなっている。当時の鉱業所には、この日本人の持つ欠点が少なくなかった。こんな事情からして、どうしても同君にこの部の面倒をみてもらわなければならなくなり、無理を承知で頼んだところ、同君から次の返事が戻ってきた。「どんな組織でも潜在している問題が表面に現れて来る時がありす。こんな時には消防ポンプが必要なので、もし私にこのポンプの能力があるとお思いなら喜んで引き受けましょう。」」

日本人訪問客の接遇とあったので、思いだしたことだが、かつて杉森久英という作家がおいでになった。文藝家協会の理事会が開催されたときに同席、会議が終わって後、呼びとめられ、「中村さん、私は遠藤さんにカフジでお会いしているのです。ひどく高い教養と深い学識をお持ちの方なので、話をして吃驚して、こんな人がどうしてこんな辺鄙な地においでになるのか不審に思っていたのですが、粕谷一希さんの著書を読んで、初めて事情が分かりました。驚くべき人ですね、遠藤さんという方は」ということであった。遠藤に会ってまともに会話すると、その該博な学殖、才能を眩しいように感じるのが当然だと私は思っていたから、杉森さんの感想も当然のこととして受けとったのだが、こんな作家のお相手までしていたのか、という思いで、遠藤が憐れに思われて仕方がなかった。鼠入氏の文章の続きからその一部を引用する。

「同君は、人に接する時は、いつも気さくで思いやりがあり、又、仕事の面では自己を表面に出さず、冷静そのものであった。だが、その内に一旦自分がこうと判断したことについては妥協を許さず、飽くまでこれを貫ぬこうとする心の強さを秘めていたことは、仕事の場を通じて十分伺い知ることができた。」

なお、遠藤は非常に深酒であった。「遺稿追悼文集」中の飯田桃の文章に次の記述がある。

「わたし個人の感傷として、一年ばかり後から現地到着した津那子夫人が、クウェートの遠藤宅で、ゴロゴロ転っているジョニ黒の空瓶を発見し、一カ月でジョニ黒三十本を消費する（接待用を兼ねてるとしても）と故国に報せてよこした時の、あの傷ましい感じをぬぐい去ることができません。」

クウェートの遠藤宅はカフジの遠藤宅の間違いにちがいないが、矢牧一宏も「遺稿追悼文集」中、次のとおり書いている。

「はじめ三年の予定であった現地勤務が十一年に及んだのは、休暇を利用してのヨーロッパ旅行を楽しむ方を選んだからだと言われていたが、楽しんだのは最初のうちだけで、後半は帰国を望んでも帰れないのが実状であったらしい。その理由は、会社側か彼自身かどちらにあるにせよ、結果として毎日ジョニクロを一本あけるという、酒だけが会話の相手であるような日々に沈湎することになったようだ。」

この記述からみても、接客用を含むとはいえ、毎日ジョニーウォーカー黒ラベルを一本ずつあけていたことは事実であろう。帰国が遅れたのは、遠藤でなくては処理できない仕事がカフジ基地に山積したため、と考えるのが、これまで引用した会社関係者の証言から窺うことができるだろう。

＊

これから帰国後の遠藤について記すこととする。

津那子の兄、内藤幸雄が「遺稿追悼文集」に寄せている文章から引用したい。

「遠藤さんのお父さんが亡くなった時、二人で戻ってきたことがある。その時、妹は休暇をとって、ヨーロッパを観光してきたと眼を輝かせて話していた。彼女もすでに三十を過ぎていたけれど、まだ若く見え、二十五、六歳といっても通りそうであった。

二人の外国生活は楽しそうであった。妹ののろけ話を聞きながら、僕も楽しかった。

長いアラビア生活を終えて二人が帰ってきたのは、それから数えて八年目のことである。何故だか忘れたが飛行場には出迎えなかった。翌日だったか会社に電話がかかってきて、昼飯を一緒に食おうというので二人の泊っていた帝国ホテルに行った。

遠藤さんはそんなに変ってみえなかったが、妹は変っていた。その時、妹の変り方に息をのんだような気がする。妹はその僕を気にして、今ちょっと顔が荒れているのだと言っていたが、そんな表面的な変化に驚いたのではなかった。もっと心の中にあるものの変化である。僕が、ヴォルテールのカンディードのような気がするというと、すぐ意味を悟ったらしく、遠藤さんは声を立てて笑っていた。

そのうち、二人は三田にマンションを買って移り住んだ。僕はまた招ばれて遊びに行った。始めのうち、気がつかなかったが、すでに二人の仲は相当に冷え込んでいた。一緒に食事をしても、酒を飲んでもあまり楽しくなかった。男だけが話し始めると決まって妹が横槍を入れてきて、アラビア時代の遠藤さんの行状をあれこれ持ち出して、口を極めて罵るのである。〝あたしは必ず復讐する〟などと穏やかでない言葉なども出てきていた。彼女はヴィヴィアン・リイのファンだったから、映画〝風と共に去りぬ〟の前篇最後のシーンに憧れて言っているのかと思ったが、そうでもないようだった。アラビアで何があったのか、僕は知る由もなく、仲裁する術もなかった。

妹はそのうち独りでイタリーに行ってくると言い出した。アラビアにいた頃から遠藤さんと約束していたことで、当然の権利なのだそうだ。ミラノのホテルの親爺に惚れられているとか、くだらないことを言っていた。驚いたことには、その半分ラブレターのような英文の手紙を遠藤さんに書かせ、彼がまた、唯々諾々と従っているのである。もっとも彼の方は面倒臭くなって諦めていたのかも知れない。

彼女は一ヶ月半ばかりイタリーでのうのうと遊んで帰ってきた。また遠藤さんの地獄が始まったと思う。遊びに行っても昔のように楽しくなかったから、僕も何となく足遠くなった。ある日、遠藤さんからぜひ会いたいと電話がかかってきた。彼が、離婚したいと僕に言った時、格別な驚きはなかった。」

＊

私は津那子のカフジにおける生活を思いやる。遠藤が会社の業務に忙殺されていた昼間、津那子は何をしていたのだろうか。隣り合って日本人社員の家族も住んでいたはずだが、そうした家族とつきあった気配はない。会社が用意していた娯楽施設ははたして女性が利用できるものであったかどうか、はっきりしないが、そうした施設を利用した様子もない。フランス語、英語、あるいは野心的であれば、アラビア語の、通信教育をうけることもできたはずだと想像するが、そのような教習をうけようとはしなかった。長期間の終わり頃、津那子が油絵を描いていたという回想をした旧部下の方の文章が「遺稿追悼文集」に収められているが、この一事を除けば、津那子は終日何をすることもなく、ただ日暮れになって遠藤の帰りを待つ日々を送っていた。酷暑と酷寒しかない土地だから散歩もできない。津那子には憂さばらしのすべもなかった。朝から晩まで独居し、何もすることのない生活は、私には考えるだけで怖ろしい。強度のノイローゼになってもふしぎでない環境である。これまで書き漏らしてきたが、遠藤は憂さばらしにいろは歌の戯れ唄を作っている。「遺稿追悼文集」に収められている「いろは歌」から興味ふかい若干を抄記する。

い　いんぎんに空約束を繰返し
ろ　ろうそくの様に過勞の身が細り
は　パラダイス失樂園となりにけり
に　人間は油の次と觀念し
た　默つてる奴が損する考課狀
れ　例により日本人は後まわし
そ　外見《そとみ》には家つきカーつきババア拔き
ら　亂暴もほどほどにしてくれ豫算斬り
む　むりするな死んでも骨はひろわれず
け　怪我死にでやつと手に入る二千萬
こ　この齡で白髮、若禿、皺、老眼
て　手に余るヘボ役人の物ねだり
さ　サーキユラー朝令暮改ただならず
み　みてくれのよいだけ大使とスチユワーデス
し　重役は本社のことで手一杯
も　もう四五人死ねば待遇改善か
せ　青春の夢も沙漠に埋もれる

す　住めば都金のたまらぬ都なり

ここには私憤公憤さまざまの感慨がもりこまれている。このような作によって遠藤は憂悶を癒していた。しかし、こうしたすべをもたない津那子はただ遠藤の行状を看視することと休暇のときのヨーロッパ旅行だけを愉しみに生きていた。

津那子はおそらく妻として夫の所業に資するところがなかった。彼らが不和になったのは帰国のほぼ一年前からである。津那子は四〇歳前後である。もう美少女の俤はなかったに違いない。たんに美少女だという理由で結婚した遠藤は年々失望をふかくしていたに違いない。年々美少女の俤を失っていく自分に津那子も気づいていた。わりきっていえば、彼らの破綻は、そんなつまらぬ理由であったかもしれない。

＊

アラビア石油の本社は当初富士製鉄が建設したビルに所在した。そのためこのビルは最初は富士製鉄ビルといったが、新日本製鐵と合併し、富士製鉄がこのビルを出てから富士ビルと称していた。（現在は、富士ビル、東京會舘、商工会議所の全部をとりこわし、この一画は二重橋ビルという巨大ビルに変わっている。）

富士ビルは私の事務所のある新東京ビルと丸の内仲通りを隔てた位置にあった。そのため、たとえば、昼休の時間など、新東京ビルの地下商店街で私は帰国後の遠藤とたびたび顔を合わせる機会があった。コーヒーを飲みながら、彼の高説をお聞きしたことも再三あった。いつも学識豊か、経験豊富で、教えられることが多かった。幾分やつれてみえたが、いつもやさしく、心遣いがこまやかであった。

そのころ、アラビア石油では現地で何か紛争をかかえていた。仲裁事件が係属中だったのかもしれない。ＩＣＣと俗称される国際商業会議所 International Chamber of Commerce の仲裁規則によって国際紛争を解決することが多いが、私はＩＣＣから仲裁人を依頼されたこともあり、日本の商事仲裁協会とも関係がふかく、仲裁手続に明るい。そんな話をしたためだと思うが、遠藤が、アラビア石油の法務担当の課長か誰かを私のところへ差向けて、相談させたこともあった。アラビア石油の代理人の弁護士の弁論がいかにも迫力なく、相手方のアラブ人弁護士と互角に立ちうちできていないようだ、といった歎きを私は聞かされた。私は懇切に助言したつもりだが、もちろん従来のアラビア石油の弁護士にとってかわるつもりもなかったし、会社としてもそこまでの気持ちはなかったようである。私は遠藤がそうした面で私を信頼してくれたことをうれしく、光栄に思った。その課長は遠藤の歿後もしばらく相談に来ていたが、その後ばったり縁が途絶えてしまった。

＊

粕谷の著書に、当時アラビア石油の常務取締役であった一高の同期生、池田幸光の談話として、

「本社へ戻ってからは、調整室長として重役以外には、唯一人の役員会出席者でしてね。事情説明などさせると、じつに明晰でうまいものでした。

ただ、私などはなんとか重役に引張り上げたいと思ったのですが、あの健康と家庭情況では不可能でしたね。

遠藤は遠藤で、おれは家庭の事情でこんなざまだし、役員になろうという野心などはまったくない。おれという存在が役に立つならば、どのようにでも役立ててくれと、その点サッパリしたものでしたね。」

というエピソードを紹介している。私の考えでは、吉田文五郎の人形遣いに関する随想を書いて以降、これが遠藤の生活信条であったと思われる。

遠藤に関する挿話の一つとして遠藤の狂言への愛着を記しておきたい。粕谷の著書に、遠藤の妹松安美菜子さんが「死ぬ十日ほど前、二月十一日の日に、我が家へやって参りましてね。酒が入りましたら、私の家族たちの前で、狂言の『釣狐』をやってみせるといって、ヨロヨロしながら、執拗に狐の恰好をして演じてみせるのですよ」と語ったとおり、さらに、「その年の池田幸光邸での新年宴会でも、よろけながら「釣狐」を演じようとしていた」とある。その上で小山弘志さんの談話として、次のような言葉を記している。

「私や遠藤君の観た山本東次郎という狂言師は、いわば〝笑わせない狂言師〟でしてね。間をおかないんですね。きびしく型にそって突き進んでしまう。（中略）狂言であるからにはきびしく型の修練を積まなくてはならない。そうすれば、六十歳をすぎれば、自然と間合いも取れるようになる、というんですね。」

「『瓜盗人』はともかく、『釣狐』は一子相伝の秘技に属して、演ずることのもっとも難しいものですよ」と語った上で、小山さんは粕谷に「僧侶として衣を着けて現れる狐が、ワナと解っていながらついにエサに飛びついてしまう筋書きと舞台の進行を語ってくれた」という。

ワナと解っていながら、エサにつられて、ついにワナにかかってしまう「釣狐」の悲劇を死を間近にした遠藤は何としても演じたかったのである。その心境を思うと涙ぐましい思いに堪えない。

中村祐三のために代筆した「江戸精神の一断面」には「吾々は日本の農民の限りない忍従と卑屈とを知つてゐる。それがマックスウェバー的な近代合理精神と如何に遠いものであるかを知つてゐる。彼等が狂言に於て笑ふところのものは、日常の生活から逃れるための夢である。貴族芸術に迄昇華した能楽に於てさへも、求められたのは自らの民族的英雄の姿ではない。それはこの幻の主人公達を現前し、自らの悲惨な日常性から脱出する為の手段、無限の境に遊ぶ為のやるせないすさびであつたのだ」と書いたことと、最晩年に至って「釣狐」を演じようとした心情とはその根柢において共通しているのではないか。

最後に、遠藤の深酒について記しておけば、カフジにおける毎日ジョニクロ一本はすでに記したが、住友銀行時代について、畔上秋男という方が、「東京から大阪への夜行列車——当時は所要時間九時間であったが——彼はウイスキーの小瓶三本をあけるのを例とした。ことある毎に、清酒には見むきもせず焼酎を煽りつづけた」とある。しかし、内藤幸雄の回想によれば、「ガブガブ飲んで自分だけ早くバタンキューとなる」のが通例だったようである。おそらく深酒しながらもアルコール依存症にならなかったのは、こうした体質的な限度があったからであろう。

昭和五一（一九七六）年九月、膵臓炎のため東大病院に入院、八時間に及ぶ手術を行い肝臓と胃をパイプでつなぎ、二カ月間の入院生活を送った旨、「遺稿追悼文集」の略年譜にある。

昭和五二（一九七七）年の秋、倉田卓次さんが佐賀地裁所長として赴任する直前の会合で会ったさい、遠藤は「毎晩三合は飲んでいる」と語った、という。蒸留酒から清酒に、それも一日三合、という節度をもって飲んだのである。これも網代のようにアルコール依存症にならなかった理由であろう。しかし、おそらく、この時点では体はボロボロだったに違いない。中村祐三が執筆した、他界の前々日からの記録を抄記すると次のとおりである。

昭和五三（一九七八）年二月
一七日　夜　自宅にて吐血（五〇〇CC）その後自宅安静
一八日　一〇〇〇　国際ビル診療所にて診察をうけ、入院、輸血を薦められる。
一〇三〇　本社出社（直接人事課を訪ね日比谷病院入院手続を依頼）
一五〇〇　日比谷病院に入院、入院直後吐血、輸血の応急措置をとる。
二一〇〇　日比谷病院副院長執刀により手術
二三四〇　手術終了
手術完了までに六〇〇〇CC輸血
一九日　八〇〇　血圧極端に低下
一〇一〇　永眠

入院当日まで自ら会社に出社、入院手続を依頼し、その足で入院、翌日には永眠という、慌ただしいとはいえ、じつに几帳面に行動したことは、高度の教養人・都会人である遠藤麟一朗にふさわしいといえるだろう。

＊

ところで私は最後に遠藤麟一朗に会ったのが何時であったか、まったく忘れていた。「遺稿追悼文集」中の矢牧一宏の文章で思いだしたのである。矢牧は次のとおり記している。

「中村稔の詩集『羽虫の飛ぶ風景』の読売文学賞受賞と武田百合子さんの『富士日記』の田村俊子賞受賞を祝う『世代』の会が、一昨年の六月三日、新宿の中華料理店でもたれたとき、病後を気づかわれていた遠藤も出席したのだが、思ったよりも元気で、その明快な名文句のスピーチはさすがと思わせるものがあった。その主旨は、「スティーヴンスンの『サモア紀行』に〝私にとって本を出版することは親しい友人たちとのひそかな連絡であり、一般の読者はその一人一人が印税の一部を払ってくれる有難いパトロンである〟といったデジケイトを掲げているが、ぼくは今日はスティーヴンスンのいう友としての恩恵にあずかって出席したわけだが、その本はまだ頂いていないので、一人のパトロンとして明日さっそく買い求めようと考えている」という意味のものであったと思う。」

このスピーチを聞いて私は身のすくむ思いをした。忘れたわけではあるまい。たぶん帰国後の遠藤の住所を知らなかったために、寄贈しそこねたのだと思う。このような事柄を書いて本項を結ぶのは恥ずかしい限りだが、止むを得ない。

岸 薫夫

岸薫夫《ただお》は旧制一高で私より一年上級であった。岸は史談会と称する歴史好きな学生の組織した文化サークルに属し、私は国文学会と称する国文学好き、歌舞伎好き、能、文楽好きな学生の組織する文化サークルに属していた。

旧制一高では、全学生が原則として寄宿寮で三年間の学生生活を過ごすことになっていた。寄宿寮は南寮、中寮、北寮、明寮の四棟から成り、明寮は十六番室までだが、その他はたぶん三十番室まで、明寮をふくめ、三階建てで、廊下をはさんで南側に自習室、北側に寝室があり、それぞれの部屋に十数人が生活を共にしていた。国文学会は明寮十六番室を占めていたが、この部屋は明寮の西端で、二階に自習室、三階に寝室があったが、この寝室は畳敷きであった。他の寝室はすべて木枠に畳をはめこんだ寝台が並んでいた。

これらの部屋が文科、理科の端艇部、陸上運動部、ラグビー部などの運動部の各部にわりあてられ、また、史談会、国文学会などの文化サークルの部屋としてわりあてられていた。

岸が属していた史談会は国文学会の隣に部屋を与えられていた。隣室だから、寮の出入りにさいし顔を合わせることが多く、国文学会には岸と同級の文科の二年生であった森清武、喜多迅鷹らが属していたし、級は岸とは違うが同じ二年の文科生だった簗島裕、今道友信らも国文学会に属していた。ただ、今道は病気がちだったので、自宅から通っていることが多かった。三年生には飯田桃、太田一郎らがいたし、私と同年の一年生には中野徹雄、橋本和雄、大西守彦らが国文学会で私と一緒に生活していた。この他理科の学生も数人いたので、合計十余人が同じ部屋で暮らしていたが、摩擦や悶着はまったくなく、平穏であった。たがいに敬称はつけず、呼びすてにするよう、入寮してすぐに上級生から申し渡された。その結果、当時から私も、飯田、太田、簗島などと呼びすてにしていた。そんな民主的な雰囲気だったから、私にとってははじめての経験だったが、すんなり溶けこむことができた。国文学会には、同室の者の行動に容喙《ようかい》しない不文律のようなものが支配しているように感じられたのであった。

さて、いつごろ、どういう機会に私は岸薫夫と親しく交際するようになったのか。私の記憶は皆無にひとしい。二年生は一九四四年、つまり私が入学した年の四月一四日に勤労動員され、主として日立製作所の日立工場、多賀工場等で労働することになって、日立に赴き、駒場の寮に戻ったのは九月一四日だったから、きっと日立から帰ってから後に違いない。日立では食事をふくめ処遇は劣悪、労役は苛酷だった、と後日になってから多くを聞かされた。それ故、岸と親しく言葉を交わすようになったのは、二年生が日立から帰って後、翌年三月、学業二年でくり上げ卒業するまえの間だったに違いない。

同室の上級生と違い、違う部屋の上級生にはふつう「さん」付けで呼んでいたが、私は当時から岸さんと呼ばず、岸と呼びすてにしていた。たぶん、国文学会の上級生を私たちが呼びすてにしているのを見た岸が、呼びすてにするように、私に申し入れたのではないか、と思われる。岸の属する史談会は隣の部屋だから、始終顔を合わせていたが、やがて国文学会を訪ねてくるようになった。はじめは同級の森清武、喜多迅鷹らに用事があって国文学会を訪れたのかもしれないが、後にはもっぱら私と話し合うために国文学会に出向いてきたのであった。考えてみると、たしかに岸と私とは何となくうまが合ったのであろう。たとえば、国文学会では、飯田、太田、森、築島、中野、橋本らはみな府立一中の出身であったが、私は都立五中と改称されていた府立五中の出身であり、大宮育ちだから、一中の卒業生たちのような都会人ではなかった。岸は開成中学の出身だから、やはり一中出身の人たちとは肌合いが違っていた。岸も東京育ちだったと思われるが、容貌は精悍、決して粗野ではなかったが、どちらかといえば野人風であった。心に浮かんだこと、思いついたことを、何でも、気兼ねなく、ずばずばと率直に話し合える人であった。

おそらく私は彼の話の良い聴き手であったろう。たとえば岸が鬱屈した気分でいるとき、気ばらしの話し相手として私は選ばれたのではないか。彼はしばしば悲憤慷慨した。すでに敗戦は必至とみることには彼も私も同意見であった。敗戦後のわが国をどのように再建できるか、彼は苛立たしく感じていた。抜群の理解力、記憶力をもち、豊かな文才に恵まれた飯田桃や、卓越した思考力をもつ中野徹雄を相手にするよりも、岸の悲憤慷慨に耳を傾ける方が、私にとってよほど気がおけなかった。それが気が合うということかもしれない。私はここに友情というものの成立の一形態をみるように考えている。

岸は一九二五年三月生まれだから、徴兵年齢に達していた。いつ徴兵令状が来てもふしぎではない状態であった。いうまでもなく、文科生の徴兵猶予が取消され、いわゆる学徒出陣が行われたのは、その当時からみれば一、二年前であった。一旦、徴兵されれば生きて還ることはありえない、と覚悟するよう当時の国情が私たちを促していた。

私は一九二七年一月生まれだから、岸より二歳年少である。しかし、徴兵年齢は元来二十歳であったが一九歳に引き下げられていた。さらに近く一八歳に引き下げられるのではないか、という噂も高かった。事実、翌年一八歳に引き下げられ、私も、徴兵検査に代わる、簡閲点呼をうけ、いつ召集されてもおかしくない状態になったのであった。

敗色濃い戦局について、私たちは指導層の無能を罵り、いかに生きて還ることができるかを話し、岸の悲憤慷慨を聞いたことは間違いないのだが、とかく、そうした深刻な事態を話題にすることを避け、毒にも薬にもならない事柄を話題にすることも多かった。たとえば学友たちの評判とか、思いだす美味しかった食物とか、その店のたたずまい、などが話題になった。

岸はそんな次々に思いつく話題をとりあげて私に鬱憤ばらし、気ばらしをしたのではないか、と思われる。

岸は国文学会にしばしば訪ねてきた。私を話し相手にするためであった。同級の森清武でも喜多迅鷹でもなかった。私から史談会に岸を訪ねていったことはない。私は明寮十六番三階の畳敷きの寝室でいつも話しこんだ。その寝室に差しこんでいた夕陽を私は懐しく思いだす。

*

その後、岸は大学に進学、間もなく徴兵されたが、私は岸の消息を久しく聞いていなかった。彼の名前を見たのは昭和二三（一九四八）年八月一七日の『朝日新聞』であった。私は東大法学部法律学科に進学していた。当時、私の父の勤務先が水戸地方裁判所であった。そのころの裁判官の給与では、私を東京に下宿させるような余裕はなかった。そのため、私はほとんど水戸の官舎で暮らしていた。

一方、岸の一家は戦災のため埼玉県本庄に疎開し、母方の伯父の別宅に住んでいたので、復員した岸も本庄に住み、本庄から東大に通い、最低限の授業をうけ、卒業試験をうけ、無事に卒業したらしい。東大卒業のさい、朝日新聞社に入社を希望し、就職試験をうけたが不合格となったため、そのまま本庄で朝日新聞の通信員をつとめていた。当時の朝日新聞入社は非常に難関で、四、五名しか毎年採用しなかった。私が受験した昭和二四（一九四九）年もそんな状況だったから、岸の当時も同様だったに違いない。

岸薫夫の名前が『朝日新聞』に報じられた。いわば岸が主役となった、いわゆる本庄事件については、すでに拙著『私の昭和史・戦後篇　上』の第一二章で詳細に記したので、この事件の説明は最低限にとどめたいと考える。しかし、私の旧著をお読みになっておいでにならない読者も少なくないと思われるので、かなりの記述は必須であろう。

本庄事件を知るためには、その背景となった事情を知っておかなければならない。本庄町は利根川を隔てて、群馬県の伊勢崎を中心とする銘仙などの機業地帯と接していた。そこで、埼玉県側の本庄町、児玉町といった地域には群馬県の機業地帯のため賃織といわれる下請加工に従事する人々が多かった。

本庄事件のそもそもの発端は、同年八月六日付『朝日新聞』埼玉版に掲載された「検事、警察官招宴に疑惑」という見出し、「めいせん横流し事件取調べ中に」という副見出しの下で、岸の執筆による次の記事に始まった。この本庄事件については執筆・朝日新聞浦和支局同人、発行・花人社により昭和二四（一九四九）年四月一五日に刊行された『ペン偽らず』に経緯が記されている。『私の昭和史・

戦後篇　上』の記述も、いま私がここで書いている事柄も『ペン偽らず』によっているのだが、この発端となった記事の内容は次のとおりであった。

「去月十四日伊勢崎めいせん産地群馬県佐波郡豊受村伊勢崎報織組合から、大場本庄区検副検事、栗原本庄地区大泉本庄町両署長、両署幹部、本庄駅前派出所巡査、中島本庄町長らが同村鉱泉旅館に招待された、ところがたまたま本庄町署で某町議の伊勢崎めいせん横流し事件の取調べ中であったことと、豊受村は松波、本庄町は武井両公安委員が出席しているところから、町民の間に公安委員を介しての事件もみ消しのヤミ取引ではないかとの疑惑を生んでいるので被招待者側と第三者の批判をここに採り上げた」として、彼らの談話を紹介している。招待された人々の弁解は両公安委員会の懇親会と考えて出席したもので、横流しとは関係ない、という趣旨が大部分を占めていた。

この記事が掲載された翌日の夜、本庄町の裁判所と検察庁の新庁舎の落成披露宴が警民協会主催で開かれ、岸は記者団の一人として出席した。

開宴後五分頃岸の席から最も離れた位置にいた大石理事長の隣席にいた折茂理事が岸を呼びに来た。岸はなにも惧れることはないと考え、呼び出しに応じて、折茂理事の隣に坐り、しばらく折茂と雑談していたところ、大石理事長が急に岸に杯を差し出したので、酒が飲めない岸が辞退した。その時、大石理事長は

「あれはナンだッ。」

と岸をにらみつけ、岸が

「あの記事について、なにかあるんですか?」

と質問すると、大石は

「なにかあるかとはナンだッ、この野郎ナグってやるッ。」
とわめいて、やにわに立ち上がり、折茂のうしろを廻って岸の傍に来て、ドスンと力一杯岸の頭を撲りつけた。

大場副検事はあわてて席を立ち去り、本庄簡裁関根判事らは不気味に押し黙ったままであった。

岸は席を立った。

この一見他愛ない一地方の暴力沙汰がひろい関心を呼ぶことになり「本庄事件」と呼ばれることになったのには、第一にアメリカ軍政部の埼玉軍政部のヘイワード司令官が西村埼玉県知事に暴力一掃を指示したことにあり、第二に『朝日新聞』が八月一八日の新聞に「暴力団を一掃せよ」という社説を掲載したことにあった。

本庄事件は大石和一郎の岸に対する殴打がその発端であり、その根源には銘仙の横流しともみ消しがあったが、その本質は暴力団と治安当局との癒着、その結果としての暴力団の横行にあった。大石和一郎は町会議員であり、警民協会理事長であったが、窃盗、賭博をふくめ、前科六犯、暴力団河野組のオジ貴分として河野組の威力を背景に、町議会を支配し、一方酒食饗応などにより警察署、検察庁職員を懐柔し、事件の貰下げ、身柄の釈放などを請託し、猛威をふるっていた。

警民協会は大石が設立の主役をつとめ、参議院法務委員会の報告書によれば、本庄町在住の有志約二〇名、隣接九カ村の村長、農業会会長を会員として組織され、会員約四五名であった。以下同報告書引用の『毎日新聞』紙上における事業内容は次のとおりであった。

▽支出の部、国家警察員官舎三棟、本庄町警察署員官舎二棟、本庄町消防署二階造一棟、本庄

警察署内外部修繕――計一一一五、八六三円五五銭、本庄簡易裁判所及本庄区検察庁及官舎の改築、新築、備品一切――三一四、五〇〇円、拡声器一台――二〇五、五〇五円、県庁治安協会負担金――六二、五〇〇円、乗用車一台、車庫新築一棟、同維持費――四四二、九五〇円、自転車十九台、同部品修理費――一九〇、二四五円、合計二九三一、五六三円五五銭

▽収入の部――二五〇二、一〇〇円、差引不足分――四二九、四一三円五五銭、この内銀行より借入――二〇〇、〇〇〇円、武井要一立替――二二九、四六三円五五銭

これでは二九三万円に上る警民協会の負担により警察署等治安当局が丸抱えされていたにひとしい。収入合計二五〇万円余との差額が四三万円に近いことをみても、会員の会費収入の限度で寄附するというより、治安当局の必要とする施設、設備等の費用を当局の要求に応じ会員から徴収していたのであろう。

これほどに暴力団と治安当局が癒着していたことは意外というよりも、むしろ悲惨というべき実状であった。

*

大石和一郎による岸に対する殴打とこれに反応したアメリカ軍政部と『朝日新聞』社説がいわば本庄事件の第一章であった。

一九日には本庄町で読書会を開いていた学生有志約三〇名の呼びかけで、町議有志、社会党青年部他の代表が集まり、二六日に町民大会が開かれた。町民大会では、

「町民の基本的人権を養護するために、暴力団とボス勢力を徹底的に糾弾する」という大会宣言が採択された。その場に埼玉軍政部の軍政官ヘイワード中佐が法務課長ワイナース少佐と報道課長カールソン大尉を帯同して現れた。ヘイワード中佐は次のような挨拶をした。

「私は本庄が憲法上の法律にかなつた自治を実施する能力について関心をもつている。私は一つの条件つきで、こゝにきて諸君にしやべることを承諾した。すなわちこの会合が本庄のあらゆる層の代表者の会合である。この会合がいかなる政党をも代表しないということである。もしこの群衆の中に特殊の政党の標識があるならば、私はそれが取り除かれることを欲する。私は本庄の住民に話しているのである。（中略）本庄の善良な町民諸君が何が諸君の福祉を阻害しているかを探究し世論を起せば、官公吏は正しい処置をとらざるを得なくなる。政治の遂行は諸君の手中にある。私たちは命令はしない。また諸君のため私たちが仕事をすることもない。」

ヘイワードは町民大会が日本共産党により利用されることを極端に怖れていた。さらに彼は次のように演説した。

「民主主義は人民の人民による人民のための政治である。それ故諸君は、社会の自治の主体は諸君自身であることを決して忘れてはならない。それ故に諸君はいつも法律と秩序をまもり、欠陥なきよう正せられるべきものの解決には、平和的合法的手段を正々堂々と用いなければならない。（中略）合法的手段こそ諸君が用い得る唯一の手段である。」

以下は略すが、彼らが退席後、町民大会は自由討議にうつり、切実な発言が相次ぎ、「公安委員の総辞職、大泉町、栗原地区両署長ならびに両署幹部の辞任、本庄区検察庁の大場副検事、飯塚事務官の罷免、警民協会の解散の各要求と、政府に対し全国的な暴力団狩りを要望するという五項目の決議を満場一致で可決」した、と『ペン偽らず』は記している。

この結果、警民協会は解散、三公安委員は辞職、大場副検事は転勤となったようである。大石和一郎に対しては暴行罪により懲役三月の実刑と罰金三千円という判決が言渡され、控訴も棄却されて、この判決が確定したが、宴席における一回の殴打という暴行に対する処置としては異常に重いという感がつよい。裁判所が社会的反響を考慮したとしか思われない。このことに関連して、岸が大宮のわが家へ訪ねてきたことがあった。この大石に対する裁判の係属中であった。私の父は東京高裁に転勤になったので、私たちは大宮の自宅に戻っていた。私は遠慮して同席していなかったが、たぶん被害者、告訴人として裁判所で証言するにあたって、証言にさいしての心構えや注意すべき事柄について助言を求めにきたのであろう。

＊

ここで本庄事件は終わったかにみえるが、じつは第三幕が開いたとみることもできる。

本庄事件の後、岸の一家は「村八分」に似た冷たい眼で町民から見られていた。岸の母堂はじめ岸の一家の人たちはそのためにずいぶん苦労したと私は岸から聞いていた。岸一家は疎開者だったから、そのために在来の住民からの疎外感があったことは否定できない。ただ、ヤミ取引や横流しを大目にみてもらうことによって町民の多くはむしろ恩恵をうけていたのであって、これらが厳格に取締まれることは彼ら住民の生活を脅かすことともなったのである。岸が発火点となった本庄事件は、多くの町民にとっては平地に波瀾を呼びおこすものとして受けとられたのではないか。暴力団と公権力の癒着によって保たれていた秩序が崩壊し、生活しにくくなった責任は岸にあるとして、岸一家に冷やかな処遇がされたのではないか。

そもそも本庄事件はアメリカ軍政部の介入がなければ、明るみに出ることはなかったのではないか。アメリカ軍の介入がなければ、私たちの社会は暴力団の存在を容認することによって平穏が保たれることを望んでいるのではないか。

わが国には暴力団対策法という法律が一九九一年に制定されている。暴力団の資金源を絶ち、団員を減らすことなどを目的に、団員による暴力的要求行為に対する規制措置などを定めている。この法律には、集団的・常習的な暴力行為を助長するおそれが大きい暴力団を指定暴力団として公安委員会が指定することができる制度がある。私が理解する限り、山口組、神戸山口組、稲川会、住吉会といった暴力団は指定暴力団とされているはずである。かつて山口組の組長が死去したさい比叡山で大規模な法要が営まれたが、治安当局は放置していた。暴力団そのものが違法行為を収入源とする団体なのだから、何故、これらが社会的に認知された存在として存続し得るのか、私にはその論理がまったく理解できない。

暴力団についていかなる発言や抗議をしたことがないのは全国紙その他の新聞やテレビ等のマスメディアも同様である。たとえば、昭和六二（一九八七）年五月三日、西宮市所在の朝日新聞社阪神支局で暴力団員により記者二名が散弾銃により射殺されたが、この明白な殺人罪について、朝日新聞はいかなる措置も採っていない。

これは報道の自由の脅威をなす、私たちの社会の根柢をゆるがす犯罪行為である。現在でも暴力団に対するマスメディアの態度は、暴力に怖れおののいて拱手傍観しているのだ、としか私には思われない。私たちは法の支配する国の国民ではないことを恥じるべきである。

＊

その後、岸は朝日新聞社に正式に採用された。所属は確かでないが、学芸部だったのではないか。そう考えるのは、岸が朝日新聞社の学芸部の読書欄担当者を紹介してくれて、読書欄の書評をひきうけてもらいたいと担当者から依頼されたことがあるからである。書評の執筆を依頼するには、依頼される方にそれなりの実績がなければならないはずだが、岸が私の適任であることを強く薦めてくれたに違いない。その当時の担当者の名は憶えていない。三、四年後に百目鬼恭三郎さんが担当になり、私は百目鬼さんとかなり親密な関係をもつことになった。この書評は匿名であった。七、八年後に書評委員といった制度に変わって書評者がその氏名を明らかにすることになるまで、私はこの仕事をひきうけていた。私がこの匿名で書評を書いていたころ、私は担当者から渡される著書を読み、その評を書くだけで、どんな本を書評するかは担当者からこの本について何日締切で、といって渡されるまで分からなかった。

本来、全国紙に限らず新聞の書評欄は紙面が限られているから、読者に推薦すべき良書を紹介することを使命としているはずである。そのことについて忘れがたい思い出がある。三島由紀夫の『鏡子の家』の書評を依頼されたことがあった。三島の新作がどんな作品か、注目されていた。それだけに率直に批評すべきだと私は考えていた。そんな若気の至りで、私は『鏡子の家』は失敗作であるときめつけるような紹介文を執筆し、これはそのまま掲載された。私はいまでも『鏡子の家』について考えは変わらないし、その後、各紙誌における書評も同様で、三島の生涯の転機になったと理解している。失敗作には違いないにしても、もっと問題をほりさげて書くべきだったと反省している。

そのころは朝日新聞社はまだ有楽町駅前、数寄屋橋の手前にあった。そのうす暗い受付に、「学芸部・百目鬼恭三郎様、書評在中」と書いた封筒入りの原稿を毎月二、三回届けたことを懐しく思いだす。

それにしても、私を書評欄担当者に薦めてくれた岸薫夫の厚意は忘れがたくうれしい。

さて、岸に話を戻すと、たぶん学芸部に配属されたことに彼は不満をもっていたに違いない。政治部とか国際部に配属されて天下国家の情勢を注視し、彼自身の意見を発表できるような職場を彼は希望していたのではないか。それに正規に入社試験に合格して入社したわけではなく、本庄事件の論功行賞のようなかたちで入社したわけだから、肩身の狭い思いをしていたのではないか。その結果、岸は上級職公務員試験を受験し、合格し、通産省に採用されるよう志望した。

ところが、通産省の上層部は岸を採用することに難色を示した。新聞記者をしていた者が通産官僚としてふさわしくないのではないか、という理由であった。一高で同級だった鈴木哲太郎という方が心配して、一時、外務省に籍をおいたことがあった。

結局、昭和二七（一九五二）年九月に、通産省に入省した。いわば昭和二七年入省組の一人になったわけである。

岸文子夫人から教えられた経歴によると、昭和四一（一九六六）年三月に四国通産局へ転任、翌昭和四二年一〇月、帰京して大臣官房付となり外務省に出向、一九六八年六月から一九七一年八月に帰国するまでアルゼンチン国駐在日本大使館の一等書記官をつとめている。

その間、私は岸とは交際が途絶えていたようである。しかし、帰国後は、通産省の課長としていくつかの部署を転々としていたのではないか、と思われる。時々、彼から電話がかかってきて、法律的意見を求められた。忘れられない質問の一つに百貨店のケース貸しをどう規制すべきか、という問題があった。

私はそれまで百貨店は売場に陳列している商品のすべてをそのリスクで仕入れ、適当なマージンを上乗せをして定価販売して利益をあげるのだと信じていた。ところが、岸の話によれば、百貨店は特定のケースを、たとえば、時計の売場のケースをメーカーないし卸店に貸し、定額の賃借料、あるいは売上げの歩合による賃借料を受けとって、商売しているということであった。そこで、歩合によるケース貸しのばあい、売上げが少ないと、百貨店の受けとる賃料額が少なくなるし、定額の賃料であれば、賃料が高いとケースを借りたメーカーないし卸店が損をするような売上げしかあげられないばあいも生じる。逆に、メーカーなり出店側の販売力がつよいと、百貨店の側がメーカーなり卸店の言いなりの賃料でケースを貸すことになる。百貨店としてはそのメーカーの製品が陳列されていないと、百貨店の品格が落ちることになるから、メーカーの言いなりでケースの賃料がきまることになる、というわけである。

百貨店の法律相談が日常業務であればともかく、知的財産権関係の法律業務を主として取り扱っていた私としては、岸の質問は、質問されている事態そのものが目新しかった。私としては「不公正な取引方法」にいう、「優越的地位の濫用」にあたることがあるのではないか、といった程度の意見しか言うことができなかったが、通産省の担当課としてはとうに公正取引委員会の意見を求めていたので、先刻ご承知だった。

私はこれに類した質問をしばしば岸から受けたが、その都度回答らしい回答ができなかった。通産官僚は、あるいは日本の官僚は情報の宝庫だ、といつも思い知った。情報をもつことは権力をもつことである。現在と違い、当時の官僚は情報をもち、権力をもち、豊かな発想力をもち、日本の政治を動かしていた。いまは事情がまったく変わって、日本の政治が変化したようにみえる。

＊

私は岸がパリのＪＥＴＲＯの所長に赴任したことをまったく知らなかった。彼は昭和五二（一九七七）年七月にジェトロ・パリ・トレードセンターの所長となった。それまで彼は通産省の小規模企業部長をつとめていた。ジェトロのパリ事務所長がどの程度の地位にあたるのか、私は知らないが、局長と同格ではないのではないかと感じている。ジェトロのパリ事務所長を最後に岸は昭和五四（一九七九）年九月に帰国、一〇月には通産省を退職しているので、岸が通産省で局長級まで昇進していたのか、どのように処遇されたのかに関心があるからである。私の同期で通産省に入ったのは後に代議士になり大蔵大臣も務めた林義郎だけだが、大蔵省に入省した友人たちの中、松下康雄の事務次官、渡辺喜一の審議官は別として、二、三名が局長を務めて退職している。厚生省に勤めた中野徹雄、木暮保成も局長を最後に退職している。それ故、岸薫夫は、入省のときのいざこざから始まり、退職するまで、彼の能力にふさわしい地位を与えられなかったのではないか、と感じている。すべてが本庄事件に発しているのだから、人間の一生というものはどこに陥穽が潜んでいるか分からないのである。ただ、私は旧制一高という学閥をもった友人たちと比較しているのであって、学閥によることができない、しかし高度の能力をもちながら不遇に終わった人々の方がはるかに多いことは承知している。上記した級友たちがいわばきわめて恵まれた所遇をうけたとみるべきであろう。岸薫夫は、見方によれば、決して不遇に生涯を終えたわけではないというのが正当であろう。

ところで、岸がパリのジェトロの所長をしているということを、私は偶然知ったのであった。私の次女は上智大学外国語学部ドイツ語学科に入学したばかりであった。同級に杉山さんという女性がおいでになった。父君は後に通産次官になった方で、岸と同じ昭和二七年入省組のお一人であった。その杉山さんが夏休みに友人二、三人とヨーロッパに旅行したさい、ジェトロに立ち寄ったという。たぶん父君が示唆したのであろう。そこで岸に出会った、というより岸の接遇をうけた。岸はいろいろ雑談したようである。彼は誇るべき友人をもっていることを彼女たちに話した。自分の友人で弁護士で詩人がいる、といったことであろう。あるいはもっと詳しく話したのかもしれない。「それはアサちゃんのお父様じゃないの」と杉山さんたちは偶然に驚き、帰国し、秋に再会したとき、次女に話したという。次女は朝子という名である。

いったい、岸は友人自慢の性癖があった。

彼は彼自身について自慢することはなかったが、彼がいかにすぐれた友人知己をもっているかを自慢するのは好きだったし、他人を褒めることも好きだった。私は岸がもっとも敬愛した友人は内垣啓一（敬称は略す）であったと思う。戦争中、竹山道雄教授が『校友会雑誌』（『護国会雑誌』と改称していた）が廃刊してから、一高にこれに代わる雑誌がないことを歎いて『柏葉』という雑誌の発行を計画なさったことがある。私はその雑誌の編集委員をしていたので、内容を熟知しているが、内垣はすぐれた「ニイチエ論」を寄稿していた。この雑誌は校了になったにもかかわらず、空襲のため印刷所が焼失し、結局刊行に至らなかった。

内垣は一高卒業後、実家が京都にあった関係で、京都大学のドイツ文学科に進学した。たぶん大学院を終えたころだと思うが、東大教養学部に助教授として迎えられ、二、三年後に教授になった。

いったい東大が教授としてもわざわざ京都大学の卒業生を迎えることは異例中の異例といってよい。それほど東大ドイツ文学科の卒業生には人材がなかったかが問われるからである。この事実からみても、同じ史談会で昼夜を共にした内垣を岸が友人として誇りに思っていたことは当然である。

だが、数年後から内垣は演劇に熱中した。彼がどんな演劇運動を立ち上げようとしていたのか、私は知らない。ただ、文学座のような既成の劇団とは違った新しい演劇活動を始めるつもりだったらしい。演劇にうちこむと泥沼に入ったようになる。ことに既成劇団と違った活動を実体化するのはどれほどの努力を尽くしても足りない。文学的・学問的才能であるより、経営的、悪くいえば山師的な能力あるいは、浅利慶太のような特別な経営の才能を必要とする。

岸は内垣の破滅死といった。大学は休講につぐ休講。それでいて、おれのニイチエ論を学生が理解できるか、と傲語していた、という。クレジット・カードで支払っても、見合う預金がなく、友人たちの間を駆けまわって借金してその場をしのぐ日々が続いた。そんな火の車の財政の中で演劇への情熱を傾け、いかなる成果をあげることもなく、早逝した。私は内垣と面識があったが、親しくはなかった。彼の生活の実態を知っていれば、別に彼を偲ぶ文章を書きたいところである。

そういえば、御茶ノ水駅から三省堂の方向へ下りる坂道の途中で、内垣と出会ったことがあった。ととのった容貌の持ち主だったが、いかにもやつれてみえた。内垣さん、と声をかけると、やあ君か、と言って、いま急いでいるので失礼、と言って坂を下りていった。後姿に寂寥の色が濃かった。岸が彼を誇り、彼の死を悼むこと、尋常一様ではなかった。

もう一人、岸がいつも褒めていたのは岩波書店の緑川亨さんであった。緑川さんが社長になる以前から、彼はすごい人物だ、と、何回も話していた。私は緑川さんとは高見順賞の懇談会で毎年顔を合わせていたし、高見夫人ともう一人、たぶん武田百合子さんだと思うが、緑川さんが席を設けて九段のふぐ料理屋でご馳走になったとき、同席したことがある。いつも穏やかな方で、切れ者という感じはまったくない、紳士であった。しかし、たびたび岩波書店は倒産の危機にあると伝えられながら、もちこたえたことをみると、抜群の経営的手腕をおもちだったのかもしれない。

＊

すでに記したとおり岸は昭和五四（一九七九）三月、ジェトロ・パリ・センター所長を退任帰国した。彼がその職にあることは二年余であった。そのころ、用事があって私は毎年のようにパリを訪ねていた。たとえば岸はパリ滞在中の白井健三郎さんと会ったというが、私もパリで白井さんにお会いしているし、欧州東銀の総裁をなさっていた窪田啓作（窪田開造）さんともパリを訪れたさい必ずお会いしていたので、どうして岸と会うことがなかったのか、パリに滞在していることを知らなかったのか、ふしぎでならない。

パリから帰国し、通産省を退職した岸は日本プラント協会の専務理事として天下りし、昭和五四（一九七九）年一〇月から昭和六三（一九八八）年三月まで勤め、その直後JICAといわれる国際協力事業団副総裁に就任、平成六（一九九四）年六月までほぼ一〇年間勤めて退職した。

岸文子夫人に教えられたところによれば、晩年の岸は病気がちだったようである。

六七歳ころから、呼吸器疾患、腸閉塞、前立腺癌、肺癌などに次々に罹り、肺癌のさいは入院し、放射線治療をうけていた。八一歳のとき、左右の大腿骨を二度骨折、二年の間に二回手術、さらに膝も骨折、八八歳のときには肺炎を患った。骨折以降は車椅子の生活だったようである。

こうして岸は二〇一三年六月一三日、八八歳で他界した。

岸は晩年歩行が困難になってもかなり筆まめで、長文の手紙を何回か送ってきた。いつも同じことのくりかえしのようにみえた。たとえば、次のような文章が必ず書かれていた。

「日本経済が大きくなるとともに山口組をはじめ暴力団（総会屋）が日本全国に大勢力を張るようになりました、そこには政治家経済人警察当局とのゆ着が明白です」

といったような感想がある。本庄事件の本質的問題はいまだに解決していないと彼は考えていたし、その点で私も同感である。

＊

最後に私の羞恥心にたえない事実を告白してこの文章を終えることとする。

彼の歿後、岸文子夫人から彼の墓碑銘を考えてほしいと依頼された。岸家之墓といった文字を彫るつもりはないので、岸の人柄を偲ばせるような墓碑銘がほしい、ということであった。私はしばらく考えて

天地風薫　天地薫風

という四文字のいずれか、と二案を提案した。これは私としては気に入っており、そう悪くないと思っている。

ところが、ついでに筆書してほしい、といわれた。私は悪筆だから到底その任ではない。中村眞一

郎さんは、書家に貴方たち素人は練習すると下手になるばかりだから、練習しないで書いた方がいい、と言われたそうである。ところが、何となく私でも書けるような気がしてきた。かなり練習した挙句、

天地
薫風

という四字を書いて、お送りした。岸夫人及びお嬢さん方はその字を霊園の墓地の墓石に彫らせたそうである。私にはこの悪筆を見る勇気はないから、岸の墓参をすることはあるまい。

なお、本項の執筆にさいし、岸の令室文子夫人からいろいろ情報や資料を頂戴したが、急逝なさったため、本項をお目にかけることができなかった。私としてはまことに心残りであり、哀悼の念がつよい。

小柴昌俊

一九四六年の秋、赤城で服毒自死に失敗した原口統三は、お伴のように付き添っていた橋本一明と都留晃の二人と共に、南寮二番室の寝室を占拠し、その窓際に机を置き、『二十歳のエチュード』の原稿の手直しに一刻も惜しむようにうちこんでいた。時々、手を休めると、同室の橋本、都留をはじめ、遊びがてら原口の状況を、あるいは気遣いから、あるいは好奇心で、見にくる寮生たちとの雑談に加わって、焼き芋を食べたりしていた。私は個人的事情があって、本来私が属する国文学会の占める明寮十六番室を出て、南寮八番室の一般部屋で暮らしていた。一般部屋は特定の運動部や文化サークルの占める部屋に住むことを好まない人々の住居とする部屋である。それ故、同室の人たちに共通する関心もなく、それぞれが孤立して生活していた。そうした孤立した生活を望んで、私も南寮八番室に移ったのであった。ショパンの《幻想即興曲》のメロディを口ずさみながら廊下をゆく原口の声を聞くこともあったし、ともかく、近かったから、南寮二番（厳密にはその寝室、学習室は廊下をはさんだ反対側にあった）に覗きにいった。橋本が原口をかついで作ったフランス会という文化サークルに属していた宇田健、工藤幸雄その他が常連だったし、同級の児島襄、高島巖、また、山本巖夫、中村赫などが始終出入りしていた。私は小柴昌俊をこの南寮二番に集っていた、原口をとりまく弥次馬の一人として、知ったのであった。弥次馬とは、好奇心から原口の生活ぶりを見にきた人たちのことであり、たぶん小柴もその一人だったに違いない。好奇心というのは、はたして原口が彼の宣言していたように、自死を実行するだろうか、その気配はどうか、という関心であった。今から七十余年も前のことなので、私の記憶は確かでないが、私は半ば自死を実行すると信じ、半ばその場に及んでどうなるか、疑問に感じていたように思う。

そういうはりつめた雰囲気にみちた部屋で私は小柴をはじめて見たのだが、それは、一つには彼は痩せていたけれども、存在感があったからであろう。私自身も当時の体重は五〇キロに足りなかったが、小柴はその当時の私よりも痩せていた。それに、親身に原口を気遣う気配がひしひしと感じられた。小柴は私や原口よりも一年下級生だったから、いわばおずおずとした態度であったが、私たちに対して、原口を彼の意図するままに自死させてよいのか、といった批判を匿そうとしなかった。それが私が小柴昌俊に存在感を覚えた所以であった。

原口が南寮二番に暮らしはじめてから自死するまでの期間は三か月かそこらであった。私にはこの期間は心理的には一年間の体験に匹敵する、緊張した期間であった。だから、私は、その当初の小柴を憶えているのだが、小柴自身が記憶していたかどうか、疑わしい。晩年の小柴はすこし病的に肥満気味であったが、かりにそんな思い出話をしたとすれば、そんなことがあったかな、と呵々大笑したかもしれない。あるいは、真面目になって、心から原口の身上を心配していたのだ、と言ったかもしれない。いまとなっては確めることはできないが、私の記憶する小柴との最初の出会いはそんなことであった。

それ以後、出会うと、やあ、元気か、といった挨拶をかわすようになったが、それほど親しい関係であったとはいえない。寮生活をつうじ、まともに議論したこともなければ、マージャンやノートラと称するカード遊びに時間を潰したこともない。小柴昌俊と私との間にはいかなる接点もなかった。理科の生徒の中には相当数の親しい友人がいたはずだが、文科の生徒の間には誰も小柴とつよい接点をもった者はいなかったように思う。文科生中、小柴の晩年まで親しくつきあったのは松下康雄と私の二人しかいないはずである。松下ともどういう接点をもったのか聞いたことはないが、あるいは後に記す竹山千代夫人との関係であったのかもしれない。

＊

一高を卒業し、大学も卒業し、司法修習生を経て弁護士登録し、多忙な日々を送るようになって、小柴と会う機会もなくなった。その間、小柴が東大の研究室に残り教授になり、誰も手をつけていない研究をしている、といった噂を聞いたことがあった。だから、まだ彼が東大を定年退職する前だったはずだが、一高時代の友人が四、五人、銀座の小料理屋で集まったことがあった。私が小柴に、何の研究をしているの?と訊ねると、ああ、そこら中に飛んでいるものだよ、僕たちの目に見えないだけだ、と答えた。ニュートリノと聞いた憶えはない。宇宙線といったのではないかと思うが、私に理解力がまったくなかったから、不得要領のまま、会話は途切れてしまった。

東大退職後、小柴が東海大学で教鞭を執っていた時期がある。東海大学の同窓会が霞が関ビルにレストランをもっていてね、これが安くてうまいのだよ、一度ご馳走するから、出てこないか、という電話が私の事務所にかかってきた。私は小柴からご馳走になるのは気が進まなかったが、何遍か誘われ、断りきれずに霞が関ビルでご馳走になった。たしかに料理は上等であったが、私と小柴との間の会話はとりとめなかった。私たちの間には共通の話題はなかった。いうまでもなく、たがいの専門領域の事柄は話題にならなかった。共通の友人の消息にも関心がなかった。私は社会情勢や国際関係に興味をもっていたが、彼はそうした事象に興味をもっていなかった。何を話し合ったのか、いま思い出そうとしても、思いだせない。それでもたがいにつよい親近感をもっていたのだからふしぎという他ない。

その時であったか、別の機会であったか、鰻の蒲焼の話が出て、小柴が、南千住の尾花という店の大ぶりの蒲焼はたべでがあるぜ、是非行こうよ、と言われたことがある。彼の勧めにしたがって、二人で尾花に行ったことも間違いない。浦和の太田窪のうなぎはもっと大ぶりで濃厚だから、一度ためしてみないか、と誘ったが、彼は乗り気にならなかった。小柴は自分が贔屓にしている店に他人を招待することは好きだったが、他人が贔屓にしている店に招かれることは好きでなかったようである。そういう意味で我《が》のつよい人であったが、何故か彼の我のつよさを恕してもらえるような徳を持っていた。

＊

ここで松下康雄家のチェンバロ・コンサートにふれたい。松下夫人弘子さんは、竹山道雄先生の弟で建設省の建築研究所の所長をなさっていた竹山謙三郎氏の千代夫人の姪である。謙三郎氏の歿後、お子さんのない千代夫人を松下家がひきとって面倒をみていた。千代夫人は文化放送の創立当時、聖パウロ修道会が設立した同放送で教養番組を担当するプロデューサーであった。お茶の水女高師のご出身とお聞きしているが、きりっとした美貌の持ち主であった。このような状況は拙著『忘れられぬ

人々 二』の松下康雄の項で書いているが、時々松下家でチェンバロ・コンサートが催された。松下は大蔵次官から太陽神戸銀行総裁を経て日本銀行の総裁をつとめたが、決して豪邸ではなかった。あるいは弘子夫人の持家だったのかもしれない。私はふしぎに感じているが、わが国の官僚は、いかに出世しても資産をつくることにつながらない、ということである。私は大蔵省をはじめ各省庁の次官まで務めあげた方々を相当数知っているが、大方の人は退職後、世田谷、目黒、杉並あたりのマンションを住居となさっている。一戸建住宅をお持ちでも敷地はせいぜい七、八〇坪といった程度の質素な住居に住んでおいでになる。彼らは在職中権力はもっていても、金銭的に恵まれる職業ではなかった。戦後の官僚はそんなものだが、現今では内閣府の人事局が高級官僚の人事権を持っているから、高級官僚は政治家の手足となり、政治家の指示、希望するままに、あるいは政治家の気持ちを忖度して、行動しなければならない。近年、中途退職する官僚が増えており、一方、最近大学を卒業する者の中で優秀な人々は公務員とはならない、と聞いている。

すでに話したとおり、松下家も豪邸とは程遠い、堅牢だが、さほど宏壮とはいえない建物であった。その部屋を二、三うちぬいて、二、三〇人がひしめくように坐って、チェンバロを聴くようにしつらえてあった。聴衆席の中央に椅子が一つだけ置かれ千代夫人がおかけになると、演奏が始まるのである。「叔母をひきとりましたら、チェンバロがついてまいりましたの」と弘子夫人が話していたことがある。結婚何十周年かの記念に謙三郎氏が千代夫人に贈ったものだそうである。

私はかつて「チェンバロのホーム・コンサート」という随筆を発表し、『スギの下かげ』と題する随筆集に収めているが、ある夜のプログラムは「フルートとチェンバロによるバッハ親子の音楽の夕べ」という題で、はじめにカール・フィリップ・エマニュエル・バッハの《フルートと通奏低音のためのソナタ》、イ長調とト長調の二曲、《フルートとチェンバロのためのソナタホ長調》、休憩をはさんでヨハン・セバスティアン・バッハの《フランス組曲一番》と《フルートとチェンバロのソナタト短調》といったものであった。曽根麻矢子さんのチェンバロ、中村忠さんのフルートの演奏であった。

聴衆は大方は弘子夫人の交友関係の人々やご近所の音楽好きの方々のようであった。いったいチェンバロは音量が小さいから、東京文化会館の小ホールでさえ、充分聴きとれないが、こういう狭い空間で聴くのは至福といってよい。私は、松下から、こういう催しがあるのだけれど、よかったら聴きにこないか、と言われたとき、二つ返事で、参上することを約束したのだった。

じつはここまでは序文というべき事柄であり、このコンサートの参加者の中に小柴昌俊がいたことが私を驚かせたのであった。私はそれまで小柴が松下と親しいとは聞いていなかった。しかし、小柴が同席していることを知り、ちょっとした安堵感を覚えた。休憩時間には玄関の外へ二人で出て、煙草を喫いながら雑談した。相変わらずとりとめない雑談であった。私が彼を発見してうれしさを覚えたと同じく、彼も私を見つけたときはうれしさ、懐しさが満面にあふれんばかりであった。

この松下家のチェンバロ・コンサートに五、六回参加したように憶えているが、その後催されないことになった。いつか松下に、チェンバロ・コンサートはもう催されないの、と訊ねたところ、曽根さんが自宅にホールを作って、そこでコンサートを開くことになったようだ、という答えであった。千代夫人はもちろん、松下康雄、弘子夫妻ももう逝去してかなりの歳月が経った。これは私の回想録の一コマをなしている。

＊

このチェンバロ・コンサートが何回か催されていた当時、日本近代文学館とある証券会社との間でもめごとがあった。理事長だった小田切進さんに相談され、私は松下を紹介した。松下はわざわざ自身大蔵省証券局に出向いて、事情を質してくれた。その結果、問題の責任の大部分はその証券会社にあることが明らかになり、日本近代文学館はどうにか事件を解決することができた。

小田切さんはお礼に神奈川近代文学館においでいただき、中華料理を差し上げてお礼を申し上げたいと申し出た。日本近代文学館には、ご馳走するための予算がない。神奈川近代文学館はそのころ開館して間もないころだったから、建物も立派だし、資料の収蔵設備や施設も日本近代文学館に比べようがないほど行届いていてピカピカであった。それに県立だから、維持費も計上されている。小田切さんは日本近代文学館の理事長と神奈川近代文学館の館長を兼ねていた。現在では神奈川近代文学館は日本近代文学館とは、良い意味で、ライヴァル関係にあるが、当時の小田切さんの意識では、これら二つの文学館は一体のものであった、だから、本来なら、日本近代文学館をご案内し、渋谷辺のレストランでご馳走すべきところ、神奈川近代文学館に日本近代文学館がすべきことを肩代わりさせたのであった。

松下は自家用車を自分で運転してきた。私用に公用の車を使うのは気が進まないからね、と言い、ただ、銀行では、事故をおこされては困るから銀行の車を使うように言ってくれているのだけれど、と言いそえた。神奈川近代文学館に先に着いて待ちかまえていた私が驚いたことに、その車に、小柴昌俊が同乗していた。物見高い小柴は松下から話を聞くと、面白がって、それなら僕も同乗させてくれ、といって同行してきたのであった。

小田切さんは小柴昌俊が何者かご存知なかったが、幸い、事務局長の清水節男さんが、小柴はノーベル賞の候補に二、三回も上っている著名な学者だ、と説明してくれた。清水さんの子息が物理学を専攻しているので、こうした事実をご承知だったのであろう。

私たちは神奈川近代文学館の勘定で、四川飯店でご馳走になって辞去したのだが、小柴昌俊には、招待されていようと、いまいと、好奇心や探究心のままに行動する実行力があった。

＊

同じころだったと憶えているが、小柴から遠藤周作さんや遠山一行さんらが組織しているキリスト教の信仰者の会があるが、その会合で現代詩について講演してもらえないか、という話があった。小柴が遠藤さんや遠山さんと知り合っているということも意外だったが、キリスト教関係の会合にかかわりをもっていることも意外だった。その会合の正式名称は記憶していない。遠藤さんも遠山一行・慶子夫妻も亡くなった現在、確めようもない。私は小柴の頼みなので、しぶしぶながら引き受けた。そもそも現代詩をどの範囲の詩とみるか、島崎藤村、土井晩翠らにはじまり、蒲原有明で一種の頂点に達した近代詩について話すか、高村光太郎、萩原朔太郎以降の口語自由詩について話すか、あるいは鮎川信夫など「荒地」以後の詩について話すか、その選択が難しい。それはおそらく聴衆がどんな詩を知っているか、どんな詩に関心をもっているか、によって違うのだが、小柴のいう会合の聴衆がどんな方々であるか、小柴自身が現代詩にいかなる関心、興味をもっているとも思われないので、何をお話しすべきか、若干迷い、また躊躇した。

その結果、かつての日本の近代詩は読者を陶酔させ、甘美な気分や高揚した心情に誘うものだが、現代詩は陶酔させない、私たちの精神を目覚めさせ、私たちを思考に誘うものだ、といったことをお話しした。この小文の主旨ではないので、私が何をお話ししたかの詳細は記さないが、陶酔させる詩として私は島崎藤村の二、三の詩を例示し、考えさせる、文明批評の性格をもつ詩として高村光太郎の「ぼろぼろな駝鳥」「根付の国」などを挙げたことは間違いない。鮎川以降の現代詩については語らなかった。現代詩を語ることは迷路にはまりこむように感じていたからである。

それよりも私が驚いたことは遠藤さんと小柴の親しさであり、小柴と遠山夫妻との親しさであった。遠藤さんとは私はほとんど面識がなかった。初対面にひとしかったが、狐狸庵と号したようなふざけた態度はつゆほどもおとりにならなかった。極度に丁寧で礼儀正しかった。遠藤さんは小柴の家に遊びにおいでになったこともあるようであった。小柴は文学に関心がないから、遠藤さんの著書はまるで読んでいなかったが、遠藤さんから贈呈された著書はきちんと書棚に整理して配置されていたという。そんなことを二人はなごやかに話し合っていた。遠山夫妻についていえば、小柴は一行さんよりもピアニストである慶子夫人のファンのようであった。夫人のピアノ演奏を聴きにしばしば遠山邸を訪ねているような様子が窺えた。

小柴はもちろん理工系の学者、研究者の間に親しい友人、知己、弟子を多数持っていたに違いない。だが、理工系以外の人々の中で誰を友人、知己とするかは、かなりにえり好みがあったようである。一高、東大をつうじ、一高出身の文科系の卒業生中、彼が友人として選んだのは松下康雄と私の二人だけであった。彼は私や松下より一年下級生であり、三年間の寮生活の中で数百人の文科の生徒と知り合う機会があったはずだが、同年の文科の生徒や一年上級の私たちの間から、どうして私たち二人だけを選んだのか、ふしぎという他ない。小柴は文学に関心がなかったと同様、松下の専門分野である財政金融についてもまったく関心がなかった。そういえば、どうして遠藤さんと知り合ったのか、何故遠藤さんと自宅に遊びに来てもらうほど親しくなったのか、私はついに聞く機会がなかったが、これも謎という他ない。

小柴はノーベル物理学賞を受賞して以来、一躍脚光を浴び、一種の国民的英雄となった。その後もノーベル賞を授けられた学者、研究者はわが国でも少なくないが、小柴ほど存在感を示した人物はいないのではないか。

そういえば、彼がノーベル物理学賞を受賞したとき、私は『朝日新聞』から友人としての感想を求められた。思いがけないことだったから、しどろもどろの感想を述べたのだが、翌朝の『朝日新聞』には友人の祝辞として、松下康雄と私の二人の談話が掲載されていた。

どういう尺度、基準で、小柴は友人のえり好みをしたのか、くりかえして言うことになるが、私にとって謎という他ない。

*

ノーベル物理学賞を受賞した機会に、その賞金を基金の一部として、小柴は平成基礎科学財団を設立した。彼の構想によれば、彼の趣旨に賛同してくれる企業の出資を別として、各地方自治体から一人当たり何円かの寄附を募るということであった。すべての都道府県が一人当たり、かりに一〇円の寄附をしてくれれば、一〇億円くらいの寄附が集まる計算であった。彼は基礎科学の学習にもっと精力を傾注すべきだ、と考えていた。基礎科学の振興のために「楽しむ科学教室」といったプログラムで各種のテーマをとりあげ、一流の専門家に一時間か二時間の講演をしてもらい、質疑応答の時間を設ける。これをヴィデオ・ディスクに録画し、ＮＨＫの教育番組で放送してもらう、あるいはＮＨＫ

の番組の中にくみこんでもらって録画等の費用はＮＨＫに負担してもらう、といった構想であった。
そういう構想がかたまると、小柴は行動力にすぐれていた。カミオカンデ所在の岐阜県をはじめ、全国の都道府県を訪ね、知事、市長等に会い、その賛同を得る努力を惜しまなかった。ＮＨＫにも何回も足を運んだようである。財団の寄附行為の作成については私も協力したように憶えているが、確かではない。

常勤の職員として、私が次女の紹介により、高松さんという上智大学の卒業生で英語が非常に堪能な女性を採用してもらった。初期には元神奈川近代文学館の事務局長・理事であった清水節男さんも手伝ったが、清水さんは長続きしなかった。反面、高松さんは一年でたぶん六回ほど開催した「楽しむ科学教室」の講師への依頼、全国各地の講演ホールや録画の手配から財務、計理、庶務の一切を切りまわすようになった。高松さんなしでは財団は一日も動かないような状態になった。もちろん、講師や演目についてはそれぞれの分野の専門家の助力をえていた。

それにつけて思いだすことだが、高松さんが財団をすべて切り廻していることを理事の誰もが知っていたが、あるとき、高松さんから、私がこの財団に勤めはじめて六年（？）かになるが、一円の昇給もないのは、何故か、という発言があった。そういう意味で、小柴をはじめ全理事が高松さんにおぶさっていたのに、それに見合う給与に考え及ぶ者は一人もいなかった。

財団の出発の当初から地方自治体の財政は苦しくなっていたが、それでも相当数の地方自治体が資金援助をしてくれていたが、年々、今年からは減額したいとか、来年からは援助を打切りたいというところが多くなってきて、財団の資金繰りは年を経るごとに苦しくなった。

それにもまして憂慮すべき事実は、折角録画した「楽しむ科学教室」のヴィデオ・ディスクが活用されないことであった。高校に送りつけても、当校では不要といって送り返してくる高校も多かった。これは担当の理科の教師の性質や思想にもよるが、わが国の基礎科学軽視の政治的性向の結果のように思われる。ノーベル賞を受賞した学者、研究者は誰もが基礎科学の重視を、と提言なさるが、こうした声は決してわが国政界の指導層には届かないのである。

その他の事情もあり、小柴はその死去の二年ほど前、財団の解散を決意した。理事者は全員、止むを得ない、ということであった。残余財産は東大の然るべき研究所に寄贈された。

こうして、小柴昌俊の壮大な夢想は潰え去ったのであった。しかし、本来のニュートリノの研究はいま孫弟子の世代に入り、ますます世界的成果を挙げているようである。ただ、日本学術会議の梶田隆章会長は小柴の弟子だが、学術会議推薦の会員六名の任命に自民党政府が反対し、欠員の状態が続いている。六名はいずれも自民党の政策に反対の意思を表明した方々である。こうして学術に対する政治的介入が横行する現在、日本の将来を案じざるをえない。

*

小柴のたのしみについて一、二補足しておきたい。

ある日、本郷の農学部前のおでんやで集まろうじゃないか、それも午後五時、店が開いた直後から始めようという。土曜日であったと思うが、一時間ほどして、たべるものをたべ、それほど多量ではない酒を酌みかわし、いい機嫌になったところで、小柴が、おれはもう眠くなった、解散しよう、という。

ホストがそう言いだした以上、解散せざるを得なかった。小柴にはそういう勝手、我侭なことが少なくなかった。それを周辺の人々が許していたのは、彼の人柄というか人徳というか、独自の個性というべきだろう。

もう一つは夏の草津音楽祭である。遠山一行さんが音楽監督をなさっていたように思うが、一行さんが亡くなった現在はどうなっているか、私は知らない。ただ、今も続いているようである。毎年、美智子皇后（いまの上皇后）がおいでになって、遠山慶子さんからレッスンをおうけになる。その後、ごく内輪のコンサートをお開きになるということで、私も誘われたことがあるが、当時、体調が悪かったのでご辞退したことがある。事実、その秋、私は大腸癌の手術をしたのであった。

遠山夫妻は音楽祭の会場に近く、マンションに二部屋お持ちだった。その一部屋を小柴に提供した。小柴にとってこの草津音楽祭は毎年の愉しみであった。

加えて、この音楽祭の主催者は群馬県、長野県などが設立した財団法人で、その理事長が松下康雄であった。だから、草津音楽祭は彼が親しい人々と旧交を温める機会でもあった。

小柴は文学に関心がなかったし、財政金融にも関心がなかった。しかし、音楽が好きだったことは間違いない。ことに遠山慶子さんを贔屓にしていて、ごく親しかった。もう一行・慶子夫妻も小柴も、松下も他界したと思うと、感慨を覚えざるをえない。

太田一郎

一九四四（昭和一九）年四月、旧制一高に入学し、全寮制のため、国文学・歌舞伎・能などの愛好者が組織した国文学会に所属し、国文学会が占めていた明寮十六番室で生活することになった。このことは、これまでいろいろな機会に記してきたとおりである。また、この国文学会で同室の三年生飯田桃（いいだもも）、太田一郎を見識り、親交をふかめることになったこと、ことにいいだには詩作について師事に近い兄事したこともこれまで記してきたとおりである。

明寮十六番室は、他の部屋が廊下をはさんで南側に学習室、北側に寝室があり、寝室には一畳の畳を木材でかこんだ寝台が二十数台並んでいたのに対し、二階に学習室、その真上の三階に寝台のない畳敷きの寝室があった。学習室の扉をあけると、真向かいに、南北に二列、一列各四人ほどの机があり、その右側の列の窓ぎわに太田一郎の席があり、その隣の、扉寄りにいいだの席があった。その他の席を誰が占めていたか憶えていない。

太田、いいだらの席と九〇度曲がった、東西方向に一〇人ほどの席が五人ほどずつ向かい合わせにあり、その左側に、中野徹雄、私、橋本和雄、大西守彦らが席を並べていた。

その向かい側には、簗島裕、森清武、喜多迅鷹、木村正中、今道友信らの席があった。向かい合わせとはいえ、たしか仕切りがあり、椅子に腰かけると向かいの席は見えないようになっていた。四六時中、顔を合わせていたし、それに、入寮早々に、上級生も「さん」付けにしない、おたがいに呼びすてにするように、と申し渡されたので、ごく開かれた雰囲気だったから、同室の上級生たちとは、たちまち、うちとけて話すようになった。太田については、彼の第一歌集『墳』の後記を私が書いているが、その文中、次のとおり記している。

「飯田は才気渙発で、たとえば哲学を語れば、タレスから三木清に至るまで、たちまちに論断して天馬空を馳ける趣きがあった。太田は謙抑で寡黙で誠実であった。博学で明晰なこの二人の会話は、二十才にも達していなかった私にとって、ほとんど瞠目するおもいであった。太平洋戦争末期のことで、遅かれ早かれ、兵隊にとられることにきまっていた。だから、どういう覚悟で入営し、どのように死に対処するか、ということが、私たちの重大な関心事であった。飯田の詩も、太田の歌も、又私の詩も、そういう場所で書き始められた、と私は考えている。

咬みあへるけものならずもさだやかに別れむときはつつしむもなし

この歌集に収められたこの作品は、その当時私たちの間で評判の高かったものである。これは太田の入営間近い時期の作である。今日読みかえしても、戦争に押しひしがれながら、しかも自分を失わず生きていこうとする暗い青春の心情を、これほどに正確に定着した抒情詩は稀有であろう、と思う。そして、これは戦争下でなくてよい、組織の重みの下に押しひしがれている青春一般の嘆きをつたえているのであり、そういう意味で、きわめて高い抒情の結晶なのである。」

太田の短歌については、後に詳しくふれるつもりである。

＊

ここでは戦時下の、私の歌舞伎体験、人形浄瑠璃体験と太田一郎からうけた恩恵について記しておきたい。この重大な体験を私は『私の昭和史』で書き洩らしていたので、その補足という意味をもつ回想である。

太田は『私の戦後史』所収の「赤城清のこと」という回想の中で次のとおり記している。

「私が今思い出しても印象に残るのは生活が落着いてくるにつれて、彼は本来の自己に最も適した趣味を本格的に身につけていった。

その一つが学生時代の私たちの仲間からの影響であったろうか、歌舞伎や能に対する入れ込みがあった。確かに戦前戦後からも私たちの周囲にはそうした雰囲気が濃厚であった。私や赤城のいた寄宿寮の部室の国文学会には歌舞伎座の割引切符が毎月優先的に取れたためもあり、芸居《ママ》通が多かった。

私などもそうした雰囲気の中で、歌舞伎の科白《せりふ》廻しを覚えて、酒席の上で、例の「月も朧に白魚の」とか、「しがねえ恋の情が仇」とか、七五調の心良い科白の響きに自己陶酔していた。赤城とは「勧進帳」の山伏問答の緊迫した掛け合いが好きでよく息が合った。若い頃は酔っていても記憶力は確かであった。ただし赤城の声色にはやや地方訛りが入るところがあり、私のように江戸前といかないところに瑕瑾があった。」

赤城清は太田の生涯の親友であり、この文章にも赤城について語ることが多いはずである。それはさておいて、私は中学時代には級友たちと映画に熱中していたが、歌舞伎にはまったく関心がなかった。私が歌舞伎に関心をもったのは旧制一高に入学して以後であり、もっと正確にいえば、一九四四

（昭和一九）年の一年間だけといってよい。

太田一郎の右の文章から知られるとおり、太田はなかなかの歌舞伎通であったから、彼に勧められ、彼に連れられて、歌舞伎座へ行くことはじつに自然な成り行きであった。ただ、一九四四年、翌年三月の東京大空襲、八月の終戦の前年には、もう割引切符は入手できなかった。最初、太田に連れられて観劇したときも、その後も、いつも三階の立見席であった。

私にとって歌舞伎座で何よりも衝撃をうけたのは、一五代目市村羽左衛門であった。その目鼻立ちは二枚目に違いなかったが、容姿全体から、華というか、男の色気とでもいうべきものが劇場内に発散され、隅々まで行きわたっていた。しかも、その口跡というか、科白廻しが、じつに独特で聞きほれ心がしびれるほどであった。私は一五代目羽左衛門に魅了された。

当時、六代目尾上菊五郎が名優として評判高かった。私には六代目の名優としての演技の奥ふかさなど、まるで分からなかった。反面で、羽左衛門を不世出の名優だと感じていた。その魅力に憑かれて、演目が変わるごとに三階の立見席から見てはふかぶかと嘆息し、堪能したのであった。

六代目菊五郎は終戦後も二、三年、舞台をつとめたから、六代目の演技を見た観客で存命している人もまだ少なくないかもしれない。しかし、一五代目羽左衛門、橘屋を見ている観客はどれほど存命しているか、考えてみると、当時、一九歳だった私だからこそ見ることができたが、現在存命している人は稀有なのではないか。そういう意味で、私は一高に入学し、明寮十六番の国文学会に所属して寮生活を送ったこと、いいだや太田に出会った偶然の幸せを、いかに強調しても足りないように感じている。

太田からうけた恩恵といえば、吾妻橋に近い東橋亭という寄席を教えてくれたのも太田だったはずである。これは女義太夫の定席であった。もちろん、明治、大正期と違って、女義太夫を語る女性はかなり老齢であったが、太棹の三味線によって語る義太夫は朗々として衰えがみえなかった。もちろん、文楽の太夫とは比較すべくもなかったはずだが、私のような素人の耳を娯しませるには充分であった。

それに、文楽が三人遣いであるのにこの寄席では一人遣いの女性の人形遣いが、義太夫に合わせて、人形芝居を演じた。それなりに興味ふかかったので、たぶん十日目毎に演目が変わるたびに、私は東橋亭に通った。私が現在、文楽の演目のかなりのものについて一応筋書などを知っているのは、東橋亭に通いつめたおかげである。

私は日曜日に帰宅すると、若いころ、素人義太夫のおさらい会で上手と評判をとったという、祖母に、義太夫のさわりをうたうよう、せがんだ。私は、祖母にせがんだ、わが家の離れ、祖母がちんと座っていた廊下などをまざまざと思いだす。気候の良いときだったから、東橋亭に通ったのも、五、六月ころには始まっていたに違いない。祖母は、素人としては上手であったので、素人ながら、頻繁に出演を依頼されたことがあるそうであった。「いまごろは半七っつあん、どこにどうして」といった三勝半七のさわりを、祖母がうたう、その節廻しは、もちろん、老齢のため声量はなかったが、ちょっと素人離れしているように思われた。

東橋亭も四五年三月の大空襲で焼け、復興することはなかった。一人遣いの人形芝居も戦後は復活しなかった。人形も空襲で焼けてしまったのかもしれない。戦前、戦後の風俗の違いを思うと感慨なしとしない。

余談だが、女義太夫は明治・大正期の遺物のようなものだから、いまも人間国宝に指定されている女性がおいでになるとはいえ、戦後まったく省みられなくなったのもやむを得ないかもしれない。ただ、不審なのは、浪曲がまったく聞かれなくなったことである。戦時中までは広沢虎造の「石松代参」とか寿々木米若の「佐渡情話」などはいわば国民的娯楽であった。ことに前者はほとんど毎晩、ラジオから流れていた。それが戦後はぱったりラジオから消え、どこでも聞かれることがなくなった。必ずしも浪曲は軍国主義的であったわけではないのに、戦後、すたれたのは何故か、私には理解ができない。ただ、その代わりに戦後になって流行したのが演歌なのではないか、と私は感じている。戦前の歌謡曲といえば、藤山一郎がうたったような明るい曲が多かったし、恋歌といえども、演歌のようなものではなかった。私たち日本人の心の琴線にふれる、あるいは心の底をながれる情緒にふれるのは、戦前は浪曲、戦後は演歌なのではないか。私は決して浪曲や演歌を好む者ではないが、傍らから見る社会風俗現象として、そのように感じている。

＊

さて、太田一郎に話を戻すと、彼が生まれ育った家は、「一階が八室、二階が五室あり、八畳・十畳といった室も多く、延建坪は八十四坪もあった」という。彼の祖父は結婚媒介業を営み、区会議員もしていたという（「須賀町の家」以下同文による）。一郎と名づけられたのは選挙に出るさい、投票してもらいやすいという理由であったという。太田一郎ほど非政治的な人格がこの命名の由来にまったくふさわしくないのが、何とも滑稽である。この家は一九四二（昭和一七）年に失火のため焼失し、その後に新築された家は以前の三分の一の規模の小ぢんまりした家であったという。この家に太田は祖母と母子三人で暮らしていたそうである。祖父は一九四一（昭和一六）年に心不全で死去し、母は太田の生後間もなく父親と離婚していたので、残ったのは祖母と、母と太田の三人だけであった。

太田は「小ぢんまりした家」と書いているが、旧居の三分の一といっても二八坪もあるはずである。私はこの家に太田に連れられて訪ねたことがあるが、堅固な建物で、磨きぬかれ、塵ひとつない、掃除の行届いた、綺麗で立派な家であった。私は東京の中心部、四ツ谷駅から徒歩、七、八分の四谷須賀町の邸宅とはこんなものかと感銘をうけた憶えがある。

この当時、太田一家の生活費や太田の学費など、どうしていたのか、太田は記していない。家を新築したさい「母が金策に当っていてなかなか難しかったことは後で知った」とあり、この家が「空襲により全焼した」「この時からわが家の困窮生活が始まった」と書いているが、住居が持家であっても、生活費などは、別に収入があって、まかなっていたはずであるが、そのことに太田はふれていないので、たぶんその収入の道も空襲により途絶えたものと考える。

すこし時代が遡って、私が一高に入学し、明寮十六番室で生活しはじめたころのことだが、いいだが太田に文理科大学に進学を勧めていたのを憶えている。いいだは教職員には徴兵猶予があるから、文理科大学（いまの筑波大の前身）に進学すれば、徴兵を免れるはずだということであった。太田もずいぶん乗気になって、

「能勢朝次先生にお能を教えていただきましょうか」

などと呟いていた。空襲以前だから、悠々学究生活に入るのも悪くないといった感じの答えであった。やがて、これは間違いで、文理科大学に進学しても徴兵されることが判明し、太田は東大の経済学部に進学したのだが、いいだはいかにして徴兵を免れるかを非常に熱心に考えていたのに、太田はどちらかといえば、あなた任せ、といった趣きであった。たとえば、私が入学する以前、宇田博が小説、

清岡卓行が詩を発表して、『向陵時報』や『護国会雑誌』と改称していた『校友会雑誌』の文藝欄のスターであったが、亀山正邦という方が論壇のスターで、毎号、華やかで力強い論説を発表していた。この方は新潟大学医学部に進学した。明らかに徴兵逃れであった。ただ、やがて新潟大学教授となり、招かれて京都大学教授となり、京大名誉教授にも推され、医学界で重きをなしたと聞いている。太田もいいだも、そういう方向で徴兵を免れることは夢想もしなかったようである。

こうして、一九四五年六月、太田は入営することになった。いいだに誘われて、私は太田を見送りに行った。たしか世田谷の三軒長屋の近くに太田が入営する部隊の本部があった。いいだが太田に、新兵が整列すると、病気のある者は申し出ろ、と言うはずだから、恥ずかしがらずに、前に出て、病気だと申告するのを忘れるなよ、とくどく話していた。太田は、うんうん、とうなずいていた。

やがて、太田は営門の中に入っていった。私たちは門の外から見守っていた。二〇名ほどの新兵が整列した。そこで、いいだが言っていたとおり、古参の下士官が、「病気の者は前に出ろ」と言った。太田は勢いよく前に出た。

そこまでは私が見ていたが、その後、身体検査が行われ、病気は発見されなかったのであろう。太田はそのまま陸軍にとどまることとなった。太田が結核を発症したのはほぼ三年後であった。しかし、ほぼ二か月後に終戦となったので、太田は解放された。

この当時、すでに四谷須賀町の自宅は空襲で焼失していた。母堂は岐阜に疎開していたようである。そのため、知己をたよって、住居を転々としながら、太田は東京で暮らし続けていた。

一九四五（昭和二〇）年の年末に近いころ、いいだに誘われて、私たち三、四人が東京女子大にハレルヤ・コーラスを聞きにいった。この催しは東京女子大の公式の記録には見当たらないらしいが、間違いない事実である。その帰途、私たち数人は、太田の下宿を訪ねた。たぶん一高の寮へ帰る途中のどこかに太田は下宿していたのであった。その下宿で、近く発行する雑誌をどういう名称にするかが話し合われた。いいだも中野徹雄もその席にいたはずである。雑誌の名称は『世代』とすることに決まった。私はこの雑誌の発行に積極的に関わっていなかったが、それでも関心はもっていたので、『世代』という名称に失望した。私たちの「世代」の雑誌だという趣旨がまるであらわれていないと感じたのであった。私はどちらかといえば、新世代、といった趣旨の名称を希望していた。ただ、この雑誌を推進していたのは、いいだと中野だったから、二人が納得した以上、『世代』でいくことに決定した。太田の下宿で案内されたのは洋式の応接室であった。その古風で堅牢な雰囲気を私はいまもありありと思い浮かべ、懐しさがこみあげてくる。

一九四六年に『世代』が創刊された。目次をみると、編集長は遠藤麟一朗になっているが、実質的にはいいだが編集したことは一目瞭然である。すなわち、学生の投稿をみると、短歌は太田一郎、詩は網代毅、いずれも一高国文学会に属していた。小説は矢牧一宏。成蹊高校だが、府立一中以来のいいだの親友である。その他著名人に寄稿していただいているが、その人選もいいだ好みであり、遠藤は名前だけ編集長としてふるまっていたのであった。

そこで『世代』創刊号に掲載された太田の短歌は次のとおりであった。

なげかへば葬《はふ》りの燭《しょく》のはてしより無花果《むくわか》ほのかに熟れにけらしも
黄ばみたる鼻母音のおとひくゝ澄む境《くに》の涯ゆくこゝろ湧きたり
ぬめらかに死魚に這ひゆく黒潮のひかりかなしく暮らむとすらむ

ほそばめる螺旋のごとくゆらせしなびかふ煙《けむ》は玻璃に觸れつも
咬みあへるけものならずもさだやかに別れむときはつつしむもなし
下り立ちて梢《うれ》にのこれる青柿の蘂《しべ》ひとつつむこゝろにかあるらし
亡羊の野邊につめたきいつぽんの朴《ほゝ》生《あ》れしより幾夜か経たる

斎藤茂吉の初期の作の影響が濃いことは誰の目にも明らかであろう。それに、これらの歌すべて空想の作であって、写実でないことも見やすいところである。とはいえ、冒頭の「なげかへば」とか、五首目の本項の最初に引用した「咬みあへる」などは当時の私たちの心情に切実に迫るものであった。私たちは、太田の作に、欠点を見ながらも、その才能に期待し、成熟のときを待っていたのである。

＊

太田の母堂は終戦後二年ほど経って、疎開先から東京に戻ったらしい。しかし、四谷須賀町の家は焼失し、母子ともに住むところがなかったので、太田の親友赤城清のアパートに寄寓した。「敗戦から三年ばかり経った」ころ、太田と太田の母堂は西武電車の清瀬駅に降り立った。太田は清瀬の国立東京療養所に入所するためであり、母堂は療養所の付添婦となるためであった。太田は一九四六年には腸チフスに罹り、危篤状態になり、一応回復したものの結核を発症した。太田は日高普らの世話で東京療養所に入院することになり、胸郭成形手術をうけた。

えごの花一切放下なし得るや

は同じ東京療養所で胸郭成形手術をうけた石田波郷の句だが、この句から採った「えごの花降る」という回想で、この間の経緯を太田は記している。

「その手術は、左胸の鎖骨下にある結核菌の病巣を根絶するためのものである。私の場合、背中から肩甲骨の内側の胸骨を一〇センチ位づつ五本切除するものであった。全身麻酔による手術は、三、四時間を要したが、術後二、三ヵ月は全く自分の胸ではなく、重い鉛の塊が身体の左半分に埋まってある感じであった。始め母が殆ど寝ずに付添ってくれたが、赤城も二、三日ついてくれた。ともあれこうして八方塞がりであった私の生活も少しづつ開けていった。」

抗生物質による治療が普及する以前、この胸郭成形手術は結核の治療の唯一の効果的な方法であったようである。現に、太田も八〇歳近くまで生きながらえたのであった。ただ、肺活量がひどく少なく、「両肺合せても、肺活量は一六〇〇ないし一七〇〇程度である。普通の半量もないが、それだけ心臓に負担がかかっており、私はいつも駅の階段の上りや、坂道などはなるべく避けるようにしている」と「外気舎」という文章で記している。「外気舎」とは外気療法を行うと同時に作業療法患者の病舎であり、「二メートル四方の木造の小屋であり、一棟に二人が割り当てられ」「北側の入口から内部に入ってみると、南側の窓を枕にして二つのベッドと床頭《ママ》台が両側に置いてある。東と西側は、上下が二重に折り畳みする木製の珍らしい蔀戸である。その床頭台の上にはアルマイト製の黄色い盆と二個の食器がチョンとおいてある」という。手術後の太田は、三年八か月の東京療養所生活の大部分をこの外気舎で過ごしたようである。

太田の療養所の生活に関連して、どうしても特筆しておかなければならないのは、太田の母堂の身上である。若いころから女中のいる家庭で育ち、暮らしていた、いわば奥様であった方が空襲のため、まったく生活の目途が立たなくなったのだが、太田は『私の戦後史』所収の「須賀町の家」の中で次のとおり記している。

「始めは母は四谷の家が焼失して、岐阜の疎開先から帰京してから居所がなかったために、赤城の好意により彼の下宿先に同居さしてもらっていた。しかし私が清瀬村の東京療養所へ長期入所後は、母は療養所の住込み付添婦となって、療養所の寮に寝起きして、私の看護と共にかなりきつい付添婦の職についていた。それまで肉体労働などしたことのなかった母には、かなり重労働であったと思ったが、わが家の場合、私が病臥している以上それより他に術がなかったのであった。あの頃、病棟の長い廊下を付添患者の尿器や便器を両手に下げて、小走りに立ち働いていた母の姿が私には今でも焼き付いている。

母は何一つ嘆いたり不足を言ったりしたことはなかった。というよりは、むしろいつも浮かぬ顔をしている私の気分を少しでも引きたてようとしゃきりとしていた風にみえた。その後母は東療で付添婦組合に入ったが、支部の委員長に選ばれたりして公私の面に大活躍をした。しかし私の方も外気舎で社会復帰への準備に入ったりすると共に、時代も徐々に戦後の混乱期から抜け出して、わが家にも少しずつ曙光が差し始めた頃といえる。

かくして長期療養の甲斐あって、三年八月を過ごした清瀬村の療養所からも退所の運びとなり、また母も私も共に新しい人生への出発点に漸く立っていたのであった。」

＊

太田が退院したのは一九五一（昭和二六）年と思われる。翌一九五二年に政府系中小企業向けの金融機関である国民金融公庫に就職した。この就職についてはどうしても又、赤城清に言及しなければならない。

入社試験のさい、公庫規定の医師の許に赴き、レントゲン写真を撮影してもらうように、との指示があった。胸郭成形の跡がはっきりと撮影されるレントゲン写真を提出したら不合格になるに決まっている。そこで、太田の身代わりに、赤城清さんが太田一郎と名乗ってレントゲン写真を撮影してもらい、公庫に提出、無事、入行が決まったのであった。この事実は流石に太田も筆にしていないが、周囲では周知の事実だし、七〇年も前の話だから、ここで記しておく。持つべき者は親しい友人である。

太田はこの年三月に東大経済学部を卒業したはずである。病気をしなければ一九四七年か四八年に卒業していたはずだから、四年ほど卒業が遅れたことになる。

国民金融公庫に勤めはじめたころは母子でアパートでも借りて住んでいたに違いない。新居を建てたのは一九五五（昭和三〇）年であり、場所は板橋区下赤塚であった。たぶん住宅金融公庫などからの借入金で補って建築したのであろうと思われるが、国民金融公庫からの借入であったかもしれない。四谷からみれば板橋区下赤塚はずいぶん場末だが、ここではじめて久しぶりに母子二人の水いらずの生活がはじまったわけである。だが、この水いらずの生活も、二年足らずしか続かなかった。それは太田が東京診療所で知り合った女性と結婚したためである。

太田は『私の戦後史』所収の「女子病棟」中に彼が結婚した池崎敏子さんとのなれそめを次のとおり回想している。

「なお清瀬村で逢った女性としてここで特に加えておきたいのは、平成四年に病没した私の前の妻敏子についてである。さきに東療における文人たちの処で、結城昌治について触れておいたが、彼とはよく女子病棟に同行した。「個室に話の面白いのがいる。僕と同じ両側成形していて、重症だが、福永さんも興味をもっているようだ」「どんな点なの」「うん、それが親父が漱石の最後の頃の弟子で、赤木桁平というんだそうだ」「へえ、それで」「けっこう話題も広いし退屈はしないようだ」

そんな会話の末に、ある夜、病棟に訪ねていった。彼女は、両側成形で肺活量が少いため時々苦しそうだが、息をととのえてゆっくり話す。自分の子供の頃の話、お転婆だったこと、それに女学校ではコーラスが好きで本当はプロの歌手になりたかったが、こうした病気になってしまったので、もう何もできなくなってしまった。そういうことを問わず語りにいろいろと話してくれた。

福永さんのことは存じているが、何だかむつかしそうな人なので、あまり逢って話すのは気が進まないなどともいう。そして大阪の方に家があって、ここには手術だけに入所した。その治療も終っているので近いうち家に帰りたいという。

話しているうちに何か余りにも率直なのにやや構えていた姿勢もゆるんでいった。そしてまた、結城さんがやはり両側成形の身でいろいろ情報交換していたこともあって、病気の上からもいろいろ話がはずんだことを覚えている。

しかし重症の、しかも左右四本づつ八本の両側成形を受けた細い身体で、よく生きていることができるかと思う反面、その割に性来の明るさによって救われている、そういう印象を強く持った。

それはまた結城さんにもいえることで、彼の独特の洒脱なポオズの裏側には、生への強いしたたかな意思があったことを想像する。もっともその後まもなく結城さんも、また彼女も退所してしまった。

そして彼女に再び会ったのはかなり回復してから後で、さらに結婚したのは、私が国民金融公庫に勤務した後の、昭和三十一年の秋であった。彼女は両側成形というハンディを負った病身であったが、生への意思は根強いものがあり、子はなく、その後六十六歳まで生きたのである。」

太田一郎は美貌の女性に好かれる人であったらしい。敏子さんは、私も何回か会っているが、か弱くみえたけれども、かなり美貌であった。

文中、東療とはいうまでもなく東京療養所であり、福永さんとは福永武彦さんである。当時、福永さんも結核のため療養中であった。

敏子さんの父親は、若いころは赤木桁平という筆名で、漱石門下の一人として知られたが、その後は池崎忠孝という本名で政治家に転じ、大阪から衆議院議員に立候補して当選、対米戦争の強烈な推進者であり、デマゴーグであった。

池崎忠孝に関し、私が忘れられない思い出として、彼が日本近代文学館にたしか『明暗』原稿を寄贈してくれた事実がある。彼の子息が、私の理事長在任中、この原稿を返してくれ、と申し出た。もちろん、寄贈され、所蔵している原稿を、寄贈者の遺族だからといって、返却できるはずもないので、お断りしたのだが、その経緯を太田に話したところ、また、そんなことを、と言って、自分からも言いきかせておく、と言い、その子息、太田敏子夫人の弟か兄か、に説明したらしい。彼は取り戻したら古書店に売って金にするつもりだったようで、同種の不届きな行為はそれ以前にもあったようである。そういう性質の息子が心配なので、池崎忠孝氏はその生前日本近代文学館に寄贈したものと思われる。

ところで、太田の結婚に戻れば、太田の母堂がこの結婚にひどく失望したことは容易に想像できる。

太田が胸郭成形の手術をしているだけに、健康な女性と結婚してもらいたいと母堂は切望していたに違いない。ところが、太田よりもさらに重症の手術をうけた、病身の女性との結婚は母堂にとって不本意であったろう。母堂が気丈な方だったことは、療養所の付添婦にまでなって太田を支えたこと、労働組合の支部長に推されたことからも明らかである。

一方、敏子さんはか弱くても、意志が強く、恵まれた育ちもあってか、やはり気が強く、到底、従順な嫁という境遇に甘んじられる性質ではなかった。その結果、下赤塚の家には母堂一人が残り、太田一郎、敏子夫婦は別居することになった。

*

国民金融公庫に勤務した太田一郎は、調査部に配属され、ごく短期間、地方勤務をしたことはあっても、終始調査部に所属し、その部長となり、総務部長となり、国民金融公庫はえぬきの職員として、始めて理事となった。株式会社であれば、取締役に選任されたわけである。その間、三、四〇年にわたり、総裁以下の理事はすべて大蔵省等の官庁からの天下りが占めていたというのも驚異だが、太田についていえば、営業関係の部署には一度も配属されなかったらしい。営業関係であれば、多くは金繰りに困った中小企業の経営者が相手だろうが、中には狡猾な相手に騙されるようなこともありえたであろう。調査関係の部署に配属されていたから、太田の篤実で真面目、かつ、頭脳明晰な資質が生かされたのであろう。その結果、職務の傍ら、『人間の顔をもつ小企業』『地方産業の振興と地域形成』『企業家精神の生成』といった著書が生まれ、定年後、中小企業経営学の専門家として帝京大学教授に迎えられる素地を培ったのであった。太田一郎はなまじの秀才ではなかった。胸郭成形を匿して公庫に入社したけれども、公庫として得がたい人材を雇用したのだと言ってもよいだろう。

*

しかし、太田としては国民金融公庫勤めは身すぎ世すぎの術であり、本領は歌作にある、と考えていたに違いない。彼には短歌についての評論もあるが、主な著述はやはり彼の生涯にわたり刊行した八冊の歌集であると私は考える。

第一歌集『墳』には私自身が後記を書いており、また、すでに引用した『世代』創刊号に発表した作品も含まれているが、次の作が目につく。

傷深きけもののごとくうなだれし日日《にちにち》ならむ療院の過去
濡れし樹々うなだれゐたる浅き谷法師蝉《ほうしぜみ》ひとつ鳴きゐたるのみ

うなだれていた日々をうたう心情の切実さが私の心をうつ。

第二歌集『蝕』から次の作を引用したい。

ぬめらかに死魚に這ひゆく冬の浪のひかり乏《とも》しく昏《く》らむとすらむ
噛みあへる浪くろきまでに立ちゐたる呪ひのごとくひかり漏れくる

私はこれらに再生への祈りの如きものを見る。

第三歌集『猟』からも二首を引用する。

その秋を逝かしめてなほこだはりもなかりしごとく海の光れる

死にはてよかなかなも黄に染みしいま錯誤のこころ湧きてゐたれば

この歌集の作では斎藤茂吉の初期作品からの影響をぬけだし、独自の声調を生みだしつつあったようにみえる。

第四歌集『秋の章』の中の「秋の章」と題する三五首中から次の作に私は注目する。

やがてかのメタセコイアに風ふふみひそかに惑ふ女《ひと》のおもても

おお、かくてまぼろしの木々もつらなりていつしか觸れし白きうなじも

幻想的にうたわれているが、これは恋歌とみるべきだろう。この作にみられる幻想化、いいかえれば現実感の乏しさが、これらの作の美しさであると同時に、弱さであるのではないか。これは独白であって、対話ではない。

第五歌集『黄樹』の作中、次の作を引用したい。

うきくさに見えがくれしてのがれゆく魚透きてあるいのちなれども

蝶まつはる石の階《きざはし》たかくして花々も黄に炎えはてよいま

生命へのいとおしさを作者は痛切に感じているようにみえる。
第六歌集『殘紅集』中、私の目に留まったのは次の作である。

風紋のひろがるやうな気配にて木々をめぐれる風の音する

ここにみられる微妙なものにこだわる視線のやさしさが次の挽歌に続く。

雲白く積みたるかなやみづからを雪《すす》ぐがごとく妻は逝きけり
ひた走るもののけはひか死をいそぐ妻のうつしみ抱きてぞ居る
掌《て》をあはせ硬くなりゆくおよびもて空いろの花持ちてゐたるよ

彼女の弱々しく、しかもけなげにふるまっていた生前を思い、私も粛然たる思いに駆られる。この歌集には続いて母堂の挽歌が収められている。

ひえびえと朝の空気の流れくる息づかひ荒く母の命終《みやうじゆう》
いまここに姨捨といひ棄つといふおそれてゐたるつひのときはや

母堂と別れ、妻と二人暮らしとなった自責の作であろう。『私の戦後史』所収の「母の遺句集」の冒頭に太田は次のとおり記している。

「平成四年七月十日に母とみゑは、心不全のため九十四歳で亡くなった。昭和六十三年から最晩年の四年間は、八王子の病院で病臥したままの状態であったので、いわば老衰死といえる最後であった。」

この八王子の病院で病臥したままにしておいたことの自責の念も太田はもっていたのかもしれない。第七歌集『花の骸』から数首引用する。

たとへていへば苦きよもぎかざらざらと咽喉《のみど》に觸れて嚥下する日々
かのやうに打ち捨てられて積まれゐてずんべらばうの無機質ばかり
押しきたる浪のごとくに溢れくる木洩れ陽の光浴みてつつしむ

太田一家のいかに生きるかの覚悟、決意を表現した作であり、明らかに独自の生、独自の声調を見出しているようにみえる。

第八歌集『風騒ぐ』は太田の最後の歌集である。

しなやかに撓みてありし身の奥にすさべるものをいのちとぞいふ
いづこより吹きくるものか地の底のほめきに似たる荒びしものは

この歌集には「一月友中村稔夫人和子さんを悼む」と注した亡妻への挽歌七首も収められている。

その中の二首は次のとおりである。

枯れがれと冬木立ちゐし木がくれに滲むがごとしきみが微笑み
つはぶきの葉むらにのこる花の影よりそふやうな日だまりに居て

いずれも心のこもった作である。もっと痛切な作は親友赤城清への挽歌である。

ひつたりと壁に向ひて臥す友はいのち終てむか屈《かが》まるやうに
かくばかりやつれはてたるうつし身か日の匂ひする床上にありて

この歌集は二〇〇四年三月刊だが、一九九七年後半から二〇〇三年春までの作を収めたと「あとがき」に記されている。赤城さんは太田一郎が入行した翌年に国民金融公庫に入行、富山の支店長となったとき立山連峰の魅力に取り憑かれ、特に剱岳に独り登るのが好きだった、と太田は書き、「晩年は奥さんに死なれて淋しかっただろうが、好きな海と山の魅力にひたりながら八十近くまで生きた」と『私の戦後史』所収の「赤城清のこと」に書いている。亡妻の死去は二〇〇〇年一月だから、赤城さんが亡くなったのもその後間もないころだったのだろう。

さて、ここで太田の短歌について私見を述べれば、太田は結社に属しなかった。師もなく弟子もなかった。そのことが彼を孤高の歌人とした。それが良かったのか、どうか。彼の作は、挽歌を除けば、つねに独語であり独白である。他者不在、ひたすら自己の内面に沈潜し、心の奥ふかくを探るかの如き作が大部分を占めている。その生の誠実さと、自ら確立した独自の声調を私は愛しているが、反面、批評がないように思うし、内面に沈潜して、外に開かれていない。たとえば嫁姑の葛藤に悩む自己、それぞれ自我を主張する母堂と妻などを率直にうたった作はないし、中小企業の社長らとの接触など、社会生活からえた感慨は一首もないようである。結社に属さないで歌作することは、批評されることを意識することなく、歌作することである。これが彼の歌境を純粋にしたのだが、反面、狭くしたのではないか、と私は考えている。

*

さて、太田はその晩年、再婚した。再三引用してきた『私の戦後史』は二〇〇三年一〇月刊だが、その「そして、いま　あとがきに代えて」に次のとおり太田は記している。

「ここ数年前から短歌につながる縁で、いまの家内の美智子と出逢い、終生の伴侶として心を寄せていったいきさつがあったからである。丁度私が現在のマンションに移ってきた頃、私たちは新しい生活を始め、ベランダから雲の変幻を眺めたりしながら、存命の喜びを噛みしめていたのである。」

太田は美智子夫人の作、

背景に一山《いちざん》あるを恃《たの》みとし鼻歌まじりにすたすたゆくも

を紹介し、彼女が、かなり長期にわたり日本列島縦断の旅をしていた、と記し、

しなやかに撓《たわ》みてあらむ汝《な》が奥に遊《すさ》べるものをいのちとぞいふ

を、「彼女の旅心に寄せ」た作であると書いている。前掲「しなやかに」の作の「汝が奥」は『風騒ぐ』では「身の奥」と普遍化した表現になっていた。これが太田の作歌法であった。私的なものは排除するのである。

太田の結婚後、私は何遍か美智子夫人とお会いした。病弱とは程遠い、強靭で健康そうな、たより甲斐のある美貌の女性であった。八〇歳に近い太田にどんな夫婦生活が訪れるのか。私は彼らが充実した生活を送ることができるよう、切望した。

太田が死去したのは『風騒ぐ』『私の戦後史』を刊行して四年後の二〇〇八年四月であった。享年八二歳のはずである。胸郭成形をうけたにしても、かなり長寿を全うしたといえるだろう。

橋本 攻

橋本攻は一九九七（平成九）年九月七日、自死した。縊死を遂げたのである。彼は私が一九四四（昭和一九）年四月、旧制一高に入学したとき、文科の同級生であった。その年、入学の許される定員は理科二五〇名、文科五〇名といわれていたが、実際、文科に入学を許されたのは六〇名ほどであった。理科の学生には徴兵猶予の特典があったが、文科の学生にはそのような特典はなかった。学業の途中でも徴兵され、すでに敗戦濃厚であった戦地に駆り出され、戦死するであろうことは必至であった。そうした覚悟をもった学生が文科に入学したのであった。もっと融通性をもつ学生は理科を受験していた。

このときの文科の同級生の中、自死したのは橋本攻が四人目であった。六〇名中四名が自死したことを考えると、自死者の比率がかなり高いように思われる。あるいは、一高入学のさいに文科を選んだことからみて、私の同級生たちの間では「死」を身近にみる心理が心の底ふかく潜んでいたのかもしれない。

橋本攻は同級生でありながら、私は彼と直接言葉を交わしたことは数えるほどしかなかった。そのため、彼の身上について彼から聞いたこともなかった。彼は文端と略称していた文科端艇部に属していた。同じ文端に属していた萩原雄二郎と私はごく親しかったので、橋本の身上については、ほとんどすべて萩原からの伝聞によっている。しかし、萩原をはじめ、当時の文科の同級生はすべて他界しているので、私が萩原から伝聞したことの真偽は確かめることができない。あるいは間違っているかもしれないのだが、そのことを断った上でこの文章を書くことにする。

あらかじめ記しておけば、その当時、文端に所属していた同級生には、同級生中、最も早く全寮委員長に推された横田光三、後に検事総長になった筧榮一、後に衆議院議員になり大蔵大臣をつとめた林義郎、住友銀行専務取締役、明電舎社長、会長を歴任した猪熊時久、戦記作家児島襄、日本航空常務取締役であった萩原雄二郎等、多士済々であった。

＊

私が橋本攻の名を脳裏にふかく刻んだのは、一九四七年二月一日刊の『向陵時報』第一六〇号に掲載された「冬立ち」と第する短歌八首、「情燃《こころ》ゆ」と第する短歌七首であり、ことに後者であった。ただ、「冬立ち」も「情燃ゆ」の前提と解されるので、その冒頭の二首を引用する。

女ありにび色深き道のへを朝きよめしてわれを通らしむ
凍りたる土ふかぶかとありければ足音《あおと》惜しみて踏みもてゆかな

次に「情燃ゆ」七首の全部を引用する。

さきつ頃赤き富士見しはひだりにて西寄り近く家むらや燃ゆ
燃ゆる火に雪落つるくにの寂しさは鳴りしづもりてよるの妖気《およづれ》
高原にわれ居りたれば火照《ほて》り風ほのかに吹きて心《うち》たへがたし
いつしかにこころ燃えつつまなかひの炎のうへに現《あ》るるたれはも
ほのぼのと妹《いも》が朝咲《え》みおもほゆるこの夕かげにわがひとりねむ
おのづからわれを戀ひけるひとあればいのち悲しみて涙をおとす
みちのくのわがふる里のさをとめを現身《うつせみ》ゆゑに愛《いと》しみにけり

措辞に若干難があるとはいえ、この清新な抒情、典雅な恋情に私はつよく感動した。橋本攻という歌人の存在を知ったのだが、さりとて、親しく語りあう関係にはならなかった。彼は何となく、これらの作品について話したがらないような、人嫌いのような感じをもっていたのを私は覚えていた。

萩原雄二郎によれば、橋本はこの作品にうたった女性と結婚した、という。恩師の妻であったその女性を彼は恩師から奪ったのだ、という。萩原もそれ以上は知らなかった。恩師とは学校の先生だったのか、家庭教師のような、あるいは文学上ないし短歌の関係の師匠にあたるような人であったのか、まったく聞いていないということであった。

また、萩原も文端の誰も、彼の夫人とは会っていない。夫人は、夫に対し不貞の行為を冒し、橋本と一緒になったことを恥じ、世間に顔向けできない、という気持ちから、そして橋本も彼女のそうした気持と同様の疚しさを感じていたので、公然と夫婦らしく振舞うことを慎しんでいたのではないか、その反面、夫婦間は非常に親密で熱烈な愛情に結ばれていたらしい、という。すべて想像だから、どこまで真実かは確かでない。しかし、たぶんそれが真相であろうと私は信じている。

なお、橋本は山形県鶴岡の出身であったと私は聞いている。そうであれば丸谷才一らと同郷だったわけだが、丸谷らと交友があったとは聞いていない。むしろ、日本浪曼派と関係をもっていたのではないか、と私は感じている。

＊

終戦後、私は三島由紀夫氏をその松濤の住居に三、四回訪ねたことがある。私が三島氏を知ったのは、出英利、相沢諒ら私の中学時代の親友が太宰治、亀井勝一郎の両氏をお招きしてご高話拝聴した席に三島氏もおいでになっていたので、帰途ご一緒したことがあるからであり、このことは何回か書いている。そこで、ある時、三島氏から、

「きみ、文壇に、やがて、三中村の時代が来るそうですよ。三中村とはね、中村光夫、中村眞一郎、中村稔の三人だと、きみの同級生が教えてくれた」

そう言って三島氏は呵々と笑った。私の同級生は橋本攻のようであった。日本浪曼派の共通の知人を介して、彼は三島氏を訪ねたようであった。私は顔から火が出るほどに恥ずかしかった。私は生涯を文学に捧げるほどの才能があるとは思っていなかったし、むしろ社会的事象全般について関心がふかかったので、大学も法学部に進学するつもりであった。橋本が三中村の一人に挙げるほど私を評価しているとは夢にも思っていなかったからである。実際、私は橋本と会話らしい会話を交わしたことさえなかった。だから、まさに不意打ちにあったような感じであった。まだ二十歳にもなっていなかった私の作品をそれほど評価してくれていたことに私は感謝すべきであった。しかし、その当座は、

何と無神経で無智な想像で物を言うのか、と橋本を恨んだのであった。

それにしても、これは橋本の一高贔屓のせいかもしれない。いうまでもなく、中村光夫、中村眞一郎のお二人も一高の出身であった。一高の同窓会名簿を見ると、橋本攻は私と同年、一九四七年三月に一高を卒業していない。翌年一九四八年三月に卒業している。私より一年余計に一高に在学し、寮生活を送っていたのである。私の在学は終戦をはさんだ三年間だから、終戦までは勤労動員でまともに授業がうけられなかった期間があり、終戦後は食糧不足のためしばしば休校したので、やはり相当期間授業を受けることができなかった。そのため、もう一年、一高に残ってしっかりと勉強して卒業したいと考えた級友が一人、二人にとどまらなかった。橋本攻もその一人であったようである。彼は一高が好き、寮生活も好きだったと思われる。

それにつけて思いだすことは、やはり萩原から聞いた橋本攻の子息のことである。

彼に一人の子息があった。その子息が高校進学のさい、全寮制の高校があると聞いて、その高校に子息を進学させた。橋本は全寮制であれば彼が一高文端で過ごしたような充実した有益な生活を過ごすことができるはずだと即断したらしい。しかし、その高校は一高とはまったく性格が違っていたようである。その高校に問題があったためか、子息に適合できなかった問題があったのか、彼の子息の全寮制高校の三年間は彼をひどく失望させた。そのため、彼とその子息との関係は険悪になり、修復不可能なまでに至った。彼らは事実上絶縁した、と私は萩原から聞いている。どこまで真実かは不明だが、私からみれば、一高文端におけるような、英才たちにかこまれ、切磋琢磨を余儀なくされた寮生活が新制高校の全寮制の下で送れるはずはない。そういう橋本の思いこみの烈しさが、親子関係の悲劇の要因だったに違いない。私はそのような感想をもっている。

橋本攻は一高卒業後、東大法学部に進み、司法試験に合格し、裁判官になった。久しく消息を聞かなかったが、一度、広島から刊行されている雑誌に斎藤茂吉についての雑文を発表したことがあり、送ってきてくれたが、茂吉を論じたというにはあまりに粗末な文章であった。私はこれは裁判官の職務の間の暇つぶしにすぎないと感じた。

*

その後、彼は東京高裁の知的財産部に配属された。知的財産権関連の訴訟を担当する部の陪席判事であった。その前に、あるいは東京地裁の知的財産部に所属したことがあったかもしれないが、私の記憶は鮮明でない。東京高裁で陪席判事をつとめていた間、一九七六（昭和五一）年五月一九日、白川義員とマッド・アマノこと天野正之との間のいわゆるフォト・モンタージュ事件控訴審判決が言渡されたが、橋本はこの事件の主任裁判官をつとめていた。この判決については、私はかつて『私の昭和史・完結篇　下』の第一七章に紹介して論評しているが、橋本攻という人物を知るのに必須の資料であり、この判決について後に私が考えたこともあるので、あえて再度ここで採り上げることとする。まず、白川義員勝訴の一審判決を取消し、マッド・アマノ勝訴を言渡した控訴審判決の要点は次のとおりである。

「まず、本件モンタージュ写真が控訴人からみて右規定にいう「自己の著作物」に該るかについてみると、その表現形式は本件写真の主要部分たる雪山の景観がそのまま利用されているけれども、作品上、これに巨大なタイヤの映像を組合わせることによって、一挙に虚構の世界が出現し、そのため、本件写真に表現された思想、感情自体が風刺、揶揄の対象に転換されてしまっていることが看取される（本件モンタージュ写真が本件写真の思想、感情を全く改変してしまっていることは被控訴人の認めるところである。）が、それは、本件モンタージュ写真に組入れた自動車タイヤの映像の選択と配置（大きさ、位置関係等）によるものと認められ、この点にフォト・モンタージュとしての創作力を見出すことができるから、本件モンタージュ写真は本件写真のパロディというべきものであって、その素材に引用された本件写真から独立した控訴人自身の著作物であると認めるのが相当である。被控訴人は、本件モンタージュ写真には控訴人自身の著作物が存在せず、本件写真の剽窃が存在するだけであると主張するが、剽窃とは、一般に、他人の詩歌、文章その他の著作物に表現された思想感情をそのまま自己の作品に移行させる意図のもとに、その表現形式を自己の著作物に取りこむ場合に起る問題であって、たとえ原著作物の表現形式を取りこんでいても、それが原著作物の思想、感情を批判、風刺、揶揄する等まったく異なる意図のもとに行なわれ、しかも、作品上客観的にその意図が認められる場合には、原著作物の剽窃ではなく、原著作物の存在を前提とするものの、それとは独立したいわゆるパロディの領域に属するのである。（例えば、小倉百人一首の「ほととぎすなきつる方をながむればただ有明の月ぞ残れる」に対して、江戸時代の狂歌に「ほととぎすなきつる方をながむればただあきれたるつらぞ残れる」があるが、後者は、前者を本歌とするパロディであって、前者の剽窃と目すべきものではない。）したがって、被控訴人の主張は当らない。

次に、本件モンタージュ写真が本件写真を素材に利用したことが右規定にいう「節録引用」に当るか否かについてみると、「節録」の語は、本来、文書の著作物について「節略シテ記録スルコト」（「大言海」）、「適度にはぶいて書きしるすこと」（「広辞苑」）という意味であるが、右規定における「節録引用」も、他人の著作物の一部を省いて残部を原作のまま自己の著作目的に適合する形式において引用することを広く指称するものと解するのが相当であって、その引用の結果、原著作物の思想、感情が改変されるような場合を排除する趣旨まで含むものと解することはできない。」

「以上の事実によると、控訴人は、本件写真を批判し、かつ、世相を風刺することを意図する本件モンタージュ写真を自己の著作物として作成する目的上、本件写真の一部の引用を必要としたものであることが明らかであると同時に、その引用の方法も、今日では美術上の表現形式として社会的にも受け容れられているフォト・モンタージュの技法に従い、客観的にも正当視される程度においてなされているということができるから、本件モンタージュ写真の作成は、他人の著作物のいわゆる「自由利用」（フェア・ユース）として、許諾さるべきものと考えられる。」

私が右の判決理由に補足した説明も、同じく『私の昭和史・完結篇　下』から引用する。

「注釈を加えれば、本件写真とは白川が撮影した、オーストリア、チロルの雪山を背景に、雪の斜面をシュプールを残して六名のスキーヤーが滑降している風景の写真である。この写真の左側の相当部分をトリミングし、雪の斜面の頂点に巨大なタイヤの写真をかさねあわせたのが、マッド・アマノのフォト・モンタージュ作品であり、白川がアマノを著作権および著作者人格権の侵害を理由に訴え、一審は白川の請求を認めたが、これを不服としてアマノが控訴し、控訴審は右のような判断にもとづき、白川敗訴を言渡したものである。

現行著作権法は「正当な範囲の引用」は許されると規定しているが、この事件は旧著作権法下の訴訟であり、旧著作権法では「正当ノ範囲ニ於テ節録引用スル」ことは許されると規定していたので「節録引用」の説明が右控訴審判決中でなされているが、右の控訴審判決が説いたように、「節録」と「引用」とは決して同義でないと解することも理由がないわけではない。」

右の判決に対し敗訴した白川義員は最高裁に上告し、最高裁は控訴審判決を取消し、次のとおりの判断を示した。

「上告人は、自ら撮影して創作しその著作権を取得したカラー写真を原判決添付写真(1)のような縦約三〇センチメートル、横約三七センチメートルのカラー写真としたうえ、昭和四二年一月一日付株式会社実業之日本社発行の写真集「SKI'67 第四集」に複製掲載して発表したほか、その後右複製写真における左側部分約五分の一を切除し残部をやや拡大して縦横約三七センチメートルの写真にしたうえ、上告人の氏名を表示しないでアメリカン・インターナショナル・アンダーライターズ社発行の昭和四三年度用広告カレンダーに複製掲載したところ、被上告人は、右カレンダーに掲載された写真を利用し、その左側部分の一部約三分の一（後記「SOS」掲載分）又は六分の一（後記「週刊現代」掲載分）を切除してこれを白黒の写真に複製したうえ、その右上にブリジ《ママ》ストンタイヤ株式会社の広告写真から複製した自動車スノータイヤの写真を配して合成して原判決添付写真(2)のような白黒写真（以下「モンタージュ写真」という。）を作成し、これを昭和四五年一月ころ発行した自作の写真集「SOS」に掲載して発表したほか、株式会社講談社において発行した「週刊現代」同年六月四日号にも掲載して発表した。」

「上告人が創作して複製した前記各写真（以下「本件写真」という。）」は、「本件モンタージュ写真に取り込み利用されているのであるが、利用されている本件写真の部分（以下「本件写真部分」という。）は、右改変の結果としてその外面的な表現形式の点において本件写真自体と同一ではなくなったものの」「本件写真における表現形式上の本質的な特徴は、本件写真部分自体によってもこれを感得することができる。」

最高裁は右のような判断によって、マッド・アマノの作品が白川義員の作品について白川が有する著作者人格権の一である、同一性保持権を侵害する、と結論したのであった。

この最高裁判決を私は『私の昭和史・完結篇　下』において次のとおり批判した。（すでに書いたことのくりかえしだが、省くと私の趣旨が理解できないと思われるので、あえて再度全文を記すこととする。）

「最高裁判決は当初の縦約三十センチ、横約三十七センチの写真（以下「白川写真甲」という）と白川写真甲の左側部分約五分の一を切除し残部を拡大して縦横約三十七センチとした写真（以下「白川写真乙」という）の二つの写真をまとめて「本件写真」とよび、これとアマノの本件モンタージュ写真と対比しているわけである。絵画であればおよそ想像を絶すると思われるが、縦約三十センチ横約三十七センチの横長の作品と、その左側部分約五分の一を切除し、拡大して縦横約三十七センチの正方形の作品とを、まとめて一作品とみることはありえないであろう。しかも「本件モンタージュ写真」というものも白川写真乙の左側部分の約三分の一を切除したもの、つまり横約二十二センチ、縦約三十七センチの縦長の作品（以下「アマノ作品X」という）と、約六分の一を切除したものつまり横約三十一センチ、縦約三十七センチの幾分幅はひろいがやはり縦長の作品（以下「アマノ作品Y」という）との二種類があり、作品としては別異の作品であり、いずれも右記のような寸法の縦長の作品である。これら二作品をまとめて「本件モンタージュ写真」とよび、前記のように白川の別異の二作品をまとめて「本件写真」とよんで、両者を比較することが、どうして可能なのか。裁判所が絵画、写真等の芸術作品の理解について基礎的教養を欠いているとしか思われない。

「本件写真における表現形式上の本質的な特徴は、本件写真部分自体によってもこれを感得することができる」というけれども、どうして一部から全体の特徴を感得できるのか。できるとすれば神業にひとしいが、そのばあいも、白川写真甲、乙のいずれかとアマノ作品Xとアマノ作品Yとをどのように比較できるのか。私には論理的に比較はできないとしか思えない。

しかも、著作権法上複製、翻案の責任が問われるのは他人の作品に「依拠」したばあいに限られるのだが、アマノは白川作品乙に依拠し、白川作品甲には依拠していないのだから、対比にあたって白川作品甲は除外しなければならなかった。最高裁が白川作品甲をふくめて「本件写真」といったのは甚だしい間違いである。

そこで、アマノ作品X、Yを白川作品乙と比較すると、画像の大部分を雪山の斜面と斜面をシュプールを描いて滑降してきた六名のスキーヤーが占めており、背景をなすオーストリア・アルプスの山並みはスノータイヤで隠されてしまっている。たんなる、ありふれた、創作性の乏しいスキー風景の頂点にスノータイヤがどんと配されているのであって、白川作品乙の本質的特徴はアマノ作品XまたはYに認められない、と考える。」

＊

高裁判決が言渡され、法曹界、ことに知的財産権法を専攻する学者、弁護士等の間で、話題になっていたころ、旧制一高の私たちの同級生たちが中心となっていた「虎の会」と称する会合が催された。その席で、私は橋本攻と久しぶりに顔を合わせた。橋本はかなり得意そうに、「フォト・モンタージュ事件の高裁判決をどう思うか」と私に尋ねてきた。私はまだ丁寧に読んでいないけれど、パロディというには、元の作品が、たとえば小倉百人一首のように人口に膾炙していなければいけないんじゃないのかね、白川の写真はそういう意味ではまるで知られていないから、白川の写真のパロディという考えにはどうもついていけない感じがするのだが、どうかな、といった趣旨のことを言ったのに対し、橋本は意外そうな表情で、白川の写真に表現されているチロルの美しい自然を、タイヤに象徴される現代文明が破壊している、という意味で、現代文明批判とうけとっていいじゃないか、と答えたことを憶えている。

現代文明批判かねえ、と私が疑問を呈したまま、会話をうちきったので、おたがい気まずい思いで別れたのであった。そのため私はいつかきちんと判決を調べてみたいと思っていた。その結果が『私の昭和史・完結篇　下』における私の判決批判となったのだが、いま読みかえして、さらに若干、補足したいと考えている。

橋本攻が主任裁判官として起案した高裁判決は、一旦、パロディと認定されれば、適法な「節録・引用」となり、「その表現形式は本件写真の主要部分たる雪山の景観がそのまま利用されて」いても、もはや剽窃とは認められない、と判断している。これは従来の判例、学説等からみて、まったく新しい解釈であるから、パロディといえども、元になった作品の主要部分を利用している以上、どうしてパロディであれば元作品の著作権ないし著作者人格権の侵害に該らないのか、吟味が必要であろう。高裁判決はパロディにおいては元作品の著作物の思想感情とは別異の思想感情を表現し、元の作品の著作物の思想、感情を批判、風刺、揶揄等することになっている、というが、本当にそういえるのだろうか。

高裁判決は、小倉百人一首の「ほととぎすなきつる方をながむればただ有明の月ぞ残れる」にもとづいた江戸時代の狂歌「ほととぎすなきつる方をながむればただあきれたるつらぞ残れる」をパロディの例としてあげているが、小倉百人一首の典雅な心情表現に反し、この狂歌は江戸町人の卑俗な感情表現にとどまり、小倉百人一首の作の批判、風刺、揶揄になっているとは到底いえない。ただ、これは例示が拙いということかもしれない。同じ小倉百人一首にもとづく狂歌の例を次に示す。狂歌の出典は筑摩書房刊『古典日本文学全集』第三三巻『川柳集・狂歌集』である。

右『川柳集・狂歌集』には本歌を高裁判決の引用した「ほととぎすなきつる方をながむれば」とする狂歌として

ほと〻どぎすなきつるあとにあきれたる後徳大寺の有明のかほ　（あやめ草、蜀山人）

を挙げている。後徳大寺とは小倉百人一首の元歌の作者、後徳大寺左大臣実定をいう。この蜀山人の他の狂歌には、明らかに元歌の作者に対する揶揄があり、典型的なパロディだから高裁判決にこれを引用すべきであった。

村雨の露もまだひぬ槇の葉に霧たちのぼる秋の夕暮　（寂蓮法師）

風寒くやぶれ障子をはりかへてきり吹かくる秋の夕暮　（後万載集、忍岡きょろり）

出典には「百人一首の「霧たちのぼる秋の夕暮」（寂蓮）をもじって、秋深いある夕ぐれ、やぶれ障子を貼りかえたあとで霧ふきかくるとしただけだが、貧乏世帯のわびしさはよく出ている」と解説している。寂蓮法師の作における王朝貴族の季節のうつろいに対する感傷を批判し、庶民生活の実相をうたったパロディと解してよい。もう一例挙げる。

月みれば千々に物こそ悲しけれわが身一つの秋にはあらねど　（大江千里）

月みてもさらにかなしくなかりけり世界の人の秋と思へば　（後万載集、つむりの光）

「わが身一つの秋にはあら」ぬのであれば、世界の人一般の秋のはずだから、どうして月をみて悲しいのか、何も悲しくはない、と痛烈に批判した作である。これも元歌のパロディとみてよいに違いない。

これらと類似のパロディとみられる狂歌はいくつも挙げることができるが、これ以上引用する必要は認めない。ただ、これらパロディとみられる狂歌は必ず元歌の表現の基本的骨格をとりこんでいることに注意しなければならない。元歌に著作権、著作者人格権が存続していたとすれば、これらの狂歌の作者はこれら元歌の作者の権利の侵害の責任を問われたかもしれない。

最高裁が「本件写真における表現形式上の本質的な特徴は、本件写真部分自体によってもこれを感得することができる」と述べて、マッド・アマノの作品が白川義員の作品に関して白川が有する著作者人格権の一である、同一性保持権を侵害する、と判断したのも、「本件写真」やマッド・アマノの「本件モンタージュ写真」のとらえ方の誤りはさておき、高裁判決が、パロディといえども元歌の表現の骨格的部分をとりこんでいても、なお元歌の作者の著作権、著作者人格権（これらが存続していたと仮定したばあい）を何故侵害しないのか、について判断をしていなかった瑕疵によると思われる。

ただ、おそらく高裁判決は、パロディが元歌の表現の基本的骨格を利用することは、パロディ制作の前提であるから、パロディである以上、このような表現の利用は許されると考えたものと思われる。

そこで、高裁判決がパロディの成立要件をどう考えていたかが問題となるだろう。高裁判決は、前述のとおり、「本件モンタージュ写真が控訴人からみて右規定にいう「自己の著作物」に該るかについてみると、その表現形式は本件写真の主要部分たる雪山の景観がそのまま利用されているけれども、作品上、これに巨大なタイヤの映像を組合わせることによって、一挙に虚構の世界が出現し、そのため、本件写真に表現された思想、感情自体が風刺、揶揄の対象に転換されてしまっていることが看取される（括弧内は省略）が、それは、本件モンタージュ写真に組入れた自動車タイヤの映像の選択と配置（大きさ、位置関係等）によるものと認められ、この点にフォト・モンタージュとしての創作力を見出すことができるから、本件モンタージュ写真は本件写真のパロディというべきものであって、その素材に引用された本件写真から独立した控訴人自身の著作物であると認めるのが相当である」と判断したのであった。

白川義員のいわゆる「本件写真」とマッド・アマノのいわゆる「本件モンタージュ写真」とが、まったく相異なる思想・感情の表現であることは明らかだが、この「本件モンタージュ写真」において「本件写真」に表現された思想、感情自体が風刺、揶揄の対象になっているというけれども、高裁判決は「風刺、揶揄」の具体的態様を説示していない。いったい、高裁判決は、パロディとは元著作物にもとづく、思想、感情を元著作物とは異にするものであり、かつ、元著作物を批判、風刺、揶揄等するもの、と考えていたようだが、いったい、マッド・アマノは白川義員の「本件写真」の何を「風刺、揶揄」したのであろうか。想像すれば、美しい雪山のスキー・スロープにスノータイヤをどんとおいて面白い画像をつくりあげるという意図しかなかったのではないか。いずれにせよ、高裁判決は、どんな風刺、揶揄が認められるかを説示していない瑕疵があるように思われる。

さらに、パロディは社会的に周知された藝術作品や社会的事実をふまえて、これを戯画化したものであることを要するのに、白川の「本件写真」は決して社会的に周知、著名な作品ではないから、そのパロディを制作することに何の動機も意味も認められない、と私は考える。

ただ、パロディというためには元の著作物が周知、著名であることを要しないという考え方に立って、もう一度白川の「本件写真」とマッド・アマノの「本件モンタージュ写真」の関係を検討してみたい。白川の「本件写真」のスキー場のスロープは森林の伐採による自然破壊の所産である疑いが濃いが、それはさておき、「本件写真」はスイス・チロルの美しい自然を撮影したものであり、マッド・アマノの「本件モンタージュ写真」のタイヤは現代文明の象徴とみることも不可能ではないかもしれない。そのような極度に一般化した見方によると、マッド・アマノの作品は、白川の「本件写真」のパロディということもできるであろう。

いったい、狂歌についてふたたび検討すると、百人一首の後徳大寺実定の作である「ほととぎす」の作の著作権が存続していたと仮定したばあい、蜀山人作の狂歌を権利侵害としてその利用を差止めることは、社会的資産をそこなう損失とみるべきではないか。蜀山人の作は社会的資産の一部を構成する価値をもっており、その反面、この狂歌の利用を認めても、百人一首の元歌の利用を何ら妨げることにはならないと思われる。すなわち、パロディのばあい、元の著作物と併存しうると私は考える。パロディは元の著作物とは別異の著作物として価値をもっているからである。マッド・アマノの「本件モンタージュ写真」も、その利用を認めても、白川の「本件写真」の利用を妨げないのではないか。そういう意味ではマッド・アマノの「本件モンタージュ写真」は「パロディ」の条件を充足しているといえる余地があるのかもしれない。それはマッド・アマノの「本件モンタージュ写真」が白川の

「本件写真」の批判というより、「本件写真」の象徴している美しい自然の批判にあり、現代文明の批判という性格をもっている、と極端に一般化した観点に立つからであるが、そのような見方を否定するか、肯定するか、は人によって異なるかもしれない。

そこで、本論に戻ると、橋本攻は東京高裁における主任裁判官としてこの事件を担当し、マッド・アマノの「本件モンタージュ写真」を白川の「本件写真」の「パロディ」として適法なものと判断した。しかし、「パロディ」であるが故に、著作権法上「引用」ないし「節録引用」に該る、という考え方は、それまで条文上はもちろん、判例、学説にも掲げられたことのない、画期的に斬新な考え方であった。したがって、このような考え方が最高裁をはじめ広く法曹界にうけいれられるには、高裁判決がふれていなかった、さまざまの論点に関する、緻密な論理構成が必要であった。私は右記したところに、こうした必要とされた論点を検討してみたつもりである。私は率直に言って、東京高裁判決には瑕疵が多いと考える。しかし、橋本の心情はいま理解できるように思われ、彼はもっと精緻に論理構成すべきであった、という思いをふかくするのである。

*

このいわゆるパロディ事件の判決言渡から一年後かそこらに橋本は浦和地裁の民事部の部総括に転任を命じられた。萩原雄二郎からの伝聞によれば、橋本はこの辞令に非常に失望していたという。橋本は東京地裁の知的財産部の部総括に転任を命じられるものと期待していたそうである。部総括とは、部長であり、裁判にさいしては裁判長をつとめる役職である。もし、萩原からの伝聞が正しいとすれば、橋本は情勢をまったく見誤っていたに違いない。東京高裁の判決は、法曹界においていわば袋だたきの状態で、支持する学者、研究者はほとんどいなかったことは『私の昭和史・完結篇　下』に記したとおりである。裁判官の世界における人生も、やはり減点主義である。「パロディ事件」判決においで、上層部からみれば、とんでもない、はねかえり判決を起案した裁判官には、その時点で「出世」の道はとざされたのであった。東京地裁の知的財産部の部総括といえば、知的財産権訴訟担当の花形であり、王道である。そういう地位は橋本には望むべくもなかったのだが、自ら恃むところ多い彼は、この事実を自覚せず、浦和地裁に転任を命じられて、ふかい失望を味わったのであった。

＊

私の一高の同級生に山崎行造という人物がいる。たぶん終戦後、理科から転科して私と同級になったのであろう。一九四四年四月に文科に入学した同級生に対するような親近感はもっていないが、同級生だから当然面識はあった。私と同年、一九四六年三月に一高を卒業して大学に進学したはずだが、私より数年遅れて弁護士になった。噂では、その間、生活費稼ぎのために、進駐軍の通訳をしていたというが、真偽のほどは確かでない。彼は弁護士登録すると、すぐ自らの事務所を開設した。穏やかだが気骨があり、英語も堪能なので、評判がよかったようである。やがて数人の若い弁護士を雇用するまでに発展した。

一方浦和地裁の勤務から橋本攻はふたたび東京高裁への転任を命じられたようである。このころ、萩原雄二郎の話によれば、橋本夫人が認知症を発症したらしい、ということであった。橋本は裁判所に失望していたので、定年を待たずに退職し、山崎行造の事務所に籍をおく弁護士となった。しかし、これは長くは続かなかった。認知症の妻の介護のため、と言って山崎法律事務所を辞め、弁護士登録も抹消した。世捨人になった気分だったらしい。もっとも、山崎によれば、橋本に事件の記録を読んでもらうと、これは敗訴するとか、勝訴するとか、いかにも裁判官が判決するように、結論が先に立って、依頼者の身に寄りそって事件を見る、という弁護士の生き方は性分に合わなかったんだな、という。あるいは長い裁判官生活で身についた思考方法から脱けられなかったのかもしれない。

橋本夫人の認知症がどれほど重かったか、私には分からないが、ごく初期だったとしても、橋本攻としてはひどく暗い気分だったに違いない。裁判官として失格、弁護士も性に合わない、となれば、世間から見捨てられた隠者のように、夫人を介護しながら、ひっそり生きていく他ない、と覚悟したのであろう。彼のそうした心情を思うと、あわれで仕方がない。おそらくパロディ事件判決が、彼の夢想に反して法曹界の批判を招き、彼の法曹としての将来を奪ったのであった（私がパロディ事件について本項の大部分を費したのも、そう考えるからである）。

さて、やがて、彼は重い腰痛に襲われた。これも萩原雄二郎から聞いた話だが、電話の受話器をとるために身体を動かすのもままならぬ状態であったそうである。

彼は子息との不和、夫人の介護によって疲れはてていた。そこに、彼自身の身体の自由が奪われることになって進退極まったように感じたに違いない。第三者からみれば、介護保険制度による公的介護をうけることもできたはずだが、そのような援助をうけることは、孤高な、志つよい彼としては潔しとしなかったのかもしれない。

こうして彼は冒頭に記したとおり一九九七年九月七日自死を選んだのであった。

一高時代、あれほど清新な抒情、典雅な恋情をうたいあげていた情念はどこへ消えたのか。おそらく裁判官となって以後、歌作から遠ざかったのであろう。裁判官の生活は叙情的な歌作とは両立できないのかもしれない。それほどに裁判官の生活は苛酷だったのだろう。その生活に彼は結局敗北したのだ、と結論するのは悲しいが、そうした結論を私の感慨として記して橋本攻の回想を終えることとする。

都留晃

本項を都留晃と題したが、都留にあわせて、都留の無二の親友であった橋本一明、それにやはり都留が心を開いてつきあっていた友人、的場清さんとその姉妹についても本項で書きとめておきたい。

都留晃を知ったのは、一九四六（昭和二一）年一〇月、赤城で自死をはかって果たさず、一高寄宿寮の南寮二番室に戻って来た原口統三を、護衛する従者のように、橋本一明とともに都留が暮らし始めたときであった。原口は私と同じく、一九四四（昭和一九）年四月に一高の文科に入学した同級生であった。橋本、都留は一九四五年四月に一高文科に入学した、私たちより一年、下級生であった。原口は、自死を公言し、「エチュード」と題するエッセーのノートの原稿に、一瞬一刻を惜しむかのように、推敲を加えていた。当時、南寮八番室で暮らしていた私は、原口を気遣って、時々南寮二番室（正確にいえば、その寝室）を訪れ、橋本、都留を知ったのであった。

原口は一〇月二五日、逗子海岸で入水自死を遂げた。なぎさホテル前の柵に一高の制帽と風呂敷包み、それに「死人覚え書」と題する書面が遺されていた。文面は次のとおりである。

死人覚え書

原籍　鹿児島県鹿児島市上龍尾町五番地
戸主　原口統太郎三男
　　　原口統三
　　（昭和二年一月十四日生）
住所　東京都目黒区駒場一高寄宿中寮二十六番室
第一高等学校文科丙類三年に在学
昭和二十一年十月二十五日夜、神奈川県逗子海浜に於て投身、

遺品はすべて、一高寄宿寮南寮二番室、（又は中寮二十六番室）に居住の都留晃君にお渡し乞ふ、
　右　原口統三記す
　　　昭和二十一年十月二十五日

遺品すべての始末を原口が託したのが、都留晃であった。橋本一明でもなければ、橋本、都留の両名でもなかった。

この「死人覚え書」にいう中寮二十六番室は橋本、都留らが原口統三を担いで設立したフランス会と称する文化サークルが占めていた部屋であり、この部屋が原口の正式の住所であり、南寮二番は、寮委員から許可を受けたものではない、仮住まいであった。また、文科丙類とはフランス語を第一外国語とする文科のクラスの俗称であり、正確には原口は文科二類の生徒であった。

原口の遺稿『二十歳のエチュード』は現在ちくま文庫に「定本」と銘うたれて、収められており、これには「エチュード」本文のほか、原口の書簡、追悼文など『死人覚え書』という題で、書肆ユリイカ、伊達得夫が刊行した書籍の文章などがすべて収められている。「エチュード」本文の冒頭に「訣別の辞に代へて」という文章が記されており、これは

「一明君。

「自己の思想を表現してみることは、所詮弁解にすぎない。」

右の最後の反省と共に、僕はこの小さな三つのノートを、君の手に渡さうと思ふ。」

という文章で始まっている。この『定本・二十歳のエチュード』には原口の遺書二通が収められているが、その「遺書（一）」は

「一明君

君は知つてゐる——疲れた僕を机に駆つて、敢てペンをとらせたものが、一台のピアノであつたことを。」

と書き始めており、最後に「一九四六・十・二三夜　T．H．」という日付と原口のイニシャルで終わっている。この「一台のピアノ」云々については編註として「九月十三日高崎で落ち合った橋本に彼は金儲けのために一書を書くことを述べ、彼の死後それを広告して金を作れと、橋本を無理に承知させ秘密を約した。その後、九月末の或る晩、その印税でピアノを買い、橋本道子に送ることを依頼した」と説明されている。この編註は橋本一明の執筆したものに違いない。道子は橋本一明の妹であり、当時、東京音楽学校に入学するため勉強をしていたはずである。私としては、このピアノ云々はまさに原口の弁解であり、自死を決意したものの、やはり死にいたる彼の思想を形見に残したいとい

う思いによって「エチュード」は書かれた、と考えている。次に「遺書（二）」は次の文章に始まる。

「都留君、

一明君、

お別れする時が来ました。

此の月の始めには一明君に迷惑をかけ、今又、都留君と二人暮しの休暇の間に、不祥事を惹き起す我儘者を赦してくれ給へ。」

この「遺書（二）」は、雑事の処理の依頼、橋本の両親への感謝を述べたもので、最後だけを次に引用する。

都留君、

今朝は、煙草を有難う。明日の晩の一刻は、きつと君の煙草を味はつて過すでせう。さつき、宇田君が手製のカクテルを持つて来てくれました。何も知らないやうだつたが、僕は彼の幸せな将来を祝して盃をあげたのだ、と言つてくれたまへ。

底冷えのする夜です。山を下つた日から、もう三週間も経ちました——

——僕には三度目の箸の、東京の冬が近いわけです。去年、君たちと火を囲んだ僕は健康だつたけれど、今年の僕は、師走の雪に耐へられさうもない身体になつてしまひました。

二人とも、元気で新しい春を迎へて下さいね。

昭和廿一年十月廿四日夜

原口統三

都留　晃様

橋本一明様

この遺書には「追伸」が記されているが、略す。このように書き写していると、私は当時を思い出し、感傷に耽ることになる。そのために、徒に、必要のない引用になったかもしれない。それにしても、死を翌日に決意した原口のやさしさを、まだ一九歳の若者の心やさしい気遣いを思うと、私はほとんど涙ぐむのである。

本論に戻ると、橋本一明の原口との関係の近さ、親密さと比べると、都留の原口との関係は、はるかに浅いようにみえる。橋本は一明と名で呼び、都留、宇田は姓で呼んでいるのが、その証のひとつである。しかし、遺品の後始末は、原口は都留に依頼し、橋本には依頼しなかった。なお、宇田は宇田健、橋本、都留よりもさらに一年下級、満洲出身で、フランス会に属していた。

つまり、原口は都留をそれだけ面倒見のよい友人と見ていたわけである。まさに原口の見ていたとおり、都留はじつに面倒見のよい、他人の世話をやくことを、億劫がらない、しかも、そのような面倒見、世話焼きについていかなる代償も求めない、まことに奇特な人格であった。私が本項で書きとどめておきたいのは、私の知る限りの、そういう人格の片鱗である。

＊

ちくま文庫版『定本・二十歳のエチュード』には原口の「略年譜」が載せられている。この略年譜はきわめて杜撰であり、不備である。もっと完全な年譜を調査、作成しなかったことは、主として橋本一明の怠惰によると思われる。彼は、原口を自死に導いた「純粋精神」の探求に情熱を持ち続けたといえるとしても、『二十歳のエチュード』の印税に執着するほどには、原口の生涯の軌跡を丹念に調べ上げることには熱意をもっていなかった。これは調べるまでもない事実だったはずだが、「一九四六年、七―八月、暑中休暇を利用し、北海道、新潟、高崎、長野、名古屋、大阪、吉野等を旅行。長姉、次兄、姪甥、従兄、知人等にもそれとなく別離の挨拶をなす。現存の書簡の多くはこの間のもの。すでに心身極度に衰弱し、しばしば貧血を起して卒倒、吐瀉す」との記述がある。

『定本・二十歳のエチュード』所収の書簡によれば、八月二五日、長野から名古屋着、長姉の嫁ぎ先の三菱銀行社宅を訪ね、長姉、前田隆子とその子供たち、澪子、澄子、玲子という三人の姪に会い、二、三日滞在の予定と知らせ、九月二日には、大阪で木津川製鉄と称する会社を経営していた従兄、福富重治氏に会い、三日からは、奈良の関口平太郎という人の家に滞在、奈良の寺院を見物したり、吉野を訪ねたりしている。この間、病気療養中の兄、統二郎さんを見舞っているようである。略年譜に「北海道、新潟、高崎、長野、名古屋、大阪、吉野等を旅行。長姉、次兄、姪甥、従兄、知人等にもそれとなく別離の挨拶を」した旨の記載があると記したが、原口が「甥」に会ったという事実は確認できない。知人とは関口平太郎氏をいうのであれば、この方とは初対面であったはずであり、「知人」というのは適切ではあるまい。北海道、新潟、長野への旅行は「それとなく別離の挨拶を」した、という事実とは関係ない。高崎に橋本一明の両親を訪ねたのは、あるいは「知人」に「それとなく別離の挨拶を」したことに当たるかもしれないが、橋本の両親を知人というのはかなり不自然である。このような意味で、略年譜はひどく粗末だという感が強い。

そこで、北海道などへの旅行にふれることになるが、北海道などへの旅行は、植民地育ちで、内地を知らなかった原口の、いわば日本発見の企てであったと思われる。そういう意味では、原口は奈良に日本を見出したようである。奈良滞在中の原口は橋本一明宛て書簡に「満洲に暮してゐた頃の僕が、絵や本で想像してゐた故国の風景は、東北や関東よりも、此処に多く在るやうに思ふ。田圃の中の長い道を歩いて来て、ふと目に入る、昔ながらの白壁に取り囲まれた土蔵を連ねた家々の門。軒先に狭くつゞいてゐる曲りくねつた袋小路。など、日本だなと気づかせられることが度々ある」と書いている。

＊

そこで原口の北海道への旅行であるが、この旅行は根室出身の都留の勧めによるものであり、都留の実家をはじめ、都留の友人、知己を頼って旅行したものと思われる。

『定本・二十歳のエチュード』に根室の山本一雄方の都留宛ての原口の書簡が収められており、山本一雄は都留の長兄と註されている。どうして長兄の姓が山本であって、都留でないのか、定かではないのだが、あるとき、都留から、兄、姉とも従兄、従姉ともいえる家族が多いのだ、と聞いたことがある。そこで、想像をめぐらすと、山本姓の方が、ある女性と結婚し、何人かの子を遺して亡くなった後、都留姓の弟と故山本夫人が再婚、その間に生まれた末子が都留晃なのではないか、ということである。母方から見れば、兄であり、姉だが、父方から見れば、従兄であり、従姉である、という関係であったのではないか。これも『定本・二十歳のエチュード』の書簡を読んで初めて気づいたことだが、都留の実家は、根室の医師だと聞いていた。都留の亡父の兄弟は都留の一高在学中にはすでに亡くなっていて、長兄が跡を継ぎ、医業を継いでいたのであろう。また、都留の母堂が山本一雄氏方に同居していたことは原口の書簡から判明する。この原口と同行したときには、根室の山本家に厄介になったに違いないが、学生時代に、山本一雄氏から仕送りを受けていたけれども、その後は、根室に帰省することも、仕送りを受けることも、なくなったのではないか、と私は想像する。言いかえれば、私は、都留が根室に帰省したという話も、噂も、聞いたことがないので、このような想像をしているわけである。ただ、彼の母堂との関係では、彼は根室との縁が続いていたわけだから、まさかまったく根室と絶縁していたわけではあるまい。それでも、私事について、都留は語らなかったので、詳細を私は承知していない。

このように書いてきて、今さら、私が都留について知ることがまことに少ないことに驚いている。正直なところ、都留が大学は法学部に進学したのか、文学部に進学したのか、大学を卒業したのか、どうか、卒業したとして、どのような生業を立てていたのか、うろおぼえの記憶以上の確実なことは、私はまったく知らない。それでいて、私は都留を、私の生涯で出会った、もっとも面倒見のよい、他人の世話をするのをまるで苦にしなかった人物だと思っていたのだから、私自身が他人の身の上を詮索するのが嫌いな性分のためとはいえ、かなりに恥ずかしいと思わねばなるまい。

*

そこで、原口の北海道旅行だが、おそらく的場清さんの生家や親戚にご厄介をおかけしたに違いない。的場清さんは都留の札幌一中時代に知り合った、都留の親友である。私が的場清さんを知ったのは、原口の自死後、一九四六（昭和二一）年の冬か、翌年の一、二月ころのはずである。当時、的場清さんは慈恵医大の学生で、本郷の森川町に下宿していた。悠揚迫らぬ、包容力の広い、大人の風格のある方であった。私は都留に連れられてマージャンをしに行ったのであった。誰がそのときに一緒だったかは憶えていない。夜更け、清さんの部屋でマージャンを打っている隅で、日本女子大に入学していた妹の香代子さんがごろんと横になっていたことを鮮明に憶えている。的場清さんの生家は美幌にあって、手広く商売をしていたようである。北海道の田舎町の裕福な家庭では、その子女を札幌に下宿させて、中学校や女学校に通わせるのが慣らいであったらしい。根室に実家のある都留と美幌に実家のある的場清さんとは、そうした慣らいにしたがって、札幌一中で知り合ったわけである。さらに中学校、女学校を卒業すると、東京の大学などに進学させるのが、北海道の田舎町の富裕層の慣らいであったらしい。清さんの姉のすずゑさんも日本女子大の卒業生であった。的場家では、札幌に親戚があったようである。いつか、清さんの下宿で、親戚の青年に出会って、紹介されたことがあるが、その青年も早稲田大学の学生で、札幌の有力な商店の子息だとお聞きした。

つまり、札幌でも、美幌でも、根室でも、都留の生家をはじめ、都留の友人、知己を頼って、ただで宿泊し、その他、観光の面倒を見てもらうのが、原口と同行した都留の目論見であったはずである。この旅行にはもちろん、橋本一明も同行していたが、児島襄も一緒であった。児島は原口や私の同級生で、一高の寮では文科端艇部に属していた。一メートル八〇センチ近い、偉丈夫であった。私が聞いているところでは、児島の両親は、当時、室蘭に職場があったので、彼は室蘭の実家に滞在し、帰京の途中、青森駅の青函連絡船の乗り場で、ばったり原口の一行と出会った。都留から旅行の計画を聞いて、児島が同行を申し入れ、その結果、この北海道旅行に児島は同行した。そのため、たんなる同級生という以上の親しい友情を原口に抱くこととなり、南寮二番室にもしばしば原口を訪ねることになった。

そんな次第で、札幌、美幌、根室などを巡回し、美幌では的場家の世話で阿寒湖を見物したはずである。都留としては原口に北海道の風光を見せることが原口の慰めになるものと期待していたのであろう。しかし、北海道旅行は原口に何の感銘も与えなかったらしい。原口は北海道について一言も書き残していない。私がこの北海道旅行に触れたのは、一行四人、北海道一周旅行をするには、要するに、汽車賃以外には何の出費もないはずの旅行だから、さぞ都留は苦労したろう、ということである。そういう苦労をまったく苦にしないのが、都留の生まれながらの資質であった。

*

原口の書簡によると、彼は八月二二日に長野の五明館という旅館に泊まり、橋本、都留、宇田健宛てに、この旅館の主人、中沢さんという方に世話になっている旨、長野から名古屋の姉の許を訪ねるつもりであることを知らせているが、この中沢さんという方は、都留の札幌一中時代の恩師であるという註がある。それ故、原口の長野行も都留の手配によるものであったことが分かる。

また、私は宇田健から聞いた話として、原口と宇田が軽井沢に旅行し、季節外れで、閉じられていた、著名な作家の別荘に入りこみ、蓄えられていた食料など、盗み食いしたというが、この軽井沢行も略年譜は記していない。略年譜が杜撰だと考える所以の一つである。

*

さて、一九四七年の新緑のころだったと憶えているが、橋本、都留、児島らと共に、赤城にいったことがある。原口が自死し損ねた、赤城山頂大洞の大熊勝郎氏経営の森の家の敷地に『二十歳のエチュード』に「墓碑銘の一考察」として原口が書き残した

「悩みなき乙女等の幸ひを祈りつつ世を去りし
　素朴なる若者眠る」

という言葉を墨書した墓標を立てに行った。私は、当時、大学に入学したものの、私の父の裁判官の給与では私を東京に下宿させるような余裕がなかったので、水戸の官舎で無為に日々を過ごしていた。この赤城行のために、水戸から出てきて参加したのであった。このとき、児島が加わっていたのは、北海道旅行以来、原口の死をわがことのように、痛切に感じていたためであろう。それにしても、「悩み亡き乙女等の幸ひを祈りつつ」とは、文学的、思想的には早熟な原口も、女性についてはまるで無知だったと思い、感慨に堪えない。また、木の柱に、この墓碑銘を墨書しても、一年も経たずに文字は読めなくなるだろうし、二、三年で朽ちてしまうことも分かりきっているから、このような企ては愚かという外ない。しかし、私を含めて、一行の誰もが、ささやかでも、石碑のようなものに刻むべきだとは、思い至らなかった。その愚かさに誰も気づかず、原口を偲ぶよすがを赤城山頂に遺すことに意義あるように思っていたのであった。

私たちは高崎の橋本の家で一泊し、両毛線の最寄り駅まで列車で行き、赤城の大熊さんの森の家の敷地に木の柱に墓碑銘を墨書したものを立て、森の家に一泊、帰途、また高崎で橋本家に一泊した。

この赤城行に、どういうわけか、的場すずゑさんが加わっていた。たぶん、美幌で原口の一行が的場家に世話になったときには、美幌の実家に帰っていたため、原口と会っていたので、この企てを都留から聞いて、参加を申し出たのではないか。この帰途についた私たちが橋本家で一泊したとき、児島が発熱したか、下痢したか、ともかく、一晩中、苦しんでいた。すずゑさんは寝ずに、一晩中、児島を看病した。それが縁となって、児島とすずゑさんは、互いに愛し合うようになり、結婚することとなった。私は、これまで、すずゑさんと児島は、この赤城行のときが初対面だったのだと思いこんでいたが、すでに美幌で面識を得ていたのではないか。すずゑさんは、私たちより二、三歳、年長だが、色白で、目鼻立ちのくっきりとした濃艶な美人であった。児島は一八〇センチもあろうかとも思われる偉丈夫であったから、どちらが先に相手に惚れたかを問うまでもなく、年齢差を別にすれば、また、児島がまだ大学の一、二年生という若輩で、稼ぎもないことに、目を瞑れば、似合いの夫婦であった。

＊

ここで橋本一明に触れておきたい。私が大学の一年生、橋本が一高の三年生であったから、この赤城行の年の暮れ、橋本が水戸のわが家に遊びに来たことがあった。何日か、滞在し、夜はマージャンで遊び、昼は雑談したり、寝転んでいたりしていたのだが、何日まで居続けるつもりなのか、分からなかった。とうとう、一二月も三一日になった。それでも、橋本は引き上げる気配がなかった。私は、橋本に、もう帰れ、とは言いにくいので、言いそびれていた。とうとう、私の父が、橋本に向かって、きみはいつまで居続けるつもりなのか、きみには両親はないのか、他人の家で正月を迎えるつもりなのか、と怒鳴りつけた。橋本は、たぶん、引き揚げるきっかけをつかみそこねていたのだろう。父に怒鳴られると、すぐにそそくさ、引き揚げていった。彼は図々しいわけではなかった。ただ、そういった、けじめをつけられない気質であった。彼が米川正夫先生のお宅にしばしば居続けていたのも、もちろん、丹佳子夫人が好きだったからに違いないし、夫人としても、彼が小姓のように側にいつも控えて、かしずいているのが嫌ではなかったからでもあるだろうが、何よりも、彼は、けじめがつけられない性分であったからだと思われる。それに、彼には、妙に他人を惹きつける、男の色気のような、やさしさがあった。彼が一九六九年一二月、四二歳という若さで亡くなったとき、その葬儀で私は弔辞を読んでいるほどに親しかったのだが、年を経るごとに、彼の欠点ばかりが思い出されて、当然、本書でも彼のために一章充てるべきだと思いながら、その気になれないのである。

丸谷才一が、橋本一明を偲んで、どうしてこんなに貧しい仕事しか残さなかったのか、と言ったという話を聞いたことがある。それは橋本が怠惰だったから、というのが、私の第一の答えであり、橋本は金銭の稼ぎが好きだったから、というのが第二の答えであり、けじめがつかない性分だったから、というのが第三の答えである。怠惰というのは、たとえば、『二十歳のエチュード』を伊達得夫を介して前田出版社から刊行したさい、原口の自筆ノート三冊をポンと伊達に渡したことにも示されている。伊達がノートから筆写した印刷用原稿を作成しなかったら、原口のノートが現存することはあり得なかった。それまで一面識もなかった伊達得夫が、信頼に値する人物であったから、僥倖にして、原口のノートが現存することになったのである。このノート三冊ほど、原口の形見として、橋本にとって貴重な宝物はなかったはずである。橋本は、そういう手抜きの反面、印税の支払いについては、まことに執拗に、慇懃無礼に、伊達に催促し続けたのであった。

橋本が専門とするフランス文学についてはかばかしい業績を遺せなかったのは、おそらく映画のシナリオの制作に追われていたため、というのが、相当な理由となるはずである。彼は八木保太郎氏に師事してシナリオを書くことを学んだ。彼のシナリオで映画になったものが二〇本とか、三〇本とか、聞いたことがある。これらのシナリオは私たちに、と言えば、丸谷才一、中野幸次、その他「秩序」の同人たちを含めてもよいのだが、私たちには決して見せなかったし、映画化されても、彼のシナリオによる映画であることを教えることがなかった。これらのシナリオ制作は、私たちには秘密の、橋本の小遣い稼ぎであった。総じて彼は金銭にこまかい人であった。

そこで、私の水戸の家から放り出されるようにして彼が帰った翌年の二月か、三月、東大の文学部フランス文学科を受験して、不合格になった。都留も、文学部を受験したのか、法学部を受験したのか、知らないが、仲良く、不合格になった。彼らが兄事し、心酔していた原口は勤勉で、フランス語も漢文も真面目に勉強し、ことに漢文は阿藤伯海教授を尊敬し、唐宋の漢詩を白文でよく読み込んでいたのだが、橋本、都留は、原口のそういう面の影響は受けなかったようである。あるいは、橋本は、『二十歳のエチュード』の印税で遊興するのに多忙だったからか、と考えたことがあるが、前田出版社から『二十歳のエチュード』が出版されたのは一九四七年の五月だから、それは大学受験に合格しなかったこととは関係ない。ただ、私自身が前年に法学部を受験して合格しているのだが、同時に一高からほぼ百名が法学部を受験し、不合格になったのは一名か二名であった。文学部フランス文学科が法学部よりはるかに難関だったとは信じられないので、彼ら二人がそろって不合格になったことを聞き、私はただ唖然とするばかりであった。

私は、当時、奥さまを亡くして大宮で独り暮らしをしていた白井健三郎さんに、彼ら二人を同居させ、勉強を指導してくださるようお願いし、承知していただき、彼ら二人を説得、大宮の白井さんのお宅に同居することにしたのであった。

その結果、彼らは白井健三郎さんに一年間しごかれてフランス語を勉強し、また、フランスの戦後文学や戦後思想の手ほどきを受けたのであった。私は一九四七年の秋、一月ほど、大宮の旧中山道通りに大きな店舗を構えていた、河内屋篠原薬局に居候した。その女主人篠原喜代子さんが母の親友だったので、母から頼み込んだのであった。その間、私はしばしば白井家を訪ね、白井さんをはじめ、橋本、都留に会い、また、白井家に出入りしていた青年たちとも会った。橋本の母堂を見かけたこともあった。橋本、都留のために食料その他の物資を運んで来ていたようである。

ここまで書いて、私は、赤城行は一九四七（昭和二二）年の新緑のころではなく、一九四九（昭和二四）年の四月ころではなかったのか、と思いかえしている。というのは、児島に関連する、不可解な記憶があるからである。それは、児島が千葉の私の家に現れ、私を連れ出して銀座に行き、資生堂パーラーでアイスクリームをご馳走してくれたのである。私はそのときに生まれて初めてアイスクリームを食べて、こんなにも美味しいものがあるのか、とひどく感動した憶えがある。このことは不可解ではないのだが、児島がご馳走してくれたのは、私が彼にいくばくかの金を貸していたので、その借金を返し、私にお礼を言うために、千葉まで来たということであった。私が児島に貸すほどの金を持っていたということが、まず不可解であり、どうして児島に貸したのか、ということも不可解なのである。私は一高の同級生には違いないけれども、児島とはけっして親しくはなかった。親しかったとすれば、児島がすずゑさんと結婚した前後に限られるのである。そこで、児島が外交官試験を受験したのは、彼がすずゑさんと結婚して間もなくであり、二、三年後ではなかったはずだ、と考えると、彼らが赤城で知り合ったのは一九四九年だったのではないか、と思うわけである。ただ、この年の八月に、私は司法試験を受験し、合格している。その受験勉強は一年がかりが普通だが、私はごく短い期間、ものすごく集中して勉強した。それでも、赤城行が一九四九年の四月だったとすると、私は五月から七月までの三か月しか勉強しなかったことになる。いかに私が要領がよくても、三か月で司法試験に合格するほどの受験勉強で足りたはずがない。それでも、児島とすずゑさんとの結婚は、どうも一九四九年と考えるのが自然なので、赤城行も同年と考えるのが妥当らしい、と一応、ここでは決めておくことにする。

＊

一九四九年か五〇年ころ、的場家は、上落合に家を新築した。目白駅から徒歩で一五分か二〇分の距離だったが、当時、まだ周囲はほとんど畑であった。一九五〇年に司法修習生になった私は、かなり頻繁に上落合の的場家に遊びに行った。この家が建てられると、つぎさんという長女の方が上京してこられて、すべてを仕切るようになった。なぜ、そう頻繁に上落合の的場家を私が訪ねたのか、いま思いかえしても謎というほかない。訪ねていったのは昼間に決まっていたが、昼間は清さんも香代子さんも学校へ行っていて留守だったし、すずゑさんは近所に児島と所帯をもっていた。つまりは、つぎさんに会いにいったのだとしか考えようがない。司法修習生として比較的に暇があったとしても、はじめての『中原中也全集』を創元社から刊行するのについて大岡昇平さんの助手として、実際は実務のほとんど全部を、お粗末であったが、お引き受けしていたから、かなり多忙であったはずなのに、どうして頻繁に的場家をお訪ねしたのか。私がつぎさんにうちとけた気分で話すことができる敬意と親しみをもっていたからに違いない。つぎさんはすずゑさんより二、三歳年長であったから、私よりも四、五歳、年長だったはずである。ほっそりした、やや長身で、端正な容貌であったが、まるでお化粧っ気のない、地味な女性であった。しかし、聡明な方であった。私は彼女に恋慕したり、憧れたりしていたわけではない。心を開いて、話し合える話し相手として、親近感を持っていたのであろうと思われる。

的場家では、そのころ、餡を製造、販売することを計画していた。たぶん北海道産の小豆を原料にして製造し、和菓子を販売する店舗に販売する目論見であったのではないか。番頭さんらしい人を始終見かけていた。つぎさんはその番頭さんらしい人にも指示したり、監督したり、していたようである。これは一九五一年のことだが、私が本林譲先生の許で弁護士修習をしていたころ、本林先生にご紹介いただいて、協和特許事務所の弁理士、猪俣清先生につぎさんと一緒にお目にかかったことがある。的場家の商売に使う商標を登録したいという用件であった。本林先生は日弁連の推薦で後に最高裁の裁判官に就任なさった方であり、猪俣先生は後に協和特許事務所の所長をなさった方である。私自身は、自分が後に商標権などいわゆる知的財産権の専門家になろうとはつゆほども思っていなかったころの話である。猪俣先生は出願に先立って調査をしてくださった。その結果、類似の商標が登録されていることが判明し、出願は取りやめ、別の商標を採択するようにという助言をいただいた。後年の私でも、同じような状況では同じような助言をしたに違いない、適切な助言であった。的場家で使っていた商標は「北方」とか「北光」とかいうようなものであったように記憶している。そこで沙汰止みになって、その後どうなったかは憶えていない。そんなことで、多少お役に立つようなこともあったはずだが、それなら、つぎさんとどんな話をしたのか、と自らに問うてみても、何もかも朦朧とした霧の中である。

＊

そのころ、都留は米川正夫先生のお宅に居候していたはずである。はじめから居候になるつもりで米川先生のお宅を訪ねたわけではないはずである。あるいは、正夫先生のマージャンのお相手に引き止められて泊まったのが最初だったのかもしれない。そんなことで、都留が一日二日、米川家に泊まっていたさい、何か、都心、たとえば神田の出版社に用事があったとする。誰もが億劫に思っていると、都留がじつに気軽に、ぼくがそれをやってきましょう、と申し出る。側に都留がいると、いつでも都留が用事を引き受けていやな顔一つしない。そこでついつい用事があれば都留に頼んでいるうちに、都留がいないと家政が回らないようになってくる。そうなると、もうなかなか、都留も他に移れなくなり、二年も三年も居候することになる、といった具合であった。

たぶん一九五〇年ころ、都留は米川家に居候していたと思われる。その年、私の初めての詩集『無言歌』が書肆ユリイカ、伊達得夫の手で出版されたのだが、その『世代』の同人たちによる出版記念会の席上で、ガリ版でもいいから、『世代』を復刊しようという話になった。この計画が実現したのは都留の尽力による。用紙は、おそらく米川夫人が知己の紙問屋に話をつけてくださって、ただで調達したのであろう。私自身、米川夫人から、雑誌を出すなら、用紙は何とかしてあげる、という話をお聞きしたことがあった。都留は、自分でガリ版の文字を切るような意気込みであったが、結局は、何か、伝手を見つけて筆耕の専門家に廉価で引き受けてもらうことにしたのだと思われる。『世代』の第一一号は、ともかく、こうして発行された。この『世代』第一一号には発行の年月が記されていないが、第一二号が一九五一年三月二五日の発行とされているから、たぶん同年の一月か、前年の暮れころに発行されたのであろう。この第一一号には

精神の風通しのために　日高　普

ルイ・アラゴン詩集

「フランスの起床喇叭」より
　鏡に向ったエルザ
　　虐殺された少女
　　　幸福な愛はない　　　　　　　　　　橋本一明訳
仮面の没落　ニイチェと市民道徳　　大野正男

などが載っている。ガリ版の『世代』は第一三号までだが、この号には

三つの浦島物語　　　　　　　　平井啓之
再び平和のおそろしさについて　浜田新一
堀辰雄論　　　　　　　　　　　菅野昭正
詩六篇　　　　　　　　　　　　いいだもも

といった評論、詩などが載っており、最近、私が読み直した感想として、一般の同人誌の水準をはるかに超えるすぐれた評論などを掲載していたものだと、ふかい感銘を受けた憶えがある。平井の評論は帰還兵の妻、家族との再会を描いた三つの作品を対比しながら、再会の意味を問い直した、すぐれて戦後的問題意識によるものであった。浜田新一は日高の筆名である。菅野の「堀辰雄論」はおそらく彼の初めての作家論たるにふさわしい出色の文芸評論であった。

驚いたことに一九五一年一二月に刊行された『世代』第一四号は活版印刷になった。これは都留の

魔術のような手腕によるものであったが、誰もそのことを不審に思わなかったことの方が、もっとふしぎかもしれない。いったい、『世代』には同人費を徴収する習慣がなかったし、そういう決まりもなかった。誰でも、一回でも『世代』の会合に出れば、同人と認められた。会合の都度、飲食の費用がかかれば、各自がそれを支払えば、足りたのである。だから活版印刷にしたときに発生する印刷代、製本代は誰も負担していないのに、活版印刷の『世代』が第一四号から一九五三年二月発行の第一七号まで、四冊、発行されて、第一七号が『世代』の終刊号となったのであった。誰も気にしていなかったが、この費用は都留が工面したに違いない。しかし、そのためにどれだけ都留が苦労したかは、誰も知らない。用紙については米川夫人のお力を借りていたのであろうが、その他の費用をどこから都留は工面したのか。的場清さんや的場家ではありえない。というのは、この時点では、的場清さんは慈恵医大を卒業して間もなく、まだ医師として開業していなかった。また、的場家の餡の製造、販売も、世の中が落ち着き、物資が出回るようになって行き詰まり、この東京進出の事業から撤退していたからである。あるいは、都留に私の知らない金融先があったのかもしれない。たとえば、都留の兄とか姉にあたる人々の誰かかもしれない。いずれにしても、今となってはどのように苦労して印刷、製本の費用を捻出したかは、謎として残るほかないのである。私が、この事実に関心を持っているのは、弁護士として中松事務所に勤め始めて一、二年経ったころ、まだ大森の中松先生の自宅に事務所があり、丸の内には戻っていなかったころ、都留から連絡があり、都留と会ったことがある。そのとき、都留から、『世代』の後始末にどうしても、これだけの金が足りないから、何とかならないか、という相談を受けたのであった。その金額は、当時の私の月給のほぼ半月分ほどであった。結婚前の私は、まだ父母の親がかりで、給与のほとんどを小遣いにつかっていたから、充分の余裕があったので、喜んで都留の希望する金額を用立てしたのであった。そういう経緯があって、私は都留が『世代』復刊後の費用を工面していたことを知ったのであった。これは都留のまことに奇特な、稀有の高貴な、気質によると考えざるをえない。

この都留の無償の努力によってもっとも利益をえたのは「原色の街」を活版印刷になった第一四号に発表して、芥川賞の候補になった吉行淳之介ではないかと思われる。その後、わが国の文壇の大家と認められるようになった吉行に、この話をしたところ、彼も都留の苦労をまったく知らなかったので、吃驚して、ほう、それは何とかせにゃあ、いかんな、と言っていた。しかし、茫々たる昔のことで、何の進展もなかったのだが、それも当然と言えば当然であった。

*

一九五一（昭和二六）年ころ、上落合の的場家の近くに新居を構えていた児島とすずゑさんの間に男子が出生した。この男子が無事に成人したかどうか、私は確かな知識を持ち合わせていないのだが、成人し、いまだに生存しているとすれば七〇歳を越えているはずである。私はずいぶん昔のことを回想しているのだと思うと感慨ふかいものがある。

児島は東大在学中に外交官試験を受験して失敗し、浪人して一年目に再度外交官試験に挑戦して、また失敗した。私の記憶では、その後、間もない時期だったと思うのだが、児島はすずゑさんを説得して、離婚を承諾してもらった。男子もすずゑさんが養育することになった。児島は実家に戻り、すずゑさんとの夢のような恋愛、同棲、結婚の関係に終止符をうった。

その後、半年経つかどうかというころ、児島は再婚した。その結婚披露宴に招かれて出席した萩原雄二郎は、一高時代、文科端艇部で三年間一緒に過ごした仲間であった。その萩原が、結婚披露宴に出席したところ、まるで児島は初婚のように振舞っていたので、こっちが挨拶に窮した憶えがあるんだよ、と私に話してくれたことがあった。すずゑさんはそんな状況に出逢っても気丈に耐えていた。児島がさらに外交官試験に挑戦したか、どうか、私は聞いていない。確かなことは、児島が共同通信社に就職したことである。外交官志望は諦めたのであろう。やがて共同通信を辞め、戦記物の著述を次々に刊行し、大いに文名があがったことなど、当時の私には夢にも考えられないことであった。ただ、一高の寮で暮らしていたころ、児島が東京裁判を傍聴しにしばしば市ヶ谷の法廷に出かけていたことは聞いていたので、当時から彼がその方面に関心がふかかったのだと、ふりかえってみれば、理解されるのである。それにしても、私は彼の生涯、彼との交友を絶った状態が続いていた。

児島がすずゑさんと離婚したころだと思うが、都留が香代子さんを米川夫人に紹介し、香代子さんは米川家にしばしば出入りするようになった。当時は『世代』に属していた女性たちも、当時の甲斐田絢子、後に中野徹雄と結婚した中野絢子をはじめ、かなり頻繁に米川夫人を訪ねていた。その間に、香代子さんは次男の米川和夫と親しく心を通わす関係になったようである。その結果、米川和夫と香代子さんの二人は結婚した。ところが、その後、和夫はポーランドのワルシャワに日本語教師として赴くことになった。和夫が独りで滞在する費用しか出なかったためと思われるが、香代子さんは留守宅に置いたままの、単身赴任であった。ワルシャワ滞在中に、和夫はブランカさんというポーランド女性と親しくなった。いいだももによれば、当時のポーランド女性は西側諸国に出たいので、西側諸国から来訪した若い男性に狙いをつけていたんだ、という。和夫は純粋な性格だったし、真面目な人柄だったから、ずいぶん悩んだようである。彼は一時帰国して、香代子さんに会い、どうか離婚を承知してほしい、と懇願した。香代子さんは、このように懇願されて、嫌とはいえない性分であった。二人の離婚は成立、やがて、任期を終えた和夫はブランカさんを連れて帰国した。ブランカさんは日本の風俗、習慣、文化になかなか馴染めなかったようである。香代子さんは米川夫人に嫁としてまめまめしく仕えていた。ブランカさんは、当然のことだが、日本の風俗、習慣にいう、いい嫁ではなかったし、米川夫人は扱いやすい姑ではなかった。夫人とブランカさんの間はきわめて険悪であった。これに反し、和夫がブランカさんと帰国後も、香代子さんは、依然として、嫁のように夫人に仕え、夫人は姑のように香代子さんを扱い、旅行に同行させたりしていた。あるいは、香代子さんは、こうしている間に、夫人の力で、和夫と復縁できるか、と期待していたのかもしれない。やがて、和夫は早逝した。香代子さんが復縁を望んでいたにしても、その希望は叶えられないこととなったわけである。

ブランカさんは、和夫の死去した後も、ポーランドに帰国することなく、倉田さんという方と再婚した。その時期から数十年後のことだが、私は、たまたま北軽井沢の米川先生の山荘の近くを通りかかって、当時の米川山荘は長男の哲夫さんが使っていたが、哲夫の敷地よりも、はるかに広々とした敷地に「倉田ブランカ」という標識がかかっているのに気付いた。和夫が相続した土地がブランカさんの所有に帰したのであった。私は、香代子さんが、離婚を承知しなかったら、そして、和夫と香代子さんの間に子供が生まれていたら、きっと米川家の血縁が、この土地を所有していたに違いないのに、と何か理不尽なものを見るような眼で、バーベキューでもしているらしい、その土地を横目で見ながら通り過ぎたのであった。

また、やはり、その当時からは、数十年の後、私の古稀か、喜寿か、そんなお祝いの会合が催されたことがあった。その会合にすずゑさんも香代子さんも出席していたのだが、誰かの挨拶の途中で、あるいは、私の挨拶の途中だったかもしれないのだが、隅の方で、香代子さんが訳の分からぬ奇声を発していた。まともな野次ではなかった。香代子さんの内向的な性質のために、多年にわたり、内面に抑圧されてきていた感情が、酩酊の結果、炸裂しているように私は感じたのであった。

そのころ、すずゑさんは大杉さんという方と再婚していた。大杉さんも的場清さんや都留の札幌一中の同窓だったと聞いている。家具の製造、販売をしている、かなりな規模の会社を経営しているということであった。

わが家の玄関の三帖の部屋に置いている衝立は大杉さんの作であり、わが家では無くてはならぬ家具である。そのとき、本棚も作っていただいたが、これはどうも不具合が多かったが、大杉さんが何回かわが家まで来て、手直ししてくださった。大杉さんは、会社経営でずいぶん苦労なさったように聞いているが、人柄がたいへん大らかな方のようにお見受けしている。すずゑさんと仲良く、添い遂げてくださったようである。

ところで、的場清さんは慈恵医大を卒業し、医師の国家試験に合格した後、しばらくして葛飾の金町に医院を開業した。清夫人の靖子さんも医師の資格をお持ちなので、お二人が共同で診療に携わっていた。清さんが医院を開業すると、その後間もなく、的場家は上落合の家を引き払い、医院の近くにつぎさん、大杉夫妻、それに後になって和夫と離婚した香代子さんもみな、移り住むようになったらしい。私は、この金町の住居を訪ねたことがないので、詳しい状況は知らない。このころ、都留は一、二年、的場家に居候していたはずである。姉妹たちがみなご近所でお住まいだと、靖子さんが小姑たちの目をはばかって、何かと気遣いしているのではないかしら、とわが家に遊びにきたすずゑさんに話したことがあった。すずゑさんが、とんでもない、ぜんぶ姉が仕切っているのよ、と答えたのをはっきり憶えている。私自身は、清さん夫妻から、そのご子息の就職について相談を受けたことがある程度に、親しい関係を保っていた。

＊

ここで、都留に話を戻すと、『世代』の第二次の編集長をつとめた矢牧一宏の命日の集まりを毎年、林聖子さんの経営する新宿の「風紋」で開いていたが、ある年、都留が三、四人の部下らしい人を連れて現れ、その中の一人を私に紹介し、これ、一明の息子の隆介、ぼくが面倒を見ている、ということであった。考えてみると、都留はある時期から、兼高かおるさんの世界旅行の番組を制作している会社に関係している、と聞いたことがあった。はじめは、都留は、何の伝手かも分からぬ、いい加減な関係で潜りこんだのかもしれないが、日が経つにつれてしだいに重宝がられ、やがてその制作プロダクションにとって必要不可欠の人物となり、テレビ番組制作の実務を習得したに違いない。兼高かおるさんの番組が終了して、都留はテレビ映画制作のプロダクションを立ち上げたらしい。安定した仕事があったかどうか、疑わしいが、ともかく、ここでも都留は橋本一明の遺児の面倒を見ていたのであった。紹介された「隆介」は米川夫人の本名の「隆（たか）」から採った名であり、橋本の米川夫人への思慕のあらわれである。そのとき、紹介された、ひ弱そうな青年も、存命であれば、もう六〇歳を越しているかもしれない。これも都留の面倒見の良さの証しである。平成七年度版の『第一高等学校同窓会名簿』が、私の知るかぎり、最後に発行された一高の同窓会名簿だが、これには、都留晃の職業として「映画制作（フリー）、日本野性生物研究センター常務理事」と記載されている。後者についてはまったく知らないが、報酬の出る職務ではあるまい。ここでも都留は気軽く雑務を引き受けていたに違いない。

そのことと相前後する時期だったように記憶しているが、原口の兄の統二郎さんが上京してくるので、的場清さんが一席、設けることになっているから、参加してほしい、という話があった。的場清さんが席を設けるいわれはないので、懐具合の悪い都留が的場清さんに頼み込んだのであろう。両国のふぐ料理屋でご馳走になった。的場清さんの医院はずいぶん流行っているらしく、豪勢なもてなしに与かったのであった。統二郎さんと格別の話があったわけではない。懐旧の一夕であったにとどまる。

さて、一九九六（平成八）年一二月、私が当時、理事長をしていた日本近代文学館に都留が、原口の『二十歳のエチュード』のノート三冊を寄贈してくれた。原口の遺品の最後の後始末はやはり都留がしてくれたのであった。

このことが新聞に報道され、前田澄子さんという方が文学館においでになって、原口のノートの閲覧を申し込まれた。澄子さんは原口の長姉、前田隆子さんの次女であり、当時、フランシスコ会系統の修道院の修道女で、宇都宮の近郊で暮らしておいでになった。原口が自死に先立ち、別れの挨拶に出向いた名古屋で澄子さんの姉妹にも会っている。この閲覧においでになったのが契機になって、私は前田澄子さんと頻繁に文通するようになった。統三叔父が可愛がっていた玲子ももう二人の孫を持っていますの、などとお聞きした。やがて、神戸の修道院に移ることになり、都会の生活を愉しみにしていたが、その後、年をとると、神戸のような坂の多い町で暮らすのは骨が折れます、と愚痴をこぼすようになった。間もなく亡くなられたことから考えると、かなり体力が衰えていたのであろう。

それはともかく、やはりカトリックの修道女になるということ、それもフランシスコ会のような清貧を旨とする会に属する修道女になったのは、やはり、物事をラディカルに、根源的に、つきつめて考える遺伝子を、原口と共通してお持ちだったのではないか、と文通を通じて感じたのであった。これも都留の面倒見の良さの余慶と言ってよい。

都留晃はまことに奇特な人物であった。

＊

ここまで書いて後、ようやく都留晃さんを偲ぶ会の案内状を見つけ出すことができた。これによると、都留は二〇一二年七月九日に死去したという。一九二六年生まれのはずだから、享年八六歳であった。偲ぶ会の案内状には都留は「すぐれたドキュメント映像作家並びに監督」であったという。偲ぶ会の発起人二〇人のうち、私が名前を知っているのは、橋本隆介、すなわち、橋本一明の子息と、一高同窓会の世話役のような方の二人だけである。私が知っている都留は彼の三〇歳ころまでだから、都留の後半生、五十余年を私はまったく知らないことになる。この間、彼は多くの知人や弟子たちの世話をし、面倒をみたことは、偲ぶ会の案内状からも察することができる。私は、どういう事情であったか、憶えていないが、ともかく偲ぶ会には出席できなかった。

私が都留の後半生を知らなくても、彼が稀有の資質を持った人格であり続けたことだけは確かである。

高清一郎

高清《こう》一郎さんは一高（旧制）における私の先輩である。高さんは私が一年生のとき、三年生であった。私が寄宿寮で生活しはじめたときに同室だったいいだももと文科甲類の同級であった。あるとき、いいだに、高清一郎さんは同級だったでしょう、どういう人でしたか、と訊ねたことがある。いいだは即座に、高か、軽い奴だったな、重鍾《おもし》なしに世渡りするみたいな奴だ、と吐き捨てるように言った。軽い、とは言い得て妙だな、と同感した記憶がある。重錘とは思想、信条、信念のようなもので、生きていく上で支えになるようなものだが、高さんはそういう思想、信条、信念をもって生きているようには見えなかった。私は、いいだのいう、軽い、高さんが忘れがたく好きである。高さんの一高在学中には面識を得なかったが、後に知り合ってから彼が、深刻な問題に出会っても決して深刻に受けとめることなく、軽く受け流しているうちに何となく問題が解決している、といった風情の人であることを知ったのである。だから、高さんを軽蔑したり、嫌ったり、する人々がいてもふしぎはないが、私は、自分では到底真似できない生き方だ、と思い、そのために却って高さんと親しく付き合うようになったのであった。

＊

高さんは大学を卒業すると富士電機という会社に就職した。その七、八年後に私の弟、直樹が富士電機に就職した。一時、高さんが私の弟の上司であったことがあり、弟は高さんとは肌が合わなかったようである。その理由を質したことはないが、たぶん、冒頭に書いたような高さんの「軽い」生き方が弟の気に障ることになったのであろう。ただ、弟は高さんとは何年か毎日顔を合わせていたから、私には言わない理由があるかもしれない。こう書いてみて、思い出したことだが、高さんから、弟の結婚前に、直樹くんが結婚相手をなかなか見つけられないのは、僕のワイフみたいな女性を、と思っているからですよ、と聞かされたことがある。高さんのお惚気《のろけ》のような話だが、確かに高さんの奥さまは垢ぬけた、容貌のすぐれた方であった。だからと言って、私の弟が、高さんの奥さまに憧れて、そのために連れ合いになるべき女性が見つからないのだ、と言われたら、弟としては大いに不本意に違いない。高さんにはそんな配慮に欠けたところがあった。これも彼の「軽さ」の一面といってよい。

富士電機という会社は古河財閥とドイツのジーメンス社とのジョイント・ヴェンチャーとして戦前、設立された。だから、古河の「フ」とジーメンス社の「ジ」をとって「富士」という商号になったので、富士フィルムとか、いまはなくなった、かつての富士銀行、富士製鉄などとは「富士」と名乗るいわれが違う。もちろん、ジーメンスはとうに大株主ではなくなっているはずだが、富士電機とジーメンス社との間には厖大かつ複雑な技術提携関係が存在していたはずである。いまでも、そうした関係が存続しているかどうかは知らない。私の弟は三〇代の終わりころ、三、四年、ジーメンスの本社のあるエアランゲンというニュールンベルク近郊の町に駐在していたことがある。どういう職務であるか、弟に尋ねたことはないが、おそらくジーメンスと富士電機の間の連絡を円滑化することが職務だったのだろうと想像している。

＊

何時、どのような契機で高さんと知り合ったのか、記憶は定かでないが、確か、高さんが富士電機の法務担当の課長をしていたころ、私の事務所を訪ねておいでになったように憶えている。弟の勧めではない。中松先生を訪ねていらっしゃって、自然、私がお相手することとなり、むしろ私の弟が富士電機に勤めていると知って、たいへん高さんが驚いていたような記憶がある。何の相談だったかもおぼろげにしか憶えていないのだが、ジーメンスとの契約の解釈に関して意見を求められた、というのが私の記憶である。それでいて、ジーメンスとの契約の全体を読まずに、その一部の条文だけ読んで、意見を言うということは、非常に危険であり、過ちを冒しやすいのだが、全体を読み通すのはたいへんな労力を要するから、これだけを読んで意見を聞かせてくれればいいのだ、というのが高さんの考えであった。これも高さんの軽い性格のあらわれとも言えるのだが、高さんに押し切られて一部の問題にしていた条文だけを読み、どう理解すべきかについて私の意見をお伝えした。その意見が高さんの期待するところを論理的に整理したかたちでまとめたものということだったらしい。その後、再三、高さんは私を訪ねておいでになり、いいだをはじめ、共通の知人も多く、また、弟をご存知だったこともあり、親しくお付き合いすることになり、結局、高さんの推薦で、私の事務所は富士電機の顧問弁護士として日常的に各種の法律相談を受けることになったのであった。高さんが法務担当の課長をやめてずいぶん後になってからだが、自動販売機関係の特許権侵害訴訟の代理人をお引き受けし、無事、落着して以降、ことに縁がふかくなったのだが、最近では、かなり縁遠くなっているようにみえる。

ともかく、そんな事情で私は高さんと知り合ったのだが、知り合って間もないころ、高さんから聞かされた話に、戦前の会社の役員、ことに社長はその待遇が恵まれていた、ということがあった。会社の利益は、株主への配当分を除き、利益の半分は従業員の賞与に充て、残りの半分の半分、つまり、利益の四分の一は社長の賞与、残りの四分の一は他の役員の賞与に充てたものだ、ということであった。そんな話から、私は、高さんの父君は戦前、会社の社長をなさっていたのではないか、その会社はやはり古河財閥系の会社で、その関係から、高さんは富士電機に就職したのではないか、と想像したのであった。高さんは府立一中から一高、東大という課程を、何不自由もなく、経て来たようであった。高さんの軽い性格も、その一部は、そうした恵まれた境遇に由来するのではないか、と私は考えていた。

＊

初対面からだいぶ経ったころ、私はどういう用件でもないのに、高さんとしばしばお会いする機会があった。そんな機会に、高さんが那須ゴルフ倶楽部のメンバーであることをたいへん誇りにしていることを知った。那須温泉街の両側に商店や飲食店、土産物店などが立ち並ぶ通りの突き当たりに温泉神社がある。那須与一が祈願したという延喜式に記載されている、いわゆる式内社である。その神社の右手を降りると殺生石がある。神社の手前を、左に坂を登って行く道路があり、坂を登りきることの道路の左側に、かつての松川屋、いまの那須高原ホテルがあり、さらに進むと、かつての小松屋、現在の那須ビューホテルがあったが、これはいまでは、取り壊されてしまっている。小松屋、松川屋の二軒が戦前は那須温泉きっての老舗であったが、戦後はそれぞれ経営方針がだいぶ違ったようである。それはともかくとして、この道路の突き当たりが那須ゴルフ倶楽部である。

私の恩師、中松潤之助先生はこの那須ゴルフ倶楽部のメンバーであったが、高さんもこの倶楽部のメンバーであった。私は那須ビューホテルの別館にあたる那須ビューパレスというホテルを定宿にしている。亡妻が那須を好み、那須近傍のドライブも好きだったので、四季折々、那須に滞在するのを愉しみにしていた。そんなことから、高さんと共通の話題として那須があり、那須ゴルフ倶楽部があった。この倶楽部の会員権は譲渡性がない。もうゴルフをプレイできなくなったからと言って、会員権を他人に売り払うことはできない。それだけ閉鎖的なのだが、考えてみれば、カントリークラブの会員権が売買の対象となることがおかしいというべきである。つまり、カントリークラブも社交クラブの一種なのだから、気の合った仲間だけで和気藹々と社交を愉しむのが目的であるはずである。そうであれば、社交クラブの会員権が売買されて、見知らぬ人がメンバーになるのを防げないとすれば、社交クラブとして存続する意味がなくなるはずである。私はゴルフをしないので、ゴルフクラブについて詳しい知識を持ち合わせていないが、程ヶ谷とか霞ヶ関といったゴルフクラブでも、たぶん会員権は譲渡できない決まりだろうと考えている。那須ゴルフ倶楽部はそういう意味で閉鎖的だが、会員になれば、気心の知れた仲間とだけゴルフのプレイを楽しむことができるわけである。また、それだけ会員であることにプライドを持つことになる。中松先生はいろいろなゴルフクラブのメンバーであったが、そのことにプライドをお持ちになることはなかった。そういうことは先生にとってあまりに日常的な事柄だったからに違いない。しかし、高さんにとっては事情が違っていたようである。

高さんは東京近辺でも一流と目されるようなゴルフクラブの会員であったに違いないと想像しているが、確かめたことはなかった。ただ、那須ゴルフ倶楽部のメンバーであることを誇りにしていたことは間違いない。この倶楽部のメンバーは大部分、東京あるいは東京近辺に住まいを持ち、東京に仕事場を持っている人々なので、会員のための百人以上の宿泊設備もあり、高さんはその宿泊設備を利用して泊まりがけでプレイすることが通常だったようである。

ある時、私が、亡妻と一緒に、那須ビューパレスに滞在していたときに、高さんが泊まりがけで那須ゴルフ倶楽部においでになったことがあった。私たちは高さんに案内していただいて、ゴルフコースを眺望した。森あり、林あり、草地あり、起伏に富み、開豁《かいかつ》な、美しいコースであった。私はこんなところで散歩できたらいいな、と思い、ゴルフのプレイをしないメンバーとして受け入れてくれないものか、と考えたこともあった。その時、コテージ風の古風な趣きのあるクラブハウスでお昼を高さんにご馳走になったのだが、簡便で、しかし、しっかりした洋食弁当であった。その廉価なことにも感動した記憶がある。

*

高さんの生涯でもっとも彼が気に入っていたのはポリドールの社長をしていたころだったろう。それこそ水を得た魚のように、生き生きと社長職を愉しんでいた。鼻下に髯をたくわえるようになったのもポリドールの社長に就任してから後であった。何故、高さんが富士電機のような地味な会社から派手な芸能界の企業のようにみえるポリドールの社長に転職したかといえば、ポリドールの親会社がジーメンスとオランダのフィリップス社との合弁会社である、たしかポリグラムという名称の会社だったので、ジーメンスが高さんを社長に選任したいと考え、フィリップスの同意を得て、高さんを指名したのであった。音楽産業の多くの企業は欧米の諸企業が複雑に提携し、その提携関係が、また、きわめて流動的なので、ポリドールの資本関係も必ずしも永続的ではないが、高さんが社長に指名され、社長として在職していた当時は、そうした資本関係であったと思われる。高さんはもちろん富士電機に勤務していた関係でジーメンスの経営陣と面識があり、その手腕、人柄に信用を得ていたのであろう。ポリドールの社長を選任する必要が生じたとき、ジーメンスの経営者の頭に浮かんだのが高さんであった。高さんのいわば軽い人柄をジーメンスの経営陣は見抜いていたので、高さんであれば、芸能界とも付き合っていくことができ、会社経営も任せられると判断したに違いない。まことに炯眼というべきだが、誰が見ても同じことなのかもしれない。

高さんの服装も、スーツからネクタイなどまで、顰蹙するほど、図抜けて、派手なものになった。私から見ると、かなりおどけて見えたが、本人はたいへん得意そうであった。いつか、大晦日のレコード大賞の発表会に出席していた高さんがテレビに映っていたことがあった。高さんはまるで生粋の芸能界育ちのような風情であった。ポリドールが何かの賞を受けたのか、ポリドール発売のレコードか歌手が賞を受けたのか、こまかなことは憶えていないが、ともかく、高さんが壇上に上がって、表彰されたことがあった。そのときの高さんの嬉しそうで、得意そうな表情は、まったく、その場の雰囲気に溶け込んでいた。私が憶えているのは一回だけだが、高さんにとって年末のレコード大賞表彰式は一年締めくくりの晴れ舞台であった。

ポリドールの社長として、高さんはポリドールから歌謡曲のCDを出している歌手と会う機会も多かったらしい。ときにテレビタレントとしても著名であり、私でも名前を知っている女性の歌手と昼食を一緒にした、と嬉しそうに話してくれたことがある。この人はこの社長業がしんそこ好きなのだと私は痛感したのであった。

＊

その当時、高さんからハンブルクで会議があるので、出かけなければならないのだけれど、ひょっとして現地で法律相談が必要になるかもしれないので、一緒に行ってくれないか、現地のホテル代などは会社で持つから、と言われたことがあった。つまりは、日本とヨーロッパ間の往復の航空運賃は私の方で負担する、ハンブルク滞在費だけは高さんの方で負担する、という、はなはだ高さんにとって虫の良い提案であった。ただ、当時私は始終ヨーロッパ、ことにミュンヘン、パリに用事があったので、どちらが先かと言えば、私の事務所の用事の方が優先順位は先なのだが、高さんの日程に合わせて事務所の用事の日程を調整して、高さんの依頼に応じることにした。もちろん、そんな大事な局面で高さんが頼りにするのは私だけなのだ、と思って、高さんの信頼にこたえたいと考えたためでもあった。詳しいことは知らないが、ジーメンスのドイツ・グラモフォン関係の責任者、フィリップスの音楽部門の責任者らが会合する席に呼ばれているということのようであった。さすがの高さんもどんなことで詰問されるか、戦々恐々としている気配であった。

私はハンブルクでは湖畔の伝統的なホテルが好みだったが、高さんの好みで予約していたのは、市街地から離れた森の中のアメリカ風の近代的なホテルであった。そのホテルはそれなりに快適であった。私は高さんが私に相談をかけにくるまで、ホテルで待機していた。結局、高さんの懸念は杞憂に終わったようであった。私は何の役に立つこともせず、ただ漫然と二日ほどホテルで過ごしただけのことであった。

会議の間はさすがの高さんもかなり神経質になっていたようだが、無事に、何事もなく、会議が終わると、元気溌剌、勇気満々になったようであった。リューベックに行こうよ、と言われた。若干、意外だったが、リューベックにトーマス・マンの旧居がブッデンブローク・ハウスという施設になって公開されているから、それを見物に行こう、という誘いであった。私は、『ブッデンブローク家の人々』を、二、三回、読み返しているほど、好きだが、高さんがブッデンブローク・ハウスに興味を持つとは信じられなかった。しかし、それも旧制一高の教養主義なのであろう。高さんも一応の関心をもっていたらしい。

ハンブルクからリューベックへ、列車で行ったような記憶はないから、たぶんハイヤーで往復したのであろう。ブッデンブローク・ハウスは、なるほど、ハンザ同盟華やかだったころの豪商の住居とはこんなものだったのか、と感銘を受けたが、それ以上の感動を覚えたわけではなかった。

そのブッデンブローク・ハウスの記念品売り場で『ブッデンブローク家の人々』のドイツ語原書を一冊にまとめた文庫本を販売していた。高さんはその文庫本を二冊買い、その一冊を、私に、これ、記念にしようよ、と言って、渡してくれた。高さんとしては、私に無駄足のようにハンブルクに滞在させたことのお礼のつもりのようであった。

たしか、その帰途、ハンブルクの市街地で、高さんが、鞄を買おう、と言って、繁華街の皮革製品を取りあつかっている商店に入った。私もついていくと、書類鞄を記念に買ってあげる、と言う。高さんが選んだ書類鞄は、矩形の形状の書類鞄であった。じつはこのような形状の書類鞄は使い勝手が悪い。あまり書類が入らないので、ごくわずかな書類だけをいれるのなら別だが、特許訴訟関係のように、むやみと嵩張る書類を持ち運ぶには適しない。しかし、せっかくの高さんの好意なので、私は買っていただくことにした。ところが、後日になって分かったことだが、頑丈なはずのドイツ製の書類鞄はたちまち不具合になって、使えなくなった。これも高さんにまつわる懐かしい思い出である。

*

このハンブルク行の前後のころ、高さんの身内にご不幸があった。世田谷の上馬か下馬か、そんな住宅街の一角に高さんの住まいがあって、そこで弔問を受け付けていた。それまでの住宅を取り壊して、二世帯住宅に作り替えたという話を高さんから聞いていたが、閑静な高級住宅地の広壮な建物であった。お身内のどなたが亡くなったのか憶えていない。ポリドールの社長の主宰する葬儀ということで、芸能界の関係らしい人々が長蛇の列を作っていた。

*

話題が変わるが、坂本吉勝先生から、東京ロータリークラブの特許弁護士という職業分類に、空きがあるので、きみ、入会してくれませんか、というお誘いをうけたことがあった。坂本先生も一高の先輩であり、私が弁護士登録をして中松先生の許で働くことになった当時、湯浅恭三先生と共に湯浅・坂本法律事務所という名称で当時としてはかなり大規模な渉外関係を取りあつかうことを特徴とする法律事務所を経営し、また、弁護士として活動しておいでになったのだが、日弁連の推薦によって、最高裁判事に就任し、最高裁を定年退官なさってから、五、六年経っていた。坂本先生は最高裁を退職してからは、湯浅事務所には戻らず、丸ビルに独自の事務所を構えていらっしゃった。私は何かにつけて坂本先生に格別に目をかけられていたように感じていたので、先生が入会しろ、とおっしゃるなら、そう、いたします、と答えたものの、そのとき、咄嗟に、東京倶楽部に入会できるようにご推薦いただけませんか、とお願いした。ああ、きみはいままでメンバーでなかったの、いいですよ、ただ、推薦者は二人必要だから、もう一人の推薦者を探しておいてね、と言って東京倶楽部の会員名簿を貸してくださった。名簿を見ると、高さんがメンバーであった。私が高さんに連絡をとると、高さんは二つ返事で、承知してくれた。それだけでなく、万事、ぼくが引き受けるから、坂本先生にこれ以上、ご厄介をかける必要はない、と言って、入会の手続を進めてくれ、間もなく、私は東京倶楽部に入会を認められ、そのメンバーとなった。

その当時は東京倶楽部は霞が関ビルの近くの、虎ノ門から溜池に出る道路沿いのビルの七階かそこらに、ゆったりとしたロビーをはじめとするスペースを占めていた。中松先生がそのメンバーだったので、私は先生のお供で、何回か、くつろいだこともあり、久しくメンバーになりたいと考えていた。東京倶楽部は社交クラブだが、ずいぶん裕福な倶楽部で、現在はホテル・オークラの前の道路を六本木方面に進んだ左側に七階建てか八階建てのビルを建てて、その全部を倶楽部が所有し、利用しているようである。

この倶楽部は保守的な英国風の倶楽部で、長年にわたり女性は一年に一度のレディィズ・デイにしかはいることができない、女人禁制の規則で運用されていた。それでも立派で、広々した女性用トイレがある、と高さんが自慢していたことがあった。さすがにいまでは、土曜、日曜は昼ころからは女性連れでも差し支えないように規則が変わったようである。この建物の設備も行き届いたものであり、女性用トイレについて書いたので、ついでに男性用トイレについていえば、その綺麗で豪奢なことは、私が日本藝術院の第二部の部長をしていた当時、一年に三、四回、訪ねたことのある皇居のトイレに匹敵するか、それより勝るものである。

通知はすべて英語と日本語で、外国人メンバーも多い。私の想像では、この倶楽部はたぶん外務省出身者が中心になって設立されたものであろう。中松先生は日本倶楽部という倶楽部のメンバーでもあったが、現在、国際ビルに所在する日本倶楽部はおそらく戦前の内務省出身者が中心となって設立されたものではないか、と私は想像している。日本倶楽部はかなりに騒々しく、東京倶楽部のように取り澄ました雰囲気はない。じつはこうして東京倶楽部のメンバーになったものの、私はほとんど利用していないので、詳しくは承知していない。私が入会を認められたときに、高さんに教えていただいたところが、私のこの倶楽部に関する知識のすべてにほぼ等しいと言ってよい。

そこで、ようやく高さんに話題を戻すと、東京倶楽部こそが高さんのホームグラウンドであった。高さんが、私が入会したときにすべて案内してくれ、新しいビルに移転してからも、高さんに案内していただいたのだが、高さんは倶楽部の施設の隅々までご存知であった。彼は、格別の用事がない限り、会社の勤務時間が終わると、必ず東京倶楽部で一時間かそこらの時間を過ごす習慣であったらしい。高さんと同じような常連の人々が少なからずいたようである。まず、バーで一杯か二杯、軽くドライ・シェリイをたしなみ、バーテンダーと言葉を交わし、それから待ちかねていたような人々とビリヤードをたのしみ、カードゲームをたのしみ、決して度を過ごすことなく、一時間か一時間半ほど過ごして、引き上げるのが常、というようにお聞きしている。まさに、帰宅前の時間の過ごし方として、軽い高さんにふさわしい過ごし方だと感銘をうけたのであった。

高さんは遊び人であった。都会人らしく、上品に遊ぶことの達人であった。

東京倶楽部について、もう一言、つけ加えておくと、レストランとバーは東京會館が請け負っているようである。メニューは東京會館とほとんど同じで、料理の味付けなども同じだが、値段は東京會館と比べて格段と安い。それに関連して思い出すことだが、東京倶楽部では現金の支払いはない。すべての勘定はサインで済ませ、あらかじめ届け出ている銀行口座から引き落とされる仕組みになっている。それ故、財布を持たずに出かけても、不自由なく、飲み食いしたり、施設を利用したり、することができることになっている。だいたい、高さんが利用する場所は、同じように遊んでも、那須ゴルフ倶楽部といい、東京倶楽部といい、非常に廉価に遊ぶことができる場所に決まっているようである。高さんは遊び人だが、遊び上手でもあり、到底、私が真似しようとしても、真似できない人であった。

＊

ポリドールの社長を辞めてから、私は高さんと接触をもつことがなくなったようである。一高の同窓会名簿は平成七年度版が最新のはずだが、これには高さんはシーメンス旭メディテック常勤監査役という肩書で掲載されている。この会社もシーメンスの関係会社に違いない。その後、突然、高さんから電話があった。浦和に転居した、ということであった。話の様子では、結婚なさったお嬢さんの住まいに同居することになったらしい。あの世田谷の広壮な住宅はどうなさったのか、よほどのことが起こったに違いないのだが、高さんは、近くなったから、食事でもご一緒しようよ、とまことに相変わらず気軽い口調であった。那須へ行くのが便利になった、などと嬉しそうに話すのを聞いていると、世の中、万事平穏という感じであった。しかし、ついに食事をご一緒する機会はなかった。

高さんが、何時、亡くなったのか、記憶にない。葬儀に出席した憶えもない。亡くなってから、だいぶ後に、誰かからか、高さんが亡くなった、と聞いたのであった。高さんとしては寂しい晩年であった。あんな「軽い」、遊び上手な、都会人はもう今後あらわれることはあり得ないだろう、と思うと、高さんが私にはひたすら懐かしいのである。

楠川徹

楠川徹に初めて会ったのは昭和二〇（一九四五）年の晩春であった。私は当時、旧制一高の二年生になったばかりで、寄宿寮の研修幹事という役についていた。一高では全寮制度のため、寮の委員に選ばれると委員の仕事に専任するという建前で勤労動員を免除されていた。そのころは委員と称することは止めて幹事と称していたのだが、同級、同室の中野徹雄が副幹事長、同級の文科端艇部所属の横田光三が幹事長に選ばれたので、中野に誘われて、私は研修幹事に就任していた。この役は本来であれば、文芸部委員に相当する役であったが、当時は校友会雑誌、文芸部雑誌も新聞形式の『向陵時報』も発行できなくなっていたので、竹山道雄教授の提案、指導によって『柏葉』と称する雑誌を刊行する企画を進めていた。しかし、これもはかばかしく刊行の運びにならなかった。そのほかは、小規模の音楽会のような、寮生に文化的な潤いを与えるような催しを企画して、実施することが業務とされていた。しかし、一九四五年に入ると、全国各都市への空襲が烈しくなり、ことに三月一〇日の東京下町への大空襲の後は、そんな業務を企画することさえ思いもよらない状態になった。そこで、私は、山形県の上山《かみのやま》温泉に疎開していた理科乙類の学生たちとの連絡という名目をでっちあげて、上山に出かけたのであった。

理科乙類はふつう理乙と呼ばれていたのだが、理乙の学生が何故上山に疎開していたかといえば、彼らの勤労動員先が軍医学校であったためであり、その軍医学校が山形の山形高校（旧制）に疎開したためであった。何故彼らの勤労動員先が軍医学校であったかといえば、理乙はドイツ語を第一外国語とするので、大学では医学部に進学する学生が主であったからであった。

私は上山駅で下車して理乙の学生たちが宿泊している温泉宿を訪ねた。三月一〇日の東京大空襲の後も、当時の国鉄はほぼ時刻通りに運行されていた。私は上野駅から奥羽本線の夜行列車に乗り、早朝に上山駅に着いた。そのころ斎藤茂吉の歌集『白桃』が刊行されていたはずだが、私は読んでいなかった。もし読んでいたならば、『白桃』所収の「上ノ山滞在吟」に心をうたれていたはずであり、ことに

上《かみ》ノ山《やま》の町朝くれば銃《つつ》に打たれし白き兎はつるされてあり

の作を印象ふかく憶えていたに違いないから、駅から温泉旅館への道すがらの商店街にも目配りをしただろうと思うのだが、『白桃』を読んでいなかった私は、斎藤茂吉の心境やその歌などを思い起こすこともなく、田舎町の駅前通りを行き過ぎて、温泉旅館街に着いたのであった。この温泉旅館街は、私が少年時代から祖父母に誘われて盛夏を過ごした、長野県の渋・安代の温泉街と比べても、よほど鄙びていて、寂れているように見えたのだが、これは戦争の末期だったからかもしれない。

学生たちは、その温泉旅館街の三軒の旅館に分宿しているとのことであった。私は本部が置かれている旅館を訪ねて、幹事に会いたいと申し入れた。すぐに幹事の学生が現われた。彼は私と同じくら

い の 背丈で、いわば長身であり、しかも、整った容貌の持ち主であった。それにすっと背筋を伸ばした姿勢も良かった。いかにも理乙の学生たちの幹事をつとめるのにふさわしい人物らしい風貌、体格、態度であった。後に彼と一緒に旅館の薄暗く、四、五人しか入れない、狭くて侘しい内風呂に入ったときに知ったのだが、当時の私が栄養不良のせいもあって、ひどく痩せていたのに反して、彼は痩せぎすであったが、筋肉は引き締まっていた。駒場の寮では、どこに所属しているか、訊ねると、陸運、という返事であった。一高では陸上競技部を陸上運動部と称していたが、これはいわゆる陸上競技をするのは、競技が目的ではなく、心身の鍛錬が目的なのだ、という理想に由来するのであろう。なるほど、この男の体躯はスポーツで鍛えているのだ、と彼の引き締まった体格を見て納得したのであった。それが楠川徹であった。

私は用事らしい用事もなかったが、ともかくかこつけた用件を済ませ、監督の教授にも挨拶した。二階の廊下の突き当たりの部屋に監督の教授はお住まいであった。関泰祐教授であったと憶えているのだが、確かではない。後はひたすら楠川と雑談したのであった。そのとき、楠川は、いま、我々の間では、碧素が評判になっている、と話してくれた。

「碧素というのはね、一種のカビなんだが、これが肺炎の病原菌を殺してしまうような威力を持ってるんだな。こんなに病気の病原菌を殺してしまうような薬は人類はこれまで作ったことがないんだ。たとえば、アスピリンは解熱剤だが、熱を下げる作用はする、いわば対症療法に役立つけれども、発熱の原因となっている病原菌を殺すわけじゃない。英国で発明されて、チャーチルの肺炎の治療に使われて効果をあげたことが、ドイツの医学雑誌に報告されていた、その雑誌が潜水艦で日本に持ち込まれたんで、軍医学校でも血眼になってカビを探しだし、薬の製造に着手しているのだよ。カビを液中培養するから、碧素は瓶にはいっている」

まあ、そんなことを楠川は話してくれた。碧素とは当時の日本で名づけていたペニシリンのことであった。私は楠川の顔を見ながら、じつによく喋るな、まるで彼が碧素を発明したと自慢しているかのように聞こえたな、などと思って、彼の雄弁に聞き惚れていた。

初対面の思い出はこの碧素について聞いたことと、温泉旅館の内風呂に一緒に入ったこと、教授に挨拶したことだけである。それでも、戦時下の思い出として強烈に脳裏に刻まれている。この旅行のさい、私は上山から山形に出て、仙山線で山寺に行き、山寺を見物した後、仙台で東北大学鉱山学科に学んでいた兄の親友、黒岩甫さんを訪ねたことは間違いない。あるいは、山寺を見物することが私がこの旅行を思い立った本来の目的だったのかもしれない。山寺は鬱蒼たる森林の奥のひっそりした寺のように私は想像していたのだが、この想像が裏切られたかのように失望したことを憶えている。この旅行では、何といっても、楠川との初対面の記憶がいまも鮮やかなのである。

私の一高の同級生たちが当時を回想して文章を寄せている『運るもの星とは呼びて――終戦前後の一高』という文集がある。これに寄せられた三原茂という方の「日本ペニシリン「碧素」の想い出――上の山の追憶に重ねて」という文章には、次のとおりの記述がある。

「医学のイロハも知らなかった当時の私に、なによりも強烈な印象として残っているのは「あのチャーチルを肺炎から救った」と云う新薬ペニシリンをこの目で見たときのことである。

当時日本人の誰もが苦しんでいた食糧不足は、青年達の体をも容赦なく痛めつけた。一高生の間でも病人や故障者が絶えなかった。そんなある日、高熱に苦しむ一人の生徒が出た。寮委員であった私は稲ゾルからコップ一杯の美しい緑色の透明な液をあずかった。これがあの日本ペニシリン――碧素

——であった。劇的な効果は言うまでもない。私は一人の青年の危機をたちどころに救い得たという事実もさることながら、手も届かない遠い敵国で開発された新薬——それも歴史的な——の研究がこの空襲下の日本でもひそかに行われていたという事実に、胸ゆすられる思いであった。そのとき私がはじめて知ったペニシリンは美しい緑色の溶液であり、時間が経つと褐色に変じて効果を失う程度の粗製なものにすぎなかったのであるが……。」

文中、「稲ゾル」とあるのは軍医学校の指導教官、稲垣克彦軍医少佐を指すらしい。このようなエピソードが上山に疎開していた理乙の学生の間で広く知られていたので、楠川も話題にしたのであろう。この文集に楠川も「一高時代あれこれ」と題する文章を寄せているので、その文章の中の上山の時期の回想を次に引用する。

「私は、辻照雄君と二人で、食糧関連の研究というテーマで、ソ連からはいってくる『イズベスチヤ』や『プラウダ』の食糧関連、農業関連の記事の翻訳をやるほかは、山羊を二頭飼育するという、かなり牧歌的な生活を送っていたのであるが、七月末近くだったかと思うが、辻君と二人が呼び出され、「飢餓の極限状態で戦地で兵隊が死んで行っているが、それに似た状態を作って、軍医学校としての実験をやるので、お前達二人がモルモットになれ。食糧を完全に断ち切った状態で、蔵王の山中で生きてみろ、自分の才覚で山野で食い物を探して生きるデータを集積してみろ。栄養失調がひどくなったら救いの手を出すから、安心してやれ」という話、むしろ命令であった。そしてその実行の日時は八月二十日過ぎと決定した。今考えてみれば、大変な話であるが、その時は、二人で顔を見合わせて暗然たる思いであった。幸い終戦となって助かったが、あと、一、二か月戦争が続いていたら、今の私はなかったかもしれない。」

このような、医療とはまるで関係のない実験を思いつくほどに軍医学校の軍医たちが倫理的に退廃していたことを思い知り、これは捕虜になったアメリカ兵を生体解剖したのと似た発想のように思われ、ただ暗然とするばかりである。なお、この記述から見ると、楠川も辻照雄君もロシア語を理解し、翻訳することができたらしい。何時、どのようにして彼らがロシア語を習得したのか謎だが、それにしてもただ驚嘆するばかりである。

＊

楠川徹は山口県山口中学の出身であった。山口中学と言えば中原中也が落第するまで通った中学である。中原中也が住んでいた住居の敷地の一部に山口市が中原中也記念館を設立したさい、私は山口市からずいぶんと相談をかけられたし、中原中也の会が発足したときからかなりの期間、初代の会長をつとめたりしたので、山口とは縁がふかかった。それというのも、私が、大岡昇平さんの助手として第一次『中原中也全集』の編集を手伝い、その後も数次の全集編纂に関わってきたからであった。

楠川は山口中学の出身といっても、元来が山口に縁のふかいわけではなかった。彼の祖先は米沢の上杉家に仕える武士であったと聞いたことがある。父君は、山口赤十字病院か何か、そんな病院の医師として山口に赴任したので、たまたま山口中学に在籍したにすぎないようである。父君は院長であったと聞いたように憶えているが、確かではない。そのためか、彼が格別に山口に愛着をもっていたようには思われない。私は、彼が成人してから山口に帰省するという話を聞いたことがないように思うし、山口を懐かしそうに話すのを聞いたこともない。しかし、大学を卒業するころまでは、夏季休暇の時などには、山口の実家に帰省していたらしい。そのころは私と彼の交友が途絶えていたので事情ははっきりしない。

中原中也記念館の初代館長であった福田百合子さんは山口の老舗の外郎屋の息女で、私と同年配、山口女学校の出身であった。あるとき、楠川徹をご存知ですか、と訊ねたことがあった。彼女は、眼を輝かせて、楠川兄弟でしょう、兄弟そろって、ハンサムで、勉強が抜群によくおできになって、スポーツは万能、運動会のスターでした、だから、山口の女学生の憧れの的でした、当時の女学生で、楠川兄弟を知らない人はいませんよ、と答えたのであった。

楠川には兄が一人いて、医者になり、国際連合に勤務していると聞いたことがある。あるいは、楠川と山口市との縁は中学在学中に限られるのかもしれない。それでも、彼らが当時の女学生に強烈な印象を残したことは確かである。しかし、私は、中原中也記念館の用事や中原中也の会の集会のために、しばしば山口を訪ねたので、彼に度々山口を話題にしたのだが、彼が山口を訪ねてみよう、ということは、まったく聞かなかったのである。

＊

楠川徹は敗戦後、理科から文科に転科して、私と同級になった。

戦争中、文科の学生には徴兵が猶予されなかったので、私が昭和一九（一九四四）年四月に一高文科に入学したときの同級生は過半数が徴兵された。しかし、当時の満洲に帰省していた尾藤正明がソ連参戦後に現地招集され、捕虜としてシベリアに抑留され、餓死同様に、肺炎で死去したことを別にすれば、その他の全員が無事に終戦を迎えて、学校に戻ってきた。戦争下で、もっと賢く、融通性のきく学生たちは、徴兵猶予の特典のある理科に進学し、敗戦後に文科に転科したのであった。私たち、元来の文科の学生たちは若干、軽蔑の気持ちをこめて、彼らを「文転」と、呼んでいたのだが、楠川もその一人であった。

ただ、楠川徹のばあいは、徴兵逃れのために理科の学生になったわけではなく、敗戦までは父君の跡を継いで医師になるつもりであったのかもしれない。彼の兄君が医師として国際連合に勤務していると聞いていることから見ても、本気で医師になるつもりで、医学部に進学するために、理乙の学生になったのかもしれない。しかし、敗戦後になって、文科に転科して、法学部あるいは経済学部に進学することによって、多様な前途が開かれるように感じたのではないか、と思われる。じっさい、彼が文科に転科したことによって、彼の天分が充分に開花したのではないか、と思われる。

しかし、同級になったからといって、彼とごく親しくなったわけではなかった。それは、私がきわめて怠惰な学生で、ほとんど授業に出席していなかったためである。いま同窓会名簿を開いて眺めてみて、同じ同級生の中で、まったく名前も顔も思いだせない人が、五〇人中、七、八人はいる。私が熟知しているのは一九四四年に文科に入学した人々であり、彼らには、親疎の縁の違いはあっても、古い戦友のような感情を持ち続けている。楠川が同級であったと記憶しているのは、私が彼と上山で出会っているので、そのさいの印象が鮮明であり、彼に好感をもっていたからとしか思われない。

それでも、敗戦後に、彼と親しく付きあったわけではなかった。彼は陸上運動部でスポーツに明け暮れていたようだし、私は中原中也、小林秀雄、立原道造などを読みふけり、幼い詩作に没頭していたので、私たちが生活する世界が交わることがなかったのである。

この時期について楠川自身は、前にふれた「一高時代あれこれ」の中で次のとおり記している。

「陸運の生活で、特記すべきことと言えば、終戦後昭和二十一年の関東インターハイで、成蹊高校と優勝を争い、僅差で惜しくも二位に終わったことであるが、その接戦のゆえに特に出場権を得て、地区戦優勝校で争われた全国インターハイに参加、京都大学グラウンドで走りまわった思い出がある。」

楠川はスポーツマンでもあった。私は駆け足はもちろん、あらゆる運動競技は不得意なので、楠川が書いているインターハイという旧制高校交流試合に応援に行ったこともないばかりか、行われていることさえ知らなかった。

＊

大学に進学してからも、楠川との交友がふかくなったわけではない。私が東京に下宿するような経済的余裕がわが家にはなかったから、大学の三年生になって父が千葉に転勤になるまで、父の勤務先の水戸の官舎でぶらぶら暮らしていた。ごく短い期間、大宮の母の親友であった篠原喜代子さんが経営していた河内屋篠原薬局に居候していたことがあるだけであった。千葉に転居してから、かなりの頻度で本郷には出かけたが、それも森川町のマージャン屋で過ごすことの方が多かったのである。

楠川は法学部政治学科に進んだらしい。後に彼から聞いたところでは、本郷一丁目の農学部の近くに基督教青年会、いわゆるＹＭＣＡの宿舎があり、楠川はその宿舎で寝起きしていたそうである。しかも、その宿舎にはオルガンがあり、森有正先生が始終そのオルガンを弾いておいでになったという。楠川もその基督教青年会の宿舎に泊まり込んでいたころ、森有正先生の知遇を得て、そのオルガンを弾くのを教えていただいた、という。これは後日、私が楠川から聞かされた彼の自慢話であった。基督教青年会の宿舎に入り込むなどということは、私などが想像もできない離れ業である。東京やその近辺に実家のない、地方出身者は必死でできるだけ安く寝泊まりできる場所を探したのであろう。それだけ、東京に住み、大学の授業を聞くことに執心していたのであろう。その結果、楠川は基督教青年会に巡り合ったに違いない。これも、授業などどうでもよい、と考えていた私とは違い、楠川はひどく真面目な学生だったので、そんな僥倖にも恵まれたのであろう。しかも、こうしてオルガンを弾くような技術を身に着けたことにも驚くほかはない。彼は学業にも卓れ、スポーツにも高い能力を持っていたが、音楽にも、ことにバッハなど、クラシック音楽に造詣がふかかった。ある意味で、彼は一高の教養主義を全身に浴びていたような人格であった、というべきかもしれない。

このことに関連するが、彼の歿後に寛子夫人からお聞きしたところによれば、山口では、彼は長老派の宣教師ミス・ウエルズという女性が園長をなさっていた明星幼稚園に通い、小学校時代には山口教会の日曜学校に通っていたそうである。また、そのころ、楠川家では聖書研究会が開かれ、山口高校（旧制）の教授、学生たちが集まっていたという。さらに、一高入学後には、堀信一教授の助言により目白町教会に通っていたのだそうである。だから、彼にはYMCAの宿舎に泊まり込むことができるような縁故があったわけであった。しかも、昭和二三（一九四八）年のクリスマスには目白町教会で受洗したという。私は、彼の生涯、彼がキリスト教の信者であるとはまったく知らなかった。それでいて、ことに彼の最晩年の一〇年ほどは、唯一の親友と思っていたのだから、恥ずかしいかぎりである。ただ、そうした信仰について彼が口にしたことが一度もなかったことは間違いない。何故か、彼は私にはそうした内心を打ち明けることはなかった。ところで、山口ではザビエルの布教のせいか、カトリックの信者が多く、中原中也の親戚にもカトリックの修道女になった方々がおいでになり、中原も関心を持っていたと思われるが、その山口で、プロテスタント長老派の信仰が普及していたということも私には意外であった。

*

大学を卒業して彼は富士銀行に就職した。私は司法修習生になり、二年間の修習の後、弁護士登録をし、中松潤之助先生の事務所に勤務することになった。折に触れ、楠川と顔を合わせる機会があったように思うが、とりたててどうと言った思い出はない。お互いが四〇歳に近くなったころ、ロンドンで出会ったことがある。どういう用事で私がロンドンを訪ねたのかも憶えていない。ロンドンにグリーンパークという公園があり、その傍らにグリーンパーク・ホテルというホテルがあった。私はどういうわけかそのホテルに泊まっていて、ロンドンの日本大使館に勤めていた秋山光路に連絡したのであった。秋山は私が一九四四年四月に一高文科に入学したときの同級生であり、寄宿寮の委員長に選ばれたこともあり、大人の風格があった。秋山は後にオランダ大使になったが、当時は一等書記官か二等書記官であったのだろう。そのとき、秋山が楠川に声をかけて一緒にグリーンパーク・ホテルに現れたのであった。この夜のことは考えてもふしぎなことばかりである。何故、私はグリーンパーク・ホテルというその後二度と泊まったことのないホテルに泊まっていたのか。秋山と楠川とホテルで夜遅くまで話しこんだことは間違いないのだが、どうして夕食をとりにレストランなり、日本料理屋に行かなかったのか、いったい夕食はどうしたのか。まるで記憶していない。それでも、何としても、このホテルで秋山、楠川と夜更けまで話しこんだことだけは記憶違いとは思われないのである。

その夜、私に印象ふかく刻まれていることの一つは、秋山が、楠川はシティに溶け込んで暮らしている、よほどシティの空気が楠川に馴染むのだな、といった趣旨のことを言ったことである。私が、いつも帽子をかぶり、洋傘を持って歩くといったことか、と訊ねると、それもそうだが、英語がまるでシティの英語だ、と秋山が説明してくれた。外交官の秋山はもちろん英語が堪能なはずだが、その秋山が感銘をうけるほど楠川は英語が達者なのか、と私は驚いた憶えがある。楠川は、シティの空気はぼくの肌に合うようだ、といったことを話していたが、その夜の楠川はむしろオルガンのことをしきりに語りたがっていた。それというのも、ロンドンではバッハのオルガン曲の楽譜がどれほど手に入りやすいか、ということを、いろいろ例を挙げてくどいほどに説明してくれた。それにつけて基督教青年会の宿舎で森有正先生の知遇を得たこととか、森先生のオルガンのこととか、私としては耳新しく、興味ふかい事柄が多かった。つけ加えていえば、ロンドンではバッハのオルガン曲の楽譜が手に入りやすいと楠川が言うのを聞いていると、まるで楠川の自慢話を聞いているような感じがするのも面白く思った。じつは彼は二年間もギルドホールの夜学に通って本格的にオルガンの演奏を習ったということは後に聞いたことであり、その当時の彼はそんな学習についてはまったく話したことはなかった。

ともかく、このロンドンの一夜で、私は楠川徹という人格を知り、非常な親近感をもつようになったのであった。

*

楠川は昭和四一（一九六六）年にロンドン駐在からデュッセルドルフ支店に支店長として赴任したという。このデュッセルドルフ駐在の七年ほどの間、一九六〇年代の後半から七〇年代の初頭まで、私はほとんど毎年のように彼を訪ねていた。当時はいろいろ用事があって、私は年に数回はパリ、ロンドン、ミュンヘンなどを訪れていたので、そうした旅行のさいに何かとやりくりしては楠川に会う段取りをつけたのであった。

そのころ、思いだすことは、順序が定かでない。私が中松潤之助先生夫妻のお供をしてボンに宿泊したことがあった。ちょうど一高の後輩の佐久間穆が朝日新聞のボン支局長としてボンに駐在していた。ボンにドイツ政府の首府があった時代であった。私は佐久間に会いたいと思って連絡をとったが、彼は多忙をきわめているようであった。そのころ、たまたま日本からは大蔵省の柏木雄介財務官が出張し、アメリカ、英国、ドイツ、フランス、それに日本など先進諸国の財政、金融の責任者の会合が開かれていた。この会合は先進十カ国蔵相会議であり、これに柏木財務官が大蔵大臣に代わって、出席していたのかもしれない。このときに私は佐久間から柏木財務官という名前を聞いたことは間違いないし、このとき以外に柏木財務官という名前を聞く機会はあり得ないのである。この会合より前、先進国の間で貿易黒字国と赤字国との間の対立が激しくなり、アメリカは構造的黒字を抱える国の通貨切上げ調整を要請、ドイツ・マルクやスイス・フランの通貨切上げを求める動きが強くなり、七〇年一〇月には、ドイツ・マルクが九・二九パーセント切上げられていたが、なおアメリカ・ドルの弱体化、金の流出が進み、ついに七一年八月のニクソン・ショック、同年一〇月スミソニアン協定により円相場は、一ドル三六〇円から三〇八円まで切上げられていた。しかし、その後もドイツ・マルク相場、金相場の高騰、イギリス・ポンドおよびフランス・フランの低迷が続き、昭和四三(一九六八)年一一月、国際金融市場の閉鎖が相次ぎ、前記の会合が催されたのであった。この当時は一ドル二四〇円程度まで円が切上げられていたが、このボンの会合のときも、ドイツ・マルクと並んで、円の切上げも議論されたようだが、佐久間から電話で聞いたところでは、円については切上げということにはならなかった、ということであった。そのとき、佐久間は、円はどうか、と質問があったので、切上げだ、と冗談を言っておいた、と笑っていたことを思いだす。その後、私たちはボンからデュッセルドルフに移動し、楠川に会ったのだが、楠川はその会合のことを熟知していた。柏木財務官らは通貨マフィアと陰口を言われている、彼らが為替相場を操作すると世界経済が決定的な影響をうけるのだ、と説明し、佐久間が毎日のように教えてもらいに来るので、教えてやっている、と言い、ぼくがいなければ、佐久間は東京本社に記事を送れないのだよ、と話していた。これは楠川の自慢話であったが、佐久間は経済問題にまるで無知だったから、一高の先輩であったために楠川と知り合っていたことで大いに助けられたことは間違いあるまい。楠川ほどの国際金融経済通はわが国の銀行員の中でも稀であったはずである。佐久間は、かなり頻繁に楠川に教えを乞うていたことから見て、楠川と相当親しかったようであり、楠川は他人に教えることが好きだった、と思いかえすのである。

この話と前後する時期に、私はゾーリンゲンに本社のあるB社に招かれて、B社を訪ねたことがあった。私がボン・ケルン空港に着いたところ、楠川が出迎えに来ていてくれた。同時にB社の社員も出迎えてくれた。楠川とその社員はしばらく話し合っていたらしい。後に、あれほどドイツ語の達者な日本人は初めて見た、とその社員が言っていた。そのことを後日、楠川に話すと、いや、ぼくのドイツ語などは日常会話に不自由ないと言った程度で、達者なんてものじゃない。ぼくが達者なのは英語なんだ、と話していた。楠川についてのそのときの思い出はそれだけのことだが、B社について、余談だが書きとめておきたい。ボン・ケルン空港からゾーリンゲン所在の本社まで私を乗せた自動車は制服を着た運転手の運転するメルセデス・ベンツであった。B社は洋傘のメーカーであった。洋傘というものは、日本では零細企業が問屋の指図をうけて製造するものと思いこんでいたので、制服をきた運転手のメルセデス・ベンツに私は驚いたのだが、ゾーリンゲンの本社につくと、本社にはそんな黒塗りのメルセデス・ベンツが一〇台ほども並んでいたのにもさらに驚いたのであった。これらはヨーロッパ諸国から来訪する得意先の送迎に使われるようであった。いまはどうか知らないが、当時はヨーロッパに販売される洋傘の市場占有率の九割ほどをこのB社の製品が占めているということであった。B社の本社、工場はそれにふさわしい近代的な施設であった。余談を続けたいが、ここで余談はとりやめることとする。このとき私が招かれたのは洋傘の特許問題に関連した世界戦略の相談であったと憶えているが、どういう事柄について意見を求められたのかは憶えていない。

同じく中松先生ご夫妻のお供をしてボンに泊まったことがあった。先生がボンの日本大使館を訪ねる用事がおありになったのではないか、と思われるが、朝、起きてロビーに出ると先生にお目にかかった。すると、先生が、ホテルでは両替ができない、為替市場が閉鎖されているそうだ、銀行へ出向けば、一人あたり五〇ドルまではマルクに替えてくれるというので、わしはいま、そこの広場の先の銀行まで行って両替してきたところだ、とおっしゃる。そこで、私は、それ以前、中松先生からお預かりした二千マルクほどがデュッセルドルフの富士銀行に預けてありますから、これからデュッセルドルフに行ったらどうでしょうか、と申し上げた。先生も賛成してくださったので、先生ご夫妻と私はタクシーでデュッセルドルフに移動し、富士銀行に楠川を訪ねたのであった。このときに預けてあった金額が二千マルクほどであったか、三千マルクほどであったか、はっきりとは憶えていないが、日本円にして、三、四〇万円ほどであったようなぼんやりした記憶がある。そこで、楠川から現金を受け取ると、中松夫人がたいへんご機嫌で、それじゃ、中村さん、盛大に買い物でもしましょう、とおっしゃってくださったので、夫人と私は、ケーニッヒス・アレーという、当地の銀座通りに出かけて、思い切り散財したのであった。

つけ加えておけば、中松皆夫人は、私はふだん「奥さま」と言い馴れてきた方だが、決してこのような莫迦げたショッピングがお好きな方ではなかった。もっとつましい方であった。堅実で、賢く、気性のしっかりした方であった。ただ、このときは、両替もできないと落ち込んでおいでになったとき、思いがけず、私からこれだけの金額をお預かりしています、と言って差し出されたので、ちょっと羽目をおはずしになったのであろうと私は考えている。私はそれに便乗して亡妻や娘たちへの土産を買ったのであった。

このショッピングの件は楠川とは関係ないのだが、このとき、彼が現金を数えたときの手つきがいまだに忘れられないのである。というのは、たとえば女性の銀行員が数十枚のお札を扇状にひろげて目にも止まらぬ速さで枚数を数え上げるのに眼を瞠ることがあるが、そのような手際のよさを楠川はまったく持ち合わせていなかった。お札を一枚一枚数える手つきはまるで素人であった。そういえば、彼は国内営業の経験に乏しかったし、窓口業務の経験は生涯をつうじてまったくなかった。あの札を数えたときの楠川の手つきを思いだすとふきだしたくなるほどの可笑しさがこみあげてくる。

あるとき、楠川が、きみはシュロス・ホテルに泊まったことがあるか、ないなら一度泊まってみたらどうか、と教えてくれたので、彼が予約してくれたデュッセルドルフ郊外のシュロス・ホテルに泊まったことがある。シュロス・ホテルといっても城というより館というのがふさわしい建物で、攻撃、防御など戦闘に役立つとは思われなかった。それでも周囲に巾二メートルほどの濠をめぐらし、門から奥まった建物は石作りで、内部は冷え冷えとしていた。いかにもシュロスという雰囲気であった。部屋に入ると、天蓋つきのベッドがあり、由緒ありげな家具がしつらえてあり、部屋も市中のホテルのゆうに二倍か三倍はありそうに思われるほど広かった。心からくつろぐことができたので、私は大いに満足して一夜を過ごした。その後、フランクフルト郊外の丘の上、林に囲まれたシュロス・ホテルに泊まったこともあった。旅行のさい、スケジュールに余裕があれば、そんなホテルを探してみることがあった。ただ、このようなホテルに泊まると、食事はホテルの食堂に限られ、ちょっと買い物と思ってもタクシーを呼ばなければならない不自由さもあった。海外旅行のさいは、いつも一日も早く帰国できるように旅程をくんでいたので、シュロス・ホテルに泊まったのは数回にすぎないが、その経験も楠川の勧めによるものであった。

その当時、楠川はデュッセルドルフに日本人学校を設立することに取り組んでいた。そのためにどれほどの問題を解決しなければならないか、これまでどうしてきたか、などを会うたびに話してくれた。そのためにはまず、デュッセルドルフ日本人会の総意として日本人学校の設置を決めたり、日本に出張したさいに経団連で募金活動をしたり、さまざまの努力をした挙句に設置に至ったと聞いている。勘ぐって考えれば、これは彼の家庭の問題の解決が発端だったのではないか、と思われる。楠川は寛子夫人との間で二人のお嬢さんをもっていた。一九六二年生まれと六三年生まれの年子のお二人である。このお嬢さんたちが学齢期であったので、彼女たちの小学校通いをどうするかということが彼等一家の問題であったはずだと思われる。同じような問題は、デュッセルドルフに駐在する日本人会社員にも共通する問題であったはずである。デュッセルドルフには日本の大企業の支店が集中していた。それが何故かはここでは触れないが、三井、三菱、住友と言った銀行も三井物産、三菱商事といった商事会社も、その他の大会社も、支店をデュッセルドルフに構えていたはずだから、それらの企業の支店長以下、社員の人々はみな子女の教育問題に悩んでいたはずである。そうした悩みを個人個人がそれぞれ解決してきていたに違いない。楠川は、彼の家庭問題をデュッセルドルフ駐在社員一般の問題とし、駐在社員の総意をとりまとめて、日本人学校の設置を呼びかけ、実現にこぎつけたのだと思われる。そう考えると、それまで何故この問題を採り上げる人がいなかったのかがふしぎである。しかし、そのような発想をはじめて持つことは誰にでもできることでなかった。発想して実現する実行力を誰もが持ちあわせているわけではないが、楠川の卓越した発想力を私はこの問題に見ている。なお、このとき学齢期にあったお嬢さんのお一人は現在、英国の著名な大学の教授として哲学を講じておいでになるとお聞きしている。思えばまことに往時茫々である。

＊

楠川が富士銀行デュッセルドルフ支店長を務めていたころ、彼の自宅に招かれてしばらく雑談したことがあった。ある日、青々とした庭の芝生を見遣りながら、彼がしみじみと、海外勤務ばかりだから、日本に帰ってもポストがないんだ、と歎いていたことがあった。

それでも、昭和四七（一九七二年）に帰国して、営業部次長に就任、室町支店長を経て、一九七六年に取締役・人事部長になったころには、国際化の波が銀行業界にも押し寄せて来たらしい。国際派ともいうべき楠川に大いに陽があたることになり、その後は外国部長、常務取締役と昇進、昭和五六（一九八一）年には遂に副頭取にまで昇進したのであった。

その後、学生騒動のさいに全学連によりひどく損傷された東大安田講堂の修復費用を旧安田財閥グループ各社に呼びかけて募金し、その結果、安田講堂が修復されたことは、彼のずいぶんと誇らしく思っていたことのようである。私は帰国後の楠川とは、デュッセルドルフ支店長時代とは違って、二人だけでかなりの時間、一緒に過ごして雑談するような機会がなくなった。彼は国内、海外のいろいろな会合などで多忙をきわめているようであった。そのため、稀に顔を合わせてもゆっくり話し合うこともなくなったのであった。安田講堂再建の募金のこともそんなときの自慢話として私は聞いたのであった。ただ、富士銀行副頭取という立場で旧安田財閥グループの各社に呼びかければ、当然のこととして各社は募金に応じざるをえないことだから、そのような募金を発想したことがデュッセルドルフにおける日本人学校と同じく、誰でも思いつきそうでありながら思いつかない、楠川が思いつくまで旧安田財閥系企業の誰もが思いつかなかったということを別にすれば、格別のこととは思わなかった。ただ、楠川は真面目な学生だったから安田講堂に愛着があって、復旧しなければならない、と思ったのであろうが、私のような怠惰な学生だった者は安田講堂に何の愛着も郷愁ももっていないので、私が楠川の立場であったら、やはり募金など思いつきはしなかったに違いない。

ただ、そんな自慢話の一つに彼が口にしたアメリカ議会上院の公聴会における証言があった。この平成二（一九九〇）年六月一三日の証言は、その速記録が公開されているので、速記録を入手し、ざっと読み、楠川の博識と英語力にふかい感銘を受けたことがあった。これは自慢するに足ることだと私も痛感している。

この証言はアメリカ合衆国上院の連邦預金保険制度の改革等の委員会の討議に楠川が招かれて行ったものである。私は「預金保険（deposit insurance）」というものがあることさえ知らなかったが、知らないのが当然らしいことが楠川の証言からもはっきりするようである。この日、英国のバークレイ銀行とドイツ銀行のやはり高い役職の方々と共に楠川も証言したのだが、私が驚嘆したのは、楠川が、日本の銀行の法的規制や実情について説明しているだけではなく、必要に応じ、証券業や保険業との関係についても説明し、これらがアメリカの銀行、証券、保険の業務や法的規制や実務とどういう点で同じであり、どういう点で異なっているかを子細に説明していることであった。つまり、日本の銀行制度に通暁していることは当然だが、証券業、保険業についても、ことに、これらと対応するアメリカの法的規制や実務に通暁している、博識に私はふかい感銘をうけたのであった。

はじめに「預金保険」についての彼の証言を読むと、彼は、日本では預金保険が預金者の保護の目的をカバーし、解決すると期待することには疑問を持つ、と述べ、その理由を説明している。彼によれば、日本の預金保険制度は、総じて、セイフティ・ネットとして比較的小さな役割しか果たしていない、保険基金の金額も比較的小さい、四千億円から日銀が引上げられる一兆円、という金額だから、一兆円でもごく小さな銀行の失敗をカバーできる程度である、それより、銀行同士で助け合った方が早いし、効果的なのだ、と言う。しかし、ここで、日本とアメリカは事情が違う、と断って、日本には銀行は一五〇ほどしかないけれども、アメリカには一万三千も銀行があるのだ、と述べている。

このアメリカの銀行の数には本当に私も吃驚したのだが、いわば二桁、銀行の数が違うのだから、たしか、二〇二三年の春、カリフォルニアの銀行が二行、ふつうチャプター・11（イレブン）といわれる会社更生法に対応する法律による手続を申請したことが話題になったが、その程度のことでアメリカの金融界が揺らぐわけではなかったのであった。

楠川の上院公聴会における証言の内容を説明するつもりはないし、ただ日米両国の間の銀行、証券、保険に関してその法的規制や実務などの異同をこまごまと説き、ミスター楠川、この点はどうですか、というように次々に受ける質問に応じて、おそらく数時間にわたり、英語で、論じ来り、論じ去る該博な知識とこれを英語で表現する能力の高さには、友人とはいえ、驚嘆の外なかったのであった。

ただ一言付け加えるなら、この証言の冒頭で、楠川は、英語は私のネイティヴな言語ではないので、言い間違いがあってもお許しいただきたいし、訂正することをお許しいただきたい、と言った趣旨のことを断っているのが可笑しかった。楠川のように英語に自信があっても、このように断るのが、やはり日本人らしい。ドイツ人やフランス人であれば、それほど達者でなくても、決してこのような断りはしない、日本人だけのこだわりであろう。それが楠川らしくもあり、彼らしくもないようにも思われるのである。

＊

楠川徹は平成三（一九九一）年に富士銀行を退職し、富士総合研究所の会長に就任した。彼が富士銀行副頭取に就任したのが昭和五六（一九八一）年だから、ほぼ一〇年間という長期にわたって副頭取をつとめたわけである。彼が退職したとき、彼と同じく副頭取をつとめていた方が頭取に就任なさったが、その方は国内営業の経験の長い方であったはずである。国内営業の経験がほとんどなかった楠川が、いかに海外先進国の金融界で知られていても、頭取になれないことはしごく当然であるから、彼としても納得していたに違いない。

富士総研の会長は一種の名誉職だったのではないか、と思われる。それは、会長に就任してから後、かなり親しい交友が復活したと記憶しているからである。彼が富士総研を退職したのは平成一四（二〇〇二）年だが、その前、平成一二（二〇〇〇）年に私は日本近代文学館の理事長として成田分館を建設するための寄付集めに苦労していた。この寄付については、事務所の同僚をはじめ、私のあらゆる知己、友人、弁護士業務の依頼者などにご迷惑をおかけし、ご協力いただいたのだが、楠川もその一人であった。

彼は、最近、資産の棚卸しのようなことをしてみたら、この程度の金額なら寄付しても良さそうなのだよ、と言って、快く、かなり莫大な金額の寄付をしてくれた。私は楠川の篤い友情にいまでも心から感謝している。

*

平成一六（二〇〇四）年に、私は、「国際自由学園」という商標の登録無効審判事件の最高裁への上告事件を取り扱い、翌平成一七（二〇〇五）年に首尾よく最高裁の東京高裁判決を取消す旨の判決をうけた。この事件の依頼者は学校法人自由学園であった。神戸市所在の学校法人神戸創志学園という学校法人が「技術・スポーツ又は知識の教授、研究用教材に関する情報その仲介、セミナーの企画・運営又は開催」について「国際自由学園」という商標を登録第四一五三八九三号により登録していたのに対して、この登録商標は大正一〇（一九二一）年に羽仁吉一・もと子夫妻により創立された学校法人自由学園の著名な略称である「自由学園」を含むから無効とすべきであると自由学園が主張して登録無効審判を請求したところ、特許庁はこの無効請求を斥ける旨を審決し、この審決の取消しを東京高裁に求めたところ、東京高裁もこの審決を適法として、自由学園の訴えを認めなかったので、やむを得ず、最高裁に上告した、という事件であった。

この事件は東京高裁においても私の事務所が自由学園を代理していたのではないかと思われるが、詳しくは憶えていない。私は最高裁への上告理由書および上告受理申立て理由書を起案する段階になって初めてこの事件に関与したように憶えている。商標法には、他人の肖像または他人の氏名、名称、著名なその略称を含む商標は、登録を許されない旨を規定しているが、東京高裁は、自由学園という名称は学生の間で著名とは言えないと判断して、自由学園敗訴の判決をしたのだが、これはいかにも法律の解釈を誤ったものであり、学生の間ではなく、一般人の間で知られているかどうかによるべきであると私をはじめとする私の事務所の同僚の弁護士らが最高裁の判断を求め、最高裁が私たちの上告を理由あると認めてくれたのが、平成一七年七月二二日に言い渡された判決であった。その結果、東京高裁でふたたび審理されて特許庁の審決は取り消され、学校法人創志学園の商標登録は無効とされたのであった。

どうして楠川の回想にこの事件が関係するかと言えば、この事件を私に持ち込んできたのが楠川であったからである。あるいは楠川の推薦により私の事務所が自由学園から依頼を受けたのであった。あるいは、私はこの事件を持ち込まれた時に、東京高裁の段階では、事務所の同僚に任せていたのかもしれない。だが、東京高裁で敗訴して驚き、上告にさいして精一杯の努力を傾けたものと思われる。どうして自由学園と楠川が繋がっているのかはっきりしないのだが、寛子夫人が自由学園のご出身であったか、自由学園と何らかの縁をお持ちだったのかもしれない。いずれにしても、最高裁判決によって私はいくらか面目を保ったのであった。

そういえば、余談だが、最初の東京高裁で自由学園が敗訴したときの合議体の裁判官三人が三人とも自由学園も羽仁もと子もご存知なかった、という裏話を聞いたことがある。東京高裁の裁判官といえば、裁判官の中でもエリート中のエリートだから、そんなエリート裁判官が自由学園を知らないということが私には信じられず、本当に知らなかったと知り、わが国裁判官の教養のレベルに慄然としたことがあった。

＊

考えてみると、この自由学園の商標事件より前の二〇〇一年の夏から、私は群馬県北軽井沢の吉田健一さんがお使いになっていた別荘が売れないので困っていると吉田さんのご息女の暁子さんからお聞きし、吉田暁子さんに同情したこともあり、吉田健一さんゆかりということもあり、この別荘を譲り受けて使いはじめていた。それまで私は北軽井沢の事情にも暗く、まして軽井沢の事情もまったく知らなかったのだが、楠川は追分に別荘を持っていたので、私が北軽井沢の旧吉田健一さんの山荘を使い始めると何かと教えてくれることが多く、その関係でも、楠川との交友がふかくなったのであった。彼が北軽井沢に私を訪ねてくれたり、彼が予約して軽井沢の中華料理屋で食事をしたり、また、軽井沢駅南側のショッピング・モールの中のフランス料理屋で食事をしたり、あるいは、北軽井沢のレストランを教えてくれたり、いろいろと私の北軽井沢滞在を愉しくするような世話をやいてくれたのであった。

彼はじつに面倒見の良い人であった。軽井沢で食事をするときなど、彼は私たちの駐車スペースにまで気をつかってくれたのであった。彼は日米の銀行制度などばかりでなく、料理屋、レストランやその料理についても詳しかったし、一言も二言も持っていた。それに彼の意見、見方はいつも内外の広い視野に立っていたので、私が共感することが多かったのであった。彼は八〇歳を越えても東京から追分までの往復や追分と旧軽井沢の間の往復に自動車を運転していた。もう危ないから運転はやめたらどう、と忠告しても、聞き入れることはなかった。彼はスポーツマンで運動能力に自信をもっていた。

私は楠川と彼が亡くなるまで、次第に交際がふかくなった。最初はおたがいにかなりの数の親しい友人の中の一人だったはずだが、しだいにそうした友人たちが他界し、同世代の友人らしい友人としては私にとっては楠川しかいなくなり、楠川にとっても私しかいなくなったわけである。つまり、一高の関係の友人であれば、かつての私には国文学会関係の親しい友人として中野徹雄やいいだももがいたし、楠川には陸上運動部関係をはじめとする親しい友人がいたはずである。そのような友人たちが誰もいなくなって、残った友人が私にとって楠川であり、楠川にとって私であったと思われる。私と楠川は専門はまったく違うので、私は銀行業務に関心がないし、楠川は知的財産法にも文学にもまるで関心がなかった。たとえば、旧軽井沢に行けば私には軽井沢高原文庫にちょっと立ち寄りたいと思うのだが、楠川はそのような文学的関心はもちあわせていなかった。しかし、国際的視野から物事を見たり考えたり、するといったことが、楠川も私も身についていたので、雑談をしたり、とりとめない話をしていても、何となく愉しく、うれしい時間を過ごすことができたのではないか。それが最晩年の彼が私の同世代の唯一の親しい友人となった所以であろうと考えている。

国際的といえば、彼と寛子夫人との間の二人のお嬢さんは成人して後、前に記したとおりお一人は英国にお住まいであり、もうお一人はアメリカにお住まいらしい。彼が、孫と会っても英語でないと会話が成り立たないのだよ、と語っていたことがある。こんな他愛ないことでも、彼の口から出ると、彼が自慢しているように聞こえたのであった。

＊

彼は、最晩年、脊椎に大怪我をした。その治療の過程でいろいろと余病を発症し、結局、二〇二三年四月に九六歳で他界するに至ったということである。彼はスポーツマンで運動能力がすぐれていたから、つい若いころの運動能力を九〇歳を過ぎてもいまだに持ち続けているように錯覚して、何か、軽率な動作をしたのではないか、それが結局命取りになったのではないか、と私は考えている。私は運動能力に劣っているために自分を過信することがないのだと思い、楠川の死を痛切に悼み、彼をしきりに偲ぶのである。

宇田健

宇田健を知ったのは昭和二一（一九四六）年の秋であった。当時、私は旧制一高の三年生で、寄宿寮の南寮八番室で暮らしていた。そのころ、原口統三が赤城で自死に失敗した後、南寮二番の寝室を占拠して、原口の侍者のように付き添っていた橋本一明、都留晃とともに、暮らし始めた。その原口の動静を見に、ほとんど毎日、南寮二番室を訪れていたのが宇田健であった。当時、宇田は、橋本、都留が原口を担いで組織したフランス会と称する文化サークルに属して、橋本、都留と同様に、原口に兄事していた、というよりも原口に心酔し、原口を畏敬していた。それ故、原口にもっとも親しかった橋本、都留の二人に次いで、原口に親しかったのが宇田健であった。ちくま文庫版の『定本・二十歳のエチュード』には、橋本、都留、宇田の三名宛ての原口の書簡も収められているし、宇田が原口の生前に執筆し、原口が逗子海岸で入水、自死した昭和二一年一〇月二五日直後の同年一二月七日刊行の一高の校内紙『向陵時報』に掲載された、宇田の創作「近代人」も収録されている。

私は、宇田を、橋本、都留よりも、よほど若いように思っていたが、じっさいは、橋本、都留は一年浪人してから一高に入学し、宇田は中学五年、卒業してすぐか、あるいは四年修了で、一高に入学したので、宇田と橋本、都留、それに原口とは、二年か、三年しか違わないはずである。ちなみに、橋本、都留は侍者のように原口に付き添っていたのだが、生年月日から言えば、橋本は、昭和二（一九二七）年一月一日生まれ、原口は同年同月一四日生まれだから、原口がほぼ二週間遅く生まれており、都留は大正一五（一九二六）年生まれのはずだから、原口が三人の中でもっとも若かったわけである。その橋本、都留よりも、宇田は中学では一学年か二学年下級だったにすぎないのだから、宇田がよほど若く、幼く見えたのは、彼の容貌が童顔だったためであろう。それに、彼の口調には末っ子らしい、甘えたようなところがあったので、余計に彼を幼く感じさせたのかも知れない。彼が何人兄弟、姉妹の末っ子であったか、私は承知していないが、愛妻に先立たれた彼が何かと姉を頼りにしていたことはじかに何遍も耳にしたことなので間違いない。宇田健が彼の兄とどれほど親しく付き合っていたのかは知らないが、兄は宇田博といって、昭和一七、一八（一九四二、三）年ころ、旧制一高の『護国会雑誌』と改称していた『校友会雑誌』、『向陵時報』という校内紙に、毎号、小説を発表し、詩人の清岡卓行とともに、一高文芸部を支配していた人物である。宇田博の小説に松尾芭蕉を主人公にした作品があり、その小説構成の巧みなことを私の畏友、日高普が絶賛していたことを私は憶えている。ただ、宇田博は、むしろ

窓は夜露に濡れて　都すでに遠のく
北へ帰る旅人一人　涙流れてやまず

と始まる「北帰行」という歌謡の作詞、作曲者として名を遺しているかも知れない。私は一度だけ、一時間ほど、宇田博さんにお目にかかったことがあるが、弟の宇田健よりはよほど大柄で、ずっしり

と存在感があり、世故に長けた社会人のようにお見受けした。宇田博はたんなる文学青年ではなく、社会の荒波をぐいぐいと乗り切っていくだろうと思わせる風格をお持ちであった。たしか、TBSに入社し、テレビ番組のプロデューサーとしても辣腕を発揮し、常務取締役にまで昇進なさったと聞いている。

そのような兄に比べると、宇田健は早熟だが、ひよわな、才子のように見えた。私は『向陵時報』に発表された彼の作品「近代人」を読み、唖然としたことを憶えている。原口統三の生前に執筆され、たぶん原口の目にもふれ、原口の自死の後、間もなく発表された、この作品は、原口に自死をうながすことになったに違いない。そういう意味で、この作品はまことに節操のない、社会人として未熟なものであった。このような作品を執筆した宇田健の軽率さに私は怒りを覚えたし、これを『向陵時報』に掲載することに決めた編集委員に対しても激しい嫌悪感を覚えたのであった。「近代人」は次の文章に始まる。

最早、感覚がその儘知識の総和となる程の枯れ尽した魂の風景であった。虚無は既に定式化し、その軌道の上を惰性で運行する生命の歩みが、唯持続する事にのみその余燼を費して居た。

そして又、見栄と羞恥と怠惰とが、近代人から熱情を抹殺しようとして居る。

この衒学的で、知ったかぶりの、分かった風な囈語の引用を続けるのは私には苦痛としか言いようがないが、その第二章の冒頭は次の文章である。

夕暮の墓場に燃える燐火のように、Hさんの青春の一季節は、風の無い草原に空しく消える。私の推察では三年間、唯一つの悪魔——怠惰という奴に喰いつかれて……いささかの形而上学に愛想を尽かし、科学を無視する事を高貴なりと錯覚し、語学は最初から学問に非ずと決めてかゝり、遂には文学にさえ絶望して——そうだ、目の前に聳えて居た物一切を憫笑し、冷笑し去った時に、Hさんが郷愁の様に切なく憧れたのは、原始的なあの熱情だったのだ。

この訳知り顔の少年の生半可な想像でHさん、つまり原口統三を解き明かそうとしている姿勢に、私は厭らしさしか感じないのだが、もうすこし引用を続けなければならない。

この作品の終わりに近く、次の文章が載っている。

戦後のうらぶれたT市のフォームに立って、却って荷物の少いのを喜びながら発車を待つHさんは、死にに行く人とは思えなかった。

どたん場まで来て、尚も私達はHさんの本心を確かめようと思った。それは「死を思い止らせる」確信のない者の、いい加減な不協和音となってしまった。音楽は既に「葬送」の第二楽章にまで行ってしまって居たのだった。

そうした私達を見てHさんは、

「君達は死にに行く者に未だ何か喋らせたいのかい。」

と些か怒り気味に言ったが、

「どうです、地獄の一丁目まで来た亡者の印象は。」

と又意地悪く笑った。
どうしてこんな状態のHさんに忠告やら、呪詛やら、なにやら、かにやら浴せられましょう。
こんな時の会話は十割までが虚栄である。

このような文章を原口の生前に書き、原口に示していたのが宇田健であった。私は宇田を軽佻浮薄な才子と考えて、しんそこ嫌っていた。ところが、じっさいに顔を合わせると、人懐っこい、甘えるような笑顔で接してくるので、憎くても、憎めない、そんな気分にさせるのが、宇田健の人柄であった。

＊

その後、大学を卒業した宇田が岩波書店に入社した旨を聞いたことがあり、岩波書店の編集者として何らかの接触もあったように憶えているが、どういうことであったかは定かでない。ろくに交際らしい交際もないまま、数十年が経った。二十余年前、軽井沢高原文庫を訪ねたとき、たまたま野上弥生子さんの北軽井沢の別荘の茶室が移築されたばかりだったので、見物した。想像していたよりも、よほど質素な茶室であることに感銘を受けたのだが、むしろ、その説明が可笑しかった。そこで、高原文庫の大藤敏行さんに、これはどなたがお書きになったのですか、と訊ねると、宇田健さんにお願いしたのです、という答えであった。この説明は、次のとおりである。

野上弥生子は、朝一番の光が浅間山の頂きを真先に照らすのも、仲秋の名月が研ぎすましたハガネのように鷹繋《たかつなぎ》山の上空に冴えわたるのもこの離れから飽かず嘆賞した。宝生新《ほうしょう》、桜間《さくらま》金太郎、安部能成らと謡い会を催し、中勘助と旧交を暖ため、高浜虚子と月を眺めながら「ホトトギス」の話に興じたのもこの離れであった。

自ら山姥と称し「鬼女《きじょ》山房」の扁額を掲げたこの簡素な棲家こそ、自然に親しみ、孤独を愛した弥生子の精神の方丈ともいえる。

昭和八年竣工、平成八年移築

これは一種の美文である。冒頭の朝の光の浅間山と仲秋の名月の鷹繋山の対偶的な表現がその例である。末尾の「自然に親しみ、孤独を愛した」も対偶的な表現だが、この前に、宝生新から高浜虚子に至るまでの多くの人々との交友を記しながら、ここで「孤独を愛し」というのは無理がある。「精神の方丈」もずいぶん気取った表現である。私は、この説明を読んで、なるほど宇田が書きそうな文章だと納得したのであった。

＊

ところが、二〇〇〇年に私は図らずも北軽井沢大学村の吉田健一さんがお使いになっておいでになった吉田夫人所有の山荘を、吉田さんの息女、暁子さんから、事情があって、譲り受けることとなった。そのことを知った宇田健がわが家に電話をくれて、彼が北軽井沢の大学村に別荘を持っているので、お役に立つことがあったら、何でもお手伝いする、ということであった。それまで十数年使われていなかったためもあり、吉田さんの山荘はほとんど朽廃していたのだが、私は、何とかして復元したいと考えていた。管理組合が紹介してくれた工務店は、私の希望にまったく乗り気ではなかった。すっかり建物を撤去し、当世風の別荘を新築する方が手間も費用もよほどかからないということであった。しかし、私は昭和初年に大学村が開発された当時に建築された山荘の古風で質素なたたずまいが好きであったし、それに吉田健一さんが、酔余、墨書なさった漢詩を何としても保存するのが私の義務のように感じていた。吉田さんの墨書は和室の壁と勝手口の壁に残っていた。和室の壁には

雲横秦嶺家何在
雪擁藍關馬不前

という二行である。また、勝手口の壁には

空山不見人
但聞人語響
返景入深林
復照青苔上

という四行である。吉田健一さんの墨書は名筆とは言えないかも知れないが、じつに個性的な味わい深い字であった。たとえば、「藍關」の「關」の文字など、私はふだん「関」という字しか使わないが、吉田健一さんはきちんと正字の「關」と書いておいでになる。

宇田は、彼の懇意な工務店が信用できるから、その工務店に連絡してみましょうよ、と言った。その工務店の社長の娘さんが大学に通っていたころ、宇田が持っている御茶ノ水のマンションの部屋を無償で提供していたことがあるほど、親しいということであった。

結論からいえば、宇田が紹介してくれた工務店はじつに良い仕事をしてくれた。いまでも、二十余年、この工務店にはいろいろお世話になっているが、確かに信用するに足る会社であった。いま、床の下を覗くと、数十のコンクリートの礎石を新しく設置していることが判明する。この礎石の上に、古い家屋の骨組みを載せて、造作を加えたことが分かる。この工務店を紹介してくれたことだけでも、私は宇田健に感謝している。

この修復工事が予定どおり終わり、二〇〇一年の夏から私は旧吉田健一山荘を使い始めた。その翌日には宇田が訪ねてきた。相変わらず、人懐っこく、甘えるような、憎めない、表情で、あらわれた。私と私の娘たちは、宇田に北軽井沢で、どう暮らすか、の手ほどきをうけた。どこに、どういう店があり、何をどうすれば、何が得られるか、といった万般の事柄であった。それに、彼は、岸田衿子さんをはじめとする、北軽井沢に別荘をお持ちの人々の消息、その他の動静をこまごまと話してくれた。私たちは興味ふかく、宇田の話に耳を傾けていた。

彼は、吉田さんの漢詩の墨書が保存されたことをたいへん喜び、詩を眺めて、和室の漢詩については、韓愈ですね、と言い、

雪は秦嶺に横たわって家何《いず》くにか在《あ》る
雲は藍關を擁して馬前《すす》まず

と読み上げ、さらに、「たしか」と言って

知んぬ　汝が遠く来たる　応《まさ》に意あるべし
好し　我が骨を収めよ　瘴江の邊《ほとり》に

「と続くのでしたね」と言った。私は、宇田の記憶力の良いことに呆れ、驚き、「そうなの」、と答えると、宇田は、さらに、勝手口の墨書を

空山　人を見ず
但《ただ》人語の響くを聞くのみ
返景　深林に入りて
復《また》照らす　青苔の上

と読み上げ、暖炉の上の壁に掛けてあった、安東次男が彼の最初の結婚で得た長女、安東菜々さんのシルク・スクリーン作品をつくづく眺めて

「これは、中村さん、水天髣髴青一髪、ですね」

と言った。いうまでもないが、頼山陽の詩の一節である。安東菜々さんの作品は抽象画で、風景画ではないし、まして頼山陽のいう、天草洋とはまるで関係ないが、そう宇田に言われて見ると、たしか

に画面の中央に横一線走っている。頼山陽の詩を偲ばせるものがあると言って、言えないことはない。私は、宇田健がその教養をひけらかしているように感じたのだが、どうやら教養が身について、自然に迸り出るような気配であった。

私が驚いたことは、彼の深酒であった。彼はひどく酒好きであった。始終酔っぱらっているように見えた。ただ、酔って取り乱すことはなかった。私の山荘から宇田の山荘までは徒歩で二〇分はかかるのだが、酔余、だいじょうぶ、と言って、おぼつかない足取りで帰っていくのを、私はかなり心配しながら見送ったのであった。「お酒はほどほどにしたらいい」と何遍言ったか知れない。しかし、彼が聞き入れるだろうとは思われなかった。連れ合いに先立たれ、子供もない彼は、寂しそうであった。酒で孤独をまぎらすほかはないような風情であった。

そういう彼にとって、愉しみといえば、田辺元と野上弥生子との往復書簡の編集作業だったようである。そのころ、宇田も七〇歳を越えていたはずだが、しんそこ、編集者という職業が身についていたらしい様子であった。宇田の文才と教養を思うと、一介の編集者で終わるのは気の毒に思われたが、彼は彼なりに自足しているようであった。

＊

北軽井沢の山荘を修復して暮らしはじめて間もなく、私は『野上弥生子全小説』全一五巻を入手して、書架に配置した。しかし、手にとって読んでみる暇がなかった。この宇田健を回想する文章を執筆することを決めたから、はじめてその一、二巻を覗いてみた。意外なことに、宇田健が全巻にわたり各巻二、三〇頁におよぶ詳しい解題を執筆していた。私にとって意外だったのは、宇田がこの『全小説』一五巻の編集者であっても、編集者とは、あくまで陰の人、縁の下の力持ちであって、書籍の表に出ることはあり得ないものと決め込んでいたからである。ただ、宇田の執筆した解題を読んで、これは宇田でなくては書けない解題であることを知った。彼の生前、旧吉田山荘のわが家に立ち寄ったさい、私が読んでいれば当然話題にしたに違いないのだが、ついに話題にすることなく、終わってしまった。

そこで、まず第一巻の野上弥生子の処女作とされる「縁」について、宇田が第一巻に書いている解題を紹介したい。

明治四十年（一九〇七）二月一日発行の『ホトトギス』第十巻第五号に掲載。署名「八重子」。掲載にあたって本文の前に夏目漱石の左の一文が小字で付されている。

漱石氏来書

「縁」といふ面白いものを得たから「ホトヽギス」へ差上げます。「縁」はどこから見ても女の書いたものであります。しかも明治の才媛が未だ嘗て描き出し得なかつた嬉しい情趣をあらはして居ます。「千鳥」〔鈴木三重吉の作、明治三十九年五月の『ホトトギス』に載った〕を「ホトヽギス」にすゝめた小生は「縁」をにぎりつぶす訳に行きません。ひろく同好の士に読ませたいと思ひます。

今の小説ずきはこんなものを読んでつまらんといふかも知れません。鰒汁をぐら／＼煮て、それを飽く迄食つて、さうして夜中に腹が痛くなつて煩悶しなければ物足らないといふ連中が多い様である。それでなければ人生に触れた心持ちがしない抔と云つて居ます。ことに女にはそんな毒にあたつて嬉しがる連中が多いと思ひます。大抵の女は信州の山の奥で育つた田舎者です。鰒を食つてピリヽと来て、顔がポーとしなければ魚らしく思はない様ですな。こんな中に「縁」の様な作者の居るのは甚だたのもしい気がします。これをたのもしがつて「歓迎」するものは「ホトヽギス」丈だらうと思ひます。夫れだから「ホトヽギス」へ進上します。

その後、大正十年（一九二一）二月十五日、隆文館発行の桑田春風編『現代美文 砂金の壺』に「小鳥」という題で転載された。その文末に「（野上彌生子「縁」）」とある。

戦後、昭和四十七年（一九七二）十二月一日、ほるぷ出版発行の『昔がたり』に収められたが、その「解説」の中で彌生子は次のように述べている。

私の初めての作品は、夏目先生のお世話でホトトギスに発表した「縁」といふことになつてゐますが、それは本統ではございません。そのまへに短篇を一つ書いたからです。「明暗」といふ題で、やはり夏目先生に見て頂いたのですが、このはうは落第でした。（中略）「縁」はその後に書いたもので、どうにか及第してこれをホトトギスにのせて頂きましたが、ほんの習作のやうな幼稚なもので、いまはのぞいても恥しくなりますし、それにつづく二、三のものとてつづり方のやうなものに過ぎません。そのうちにどうにか小説らしいものになつたのは「父親と三人の娘」あたりでせうか。

また、昭和五十四年（一九七九）十月二十五日、成瀬書房発行の『縁・父親と三人の娘』にも収められたが、その際「古いおもひいで」の題で同じような内容の序文を寄せている。

昭和五十五年（一九八〇）六月から刊行が始まった岩波書店刊の『野上彌生子全集』の内容見

本に彌生子は「縁」について「夏目先生のおかげで、はじめて活字になつた短篇で、それも生まれてはじめての原稿料なるものとして、四円あまり貰つた時の驚ろきと悦びは、おぼろ気ながらまだ覚えてゐる。」と書いている。

以上が宇田健の「縁」の解題である。肝心の事柄だけを引用を交えて記述し、編集者の立場から一歩も出ていない、客観的な筆致は見事としか言いようがない。

そこで、私に縁のふかい「明暗」の解題も読むことにする。

この野上弥生子の処女作「明暗」に関する彼の解題は第一四巻に収められている。これは次のとおりである。

本篇については彌生子自身「処女作が二つある話」（昭和五十九年九月、岩波書店発行の『漱石全集』内容見本）の中で「私には世にいう処女作なるもの〔縁〕の外に、もう一つそれとされる作品があることになっている。「明暗」それが題名であった。／すこしでも文学に関心をもつものなら、夏目先生の最後の作品と同じ名前であるのに思いつくだろう。しかしそんなことはあとあとの話で、私はただ夢中に筆を執り、がむしゃらに書いたのみで、目的はただ一つ、夏目先生に見て頂きたい、との願望に外ならなかった。」と記されているが、その原稿は長い間所在不明であった。それが彌生子没後の昭和六十三年（一九八八）一月二十五日に成城の野上邸で発見され、同年の『世界』四月号に全文が掲載された。ついで同年七月二十五日、岩波書店から『自筆稿本 明暗』の題で限定三五〇部のファクシミリ版が刊行された。

この作品について夏目漱石が懇切な批評を書いて送ったことは有名であるが、ここにその全文を再掲する。明治四十年（一九〇七）一月十七日の日付である。

以下に夏目漱石の批評の全文を紹介しているが、この文章で知られるとおり、宇田はよく編集者の立場を外れることなく、客観的な解説に終始し、余情をいっさい省いている。しかも、原稿の発見された年月日まで記したことからみても、この発見をいかに重大事件と見ているかが理解できる。じつはこの原稿を発見したのは宇田自身なのだが、この事実には触れていない。

これらの解題は野上弥生子の著作の書誌的事実を記した、達意の文章と言ってよいと考える。宇田健がこのような文章を書くに至ったことを知って私がいかにうれしかったか、生前の彼に告げる機会がなかったことが心残りである。

ついでのことだが、この『全小説』第一四巻には、野上弥生子の最後の作品「森」が収められているが、その解題の中で、宇田は、野上弥生子が、昭和四年三月九日に小此木邸で開かれた明治女学校の同窓会に出席し、日記に「お清さんに逢ふ」と書いていると記し、「お清さんとは、巌本善治の娘で、後に早稲田大学総長となった中野登美雄の夫人である」と書いている。この中野夫妻が、旧制一高で私と同級、寮で同室であった中野徹雄の両親であり、中野の制服を借りて着ていた原口統三がその制服のまま、逗子海岸で入水したことを宇田は知っていたはずである。いうまでもなく、そのような事実はこの解題で語るべき事柄ではないが、私との雑談のさいは話題になったに違いない。私が、手元にありながら、目を通していなかった、宇田の労作について話し合えなかったことは、かえすがえすも、心残りである。

＊

野上弥生子の処女作「明暗」について、私は僅かながら重大な縁をもっている。というのは、野上素一さんが平成一三（二〇〇一）年二月に亡くなった時に、宇田から連絡があり、日本近代文学館は野上家にずいぶんお世話になっているから、ご葬儀に伺った方がいいと思います、ということであった。私は当時、文学館の理事長であったが、野上家に格別お世話になった憶えはなかったものの、宇田の勧めなので、文学館理事長の名刺を持って、ご葬儀に伺い、ご遺族にご挨拶した。それから数か月後、野上素一さんのご遺族から、「明暗」の原稿を文学館に寄贈したい、という思いがけない、うれしいお申し出を頂いたのであった。この寄贈のさいには、あわせて、夏目漱石が読後感を認めた書簡とともに弥生子に贈った、小さな京人形も寄贈してくださったのである。こういう結果になることを宇田は予期して私に葬儀に伺うように勧めたのか、どうか、確かめる機会はあったが、私は確かめなかった。ともかく宇田の厚意のたまものであることはあまりにはっきりしていたからである。だからといって、私がこの野上家の寄贈について宇田にお礼を言ったこともなかった。それほどに私は彼を親しく感じていたのであった。彼の「近代人」を読んだ当時のことを思うと感慨ふかいものがある。

このころ、すでに記したとおり、北軽井沢で、私は宇田が、田辺元と野上弥生子の往復書簡を編集していること、これがひどく興味ふかいものであることをしばしば聞いていた。私は、酔っ払いの宇田が、しらふの時には、こつこつと書簡を筆写し、印刷用の原稿を作成していることを知った。宇田はとうに岩波書店を定年退職していたが、野上弥生子の関係では岩波書店と緊密な関係を保っていたようである。ともかく野上弥生子さんの著述の書誌的事実に関して、宇田ほど詳しい知識を持っている人はいないはずだし、おそらく野上さんご本人も憶えていないことを宇田は調べ上げて承知していたのであった。田辺元と野上さんの往復書簡も、宇田が整理し、編集すれば、岩波書店が発行してくれることがあらかじめ約束されていたのであろう。宇田の筆写原稿を見せられたことがあった。驚くほど綺麗な字で書かれた、文字の訂正などまったく見られない、見事な原稿に感嘆した憶えがある。

この『田辺元・野上弥生子往復書簡』はじつに興味ふかいもので、ひろく読書人の間で読まれてよいものだと信じているし、これを公刊しようと考えた宇田の編集者としての見識に私は敬服しているが、ここでは、この『往復書簡』の「編者あとがき」の文章を紹介したい。『全小説』の解題と同様、あるいは、それ以上に、達意の文章であり、余剰をそぎ落とした、簡潔でありながら、充分な情報を伝達している文章である。これは竹田篤司・宇田健の連名になっているが、宇田の執筆であることは間違いないと考える。以下、その冒頭を引用する。

本書に収めた往復書簡を編者両名がそれぞれに見出したのは、一九九五年から九七年にかけてである。

田辺元と野上弥生子の間に文通を含めた交際があったことは、野上弥生子日記（『野上弥生子全集』第II期所収、一九八六—九一年、岩波書店刊）につぶさに記されているが、同全集を編集した宇田健は、全集に収録し得なかった田辺宛野上書簡を探索する過程で、弥生子の書斎から「先生からの手紙」と上書きした箱に入った田辺書簡を見出した。いっぽう田辺の遺品管理者であった下村寅太郎の没後、竹田篤司と島雄元は、その書斎・書庫の整理にあたり、同じように箱に収められた、田辺宛野上書簡の束を見出した。宇田と竹田は連絡をとり合い、ここに田辺・野上往復書簡が成り立つところとなった。本書刊行に際して、書簡の公刊を承諾して下さった、野上燿三氏ならびに田辺記念会（代表藤田正勝氏）に謝意を表したい。

かつて軽井沢高原文庫に移築された野上弥生子の茶室の説明の美文を思うと、同一人の筆とは思えない、一切の装飾を省いた、達意の文章である。もちろん、文章の目的、趣旨が異なるから、茶室のばあいの説明が文学的な味わいを持っても差し支えないことは当然だが、それだけでは済まない、宇田健の人間的な成長を私は感じざるを得ないのである。

この『田辺元・野上弥生子往復書簡』は、すでに引用した「編者あとがき」に見られるとおり、宇田が発見し、宇田が世に出したものである。これには、私信であればこそ、率直に語っている、二人の感情、感想、見解などが興味ふかいのである。たとえば、野上弥生子が、一九五六年一月に田辺元に宛てた書簡の中に次のような記述がある。

「湯川さんが若い素粒子グループからリコールされ兼ねない形になっている事も御耳に御入れいたしておきます。私はラヂオ東京の頼みで氏と話す事を承知いたし、いろいろ質問し度い事をもっていたのでしたが、辰野さんが一人交った為、なんとも仕方のない有様で、どんな結果で放送されましたか自分では聞きも致しませんでした。その時の湯川さんの印象は、私どもの概念にある学者というもののタイプとは全然遠い感じで、いまに日本に原子産業会社という風なものが出来たら、社長になれる、と帰って笑い話をいたしました。正力の下で、日経の石川一郎などと仕事するのはいっそふさわしいかとさえ存じられます。中間子を見つけたって、人間が別に偉大になるわけでも進歩するわけでもございませんから、多くの期待をかける方が間違いかとも存じられます。」

この『往復書簡』が単行本で刊行された時には、解説を執筆した加賀乙彦さんに宇田健の注釈が届けられていなかったので、宇田の注釈は単行本には収められなかった。宇田はこの注釈を私家版で少部数刊行したらしい。この宇田の注釈は、『往復書簡』が岩波現代文庫に収められ、その一冊として刊行されることとなって、これに収められることになった。この宇田の注釈がじつに委曲をつくしたもので、この注釈を参照してはじめて『往復書簡』を正確に理解することができる、宇田の労作である。宇田はこれが単行本の『往復書簡』に収められなかったことを残念に思ったに違いない。そこで私家版を刊行したのであろう。そんな宇田の事情を知っていればいくらも彼と話し合えたのに、私は当時、単行本にも現代文庫版にも目を通していなかったので、そういう機会をもたなかったことが、今となって残念である。

この注釈で、この書簡に関して、宇田は「湯川秀樹との対談（司会辰野隆）は、昭和三十年一二月一一日に行われ、昭和三十一年一月二日午後十一時五分から鼎談「新春に惟う」の題で放送された」という。簡潔だが、宇田の調査の苦労の成果である。

この野上弥生子の記述には理論物理学者であった次男茂吉郎から影響されているところが多いようであり、湯川秀樹に対する一種の偏見が見られるように思われるのだが、どうであろうか。

この記述のほかにも湯川秀樹の悪口が『往復書簡』中、数多く見られるが、これは彼女の文学とはあまり関係がないので、それらはさておき、次の谷崎潤一郎に関する記述はかなりに問題であろう。一九五五年一二月の田辺宛て書簡で、野上弥生子は

「中央公論の谷崎氏のもの御よみでございますか。これについてこそ、おそばにいましたらいろいろ申あげて見度い思いがいたします。イデーをもたない作家はあわれなる哉でございます。」

と問いかけている。宇田の注釈は、此の『中央公論』に掲載された谷崎潤一郎の作品は「鍵」の第一回である、と教えている。これは野上弥生子が谷崎の文学に共感はおろか、まったく理解していなかったことを示している。この事実は、野上弥生子の文学の限界ないし弱点を示すように思われるのだが、どうであるか。これも宇田の生前に彼と議論したかった問題である。

なお、前述の「編者あとがき」に野上家の著作権管理者として野上燿三氏の名前が挙がっていることに私は一種の感銘を受けたことを記しておきたい。というのは、私が北軽井沢の山荘を利用し始めて数日後に、不意に私の山荘を訪れてくださったのが、野上燿三氏ご夫妻であった。私は夫妻とはそれまでまったく面識がなかった。夫妻は私の所有することとなった山荘が大学村開発当時のおもかげを遺すように修復されて使用されることになったことを喜んでくださって、面識もないのに、わざわざ立ち寄ってくださったのであった。私は夫妻から私の修復の意図を褒めていただいたように感じて、うれしかった。余計なことだが、このような関係も、じつは背後に宇田がいたのではないか、と想像しても、おそらく誤りではないだろう。

＊

宇田は愛妻に先立たれて独り暮らしであった。お酒はほどほどにしたら、と始終、私は彼に言っていたことはすでに書いたとおりだが、これは彼の聞き入れるところではなかった。北軽井沢暮らしの手ほどきをしてくれてから数年後に早々と彼は死去した。軽佻浮薄な才人であった宇田健は、そのような付焼刃の学識を脱ぎ去って、すぐれた知識人、教養人として、酒に酩酊しながらも、取り乱すことなく、その一生を終えたのだと私は考えている。

副島有年

昭和一九（一九四四）年四月、うららかに晴れた日の午後、私が旧制一高に入学し、寮生活を始めたばかりのころであった。どういう用件であったかは憶えていない。ともかく学校から、文科の一年生は集合せよ、といった指示があって、七〇名ほどの学生が講堂前か、そこらに集まっていた。私たちは三々五々というか、だらしなく、がやがやと、たむろしていた。すると突然、「気をつけ、整列」という号令がかかった。ふりむくと、私たちの同級生の一人が号令したことが分かった。彼が級長にでも任命されたか、とその場の誰もが考えたらしい。全員が一列か、二列に整列した。そのままの恰好で次の指示を待っていた。

その後のことは何も憶えていない。号令をかけたのが副島有年であった。彼は級長に任命されたわけでもなく、号令をかけるような権限もなかったし、そんな役職についていたわけでもなかった。ただ、彼の自発的な意思によって号令をかけたのであった。副島有年はずいぶん傲慢、無礼な男だという感想をもったのは私だけではなかったはずである。

ちなみに、この年に文科入学した私たちには徴兵猶予の特権は与えられていなかった。一九歳になれば、徴兵検査の結果、不合格になれば別だが、入営することに決まっていた。よほどの身体障害でもなければ、不合格ということは期待できなかった。理科の学生には徴兵猶予の特権が与えられており、この年、一高ではたしか二四〇名が理科の定員であった。そこで、融通性をもった学生は理科に入学した。終戦後、かなりの数の理科の学生が文科に転科した。たとえば、後に富士銀行の副頭取になった楠川徹がその一人である。私たち、文科の学生は、そういう融通性を持たない、いわば不器用な学生たちであった。副島にしても、徴兵されて陸軍の歩兵になり、九十九里浜の防衛部隊に配属された。彼が軍服姿で一高の寄宿寮に現れたことがあった。どうしたのか、と訊ねると、塹壕を掘るシャベルが軍隊にないので、自宅から持ってこい、という命令を受けて、一時帰宅した、ということであった。陸軍の作戦は、この塹壕の中に手榴弾を持って潜み、敵の戦車が塹壕の上に差しかかったら、手榴弾を爆破させて敵の戦車を破壊する、というものであった。もちろん、手榴弾を持って潜んでいた兵士は死ぬことになる。そんなマンガのような戦法しか日本陸軍は持っていなかったのである。

副島は東京高師附属中学の五年卒業で私たちと同級になった。走ることが得意だったようである。一高ではラグビー部に所属していた。ラグビー部は寄宿寮のもっとも北側の明寮の二階に部屋があった。私が属していた国文学会の部屋とは隣り合っていた。それ故、私は副島と日夜顔を合わせる機会があった。彼の父親は副島千八といい、終戦直後の幣原内閣で農林大臣を務めていた。元来、農商官僚だったのだと思われる。そのような父親を持った副島有年は、いわば東京山の手の恵まれた環境に育った、都会っ子であったといってよい。

*

一高在学中の副島について、もう一つ忘れられない思い出がある。それは私たちの卒業の直前、一九四七年二月初めの記念祭の時の出来事であった。記念祭のときは、一高の学生の家族をはじめ、外部の人々にも寄宿寮が明け放されるので、それぞれの部屋で飾り付けをしたり、催しものを準備したりしたのだが、私と同じ国文学会に属していた、私の親友、大西守彦が木村政光を誘って、模擬店を出すことを計画した。大西は内務省の給仕をしながら府立五中の夜学に五年間通って卒業し、浪人することなく、一高に合格した、稀有の秀才であった（夜学では四年修了では受験資格がなかった）。小柄だったが、機転がきき、ひどく要領がよかった。木村も私たちと同級で、ラグビー部に属していた。浪人二年か三年の後に、私たちと同年に一高に合格して入学したので、私たちより二、三歳年長であった。大柄で、がっしりした体格であったが、私の見る所では、気が弱く、誘われると断れない性格だったようである。後に厚生省に入省し、課長になったころ、自死した。国会答弁を苦にしたためだという噂であった。そこで、大西と木村は、目論見では、何か、模擬店として食べ物屋を出し、大いに金儲けをするはずであった。そのための資金を副島から借りたらしい。記念祭が終わって、収支決算してみると大赤字であった。二人は顔を見合わせて思案にくれていた。そこへ副島が現われて、貸金を容赦なく取り立てていった。私が見ていたのは大西だけだが、もうどうにでもなれ、といった感じで、不貞腐れていた。私は、副島は人情というものを解しない男だと感じ、彼を苦々しく思った。

＊

副島は、東大卒業後、大蔵省に入省した。もちろん、上級国家公務員試験に合格していたはずである。私の同級生では、後に大蔵次官、さくら銀行会長などを経て日本銀行総裁になった松下康雄をはじめ、財務官になった渡邉喜一など五、六人が大蔵省に同時に入省した。その後一九五二年のはずだが、副島は外務省に出向し、台北の国民政府駐在の日本大使館に勤務した。その赴任の前、どういうわけか、副島の乗った同じバスに大野正男が乗り合わせていた。大野を見つけると、遠くから副島が声をかけてきて、おおい、大野、ぼくは芳沢大使に是非来いと言われて、台湾へ行くことになったよ、と、同じバスの乗客の全員に聞こえるような大声で話しかけてきたという。大野は、私たちよりも一高では一年下級生だったが、そんな話を私に聞かせて、副島有年という人は、随分、自己顕示欲の強い人だな、と話していた記憶が鮮やかである。

わが国は、戦後の中国とどのように付き合うべきか、苦労していた。さしあたり国民党政府を見捨てることはできないとして、老練な外交官、芳沢謙吉を大使に任命し、台北に赴任させたのであった。副島が芳沢大使とどういう関係を持っていたのかは知らない。彼の話では芳沢大使に懇望されて、台北に赴任したのだ、ということだが、たぶん真実に違いない。

*

この台北赴任のときに、すでに結婚していたのか、あるいは、台北勤務を終えてから結婚したのか、私は聞いていない。この当時は、私は副島とまったく交際が途絶えていたので、後に聞いたエピソードである。しかし、非常に広く知られたエピソードで、たとえば、辻井喬という筆名の詩人、堤清二さんもご存知であった。

私たちが一高に入学した当時、寄宿寮の副委員長をしていた服部幸三さんという方がおいでになった。服部さんは私たちが一高一年生だったときの三年生であった。後に多年NHKのラジオでクラシック音楽番組の解説を担当していたので名前をご承知の人が多いはずである。服部さんがどういう関係で副島を知っていたのかは、聞いたことがない。ともかく、服部さんは東京音楽学校で教鞭を執っていた。まだ東京藝術大学になる前のことだと聞いている。その服部さんが教え子の女生徒を副島に紹介することにしたそうである。その女性が副島と見合いをするようはからったのである。その見合いの席で、副島が、ぼくはシューベルトの「サケ」が好きです、と言ったという。いうまでもなく、シューベルトのピアノ五重奏曲「鱒」と言うべきところであった。

服部さんは、ああ、これでこの話はお流れだ、とがっかりなさったそうである。ところが、その女性の反応は違っていた。そんなに、私のことを思って勉強してきてくれたのか、と感動し、副島との結婚を希望したのだ、という。

こうして、副島は、その愛妻、弘子さんと結婚することになった。

これが「副島のシューベルトの「サケ」」という評判のエピソードである。というのは、私が辻井喬こと堤清二さんと会ったとき、どういうわけか、副島の話になって、堤さんが、ああ、シューベルトの「サケ」の副島さんね、と言ったことがあった。一高の出身でもない、堤さんが耳にしているほど、広く知られていたことのようである。私自身は誰から何時、聞いたのか、憶えていない。

ここまで書いて、ふと気づいたのだが、これまで私は副島が弘子さんと見合いをする前に一夜漬けの勉強をして、シューベルトの「鱒」を「サケ」と言い間違えたのだと思いこんでいたのだが、真相はそうではないかもしれない。じつはいまのNHK交響楽団、いわゆるN響、の前身である日本交響楽団、当時の日響のメンバーが一高の講堂でシューベルトの「鱒」を演奏したことがあった。副島はこの「鱒」に感銘を受けていたところ、「鱒」をサケと間違えていたのかもしれない。そうとすれば、このエピソードに私も端役ながら一役買っているのである。というのは、私はそのころ、はじめは寮の研修幹事という役職で、日響側の世話役をなさっていたチェリストの今村さんという方と連絡をとり、一高での演奏の段取りをしたからである。その時、今村さんから、「鱒」をやりましょう、ただ、「鱒」のばあい、譜めくりが要ります、と言われた。咄嗟に私が、私ではいけませんか、と言ったところ、今村さんから、中村さん、譜めくりは楽譜が読めないとできないのですよ、と言われて、大いに恥ずかしい思いをしたことがある。そのため、適格な楽譜を読める学生を手配した記憶も鮮やかである。このときの演奏は、娯楽に乏しかった当時、じっさい、感銘ふかいものだったから、副島が憶えていてもふしぎではないのである。

*

大蔵省に勤めていた副島がアフリカのどこかの国の財政顧問になったそうだ、その国に行くと、レッド・カーペットで迎えてくれるそうだ、という噂を聞いたことがあった。副島の経歴を見ると、一九六四年六月にIMF財務局に出向、六五年一〇月にリベリア共和国財政顧問、六六年二月にIMF財務局に戻り、六八年二月に大蔵省大臣官房付きとして大蔵省に復帰している。副島が赴任したのはリベリア共和国に違いない。後に副島から聞いたところでは、当時、郵便は、リベリア共和国副島有年の宛名で届いたそうである。絶大な権力と権限を持っていたというのは本当だが、この経歴から見ると、わずか三か月かそこらの短い期間だったようだが、副島の話によれば、それほど短い期間ではなかったようであるから、私が参照した経歴書が間違っているのかもしれない。いずれにしろ、リベリア共和国はその後、内乱のため、副島が助言した政府の高官はみな殺害されたり、行方不明になったりして、まったく消息が途絶えているということであった。そのような未来は予測できなかったにしても、いかに権力、権限が絶大だとしても、そういうアフリカの国に出向くという志にうたれて、私はすこし副島有年という人物を見直す必要があるのではないかと感じたのであった。ちなみに、私は、地中海岸の諸国を含め、アフリカの国を訪ねたことがない。私の専門分野である知的財産権法とアフリカ諸国の縁が乏しいことがその理由だが、私に好奇心、冒険心が欠けているための方がもっと大きな理由であろう。

＊

副島の噂を聞いたのは、彼が大蔵省の関税局長のときに志願してワシントン駐在の公使として赴任したときであった。それ以前彼は一九七六年六月、銀行局保険部長、七七年七月、理財局次長、七八年六月、関税局長と、順調に昇進していたが、関税局長のときに、ワシントン駐在の公使を希望して、ワシントンに赴任した。この地位は、局長になる前に就任するのが慣例であって、局長が公使になることは、大蔵省の慣例からすれば、きわめて異例なことであったそうである。そんな異例な人事によってワシントンに赴任するには副島に何か、よほどの志があってのことらしい、という話であった。私には、副島があえて自分の志を貫いて格下げになるような地位についたことが非常に意外であった。副島は私が感じていた人物とはあるいは少し違うのかもしれない、と私は意表を突かれた思いがしたのであった。

＊

私は大蔵省在職中の副島有年とはほとんど交際がなかった。噂を聞くにとどまっていた。そのうちに、副島が「虎の会」に不満で、純粋昭和一九年入学文科の会を催すべきだと言っているという話を聞いた。私たちはかなり長い期間、虎の会という集まりを持っていた。平本裕二が世話役であった。平本が弁護士として虎ノ門の近くに事務所を持っていたせいもあり、大蔵省が虎ノ門に近いせいもあり、私たちの同級生の多くが一九二六年の寅年生まれであることもあり、私たち、昭和一九年四月に一高に入学した仲間の集まりを虎の会と称していたのだが、この集まりは、かなり開かれた一高同窓の集まりで、昭和一九年四月に文科に入学した人たちだけでなく、終戦後に、理科から転科して、私たちと同級になった人たち、陸軍士官学校や海軍兵学校から転入学した人たち、時に気が向く人であれば理科に学んでいた人たちも、誰でも参加したい人は拒まない、そんな集まりであった。副島はそういう集まりに不満であった。昭和一九年四月、徴兵猶予がないことを覚悟の上で、文科に入学した者だけが、本当の同級生だ、というのが副島の考えであり、そういう者たちだけの集まりをもつべきだというのが副島の考えであった。私自身も、昭和一九年四月に文科に入学した同窓には格別の親しみを感じている。ただそういう者だけの集まりを持ちたい、とまでは思っていないだけのことである。

しかし、このような集まりは結局は実現しなかった。虎の会の世話役、平本裕二は虎の会の世話だけで手いっぱいだったし、副島の希望するような閉鎖的な集まりの世話をしてくれるような人がいなかったのであった。

さて、私は、副島が一九八一年四月にワシントンから帰国し大蔵省を退官したころから親しくなった。私の側から副島に接近したことはないので、たぶん副島から私に声をかけてきたのだと思われる。当時、大蔵省を退職した副島は日本ヒルトンというホテル会社の社長になっていた。どうしてホテル経営にまったく経験がない副島が日本ヒルトンホテルという会社の社長になったのか、そもそも日本ヒルトンホテルという会社がどういう会社なのか、副島の存命中にも聞いたことがなかったし、いまも私はまるで知識をもっていない。

私はかつて舞浜の東急ホテルの訴訟事件に関与したので、ホテルの運営については若干の知識を持っている。そのような知識に基づいて想像すると、ヒルトンホテルのような国際的なホテル・チェーンを持った会社が自分の資本を投じて日本にホテルを建設し、運営するということはきわめて稀である。おおむね、日本の資本がホテル用地を取得し、ホテルの建物を建設し、設備をし、ヒルトンの本部と運営契約を締結する。ヒルトンは運営を請け負って、そのホテルにヒルトンという名称を使用し、その知識、経験、ノウハウ、知名度を利用して、運営を担当し、報酬を受け取る。この報酬は、たとえば、利益の額に関係なく、売上の何パーセントと決めることもあれば、利益の何割と決めることもある。この運営契約では、所有者の側がどのような権利・義務を持ち、運営者側がどのような権利・義務を持つか、きわめて複雑な約束が規定されることになる。いわば、ヒルトンは運営会社であって、ホテルの所有者ではない。日本ヒルトンホテルの所有者は日本の保険会社だと聞いたことがあるが、確かではない。保険会社数社に出資を求めてホテルとなるべき建物を建設し、設備、施設を整え、他方、ヒルトンホテル・チェーンの本部と交渉して、運営契約をとりまとめたとすれば、これは大変な大事業である。このような大事業をやりとげて副島は日本ヒルトンの社長に就任したのかもしれない。あるいは、ヒルトンホテル・チェーンの本部が自らの出資により日本においてホテルを建設し、ホテルを運営して、ホテル事業を展開するために、副島に社長に就任するように要請したのかもしれない。そうであれば、これまた、副島としてはずいぶん潜在的な手腕を買われたという外ない。いずれにしても、副島が日本ヒルトンホテルという会社の社長に就任して経営に当たった、その背景にどういう事情があったのか、彼の生前に聞く機会を持たなかったのが残念である。ただ、そのような極秘かもしれないような事情について訊ねるのは失礼であろう、という思いがつよく、私は訊ねるのを遠慮していたのではないかと思われる。

副島から、東京ベイ・ヒルトンで夕陽が海に沈むのを眺めながら晩餐をとるのが絶妙だから、一度、行ってみないか、と誘われたことがあるが、遂に招待にあずかる都合がつかなかったことがあった。そのかわり、新宿のヒルトンホテルにはずいぶん頻繁に出かけた。はじめ、ご夫人方が中国文化研究会を催しているから、君の奥さんも参加しないか、と言ってくれたことがある。何事かと思ったら、一高の頃の同級生のご夫人方のマージャンの集まりを新宿のヒルトンで催しているということであった。亡妻はまったくマージャンとは縁がないので断ったが、ヒルトンホテルの中華料理の、いわゆる、ヴァイキングはじつによく利用した。このヴァイキングを最初は副島にご馳走になったように憶えているが、二度目以降は自分の勘定で、私の家族、友人たちが料理を堪能したのであった。このヴァイキングは、通常のヴァイキングのように、あらかじめ並んでいるいろいろの料理を少しずつ取り分けて席に持ってきて食べるのではなくて、その都度、メニューから好きなだけ料理を選んで注文し、料理を席までウェイトレスが運んできてくれ、それが食べ終わると、また、好きなだけ注文、こうして何度でも、幾皿でも、注文できる、という形式の食事で、値段がひどく廉価であったし、味も申し分ないものであった。いまでもそんな中華料理のヴァイキングがあるかどうか知らないが、これは副島の自慢のサービスであった。私も大いにこのサービスを享受したものであった。

＊

いつ頃からか、副島に川喜多記念映画文化財団の相談に乗ってもらうようになった。どういう機会に川喜多財団の理事長の岡田正代さんやその夫君の岡田晋吉さんに副島を紹介したのかは確かに憶えているわけではないが、税金の関係で相談し、濱本英輔という元国税庁長官をなさった方を紹介してもらったのではないか、というのがおぼろげな記憶である。ちなみに、岡田正代さんは川喜多かしこさんの姪で、かしこさんが大いに信頼なさっていた方だったので、かしこさん歿後に推されて財団の理事長をお務めになったのである。その夫君の晋吉さんは日本テレビのディレクターとして『太陽にほえろ！』といった人気番組を制作し、その後は、常務取締役などを歴任なさった方で、理事、事務局長として正代さんを助けていた。その問題はどうというほどのことではなかったが、副島は何かにつけて財団の面倒をみてくれた。あるいは、財団の理事に就任してもらったこともあるかもしれない。それほどに彼は財団と親密な関係を持っていた。

ちょうど、その頃、一九九七年度の川喜多賞が映画監督の今村昌平さんに贈られることになった。今村さんは東京高師附属中学で、副島と同級であったそうである。そんな縁で、川喜多賞の贈呈式では副島が友人総代として祝辞を述べた。当たり障りのない祝辞であったが、私としては、ずいぶん世間は狭いものだという感をふかくしていた。

＊

そのころになると、私も副島有年という人物をだいぶ理解するようになっていた。彼は何事もきちんとしていないと気が済まない性格であった。だらしなく、だらだらしているのを黙って見て居られない気質であった。そんな気質であったので、私たちが一高に入学してまもなく、だらしなく集まっていたとき、自発的に号令をかけたのであった。大西から貸金を取り立てたのも、彼の性分として、いい加減に済ますことができないからであって、人情とは関係のないことであった。シューベルトのサケの話にしても、見合いをする以上は、真っ当な話題を提供する義務があると考えたからであったに違いない。よく言えば、彼は直情径行であった。そのように理解すれば、彼はじつに愛すべき人物であった。

*

時間的な順序から言えば、すこし遡ることになるが、副島夫妻を見沼用水東縁の散歩に誘ったことがある。この散歩については「晩春の見沼用水東縁」という題で一九九四年五月二九日付『日本経済新聞』に随筆を寄稿したことがあり、この随筆は一九九五年一一月に刊行された私の『日の匂い』と題する随筆集に収められているので、私はこの随筆を読み返して、当時のことを思い出している。この文章によれば、私と亡妻が副島夫妻を見沼用水東縁に誘ったのは同年五月中旬であった。よく晴れた日であった。副島夫妻を私たちは大宮駅で出迎えた。改札口を出て来る副島を一目見て、私は彼の服装に目を瞠った。というのは、副島は、これこそ郊外散歩の服装という、ファッション雑誌のモデルにでもしたいような服装で現れたのであった。それも詳細は憶えていないのだが、ジャケットから、ズボン、靴下、靴にいたるまで、きちんと決まりすぎるほどに決まっていた。大宮の郊外の見沼用水東縁など、着古した普段着で歩いていても、誰も違和感を持たない地域である。だが、散歩をするなら、それ相当の服装を、というのが、彼の身なりの心得であったようである。副島夫人の服装についてはまったく憶えていない。

見沼用水について、私はこの随筆において次のように説明している。

「それまで見沼溜池といわれて下流域の水源とされていた沼地を干拓して新山を開発したのは徳川八代将軍吉宗の時代、一七二八年である。利根川から取水し、東西の台地の縁に沿って延長九十六キロに及ぶ灌漑用水路を設け、低地中央の芝川を排水路とし、下流域の水源として再利用したものである。だから、この灌漑用水路は正しくは見沼代用水とよばれる。」

見沼用水西縁は、現在では、大宮などの市街地に組み込まれ、ごく一部を除けば、散歩などには適しないが、東縁は、少なくとも、一九九〇年代には、まだ都市化されていない、豊かな田園風景の残る、快適な散歩路であった。私たち夫婦はこの東縁の散歩をこよなく愛していたので、副島を案内したいと思い立ったのであった。

散歩路は用水と斜面林の樹々の間を通っていた。斜面林はシラカシ、エゴノキ、イヌシデ、シロダモ、クヌギ、コナラなど、眩しいほどの新緑であった。この多様なみどりの景観は人間が作りだしたものであり、このような景観に接して愉しさを見出し、心のうるおいを感じるのも私たち、人間のいとなみである。コジュケイ、ホオジロが鳴いていた。突然、頭上を掠めるように鳥が飛んだ。キジだ、と副島が言った。どうして、と訊ねると、羽が綺麗だったろう、という。彼がそれほど鳥に詳しいとは私はそれまでまったく知らなかった。私たちは用水沿いの草地に腰を下ろし、亡妻の手作りのサンドイッチで簡便な昼食をとった。亡妻が魔法瓶に紅茶と紙コップを用意していたので、それで喉をうるおしたのであった。また、ぶらぶら歩き続けると、一隅で副島夫人と亡妻が立ち止まった。まあ、ここは野の花の宝庫ですね、と歓声をあげて、二人で数え上げた。タチツボスミレ、ギンラン、ジシバリ、ニガナ、サギゴケ、ホトケノザ等々。

旧大宮市の属する斜面林七一ヘクタールのうち、約五一ヘクタールについては早急な保全が必要だという調査報告書を読んだことがあり、さいたま緑のトラスト基金が主として企業から寄付を集めて買い上げたのが一・一ヘクタールに過ぎないのだ、と副島に私が話すと、副島夫妻がこもごもに、英国のナショナル・トラストが保有している貴族の建物、庭園の維持、管理について語ってくれた。そして副島が、もう企業からの寄付の時代は終わったのだよ、誰でも個人が郵便局あたりで気軽に送金できる仕組みが必要なんだね、それに個人の寄付について税制も考えなくちゃいけない、と大蔵省出身らしい意見を聞かせてくれた。私は副島がそんな関心を持っていたことを知り、彼を見直したい気分であった。

この散歩の最後に御蔵の尾島家のクマガイソウの自生地を見物し、夫妻はわが家に立ち寄ってから引き揚げたのだが、帰り際に、君が大宮を離れられない理由が分かったよ、という感想を副島が洩らしていたことが、この日の懐かしい思い出である。

＊

その後、お返しという意味合いであったか、副島の住まいに招かれた。私たちは夫婦でお邪魔した。彼の住まいは根津美術館に近い、南青山一丁目の閑静な地域の一角の堅固だが、瀟洒な、いわゆるマンションの二階にかなり広いスペースを占めていた。食堂と居間が続いていた。この居間は洋式だが、和室であれば八畳間が二部屋ぶちぬいたほどの、ゆったりした、居心地のよい部屋であった。その隅に椅子が離れ離れに置かれていた。私たちは食堂で弘子夫人の手料理をご馳走になり、その後、居間に移って歓談したのだが、何が話題になったかは憶えていない。ただ、副島が夫人を、弘子さん、と呼びかけるのは、必ずしもふしぎではなかった。事実、私も、亡妻を和子さん、と呼んで話しかけることが多かったからである。しかし、弘子夫人が副島を、あなた、とか、有年さん、とか言わず、副島さん、と呼んで話しかけるのを奇異に感じたのであった。現在、思い出しても、弘子さんが、本当に、副島さん、と姓で、夫を呼んだのかしら、と不可解に思うのである。実際、妻が夫を呼ぶときに、姓で夫に話しかけるというようなことは常識的にはありえないであろう。しかし、このように私は記憶しているし、この記憶に間違いないと思っている。あるいは、副島に訊ねれば、それなりの理由を説明してくれたかも知れない。一高に入学して間もなく、彼が自発的に私たちに号令をかけたことには彼なりの気質、理由付けがあったのだから、とも思うのである。

＊

さて、副島は一九九九年の四月に急逝したのだが、たしか、築地の癌センターに入院したのはその年の一月ころだったはずである。何の癌であったか、ともかく二月か三月ころ、一般病棟に移ったという電話をもらった。そこで、見舞いにいったところ、エレベーター・ホールまで出向いてきた。その日の副島は意気軒昂であった。退院後の計画についていろいろ喋っていた。ところが、四月に入ってから、副島の秘書の女性から電話があった。副島が危篤だという。信じられない話であった。引き続き、副島が亡くなった、と一高の同級生から知らせがあった。後に聞いたところでは、副島は院内感染により、インフルエンザか何か、そんな感染症に罹ったのだという。そんな馬鹿なこと、と思ったが、そうした院内感染は決して珍しいことではないそうである。怖ろしいという外ない。副島のような万事について用意周到な男としては似つかわしくないかたちで迎えた死であった。そんな形で死を迎えた副島を思うと可哀そうで仕方がない。

第三部

加藤建二

加藤建二君は一九四四（昭和一九）年一月一二日に生まれ、二〇〇二（平成一四）年三月九日に他界した。享年五八歳であった。私がもっとも信頼した、私の事務所の年少の同僚であり、その早逝は私にとってつらく悲しい。二〇二二年一月一七日に私は満九五歳になった。過日、加藤夫人恵美さんと連絡し、彼女がすでに喜寿に達したと教えられた。孫娘の背が自分より高いとも語っていた。加藤建二君が存命であれば、二〇二三年一月一二日に満七九歳になるはずである。存命であれば、四人の孫をさぞ可愛がったことであろう。それというのも、彼が二十歳を越えて何年かというころ、始終、休日にわが家に来て、当時二、三歳だった私の娘たちの遊び相手をしてくれたことを思いだすからである。

なお、以下私の事務所というのは、中松澗之助先生のご存命中は中松特許法律事務所と称し、先生の歿後、現在中村合同特許法律事務所（英文名 Nakamura & Partners）と称している事務所をいう。中松特許法律事務所時代は実質的に中松先生の個人経営の事務所であったが、現在の中村合同特許法律事務所はパートナーといわれる十数名の弁護士、弁理士の共同経営の事務所である。中松先生のご存命の時代も、私は中松先生の秘書同様、事務所の経営全般に関与していた時期が長く、そういう意味では、経営の一翼、もっとも重要な一翼を担っていた。そのため、私が四八歳のときに中松先生が急逝なさったので、その再建の中心的役割を果たすことになった。そのさい、実質的な意味での共同経営、パートナー制に変更したのである。パートナー制とは弁護士・弁理士としての業務から得る収入は全部事務所の収入とし、その中から家賃、職員（パートナー以外）の給与その他の経費を支払い、残余をあらかじめ定めた比率でパートナー間で分配する制度である。パートナーはそういう意味で経営者なのだから、経営者意識をもって、より多くの収入をあげるようにつとめ、できるだけ経費の節減につとめなければならないわけだが、サラリーマン意識のつよいパートナーも少なくないのが実情である。

現在百八、九十名の弁理士、弁護士及び所員を有する事務所には当然代表者を必要とする。私は六五歳まで二〇年間近く、その間の数年間は松尾和子弁護士、大塚文昭弁理士との三人代表者制だった時期もあるが、代表者をつとめた。代表者も世代交替し、つねに新しい活力を経営に注ぐ必要があると考えたからである。その結果、現在の代表者は私の娘たちと同世代である。つまり、ほぼ三〇年の間に完全に「世代交替」したわけである。

同時にパートナーについても定年制を設け、七〇歳でパートナーは退職、希望すれば、じつはほとんどの人が希望するのだが、給与制の顧問となる。これら顧問の方々の経験、学識も事務所にとってきわめて重要な役割を果たしている。

私自身は依然としてパートナーとして名をとどめているが、パートナー会議に出席することはなく、時に応じて相談に乗る程度である。ことにこの数年は弁護士実務からまったく遠ざかっている。これは主として私の病気その他による心身の衰えのためである。

＊

さて加藤建二君は一九四四（昭和一九）年一月一二日生まれだから、一九五六（昭和三一）年三月小学校を卒業し、同年四月、大宮高校に入学した。彼は幼いときに父君が死去し、一人の兄と確かでないが一人、姉または妹があるかもしれないが、いずれにせよ、母子家庭で育った。蕨の親戚の畳屋さんの世話になったとも聞いているが、子育てのために母堂はずいぶん苦労なさったようである。彼の兄は、それでも、大学に進学、卒業し、名のある企業に就職していたが、彼は大学へ進学するための学資を調達する目途がなかった。

その当時、大宮高校は野球部が強く、野球好きの私の兄は大宮高校を応援し、何人かの先生方と交際があった。あるとき、大宮高校きっての優秀な生徒がいるのですが、どこか就職先はないでしょうか、という相談をうけた。就職ができたら、中央大学の夜間部に入学し、さらに勉強を続けたいという希望をもっている、ということであった。兄は私に、どうだ、お前の事務所で採用できないか、ともちかけてきた。それほど成績の良い子なら採用できると思うよ、と私は答え、中松先生にも面接していただき、私共の事務所の事務員として採用することにした。

とはいえ、当時一七歳の少年である。何事も便利に使われる下働きであった。記録をつけたり、私共が包袋と呼んでいたファイルを作成、整理したりする仕事は到底させてもらえなかった。用済みになった雑物を、指示にしたがって、あるものは廃棄し、あるものは倉庫の所定の場所に保管するといった類の仕事が主であり、また、命じられるままにある弁理士から別の弁理士に書類を届ける、といった下積みの仕事であった。事務所では地下二階と地下三階に倉庫を借りている。一日に何遍倉庫との間を往復するか分からない。エレベーターを使うとはいえ、倉庫へ行くときは必ずかなりの重量の書類を持っていき、指示された場所に置かなければならないから、若かったとはいえ、かなりの重労働である。加藤建二君はそんな下働きを、いやそうな素振りを見せることなく黙々と片付けていた。

じつを言えば、相当期間こうした仕事をしたことが、加藤君の事務所における存在をかえがたいものにしたのであった。私などは、半世紀以上事務所で仕事をしながら、倉庫へ行ったことは一、二回しかない。私はいわば事務所における、日の当たる、収入となり、利益をもたらす仕事しかしてこなかった。その影には、日蔭の、儲けにはつながらない地味な仕事が数多く隠れている。加藤建二君はそうした日の当たらない仕事に通暁した。彼は、そのすぐれた理解力によって、そんな日当たりの良くない仕事に誰もが関心を示さないために、どれほどの無駄があるか、どう改善すべきかを考えていた。一七歳の少年が何をどう考えても誰も相手にしてくれない。彼のそうした知識、経験、意見に私を含めた、事務所の一同が耳を傾け、彼の意向が尊重されるようになったのは、彼が後年パートナーになって以降であった。

＊

加藤建二君は事務所でそんな下積みの仕事をしながら、中央大学夜間部に通っていた。

彼は一九六九（昭和四四）年弁理士試験に合格した。当時の弁理士試験は毎年六〇名ほどしか合格しなかったから、非常な難関であった。その後、司法試験も受験するつもりだったようだが、商標登録関係専門、いわば技術系でない弁理士も、仕事の場が大いに開かれていること、勉強すればそれだけ仕事甲斐のある職業であることに気付いたためか、司法試験の受験は諦めたようである。

考えてみると、私たちが彼の司法試験受験を諦めさせたのかもしれない。加藤建二君はたぶん事務所で最初の商標専業の弁理士であった。私が一九五二（昭和二七）年事務所に入った当時、商標は向井さんという弁理士資格のない老人が処理していた。いまの私は向井さんを老人だったと感じているが、あるいは五〇代の後半か六〇代の前半だったかもしれない。私は向井さんから手ほどきをうけて商標を担当した。当時はほとんど訴訟事件がなかったから、商標以外に私の仕事はなかった。商標に限らず、私共の事務所で取り扱っている知的財産権の業務は、国内企業から日本および海外諸国の特許庁への出願、海外事務所や海外企業から日本の特許庁への出願、それに出願以降登録ないし拒絶に至る手続である。こうした海外事務所や企業についてはは向井さんはまったくご存知なかったから、それらを選択したり、それらと連絡の事務に従事するのは、私共の事務所では、戦後は私が最初であった。やがて東大卒、商法研究室で学んでいた松尾和子弁護士が入所、アメリカのニューヨーク大学、ミシガン大学で商標法、不正競争防止法の研鑽をつみ、帰国して、事務所に復帰した。その後はもっぱら松尾弁護士が商標業務を担当することになった。松尾弁護士は戦後におけるわが国の不正競争防止法研究の先駆者であり、権威者として知られており、その商標法、不正競争防止法の学殖も超一流という定評のある方である。

そこで加藤建二君は松尾弁護士の指導をうけながら、徐々に松尾弁護士に代わって、全面的に商標部門の担当者になった。ここでも下積み時代の経験、見識が活かされたものと思われる。まだ、帳簿、カードの時代だったから、どのように帳簿やカードとその記述内容を合理化するか、弁理士である加藤君と助手となる事務所員との間の職務分担はどうあるべきか、といったことはすべて加藤建二君が改善、決定したのであった。

海外事務所や海外企業との通信は英文で行わなければならない。和文英訳ではない。初めから英文で書くのである。たぶん加藤建二君は従来の通信文を参考にして原案を作成、松尾弁護士に徹底的に添削されたのであろう。私自身が添削した記憶はない。同時に、私共の事務所には常時アメリカ人を雇用し、事務所員が発信する英文の添削を依頼していたので、彼に添削を依頼したこともあるかもしれない。二、三年の間に、英文の通信は不自由なくなったはずである。

彼が努力したのは英語のリスニングであった。彼が外国人と英語で会話する必要を生じたのはもっと後だから、彼が努力したのももっと後であったかもしれない。彼は毎晩英文のニュースを聞き、テープにとり、くりかえし聞き、電車の中でもテープを聞いてリスニングの上達に励んだという。私はその努力に感嘆した憶えがある。私の記憶する限り、加藤君は英会話にまったく不自由なかった。彼は頭脳明晰な秀才であったが、努力を惜しまぬ人であった。

余談に類するが、彼の許にはいつも、三、四人の同年配の女性所員が入れかわり立ちかわり立ち寄っていた。彼の住居にも彼女たちが訪れることは再三だったようである。彼は一見親切そうにはみえなかったから、どうして彼が親身になって相談にのるのか、私には不可解であった。とはいえ、どんなことを彼に相談していたのか、私は詳しくは知らない。身の上相談かもしれないし、事務所の仕事に関する愚痴だったかもしれない。私は彼に対する求愛の気持ちもつよかったのではないか、と考えたこともあるが、彼の側にはそんな感情はもっていなかったようである。

彼は苦労人であった。それに飾らぬ人柄であった。だから、誰ということなく、事あると彼に相談をもちかけたのであろう。加藤建二君はいつも、加藤さん、あるいは建ちゃんと気安く呼ばれていたので、彼が弁理士試験に合格し、弁理士登録し、他の弁理士に対すると同様、加藤先生、と呼ばなければならなくなったときは、彼女たちはだいぶとまどったようである。

しかし、加藤君はそれまでと同様、彼女たちと気軽く接し、えらぶるような態度を見せたことはなかった。

＊

加藤建二君は一九七二（昭和四七）年一月一五日に恵美さんと結婚した。私は加藤君が結婚するときは媒酌人をつとめるつもりであった。私はそれが私が媒酌人をつとめる最初になるだろうと思っていたが、ソニーの米沢健一郎、久美子夫妻の結婚のさい、思いがけず媒酌人を頼まれて、そのつとめを果たしたので、これが二度目であった。いったい会社員が、ことに同じ会社に勤める男子が結婚するばあい、会社の上司に媒酌人を頼むのが普通である。外部の弁護士である私に媒酌人を頼んできたのは米沢夫妻のよほど格別な私に対する信頼による。そのため、私は、加藤君の結婚について媒酌人をつとめるのが、最初の媒酌人の経験とならなかったことを残念に思っている。

私は、加藤夫人恵美さんの旧姓を憶えていない。彼女は唐津の出身である。松尾弁護士が当時通っていた教会の牧師の方が、唐津にこういう女性がおいでになるのだが、相手にふさわしい男性はいないだろうか、ともちかけられ、松尾さんは咄嗟に、加藤君はどうか、と思ったそうである。私の記憶は確かでないが、牧師の方は恵美さんの縁続きの方かもしれない。唐津はじつにはるばる遠い。縁があるとはそういうものかもしれない。結婚式と披露宴は早稲田大学に近い場所にあった、規模は小さいが、適度に綺麗な、しっくり落ち着いた雰囲気の会場であった。

私は恵美さんの器量・才覚にも大いに満足した。加藤君はきっと幸せになれるだろうと思った。多年の苦労の結果、こういう結婚に至ったことを私は心から祝福した。

この結婚の前後、これも確かな記憶ではないが、恵美さんが、加藤君の給与額を聞いて、唐津における彼女の勤め先の上司よりも多い、と言った、と聞いた。弁理士になってまだ二年ほどしか経っていなかったのだから、加藤君の給与がそれほど多額であったはずはない。おそらく唐津は物価が安く、暮らしやすく、それ故、彼女の上司の給与も安かったのであろう。

私は彼らの結婚と新居を構えた時期がどういう関係であったかは憶えていない。恵美さんに訊ねればたやすく判明することだが、そんな些末で彼女を煩わせたくない。むしろ、私は加藤君の人柄を語ることに執着している。念のため、つけ加えれば、彼らの住居は、現在の住居表示でいえば、さいたま市緑区東浦和七丁目である。番地はプライバシーに属するので略する。彼らは一男一女を儲けた。長男の亮君は埼玉県庁教育委員会に就職したと聞いたが、現状は知らない。長女の祥子さんも結婚、それぞれ二人の子があるそうである。

＊

ここで話は飛ぶが、加藤君は昭和五八（一九八三）年度からパートナーに選ばれている。当時は、パートナーの資格は年齢四〇歳、事務所勤務歴七年、弁理士又は弁護士歴七年ということであった。（現在では所員の数も多く、こうした資格ではあまりに多数が有資格者になるので、この資格は無視されているようである。）この有資格者の中からパートナー会議で無記名投票により過半数の得票があれば、パートナーに選任される。特別な推薦があれば、このような資格を充足しなくても、パートナー会議が認めれば、有資格者と認められる。たとえば、特許庁や裁判所で相当の役職があった方を事務所が迎えるときなどがその例である。加藤君のばあい、どうも三九歳でパートナーに選任されたようである。加藤君の能力、見識、経験等を考慮して、さっさとパートナーに選任してしまったのではないか、と思われる。この時期は私は代表パートナーだったから、もっと鮮明な記憶をもっていてもよいはずだが、私はどんな経緯があったか、憶えていない。

ところでアジア弁理士協会という組織がある。この創立時点では台湾も創立メンバーであった。フィリピン、インドネシア、ヴィエトナム、ラオス、インドなどが加盟しているはずである。私はアジア弁理士会には関係していないが、私の方針としては特許のパートナー一人、商標のパートナー一人が必ず総会に出席すること、出席者はみだりに変更しないこと、これは毎年変更していると、出席者を参加者に憶えてもらえないし、出席者が事務所スタッフであることを印象づけるのに不利になる、という考えであった。私の理解する限り、知的財産権を業とする者の国際的組織は会員資格も会議への参加資格も外国人に開放している、USTA（アメリカ商標協会）のような、国際的組織と同視すべき組織は少なくとも二〇ほどは存在するし、主なものだけでも、六、七は存在する。私はなるべく手分けして出席すべきだと考えていた。たとえば六、七の組織の総会や執行委員会などのすべてに出席することは事実上不可能だが、かりにできる限り出席しても、私が著名になるだけで、事務所がどれほど有能なスタッフを多数かかえているかを周知させることはできない。そこでAPAAと俗称されるアジア弁理士協会には商標部門の代表として加藤君に出席してもらうのが適当だと考えたのであった。この当時、商標部門には、少なくとも三、四名の弁理士が所属していたし、商標部門専属の事務職員も一〇名内外いたはずである。

私の目算は正しかった。加藤君は内外国の商標法関係の法規、実務に精通しているばかりか、努力の成果として英語が堪能だったから、アジア弁理士協会の多くのメンバーに強い印象を与え、私の事務所の商標部門の能力の高いこと、信頼できることを認識させるのに成功した。アジア弁理士協会の主要なメンバーで中村合同事務所の加藤建二という名前は知れわたり、その篤実な人柄もひろく認められることとなった。

そうなった時点で、加藤君から、もうアジア弁理士協会の総会等に出席するのは勘弁してもらいたい、という申し出があった。自分は非社交的なので、あのような会合に出て話し合うことがつらくて仕方がないということであった。私は私自身も社交好きな人間ではない、どちらかといえば社交嫌いなのだが、それでも仕事上止むを得ないから出席するのだ、と説明した（白洲春正さんの話によれば、私は好きな人相手の社交は好きで、好かない人に対してだけ非社交的だそうである。それはともかくとして）。何もこちらからご機嫌とりに知らない相手に話しかける必要はない、話しかけられたら相手をして適当にあしらえばよいのだから、そう難しく考える必要はないのだ、と説得した。

だが、加藤君は頑固であった。私は気の合う相手であれば、会合のさい、ばったり顔を合わせれば、話しこむことができる。知らない人から話しかけられても最低限の応待しかしない。法曹界でも特許、知的財産権業界でもそんな姿勢を貫いてきたが、たとえば詩人、文学者の間でも同じである。詩人として私は師匠もなく、仲間もなく、もちろん弟子もなく、まったく孤立している。たとえば、詩集の出版記念会などに出席したこともない。私は孤立を怖れない強い自我をもっているのかもしれない。

加藤君は非社交性を貫けるほど強い自我をもっていないのかもしれない。私はいろいろ考えて、加藤君の申し出に応じることにした。それでも、これは加藤君自身の利害を考えても、事務所の立場からみても、大きな損失だと考えていた。

加藤君が心臓を患うことになった、原因の主なものとされている、事務所の計理の問題について書きとめておきたい。

*

私は事務所の計理状況を誇りに思っている。支出についていえば、私は代表者の立場にあった長い期間、廻付されてくる伝票に目を通していた。私共のような職業でも接待しなければならないことがある。海外から重要な取引先の代表のような方が来日し、私共の事務所を訪問したばあい、接待のため晩餐に招待することがある。私への来客のばあいであれば、たとえばホテルオークラで和食なり洋食の接待をする。私のばあい、私が海外で接待されたときのお返しのようなばあいが多いし、そんなとき、その都市の一流レストランに招かれるのが通常だからである。もっと気がおけない客であれば、それぞれ好みにしたがって接待する。パートナーであれば、他のパートナーを誘うことはあっても、接待にさいして誰の許可も求めない。私が伝票を見ていた十数年間、二次会の伝票を見たことがない。個人経営の事務所や大規模事務所の経営者は二次会に銀座のクラブなどにくりだすことが多いようである。私の事務所の接待では一次会で終わりである。これは誇るに足る慣習だと思っている。

第二に、計理担当に監督者が不在であるにもかかわらず、私の知る限りの数十年間、計理担当者による不正、違法行為や不始末は一度も、一回たりとも、生じたことがない。私共の事務所はまことに不正行為に縁のない立派な人格の方々によって運営されてきた。これも私が誇りとするところである。だが、監督者不在で、日常の業務に追われている計理に関しては問題がないわけではない。たとえば、事務所から請求書を送って後、半年、一年放置して、支払いをしない依頼者があっても、催促する習慣がなかった。

たとえば、事務所とすれば、ことに海外からの出願依頼があれば、受理し、包袋と称するファイルを作成、担当を決めてもらい、その担当者にファイルを渡し、担当者は出願した段階で、担当の事務に渡すと、適当に請求書を作成し、送付する。コンピューター化されているから、右のように単純ではないが、大づかみにいえば、このような手続で進行する。

問題は、この事件の依頼者がそれまでの事件に関する請求書に対する支払を済ませているかどうか、チェックされないことにある。いわば、出願事件の処理と計理処理が結びついていないのである。

一方で、事務所が事件の依頼をうけている相手方は数百より多く、二、三千社は存在する。これらがすべて完全に請求書に見合う支払をしてくれているかどうか、精密な調査は不可能に近い。

また、たとえばニューヨークのA特許事務所がX社のために日本出願の依頼をしてきたと仮定しよう。その出願手数料として二〇万円を事務所がA事務所に請求したとする。請求時点では一ドル百円だったと仮定する。A事務所がX社に請求した時点では一ドルが九〇円だとする。A事務所もX社も二〇万円を一ドル九〇円で換算して一八万円の送金をしてきたとする。ところが、事務所が受け取った時点では、円が値下がりして一ドル九五円になったとする。このようなばあい、A事務所もX社も完全に支払完了したと思っているが、私共の事務所として完済してもらったとみなしてよいか。円建てで請求するから、こういうことが生じるので、ドル建てで請求したとすればどうか。為替相場が変動する限り、このような問題は避けられない。私たちにとって円建てで請求することが望ましいが、円はドルと違って、そう容易に買えないからドル換算の支払をすることは止むを得ないのだが、円がドルに対して高くならず、安くなれば、私共の事務所は儲かることになるのではないか。そのばあい、A事務所は私共を儲けさせないよう値切ってくることもありうるであろう。

もっと困ることは、未払勘定の多い事務所から次々に事件の依頼をうけたときである。計理は、この会社の事件をうけるときには、前払いしてもらいたい、と申し入れておくべきなのだが、どの会社、どの事務所がどういう支払状態になっているかを正確に調査することは至難である。

私たちは計理の監督を加藤君にお願いした。もちろん加藤君はどんな問題が潜んでいるか、まったく知らないまま、引き受けた。頼んだ私たちも問題を承知していたわけではない。加藤君は少し説明をうけて、これは大変厄介で面倒な問題だと気づいたのであろう。どこからどう手をつけたらよいか、考えあぐんでいる中に、彼は心臓発作をおこした。心臓発作というけれども、強度のノイローゼだったのではないか、と思われる。

私が彼が入院している病院に見舞いにいったのは、亡くなる一、二年前に入院したときであった。彼が二〇〇二(平成一四)年三月九日他界してから後、何人かの人がこの問題に手をつけて降参した。最後に田中伸一郎弁護士が半年近く、計理の部屋にひきこもって専心うちこんでいた。そして、すっかり整理しましたからご安心ください、と言った。どのように始末したのか、私はその詳細は聞いていないし、聞いても分からないだろう。

これは数十年間に累積した問題であった。一朝一夕で処理できるような性質の事柄ではなかった。私は加藤君が取り組まざるをえなかった問題の一端を本項で記したにすぎない。彼は悩みに悩んだことであろう。アジア弁理士協会への出席を断ったときのように、率直に、自分には手に余る、と言ってくれたらよかったかもしれない。

しかし、これは社交の問題ではなく、事務所経営の基本にかかわる問題なので、解決するのは自分の責任だ、と思ったのかもしれない。

加藤建二君の死を思うと私の心は痛い。歎きがふかい。悔いが多い。こんな問題を押しつけなければ、彼はとうに喜寿をみていたに違いない。加藤建二君はいわば地の塩であった。彼の死は私をやるせない重苦しい気分にさせるのだが、おそらく私は彼を偲ぶたびに同じやるせない、重苦しい気分に駆られるに違いない。

木内良胤

木内良胤先生は中松潤之助先生の親友であった。フランス大使をなさった木内昭胤さんの父君であり、昭胤さんは旧制一高で私より一年下級であったが、在学中からフランス語がひどく達者だという評判が高く、前田陽一教授も昭胤さんのフランス語には舌を捲いているという噂を耳にしていた。フランス大使をしていた当時、昭胤さんのフランス語の挨拶にはフランス人もふかい感銘をうけたそうである。昭胤さんは父君の任地のフランス語圏の都市で育ち、一高に入学する前は暁星中学で学び、フランス語に磨きをかけたのだそうである。

昭胤さんの父君である良胤先生もキャリアの外交官であった。このごろはどこの国ともむやみに大使を交換しているが、良胤先生の時代、大使を送る国は英国、アメリカ、ドイツ等に限られていたし、公使を派遣する国も限られていた。たぶん、外務省が大東亜省と改称し、ドイツ、イタリーを除く西欧諸国と国交を断絶した時期に、良胤先生は公使、大使として派遣されるのにふさわしい年配だったのではないか。そのために、良胤先生はキャリアの外交官でありながら、公使も大使もおつとめにならなかった。人生はまことに運命に左右されるのである。そういえば、昭胤さんも、たまたま田中角栄首相の秘書官をつとめ、意気投合したため、外務省きっての人材といわれながら、フランス大使で終わり、事務次官にもアメリカ大使にも任命されなかったのだそうである。

はじめに良胤先生と中松潤之助先生との関係について説明することにすると、お二人は同じ旧制一高の野球部のチームメイトであった。それも一高の野球部史上、それ以前も、それ以後も、達成したことのない「全国制覇」をなしとげたときのチームメイトであった。「全国制覇」というのは、当時、本格的に野球部をもっていた学習院、三高、早稲田大学、慶應義塾大学の野球部との試合にすべて勝ったことをいう。明治大学等にぼつぼつ野球部はできかけていたので、やがて三大学対抗戦から六大学リーグ戦に発展するのだが、大正七（一九一八）年という時点では相手となる大学野球部としては、早稲田、慶應の二校しかなかったのである。これら二大学の野球部の選手たちは、年齢を数えれば東大の学生たちと同年齢だから、いわば平均三歳年長の人々の構成するチームであった。この二校を含め、学習院、三高にも勝ったのだから、「全国制覇」と称するのも不遜とは言えないであろう。

『向陵誌』と題する大部の書物があり、一高寄宿寮における文藝部、辯論部、撃剣部等の他、野球部、陸上運動部等の歴史が記述、記録されている。野球部は前年の成果は悲惨だったようである。「大正六年―七年」の項は次の文章に始まっている。

「全敗!! 何と云ふ痛ましい声だらう。秋の始め来年こそはと期待されたものが、学習院の貴公子に迄敗れ様とは誰が思つたであらう。苦心に苦心を積んで、漸くにして為し来つた経営の跡は忽ちに失墜して、我が野球部は再び悲況の深淵に沈んでしまつた。谷本川口柏岡柿原は綿々として尽きぬこの恨を抱いて大学に去つた。苦しみ苦しんだ末、此痛恨を残して去つた此等の人々を慰むるものは何も無い。唯勝利!! 勝利より他に何物もない。」

続く文章は省略する。四月三日出発して京都で三高と戦って、10対1で勝利した。その詳細も省略する。次いで、五月四日、早稲田大学と対戦する。一高のメンバーは次のとおりである。

RF　笹原
CF　高柳
P　内村
C　中松
SS　岡崎
IB　島村
LF　木内（弟）
IIB　河野
IIIB　木内（兄）

内村とあるのは後の東大教授、プロ野球のコミッショナーもつとめた内村祐之であり、内村が投手で三番打者、中松は四番打者で捕手、ついでながら、木内（兄）が木内良胤先生で三塁手をつとめ九番打者、木内（弟）とある左翼手七番打者は、戦後経済評論家として活躍なさった木内信胤さんである。

この試合に一高は早稲田大学に7対0で勝っている。一高の安打9に対し、早稲田の安打は4にすぎない。早稲田は内村に抑えこまれたのであった。ちなみに中松は4打数2安打、3得点、木内（兄）は1打数1安打、1得点である。その経過はつぶさに文章で記されているが、省略する。

慶應との対戦は五月一八日に行われた。一高のメンバーの守備位置、打順は対早稲田戦と同じである。

この試合に先立ち、学習院にも勝っていたので、ここで慶應に勝つことができれば「全国制覇」を達成するわけである。

結果は4対0で一高が勝利した。一高は5安打し、慶應は3安打しかしなかった。驚くべきことに内村は慶應打線から17個の三振を奪ったが、一高の三振は4にすぎなかった。中松は4打数1安打1得点。内村の奪った三振数が見所で、この内村の好投を別とすれば、実際は貧打戦であった。

この項の結びの文章を引用する。

「「遂に、遂にやつた」此より他に言がない。之こそ実に我部悪戦苦闘の十五年を知る人の感涙と共に放つた言葉である。十八日当夜の墨堤に於ける祝勝会についで盛大なる祝賀会が目黒に於て開かれた。この全勝の記念として向陵グラウンドに固定ネットを建設すべき議も直ちに決せられた。都下各新聞は筆を揃へ辞を尽して一高野球部を謳歌し斉しく斯くの如く真面目なる此の如く精気あるチームの斯くの如き大勝は之実に天下幾万の青年の為めに大賀に堪へざる次第なりとした。オリムピヤ社の如きは特に一高優勝記念号を発行して一高的精神の宣揚につくしたのであった。」

事件に乏しい当時にあってはこの全国制覇は全国的ニュースであり、内村、中松のバッテリーの名は全国高校生の間に知られることとなった。

木内良胤先生と中松先生はこのチームで苦楽を共にした親友であった。

＊

国際知的所有権保護協会（フランス語訓みの頭文字を取ってＡＩＰＰＩと業界では呼ばれている）と称する、各国に民間人で組織する部会がある。この部会の会合により採択された提案を世界知的所有権機関World Intellectual Property Organization（ＷＩＰＯと略称される）に提出すると、かなりの程度、この提案に沿って国際的条約の締結や条約改正が行われる。ＡＩＰＰＩは歴史的にも影響力からいっても、知的財産権がどうあるべきかを検討・討議・提案する最有力な国際的民間組織である。通産省の肝入りでＡＩＰＰＩ日本部会が設置されたのは一九五六（昭和三一）年であった。事務局長には大島永明という通産省出身の方が就任し、日本部会の会長に中松潤之助先生の名が挙がったが、先生は、この組織の権威付けのためにはもっと政財界に知られた方に会長をお願いすべきだと考え、石坂泰三氏に部会長就任をお願いし、ご自身は副会長、会長代行に就任した。石坂さんは当時の経団連会長であり、中松先生は久しく石坂さんの知遇をえていた。ちなみに日本部会は現在は一般社団法人日本国際知的財産保護協会と称しており、かつて事務所に勤め、中松先生のＡＩＰＰＩ関係の秘書のような仕事をしていた武田正彦弁護士が日本部会の会長をつとめたこともあり、現在は私が代表者として事務所に採用した辻居幸一弁護士から会長をつとめることになったと聞かされたことがあり、ＡＩＰＰＩと私共の事務所はふかい関係をもっている。私自身も多年執行委員をつとめ、中松先生とご一緒にしばしば出席していたので、ＡＩＰＰＩ関連で、諸外国の著名な弁護士、弁理士に知己が多かった。ただ、実務を離れてもう二〇年近いので、総会や執行委員会に出席しなくなってから久しい。

一九六六（昭和四一）年に日本部会は総会を東京で開催するよう招致した。二〇二〇年東京オリンピック・パラリンピックの招致についても同じことだが、私たちはこうした国際的行事を日本に招致することが好きなようである。私には私たち日本人がどうしてこうした国際的行事を招致したがるのか理由が分からない。少なくとも私たちも先進国の一国としてこのような行事を主催、実施する能力があるのだといったことを示したい、という虚栄心が主であり、盆踊りにみられるようなお祭好きもその動機の一部をなしているかもしれない。

総会の主たる行事は、あらかじめ定められた五、六の議題について討議し、決議を採択することにあるが、付随的には、会議中の一日がエクスカーションに充てられており、また、会議とは別に同伴者プログラムというものがある。エクスカーションでは六日間ほどの会議の一日を休養に充て、団体旅行することになっているが、参加するかどうかは随意である。しかし、主催者としての日本部会はエクスカーションのための手配、目的地の決定、交通手段の手配などをする必要がある。同伴者プログラムはかつてはレディズ・プログラムといわれたが、参加者が女性、同伴者が男性のばあいが少なくなったためアカンパニイング・パーソンズ・プログラムと称するようになったのである。これは会期中、毎日同伴者にどこかを観光していただくためのプログラムである。同伴者プログラム準備の責任者は中松皆夫人であり、事務所に勤務する数名の女性の他、JTBからの派遣者など外部の方々も数名加わって手伝うことになっていた。

そこで、ようやく木内良胤先生の出番になる。当時、木内先生は格別の職務はお持ちでなかったようである。中松先生が木内先生にエクスカーション、同伴者プログラムの全体を指導、監督していただくようお願いした、と私は理解している。ついでに、中松先生は木内先生に弁護士登録もおすすめになり、中松事務所の弁護士として登録の費用も事務所が負担して、弁護士登録なさった、と思っていたのだが、木内先生が弁護士登録なさって事務所に机をお持ちになったのは、これよりずっと以前、一九六〇（昭和三五）年ころであったと考えるのが正しいようである。いずれにしても、中松、木内両先生の時代は、帝国大学の法学部卒業生には自動的に弁護士資格が与えられることになっていたので、登録には何の支障もなかった。弁護士という肩書のある名刺をお持ちの方が、対外折衝のばあい、何かと便宜であろうという配慮に違いない。木内先生は中松先生からそんな依頼をうけると、喜んでおひきうけになった。

私の記憶では、木内先生は毎日必ず出勤なさった。そして実務に携わっている女性たちから報告をうけたり、指示を与えたり、なさっていた。やがて、私の耳に、木内先生があまりに完全主義でこまごましたことまで指図なさるので、女性たちが手を焼いている、といった噂が届くようになった。

もう半世紀以上前のことなので、どういう苦情であったか憶えていない。たとえば、エクスカーションの目的地として日光観光を企画したとする。そのためには、何時にどこに集合し、どのくらいの数のバスで浅草の東武日光線の駅にお連れするか、日光では東武日光駅から東照宮までどういう交通機関を利用するか、昼食はどこで差し上げるか等々。木内先生はこれらをすべて実地でご自身検分なさらないと納得なさらなかった。担当の女性はＪＴＢのような業者に一任するつもりでいたから、計画の隅々まで木内先生がチェックなさるとは予期していなかった。これほどに細心の注意を払わなければならないとは思い及ぶことではなかった。

結果的にいえば、エクスカーションも同伴者プログラムも、非常な好評を博することができた。それまで、私は木内先生から、思うように計画が進まないことについて愚痴をお聞きすることが多かった。私は、先生と実務担当の女性たちの間に立って、仲介、斡旋する機会が多かった。そんな機会をもったのは、私が事務所の経営について中松先生の秘書的立場にあり、事務所の全般をみていたからであった。ついでにいえば、私は総会の期間中、総会の議事に参加したことはほとんどなかった。総会に出席することなく、私共の事務所を訪問し、具体的な懸案の事件について相談したり、事務所の業務処理の具体的なしくみや方法について質問する、海外諸国の弁理士、弁護士との応待に追われていたのであった。だから、エクスカーションについても同伴者プログラムについても、成功裡に終わったと承知しているだけで、その具体的態様は知らない。私の記憶に鮮明なのは、木内良胤先生という方はじつに細心、気遣いのこまやかな方である、いいかえれば、手抜き仕事を許さない、厳しい方である、という印象であった。だからといって気難しい方ではなかった。私のような一高の後輩に対しても、そうでない所員一般に対しても、まったく平等の立場で接し、意見を言うときも押し付けがましいところはなかった。紳士とはこういう存在をいうのかと教えられるような、礼節正しく、親切な、思いやりのある方であった。

＊

その後、と私は思いこんでいたのだが、これは私の錯覚で、ＡＩＰＰＩ東京総会以前に、私は何らかの機会に木内先生の面識をえていた。木内先生がパリのシテ・ユニヴェルシテール所在の日本館の館長としてパリに赴任なさっていたころの話である。日本館については詳しい方が多数おいでになるはずだが、日本人留学生のためのクラブ施設と安価な宿泊施設を兼ねたもので、日本政府が管理・運営しているものと私は理解している。

一方、私は一九六〇年秋、大阪地裁にイタリーのモンテカチニ社の代理人として新日本窒素株式会社（以下「チッソ」という）を相手方として、ポリプロピレンに関し、特許権侵害禁止の仮処分命令を申請していた。私が申請したといってもモンテカチニ社の代理人としては、元最高裁判事で退官後弁護士をなさっていた小林俊三、民事訴訟法の権威者で後に日弁連会長もおつとめになった吉川大二郎、大阪の特許侵害訴訟の専門家で京大から博士号をお取りになった石黒淳平、それに中松澗之助といった諸先生の末席に代理人として名を連ねたのだが、実質的には申請書、準備書面等の素案はすべて私が起案し、特許技術の説明も私が担当したので、この訴訟の結果についての責任は私が負うべきものであった。

大阪地裁は第一回口頭弁論期日を一九六一(昭和三六)年四月二九日、第二回を六月二二日、第三回を九月一日、第四回を一一月一六日、第五回を一九六二(昭和三七)年二月九日と指定していた。本来仮処分命令は早ければ即日命令が発せられるのだが、この事件は一企業の事業禁止によって企業の存続にも影響するかもしれないこと、争点が複雑、難解であることなどから、このように期日が定められたのであった。

この第四回期日と第五回期日との間に相当の期間があるので、私をミラノの本社に招き、一か月余滞在させ、特許に関連する技術的知識を習得してもらいたい、と私はモンテカチニ社から申し出られた。私がこの申し出に応じることについては中松先生も異存はなかった。海外旅行が自由化されていなかった当時だったからかもしれないが、航空券の手配、ホテルの予約等すべてをモンテカチニ社が行い、モンテカチニ社が依頼した旅行代理店から提携先の日本の旅行代理店経由で私に航空券などが渡されることになっていた。エール・フランスのアンカレッジ経由の北廻り便、アンカレッジとハンブルクで給油し、パリ・オルリー空港に到着することになっていた。私は多数の方々に見送られて羽田空港を出発した。パリで二泊するというスケジュールになっていたが、ホテルの名前は出発間際まで分からなかった。いざ搭乗という時になって、旅行社の方から片仮名で書いたホテル名を渡された。

旅行しなれていたなら、こんな事態はおこりえないし、こんな事態でも狼狽することもないが、私は当然のこととして受けとり、何の心配もしなかった。

航空機は予定通りオルリー空港に到着した。入国手続を済ましたが、私はどこにどうしてよいか分からなかった。ともかくアンヴァリッドのエア・ターミナルまで行ってみようと思い、バスに乗りこみ、アンヴァリッドに着いたが、どうしてよいか分からなかった。片仮名でなぐり書きしたホテル名を記した紙片しか持っていなかった。タクシー乗場へ行って紙片をみせても、片仮名の読めない運転手が乗せてくれるはずもなかった。

思いなやんで人影のないインフォメーション・カウンターに佇んでいると、三〇代の商社員とおぼしき方が、何かお困りですか、お手伝いしましょう、と言ってくださった。読みにくいなぐり書きの片仮名の文字をたよりにその方が何回か電話してくださった。最後に、クリヨンに予約が入っています、と教えてくださった。そして、普通のホテルならドアマンに渡すチップは一フランでよいのですが、クリヨンだと二フランあげるようになさったらいいでしょう、と教えてくれた。地獄に仏という思いであった。その方の名刺もいただかなかったので、お名前も知らないし、そのためにお礼を申し上げたこともない。一生の心残りである。

無事ホテル・クリヨンのリセプションでチェックインした。部屋に案内されると、荷物を片付けてすぐ木内先生にお電話した。明朝九時頃訪ねよう、ということであった。この時点で、私は木内先生を存じあげていたのだから、はじめてお目にかかったのはそれ以前であったに違いない。

翌日、木内先生がおいでになった。玄関ホールを入って右手の少し高くなっているロビーに席をとった。

「クリヨンとはね」

と木内先生はおっしゃった。

「きみ、ここは天皇陛下がおいでになったときにお泊まりになるようなホテルだよ。帰りにはきみにふさわしいホテルを僕が手配してあげよう」ということであった。私がクリヨンを予約したわけではない。モンテカチニ社が予約したのです、と弁解したいとは思ったものの、弁解したところで、私が泊まるのにふさわしくないという木内先生のお考えに対する反論にはならないことであった。

「これからどうするつもりだ」

とお訊ねになったので、街を見物し、できれば、夜はコンサートへ行きたい、とお答えした。日本館にいらっしゃい、といったお誘いはなかった。その夜、私はコンセール・ラムルーのラヴェル《ボレロ》を聴いた。心が痺れるほど感動した。

ミラノ滞在が終わって、ふたたびパリに到着したさい、あらかじめ木内先生にご連絡していたので、先生が私のために予約してくださったホテルに赴いた。このホテルではチェックインの手続も荷物を客室にやっこらさと運び入れるのも、朝食のルームサービスも、体格の良い、年配の女性が一人ですべて始末してくれた。部屋は清潔だったが、うす暗かった。こんな部屋で一日、二日はともかく、数日泊まることになったら、さぞ気が滅入るだろうな、と思った。そして、私にふさわしいホテルはこの水準のホテルなのか、と思った。その後は、私はこのような水準のホテルに泊まったことはない。私は訴訟事件等でしばしばパリに泊まったが、相手の弁護士、弁理士にどこで泊まっているかと訊ねられることがある。一流といわずとも準一流ホテルでないと、私の事務所はそんなに財政が厳しいのか、と誤解される恐れがあり、また英語が通じるホテルでないと支障があるからである。

じつはパリの木内先生に関する挿話はここまでが前段であって、続きがある。この続きは木内先生が日本館の館長を退職なさって帰国後のことである。

パリの日本館は西園寺公望の頼みにより、工費二億円を負担して薩摩治郎八という方が一九二九（昭和四）年に建築し、寄附した建物であった。薩摩治郎八については獅子文六が『但馬太郎治伝』という小説を書いているが、内容はすべて実話のようである。この小説の中にも書かれているが、東京随一の木綿問屋の三代目である薩摩治郎八はオックスフォード大学に学び、パリに移って月額一万円（現在価格でいえば三百万円を下らないという）の仕送りをうけていたという。ジャン・コクトオやレイモン・ラディゲや藤田嗣治とも親交があり、若い富豪で、好男子で、一〇年もパリに在住、パリの交際社会《ソシエテ》に出入りし、フランスの上流人になりきり、日本館の開館式にはフランス大統領をはじめ、ポアンカレ、アンドレ・マルローなども訪れ、大変な盛儀で、薩摩はレジオン・ド・ヌール勲章を授けられたという。

しかも、バロン薩摩といわれた彼の風貌は貴公子然として眉が秀で、眼光鋭く、頬の肉づきもガッシリしていて、単なるイロオトコではない。髪の分け方も、服装も、日本人離れしていて、「エジプトあたりの皇太子ぐらいに、踏めるのである」と獅子文六は書いている。それに夫人が「実にパリ美人そのものであって、同時に、源氏物語に出てきそうな、みやびた、おっとりとした、東洋的気品がある」とは獅子文六が書いているところである。

彼ら夫妻はクライスラー・インペリアルの銀色に塗装した自動車でニースで催されたコンクール・デレガンスに参加して優勝するなど、フランスの社交界の花形となった。

しかし、第二次大戦後、尾羽打ち枯らして帰国し、夫人は結核療養所で死去した。この薩摩治郎八は、たまたま徳島に阿波踊りを見物に行き、そのさい脳卒中で倒れ、一命をとりとめたものの、徳島で暮らすこととなった。獅子文六の『但馬太郎治伝』は、作者が徳島に但馬太郎治を訪ねる話を書いているが、当時彼が再婚していた妻は〝春日はるみ〟という芸名で、ストリップ劇場のスターであった、という。彼女が徳島出身であったことから阿波踊りを見物に来て、そのまま徳島で暮らすことになったのだが、彼が倒れて後は、洋裁師として病夫を養っているという。阿波女は情が深いといわれるが、その典型のような女性である。

獅子文六が会った但馬太郎治こと薩摩治郎八は、角力の年寄か、博徒の親分のようであり、人相は優しくなかった。眼がギョロリと、大きく、眉が太く、口がへの字で、肌も浅黒く、すごみさえあった、という。やがて彼が頻繁に汗を拭くたびに、ひどく、いい匂いがしてくるのに気付き、よほど高級なオー・ド・コローニュを、落魄して二階住まいの薩摩治郎八が使っていることに作者は驚き、さらに服装も尾羽打ち枯らしたところがなかった、という。チェックの変わり上着に、フラノのズボンという春のイデタチだが、地質も相当のものであり、何よりも厚手の面白いガラのフランス製ネクタイを締めていることに、作者は昔の栄華の面影を偲んでいる。

ここまでは獅子文六の筆を借りて、薩摩治郎八のパリ時代と徳島時代を簡略に記述したのだが、じつはこの記述が本項の目的ではない。パリから帰国後、木内良胤先生は薩摩治郎八を訪ねて、徳島においでになった。誰から依頼されたわけでもない。ご自身で決心なさってわざわざ徳島までおいでになったのは、薩摩治郎八が日本館を寄附してくださったお蔭で、日本人留学生が大いに助かっている、というお礼を言上においでになったのであった。世は薩摩治郎八を見捨てていた。忘れ去っていたといってもよい。お礼をいうなら日本政府が言うべき筋合であり、事情を知っている日本大使館が段取りをつけてもよい事柄であった。木内良胤先生は誰の示唆もうけず、誰に面倒をかけることもなく、自らの意志で、薩摩氏に面会し、彼の往年の行為について感謝の意を伝えたのであった。

獅子文六のような文学者ではないから、木内先生は、ただポツンと、徳島へお礼を申し上げに行ってきた、とおっしゃっただけであった。木内良胤先生はおよそ売名的行為とは無縁な方であった。しかし、じつに律儀な方であった。礼節を重んじる方であった。

＊

それからしばらく経って、木内先生は新設されたローマの日本文化会館の初代館長に任命された。肩書は公使ではないが、公使待遇ということであった。そういう特遇のためか、専属の料理人を日本から連れていくことができるそうであった。

たまたま、先生がローマの日本文化会館の館長をおつとめになっていたころ、私もローマに用事があった。何日かローマに滞在する予定だったので、ご連絡すると、夕食をご馳走するから、都合がついたら、おいでなさい、ということであった。午後七時か、八時か憶えていないが、時間も指定なさった。

日本文化会館はボルゲーゼ公園の一角にある。ボルゲーゼ公園は広大だし、夜になると人通りもなく暗い。それでも街灯があるから、私は迷うことなく、時間通りに文化会館の一部になる住居部分に到着した。

考えてみると、日本文化会館と別棟に館長の住居があるのではなく、会館の一部が住居部分に充てられていたはずである。木内先生の指示は、いわば住居部分の入口にあたる、文化会館からいえば裏口にある門から入るように、ということであった。会館に近づくと、裏門のあたりに人影がちらちらしていた。私は遅刻したわけではなかった。しかし、木内先生は、私が迷いはしないか、何時着くか、心配なさってわざわざ出迎えてくださったのであった。木内先生がご自身出迎えて私を待っていてくださったことに私は感動した。

冒頭に記したように、木内先生は私の師匠の中松潤之助先生の旧制一高野球部以来の親友である。師匠に準じる身分の方である。そうした目上の方から晩餐に招待されることだけでも恐縮至極というべきなのに、出迎えまで気をつかっていただくことは望外の光栄であった。これはＡＩＰＰＩの東京総会の準備のさいの木内先生の隅々までのこまごました配慮にも通じ、薩摩治郎八氏を訪ねた事実とも通じる律儀さのあらわれであった。

私は久しぶりに本格的な日本料理を堪能した。木内先生は、中松君はどうしてるかね、といったことを話題になさったが、どちらかといえば共通の話題には乏しかった。共通の話題には乏しかったにもかかわらず、私はその一夜がじつに愉しい思い出となっている。それは木内先生のこまやかな心遣いによるもののように思われる。

＊

木内先生の奥様は三菱の岩崎家の本家の息女だとお聞きしたことがある。木内先生ご自身の父君はどういう出自、役職をおつとめになったかお聞きしたことはないが、岩崎家と縁組みなさるのにふさわしい経歴をお持ちだったに違いない。いわば日本の上流家庭とはこういうものか、という典型を私は木内家に見ていた。

木内邸でご馳走になった話でこの項をしめくくりたいと思う。私の他、一、二名私の事務所の同僚も招待されていたかもしれない。

メニューは

スープ
白身魚のムニエル
ビーフステーキ、サラダ
デザート、アイスクリーム

といったフルコースで、白、赤のワインが開けられた。私はワインの知識がないので私たちに供されたワインの銘柄をあげることができないが、選びぬかれたものに違いなかった。

最後にシェフが紹介された。旧高松宮邸跡の光輪閣のシェフということであった。私は家庭に客を招いて食事をもてなすとはこういうことかと納得し、私共庶民には到底真似できることではないと思った。

木内邸は麻布の高台の端に位置し、崖下には麻布十番の商店街の灯をのぞむ絶景の地に宏壮な敷地を占めていた。その後、昭胤さんがこの邸宅をとりこわし、一部をご自身の住居とし、他を外国人の何家族かに貸すように設計したマンションに建て直されたと聞いている。それ故、当時の面影はいまは偲ぶよしもないはずだが、客を招いて晩餐を供するには、専門のシェフに料理を委ねなければならない。そのためには、六人分、一〇人分、一二人分といった人数に見合う各種の食器が揃っていなければばならない。それに招かれてきたシェフが調理するのに必要な設備がすべてととのった厨房がなければならない。私たちが友人を招いてすき焼きをつくるのとは、それにビールでも傾けるのとは、まるで質が異なる饗応なのである。

外交官であれば誰もがそうした饗応ができるというわけではあるまい。外交官の地位も責任も年々下がっているし、権力も低下している。私たちが木内家でうけたようなもてなしは、今後は期待できないのではないか。これは私の余命のためではない。私たちの次の世代の人々にも、その次の世代にも、こうした饗応にあずかることはありえないだろう。今後も富裕な階層の人々が出現することは間違いない。しかし、その資産の使途について私が木内家で享受したようなもてなしに馴れた人々が存在しうるとは私には想像しにくいのである。さらにつけ加えれば、木内家における私たちに対する接待は、木内家特有のものではなく、その階層の人々にとっては珍しいことではなかったはずである。

能村幸雄

能村《のむら》幸雄弁護士は私より二期先輩になる。二期というのは私が第四期の司法修習生であったのに対して、能村弁護士は第二期の司法修習生だからである。私たちは、それぞれ司法修習を終えて後、すぐに弁護士登録したので、能村弁護士は弁護士としても私よりも二年、先輩になる。私たちのころは、司法試験の合格者が毎年ほぼ二五〇名であったから、二年間の司法修習生の課程の間、司法研修所における前期三か月の講習の後、それぞれ三か月の民事裁判、刑事裁判、検察、弁護士事務所、その後、三か月の後期の司法研修所における講習の後、二回試験と俗称される司法修習生考試に合格してはじめていわゆる法曹資格が得られた。そこで、希望にしたがい、裁判所が採用してくれれば、裁判官に、検察庁が採用してくれれば、検察官に、採用され、あるいは弁護士として登録されることになっていた。

私自身、司法修習生の課程を修了したときにはじめて、法律というものがおぼろげながら、分かったように思った。現在では毎年ほぼ千五百名も司法修習生になり、修習期間も一年といわれるから、当時は現在とは大いに違い、それこそ手取り、足取り、裁判官、検察官、弁護士としての実務を教えていただいたように憶えている。現状のように法曹人口を毎年二千人ずつ増やすという構想に始まった制度は、その基本的構想が間違っていると私は考えているが、現行の制度の下で、どれほど司法修習生として法律を理解して法曹資格を得るのか、想像するだけで私は肌寒い感じを覚える。

それはともかくとして、能村弁護士は弁護士実務の研修を中松事務所で受けたそうである。そして、たしか緒方事務所という定評のあった事務所に勤務することになったが、勤務しはじめて、一年かそこらで、緒方先生が急逝なさった。そこで、中松澗之助先生にお目にかかって何か、役にたつ仕事があれば、やらせていただきたい、とお願いしたらしい。その結果、いわば中松事務所の客員のようなかたちで事務所の仕事を手伝うことになった。

これから先、能村弁護士といわずに能村さんと呼んで本項を書き進めることとする。私は能村弁護士をご本人を前にしても、また、第三者との話の間でも、能村先生と呼んでいたのだが、これは先生が二期だけ先輩だからであって、本項において能村先生と呼ぶと、私の能村弁護士に対する親近感が失われるように感じられるからである。

一九五二年に私が中松事務所に勤めはじめたとき、上記したとおり、能村さんは毎日、決まった時刻に出勤し、決まった時刻に退所するというわけではなく、客員として、時々事務所に顔を出し、特に仕事がなければ、雑談して引き上げるといった勤務状態であった。私のほかには弁護士は中松先生だけだったから、特に中松先生に呼ばれたばあいは別として、私が雑談の相手をするのが常であった。私が法律問題の処理を中松先生から命じられているときは、雑談というよりも、能村さんをつかまえて、私が能村さんに相談を持ちかけた。能村さんは水戸高校（旧制）の出身で、東大法学部に進み、たぶん在学中に、司法試験に合格、第二期の司法修習生になったはずである。住居はたしか京浜急行の立会川駅の近くであった。私の記憶が正しければ、能村さんの父君は同地で大手の塗料会社の代理店をなさっていた。私のように環境に恵まれた者と違って、まるで法律とは縁のない家庭で育って、能村さんは司法試験を受験し、すぐに合格したのだから、ずいぶんと頭脳明晰、学業にすぐれ、志の高い人だったに違いない。

一日《いちじつ》の長、という言葉があるが、能村さんは、それこそ二年の長があった。ことにまだ事務所が大森の中松先生の自宅にあったころ、私は能村さんからじつに多くを教えていただいた。裁判手続はともかく、強制執行手続の実務については、私はまったく無知だったから、能村さんにすべてを教えていただいた、と言ってよい。執行官に依頼するにはどのような手続をふむ必要があるか、といったことだが、たとえば、家屋明渡しの確定判決があって、明渡しの強制執行を求めるばあいでも、執行官は、家屋の住人が自発的に明け渡すまで辛抱強く待つのが、通常であって、簡単に、明渡しを強行することはしないものだ、といったたぐいのことであった。その間、屈強の若者たちを伴って、強制執行により明渡しを命じられている家屋に出かけては、その家屋の前に居座って、圧力をかけ続けるのだ、と能村さんから聞かされたことがある。この間も、強制執行を依頼した弁護士は執行官に費用を支払わなければならない。もちろん、弁護士はその費用を依頼者に支払ってもらうのだけれど、家屋明渡しというのは、そんな思いがけないところでも、費用がかかり、時間がかかるものなんですよ、とは能村さんが私に教えてくれたことであった。ただし、私は七〇年の弁護士生活をつうじて、そのような家屋明渡し事件を取り扱ったことはないから、真偽のほどは確かではない。

たぶん、本当だろうと私は信じている。

民事訴訟の案件でも、能村さんと話し合っていると、啓発されることが多かった。どういう話題であったか忘れたが、大森駅のプラットフォームで、私は能村さんと二〇分近く話しこんだ憶えがある。

能村さんの意見はいつも緻密で論理的であった。私は、どちらといえば、直観的に結論に飛躍しがちな性分なので、能村さんとの対話は常に有益だったし、愉快でもあった。能村さんは一流の弁護士たるべき資質と能力を備えていた。

＊

丸の内に事務所が移転してからは、能村さんのために机と椅子とが用意されていたが、相変わらず、客員弁護士で、勤務は不定期であった。いわば、気の向くままの勤務であり、いささかの定額の給与を中松先生から受け取っていた。事務所から事件を依頼されれば、処理していたが、件数はごく少なかった。そういえば、バドミントン用のプラスティック・シャトルコックの特許権侵害を理由として、特許権者である英国のカールトン社の代理人として（実質的にはカールトン社の独占的ライセンシーであるメトロ・スポーツの代理人として）、浜名湖畔の羽立工業を相手方として、長い間、続いた訴訟事件があったが、その初期には、能村さんに手伝っていただき、何遍も静岡地裁浜松支部に出張していただいた。今となっては夢のような話だが、浜松支部に出頭するのは泊まりがけであった。そのための定宿を私たちは決めていた。長い間、いくつもの訴訟が続いた係争であったが、なぜ特許権を侵害するか、という理由の理論構成は終始、当初からまったく変わらなかった。この理由の理論構成については能村さんとも相談したはずである。

＊

そのころのある日、能村さんが、帰宅の途中、大井町の駅前のデパートで魚を買う話を聞いたことがある。能村さんが、閉店の、三〇分前ごろになると、魚売り場の売れ残りの魚を五割引き、六割引きでたたき売りするので、それを待って、好きな高級魚を好きなだけ買って、タクシーで家に帰り、仕入れた魚をさばいて、刺身にしたり、煮つけたりして、一杯やるほど、楽しいことはない、と話すのをお聞きしたことがある。能村さんの父君は北陸地方の温泉場の割烹旅館の三男か四男に生まれたので、幼いころから魚の料理に馴染んでいたそうであった。そういう血筋のため、能村さんも魚をさばくこと、その他料理することが、得意なのだということであった。

安売りになるまで、どこでお待ちになるのですか、と訊ねたところ、デパートの前の居酒屋で飲んで待っている、この待ち時間が胸騒ぐ楽しい時間なんですよ、ということだったから、私が能村さんに、タクシー代と居酒屋への支払いを考えると、五割引き、六割引きでも、結局、高くついているんじゃありませんか、と言ってみた。すると、真顔で、飲み代を勘定にいれるのは可笑しいですよ、飲み代は性質が違います、ということであった。私は「飲んべえ」にはそれなりの独特の論理があるのだ、と感銘をふかくした憶えがある。

これからも能村さんの酒好きについて書くことになるが、緒方先生が亡くなって後、一時、能村さんは焼酎会社に事務所を持っていたことがある、という。当時はね、お茶代わりに焼酎を飲んでいたから、すっかり手があがったんですね、という能村さんの述懐を聞いたこともあった。その焼酎会社が倒産して、行き場がなくなったので、中松先生にお願いすることになったのだ、とお聞きしたので、能村先生がただの焼酎を飲み過ぎて会社を潰したんじゃありませんか、とひやかすと、いや、ぼくは本当のところ、お酒はあまり強くありませんから、という答えであった。能村さんのお酒が強かったのか、どうか、私には不可解なところがある。

そのころ、能村さんが、大阪に出張したことがあった。東京に戻って、事務所に顔を見せると、私の席においでになって、中村さん、まむしを食べたことはないでしょう、ぼくは昨日、まむしを食べて来ましたよ、と得意そうに言った。先生、それは鰻の蒲焼ですよ、大阪では、うなぎをまむしって言うんですが、ご存知なかったんですか、ご飯の間に鰻の蒲焼をはさんでまぶしてあるから、まむし、というんです、と教えてあげたら、すっかり悄然と落ち込んでいた。私と能村さんとはそんな他愛ない会話を愉しむ間柄であった。

＊

たぶん福島テレビの商標問題で福島に出張するよう、能村さんにお願いしたことがあった。用件はどうということはないものだったが、能村さんが私の許においでになって、中村さん、食堂車ってものは高くつくもんですね、と話しかけてきた。座席に空きがなかったので、仕方ないから食堂車へ行ったんですよ、そしたら偶然知り合いに会いましてね、お互い久しぶりに一杯やろうということで、結局、上野駅まで飲み続けたんですよ、京浜東北線に乗り換えたら、今度はうまく腰かけられた、そしたら酔っぱらっていたので、すぐ眠りこんでしまったんです、それで、気がついたら桜木町で、仕方ないから引き返すことにしたら、今度、気がついたら大宮だったんですよ、次に目が覚めたら桜木町、最後は大宮駅で、それが終電で、もう引き返せない、仕方ないので、大宮から大井町までタクシーで帰ったんです、という。

私はただ呆れるばかりであった。このことは私にとって能村さんの忘れられない思い出だが、いったい、能村さんがお酒が好きだったことは間違いないとして、強いか、どうか、ということになると、本当はあまり強くはない、というご本人の言うとおりだったのかもしれない、と思う。つまり、能村さんのお酒には限度があって、そう深酒しなくても酩酊してしまう、そういう酒飲みだったのではないか。私の高等学校時代の友人、網代毅は、アルコール依存症だったと考えているが、いくら飲んでも平然としていて、顔色が変わるわけでも、呂律《ろれつ》がまわらなくなるわけでもなかった。しかし、ある限界を越すと、本人がまったく意識不明、前後不覚になってしまうようであった。その結果、本人も覚えのない僻地で行倒れのようになって、発見されるという事件の繰り返しだったと聞いている。つまり、網代は酩酊ということを知らなかったのではないか。と私は想像している。能村さんは、そういう意味で本人の言うとおり、お酒は強くはなかったのではないか、というのが、ビールをコップ一杯も飲めない私の考えである。しかし、能村さんの酩酊も翌日まで二日酔いが続き、翌日も意識が朦朧としているようになると、深刻な問題に発展するのだが、それまでにはしばらくの時日があった。

*

ある日、能村さんから家内のピアノがだいぶ上達して、「バイエル」をあげて、いまは「ブルグミュラー」に進んだんです。「ブルグミュラー」の練習を聞いていると、いかにも音楽らしくて、家内の練習を聞くのが楽しいんですよ、と聞かされたことがある。ちょうど私の娘たちもピアノを習って、「ブルグミュラー」からピアノ・ソナタの稽古に入ったころだったので、私にも、能村さんの感想がよく理解できた。私は能村さんの奥さまには一、二回しかお目にかかったことはないけれども、かなり好感を持っていた。能村さんは中背というよりやや背が低いか、といった背丈であったが、能村夫人は中背というよりはやや背が高く、すらっと洗練された容姿、物腰の方で、穏やかで温かい雰囲気をお持ちであった。能村夫人は、たぶん子育てが一段落してから、発心してピアノの稽古をお始めになったのであろう。夫人のピアノのお稽古を聞いて、その音色を楽しんでいる能村さんの家庭の風景を想像して、私は、能村さんは奥さまに恵まれて、いい家庭をおつくりになっているのだ、と祝福したい気分であった。

＊

能村さんのお酒は、年々、その量が増えたようである。あるいは、深酒の回数が増え、その酩酊が翌日まで持ち越されるようになったようである。

ある日、中村さん、今日は危ないところで、期日に裁判所に出頭しそこねるところでした、と能村さんから聞かされた。いやあ、弁論期日が今朝の一〇時に入っているのをうっかり忘れていて、気がついたのが、一〇時ごろだったから、慌ててタクシーを飛ばしてやっと一一時少し前、法廷に入ったら、裁判官も相手方の弁護士も私の来るのを待っていてくれたので、滑り込んでセーフ、というわけでした、と能村さんが言う。どうして忘れたんですか、期日は手帖に書いてあるんでしょう、と私が訊ねると、いや、昨日までは憶えていたんだけれど、昨晩ちょっと飲み過ぎて、朝、どうもぼんやりしていたから、と弁解にならない、弁解を聞かされた。

いったい、能村さんは事務処理をどうしていたのか、いまになって私は訝しく思っている。事務所の案件であれば、法律事務担当の秘書なり、事務職員が訴訟ファイルを管理し、書面を提出しなければならない期日や裁判所に出頭すべき日時を管理しているから、たとえば弁護士である私が忘れていても、事務職員が注意してくれるので、能村さんの言うような失態は起こりえない。能村さんの失態は、いわば事務職員がいないために起こったとも言えるわけだが、そもそも事務職員の補助なしに弁護士という職業は成り立たない。たとえば、訴訟は原告が訴状を提出し、被告が訴状に対する答弁書を提出することで始まるが、訴状でも答弁書でも、最低四部作成する必要がある。裁判所用一部、相手方用一部、自分の控に一部、依頼者用に一部の合計四部である。だいぶ昔であれば、いわゆる和文タイプライターでその後は、ワード・プロセッサー、いわゆるワープロから現在のパーソナル・コンピューター、いわゆるパソコンで、こうした部数の書類を作成することになるが、能村さんがワープロあるいはパソコンを使うのを見た記憶はない。また、これらの書類を必要部数だけ作成したとしても、これらを綴じたり、職印を押捺したり、などして整理する必要があり、訴状の提出であれば、訴訟価格に応じた収入印紙を貼付したり、原告または被告が会社であれば、代表者資格証明書（登記簿抄本）を取り寄せておいて、添付する必要があるし、必要な郵便切手を持参して裁判所に提出しなければならないし、裁判所に提出すると、事件番号が与えられるから、これも記録しなければならない。これらのこまごました仕事を処理するためには事務員の補助が必須なのだが、能村さんはどうしていたのか。事務所の事務職員を使ったとは聞いていない。弁護士のためにそんなさまざまな雑務を引き受ける会社があると聞いたことがあるが、そんな会社に頼んだのだろうか。これらの雑務を能村さんは、事務職員の補助なしに、どのように処理していたのか、謎というほかない。いずれにしても、次回の口頭弁論期日が何月何日の何時か、ご自身の手帖だけが頼りだから、ご自分がよほど気をつけていなければ、出頭すべき期日を忘れたり、提出しなければならない準備書面を提出するのを忘れたりするような事態は避けられないわけである。それが能村さんのように決して注意深いとはいえない弁護士のばあい、非常に危険な状態が日常的に起こっていたと思われる。

*

やがて、能村さんは、裁判所に出頭する期日を忘れて、すっぽかしてしまう、というようになった。提出すべき書面をその期限までに提出しそこなったということも、あったらしい。どれほど深刻な事態にまで発展したかは、能村さんが話してくれたわけではないから、推測の域を出ない。そのような失態のために依頼者に損害を与えたりしていたら、依頼者が弁護士会に苦情を申し立てたり、ばあいによっては、損害賠償請求訴訟を提起したり、していたはずであり、そのような苦情申し立てや訴訟にまで発展していたら、必ず耳にするはずだが、そういう噂は聞いていない。たぶん、不始末のために実質的な損害を生じさせるまでのことはなかったのかもしれない。ただ、依頼者の信用が失墜したことは間違いない。年々、能村さんは手がける事件が少なくなっていったようである。

そのころになると、事務所でも、些少なりとも毎月能村さんに支払っている給与がパートナー会議で問題になった。事務所にまったく寄与していないのに、なぜ能村弁護士に給与を払いつづけるのか、と若いパートナーは私をなじった。私は、中松先生から、遺産をいただいて、こうして経営を続けているけれども、遺産の中にはマイナスの遺産もあるので、能村先生への給与はそういうマイナス遺産だと思ってほしい、と説明していた。

ただ、この事務所からの些少の給与を別にして、能村さんにはなにがし信用金庫という依頼者があった。この信用金庫は銀行になっていたかもしれないが、記憶は定かでない。なにがし信用金庫ということで話を続けると、この信用金庫の法務担当の課長か、部長か、ともかく、法律関係の責任者の立場にある人が能村さんの絶対的な庇護者であった。どんな苦境にあっても、能村さんを見棄てない依頼者であった。私はこの人を見かけたこともあるし、名前も知っていたが、いまは憶えていない。たしか、ごく若いとき、緒方事務所の事務員として能村さんと知り合った。緒方先生が亡くなって、その信用金庫に雇用されることになり、法務関係の部署に配属された。そのころ、能村さんから、信用金庫の債権の取り立てに関する法律的手続きの実務処理について、始終、こまごまと、教えられていたようである。能村さんは、そのような法律問題の知識も経験も豊富だったから、彼は能村さんからそうした知識、経験のすべてを伝授されて、信用金庫の中で有能な人材として重宝がられていたらしい。

そこで、他に依頼者がいなくなっても、この信用金庫だけは忠実な依頼者であった。債務の弁済が遅れている債務者に対する内容証明郵便による催告から訴訟まで、それまでと同様に、能村さんに依頼し続けていた。

この信用金庫の事件のばあいは、雑務はすべてその信用金庫で引き受けてくれたはずだから、秘書や事務職員がいなくても能村さんは困らなかったものと思われる。定型的な案件であれば、裁判所に提出する書面も信用金庫で作成し、能村さんはただ裁判所に出頭するだけで足りたのかもしれない。その手数料、報酬はきちんと支払ってくれたに違いない。信用金庫から依頼される案件は、それほど数は多くないにしても、能村さんにとって頼りになる依頼者であった。

*

たぶん、そのころと記憶しているが、私および私の家族が毎年、夏を過ごしていた千葉県の勝浦市鵜原の四、五軒の商店主が訴えられた事件があり、鵜原の懇意にしている漁師の人の紹介で、その事件を引き受けることになった。訴訟は上総一宮所在の千葉地裁一宮支部に係属していた。鵜原が一宮支部の土地管轄に属していたためである。余談だが、千葉地裁には、一宮、木更津をはじめ、八つほどの支部がある。支部の管轄に属する事件は千葉市の本庁では取り扱わない決まりである。交通不便な時代には、これらの支部を置く意味があったのだが、現在では、支部を置くことにはたしてどれだけの意味があるかは疑問である。この事件のばあいでも、担当の裁判官が上総一宮に常駐しているわけではなく、毎週一回、一日だけ、千葉地裁の本庁から出張してきて審理するのであった。週一日だから、次回期日を決めるのにも、その裁判官が一宮に出張して来る日に合わせなければならない。

現在の交通事情からいえば、千葉地裁ですべて処理する方が、裁判官にとっても、当事者にとっても、簡便なのだが、なかなか裁判所の近代化は進んでいないのが現状である。

ところで、私は、危惧しながらも、能村さんに担当していただいた。もちろん、訴訟ファイルの管理も口頭弁論期日の管理などもすべて雑務は事務所で処理していたから、能村さんが失態を演じることはありえなかった。毎回の口頭弁論の都度、進行について私は能村さんにどういう進展があったか、を聞き質していたし、夏に私が鵜原に滞在していると、これらの商店主たちが必ず訪ねてきて、訴訟の現状とか、将来の見通しを私に尋ねるので、私としても、終始、訴訟の状況を把握している必要があった。

この事件は二年ほどかかって、私の依頼者たちの勝訴で終わった。酒に溺れることさえなければ、能村さんは信頼するに足る弁護士としての能力を充分に持っていたことが、この事件を通しても、実証されたといってよい。

だが、この事件が終わったとき、依頼者の商店主たちから、能村先生は、裁判が終わると、ロープを出して、一方の端を手首に縛りつけ、他方の端を書類鞄の取っ手に結わいつけ、これでもう鞄を失くす心配はない、と言うのがお別れの挨拶のようなものでした、先生は酔っぱらって鞄を失くしたことが何遍もあったようですね、と聞かされた。私は、そんな言葉を聞いて、ただ唖然とした。手首と鞄をロープで繫いで、鞄を失くさないようにすることは、きっと経験が生んだ知恵だろうけれど、何も依頼者の目の前で、そんなことを見せなくてもいいのではないか、依頼者に心配させるだけだということが、能村先生には分からないのか、と私は思っていた。

＊

なにがし信用金庫だけが依頼者という時期が何年つづいたか、七、八年は続いたのではないか。ある日、突然、新聞に、その信用金庫の法務担当の課長か部長で、能村さんに事件を依頼し続けてくれていた人が背任で逮捕された、という記事が載った。たしか、法的手続によって弁済された債務がまだ不払いのまま残っているかのように装って、その金を私的に費消していた、ということであった。何分、信用金庫の内部では、彼は専門職なので、上司の監督の眼が行き届かないのに、つけいって、使い込んでいたそうであった。能村さんが、その使い込みに、一役、買っていたわけではない。能村さんも取調べをうけたかどうか、記憶にないが、取調べをうけたと聞いたことはない。能村さんはそのような犯罪行為に手を貸すような人ではなかった。だが、彼が解雇され、信用金庫の依頼事件が無くなったことは、能村さんには致命的な打撃だったはずである。

その後、間もなく、能村さんから、頼まれて家内が大井競馬場に手伝いに行っている、とお聞きしたような気がする。あるいは噂として聞いたのかもしれない。真相はいまだに分からない。ただ、私は、状況からみて、あり得ることだと考え、あの奥さまが働きにおいでになるとは、健気だな、といった感を ふかくしたのであった。

＊

その後しばらくして、能村さんが片瀬山に引っ越したとお聞きした。弁護士としての収入は覚束ないのに、購入の資金はどう調達したのか、と思ったが、考えてみれば、立会川の土地、建物を能村さんは父君から相続したはずだし、この土地は繁華な商業地だから売却すれば片瀬山の分譲住宅など入手なさることは容易であったに違いなかった。たぶん、移転して間もないころ、能村さんから、わが家から海が見えるんですよ、とお聞きした憶えがある。

それからいくらの年月も経たないころ、突然、能村さんが亡くなったと聞いた。酔って庭に出たところ、庭の池にはまって溺れ死んだ、ということであった。とうとう、お酒が能村さんの命取りになったのか、と感慨ふかいものがあった。

私は片瀬山のお宅の通夜に出かけた。その席で、成人して社会人になっていると思われる物腰のご子息のご挨拶があった。ご子息の話では、能村さんは、厳しいけれども優しい、つねに努力を惜しまない、立派な父親だった、ということであった。能村さんは、酩酊しないかぎり、立派な方であった。ご子息たちはそういう素顔の能村さんに接していたから、父親として尊敬しているのだろう、と私は納得した。納得したけれども、酩酊のあまり、池にはまって死ぬとは、あまりに無残ではないか、と帰途、考え続け、能村さんはたぶん六〇歳にもなっていなかったのではないか、と思い、能村さんとの交友もこんなかたちで終止符をうつことになったのだ、という感慨に浸っていた。

マーティン・フリート

昭和四二（一九六七）年三月から五月末まで、私は工業所有権制度調査団の一員として、英国、オランダ、ドイツ、スイス、イタリーなどのヨーロッパ諸国からアメリカに渡る、長期の旅行をした。その最後の訪問地がアメリカのワシントンＤＣであった。

この調査団は現在わが国特許法が採用している、いわゆる審査請求制度の施行に先立って欧米の制度、趨勢の調査を目的とした、官民合同、ほぼ二〇名ほどの団体であった。ワシントンでは米国特許商標局を訪問し、その見解を質すことになっていた。私はこのためワシントンに滞在していたときに、私の事務所、当時の中松特許法律事務所の取引先である、スティーヴンス・デーヴィスという特許事務所を表敬訪問した。この事務所では私とほぼ同年配だが、若干年長と思われる、大柄で明るく快活な感じの特許弁護士が応対し、事務所の内部を案内したり、事務所の組織、業務などを説明したり、してくれた。私は、外国から同業者が訪問したときには、こんなふうに応接するものか、と眼を開かれる思いがしたが、その特許弁護士が何という名前かも憶えていなかった。ここで特許弁護士といったが、日本の弁護士とは違って、特許商標局に特許出願し、特許を受ける手続を代理することを専門とし、特許権侵害訴訟のさいは、訴訟専門の弁護士が当事者を代理し、特許弁護士は技術的、特許法的に訴訟弁護士を補助する立場に立つのを通例とするので、わが国で言えば弁理士に近い職業である。

ところで、たしか、その三、四年後であったと思うが、私は用事があってロンドンに出張し、私の事務所の提携先の事務所の特許弁理士と英国特許局に近いレストランで昼の食事をとっていた。そのとき、二、三メートル先のテーブルにいた男性が私に挨拶を送っていることに気づいた。私の相手をしていた英国の特許弁理士が、ああ、マーティが君に合図している、呼んであげよう、と言って、彼を私たちのテーブルに呼び寄せた。そして、知っているだろう、ワシントンDCのマーティン・フリート、と紹介してくれた。私は容貌の記憶、識別の能力がきわめて弱いので、その男性がスティーヴンス・デーヴィス事務所で私を応対してくれた特許弁護士であることを忘れていた。しかし、彼は一〇年も前から熟知している間柄のように、いかにも懐かしそうに、再会してうれしい、と言い、君のことはベルンハルト・ザイドラーから、よく聞いている、と付け加えた。先年の工業所有権制度調査団のミュンヘン訪問のさい、私たちはローレンツ・ザイドラー・ウント・ザイドラーという法律特許事務所を訪れ、そこで、ザイドラー弁護士から日本におけるちょっとした紛争について相談を受けたことがあった。帰国後に、ザイドラー弁護士と協力してその紛争を処理したが、どうというほどの案件ではなかった。そんな些細な事件のことがすでにフリートの耳に入っていたことに私は吃驚した。私はこの会話をつうじて、特許業界というものが国際的に見てじつに狭い世界なのだということを痛感した。しかし、そのときは、フリート、ザイドラーと私との三人の間が、特許関係の業務上の関係という以上の友情で繋がることになるとは、思いもよらなかった。

フリートは、そのときに、名刺をくれて、スティーヴンス・デーヴィスから独立し、フリート・アンド・ジェイコブソン、という事務所を立ち上げた、と言った。たしか、ロンドンでフリートに会った後、私はミュンヘンを訪ね、ザイドラーと再会したのだが、そのときにザイドラーから、スティーヴンス・デーヴィスに依頼している案件があるなら一日も早く、フリート・アンド・ジェイコブソンに移管すべきだと教えられた。私がザイドラーの忠告に従ったことは言うまでもない。事実、フリートが独立すると、同僚の特許弁護士たちも次々に独立したり、他の事務所に移ったりして、結局、スティーヴンス・デーヴィスは雲散霧消してしまった。スティーヴンス・デーヴィスはずいぶんと良い依頼者を数多くもつ由緒ある事務所であったが、一たび、主要スタッフが離脱すると、たちまち、消えてなくなってしまうのだ、と私は思い知り、特許業界とはずいぶん酷い世界だとも思い知ったのであった。

フリートはロンドンの特許業界にも顔がよく知られていたばかりでなく、ヨーロッパ諸国の特許業界でもよくその名前と顔が知られていた。一度会っただけの私を憶えていて、ロンドンで旧知のように懐かしそうに挨拶したことから知られるとおり、彼は一度でも会った人を忘れることがなかったし、旧知の仲間のようにふるまうのが通常であった。こうして、顔と名前を売り、ヨーロッパ諸国の特許事務所や特許弁理士、あるいは企業の特許部の責任者などからアメリカ特許出願などの案件を引き受けるといった仕事、つまり集客業務のようなことがスティーヴンス・デーヴィスにおける彼の主要な業務であったようである。また、フリート・アンド・ジェイコブソン事務所を開設してからも、彼は事務所の顔として、始終、諸国の特許事務所や企業などに顔をつなぎ、同業者の会合には必ず出席し、事件をかき集める、集客業務を担い、ジェイコブソンその他のスタッフが案件の処理にあたっていたのであった。とはいえ、彼自身も国内にいるときは多くの案件を処理していたし、その高度の処理能力があるからこそ、集客の能力ももつことができたわけである。この集客にさいしてはさまざまな能力を必要とする。一つには、仕事の関係のない特許事務所、特許弁理士、企業の特許部のスタッフなどには、自分の事務所がどういう特徴をもっているか、どういう点で優れているか、を分かりやすく説得力のある説明をして、すぐでなくても、何時の日か、自分の事務所に仕事を依頼してくるように勧誘する、といった能力を持っていることである。このばあい、競争関係にある他の事務所を貶したり、弱点をあげつらったり、することは避けることが好ましいようである。他方、仕事の関係を持っている事務所や特許弁理士を相手にするときは、自分の事務所の仕事についての不満に耳を傾け、即座に改善の手を施すように手配する。また、特定の案件について、どういう対応をすべきか、意見を求められたさいには、フリートのばあい、アメリカの特許法規、裁判例、実務上の慣行などに照らして、どのような対応が望ましいか、意見を述べ、相手の希望に沿って、相談し、対応について結論を得なければならない。ときには、先端的な技術にかかる発明についての出願について苦情を言われ、苦情を言われた問題そのものの理解が難しいこともあるかもしれない。そのようなときには、たとえば、彼の事務所の当該分野の専門的知識を有する特許弁護士を当該特許出願の発明の発明者と面会させるような手はずを講じて、依頼者が納得するような解決策の提示を考えることになるであろう。要するに、依頼者が求めるすべての事柄について、依頼者が納得するような解決策を提案して、依頼者を満足させなければならないわけであり、相当の規模をもつ、欧米の特許事務所は必ずそうした事務所の顔ともいうべき老練な特許弁護士、弁理士を持っていたように思われる。マーティン・フリートはまさにそのような業務のヴェテランとして欧米の特許業界に著名な人物であった。

ついでにいえば、アメリカの大手の特許事務所の代表者が、日本の大手企業の特許部長と面会したさい、若手の部員を自分の事務所に研修によこしたらどうか、アメリカ特許出願の実務を習得したり、また、英会話の能力を向上したりするのに役立つから、そのための住居などの面倒も見てあげよう、などと申し入れることが稀ではない。その結果、その企業の特許部員が毎年のようにその事務所に研修に赴くことになると、その企業のアメリカ特許出願は当然のことだが、その事務所に依頼することになり、そのアメリカの大手の特許事務所としてはその日本企業のアメリカにおける特許出願業務を囲いこんだことになる。このような勧誘も特許事務所の全権大使のような役割を果たす者の仕事の一端といってよい。

＊

私がフリートと初めて会ったのが一九六七年であり、その数年後に再会したのだが、彼と親しくなったのは中松潤之助先生が昭和四八（一九七三）年に急逝なさって以後、ことに私が松尾和子弁護士、大塚文昭弁理士と協力して、事務所の経営の責任を負うことになって以後、また、私どもの事務所が中村合同特許法律事務所、外国向けにはNakamura & Partnersと改称したころにはきわめて親しい友情でむすばれていたように憶えている。たとえば、昭和六三（一九八八）年に事務所の若手弁理士であり、私たちが嘱望していた西島孝喜君がフリートの事務所で二年間、研修を受けたことがある。初対面のときからは二〇年以上も経っているから、この当時は私はフリートとずいぶん親交を深めていたと思われるのだが、何故、西島君をフリートの事務所で研修を受けさせることにしたのか、その経緯は憶えていない。あるいは、フリートから申し出があって、前途有望な若い弁理士を研修に送りださないか、といった誘いがあったのかもしれない。彼としては、私たちの事務所との紐帯をいっそう強いものにしたいと望んでいたに違いないから、そのような申し出があったとしてもふしぎではないし、私の事務所としてもそういう申し出を喜んで受け入れたに違いない。なお、西島君が研修のため滞在したころには、フリート・ジェイコブソン・コーン・アンド・プライスと称していたという。また、彼が私どもの事務所に勤め始めたのが、昭和五六(一九八一)年、昭和五九(一九八四)年に結婚したときには、彼らの結婚披露宴に頼まれて私たち夫婦が媒酌人として挨拶したことがあった。

西島君の研修は私たちの期待に沿う成果をあげたと言ってよい。英会話、ことにリスニングの能力は著しく向上したし、いうまでもなく、アメリカ特許出願の実務処理について大いに学ぶところがあり、ずいぶん逞しくなって帰国した。彼ら夫婦のワシントン滞在中、私たち夫婦もフリートに対してお礼を言うことをかねて、西島君の動静をみるために、ワシントンを訪問したことがあった。そのとき、フリートの住居に招かれて、西島君夫妻とともに、フリート夫人の手料理をご馳走になり、歓談したことがあった。フリート夫人はモールといい、やはり大柄で、ふっくら豊満な感じの女性であった。たしか、ペンタゴンという通称で知られている国防省に勤務しているということであった。フリートが弁護士試験の受験勉強中から、家計は彼女が面倒を見ていたそうである。フリートは彼女の内助の功によって勉強に専心することができたらしい。モールはそんな内助の功を誇るような素振りは微塵もみせない、謙虚な人柄であった。じつは私はフリートがそんな苦労をして弁護士になったのだということをまるで知らなかった。彼の明るく快活なふるまいから、むしろ苦労知らずに育ったのではないか、とさえ想像していたのであった。

フリートとザイドラーとはずいぶん仲が良かったが、ザイドラーは自分の少年のころにどう過ごしていたかを語ることがなかった。そのためか、フリートはザイドラーが戦争中はヒットラー・ユーゲントであったのではないか、と冗談まじりに私に話したことがあった。ザイドラーは弁護士として、あるいは特許弁理士として、きわめて有能には違いないが、いつも勇猛果敢で、戦闘的であったし、弁護士になるためにかなり苦労した様子であった。たとえば、彼が博士号を持っていないのは、いわば苦学したからであろうと、私自身も想像していた。私の想像が当たっているかどうかは別として、彼が弁護士として世に出るまでに苦労したことについてフリートは共感を覚えていたのではないか、ヒットラー・ユーゲントというのはその反語的表現だったのではないか、と思われる。そういえば、ザイドラーがガルミッシュ・パルテンキルヒェンで心筋梗塞のため五〇歳にもならない若さで急逝したときに、私がフリートに、どのように弔意を表したらよいか訊ねたことがある。そのとき、彼は即座に、イスラエルに献金したらいい、と答えた。その答えを聞いて、私は、なるほど、彼は骨の髄までユダヤ人なのだと思い知り、彼がザイドラーは少年のころにヒットラー・ユーゲントだったのではないかと疑っていたことも、その心理の底には反ナチスの熾烈な感情が潜んでいたこととの裏返しなのではないか、と感じたのであった。フリートはザイドラーが同じように苦学して弁護士になったことについて同志的な共感をもっていたが、彼らの間に成り立った友情の基礎はときにじつに複雑な心情であったのかも知れない。ザイドラーは、ときに「ドクター・ザイドラー」と話しかけられることがあった。ドイツでは、博士号を持っている弁護士が多かったので、「ドクター」であるかどうかに関係なく、「ドクター」という敬称で呼びかけることが無難だったからかもしれない。そんなとき、ザイドラーは、執拗なほどにこだわって、その都度、ぼくは「ドクター」ではない、「ミスター」と呼んでくれ、と言っていたことを私は懐かしく思いだすのである。彼はそういう点でじつに潔癖であった。

そのころ、フリートの事務所はワシントンの市内に四階建てか五階建てのビルを借りて、四、五〇人の所員が働いていたように憶えている。そのビルの全館を案内され、所員全員を集めた席で、私はフリートに言われて挨拶をしたことがあった。全員が私の名前を知り、私の事務所とフリート・アンド・ジェイコブソン事務所との関係をよく知っているようであった。

＊

それ以前から、フリートは日本を毎年のように訪れていたし、日本に来れば私の事務所を真っ先に訪問するのがつねであった。そして、週末には、亡妻の運転する自動車で、埼玉県であれば、小川町の和紙漉きを見物したり、トラック・ドライバーが好む手打ちうどん屋で昼飯をとったり、あるいは、日光に出かけて、一泊の観光をしたり、さまざまに過ごして旧交を温めたのであった。その観光に関連した、忘れられないことは、むしろ私たち夫婦の失態の思い出なのだが、日光、いろは坂の紅葉を見物に彼を案内したことがあった。ある年、いろは坂の紅葉に魅了されたことがあり、是非、フリートにその見事な紅葉を見せたいと思って、私たちは金谷ホテルに一泊した。前の日の夕方、フリートは一人で日光の街を散歩し、骨董屋で大ぶりの壺を買い求めたらしい。荷造りを頼み、翌日、取りに来るといって代金を支払っていたそうである。そのことは聞いていたが、私たちは聞き流していた。いろは坂にかかるよりもはるか手前、旧田母沢御用邸のあたりから、渋滞がはじまっていた。何時間かかっても、いろは坂に行き着くか知れない状況であった。私たち夫婦は諦めて別の場所に行くことにした。私は運転ができないので、亡妻が運転していた。私は古峯神社、古峯ヶ原に興味があった。古峯神社は栃木県鹿沼から入った位置にあり、修験道の霊地として、同じ修験道の霊地である日光の二荒山神社に先行することで知られているので、私はかねて興味をもっていた。そこで、いろは坂の紅葉見物を諦めたときに、咄嗟に、古峯神社の見物を思い立ったのであった。古峯神社は予想したよりも由緒ありげなたたずまいであり、修験道ゆかりの天狗の面などを土産に売っていた。私は大いに満足し、帰途に就くことにした。そのとき、フリートが、日光の骨董屋から壺を取ってきていない、と言った。鹿沼は、日光と東京間のほぼ三分の一ほど日光から下っているので、鹿沼から日光に引き返さなければならないのはひどい手間ひまのかかることであった。しかし、私も亡妻もすっかりフリートが買った壺のことを忘れていたのであった。そのころの亡妻は元気であった。やむを得ず、日光に引き返して、壺を受け取り、帰京したのであった。その壺はフリートが夫人のモールへの土産に買ったもので、どうしても彼の帰国のさいに持ち帰らなければならない、ということであった。

このことが忘れられないのは、その直後に再会したときに、フリートからモールと離婚し、ロイスという女性と結婚することになったと聞かされたからである。そのとき、どうしてマーティが、糟糠の妻、モールと別れるのか、余りに理不尽ではないか、と感じたのであった。

フリートの話では、ロイスはサイコ・セラピストで、患者が列を作っている高度にインテリジェントな女性だということであった。理学療法士を英語ではフィジカル・セラピストと言い、アメリカではずいぶん権威を持つ職業のようであり、私もこの数年、理学療法士のお世話になっているが、サイコ・セラピーという療法は聞いたことがない。心理療法とでも翻訳するのかもしれないが、カウンセリングのようなことなのではないか、と想像している。しかし、ロイスはフリートと結婚してサイコ・セラピストを廃業したらしい。何となれば、ロイスはいつもフリートと一緒に旅行などしているので、そんな職業と両立するとは思われないのである。

＊

フリートがその面目を発揮したのは同業者の国際的団体の会合の席であった。同業者団体としてはＡＩＰＰＩといわれる、国際知的財産保護協会が最も古く、かつ、権威のある団体であり、三年おきに総会が開かれる。私はこの総会には必ず出席し、その他、執行委員を務めていたので執行委員会にも出席していたが、華やかでもあり、営業的に意義ふかいのは総会であった。たぶん世界各国から二、三千人ほどが出席するのが常であった。印象につよいのはアムステルダムで開催された総会であった。私たち夫婦は、同じ事務所の松尾和子弁護士、大塚文昭弁理士と一緒に、インターコンチネンタル・アムステルというホテルに泊まっていた。たまたま次女がザルツブルクに留学中であったので、私たちは次女を呼び寄せて、同じホテルに泊まらせた。次女は、このホテルの運河に張り出したレストランの景色、風情、朝食の豊かであったことなど、忘れられないと言っている。

私たち、松尾弁護士、大塚弁理士と私にとって昼間の会議そのものはどうでもよかった。夜はオランダの事務所だけでなく、パリ、ロンドンの事務所がこぞってレセプションを催し、私たちは二〇ほどの招待状を受け取っていた。このレセプションに顔を出すことが、私たちの社交上の最大の目的であった。そこで、私たち、私の夫婦と松尾弁護士、大塚弁理士は毎晩ハイヤーを雇って四、五のレセプションをはしごしたのであった。

このアムステルダムの会議のさいに私たちは初めてロイスに紹介されたように憶えているが、あるいはそれ以前に日本で紹介されていたかもしれない。フリートの夫妻もやはりレセプションのはしごをしていた。ロイスは、モールがふっくら豊満であったのに比べて、痩せ型でぎすぎすした感じ、見方によっては美貌なのかもしれないが、私の眼には、骨ばっていて、化粧が濃く、魅力ある容貌とは見えなかった。この女性のために、私の見るところでは、フリートの後半生がかなりに正常な軌道を外したようなことになるとは、彼女と初対面のときにはまったく予想していなかった。

このときの催しで、次女がいまだに感銘ふかく印象にとどめているのが、オランダの特許事務所がゴッホ美術館を借り切って催したレセプションであった。ご馳走もわが国のビュッフェ・パーティよりもよほど豪華であったが、これは盛り付けや飾り付けが上手であったのかもしれない。何よりもレセプションはゴッホ美術館の一階で催されたのだが、ゴッホの作品は二階に展示されているので、ご馳走を食べ、社交上の付き合いを一とおり終えると、二階に上がってゴッホの作品を見物した。舌に栄養、眼に保養であった。こんなふうに国立の施設でも民間人に貸し出して経費の一部を負担させるのがオランダ政府の方針のようであった。こんなことはわが国の国立博物館とか近代美術館では到底考えられないことだと私たちは感銘をふかくしたのであった。

このレセプションのはしごではフリートがそれこそ水を得た魚のように見えた。彼と同行すると、部屋の入口から中央に進むまでに、一歩ごとに知人につかまり、そのたびに私を紹介し、相手を私に紹介し、二言、三言、言葉を交わしていると、隣からまた、声がかかって、なかなか進むのも容易ではない、そんな状態で終始するのであった。その間、彼は私たちの事務所のPRにつとめてくれていたのであったが、ロイスはほとんど無言でフリートに付き添っていた。

次女の記憶では、レセプションの会場の中央のテーブルにご馳走が並んでいたが、誰も社交上の会話に熱中していて、ご馳走に眼もくれていない。それで、次女がご馳走のテーブルに行くのを躊躇していると、ロイスがつかつかとテーブルに近づき、次女のためにご馳走の皿を取り分けてくれたそうである。

彼ら夫婦の話から離れるが、ある午後、私たちがハーグのマウリッツハイス美術館に行こうとしてホテルの玄関でタクシーを待っていたところ、ちょうど松尾弁護士が外出先から戻って来た。そこで、これからハーグに行くと話すと、私も行きたいというので、同行、マウリッツハイスでフェルメールの《青いターバンの少女》や《デルフト風景》、それにレンブラントの晩年の自画像などを見て、そのごく近くのホテルで濃いコーヒーを飲み、濃厚なチョコレートケーキを食べたことを忘れがたく憶えている。

次女は、さらに、同伴者プログラムで、クレラー・ミュラー美術館を見物したのも、そんな機会でなければ得がたい経験であったと、いまだにしばしば話している。そのときはロイスを見かけた憶えがないという。たしかに、ロイスの性分から見て、同伴者プログラムに参加し、ご婦人方と同行するのは、好みではなかったのかもしれない。それはその後の長い交際からふりかえってみて、頷けることと言ってよい。

フリートにそのような機会に世話になったことは数知れないのだが、メキシコのアカプルコで開催された中南米の弁理士の会合で同席したことも印象にふかい。これは中南米の特許事務所には私の方から一方的に商標の登録出願を依頼するのだが、先方からはまったく如何なる案件の依頼もないので、文通だけではどんな人物がどんな仕事をしているのか分からないと嘆いたところ、カナダの弁理士、アラン・スワビーさんに、アカプルコでこういう会合があるから出席してみたらどうか、と言われて出席したのであった。出席したところ、偶然かも知れないが、フリートも参加していた。もちろん、この種の会合に出席、参加することが彼の重大な責務であった。この出席は、私にとっては、結果からみれば失敗、無意味であった。一度くらい顔を合わせてみたからといって、その人の事務所の仕事の質など分かるはずもない。そんなことは分かりきったことなのに、つい参加したのは私の浅はかさであった。それはともかくとして、フリートは中南米の弁理士の間でも広く名前も顔も知られていた。ただ、スワビーさんが、どちらかといえば、中南米の多くの弁理士から尊敬されていたためにつねに一目置かれて、必ずしも周囲に溶け込んでいないのに対し、フリートは親しい友人であり、仲間として周囲に溶け込んでいるという関係であることが目についたのであった。

しかし、この会合に関して思い出ぶかいことが二つある。一つはホテルのプールで泳いだことである。亡妻は中年以降になって体型が見苦しくなったといって、水着になることを恥じらっていた。ところが、ロイスが、プールサイドに行ってご覧、トドみたいな婆さんばかりよ、と言う。おそるおそる覗いてみると、たしかにプールサイドにはひどく肥満した中年以降の女性たちがキャンバスの寝椅子に横たわっていて、泳いでいる若者はほとんどいなかった。そこで、私たちも励まされて水着になってプールに入った。プールには正面に岩屋がしつらえてあり、その岩屋に短いトンネル状の通路が設けられていて、遊び心地がよかった。私たち夫婦は、このプールでメキシコの休日を満喫したのであった。

もう一つは亡妻がメキシコの名産である銀のペンダントを買ったことである。このとき、ロイスが亡妻とホテルの売店で一緒になった。亡妻がそのペンダントを手にとって、買おうか買うまいかと考えあぐねていると、ロイスが亡妻に、こういう品物はあなたの財布で買うものではない、亭主と一緒に来て、亭主に、これいいわね、と言って亭主に買わせるのだ、と言ったそうである。アメリカの夫婦間の金銭感覚はこんなものか、と亡妻は感じ入ったという。わが国の家庭では妻が財布の紐を握っているのが通常であると私は理解しているので、ロイスの発言が忘れられないのである。

＊

ロイスと結婚したフリートはウォーターゲート・ビルに住居を構えた。ウォーターゲート事件の記憶がまだ鮮明に遺っているころであった。フリートによれば、事件は、このビルのホテル側で起こったのであり、自分たちの住居は、ホテルに隣接した住居棟にあるのだ、ということであった。この住居を訪ねたことはないが、その二、三年後に、彼らはワシントンから自動車で三〇分ほどの郊外に転居した。その住居は見渡すかぎり草地で、その果てに林が連なっていた。あの林が隣地との境だとフリートが誇らしげに話していた。アメリカはじつに広大な国に違いないが、この敷地の広さには驚くばかりであった。この敷地の中では、誰にも覗かれることはないから、どんな服装でいても、まるで衣服を着けていなくても、誰からも咎められない、とフリートは話していた。私は、彼らの暮らしが何かいかがわしいように思えてならなかった。

フリートは毎年、三、四か月はヨーロッパから、イスラエル、日本を含めたアジアの各地を旅行し、それぞれの土地の、取引先の事務所や、未知の特許事務所を訪ねて、仕事をするのがつねであった。日本に来ると、まずは私たちの事務所を訪ね、その他の特許事務所もこまめに訪問して、二、三週間、滞在することにしていた。当初はホテル・オークラに泊まっていたが、堤清二さんがホテル西洋を開設すると、ホテル西洋を定宿にするようになった。こじんまりして、サービスが行き届いている、とフリートは話していたが、ホテル西洋の贅沢な雰囲気がロイスの好みなのではないかと私は疑っていた。

もっと驚いたことは、仕事の相談の席にも、いつもロイスが連なっていたことであった。アメリカや日本における特定の特許出願に関する協議には、私たちの事務所の依頼者である企業の方々も加わるのが通常であったが、協議の内容が理解できるはずもないロイスが同席しているのは、いかにも奇異としか言いようがなかった。また、すし屋に案内すると、ロイスは、トロを注文、何回でもトロばかり注文するので、板前が露骨に不快感を示したが、ロイスはまるで気にしなかった。じっさい、すしは、づけといわれる赤身にしても、タイ、ヒラメのような白身魚にしても、コハダにしても、アカガイにしても、アナゴやウニ、鉄火巻きにしても、それぞれ異なる味わいの旨さがあるのだが、ロイスにはそういう旨さは分からなかった、私は、そんなロイスに辟易すると同時に、気の毒にも思っていた。この種のことはロイスには日常的なことだったので、私は彼らの日本滞在中も食事を共にはしないことにし、同僚に接待をお願いしていた。

いったい、彼女をフリートは高度にインテリジェントな女性だと説明していたが、彼女が、音楽でも、美術でも、文学でも、歴史でも、国際情勢でも話題にしたことはなかった。ザイドラー夫人のマーガリットは藝術一般、また社会的事象についても造詣が深く、関心も強かったので、彼女を交えた会話はいつも愉しかったが、ロイスとの間では、話題に乏しく、会話がはずむことがなかった。私は彼女が本当に高度の知性の持ち主であったのか、大いに疑っている。

＊

さて、やがて、フリート夫妻はフロリダのマイアミに転居した。フリートはマイアミに支所を設けて今まで通りに仕事をするのだ、と言い、クライアントは、マイアミに遊びに来る口実ができたので大歓迎だ、と称していたが、これこそが口実だと思われる。郊外の草地の中の一軒家に移転しても、なおワシントンの事務所には出勤できたが、マイアミの支所ではワシントンの事務所を統率できないし、私たちとしても忙しい日程でワシントンやニューヨークを訪ねているので、とてもマイアミまで足を延ばすことは容易ではない。私自身、マイアミの彼らの住居も事務所もついに訪ねたことはなかった。思うに、このとき、フリートは、彼とジェイコブソンとで立ち上げてかなりの信用を博していた特許事務所を自らの手で解散に追い込んだのであった。このような晩年を過ごすことになったのは、彼が、ロイスに支配され、ロイスの享楽欲に振り回されていたからではないか、と私は疑っている。ロイスはサイコ・セラピストとして、患者の心を操ることに長けていたのではないか、と私は考えている。

ただ、マイアミ転居後も、フリートが国際的に名前が売れ、顔が売れ、かなりに高い信用を博している、特許弁護士であることに変わりはなかった。彼は年間の半分ほどは外国を旅行していたように見える。いうまでもなく、いつもロイスが同行していた。マイアミの事務所には、四、五人の若い特許弁護士を雇っているということであったが、旅先のホテルでも、訪問先から帰ると、仕事、特許関係の書類の作成などに追われていたようである。要するに、彼は終生、有能な働き蜂であった。私たちの事務所を訪ねてきても、ちょっと挨拶するだけで、私は彼らと付きあうのは同僚に頼んでいた。そのうちに、彼が死去したことが耳に入ってきた。私も私の事務所も彼にはずいぶん世話になった、じつに爽やかな、社交的な、しかも特許弁護士として高い能力をもつ人物であった。それだけに、私は彼の晩年を憐れに感じたのであった。享年九〇歳を越えていたというから、それでも、天寿を全うしたというべきであろう。

ベルンハルト・ザイドラー

一九八六年初秋の月曜日、ミュンヘンのザイドラー事務所のゴッセル弁護士から突然電話があった。ゴッセルの話は次のようなことであった。

「あなたがベルンハルトの最も親しい友人だったと思うので、誰よりも先にあなたに知らせるのだが、ベルンハルトが昨日、心臓発作で急逝した。彼はガルミッシュの郊外で山歩きをしていた。麓にマーガリットが残ってツークシュピッツェの前山の低い山を登っていくベルンハルトを見送っていたが、やがて、体調を崩した中年の男性がそこの小屋で休んでいる、と教えてくれる人があり、案じながら、三、四百メートル駆け上がると、その小屋にベルンハルトがぐったりと横たわり、もうこときれていたというわけだ。思いがけない事態に仰天しているが、ともかくさしあたりお知らせしておく」

ベルンハルト・ザイドラーとは一九六七年に知りあって以来、ゴッセルがザイドラーの最も親しい友人と見ていたほどに、私は深い交友関係をもっていた。ゴッセルの知らせに私は返す言葉もなかった。ザイドラーは私より数歳年少だから、まだ四〇代の半ばだったはずである。私はただ哀しみに沈むばかりであった。

＊

私たちが知己とめぐりあうのに偶然の機会がはたらくことが少なくない。私がベルンハルト・ザイドラーと出会ったのは、そうした偶然の中でも稀な偶然というべきであろう。

一九六七年五月、私は工業所有権制度調査団の一員としてミュンヘンを訪問した。この調査団はたぶん特許庁の要請にもとづき弁理士会が人選、組織したものであり、一二名の弁理士・弁護士をふくむ民間人と東京高裁知的財産部の部総括・山下朝一判事、特許庁の中本宏審査長の二名を加え、総勢一四名から成っていた。日本生産性本部が面倒をみてくれることとなっていたので、各地で通訳が手配されていたが、知的財産制度の専門知識がない通訳はほとんど役に立たなかった。また、ホテルも日本生産性本部が手配したはずだが、二流ホテルばかりで、ミュンヘンのばあいなど、市内のホテルが予約できず、数キロ市内から離れたホテルに泊まることを余儀なくされた。それでいて、生産性本部に払い込んだ旅費はかなり高額であった。私たちは生産性本部の食いものにされたのだ、と私は当時も今も考えている。

調査団の目的は、当時すでにオランダで実施され、ドイツでも実施が検討されていた、審査請求制度を調査し、わが国でもこの制度を採用すべきかどうかを研究・調査することであった。いったい、特許出願しても、出願にかかる発明が実用化されることなく、見捨てられてしまうことも少なくない。実用化の見通しが立ったときにはじめて出願人が審査を請求し、特許庁が審査をすれば、出願人にとっても特許庁にとっても、利益ではないか。この審査請求できる期間を七年とし、七年の期間内に審査請求されなかった出願は取下げられたものとみなし、審査をしないですますことができれば、特許庁にとってはその分余計な手数をかけなくてすむし、出願人にとっては審査の結果による拒絶理由通知などの手数をかける必要がなくなる。特許庁、出願人の双方にとって、省力化がはかられるわけである。この七年という期間が妥当かどうか、実施後、いろいろ揺れ動いて、現行法では三年になっているが、いわば調査団は特許庁が実施を目論んでいた審査請求制度の採用の下準備、地ならしの役割を果たすものであった。これはいまとなって分かったことだが、特許庁は未審査の特許出願の滞貨《たいか》にあえぎ、審査請求制度を導入すれば、相当数の出願が七年の期間を徒過し、取下げられたものとみなされ、審査の義務から解放されるであろうと期待していたのであった。

私たちがミュンヘンに到着したとき、団員の一人であった湯浅坂本法律特許事務所（現在ユアサ・アンド・ハラ）所属の西村輝男弁理士から、湯浅坂本事務所の提携先のミュンヘンの事務所が調査団一行のために歓迎パーティを催したいと申し出ているので、つきあってもらいたい、という話があり、ついで、その事務所には一行をもてなすだけの広さをもつ部屋がないので、場所はローレンツ・ザイドラー・ウント・ザイドラーという事務所を借りることにしたので、同事務所に赴いてほしい、と言われた。西村弁理士は一高で私より一年先輩だが、結核のため、大学進学を断念、湯浅坂本事務所にアルバイトとして勤務する間、思い立って弁理士試験を受験、合格し、その後は正所員として勤務することとなった方で、その後協和特許法律事務所に移籍した。私は西村さんの生涯にわたり数十年間しばしば会合などで顔を合わせたが、およそ怒ったり、不満、不平そうな表情を示したことなく、いつも穏やかな笑みをたたえた、稀有な人格の持ち主であった。

ところで、そうした経緯で、ローレンツ・ザイドラー・ウント・ザイドラー事務所の会議室で調査団一行に対する歓迎会が催された。たぶん、持ち込みの料理は湯浅坂本事務所の提携先の手配だったに違いないが、同事務所の方がどんな挨拶をしたかも憶えていない。むしろ、ホスト役はローレンツ事務所のようにみえた。ローレンツ弁護士が、特許出願をすることは、当然、特許性の審査を求めることを意味するから、出願と審査とをきりはなすのは不合理きわまる、などと大声で演説したのが印象に残っている。やがて、ザイドラー弁護士が日本の弁護士と話したがっているので、つきあってほしい、という伝言があった。一行の中には鶴沢晋、松本重敏両弁護士が加わっていたが、お二人とも英会話が不得手なので、私がザイドラー弁護士の相手をすることになった。私がベルンハルト・ザイドラーと知りあったのはこうした経緯によるものであった。考えると偶然というものの不思議に驚くほかない。

ザイドラーの質問はしごく平凡にみえた。先走っていえば、常識では理解できない結末になったのだが、このような結末に至るとは、ザイドラーも私も思いもよらなかったといってよい。案件は、ザイドラーの依頼者であるドイツ企業がある日本企業に与えていた特許ライセンスに関連するものであった。日本企業は中小企業だが、ライセンスされた商品の営業が成功し、ドイツ企業が満足する額のローヤリティを払い続けてきたのだが、このところ一年ほど、ローヤリティの支払いが滞っているので、対応に迷っている、ということであった。私は内容証明、配達証明付郵便で催告し、郵便送達後二週間以内に支払わなければ、ライセンス契約を解除する旨を通知したらよかろう、としごく当たり前の考えをザイドラーに話した。ザイドラーからそういう趣旨の内容証明、配達証明付郵便を彼の依頼者の代理人として発送してほしい、と頼まれ、帰国後にそういう通知を発送することを承諾し、約束した。

途中を省略すれば、結局、日本企業は滞っていたローヤリティを支払わなかった。ザイドラーも来日して日本企業を説得したが、日本企業は聞き入れなかった。その原因は日本企業の経営権について、それまで経営に当たっていた兄弟の間で紛争が生じ、兄弟のいずれもが譲らず、自分が経営権をもつと主張し、たがいに牽制《けんせい》しあってローヤリティを支払わなかったのであった。そのために、金の卵であるライセンス・ビジネスを失うことになったのだから、理性的に考えれば莫迦げているとしか言いようがない。ドイツ企業としても望ましい後継者となるようなライセンシーをおいそれと見つけることができるわけではないから、ライセンサーの側も損失を蒙ったわけである。

私がザイドラーと共に仕事をした最初の案件はそんな理性的には納得できない、何の成果ももたらさない結果に終わったのだが、この機会に、ザイドラーと私の間に確実な友情が芽生えたのであった。それにしても、肉親間の憎悪による争いは、他人間よりも怖ろしく、始末が悪い。その日本企業は結局倒産したと聞いている。

＊

ザイドラーは一八〇センチ近い長身であった。しかし体躯がひきしまっていたから覇気あふれる闘士という風貌であった。共通の友人であるアメリカ人の特許弁護士マーティン・フリートがベルンハルトは少年時代ヒットラー・ユーゲントだったに違いないといって聞かせてくれたことがある。ザイドラー自身からヒットラー・ユーゲントだったと聞いたことはないが、私より四、五歳年少の日本の少年たちが軍国主義に心酔していたと同様、幼いザイドラーがヒットラーに心酔したとしてもふしぎはない。そうした体験を戦後どううけとめるかは人によって異なるが、ザイドラーのばあい、ふかい傷痕となって残ったのではないか、と私は想像している。ザイドラーは過去を語ることがほとんどなかったが、ナチスの時代について、莫迦な時代だった、と苦々しげに呟いたことがあったにとどまる。

ザイドラー夫人マーガリットは大学の同級生であった。成績はマーガリットが一番、ベルンハルトが二番というのがつねであったという。やはりフリートの語るところによれば、マーガリットの歓心を買うためにベルンハルトが一番を譲っていたのだそうである。マーガリットもベルンハルトに劣らぬほどの長身だが、顔が小さく、顔立ちがととのい、教養が自らににじみでるような美貌であった。

彼らは大学卒業後、すぐに弁護士資格をとり、ローレンツと共に弁護士事務所を開設した。私がはじめてザイドラーに会ったときのパーティでローレンツが演説したことはすでに記したが、ローレンツはその後間もなく引退したか死去したらしい。私が頻繁にザイドラーと仕事上の交渉をもつようになったころには、もうザイドラーの個人事務所となっていた。

ローレンツ・ザイドラー・ウント・ザイドラーの前のザイドラーはベルンハルトであり、後のザイドラーはマーガリットである。マーガリットは事務所の創立メンバーだったが子供の世話をみる必要上、弁護士業務を辞め、主婦業に専念することになった。

ドイツの弁護士には博士号をもつ者が多い。ドイツはある意味で称号社会である。博士号をもつ者は名刺にもその旨を記し、他人からはドクターという肩書をつけて呼ばれる。プロフェッサー・ドクターといった二重の称号をつけて呼ばれる人も少なくない。だから、ザイドラーも「ドクター・ザイドラー」と呼びかけられることがあった。そのたびに彼はやや憤然として、「私はミスターだ」と訂正を申し入れた。私はそれほど拘泥することもあるまいと思ったが、博士課程に進むことができなかったことによる憂悶が、そうした呼称への拘泥となったのだろう、と想像している。彼はその出自や成長過程を回顧して語ることがなかった。たぶんかなり貧しい半生だったのであろう。大学に通うのがやっとという生い立ちだったのではないか。ドイツ語でいえば「ヘア」、または「ヘル」、英語でいえば「ミスター」という呼称にこだわるザイドラーの潔癖さに私は彼の健気さを見、彼に好感をもった。

＊

ザイドラーの事務所で一緒に仕事をしていると、昼になっても、給仕のような青年にサンドイッチを買いに行かせて、サンドイッチとコーヒーで昼食をすますことが多かった。私の事務所はミュンヘンに、ザイドラー事務所以外にも、いくつか特許業務の提携先をもっている。そういう提携先を訪ねると、昼食の時間になると必ずミュンヘンにおける著名なレストランに案内された。逆に彼らが東京へ来ると、私たちが然るべきレストランに案内するのだから、これは同業者間の慣習のようなものである。しかし、ザイドラーと仕事をするときは、昼の食事にでかける時間も惜しいほど多忙であった。しかし、仕事が一段落すると、ザイドラー邸に招かれ、マーガリットの手作りのご馳走にあずかることが多かった。

ザイドラーの事務所は、道路をはさんで向こう側にイーザル河が流れる、閑静なヴィーデンマイヤー・シュトラッセという通りに面した、煉瓦造りのビルの二階にあった。事務所ビルの裏手は空地で、空地の奥にガレージがあった。ザイドラーの後についてガレージに向かうと、やおら彼が鍵の束をとりだした。ずっしり重い鍵の束であった。事務所の鍵、建物へ出入りの鍵、ガレージの鍵など、私が数えると十もあれば十分なはずだが、鍵の数はゆうに二〇を超えていた。私は鍵社会であるヨーロッパの現実を見る思いがした。と同時に、これはザイドラーに特有であって、一般的な習慣ではないのかもしれない、と思いかえした。ヨーロッパの人々が私たちより数多くの鍵を持ち歩くことは通例だが、ザイドラーのばあいは極端なのではないか。彼にはそれだけ人間不信の思いがつよいのではないか、と感じたのであった。

ザイドラー邸はミュンヘンの市街地から車で二〇分ほどの郊外にあった。現在では地下鉄も通っているそうである。平家建、七、八室もあるような、ひろびろと瀟洒な住居であった。三人の娘たちは大学入学と同時に別居したという。

ザイドラー邸での話題の一つで忘れがたいことは、英国生まれのオペアガール（au pair girl）を雇っていたが、英国人はまるで味付けを知らないので困る、とマーガリットが歎いていたことである。同じ愚痴を私は英国ロンドンのBWT事務所のハーディスティ弁理士の夫人から聞いたことがある。ドイツ人のオペアガールは味付けの基本を知らないから、役に立たないとハーディスティ夫人は語っていた。どっちもどっちである。若い英国人女性がドイツに行き、ドイツ人女性が英国に行き、家事手伝いなどをしながら、相手国の言語に習熟して帰国すると、本国で秘書などの職につくさい、給与がよほど高くなるので、こうした制度が発達したのだそうである。ところで、英国人が味音痴であることは定評だが、ドイツ人が夕食をチーズやソーセージと堅いパンですますのはごく普通だし、肉の煮込みを何日も食べ続けるのも稀ではない。マーガリットのように料理上手で、味覚に富んだドイツ人は例外といってよい。

それにしても、英国人の悪口を言いながら、くつろいで歓談したザイドラー家の晩餐は心のこもったものだったし、たがいの心が通いあう愉しい夕であった。ザイドラー家の晩餐は、前菜は季節であればホワイト・アスパラガス、ふだんはスモーク・サーモン、生ハムなど、主菜は牛肉であればグーラッシュ風の料理、仔牛であればエスカロップ、鶏肉であればクリームソース煮など、すべてマーガリットの手作りであった。

マーガリットはじつに教養の高い女性であった。あるとき、ザイドラーの事務所のあるヴィーデンマイヤー・シュトラッセから私の定宿であるフィアヤーレスツァイテンまで連れ立って歩いたことがある。その途次、逐一の建物についてその様式を語り、その見どころを説明し、よどむところがなかった。専門違いの建築についての造詣の深さに舌を捲いた記憶がある。

＊

ベルンハルト・ザイドラーは戦闘心が旺盛であった。一回戦端をひらくと、狼のように執念ぶかく、相手に噛みついた。訴訟を提起することも私などよりよほど気早かった。これはドイツの法制により、代理人費用は敗訴者が負担することになっているので、訴訟に勝ちさえすれば依頼者に迷惑をかけることはない、という気安さによるのかもしれない。私は訴訟の提起についても、紛争の処理についても慎重であり、ザイドラーに比べてよほど臆病である。そういう私の性格と彼の性格の違いが逆に私たちの間の友情をはぐくんだのかもしれない。彼の主張はいつも精緻な法律的論理でくみたてられていた。背景となった事実関係にもとづく感情的、情緒的な要素には一顧もしなかった。それは彼の明晰な思考力のあらわれであり、ただ、それだけに彼は頑固であった。そのため、私たちはしばしば烈しい討論をした。そうした彼の明晰さ、一徹さが私が彼に惹かれた所以であった。

彼はメルセデス・ベンツの三〇〇か四〇〇か、もっともスピードの出る車を愛用していた。彼がアウトバーンを走るときは、もっぱら追越車線であった。ドイツでは、私がザイドラーと交際していた当時は、たしか六都市か七都市の地方裁判所だけが知的財産権訴訟の管轄権をもっていた。これらの裁判所のどれであれ、アウトバーンでミュンヘンから二時間かそこらで到着できる、と彼はつねづね言っていた。彼によれば一番危険な乗物は列車であり、次いで飛行機、もっとも安全なのが自動車、それもメルセデス・ベンツのような堅固で装備の良い車だという。そういう彼は日本車など歯牙にもかけなかった。

当時は大規模な列車事故がドイツで相次いで起こっていた。ザイドラーが列車が一番危険といった所以だが、安全性に関して自動車は到底飛行機に及ばないことは誰もが知るところである。つまり、地球上無数の航空路を毎日無数の民間機が就航しているが、飛行機事故など滅多に起こらない。だから、ザイドラーが自動車が一番安全というのは彼独特の偏見とみなければならない。

ある私の知人はザイドラーをスピード・マニアと評したが、私が同乗したときも、追越車線の前をのろのろ走っている車があると、ごく近くまで接近し、警笛を鳴らすなどして威嚇し、前の車を走行路線に追いやって、また時速二百キロ近い速度で走らせるのであった。

こうしたスピードへの執着は尋常の心理とは思われない。ザイドラーには鬱屈したものがあって、自動車を運転しているときは、そうした心情から解放されて、自由になるのだ、と私は理解していた。

話は変わるが、あるとき、日本企業がライセンスをうけていたドイツ企業から仲裁の申立をうけたことがあった。日本企業は私の依頼者だったので、私は依頼者に勧めてザイドラーを仲裁手続の代理人に選任してもらった。仲裁はドイツの仲裁規則によりカールスルーエで行われることがライセンス契約で規定されていた。カールスルーエはドイツ最高裁の所在地である。その結果、仲裁人はカールスルーエに居住している元最高裁判事や最高裁における弁論を専門とする弁護士の中から選ばれるのが普通である。そのとき、ザイドラーは私に、我々より一世代上の人たちは日本製品を物真似の安物と思い、日本人に偏見をもっているのが当たり前だから、仲裁人を選ぶのが難しい、と歎いていた。たしかゴッセルの知人で、それなりの格式高い経歴をもつ元裁判官を日本企業指名の仲裁人に選んだのだが、日本及び日本人に対する偏見の根強さに衝撃をうけたものであった。

ただ、いま考えてみると、日本製品はようやく品質において、西欧製品に追いついたということができても、凌駕したとは到底いえないのではないか。その証拠として、これこそ日本人の独創になる製品といえるものは一つもないのではないか（西欧にない日本製品が「ウォッシュレット」だけというのはあまりに淋しい。「ウォッシュレット」の開発には多くの苦労、苦心、工夫があったとしても、発明らしい発明はない）。

そう考えるのもザイドラーは、一世代前の老人たちの偏見について語ったが、彼自身もやはりドイツ製品が日本製品より断然優れていることに確信をもっており、日本製品で魅力があるのは、せいぜい彼が関心を示していた、その当時、ドイツにはまだなかったキャスター付の旅行鞄くらいと考えていたように思われるからである。まして最近、一〇年、二〇年の間の日本の技術の停滞には言うべき言葉もない。私たちはかつて欧米の技術に追いついたかのように思っていたが、これは錯覚にすぎなかったのであろう。ザイドラーのメルセデス・ベンツに対する牢固たる信頼を思うにつけ、あらためて私たちの後進性に眼を背けてはならないという感をふかくする。

＊

ザイドラーと私との交友はその時間をほとんど仕事にあてられていたので、観光等に案内されたことは数えるほどしかない。その一つにザルツブルク行がある。

ある日曜日、ザイドラーが何処か観光したいところがあるか、と質問したので、ザルツブルクを訪ねてみたい、と答えた。ザイドラーは小学生の時、父親に連れていってもらっただけなので、案内できるほど詳しくはないが、何とかなるだろう、と言い、メルセデス・ベンツで連れていってくれた。ザルツァッハ河にかもめが群れ飛んでいたことを憶えている。レジデンツ・プラッツからモーツァルト像のあるモーツァルト・プラッツに出て、モーツァルトの二人の子息の名が刻まれているのを目にし、モーツァルトにも成人した子息が二人もいたことを知って若干驚いた記憶がある。しかし、ゲトライデ・ガッセのモーツァルト生家も、ザルツァッハ河の反対側のミラベル庭園も、モーツァルトがウィーンに出かける前に居住した住居も見物しなかった。ザイドラーはホーエンザルツブルク城の丘陵の上に登ろうとしていろいろ探してみたが、結局、自動車で登る道路はないようだ、ということで諦めてしまった。帰途はアウトバーンでなく、ヒットラーの別荘のあったベルヒテスガーデンの近くの普通の道路を通ってミュンヘンに戻った。秋の黄葉が眩しいほど美しかった。

じっさい、ザイドラーのザルツブルク観光案内はひどく準備不足であり、現地でも不精であった。ホーエンザルツブルク城の丘陵の頂上に自動車道が通じているかどうか尋ねれば直ちに判明することだったが、ザイドラーは道を尋ねようとはしなかった。独立独歩、他人に頼ることを潔しとしない性質であった。いったいザイドラーは観光などにまったく興味をもたない、訴訟が命といった、仕事一点張りの生活に自足していたようにみえる。

もう一度、ザイドラーに土曜から日曜にかけてガルミッシュ・パルテンキルヒェンに案内されたことがある。ガルミッシュにはザイドラーは日本でいうマンションの一部に別荘としていくつかの部屋をもち、毎冬、スキーをたのしんでいるので、案内に苦労はなかった。さりとて案内する観光スポットがあったわけでもない。

土曜の夜は、依頼者がパーティを催すので、ちょっと顔を出さなければならないので、気の毒だが、つきあってほしい、と言われた。私は同僚の松尾和子弁護士と一緒であった。ザイドラーの依頼者は広壮な別荘に数十人の客を招き、煌々と庭中に燈火をはりめぐらしていた。彼はザイドラーによほど惚れこんでいたらしく、パーティの客を次々にザイドラーに紹介したがっているようであった。ザイドラーはぎごちなく握手するだけで、むしろとまどっているかのようにみえた。彼には警戒心が働き、うっかり名刺など渡して、知り合いになることを嫌っているかのようであった。それだけ非社交的で不器用であった。私はかなり社交嫌いだが、ザイドラーよりははるかに社交的に振舞うだろう、と思いながら歯がゆく彼を見まもっていた。

その夜、私たちはガルミッシュのホテルに一泊した。ザイドラーが彼の所有するマンションの一室に泊まったかどうか、はっきり憶えていないのだが、私たちにつきあってホテルに泊まってくれたように憶えている。その翌朝は晴れわたっていた。私たちはガルミッシュの郊外に案内された。たぶん後年彼が心臓発作で倒れたあたりであった。残雪が処々に残っていたことからみて、私たちがガルミッシュを訪ねたのは四、五月ころだったろう。

遊び疲れて、ミュンヘンに引き返すこととなった。例によってメルセデス・ベンツでもっぱら追越車線を走った。私たちはその日ミュンヘン空港からパリに向け出発することになっていた。時速二百キロで飛ばすから、ゆっくり搭乗時間に間に合うはずの時刻にガルミッシュを出発した。ミュンヘンまで一〇キロほどのところで、ザイドラーが路肩に車を寄せて停車した。どうしたの、と聞くと、タイヤがパンクした、という。スペアタイヤと取替えるからちょっと待ってくれ、という。私自身、亡妻の運転する車のタイヤがパンクし、スペアタイヤと取替えたことがある。パンクしたタイヤを取外し、スペアタイヤを所定の位置にはめこめば、あとはいくつかのビスでとめるだけだから、ものの五分もかからないで交換できるはずである。

ところが、この日はそうはいかなかった。私たちの飛行機の搭乗時刻を気にかけたためであろう。ふだん冷静沈着なザイドラーがスペアタイヤを所定の位置にはめこむのに四苦八苦した。彼の顔からは汗がしたたり落ちた。私たちには手伝いのしようもなかった。ザイドラーといえども、こんな簡単なことに周章狼狽、我を忘れるのだと思うと、彼の人間性を見直す思いがした。

ザイドラーがタイヤ交換を終え、ミュンヘン空港へ着いたときはパリ行の便の搭乗手続は終わっていた。私たちは無理矢理押問答の挙句、その便に滑りこんだ。

＊

こうしてベルンハルト・ザイドラーを回想すると、彼の後継者として事務所をひきついだゴッセル弁護士が、あなたがベルンハルトの最も親しい友人だったから、といった言葉が不可解に思われてならない。彼はドイツ人に親しい友人がいなかったのだろうか、と思いをめぐらすからである。

ベルンハルト・ザイドラーは生い立ちを語ることもなかったし、身上・経歴について語ることもなかった。彼がヒットラー・ユーゲントだったというのも真実かもしれない。そうとすれば、彼の父親も、ナチス党員でなかったにしても、ナチスに共鳴していた大衆の一人だったかもしれない。そのために、ザイドラー一家は白い眼で社会からみられ、貧しい暮らしを強いられたのかもしれない。彼の学生生活が恵まれなかったことは博士課程に進まなかったことからも分かる。そうした生活の中で人間不信の信条をはぐくみ、反面、烈々たる闘志を燃やす弁護士となったのかもしれない。

彼は友人について語ることがなかった。法曹関係でも知己が少なかったようにみえる。それも彼の人間不信、他人を信頼することに対する警戒心のせいかもしれない。

私は彼にとって、不信感や警戒心をもたせるようなドイツ人ではなかった。心を開いて話すことのできる外国人であった。私も全面的にベルンハルト・ザイドラーを信頼していた。彼の側も私を信頼してくれたようである。だから、ひょっとすると、本当に私が彼の最も親しい友人だったのかもしれない。それはともかくとして、彼の精悍な表情を思いうかべ、夭折を悼む気持がはるかに強いことを、何としても抑えがたいのである。

松尾和子

二〇二四（令和六）年四月一一日の早朝、私は松尾和子さんの令息から電話で松尾さんが永眠なさったとのお知らせをいただいた。享年九三歳、死因は老衰、この四か月ほど、物を口になさることができなかった、とお聞きした。松尾さんといえばいつも活発で、エネルギッシュに活動なさっていたことしか記憶にないので、私は言葉もなかった。

松尾和子さんは私よりも四歳年少であった。彼女は中松潤之助先生が主宰なさっていた中松特許法律事務所（以下「中松事務所」またはたんに「事務所」という）に一九五八（昭和三三）年五月に入所した。私は、それ以前、一九五二（昭和二七）年八月から中松事務所に勤務していたので、松尾さんは中松事務所の弁護士として私の最初の同僚となった。お互い、この数年は体調を崩して、実務から遠ざかっていたとはいえ、以来、半世紀以上の期間、同僚として苦楽を共にしてきた。私は彼女の在りし日を思い、ふかい悲しみに沈み、無量の感慨に耽って、しばらく茫然としていた。

松尾さんは、入所なさったときは、松尾浩也さんと結婚する前であった。結婚前、白川和子というお名前であった。ご尊父は森永製菓の副社長を長くおつとめになった、いわば森永グループの大番頭というような方であったと聞いている。松尾さんは私より四学年遅れて、日本女子大を卒業し、戦後、旧制高校以外の高専卒業生や女性に門戸を開いた、東大法学部法律学科に入学、一九五一（昭和二六）年三月に卒業した。旧制大学の最後の年度の卒業生であったはずである。その後、法学部大学院に進学、鈴木竹雄教授の商法研究室で主として商標法、不正競争防止法について研鑽を積み、大学院を修了、司法修習生となり、一九五八（昭和三三）年三月に司法修習生の課程を履修し終えた。司法試験に合格したのが、何年か、定かでないが、東大在学中もしくは大学院在学中であったはずである。これが私が承知している、中松事務所に入所するまでの松尾さんの経歴である。事務所に入所なさったのがどういう縁故、経緯によるかは、私は聞いたことがない。事務所に勤務するようになってしばらくは、白川さんとお呼びしていたはずだが、やがて松尾浩也さんと結婚して以後、ずっと松尾さんとお呼びして現在にいたったので、この文章ではもっぱら松尾さんとお呼びすることにする。

＊

松尾さんは中松事務所に勤務することになって、商標の業務を担当した。私が事務所に勤務するようになって初めて担当した業務の一つが、商標の業務であり、その担当を松尾さんに引き継いでいただいたのであった。当時はまだ、特許権など、そのころは工業所有権と称していた、いまでは知的財産権といわれる、権利に関連する訴訟も紛争も、一般の民事事件も、ごく稀にしか、事務所が依頼されることはなかった。私が入所して間もなく中松先生に連れられて味の素の本社を訪ね、総務課長か庶務課長か、そんな方に引き合わせていただいた。中松先生がわざわざ味の素までお出かけになったのだから、然るべき役員の方にでもお会いになるべきところであったが、そうではなかった。たぶん、その総務課長か庶務課長か、そんな方から事務所に連絡があり、「AJI-NO-MOTO」という商標の海外諸国への出願を依頼したいという申し入れがあったからではないか、と思われる。

商標の業務とは、①日本国内の依頼者の依頼に応じてわが国の特許庁に商標登録を出願し、その他、異議申立、無効審判などの手続を代理して処理することのほか、②海外諸国の依頼者からの依頼により、その代理人として、日本に商標を登録出願すること、また、その他の商標登録に関するわが国特許庁への手続を採ること、さらに、③わが国の依頼者のために、海外諸国の特許庁またはこれに相当する官庁に、わが国の依頼者の商標の登録を出願し、その他、関連する手続を採ることである。

私が事務所に勤務することになった当時、事務所には商標業務の担当者は向井さんという、そのころ六〇歳前後であったのではないかと思われる方がお一人おいでになるだけであった。向井さんは弁理士の資格をお持ちではなかった。特許庁に提出する書面は中松先生や伊藤堅太郎弁理士の名前で作成し、提出するのである。特許庁の手続は、裁判所と違い、原則として、いわゆる書面審査だから、特許庁は書面で審査し、書面の往復で結論が導き出されるので、向井さんのような無資格の担当者が実務を担当し、処理することは、多年の慣行であった。中松事務所の後身である、現在の中村合同特許法律事務所（以下「中村合同」または文脈により明らかなときはたんに「事務所」という）の商標部門には、規模がそのころとはまったく違うので、比較することは妥当ではないかも知れないが、一〇人近い商標担当の弁理士、一〇人を超える事務職員が勤務しているはずである。それほど現状の中村合同では商標の依頼案件が数多いのか、驚くばかりなのだが、それはともかくとして、私が入所した当時の事務所では、①の国内依頼者からの依頼によるわが国特許庁に対する商標関係の業務は、実際、向井さんは特許庁の実務に通暁していたから、万事、いかなる支障もなく、向井さんが処理していた。しかし、向井さんは英語その他の外国語がおできになるわけではなかったから、②の海外諸国の依頼者のわが国特許庁への商標登録出願の業務や③のわが国の依頼者の海外諸国への商標登録出願の業務などを処理する能力はなかったはずである。

そういう状態にあった事務所に私が入所したので、当然のことのように私は商標業務の上記の②、③を担当することになり、必要に応じて①の業務も向井さんを手伝うことになった。その他にも、私は、特許出願の方式関係の問題の処理も担当することになり、また、やがて、中松先生の秘書のような仕事もするようになったのだが、その業務がどんなものかは松尾さんとは関係がないので、ここでは触れない。このような状態は、私が事務所に入所したころも、松尾さんが入所したころも変わりなかったはずである。そこで、私が担当していた②の関係の業務を松尾さんに担当していただくことにしたように憶えている。

それも新しく受任した案件から徐々に松尾さんに担当していただいたので、係属中の案件まですべて松尾さんにお任せしたわけではない。また、③は、その主な仕事は、味の素の海外諸国への登録出願であり、これは私が引き続き担当したはずである。戦前の状況がどうであったか、記憶していないけれども、このときに味の素（株）は海外数十ヵ国にその商標の登録出願をし、曲がりなりにも登録をうけたのであった。総務課か庶務課では入社早々の東大出身の社員が、私に対応して、社内の職務を担当した。このことについては様々な思い出があるけれども、松尾さんと関係がないので、省くことにする。いずれにしても、このたった一人の担当であった海外商標出願の業務が後に数十人を擁することになった味の素の知的財産部に発展したわけである。

松尾さんが入所なさったころの事務所はそんな状態であり、いまから見れば、特許法律事務所としては、ずいぶん粗末な事務所であり、中松先生は、法律にせよ実務にせよ、何も教えてくださる方ではなかったし、先輩としては私しかいなかったのだから、ずいぶん不満もあり、心細くもあったはずである。私は、文学は余技でできる仕事ではない、という中村光夫さんの言葉を身に沁みて感じてはいたが、それでも、弁護士として事務所に勤めながら、詩を書き、宮沢賢治論など、評論を書き、文学に未練を持ち続けていた。一九五六（昭和三一）年の三月には結婚したので、このころ以後は、弁護士として生きていく決心も覚悟もできていたように思うのだが、傍からみれば、はたしてどうだったのか、私自身には分からない。

そう言えば、事務所に入所してから何年か経ったころ、松尾さんから、中村先生もこのごろやっと弁護士の仕事に本気でうちこむようになった、と褒められたことがあった。それまで、松尾さんは私にずいぶん不満を募らせていたに違いない。ただ、そのころから徐々に、私も訴訟事件を依頼されたり、その他弁護士として法律相談などを引き受けたり、することが多くなり、そうした業務に関して松尾さんに手伝ってもらう機会が増えていったのであった。

そのような状況だから、松尾さんがもっと勉強したいと思っていたこともあり、アメリカ留学のことになるわけだが、その前に私が感じていたことを一つ、二つ、書きとどめておく。

私は生来怠惰だから、司法修習生の課程を終えて以後、これ以上の勉強はご免こうむりたいという気分がつよかった。私の世代ではフルブライト留学生としてアメリカに留学した友人が少なくない。旧制一高の同級生にもフルブライト留学した友人が多い。弁護士では、司法修習生も同期であった久保田穣がそうである。彼は東大法学部も私と同年の卒業だが、講義は一日も聞いたことがない、と話してくれたことがある。彼は、家庭の事情で、群馬県の実家で農業をしていたそうである。単位をとるために試験だけを受けに上京したと聞いている。そういう経歴の彼がフルブライト留学生としてアメリカのロースクールに通い、修士号をとったばかりか、何か専門の法律分野ですぐれた論文を執筆、公表して、大いに評判になったという噂を聞いたことがある。周囲にそんな人物もいたのだが、私はもう勉強は沢山、という気分であった。生涯をふりかえってみても、間に合わせに、必要最低限の勉強をしてきただけであり、本質的に、勉強嫌いである。

そういう私には、大学卒業後に大学院で勉強し、弁護士になって、まだ勉強を続けたいという松尾和子さんという存在は驚異以外の何者でもなかった。なお、現在のように、いわゆる渉外事件を取り扱う弁護士になるためにアメリカの大学のロースクールに通い、修士号を取得し、ついでにニューヨーク州やカリフォルニア州などの弁護士資格を得て帰国するのが、渉外弁護士としてのキャリアの第一歩となった時代ではないことを断っておかなければならない。

さらに、すこしつけ加えるなら、私はほとんど残業ということをしたことがない。事務所は午前九時一五分から午後五時三〇分までが就業時間だが、私は遅くても五時四五分か六時には事務所を出るのが日常であった。仕事を自宅に持ち帰ったこともなければ、自宅で弁護士業務の来客や事務所の同僚の弁護士と法律相談や事件の相談をしたことがない。これは自宅では文学関係の著作の執筆をしたり、調べものをしたりすることが多かったためではあるが、本質的に私は怠惰なのである。ところが、松尾さんは遅くまで残業することも稀ではなかったし、始終、自宅に仕事を持ち帰っておいでになった。翌日になって、今朝は二時まで仕事をしていたとか、三時まで仕事をしていた、と話してくださることも、ごく当たり前であった。これは松尾さんが学究的な性格で、学問的な情熱のために、中途半端な仕事ができないからでもあるに違いないし、仕事に集中し、体力の限界まで仕事に打ちこまなくてはいられない性分であったからであると私は考えている。私には松尾さんのような働き方、仕事への打ちこみ方は、その半分もできない、とごく若いころから感じていた。それ故、松尾さんが私に不安や不満をもっていたとしてもふしぎではないし、それが留学への動機になったとしても、私にはもっともとしか言いようがない。

*

松尾さんの留学以前の事件として、どうしても書いておかなければならないことは、私たちがソニーフード事件と称している訴訟事件で松尾さんに協力していただいたことであり、この事件に関して、松尾さんが大きく貢献してくださった、ということである。

一九六二（昭和三七）年に、私はソニー株式会社の代理人としてソニーフード（株）に対して、「ソニー」「SONY」の標章を付したチョコレートを製造、販売してはならない、という命令を求める訴訟を東京地裁に提起した。その根拠は、当時の不正競争防止法に定める、需要者の間に広く認識された、いわゆる周知商標と同一または類似の商標を使用して周知商標の所有者の商品と混同を生じさせたばあい、これにより営業上の利益を害される者は、その行為の差止を求めることができる、という規定にもとづくものであった。

この訴訟における問題は、第一に、ソニーフードが「ソニー」「SONY」の商標を付したチョコレートを販売したばあい、ソニーの商品との間に「混同」を生じるか、どうか、にあり、第二に、このソニーフードの行為により、ソニーの「営業上の利益」が害されるか、どうかにあった。「混同」は甲の商品と思って間違って乙の商品を買ってしまう、いわば、甲と乙の商品とを取り違えることを狭義の混同といい、乙の商品を見て、この商品は甲と何らかの関係があるのではないか、と思うのを広義の混同というのだが、「ソニー」「SONY」の商標の付されたチョコレートを見て、まさかソニーがこんな商品と関係を持つことはあり得ない、と思うのが常識かもしれない。この「混同」という第一の問題については、当時著名であった、花森安治、秋山ちえ子のお二人に加え、盛田昭夫副社長にも証言していただいた。また、私の一高（旧制）時代の友人の心理学者、お茶の水女子大教授であった福永保に社会心理学的な調査をしていただいた。この調査の結果報告書は、「ソニー」「SONY」という商標のイメージが消費者がチョコレートにもつイメージと酷似していること、そのため、消費者が「ソニー」「SONY」という商標を付したチョコレートを見れば確実にソニー（株）を連想し、ソニー（株）と何らかの関係を持つ商品と考えるであろう、という事実を、疑問をさしはさむ余地なく、明らかにしていた。いまから考えると、こんなことは、イメージの社会心理学的な調査を行うまでもなく、自明の事実であり、裁判所も、何ら立証を求めることなく、認定してくれそうに思われるのだが、このころは、まったく先例のない問題であったので、このようなことにも苦労したのであった。

この「混同」の問題にもまして、苦労したのが、ソニー（株）がソニーフードの「ソニー」「SONY」チョコレートにより、どんな「営業上の利益」を害されるか、ということを具体的に示すことであった。この問題については、いろいろの主張をしたのだが、結局、松尾さんの提案により、「希釈化」により営業上の利益が害される、という主張が中心になった。「希釈化」とは dilution の訳語である。周知、著名な商標は、本来、単一の出所に由来すると消費者は認識しているが、同じ商標を複数の会社が使用すると、出所標識機能が希釈する。たとえば、わが国では「富士」という商標は希釈されつくし、「富士フィルム」「富士銀行」といったように、「富士」自体では出所を示す機能を持たない。「ソニー」「SONY」の商標も、この訴訟により被告、ソニーフードの使用が差し止められないと、「富士」と同じく、それ自体では出所標識機能を失うことになる、というわけである。このソニーフード事件と同様、著名な商標にただ乗り（フリーライド）する事件はかなり以前から欧米では問題になっていたので、「希釈化」という理論も広く説かれていた。そこで、松尾さんが、この理論にもとづく主張をするように提案し、この理論による主張が裁判所に提出されたのであった。

この訴訟の係属中の一九六三（昭和三八）年の夏に松尾さんはニューヨーク大学に留学した。そのため、ソニーフード事件の結末には関係していないのだが、まず、ソニーフード（株）が登録していた菓子類についての「ソニー」「SONY」の商標登録を無効とする旨の審決が特許庁によりなされた機会に、原告被告の両者に裁判所から和解の勧告があった。裁判所の勧告は、被告、ソニーフードは「ソニー」「SONY」の商標を付したチョコレートなどの営業を止めること、ソニーフードという名称も変更すること、そのための経費をソニー（株）が負担する、ということであった。実質的に勝訴に等しいものであったので、私たち、ソニー（株）は和解に同意し、ソニーフードも同意し、この事件は、一九六五（昭和四〇）年一二月、和解により、解決した。

ところが、その当時、まったく法律上の論点を同じくしていた事件について、翌年、同じ東京地裁により判決が言い渡された。すなわち、この当時、カメラのメーカーに、ヤシカ（株）という会社があり「ヤシカ」という商標が周知、著名であったが、ダリア工業（株）が「ヤシカ」という商標を使用して化粧品を製造、販売しているのに対して、ヤシカ（株）がその差止を求める訴訟を提起し、ソニーフード事件よりもすこし遅れて進行していたのだが、この事件について一九六六（昭和四一）年八月に、ソニーフード事件を担当していたのと同じ三宅正雄裁判長により、ヤシカ（株）全面的勝訴の判決が言い渡されたのであった。この事件で判決は、「混同」については、「ヤシカ」を化粧品について使用すればこの化粧品はヤシカ（株）の商品であるか、少なくともヤシカ（株）の系列会社の商品であるとの印象を一般に与えると見るのが相当である、と述べて、いわゆる「広義の混同」を認めたのだが、「営業の利益を害するかどうか」については、このようなヤシカ（株）の著名な商標と同一または類似の商標を化粧品に使用するときは、「ヤシカ」という表示のもつイメージを希釈化し、カメラとの結びつきを弱めて、カメラについての顧客吸引力、広告力を減殺するものと判示したのであった。つまり、ソニーフード事件は和解で終了したため、希釈化理論の妥当性について判断されなかったが、松尾さんの提唱したこの理論はヤシカ化粧品事件の判決で、その正当性が認められたのであった。これは松尾さんのわが国における不正競争法学への貢献と言って差し支えないものと私は考えている。

この時点では松尾さんはアメリカ留学から帰国して間もない時期であったが、帰国後に、この「ソニー」「SONY」という営業表示、商品表示について、松尾さんのなさったことを先走って、ここで書きとめておきたい。すなわち、一九六七（昭和四二）年の初めには、わが国のいたるところに、「ソニー・ビューティーサロン」とか、「ソニー焼肉店」とかいうような「ソニー」の表示を営業表示などに使用する店舗が氾濫していた、と言えば言い過ぎかもしれないが、少なくとも、大手を振ってまかり通っていた。ソニー（株）の法務部、特許部などやその代理人としての私どもが差止を要求しても、私たちはソニー（株）の宣伝をしてやっているのだとか、こんなちっぽけな店がソニー（株）と関係があるなんてことは誰も思いませんよ、と開き直るのが常であった。ソニー（株）と相談して、これらの店舗に対して、しらみつぶしに「ソニー」「SONY」の表示の使用を止めさせるよう、裁判手続を採ることにした。このことについて、かつて私は『私の昭和史・完結篇　上』の第五章に次のとおり書いたことがある。

「ソニーとしては、ソニーフード事件の和解ですべて問題が解決したわけではなかった。ソニーフード事件の和解、ヤシカ事件の判決以降、ソニーは「ソニー」という名称を付した企業、店舗に対し、「ソニー」の名称の使用禁止を求める仮処分命令を次々に申請した。初期には、昭和四十一年十一月にアメリカ留学から帰国した松尾さんが丁寧な書面を作成し、充分な資料を提出して、命令をもらっていたのだが、やがてほとんど何の困難もなく、仮処分命令が得られるようになってからは、当時私共の事務所に入所した田中美登里弁護士が担当し、毎年三、四件ずつ、十年ほど、こうした仮処分命令をとり続け、ソニーの関係会社以外で、ソニーの名称を使用する事例を根絶した。」

現在のソニーの経営者の方々は気がついておいでにならないかもしれないが、現状では「ソニー」という名称を持つ企業や店舗は、ソニー（株）とその系列企業に限られるはずである。このような現状は、松尾さんや当時松尾さんに協力してくださったソニー（株）の法務部か、知財部か、そんな部署の責任者や担当者の努力によって確立されたものであることを、私はここで強調しておきたい。

ついでだが、これに関連する挿話を一つ紹介しておきたい。こうした事件の一つに大阪地裁に申し立てた仮処分命令申請事件があった。担当裁判官と面接した結果、弁護士の報告書が一通不足しているので、報告書を提出してくれれば、すぐに仮処分命令を出してくれるということになった。松尾さんと松尾さんに同行したソニー（株）の若い担当社員は、裁判所を出て、ホテルを探し、裁判所の近くのホテルで松尾さんが報告書を作成し、裁判所に引き返して、報告書を提出し、直ちに仮処分命令を受け取ることができたという。これだけのことだが、後に詳しく事情を聞くと、このホテルがどうもかなりにいかがわしいホテルであったようである。ソニー（株）の社員は気づいたが、松尾さんはまるで気にすることとなく、さっさと仕事をなさった、ということであった。松尾さんは、そのホテルがいかがわしいことに気づかなかったのかもしれないが、気づかなかったとすれば、ずいぶん迂闊である。松尾さんにはそんな無頓着な面がおありであった。これも松尾さんの人間性の一部であり、私が彼女に好感をもち、多年、同僚として、協力して働くことができた所以の一部でもあった。

ここでもう一度、考え直してみると、この当時、松尾さんが差止を求めたのは、「ソニー」ティールームとか、「ソニー」ビューティーサロンとかいうような店舗の商号、不正競争防止法にいう「営業表示」であり、松尾さんは「広義の混同」が生じる、すなわち、ソニー（株）と何らかの関係があると誤解させる営業表示であると主張し、裁判所も、この主張を認めたのだが、本当に、このような「広義の混同」は生じるのだろうか。これらの店舗の主人が言っていたように、こんなちっぽけな店がソニー（株）と関係があるなんてことは誰も思いませんよ、というのが真相であり、裁判所が「広義の混同」を認めていたのは、一種の正義感にもとづくものだったのではないか、といまになって私は考えている。現在の不正競争防止法では、その第二条一項一号に「周知」の営業表示の保護を規定し、第二号で「著名」な営業表示の保護を定めているが、「周知」の営業表示の保護に際しては、これと同一または類似の営業表示を使用したばあい、「混同」を生じていなければ、この「周知」の営業表示にもとづく差止はもとめられないが、「著名」な営業表示のばあいは、「混同」の有無を問わず、これと同一または類似の営業表示の使用の差止が認められることになっている。たとえば、化粧品に「ヤシカ」という商品表示が使用されていても、真相としては、この化粧品がカメラのメーカーと関係があるとは思わないのではないか。そういう意味で、現行法の規定が現実に即しているように私は感じているのである。

＊

さて、松尾さんは一九六三（昭和三八）年にニューヨーク大学に留学した。これ以前に、松尾浩也さんと結婚している。松尾さんがアメリカ留学していた当時、浩也さんもアメリカに留学なさっていたと聞いているが、同じアメリカの大学でも別々の大学だったので、ご夫妻はアメリカで、ごく短い期間は別として、ご一緒に暮らしたことはないはずである。

ニューヨーク大学を選んだ理由として、ニューヨーク大学には、誰それ教授がおいでになるので、その教授の講義を聞き、薫陶をうけたいのだ、と聞かされていた。私の記憶ではデレンバーグ教授というお名前だったと思うのだが、かりにD教授と呼ぶとすれば、松尾さんはD教授の指導を受けるためにニューヨーク大学に留学したのであった。このD教授が後年、来日なさったことがあり、麻布のアメリカン・クラブに滞在なさっていたとき、松尾さんに誘われて私もD教授にお目にかかった。教授はいかにも懐かしい愛弟子に再会できてうれしい、といった態度であった。ミシガン大学に留学したときも、たしかSで始まる苗字をお持ちの教授の授業を聞くためにミシガンに行きたいのだ、と言っておいでになったように記憶している。

ところが、今回教えられたところでは、松尾さんは一九六三年から六四年、ニューヨーク大学ロースクール比較法研究所で学習し、比較法修士号を取得、一九六四年から六五年度、ミシガン大学ロースクールで学習したという経歴だそうである。つまり、松尾さんは個人的に特定の教授の講義を聞いたわけではなく、ロースクールの学生として、授業の一部として、学習したいと志した講義を聞いたのであろう。こんな早い時期に、おそらく誰も知る人もない土地で、よく頑張ったものだと、ただ脱帽の思いがつよい。留学当時、松尾さんはすでに三〇歳を越えていたはずである。最近のいわゆる渉外関係の業務を主とする弁護士は、司法修習生を終え、弁護士登録をしてから数年の間にアメリカ留学するのが通常だから、松尾さんのばあいは、ずいぶん留学するには遅いし、それだけ苦労も多かったはずである。

このミシガン大学ロースクールを終了して後、松尾さんはニューヨークのバックナム・アンド・アーチャーという特許法律事務所で半年ほど研修した。これは中松先生とも相談の上のことであり、あるいは中松先生の指示ないし要請にもとづくものであった。このバックナム・アンド・アーチャーはその当時は設立されて間もない事務所で、バックナムさんが来日したことがある。私が記憶しているのは、中松先生が彼を柳橋の朝倉という料亭に招待したときに同席したからである。彼は夫人と一七、八歳と思われるお嬢さんを連れておいでになった。このお嬢さんが目を瞠るような美少女だったことが私の印象にふかいのだが、こんな席で松尾さんの研修のことも話し合ったのではないか、と私はおぼろげに憶えている。余談だが、そのころは柳橋にも何軒か料亭があったし、灯篭流しなどの行事があるときにも、中松先生のお伴で年に一、二回は朝倉に行ったことがある。中松先生の歿後はそんな習慣もなくなったし、柳橋の料亭も一軒もなくなった。いまでは、そのような贅沢は誰もしないようになったと思われるのだが、私はそんな贅沢をした最後の世代の生き残りではないか、と感じている。このバックナムさんの事務所は何か事情があって、いまでは存続していないが、松尾さんが研修のために勤めたころは、活気もあり、業務も発展途上にあったようである。帰国後の松尾さんが、事務所の事務処理が時代遅れだと批判したので、多少は、アメリカの事務所を真似たような方法も採用したような気がするのだが、確かではない。

*

そこで、松尾さんの帰国後のことになるのだが、数十年の間にあまりに多くのことがあったし、その多くは憶えていない。印象にふかいのは加藤建二君の結婚のことと松尾さんのパイプオルガンのことであるので、これらのことを回想しておきたい。

加藤建二君は商標の担当の弁理士であった。大宮高校の出身であり、父親と早く死別し、保険の外務員をしていた母親に育てられた。大宮高校では成績抜群であったが、そんな事情で大学進学は諦めなければならなかった。昼間は働き、夜間の大学に通いたい、というのが本人の希望なのだが、どこか勤め先はないものか、という相談を大宮高校の先生がたまたま知り合っていた私の兄に相談をした。兄から相談を受けた私は加藤君と面接し、事務所に採用することにした。加藤君は事務所に勤めてからも勤勉であり、人柄も良かったから、同僚からも信頼され、中央大学法学部の夜学を卒業後、二、三年後にはすんなり弁理士試験に合格した。加藤君が商標を担当するようになって初めて事務所では商標部門ができたように思われるが、加藤君が商標部門担当の弁理士として二人目であったかもしれない。その後は、さらに若い商標担当の弁理士を採用して、商標部門が充実したのであった。とは言え、商標部門は松尾さんの指揮、監督下にあった。知識、経験など、加藤君は松尾さんの足許にも及ばなかったから、松尾さんから手取り足取り、教えられ、鍛えられて、もちろん、本人の努力も並大抵ではなかったのだが、有能な商標専門の弁理士に成熟したのであった。松尾さんも加藤君の弁理士としての能力、また人柄も、大いに気に入っていた。

その加藤建二君は一九七二（昭和四七）年一月一五日に栗原恵美さんと結婚した。加藤君は二八歳、恵美さんは二七歳で、恵美さんは佐賀県唐津の親元で生活し、地元の企業に勤めていた。二人の結婚披露宴にさいして、私たち夫婦が媒酌人をつとめたが、実際、二人の仲を取り持ったのは松尾さんであった。恵美さんは松尾さんが通っていたプロテスタントの教会の牧師をなさっていた方の妹とお聞きしたように憶えているが、確かではない。しかし、恵美さんを牧師さんがよくご存知であったことは間違いない。おそらく牧師さんが、こういう女性がいるのだが、配偶者にふさわしい男性がおいでにならないだろうか、といった相談を松尾さんに持ちかけ、松尾さんが加藤君を勧め、二人を紹介したのであろう。その結果、二人は気が合って、結婚にふみきったのだと私は理解している。ここで、加藤君のその後に触れることにすれば、彼らは一男、一女に恵まれ、お二人とも、順調に成長、大学卒業後に結婚し、それぞれに加藤君、恵美さんからみれば、複数の孫をもっているそうである。ただ、加藤君は、結婚後、ますます事務所にとってかけがえのない存在となり、若くしてパートナーに選ばれ、事務所に貢献すること、まことに重大であった。しかし、そのための過労かも知れないのだが、二〇〇二（平成一四）年三月九日、心臓発作のため、急逝した。享年五八歳であった。彼自身にとっても、家族にとっても、事務所にとっても、まことに早すぎる死であった。

ところで、松尾さんが加藤君に恵美さんをとりもったのは、もちろん加藤君を、その能力、資質、人格などを見極めて、高度に信頼していたために違いないのだが、このような事態をもたらしたのは、松尾さんが敬虔なキリスト教徒であったからであった。それもかなり熱心な信者であり、毎週、日曜日、教会でオルガンを弾いておいでになったと聞いている。

そこで、別の話題になるが、日本人で最初にパイプオルガンを制作し、生涯、八二台のパイプオルガンを制作して、二〇〇五（平成一七）年一二月に七二歳で永眠した辻宏という方がおいでになった。

この経歴も辻さんの連れ合いであった辻紀子《としこ》さんの著書『峠の樅の木と3台のパイプオルガン』にもとづくが、以下もこの辻夫人の著書を参照しながら記すこととする。辻さんは、一九七六年に岐阜県加茂郡白川町の使われなくなった小学校の三階建ての校舎を町から借り受けて、元の校舎内にオルガン工房をつくって移転した。つまり、元の小学校の校舎の中にパイプオルガンを制作する作業場、職人さんや自分たちの住居、来客のための宿泊の設備などをつくって、ほぼ三〇年間をここで過ごしたのであった。この辻宏さんの夫人の辻紀子さんが一時、事務所に勤めていたので、私自身、紀子さんとはかなり昵懇であったし、辻宏さんとも面識があった。これは私の想像だが、まだ辻宏さんのパイプオルガンの制作が営業として軌道に乗る前、英語に堪能であった紀子さんが家計の一助とするために事務所にお勤めになったのではないか。これも私のおぼろげな記憶によれば、辻宏さんは中松先生の遠い姻戚にあたる、ということであったが、定かではない。そのころ紀子夫人からお聞きした話の中で、私の記憶にふかく刻まれていることは、パイプオルガンの本当の音色を忘れないために辻宏さんは少なくとも一、二年に一度は欧米を旅行して各地の教会堂のパイプオルガンを聴きに赴かなければならない、ということであった。きっと音色の記憶とはそんなものであろう、と私は非常に感銘をうけたのであった。松尾さんも当然、紀子さんを知り、パイプオルガンの制作について紀子さんの知るかぎりの蘊蓄を聞かされ、パイプオルガンの魅力にとり憑かれたようである。その結果、辻宏さんに依頼して家庭用のパイプオルガンを制作してもらい、かなり高額の代金をお支払いになったと承知している。この家庭用のパイプオルガンを正式に何というのか忘れたし、このような家庭用の小型のパイプオルガンを辻宏さんが制作したことがあるとは、紀子さんの著書にもまるで記述がないのだが、松尾さんがこのようなパイプオルガンを買い求めたという私の記憶は疑問の余地もないように思っている。そこで、このパイプオルガンの話に戻ると、これはわが国でふつうオルガンといわれているリードオルガンではない。リードオルガンの音源は、ハーモニカにあるような金属の薄い板で、風を入れると振動して音が出るものだが、パイプオルガンの音源は笛（パイプ）であり、フルートやトランペットのように、笛に風を入れて鳴らすものだそうである。松尾さんが注文し、買い求めた家庭用パイプオルガンは、教会堂に備え付けられているような大型のものではないけれども、れっきとしたパイプオルガンであった。

ここまで書いて、松尾さんには、いつ、このパイプオルガンを弾いたり、練習したりする時間があったのだろうかという、つよい疑問を感じる。松尾さんは先ず弁護士であったにせよ、松尾浩也さんの妻であり、二人のご子息、一人のご息女、という三人のお子さんの母親であった。弁護士として多忙を極めていたのに、妻としての責務、母親としての責務を果たした上で、どうしたら、趣味のパイプオルガンを弾く時間をつくりだせるのか。じつにふしぎなことだが、松尾さんは魔術のようにその時間をつくりだして、余暇を享受することができたのであろう。そのように私は信じたいのである。

＊

一九七三（昭和四八）年三月二〇日、中松先生が突然他界なさった。当日、ふだんと変わりなく、お先に、とおっしゃって、事務所を退所なさったその夜、午後一一時ころに危篤というお知らせをいただき、駆けつけたときは、もうお亡くなりになっていた。心筋梗塞ということであった。享年七七歳であった。それまでの二、三年の間、事務所はパートナー制を採用しはじめていた。事務所の収入から人件費、賃料その他の経費を差し引いた残りを五人のパートナーで配分することになっていた。

五人は、中松先生、伊藤堅太郎弁理士、熊倉巌弁理士、山本茂弁理士、それに私である。配分率は中松先生が四〇パーセント、伊藤弁理士が二五パーセント、熊倉弁理士が一五パーセント、山本弁理士と私がそれぞれ一〇パーセントであった。しかし、中松先生は、要るだけのお金を、経理から受け取るように、と言っておいでになったので、私たちはこのようなパートナー制はたんに形式的、名目的なものと思っていた。ところが、先生が亡くなって、経理の担当者に訊ねると、上記のとおりに収入、経費、配分金を計算して、パートナー五名が払い戻しを受けた金額が記入され、残額は事務所が預かっている状態であることが判明した。

それまで、事務所は先生の個人経営のようなものであったので、先生歿後の事務所が再出発するためには、先生個人の勘定と事務所に属すべき勘定を仕分けして、個人としての勘定は先生の奥さまにお返しする必要があった。また、先生は遺言書を作成なさっていなかったので、遺産を奥様とご弟妹の方々との間で分割して相続なさる必要があった。このような仕事をできるのは私以外にはいなかったので、私は残った事務所員を代表して、奥様との間で、事務所から中松家にお返しするべき金額をご説明してご納得いただき、これを返金し、奥様を代理してご弟妹と折衝して、ご弟妹が相続なさるべき金額をご説明してご納得いただき、この金額を差し上げた。文字で書けばややこしいが、奥様もご弟妹の方々も私を信用してくださったので、何の難しいこともなかった。ただ、奥様に返金した結果、事務所としては運転資金が枯渇することになった。そこで、銀行から借入をすることにした。所要の金額を借り入れることができたのだが、借入は私個人の名義であった。このころ、伊藤弁理士も熊倉弁理士も病気がちであったし、山本弁理士は特許庁の審判部長をおつとめになった、有能で温厚な方であったが、事務所を代表して経営の責任を負うような立場には立ちたくない、という態度であった。さらに、私は多年、中松先生の秘書のような仕事をしてきたので、残ったパートナー四名の中で、唯一、事務所の全体の業務について、かなり詳しく承知していた。そのような状況で、私が中松事務所の再出発のために舵を取らざるを得ない羽目になった。事実上、私の名義で運転資金を借り入れていたし、そのような心配は他のパートナーの先生方は何方もなさらなかったので、事実上は、先生歿後、私が事務所の経営責任を負っていたし、名目の上でも、そのようにしてもらいたいというのが伊藤堅太郎弁理士の意向であったが、一部には反対もあり、私が正式に事務所の代表者になったのは伊藤弁理士の亡くなった後、ほぼ二年後であった。ちなみに、中松先生が亡くなったとき、私は四六歳であった。当時の事務所には、約二〇名の弁理士、五名の弁護士、七十余名の事務職員がいた。

私が処理しなければならなかったのは事務所の所員からの苦情であった。とりわけ、七人の弁理士、弁護士の苦情の処理が重大かつ深刻であった。七名は、弁理士では、大塚文昭、串岡八郎、宍戸嘉一、西本喜久男、弁護士では武田正彦、松尾和子、雨宮定直の諸君であった。七名の方々との会合をかさね、私は彼ら七名の人たちに吊るしあげに近い批判をあびせられた。しかし、彼らの批判の多くは合理的だと思われた。私は彼らの批判の中でも、批判に対して弁明するよりも、受け入れるべきだと考えた事柄が多かった。私はこれらの批判を受け入れるには彼ら七名にもパートナーになってもらい、権限と責任をもって、批判の解決に協力してもらうのが賢明であろうと考え、伊藤、熊倉、山本、三弁理士の了解を得て、一一名のパートナー制で新事務所を発足させることになった。そして、一九七五（昭和五〇）年に名称を中村・山本・武田合同特許法律事務所と改称することとした。武田正彦弁護士が退職した一九八二（昭和五七）年には中村合同特許法律事務所と改称して、現在に至っている。

新事務所が発足した当初は、依頼される事件も減り、したがって収入も減り、当然、利益も減り、先細り状態であったので、新しいパートナーの中には解散すべきではないかと提案する人もいたが、私を含め、多くは新事務所が軌道に乗れば、前途が開けるのではないか、と考えたようである。その間、伊藤弁理士が亡くなり、私は名実ともに代表者になり、やがて熊倉巌弁理士も亡くなった。それでもパートナー会議で議論が紛糾することは稀ではなかった。この間の事情について私はかつて『私の昭和史・完結篇　下』の第一五章において、次のとおり、記した。

賃金表問題は、新経営体制において処理しなければならなかった諸問題の一であり、その他にも解決しなければならない問題は多かった。パートナー会議において、もっとも厳しい意見を発言するのは、ほとんどつねに、大塚文昭弁理士であった。大塚弁理士の意見はしばしば私の意見と対立した。私は通常妥協的だが、彼の意見はラディカルなことが多かった。私は発想が保守的だったが、彼はとらわれない、自由で豊かな発想の持主であった。弁理士としての能力も卓越していた。烈しく意見の対立する大塚弁理士こそが、私に欠けている能力を補足し、私がたよりにしなければならない人物だと、意見が対立する都度、私は思い知ることとなった。

私心を去っていつも事務所の運営を真摯に考え、しかも法律家として能力の高い松尾和子弁護士と大塚弁理士と、私の意見が一致すると、自らパートナー全員の意見が形成された。そういう意味で、実質的な経営者はこれら三名であった。昭和五十年一月、私は代表者となったが、昭和五十八年以降は対外的にも三名の共同代表者制となった。この代表パートナー三人制は、これ以上望めないほど効率的、協力的に機能した。

この文章で「対外的にも」と書いているのは、この時点以降、事務所の代表者は三名であって、私が単独の代表者ではない、旨を外部にも公表したからである。三人代表パートナー制はじつによく機能した。三人が相談するのは、たとえば一〇人のパートナー全員の会議で物事を相談するのに比べて、時日の調整についても、どこで会議をするかという場所の選択についても、打ち明けた、ざっくばらんな意見の交換についても、はるかに容易で、かつ、速やかに、また、妥当な結論に達することができた。そのために事務所の経営の合理化、効率化はもちろん、特許商標業務の質の向上、知的財産権関連訴訟など業務の処理の改善にも三人の合議によって多様な施策を講じ、実行したのであった。現在、事務所は特許事務所としても、知的財産権関係の法律事務所としても、わが国の内外で屈指の事務所として知られていると聞いているが、その基礎はこの三人代表者制が機能した結果によると、私は信じている。ただ、問題があるとすれば、三人以外のパートナーが疎外されるかたちとなり、そのためにそれらのパートナーに経営者としての意識が希薄になる傾向があったこと、後継者となるべき人材をどのように育てるか、という認識に乏しかったことにあるのではないかと思われる。しかし、適格な後継者に順次継承されて現在に至っていることは私としてはうれしい限りである。

松尾、大塚、私の三人代表者制によって何を成し遂げたか、こまごましたことはここに記すつもりはないが、この時期、愉しかった思い出として、たとえば、私たちの業界にＡＩＰＰＩ（国際知的所有権保護協会）という国際的な民間組織があり、これは民間の組織として最も歴史も古く、発言力もつよく、総会には世界中から三千人ほどの人々が集まるのだが、この総会が一九八二年にアムステルダムで開催されたことがあった。この総会には、私たちの事務所が提携したり、業務上の関係をもっている事務所、また、海外諸国の依頼企業の知財部の担当者などが集まるので、私たちは社交のためや業務の打合せのために、手分けして毎日、大勢の人々と会わなければならなかった。私たち三人はハイヤーを借り切って、自由に乗り回して、一週間近くを過ごしたのであった。同じような経験は三年か四年後にパリで開かれた総会でも重ねたのだが、これも私だけが代表者ではなく、三人が代表者であることによるものであった。

アムステルダムの総会が忘れられないのは、松尾さんとご一緒にマウリッツハイス美術館を見物した記憶があまりに印象的だからである。その年、次女がザルツブルクに留学していたので、私と亡妻は次女を呼び寄せて同じホテルで一週間近く滞在していた。そんなある日の午後、ハーグのマウリッツハイス美術館を見に行くことにしてホテルの前で三人でタクシーを待っていた。ちょうど、そこに松尾さんが用事を済ませてハイヤーで戻って来たので、私たちはハーグに行くところだとお話しすると、松尾さんは即座に、私もご一緒する、と言ってタクシーに乗り込んだのであった。マウリッツハイス美術館では、もちろん名高いフェルメールの《青いターバンの少女》や《デルフト風景》を見たり、レンブラントの晩年の自画像を見たりしたのだが、私自身は何遍もマウリッツハイス美術館を訪ねているので、そのときの格別の感想はないのだが、初めてフェルメールを見た次女はひどく感動していたことを別とすれば、松尾さんの反応ははっきり憶えていない。ただ、美術館を出てから、その近く、王宮の前の由緒ありげな古風なホテルのロビーで四人一緒にコーヒーを飲み、ケーキを食べたことが忘れられない。オランダのコーヒーは美味しいことで定評があるが、ケーキも濃厚で味わい深いものであった。このハーグ行のさいの松尾さんの咄嗟の、気取らない、少女のような反応が私の脳裏に深く刻まれているのである。

＊

松尾さんと事件で協力したことは数多いが、その一つは勝沼の葡萄酒の会社が商標権侵害で訴えられた事件である。この事件では、「割菱」とか「武田菱」とか言われる紋章の使用が問題になったのだが、この事件の関係で、私は松尾さんから適当な証人を知らないかという質問を受けたので、小説家の新田次郎さんを推薦し、新田さんに甲府地裁で証人として証言していただいたのであった。この事件の甲府地裁の判決は一九七八（昭和五三）年六月、新田さんが証言してくださったのは、前年の五月であった。新田さんは『武田信玄』という著書もおありになるので、この紋章について詳しい知識をお持ちであった。私はそのころ文藝家協会の理事をしていたので専務理事であった新田さんに始終お会いする機会があったので、そういう段取りをつけることができたのであった。この事件は甲府地裁の判決で松尾さんの依頼者が勝訴し、相手方が、控訴したが、東京高裁の控訴審判決も松尾さんの勝訴で終わったのであった。

＊

この事件の控訴審判決が一九七九（昭和五四）年一一月二八日であったので、「ア・ヴォートル・サンテ」の会はたぶん、その翌年に始まったのではないか、それが間違いであっても、一九八〇年代の初期から始まったに違いない。これは前述の勝沼の葡萄酒の会社の社長の提唱によるもので、ワインを愉しむ会であった。会費を徴収されたものの、会費の二倍ほどの値打の料理が提供され、会費とは関係なく、ひどく高級なワインを湯水のように試し飲みさせてくれた。社長がワインの醍醐味とはどんなものか、ということを教えてくださるのが、この会の主な目的のように見えた。この会合には松尾さんが主賓のようなかたちだったが、松尾さんはいつも浩也さんとご一緒であった。私も招かれて亡妻と共に参加した。そのころ、松尾夫妻のご子息が慶應大学医学部に入学なさっていたのではないか、と思われる。というのは、私が、都立五中のときのクラスメートであり、当時、慶應大学医学部で外科の教授をしていた石原恒夫をこの会に誘い、石原も夫妻おそろいで参加していたからである。その他、誰が参加していたか、詳しい記憶はない。いずれにしても破天荒な催しであった。つまり、採算を無視し、度外視した催しであった。酒を嗜まない私にとってもかなりに愉快な会合であった。ワインに詳しい方は少なくないが、こうした方のワインに関する知識を十とすれば、私も一か二ほどの知識を持っている。それもこの会のおかげと言ってよい。これは松尾さんから受けた恩恵の一つである。ただ、この催しは数回で終わった。このような採算を無視した会合を続けてよいはずもない。この催しが終わって間もなく、社長も退任を余儀なくされた。しかも、その後、数年経ってから、会社そのものが倒産したと聞いている。私たちは、この会に参加したことによって、終局的に、この会社の倒産に寄与したと言うべきかもしれない。そう考えると、後味が悪いが、そんなことを忘れるとすれば、これほど愉しい会合は、このほかに私は経験したことがない。

*

その後、一九九二（平成四）年の四月に、私の次女が母校の上智大学文学部ドイツ文学科に専任講師として勤めることになった。その辞令を受けとったとき、たまたま、松尾浩也さんも上智大学法学部に招かれ教授の辞令をお受けとりになり、朝子と同席なさった。浩也さんは東大を定年退職し、千葉大で二、三年間、教授をおつとめになってから後のことであった。そのご縁で、松尾浩也、和子夫妻と私たち夫婦、それに次女を加えて、食事をする機会を数えきれないほどの回数、持つことになった。

そのような晩餐の席で私が浩也さんからお聞きした事柄の中で、私の印象にふかいことを挙げれば、まず、上智大学で教授らを「教員」と呼ぶことに驚いたということである。東大では、教職にある方々を教官と呼ぶのだそうである。浩也さんは教員と言われて、格が落ちたような気分をお感じになったらしい。ところで、知られるとおり、その後、浩也さんは、法務省顧問として、裁判員制度の制定に主導的な役割を果たしたのだが、その過程で、裁判員をどういう名称にすべきか、議論になったさい、浩也さんは、上智大学における教員という言葉を思い出し、官吏としての裁判官に対し、民間人としての裁判員、という名称がふさわしいと提案し、この「裁判員」という名称が決まったのだということ。

そんな席の浩也さんはじつに砕けた、飾らない方であった。たとえば、浩也さんはオードリー・ヘプバーンのファンで、そのために、スイスのローザンヌにあるヘプバーンのお墓にお参りしたことがあるほどだそうである。お墓の模様など、こと細かにお話ししてくださったのだが、詳細は憶えていない。そういう話を浩也さんがなさっておいでになるとき、和子さんは莞爾として面白、可笑しそうにお聞きになっておいでになるのも記憶に鮮やかである。

ついでだが、英国かどこかの刑務所か少年院か、そんな場所を訪ねたとき、挨拶をしなければならなくなり、どのように切り出せばよいか、迷った挙句、オードリー・ヘプバーンが『ローマの休日』の終わりの記者会見で、「ジェントルメン」と話しかけたのを思いだし、そのように挨拶なさったという。私たち夫婦は松尾夫妻からじつに多くを学び、彼らとの会話を楽しんだのであった。

＊

さて、松尾さんと私が協力した訴訟事件は、ソニーフード事件や勝沼の葡萄酒の会社の事件の外にも、かなりの数に上るので、記憶していない事件が少なくない。その中で、私が松尾さんに協力していただいた事件にピンク・レディーの訴訟がある。この事件は、ある週刊誌が、ピンク・レディーの振り付けでダイエット、というような見出しでピンク・レディーのお二人の歌唱している肖像を無断で使用し、その歌唱の振り付けを真似ればダイエット効果がある、という記事を載せたのを、肖像権侵害として、ピンク・レディーのお二人の代理人として訴えた訴訟事件であった。この事件は竹内三郎弁護士の依頼により私が受任したものであった。竹内弁護士は、私の司法修習生のときの同期生で、人柄がまことにさっぱりした、気分の良い、また立派な気質の持ち主であった。そこで、私たちは竹内弁護士と共同の代理人として、しかし、実質は私と松尾さんが二人で、処理した事件であった。「ダイエット」とは『広辞苑』には「美容・健康保持のために食事の量・種類を制限すること」として定義していないが、この週刊誌の記事の場合は、『三省堂国語辞典』に「①（美容や健康のために）食事を制限すること。②（食事を制限して）体重をへらすこと」と記載されているとおり、②の体重をへらすこと、という意味で「ダイエット」という言葉を使い、食事を制限する代わりに、ピンク・レディーの振り付けのように体を動かせばよい、と勧め、そのためにピンク・レディーの肖像写真を無断で使用したものであった。私たちは二〇〇七（平成一九）年に提訴し、翌二〇〇八年に一審判決で敗訴し、控訴して争ったが、二〇〇九年に控訴審でも敗訴、二〇一二（平成二四）年に最高裁判決で、上告棄却され、敗訴が確定したのであった。判決理由は記憶していないが、要するに、芸能人が芸能活動のために公表したその肖像写真について肖像権を主張することはできない、というものであり、このような判断に私はまったく釈然としていない。私から見れば、このような判断は、裁判官の著名な芸能人に対するやっかみ、蔑視、偏見のあらわれだとしか思われないのである。それはともかく、この事件の最高裁判決の後、ピンク・レディーのお二人の中の一人が法律相談のため何回か、松尾さんを訪ねて事務所においでになっているということである。敗訴した事件の依頼者から、敗訴した後になお、法律相談を受けるということは稀有といってよい。これは松尾さんの人徳というべきであろう。

竹内三郎弁護士は中央大学の出身で、中央大学では、陸上競技部の主将であったとか、監督であったとかいう経歴があり、そういう経歴のためと思われるが、日本体育協会や日本オリンピック委員会の法律業務にも携わっていた。私自身もこれらの団体と関係していたので、そういう面でも親交があった。どういうわけか知らないが、芸能界にもひろく関係をもっていたらしく、ピンク・レディー事件以外にも、郷ひろみの依頼事件を再三持ちこんできたので、私は松尾さんの協力を得て、郷ひろみの事件を処理したことがある。これらは依頼者の満足する結果に終わったと記憶している。逆に松尾さんから頼まれて彼女が依頼された事件の処理を私が手伝った事件もかなりの数、あるはずである。サントリー（株）が相手の不正競争防止法関係の事件も少なくとも二件はあったように憶えているし、その他にも少なくないが、いつも私たちは効率的で効果的な協力関係を確立することができたように思っている。

＊

最後に、日本商標協会について書きとどめておきたい。私は松尾さんがわが国の知的財産権法の分野に寄与した最も重大なことの一つは、一九八八（昭和六三）年に日本商標協会を設立したことであり、私が松尾さんに感謝すべきことは数多いけれども、とりわけ、その真っ先に挙げなければならないことは、私を日本商標協会の設立にあたりその会長に推してくださったことである、と私は考えている。

日本商標協会の設立について説明するためには、アメリカ商標協会（ＵＳＴＡ）についてまず、説明する必要がある。ＵＳＴＡは私が弁護士登録して事務所に勤務し始めたころにはもう活発に活動していた。松尾さんが入所したときにもすでに各種のきわめて実務的に有用な刊行物などを刊行していた。毎年、たしか五月初めに総会を開催していた。会員資格をアメリカ国籍の者に限っていなかったので、私も松尾さんも古くから会員になっていた。しかし、総会に出席するのは松尾さんと決めていたし、三人代表者制になってからも同様であった。この総会には、アメリカの特許事務所の代表者、商標担当者、アメリカ企業の商標担当者はもとより、世界中の諸国から特許事務所、企業の商標担当者、責任者が集まるので、社交はもちろん、業務上の相談や打合せの場としても、ごく重要であった。そこで、松尾さんは毎年、かなり若いころから総会に出席し、後年は、事務所の若い商標担当の弁理士を伴って、参加し、多くの知己、友人を持っていた。この総会は年々参加人数が増えて、二千人とか三千人とかに達し、やがて、国際商標協会（インターナショナル・トレードマーク・アソシエーション）、俗にＩＮＴＡ、と改称し、現在に至っている。ＵＳＴＡ、いまのＩＮＴＡの活動は目覚ましく、また、商標関係の業界に貢献する意義がじつに高いことは、関係者や参加者の多くが感じていることであった。

このＵＳＴＡがわが国でシンポジウムを催したことがあった。この催しが行われた機会に、松尾さんはわが国にも日本商標協会を設立したいと考えたらしい。そこで、ＵＳＴＡの総会に、松尾さんと同様、毎年のように出席していた弁理士の浅村皓さんらと語らって、日本商標協会を立ち上げることにした。準備委員とでもいうべき数人の間で、教会の定款の案をはじめ、骨組みが決まった段階で、誰を会長にすべきかを相談したようである。松尾さんが会長に推されて当然であったが、設立を提唱して、自分が会長に就任するのは、どうか、と憚られたのではないか。松尾さんは、私を会長に推したらどうか、と関係の方々に提案し、賛成を得て、私に会長を引き受けるよう要請したのであった。松尾さんから言われれば、私としては否応はなかった。

こうして私は日本商標協会の初代の会長に指名され、就任して一九九五年まで六年間ほど会長をつとめたのであった。松尾さんは事務局長に就任し、学問的、実務的、その他庶務的事務に至るまで、万般を仕切ってくださった。私は理事会で司会をし、議論を取りまとめるのが主たる仕事であり、ジュネーブのＷＩＰＯ（世界知的財産権機構）から国際会議の都度、日本商標協会にオブザーバーとして参加するよう、招待状が届いたので、毎回、都合がつくかぎり、参加し、ボクシュ事務総長その他と旧交を温めたりしたのであった。もちろん、協会の運営についてはほとんど毎日のように松尾さんと相談した。

この仕事は、私としては、しごく気楽だったから、愉しく日々を過ごしたと言ってよい。ただ、このような団体は、ある程度の数の会員がいないと、運営が難しいので、会員に勧誘するために多少の苦労をしたことは事実である。いまは非常に会員数も多く、そのような苦労はないはずである。

松尾さんが日本商標協会の会長をつとめたのは何代か、後であった。

それにしても、松尾さんには六十余年にわたり、ずいぶんお世話になり、ご面倒もおかけした。彼女に先立たれたことはまことに寂しい。

滝川武信

滝川武信さんは千葉県勝浦市鵜原の漁師である。私は鵜原に小屋を持ち、鵜原の風光に触発されて、数多くの詩を書いてきた。これらの詩を書く契機を与えてくださったのが、滝川武信さんとその一族であり、この鵜原の夏の生活を支えて、私と私の家族、安東次男とその夫人多恵子さん、駒井哲郎とその夫人美子さん、いいだももとその夫人玲子さん、日高普とその夫人年子さん、伊庭保夫妻、米沢健一郎夫妻、また、私の勤務する事務所の同僚とその家族の人々などとの親しく愉しい交わりを可能にしてくださったのが滝川武信さんとその一族であった。また、彼らに助けられて、私の親しい人々との交歓のホステスをつとめてくれたのが亡妻、和子であった。私はこうした懐かしい交友をふりかえり、私がいかに恵まれた夏の日々を享受できたかを思い返し、滝川武信さんとその一族について、また亡妻について、回想したいと考えている。

私が初めて鵜原に関する詩を発表したのが、当時、日本橋の高島屋デパートの脇でささやかな店舗を構えていた骨董商相馬美術店の発行していた冊子『相馬』の第六一号（一九六五年一〇月刊）であった。このころ、安東が相馬美術店の顧問のようなかたちでそのＰＲ冊子の編集に携わっていた関係から、この冊子に発表したのであった。この作品は後に「鵜原抄１」という題で詩集『鵜原抄』に収めた。

岩棚の上から絶壁がそば立ち
絶壁と絶壁との間に入江はひろがる。
海は藍よりもさらに青く、
いくつかの男女の群れはあそぶ。

ある者は遊泳し、ある者は
岩棚に背をのべて陽を浴びる。
時に叫喚がおこることはあつても
ついに言葉となることはない。

どうしてかれらを識別することができよう！
ひとたびこの海を去つて
もの倦い日常の中にまぎれゆくとき……。

海は藍よりもさらに青く
時は物言わぬ果実のように熟れている。
——ああ誰もこんな恍惚たる時をもつ権利がある。

たぶんこの詩は一九六五年の八月に書いたものであろう。その一年前に書いて筐底《きょうてい》に秘めていたとは信じられないからである。ということは、私と私の家族がはじめて「くぐみや」という屋号で鵜原ではふつう呼ばれている、滝川武信さん方に民宿したのが、この年、つまり昭和四〇年の夏であったということである。元来、私が建築を依頼していた鵜原駅を見下ろす台地の上の小屋は夏前に竣工するはずであった。この別荘というには僅か二部屋のささやかな建物を以下でも小屋ということにするが、この小屋の設計を担当してくださった方が手配した工務店が途中で倒産して夜逃げしたとかいう騒ぎのために、別の工務店に引き継いで貰ったものの、建物が出来上がらなかった。やむを得ず、民宿することになり、亡妻が、漁業団の団長さんだそうよ、と言って民宿を予約したのがくぐみやこと滝川武信さん方であった。こんな偶然によって彼らと知り合うことがなかったなら、私たちが鵜原の夏をあれほどに享受することはあり得なかったと思うと、つくづく偶然の有難さに感謝せずにはいられない。

滝川武信さんと題したが、じっさいは滝川武信夫妻に世話になり、厄介をかけたのであった。日常的にはくぐみやのおばさんと私たちが呼んでいたおかみさんにむしろお世話になっていたのであった。

はじめに断っておけば、おばさんは最初は武信さんの兄と結婚し、時夫さんという長男、次男を生み、その最初の夫は戦死したように聞いたと思うが、ともかく夫と死別し、夫の弟の武信さんと再婚し、武信さんとの間に由信さんという三男をもうけていた。三男はそのころ中学生で両親と一緒に暮らしていたので、私の娘たちともすぐに仲良しになったが、時夫さんは最初の数年は見かけることもなかった。そういう長男がいるという話を聞いただけであった。次男という人とは終始つきあいがなかったので、本当に次男がおいでになったのかどうか、も疑問に思っている。

おばさんは面長の房州顔で目鼻立ちが整っていたし、背もすらっと高かったから、若いころはかなり目立った美人だったに違いない。私たちが知り合ったころはもう腰も曲がっていたが、一日中、こまめに動いていた。じつに働き者であった。

どういう訳か憶えていないのだが、この最初の民宿の時も安東次男、多恵子夫妻と彼らの間に生まれて何歳かの流美さんとが、くぐみやの後ろ側から細い裏道で続いていた寺の庫裏の離れに民宿した。私たちは言うまでもなく、私と妻・和子、それに二人の娘、素子と朝子で、彼らは小学生であった。

私たちは朝から土地の人が「浜」という遠浅の海水浴場で遊び、夜は安東夫妻がくぐみやに来て、雑談、多くは安東の独演を聞かされたのが常であった。この「浜」は、「鵜原抄2」の冒頭に

隧道をぬければ豁然と海はひらけ
汀は弧をえがいて岩礁につづく。

と書いたとおり、まことに見事な弧状をなす海岸であったが、泳ぐには目標がなく、かなりに退屈した。じっさい、そのころは、砂地でマージャンなどをして遊んでいる若者たちをずいぶん見かけたものであった。安東は岡山県津山に伝わる神伝流の免許皆伝だという触れ込みであったが、その泳ぎを見せてくれる機会はなかった。私の中学時代の親友出英利の父君、出隆先生も津山の出身で神伝流の名手であったそうである。出英利の話では、出隆先生が泳ぐと、上半身がそっくり水の上まで上がり、水の中を歩くように、泳ぐそうである。刀剣などが濡れるのを防ぐためにそんな泳法が発達したらしいのだが、安東がそんな泳法を披露したことはついになかった。私自身は安東が神伝流の免許皆伝

だったという自慢話を信じているが、疑えば疑ってもいいことである。

そんなことで、二、三日経ったころ、くぐみやのおばさんから、ごとがえりさ、行ったら、いかんべえさね、とひどい上総訛りで教えられた。ごとがえり、という私たちの鵜原にとって聖地ともいうべき地名を聞いたのはそれが初めてであった。このことだけでもくぐみやさんに大いに感謝している。私たちはすぐにごとがえりを訪ねた。鵜原の「浜」を海に向かって左側の端の近く、高さが二メートルに足りない、私は背を屈めて通行する、隧道がある。この二〇メートルほどの隧道を抜けると、左側に崖があり、崖に通路があるので、通路を登りきると鵜原館という鵜原で唯一の旅館の前に出る。そこで、鵜原館の前のかなり広い道路を岬の先の方角に進むと、すぐに五メートルほどの、これは充分な高さの隧道がある。この隧道を抜けると、左手の眼下に入江を見下ろすことになる。この入江がごとがえりである。私たちは、隧道を抜けるとすぐに、崖路を降りた。その崖路は岩棚に続いていた。岩棚には、手前には養殖のための生け簀《す》の迹とおぼしい、四角な石積みが幾つも幾つも並び、その先は岩棚が平らに広がっていた。石積みは多年、波浪に洗われてやせ細り、随所で、尖った壁のようになっていた。自動車事故で脚を手術したばかりだった駒井哲郎をここに案内して、駒井にひどく怖い思いをさせたのが、この石積みであった。岩棚の先端部分は巾五〇メートルほどの入江に面し、入江の向こう側は絶壁がそそり立っていた。この入江は「かつば」と言い、その入江を陸に上がると漁業組合の建物がある。さらにその奥の左手には、崖の上に鵜原館を望むことになる。岩棚の手前も絶壁である。これらの絶壁の上の丘陵は主としてマツの林である。この入江から、海に向かって、右側の小さな、巾二メートルほどの入江が、すでに説明したとおり、ごとがえりである。この岩棚の先から沖を見遣ると、ほぼ二〇〇メートル先に岩礁がある。こうめ島という。この岩礁のために、かつば、ごとがえりの入江は波がかなり穏やかである。はじめてごとがえりからかつばの入江を訪ねた時も、その後、毎日のように訪ねて、この入江で遊ぶようになってからも、いつも岩棚に五、六人から七、八人の若い男女を見かけるだけで、鵜原海岸に遊ぶ海水浴客を見ることはほとんどない。たぶん、これらの入江から海に入ると、すぐに三メートル以上の深さになるので、泳ぐことが不得手な人が一緒のばあい、これらの入江は遊ぶのに適しないのであろう。そうした事情のために、これらの入江は、まったく汚染されていないので、海はそれこそ藍よりも青い。私が、「鵜原抄1」に「岩棚の上から絶壁がそば立ち／絶壁と絶壁との間に入江はひろがる。／海は藍よりもさらに青く、／いくつかの男女の群れはあそぶ。」と第一連に書いたのはまったく写実的な記述であった。

私はこの入江と岩棚のある風景に魅せられたと言ってよい。このような場所で真夏の陽を浴び、藍よりも青い海に遊ぶことは、何か、特権を与えられたように感じた。私は「誰もこんな恍惚たる時をもつ権利がある。」とこの詩を結んだが、「権利」という法律用語を用いることに強い抵抗感を覚えていた。それでも、どうしてもこのような時間をもち、このような体験をすることは「権利」と認められてよいのだという格別の思いに捉えられていた。

私たちは最初は、鵜原館を過ぎて隧道を通り抜けるとすぐに崖を降りて、岩棚の手前に荷物を置いて根拠地にしたのだが、充分な広さもなく、足場も悪く、何よりも、日当たりが良すぎて日灼けするので、日陰になり、巨大な石がごろごろしている、ごとがえりの入江の向こう側の絶壁の陰を根拠地にすることにした。そのためには、鵜原館の前を通り過ぎて隧道を通り抜けたところでごとがえりの入江に降りずに、入江を望む崖の上の岨道《そばみち》をぐるっと一回りして、入江の反対側に降りることにした。そこにも小さな船を舫《もや》いする砂地があり、その砂地から崖に沿って岩だらけの通路があった。その通路の一角を私たちの根拠地にして荷物を置いたり、休憩したりしたのだが、その通路の先には生け簀があり、生け簀ではエビの稚魚に餌をやるために漁師が時々往来していた。この漁師と知り合って、私たちはエビ網のおじさんと呼んでいた、エビ網のおじさんにも世話になったことがあるが、このことは後に書くつもりである。

＊

私たちの小屋は翌年の夏よりは前に竣工していたので、くぐみやに民宿したのはひと夏だけである。その間、建築の進行模様を見に鵜原に出かけたことがあった。理想郷と呼ぶ岬の台地で、強い風に吹かれながら、亡妻と二人、魔法瓶の紅茶を飲んだこともあった。

ふりしきる星明りの下、
沖に鳴る潮の音と
松の梢に鳴る風の音とがまざりあう
岬にきて、私たちふたり紅茶を喫す。

と「鵜原抄3」に書いたのは、その日のかたみである。それ故くぐみやに民宿したのはひと夏だけだが、私たちはくぐみやの人々と親密なつきあいを保っていた。どういう用事があったわけではないが、お互い、気が合ったのだ、としか言いようがない。

くぐみやのおじさん、滝川武信さんについての思い出として最初に書きとめておきたいことは、彼の持ち船、八幡丸に乗せてもらったことである。ある日、ごとがえりで遊んでいると、八幡丸がごとがえりの入江に乗り込んできた。私たちの前で船を横付けにして止まって、滝川武信さん、くぐみやのおじさんが頑強な顔に微笑を浮かべて、乗んねえか、と言う。乗せてくれるの、と訊ねると、ああ、そんな気がありゃあな、と答える。そこで乗り込んだ。私のほかに誰が乗り込んだかは憶えていない。鴨川へんまで行ってみっか、と言うから、うん、いいねえ、と返事をした。八幡丸は六トン、とか七トンとか、聞いたが、鵜原漁港の標準的な大きさの漁船である。船長は三〇メートルほど、幅は五、六メートルほどだが、これでもパラオとかサイパンとかまで漁にゆくこともある、と言う。デッキで風にあたりながら、房総半島の先端を眺めて、航海を愉しんだ。視界は、房総半島の緑いっぱいの丘陵であり、丘陵を蔽う緑一色の森林であり、手前は海であった。その森林の丘陵と海との間のごくごく狭い場所に人間の営みが細々と続いていた。まさに山と海の間の限られた土地にしがみつくように、集落が点々と連なっていた。飛行機の上から房総半島を俯瞰したことはあるが、空からの眺めは、海からの眺めとはまるで違っていた。海から上総の終わり、安房の集落の連なりと、それら集落に照り付けている真夏の光を見ると、いかにも私たちの営みが憐れに、かぼそく見えるのであった。私は、その時、私の胸を溢れかえった、感慨をいまだに忘れられない。そして、この感慨の記憶はくぐみやのおじさん、滝川武信さんの記憶と分かちがたく、結びついている。

＊

私がくぐみやのおじさんについてはじめに感じたことは、じつに怠け者で、働かない人だ、ということであった。「今日も時化だア」と言って、ほとんど毎日、奥の座敷でごろごろしていた。たまにのっそり起き出すと、何をするわけでもなく、近所をのそのそ歩き廻って、一回りすると、また奥の座敷でごろごろしていた。よほど天候に恵まれた日でないと、船を出すことはなかった。そんなに怠け者に見えるのは、漁業という職業が本当に危険な職業だからであって、少しでも危険を予感すれば、船を出すことを止めて、時化だア、と言って日を過ごすのであった。だから、私の小屋が出来上がってからも、しばしば遊びに来た。私たちが八月の半ば過ぎに引き上げると、昼寝に丘の上の私の小屋に上がってくるようであった。丘の上の私の小屋は風通しがよいので、和室でごろんと横になって、潮風に吹かれながら昼寝するのが何とも心地良いのだ、と言って、じつは、無人になっている小屋を見回ってくれていたのであった。私たちがごとがえりから帰ってシャワーをあびて、夕食まで、ぐったりと、疲れ半分、くつろいでいる時分に、小屋に登ってくることがあった。「今日は、ウニ飯をご馳走してやんベエ」、と言って、手に持ってきたウニの函とアワビとを見せてくれた。まず、アワビを賽の目に切って、お米と混ぜ合わす、その上に一面に豪勢にウニをしきつめ、醤油でうすく味付けして、炊き上げた。その頃は香ばしい匂いに部屋中が包まれていた。ウニもふんだん、アワビもふんだん、物惜しみしないのが、漁師の気性のようであった。炊きあがったところで十分にかき混ぜた。食ってみな、という。私たちは、物も言わず、食いついた。素晴らしい珍味であった。野卑と言えば野卑だが、この上なく、贅沢な料理であった。うまかんベエ、とおじさんは、珍しく、歯をだすほどに口を開けて、笑って、私たちを見守っていた。

また、あるときは、なめろう、というものを作ってくれたことがある。たしか、材料はアジであった。アジを微塵に叩いて、これにシソを加え、ミソと僅かの酒で味を調えるのであった。これで握り飯を食ったら、いくらでも食えちゃうよ、と言った。漁に出た時の船の上の昼飯の握り飯のおかずのようであった。アジは鵜原では取れないから、漁に出た先で、釣ったものだろう。ただ、この料理は、アジでなくても、どんな魚でもよいのではないか、イワシでもサバでも、同じように調理できて、それはそれで美味に違いない、と私は決め込んでいる。念のため、『三省堂国語辞典』を見ると、「ぶつ切りのアジやトビウオにみそやネギをまぜ、包丁でたたき、ねばりを出した料理」と定義されている。私が賞味したなめろうとは本質的に変わりない、漁師の船の上の副菜なのではないか。だから、これは、丘の上の小屋で食べるより、みはるかす大海原の中の船の上で、握り飯を頬張りながら、食べたら、さぞ美味しいだろうと想像したのだが、ついにそういう機会には恵まれなかった。

食べ物の話のついでに、エビ網のおじさんに貰ったサザエの思い出を書いておきたい。エビ網のおじさんは、住居はくぐみやのすぐ裏手にあったので、私たちのことは熟知していた。ごとがえりの、岩棚の対岸の崖の下の巨大な石がごろごろしている、私たちの根拠地は、じつは通路の一角で、その通路をずっと進むと、彼の生け簀があり、彼はこの生け簀でイセエビの稚魚を養殖していた。そのために、彼は未明に船を出して稚魚を採り、これを生け簀に入れ、昼間、生け簀に何遍か、餌をやりに通うのであった。そのため、私たちが根拠地と称して、いろいろの荷物を置き、海から上がると、麦藁帽をかぶり、肌が日灼けするのを防ぐためにシャツをきたり、タオルにくるまったりして、休んでいることは、彼の商売を邪魔していることなのだが、彼が嫌な顔ひとつ見せたことはなかった。そういえば、ごとがえりから、対岸へ泳ぐことも、こうめ島に泳ぐことも、かつば漁港への漁船の往来の邪魔になるので、本来は、遊泳禁止なのだが、私たちはそんな決まりを無視し、誰もが大目に見てくれていたようである。さて、ある年、えび網のおじさんが、これ、やるよ、と言って、ポンとサザエを小さなバケツ一杯、四、五〇個、私たちの前に放り投げて、生け簀の方に消えていった。確かに彼は私たちに呉れたのであった。何故、そんな好意を示してくれたのか、分からない。考えられることは、私たちがぐぐみやの客であり、ぐぐみやと懇意な間柄である、ということしかない。そう思えば、此処でこのサザエの思い出を書くのもしごく当然かもしれない。ともかく、四、五〇個のサザエは私たち、五、六人では食べきれない。私たちは入江の奥に打ち上げられている流木の乾いているのを拾い集め、捨てられていた新聞紙のようなものに火をつけて、焚き火を作り、周りにいた海水浴客の数人にも声をかけて、どうです、サザエを召し上がりませんか、と誘った。私たちの記憶では、サザエはただつぼ焼きしただけではなく、醤油か塩で味付けしていたのだが、私たちには醤油や塩の持ち合わせはなかった。だから、誘ったときに、醤油か塩をお持ちなら、という条件をつけたのかもしれない。いずれにしても、海辺の野外で、サザエのつぼ焼きを自分たちで調理し、腹いっぱい、嫌と言うほどに食べた満足感は名状しがたいものがあった。野性味たっぷり、分量もたっぷり、見知らぬ人たちにまで振舞ったのだから、エビ網のおじさんの厚意とはいえ、生涯、忘れられない出来事であった。

ここで食べ物について締めくくっておくと、漁師は、いつも時化だアと言っては、家でごろごろしているのだが、無類に気前の良い人たちである。これは私の想像だが、たとえば、稲作農家は、苗代から始まって、田植、田の草取り、稲刈りによって収穫するまでに、莫大な労力を払っているが、漁師のばあいは、網を仕掛ければ、おのずから、魚が網にかかってくる。サザエやアワビであれば、潜れば、海の底で、獲物が待っているのをつまんで来るだけ、だから、農民と比べ、収穫物に対する執着がよほど乏しいのではないか。だから、気前がよいのではないか、と私は考えている。ところが、長男の時夫さんの連れ合いであった、そよ子さんは、気前のいいのは、お姑さん、つまり、ぐぐみやのおばさんの方だと言っていた。おばさんは一日中、洗濯、掃除、炊事、料理、交際などに忙しく働いているので、おばさんから直接に気前の良いことにあずかったことは記憶していないが、お嫁さんとして、苦労したに違いない人の言うことだから、間違いあるまい。私たちは気前のいい、くぐみやのご夫婦のお陰で、鵜原の夏を快適に過ごすことができたのであった。

＊

ところが、私たちが鵜原で夏を過ごし始めてから、一〇年ほど経ったとき、くぐみやのおじさん、滝川武信さんが脳内出血で突然、半身不随になった。彼のリハビリはすさまじいものであった。傍目にも痛々しかった。浜の西の端から東の端まで、ほぼ一キロ近い。砂地だから、ひどく歩きにくいのだが、これを朝晩、二度、不自由になった足を引きずりながら往復するのであった。しかし、彼が漁師として復活することはできなかった。八幡丸は売り払ったようである。それまで、おじさんと長男の時夫さん、それに私が名前を知らない次男、この兄弟は、義理の息子であり、見方によれば、甥にあたるわけだが、彼ら兄弟も失職した。鵜原で漁師の手伝いをすれば、いくらも職はあったと思うのだが、時夫さんは鵜原の商店街にスーパーマーケットを開いた。このこととくぐみやのおじさんが再起不能になったことは関係があるように思われる。時夫さんにはそよ子さんという連れ合いがいた。東京から鵜原に遊びに来て、時夫さんと出会って、意気投合して、結婚した、という話であった。そよ子さんは名前のようにそよ風が渡るような優しい女性だったが、ひどく律儀で、礼儀正しく、明るい人格の持ち主であった。こんな人が鵜原に遊びに来て、どのように時夫さんと知り合ったのか、どうして二人が意気投合したのか、ふしぎだが、問い質したことはなかった。たぶん当時、三〇代の、前半であったと思われる。時夫さんとも私たちはそれまでほとんど交渉は無かったのだが、まことに朴直、豪快な気質だが、上総訛りが強く、計算に明るいようには見えなかった。それでも鵜原で唯一のスーパーマーケットだから、品数も多く、価格も妥当だったから、私たちは便利に思い、頻繁に買い物をしたのであった。ただ、元来は酒屋だったので、酒類が豊富だったらしいが、私は酒を嗜まないので、その分野では良い顧客にはなれなかった。

ただ、ここで海水浴客の変化に触れておく必要があるだろう。私が鵜原に小屋を建てたころが、思えば、海水浴客が最も多い時期だったかもしれない。その頃は、「浜」の海に面した砂地にはいっぱいにパラソルが立ち並び、その合間ではマージャンの卓を囲む若者たちもいた。通り抜けにも気を遣うほどの混雑であった。葦簀《よしず》張りの茶店が一〇軒ほども並び、カレーライス、ラーメン、かき氷などを売り、シャワーを客に提供していた。しだいに海水浴客が減っていったのは、海で泳ぎ、海で遊ぶよりも、プールで遊ぶことの方が好まれるようになったからではないか。海水につかり、潮風にあたるよりも、プールサイドで時間を潰す方がよほど手軽だし、体についた塩気を落とす手間も省けるわけである。何よりも、海辺で遊ぶよりもプールサイドで遊ぶ方が時代に合っている、という流行に人々は支配されがちなのである。考えてみると、泳ぐことに執着していた私たちは例外であって、大方の人は、砂浜で寝転がって、肌を灼くのに執心していたのであった。それは海に遊びに行ったことの証明のために過ぎない。それはともかく、海水浴が流行遅れになると、葦簀張りの茶屋も、一〇軒が八軒になり、五軒になり、人出が年々減って行った。

鵜原の住民を相手の商売なら、時夫さんのスーパーマーケットは初めから成り立つはずはない。それほど人口が存在しないのである。

そこで、夏場だけの海水浴客を相手にするといっても、わずか一月足らず、その海水浴客が年々減り出した時期に開店したのだから、経営が苦しいことは目に見えていたが、私たちが格別心配したわけではない。

そよ子さんが店でこまごまと甲斐甲斐しく立ち働き、客の相手をし、レジを打ち、時夫さんは仕入れと配達などを担当していたようであった。だが、始終、金繰りに困っているように見えた。いったい、開店するのに、時夫さんは資金をどう工面したのだろう。漁師のつねとして、時夫さんも貯金に精出していたとは信じられない。たぶん、借金で店を始めたのだろう。その利息の支払いにも追われていたに違いない。その間に怪しげな商法にひっかかって、二、三度、法律的な紛争になったこともあった。私は、見かねて、事務所の田中伸一郎弁護士にこれらの紛争を始末してもらった。

そんな状態で何年か経ったころ、そよ子さんが急逝した。時夫さんとしては、片腕どころか、両腕、もがれたも同然であった。その後一、二年で、時夫さんは自己破産した。

この自己破産で私が学んだことは、時夫さんは、自己破産によって債権者に迷惑をかけたことを別にすれば、一向に、苦にした様子は見えなかった。それと言うのは、時夫さんの漁師としての漁業権は彼に一身専属的なもので、財産権として処分できるものではないから、時夫さんはそれまでと同様、潜りをして、アワビやサザエを採ったり、知人の船に乗って、漁の手伝いをして、生活費を稼ぐことは自由にできたのであった。

時期は確かではないが、この時夫さんの自己破産より前に、くぐみや、滝川武信さんは亡くなっていた。引き続き、おばさんも亡くなった。

自己破産の後も、時夫さんの気前の良さは、やはり、滝川一族の気質か、房総の漁師の気質か、知れないが、変わりなかった。時に、ポンとキンメダイの六、七〇センチもあるのを送ってくれたりしたのであった。自己破産した人からの贈り物は、何か、後ろめたい思いがしたが、私たちが賞味するのを妨げるほどではなかった。

＊

くぐみや、滝川武信さんとおばさんとの子息である、由信さんは、高校を卒業すると、漁業組合に勤めた。まだ小学生か中学生だったころ、彼が泳ぐのを見たことがあるが、まるでイルカでも泳ぐように滑らかに、しかも、速く泳ぐのに驚嘆したことがあった。生まれついて海に親しんでいた彼には、そんなに泳ぎが達者であることは、何の自慢にもならなかったようである。真面目な勤め人として漁業組合に勤めていたが、三〇歳を越えてから、一回りも若い、一七、八歳の娘さんと結婚した。朗らかで健康そうな女性であった。おばさんとは気が合ったらしく、嫁姑の間はしごく円満であった。

ある年から灯篭流しが鵜原の「浜」で催されることになった。これは海水浴客の減少に対する対策に違いなかった。この灯篭流しについては、一九九一年九月一三日付『朝日新聞』夕刊に寄稿した「去りゆく夏に」という随筆の中で、次のように記述している。

「今年はたまたま灯篭流しを見物した。私たちが遊んでいる磯の西に、理想郷とよばれるちいさな岬を隔てて、遠浅の砂浜があり海水浴場になっている。漁業組合に勤める知り合いにたのみこんで船に乗せてもらうことになった。日がとっぷりと暮れるころ、船は岬を迂回して海水浴場の沖合にでてエンジンを停止した。五艘が横に並び、一艘につき四十個ほど、あわせて二百個ほどの灯篭を次々に海に流していった。暗い波間に光の束をつらぬいたように灯篭が漂っていた。幻のような光景であった。元来宗教的な行事のはずだが、いまでは海水浴客のための催しになっているらしい。しかし見物している海水浴客は疎らである。」

この随筆には書かなかったが、私たちは船の上から灯篭を流すと、港に帰る船で港に戻り、急いで海水浴場へ出かけた。こんどは「浜」に向かって、浮きつ沈みつ、しながら、しだいに潮にのって近づいてくる、四百個ほどの灯篭の灯りが流れて来るのを見つめていた。これも幻のように美しかった。しかし、この催しも海水浴客を呼び寄せるほどの魅力にはならなかったようである。船の手配をしてくれたのは、言うまでもなく、漁業組合に勤めていた、滝川由信さんであった。

＊

私たちは相変わらずごとがえりの遊泳を愉しんでいた。小屋を出ると、まず森商店という店でパンを買い、マヨネーズを買い、洋辛子を買い、コーンビーフ、牛肉の大和煮、マグロの味付けフレークなどの缶詰を買った。これが私たちの昼飯であった。バターの代わりにマヨネーズをパンに塗り、これに各人の好みで、マグロの味付けフレークなどを載せ、即席のサンドイッチに仕立てたのであった。これはたしか伊庭文子夫人の創案であった。握り飯などをこしらえる手間を思うと、何の手間もかからない、簡易で、しかも、海辺の岩場では、こよなく美味しい昼食であった。

私は、ごとがえりの先端から、まず、対岸の岸壁まで、ほぼ五〇メートルほどを往復し、一日に一度はこうめ島に往復するのが、目標であった。私は泳ぎが下手なので、いつも発泡スチロールの浮き板を持っていた。ふしぎなことに、浮き板を持って、足だけバタバタさせている方が、浮き板を離して、手足を使って泳ぐより、早かった。私の手は、泳ぐときには、進むのを妨げる働きしかしないようであった。亡妻は泳ぐのが好きでもあり、達者だった。元気いっぱいだったころは、嵐の中、一、二メートルの高波と戯れるように、泳いだこともあった。私がこうめ島へ泳ぐときは、おおむね、亡妻が浮き板を持って、付き添ってくれた。私は、寄せては返す波に揉まれながら、右に、左に、流されながら進むので、亡妻は、脇で、鼻歌まじりで、私を追い越しては引き返し、といったことを繰り返し、あなたの付き添いで泳ぐと、ゆうにこうめ島へ、二、三回泳いだことになる、と苦情を言ったものであった。それでも、私に万一のことがあることを心配して、こうめ島へ行くと言うと、必ず、付き添ってくれたのである。

しかし、一九九九年の夏を過ごしたのが、鵜原の最後になったのだが、この夏は、亡妻は一度も泳がなかった。後日になって思えば、もう体調がすぐれなかったのかも知れないのだが、私はまるで気に留めなかった。

*

亡妻は二〇〇〇年の一月八日に亡くなった。体調が悪いからと言って医師の診察を受け、即時に入院を勧められたが、たまたま私が京都に旅行していたので、帰りを待って、翌日、入院、それからほぼ一月後に他界した。彼女はカトリックだったから、その表現では、帰天した、という。病名間質性肺炎という。亡妻はこの発病以前から体調を崩していたらしい。それは前年の夏、鵜原で海に入らなかったことからも察することができたはずだが、私はまったく気にしていなかった。ふだん亡妻がごく元気にふるまっていたからである。あるいは原爆症が遠因だったのかも知れない。彼女は広島に原爆が投下されたとき、勤労動員されて福屋デパートに勤務していた。福屋デパートは爆心地から二百メートルほどだが、柱の陰にいたので、かすり傷だけで無事であった。しかし、その後、廃墟となった広島市街を横切り、その夜は広島市街地の東の端の練兵場で夜明かしし、翌朝、また、広島の市街地を通り抜けて、父母が疎開していた廿日市に帰った。それ故、放射能を充分にあびていたものと考えられるのである。ただ、亡妻は原爆体験を話すことを極度に嫌っていたので、そのような懸念を口にすることもなかった。しかし、早すぎる彼女の死を思うと、そうした原爆症による死去ということも考えられる、という思いを捨てられない。

さて、亡妻のいない夏を鵜原で過ごすことは考えられなかった。私は滝川時夫夫人のそよ子さんにお願いして、小屋の保守・管理をしてくれる会社を紹介してもらい、保守・管理を依頼したのだが、その手続きはすべてそよ子さんが処理してくれたのであった。

それから、一〇年以上経ったころ、由信さんから電話があり、管理会社が、小屋はもう老朽化して保守・管理するのも難しい、ということであった。彼はすでに漁業組合を定年退職し、漁師の手伝いなどをして暮らしている。もう孫も二、三人いるということであった。思い切って、小屋を取り壊すことにして、手配をやはり由信さんに頼んだ。彼はこころよく引き受けて、万般の手配をしてくれた。建物撤去の登記も済ませ、一九六六年以来三十余年の夏の日々を過ごした、亡妻をはじめ、私の家族、友人、知己たちとの交友の思い出でいっぱいの小屋もなくなったわけである。

それでも、いまだに滝川時夫さん、由信さんとの交際は続いている。私の娘たちは由信さんは幼さ馴染みのように懐かしく感じているらしい。私がもっと若ければ、ごとがえりに近い場所に小屋を持ちたいと思うが、夢のまた夢で、実現することはあり得ない。それでも、しばしばそんな夢想に耽っては、鵜原の海を、そしてくぐみやの人々を思い起こすのである。また、時夫さんから、前触れもなしに、ドンと、アワビやキンメダイが届いても驚かないだろう。

大野晋・小山弘志

大野晋さんと小山弘志さんという畏敬するお二人の先輩について回想したい。大野と小山という苗字だけをみてもふしぎなほど対蹠的だが、じっさい、人柄としてもまことに対蹠的なお二人であった。

お二人に初めてお目にかかったのは昭和一九（一九四四）年四月であった。私はこの年、旧制一高に入学した。たびたびこれまで書いてきたことだが、一高では原則として生徒全員が寄宿寮で生活することになっていた。端艇部などの運動部系の部活動をしているサークルがそれぞれの部屋をもち、これらとは別に、文化系統の部活動をしているサークルもそれぞれの部屋をもち、その他、いかなるサークルにも属しない人々の生活する一般部屋などもあった。私は国文学会という文化サークルに入ることにしたので、国文学会が占めていた明寮十六番という部屋で寝起きすることになった。同じ部屋で、同級の中野徹雄、大西守彦、橋本和雄らと暮らすことになり、同じ部屋には、二年上級の、後にいいだももという名で知られることになった飯田桃、それに後年、結社に属しない歌人としてかなりの評価をうけた太田一郎らが、また、一年上級の簗島裕、今道友信、木村正中らが暮らしていた。簗島は東大教授として国語学を講じ、今道も同じく東大教授として美学を講じ、木村は学習院大学教授として王朝文学の権威として後日、知られることになった。これらの人々と文字どおり寝食を共にすることになったのだが、入学後間もなく、萬葉集と花伝書の輪講が始まった。萬葉集は大野晋さんが、花伝書は小山弘志さんが指導してくださった。また、萬葉集の輪講には中村眞一郎さんも講師に準じるような立場で加わっていた。

その当時は、大野さんも小山さんも新進気鋭の学者のようにお見受けしたし、そんな雰囲気をお持ちだったのだが、いま調べてみると、その前年、昭和一八（一九四三）年九月に東京大学文学部国語国文学科を卒業なさったばかりで、まだ大学院生におなりになって間もないころであった。中村眞一郎さんは、お二人より二年余り早く、昭和一六（一九四一）年三月に東大文学部フランス文学科を卒業なさっていたが、格別の職業、教職におつきになっているようには見えなかった。ちなみに、中村眞一郎さんは国文学会という文化サークルの創立メンバーのお一人であった。いうまでもなく、この昭和一九年四月ころの時点では、中村眞一郎さんをふくめ、お三方とも社会的にはまったく知られていなかった。

この輪講については拙著『私の昭和史』で書いたことがあるので、以下に同書の記述を参照しながら、回想することにする。テキストはいずれも岩波文庫で、萬葉集は佐佐木信綱校訂版、花伝書は野上豊一郎校訂版であった。輪講といってもこれらお三方の講義のようなものだったと私は記憶していたのだが、お二人が先輩として司会し、指導したとはいえ、文字どおり参加者が順番に発言して勉強の結果を報告し、その報告に基づいて全員で討議する、といったかたちの勉強会であったらしい。萬葉集の輪講では、大野さんにお確かめしたところによると、私たちに指名して報告させたということであった。また、この輪講は萬葉集の第二巻から始まったのだが、何故第二巻から始まったか、大野さんにお聞きしたところ、大野さんが、学習院大学の同僚であり、国文学会に属してはいなかったが、この輪講に参加なさっていた、英文学者、児玉久雄教授に訊ねてくださった。児玉教授の記憶によると、前年から萬葉集の輪講が始まっていたので、この年には第二巻から読み始めた、ということである。そこで、大野さんの萬葉集の輪講について初めに記すこととする。ただし、この輪講の関連では、私の私的な回想に多くの筆をさくことになるので、あらかじめご容赦いただきたい。

萬葉集の第二巻から輪講が始まったということは、次の四首の解釈から始まったということのはずである（表記は岩波書店刊『日本古典文学大系』版による）。

君が行き日《け》長くなりぬ山たづね迎へか行かむ待ちにか待たむ
かくばかり戀ひつつあらずは高山の磐根《いはね》し枕《ま》きて死なましものを
ありつつも君をば待たむ打ち靡《なび》くわが黒髪に霜の置くまでに
秋の田の穂の上《へ》に霧《き》らふ朝霞《あさかすみ》何處邊《いづへ》の方《かた》にわが戀ひ止まむ

これらの四首を私は中学時代に知り、ことに第四首の「秋の田の」の歌を中学時代から愛誦していた。萬葉集をきちんと読んでいたわけではないし、注釈書を繙いていたわけでもない。何か、古典の入門書のような本で読んだのではないか、と思うのだが、この入門書が誰の著書であったか、どうしても思いだすことができない。このことにこだわるのは、『私の昭和史』に、私が指名されて何か答えたことがある、と児玉さんが言っておいでになった、と書いているからである。『私の昭和史』では、どうせろくに調べもせずにいい加減なことを喋ったに違いない、と私は書き、私は児玉さんと面識がないので、そういうことを記憶している方が、私の交際圏外においでになると思うと、羞恥に顔があからむばかりである、と書いている。じっさい、そのとおりなのだが、私は第四首についてかねてから疑問に感じていたことを発言したのかもしれない。児玉さんが、私が何か答えた、と憶えておいでになるのは、私の答えが何かしら意味のある発言であったためではないか、と私は考えたいのである。

その前に、大野さんの講義について言えば、上記の『日本古典文学大系』の『萬葉集』の校注は高木市之助、五味智英、大野さんの三人がなさったと記されているが、じっさいは、五味先生と大野さんとの協議による、お二人の共同著作と見るべきもののようである。五味先生は当時東京大学助教授であったとされているが、私が一高在学中は一高の教授で、私たちに萬葉集を講義してくださった。五味先生が柿本人麻呂の「石見相聞歌」を朗々と朗読してくださったことを私は忘れられないのだが、私的にも私は五味先生に非常にお世話になり、ご面倒をおかけした記憶がある。この『日本古典文学大系』版の『萬葉集』の校注を読んだときに、私は、国文学会の輪講で大野さんから教えられたことを、あらためて活字で読むように感じた憶えがある。上記の四首の第二首「かくばかり」の歌の「戀ひつつあらずは」は「戀い慕っていずに」の意、ズは連用形、ハは係助詞と頭注に記されており、補注に「ずは」を「ないならば」と解すると、この歌は解釈できない。本居宣長は「このズハは…ンヨリハと解した」が、そう解すると、すべての「ずは」は用法に当てはまらない。橋本進吉博士がこの「ハ」は軽く添えただけの係助詞と解した、と書かれている。また、第四首の「秋の田の」の歌の「霧らふ」について、これは「動詞キル(霧る)に反復・継続を表わすフという接尾語がついた動詞」と説明している。私は、この言葉は、霧が立ちこめる、といったような意味の言葉だろうと漠然と考えていたので、このように一語一語、一文字一文字、厳密に検討しながら解釈していく、大野さんの講義にまったく圧倒される思いがしたのであった。大野さんの発言は歯切れがよく、いかにも下町の江戸っ子という感じがした。

そこで、私が指名されて何か答えたのは、たぶん、この第四首に関する問題であったろうと、私は推察しているので、先ず、『日本古典文学大系』版の示しているこの歌の大意を次に示す。

「秋の田の穂の上に立ちこめている朝霞がやがて消えて行くように、どちらの方に私の恋は消えて行くだろうか。思いは凝って、晴れることがない。」

この歌の解釈は難しいので、手元にある若干の注釈書の解釈も次に示すことにする。

「秋の田の稲穂の上にたちこめる朝霧ではないが、いつになったらこの思いは消えさることか。この霧のように胸の思いはなかなか晴れそうにもない。」

「いつへの方《かた》」はいつになったらという目処を言う。「方」は時間的な終着点を意識した表現。

（新潮社刊『新潮日本古典集成』青木生子、井手至、伊藤博、清水克彦、橋本四郎校注）

「秋の田の稲穂の上に立ちこめる朝霧ではないが、いつになったらこの思いは消え去ることか。この霧のように胸の思いはなかなか晴れそうにもない。」

（伊藤博『萬葉集釋注』）

「秋の田の稲穂の上に立ちこめる朝霧のように、一体何時になったら私の恋は止むのだろうか。」

ここは「秋の田の穂の上に霧らふ朝霞」によって恋のいぶせさが続くことを譬え、その霞が晴れ、君に会うことができて、私の恋が止むのは何時頃なのかと嘆く。「このままにあたら朦霧のよも晴れじ」（宗祇畳字百韻）の「朦霧」という漢語がほぼ該当する。「いつへのかた」の語は他に用例が見えない。「へ」も「かた」も時間の表現か。

（岩波書店刊『新日本古典文学大系』佐竹昭広、山田英雄、工藤力男、大谷雅夫、山崎福之校注）

「秋の田の　稲穂の上にかかっている　朝霧のように　いつになったら　わたしの恋は晴れるだろうか。」

霧らふ―四段動詞キルの継続態。朝霞―朝霧。キリとカスミとは必ずしも区別がない。ときには春霞にもキリといい、秋霧をもカスミといった。晴れぬ思いのうっとうしさを霧の晴れやらぬさまにたとえていう。いつへの方に―イツへは、イツに、～ごろの意の接尾語へがついた形。カタは方向を表わす。いつどちらにという時間性と空間性とが重ね合わされている。

（小学館刊『日本古典文学全集』小島憲之、木下正俊、佐竹昭広校注）

このように「いつへの方」について解釈が分かれている。『日本古典文学大系』版では「方」を方角としているのに対し、他の注釈では、時間的に、いつ、の意味としたり、時間的、空間的を兼ねていると解したりしている。私はこれらの解釈に格別の意見はない。朝霞の行方を考えれば空間的な方向となるのだろうし、意味からいえば時間的に、いつになったら、と解するのが自然のように思われ、私にはどちらが正しいかをいうほどの学識がない。

大野さんの輪講の当時に、私が困惑していたし、いまだに私が理解に苦しむのは、「わが戀止まむ」の解釈である。岩波書店刊『新日本古典文学大系』版では、霞が晴れるように、やがて恋のいぶせさが晴れ、君に会うことができて、私の恋が止むのは何時頃なのかと歎く、というのだが、いぶせさとは「うっとうしさ」という意味と思われ、この点で、小学館刊『日本古典文学全集』版の解釈と同じであり、朝霧のように立ちこめている恋がうっとうしいから晴れてほしいと望んでいるのか。『日本古典文学全集』版でも、恋が終わり、うっとうしい思いが晴れる時を願っている、という解釈のように見えるのだが、女性でも男性でも、恋している者が恋の終わることを願う、などということがありえようはずがない。そもそも恋心ないし恋情がうっとうしいと解することが間違っているのではないか。恋心、恋情はつらく、かなしく、やるせないかもしれないが、反面では、甘美な、うっとりするような情念である。うっとうしいから、霧や霞が晴れるように、恋心も早く、晴れてほしいなどと願うなどという解釈は滑稽という感がつよい。

これに反して、大野さん、五味先生の『日本古典文学大系』版の解釈は「わが戀ひ止まむ」を私の恋は止むのか、止むまい、という表現と解しているように見える。この解釈の方が、恋歌の解釈としてはよほど無理がないように見える。『新潮日本古典集成』版の解釈も、伊藤博の著書の解釈も、『日本古典文学大系』版の解釈と同じと思われる。ところが、そのように解釈すると、濛々とたちこめる霧は日が高くなれば必ず晴れるはずなのに、いつまでも晴れることなく立ちこめていることとなり、この歌の上の句の比喩が下の句ではまるで生きていないこととなる。逆に言えば、『新日本古典文学大系』『日本古典文学全集』の解釈は上の句と下の句との対応がよくとれているのだが、歌の意味からは無理であり、『日本古典文学大系』『新潮日本古典集成』の解釈は意味としては無理がないが、上の句の比喩が下の句で生かされていないという難があるように見えるのである。

このように、この歌において上の句と下の句との対応が解釈しにくいということは、私が中学生のころから感じてきていたことであった。それ故、大野さんから指名されて、私が何か、意味のあることを言ったのだとすれば、そんな疑問であったのではないかと、思われるのである。

私は『私の昭和史』に昭和一九（一九四四）年の五月の末ころから七月末ころまで、いいだももと二人で、『若山牧水歌集』『与謝野晶子歌集』など、岩波文庫の歌集の読書会を催したことを書いた。毎回一〇ページか二〇ページを各自が読み、良いとおもった歌に印をつけ、たがいに印をつけた歌を照合する。二人ともが印をつけた歌については格別の話をしないが、印がくいちがったときは、何故良いと思ったか、何故印をつけなかったかを、相手に説明する、という約束であった。この読書会によって、私は「詩」というものの核心をほぼ理解したように感じたのであった。これは私の生涯における「詩」との出会いのもっとも重要な機会であった。いいだも、あれはためになった、と後日、話している。いいだが一八歳、私が一七歳のときの読書会の体験だから、あまり拘泥すべきではないかもしれない。ただ、いいだが私を指名して二人だけの読書会を催すことを提案したのは何故なのか、いいだは憶えていない。何故、いいだの同級生で、しかも当時から短歌を作っていた太田一郎ではなかったのか、何故、二年生の今道友信などでなかったのか、何故私の同級生の中野徹雄、大西守彦でなかったのか。この読書会がいわば私の文学的な出発期に、いいだに私が、師事といわないまでも、兄事した契機となったのだから、私は重大な関心を持っている。

そこで、大野さんの萬葉集の輪講に戻るのだが、このとき、大野さんに指名されて私が答えたことが、ここに記したような疑問であったとすれば、いいだが読書会の相手として私を選んだ理由になるのではないか。そういう意味で、この輪講は私の生涯に決定的な意味を持ったと言ってよい、と思われるのである。大野さんを回想する文章の途中で脇道に逸れてしまったが、寛恕を願うより他ない。

＊

さて、大野さんに戻ると、大野さんについては川村二郎という方がお書きになった『孤高　国語学者大野晋の生涯』と題する伝記が刊行されている（以下では、たんに『孤高』または大野さんの伝記『孤高』という）。著者は『週刊朝日』の編集長をなさった方だそうである。私が面識のあったドイツ文学者で文芸評論家とは同名異人のようである。大野さんと一高国文学会についてどのような記述があるかを見ると、「大野は超低空飛行ながら二年生になると、日本の古典文学に関心を持つ集まり、「国文学会」の委員を引き受け、会の運営に当たることになった。委員は同級では他に、直木孝次郎と小山弘志がいた。直木は後に一高から京大史学科に進み、上代史の専門家になる。小山は大野と同じく東大国文学科に進んで狂言を専攻し、「国文学研究資料館」の館長を務めることになる。「国文学会」の三年先輩には、東大仏文科を卒業して小説家になる中村真一郎がいた。一年上には一高から東大医学部に進み、パリに留学する加藤周一がいた。加藤は敗戦後の日本に西欧文化を移入し、「知の巨人」と呼ばれることになる人物である。「国文学会」は、国文学を学ぶための今でいうサークルである。大野は直木と語らい、講師を招いて万葉集の勉強会を開くことにした。」

この記述は著者が大野さんから聞き書きした部分が多いようであり、大野さんの話を正確に理解しなかったための間違いも多いように見える。一高国文学会には「委員」と言われるような者はいなかった。たぶん、大野さんは二年生になって、はじめて国文学会に属することになったのであろう。また、中村眞一郎が三年上級というのは、大野さん、小山さんが昭和一六（一九四一）年の卒業であり、中村さんが昭和一三（一九三八）年三月、一高卒業だから、正しいけれども、加藤さんは昭和一四（一九三九）年の卒業だから、一年上級は間違い、二年上級である。これは大野さんの記憶違いか、著者の聞き違えか、どちらかであろう。なお、大野さんは一九一九年八月生まれ、小山さんは一九二一年一月生まれで、お二人の間には一学年の違いがあるが、一高には同年同月に入学なさっているから、大野さんが中学卒業後一年浪人して、遅れて入学したので、お二人は同学年になったに違いない。これに対して、加藤さんは一九一九年九月生まれだから、大野さんと同学年のはずだが、たぶん中学四年修了で一高に入学したので、大野、小山のお二人よりは二年も早く入学、卒業したのであろう。なお、中村眞一郎さんは一九一八年三月生まれである。それ故、これらの方々はひどく年齢差が近かったので、後年になっても、たがいが同輩のような付き合い方をなさっていたのだと思われる。私が一高に入学して、国文学会に属して同じ部屋で寝起きすることになったとき、上級生から、この部屋では、上級生も呼び捨てにし、「さん」付けでは呼ばない、と言われ、以後、飯田、太田、今道、築島などと呼び捨てにして暮らしてきた。同じように、大野さんも小山さんも、加藤さんや中村眞一郎さんを加藤、中村と呼び捨てにしていたのであった。私の世代になると、年齢差が相当にあるので、さすがに、眞一郎さん、加藤さん、小山さん、大野さんと「さん」付けで呼び、呼び捨てにしたことはない。

国文学会が「日本の古典文学に関心を持つ集まり」というのもどうか。国文学会と歌舞伎座との関係について、『孤高』に、陸上運動部などには運営費が学校から支給されるのに国文学会には運営費が支給されないので、一高の先輩である、松竹の城戸四郎に頼みこんで、歌舞伎座の支配人とかけあい、毎月、歌舞伎座の三等席の切符の通常の価格が二円四〇銭のところ、半額の一円二〇銭で二〇枚ずつ売ってもらい、寮生には一円八〇銭で売り、差額六〇銭の二〇枚で、計一二円を国文学会の運営費に充てた、という挿話を載せている。私の記憶では、私の入学したころにはこのような切符の仲介はしていなかったが、同じ部屋には、歌舞伎や能や文楽が好きな人が多かった。必ずしも古典に関心を持つ集まりとはいえなかったように憶えているのである。それはともかくとして、この歌舞伎座の切符の仲介が大野さんの努力で始まったということを、わたしは『孤高』によって知ったのであった。

この伝統によって、国文学会の上級生には歌舞伎が好きな人が多かったので、私も誘われてほとんど毎月、歌舞伎を観にいった。おかげで、私は一五世市村羽左衛門、六代目尾上菊五郎、初代中村吉右衛門の舞台を見ている。ことに羽左衛門の口跡は忘れがたいし、その容貌もまざまざと憶えている。昭和一九（一九四四）年にはまだ歌舞伎は公演されていたのである。しかし、歌舞伎座ではなく、当時、東京劇場と言った名称の築地に在った劇場のはずである。文楽は毎年一月、大阪から上京、公演する慣行だったようだが、昭和一九年には東京における公演は行われなかったのではないか。しかし、国文学会が占めていた明寮十六番の部屋では三宅周太郎著『文楽の研究』、『続 文楽の研究』が必須の著書のように扱われていたので、私も驥尾《きび》にふして、これらを読みふけっていた。これらの著書は当時、創元社から創元選書として刊行されていたが、戦後、岩波文庫に収められた名著であった。この年の夏、いいだと二人で旅行し、四ツ橋の文楽座で文楽を見たことは別に再三、記してきたとおりである。また、浅草の吾妻橋に近い東橋亭という寄席にほとんど毎週のように通って、女義太夫による浄瑠璃を聴き、たぶん乙女文楽と言ったのではないか、と思われる、一人遣いの人形浄瑠璃を見たことも、かねて書いてきたとおりである。

どういうわけか、私は終戦以前に、能・狂言を見ていない。上演されていたのかもしれないが、たまたま何処で、どの流派の方が、何を演じるか、耳にしなかったのかもしれない。しかし、能・狂言が好きな上級生も多かったのだから、私が何故能・狂言を見る機会を持たなかったのか、ふしぎといえば、ふしぎである。

＊

ところで、小山さんの花伝書の輪講は、小山さんが諄々と説き聞かせる、といったもので、大野さんの萬葉集ほどに、私には刺激的ではなかった。大野さんの口調は歯切れがよかったが、小山さんは同じ東京生まれでも山の手の育ちで、おだやかでご自身が納得するまでお話しなされば、それでよしとなさっていたようであった。たしか、その余談としてお聞きしたのだと思うのだが、小山さんは能・狂言を専攻するつもりで大学院に残ったにもかかわらず、東大国文学科には能・狂言について指導してくださる教授がおいでにならないので、先学の教えを乞いたいと思うと、文理科大学に能勢朝次先生をお訪ねして質問するのだ、ということであった。つまり、王朝文学の専門家も、江戸文学の専門家も、能・狂言は手がけておいでにならない、ということであった。そうお聞きしたことから、私は、東大文学部国文学科の講座の在り方につよい疑問をもったのであった。このことはまた、日本文学の通史は加藤周一さんとドナルド・キーンさんのお二人が書いているだけで、古事記、萬葉集から西鶴、近松まで、あるいは川端、谷崎までを説いた日本文学通史をお書きになった国文学者はお一人もおいでにならないという奇妙な現象とも通じている。このことはまた後にふれるつもりである。

なお、小山さんの輪講によって、私は花伝書をかいまみたにとどまり、何も学ぶことはなかったが、輪講の冒頭で、自己紹介する機会があり、都立五中の卒業と言うと、それなら僕の後輩だ、と小山さんがおっしゃった。お聞きすると、小山さんは一九三八（昭和一三）年の三月に当時の東京府立五中を卒業し、一高に入学している。そういう関係もあり、穏やかな人柄にも感銘をうけ、私は小山さんに非常に好感を持ち、親近感を持ったのであった。どちらかといえば、大野さんには、その学識に敬服したけれども、自信満々、断定的な物言いに多少、反発し、比較的にいって、小山さんに対するほどに、親しみを覚えなかった。中村眞一郎さんには、東西にわたる該博な学識と雄弁にただ瞠目するばかりであった。

それはともかく、これらの輪講は一、二か月しか続かなかった。その理由は憶えていない。

＊

その後、私が大野さんと接触する機会は途絶えていた。小山さんとは何年かに一度、国文学会に所属した人々の同窓会のような集まりがあり、そのような機会にお目にかかったが、親しくお話ししたわけではなかった。そういう集まりには中村眞一郎さん以下の怖い方々がお揃いだったので、気軽に相手ができる同学年あるいは一、二年上級だった仲間とだけうちとけた話しあいの場をもっていたのであった。それでも、小山さんは、小山さんの側から私たちに話しかけてくださったので、多少は話を伺うこともできた。そこで、お能や狂言についての小山さんの造詣の一端にふれることもできたので、私はいつも小山さんに親近感と敬意を持ち続けていた。大野さんも国文学会で暮らしていたのだから、声がかけられたはずだが、参加なさることはなかったように憶えている。たとえば、宗左近という筆名で後に詩人として知られることになった古賀照一さんも私たちよりも三年か四年、上級の国文学会の会員であったが、そういう席に顔を出すことはなかった。そのたぐいの同窓の会合では懐旧談に耽ることになりがちだから、むしろそのような会合を嫌う人も少なくない。そんな方々の気持ちも理解できないわけではない。

しかし、大野さんが岩波新書で『日本語の起源』をお出しになった時はすぐに買い求めて愛読した。これは一九五七年に刊行された著書であった。大野さんは、後にこの本を旧版とし、同じ題で新版をお出しになっている。これはいわゆる啓蒙書であって、大野さんの学術的著述ではないが、じつに平明で理路整然とした著書であり、啓蒙書の著者としての大野さんの面目を充分に示す名著であったと私は記憶している。その後も大野さんは岩波新書をはじめ、いろいろな出版社の新書や文庫に多くの啓蒙書を出版なさっているが、これは出版社の要請によるには違いないのだが、反面、大野さんには無知の人々の蒙を啓きたい情熱がおありになったのではないか、と私は考えている。このような啓蒙書に比べ、一九五七年から一九六三年にかけて、高木市之助、五味智英両先生と共著で岩波書店から出版なさった『日本古典文学大系』の『萬葉集』第一巻ないし第四巻は学術的著書として、大野さんの業績の一となっているに違いないし、同じ『日本古典文学大系』の『日本書紀』上下巻も同様に違いない。大野さんは啓蒙的精神に富んでいたが、そうじて執筆活動に精力的に取り組むのがお好きであったと思われる。それにしても、この『日本古典文学大系』の『萬葉集』第一巻の初版初刷は一万五千部で、発売初日に二万五千部の注文があった、と大野さんの伝記『孤高』に記載されているのには茫然とした。岩波書店の信用、販売力を考慮しても、なお、活字文化が文化の中心であった、良き時代であったという感がふかい。大野さんはそういう時代に恵まれた人でもあった。ついでに、ここで書いておくことにすれば、私の座右の書の一つである『岩波古語辞典』は共著であるが、大野さんの学問的業績として後世に残るものと私は考えている。

＊

大野さんと比べ、小山さんは極端に著書の少ない方であった。いうまでもなく、新書版や文庫版の啓蒙書は一冊もお書きになっていない。大野さんの伝記『孤高』に、小山さんは「狂言」を専攻したとあるのは、間違いで、能・狂言を専攻したとか、能と狂言を合わせた能楽を専攻した、というべきであろう。これも大野さんから聞き間違えたものと思われるが、筆者の素養を疑われるような間違いといってよい。小山さんはその専攻なさった能楽に関する学術的著書を一冊も刊行なさっていない。学術的論文は執筆、公表なさったことはあるに違いない。そうでなければ、学者として認められることはあり得ないはずである。しかし、巷間、世人に流布されるようなかたちで論文の類を出版なさらなかった。少なくともそういう刊行物を私は目にとめたことがない。能楽が通常の読書人には縁遠いからかもしれないが、小山さんは著書、著述に情熱をお持ちでなかったように見える。むしろ、ご自身、能楽がお好きでたまらない、そのための研究をなさっても、その成果を他人に示すことにはまるで関心がおありでなかった。啓蒙書を多く刊行して世上、名を広く知られ、著名になることをむしろ嫌っておいでになったように見える。私には小山さんという人格はじつに稀有という感がふかい。

だからと言って、小山さんは筆が立たない方ではなかった。むしろその文章は明晰、簡潔であった。小山さんが「宝生新五十回忌追善能」（平成五年六月二六日、於国立能楽堂）のパンフレットに「宝生新さんの思い出など」という文章をお寄せになっているのを拝見したことがある。その冒頭の二節だけを次に紹介する。

宝生新五十回忌追善能の案内をもらって、五十年以前に思いを馳せた。仕合せにも私は新さんの舞台を見ている。そのことをいささか誇らしげに閑さんに伝えたところ、何か書くようにとのことである。その場の成行きでつい引受けてしまった。

新さんの舞台に私が接し得たのは数年間に過ぎない。しかもそれは、能を見始めたばかり、夢中になって各流の舞台を見歩いていた頃であった。したがって、新さんの舞台を見たといっても、はっきり覚えているのは、脇座にじっとすわっている姿を脇正面席から眺めていた、というだけのことである。ただし、その姿は長く脳裏に残り、後年、ワキはただすわっているのではなく、なにもしないという芸をそこで演じているのだ、と考えるようになった際の、大きな支えになっている。

これはまことに滋味ふかく、能を演じることの神髄を知るものでなくては語り得ない感想であり、その感想を的確に表現した文章であると思われる。五〇年以上も前の記憶をこれほどまざまざと再現する筆力は非凡と言わざるを得ない。しかも、小山さんはこの種の回想も、随想も、執筆なさることはほとんどなかった。小山さんがこのような能楽に関する随想を数多くお遺しにならなかったことが残念でならない。

小山さんの世上、目にふれる機会の多い著述としては、小学館刊行の『日本古典文学全集』の『謡曲集』全二巻、『狂言集』であろう。私は『謡曲集』第二巻所収の「山姥」を例にとって、この著作がいかに特異なものかを説明したい。頭注の欄に語釈を、脚注の欄に現代語訳を示し、中央に本文を示すのはこの『日本古典文学全集』の統一した方針にしたがっていると思われるが、特異なことは本文欄の記述にある。凡例に「本文表記と現代語訳は小山弘志が、本文欄の舞台上の動きや動作の注記、また、語釈・出典・諸流との校異などの頭注は、佐藤健一郎が担当し、全体の統一は小山が行なった」とあるとおり、この校注は小山さんと佐藤健一郎氏との共著だが、分担として佐藤氏が執筆したとされている「本文欄の舞台上の動きや動作の注記」こそ他に類を見ないものであり、これは小山さんの発想によるものに違いない。たとえば、本文欄の冒頭に次のとおりの説明がある。

「〔次第〕の囃子《はやし》で、ツレの遊女、ワキの従者、ワキツレの供人、アイの所の者とが登場。アイは狂言座に着座する。ツレ・ワキ・ワキツレは向かい合って〈次第〉を謡う。ツレ・ワキは正面を向き、ワキの〈名のり〉の後、向かい合って〈サシ〉〈上歌〉を謡う。〈上歌〉の末尾でワキは歩行の態《てい》を示した後、ツレ・ワキは正面を向き、ワキは〈着キゼリフ〉を述べる。ツレ・ワキツレは脇座に着座し、ワキは常座に行く。」

さらに、冒頭に近く、アイとワキとの問答に先立ち「ワキは常座に立ち、アイに声をかける。アイは一ノ松に立ち、問答となる。問答が終わると、ワキは中央へ行く」と注記されている。

このように恰も舞台で「山姥」が演じられるのを見るかのように、嘗て見たことのある者にはその追体験をさせるように、舞台の動作が再現されている。このことは、この本がたとえば、「山姥」を演じるのを見ようと思っている人にも、見る機会のない人にも、見たかのような気持ちにさせる効果を持っている。このじつに親切、丁寧な校注にこの本の特徴がある。つまり、文学として、世阿弥の著作に接することを可能にすることばかりでなく、あるいはそれ以上に、現実に演じられる能舞台の演能を愉しむことを可能にするように工夫されていることが、小山さんの志したところと思われるのである。

*

大野さんの回想に戻ると、大野さんは一九九四（平成六）年一二月八日に公正証書遺言を作成なさっている。これより数か月前に大野さんは私の事務所においでになり、遺言書を作成したいので、私に手伝ってほしいとおっしゃった。私の側から言えば、私は嘗て一高国文学会における萬葉集の輪講の席の末席に連なっていたので、大野さんを存じ上げていたけれども、また、多年、大野さんの著書に親しんでいたけれども、それまで大野さんと、他人を交えることなく、差しでお目にかかったことはなかった。大野さんがどうして私を訪ねることになったのか、私は記憶していない。誰方の紹介であったかもしれないが、それも憶えていない。小山さんでなかったことは確かである。小山さんと大野さんは少なくとも二年間、一高国文学会で寄宿寮の同じ部屋で暮らしたはずであり、同年に東大文学部国語国文学科に進学、三年間同じ教室に学び、同時に大学院に進学なさっていたのに、小山さんから大野さんの話が出ることはなかったし、大野さんから小山さんの話が出ることもまったくなかった。一時期、お二人はずいぶん親しかったと誰かからお聞きしたように思うのだが、確かではない。ふしぎなことに、お二人はまるで赤の他人のように見えた。それだけ気質が違っていたのかもしれない。お二人は姓が対蹠的であるように、性格も対蹠的であり、気性が合わなかったのかもしれない。

大野さんは最初の奥さまと結婚なさって彩という名のご息女をもったが、その後、離婚、再婚なさってお二人のご子息をおもちになった。大野さんの遺言書の内容がどんなものであったかは憶えていない。仮に憶えていても、私の弁護士として職業上知り得た秘密だから、その内容を明かすわけにはいかない。遺言書には公正証書遺言と自筆遺言とがあり、自筆遺言のばあいは、遺言をなさった方の歿後、家庭裁判所で検認という手続を受けなければならない。公正証書遺言を作成するには、あらかじめ、遺言の内容を公証人と打合せ、納得していただいた上で、公証人役場に出向いて、遺言者本人であることを確認した上で、公証人の面前で署名しなければならない。それだけ厄介だが、歿後の検認という手続は必要ない。この時点では、大野さんも時間の余裕があり、充分に打合せ、相談の上で、公正証書遺言を作成なさったのであった。この遺言書を作成したことは奥さまに秘密にしておくように私は大野さんからきつく言い渡されたのだが、私は奥さまとはまるで面識がなかったから、大野さんのご心配はご無用であったが、大野さんはそんなことを私が奥さまに告げ口することはないだろうとは思っても、口に出して私の約束を求めなければ気が済まない、といった性分であったように見える。

その当時、雑談の機会も多かった。あるとき、日本文学の通史をお書きになったのは、ドナルド・キーンさんと加藤周一さんのお二人しかおいでにならない、という話が出た。加藤さんには知られるとおり『日本文学史序説』と題する著書がある。大野さんは、加藤は全部読んで書いているわけじゃない、古典の序文と初めのいくらかだけしか読んでないのだ、ぼくのような専門家から見ればまったくお見通しなのだよ、と批判なさったことがある。私は序文と初めのいくらかを読んで、その古典の本質を見抜くことができるなら、それこそ異能というべきだと思っていたので、あえて反論はしなかった。たぶん通史をお書きにならない学者はみな専門分野の古典だけを丁寧に読む代わりに、序文など片端だけを読んで古典を論じることは邪道と考えているのであろう、と思ったからである。とはいえ、私は加藤さんの異能に心からの敬意を払っていることに変わりはない。

＊

このころ、私は小山さんのような権威が身近においでになるのだから、小山さんの講義をお聞きしながらお能を見ることができたら、さぞ愉しく有益だろうと思いついた。小山さんにお話をすると、それも面白いのではないか、と言い、かなり乗り気の様子であった。中村眞一郎さん、加藤周一さんなどにご意見をお聞きすると、そんな会なら夫婦で参加しよう、というご返事であった。そこで、一九九六年ころから、小山さんを囲んでお能を観る会を私が組織し、小山さんが観劇する能を選んで、入場券を手配し、観能の後に簡単な食事などをとりながら小山さんの話をお聞きし、質問し、意見を交換する、という催しを始めることにした。中村眞一郎、加藤周一、白井健三郎、いいだもも、日高普、中野徹雄、粕谷一希などの各夫妻が当初から私が誘うことにしていた人々であった。小山さんは、当日の能の入場券の手配だけでなく、当日、演じられる能の上演詞章を手書きで私にお送りくださり、必要に応じ、観能の手引きのようなメモも届けてくださった。私はこれらをパーソナル・コンピューターで入力し、公私混同なのだが、私の事務所の秘書にレイアウトをはじめ、整理、印刷してもらい、入場券とともに、参加者にあらかじめお配りした。当初からであったかどうか、記憶がはっきりしないのだが、小山さんが、竹内も加えてほしいとおっしゃった。竹内道雄さんは小山さんと一高の同級生で、元大蔵次官をなさった方である。竹内さんのような例外はおいでになっても、このお能を見る会は本来、一高国文学会の仲間の集まりであった。

ところで、私の手許に小山さんが自筆で原稿をお作りになった「山姥」の上演詞章が残っている。この冒頭のワキの名ノリを以下に示す。

「これは都方に住まひする者にて候。これにわたり候ふ御方は、都に隠れもましまさぬ、百ま山姥と申す遊君にて御坐候。山姥の山廻りするといふ事を、曲舞《くせまひ》に作り御謡ひ候ふにより、京童の付け申したる異名にて候。また当年は御親の、十三年にあたらせ給ひて候ふほどに、善光寺へ御参りありたきよし仰せ候ふ間、われら伴ひ申し、ただいま信濃の国へと急ぎ候。」

次に『日本古典文学全集』の『謡曲集』第二巻所収の「山姥」のおなじワキの名ノリである。すでに記したとおおり、このテキストも小山さんの作成なさったものである。

「これは都方に住まひ仕《つかまつ》る者にて候。またこれにわたり候ふ御事は、百ま山姥とて隠れなき遊女にて御座候。かやうに御名を申す謂《いは》れは、山姥の山廻りするといふ事を、曲舞《くせまひ》に作り御謡ひあるにより、京童の申し慣はして候。また善光寺へ参りたきよし承り候ふほどに、それがし御供申し、ただいま信濃の国へと急ぎ候。」

ご覧のとおり、両者はほとんど同じだが、子細に見ると、かなりの違いがある。これは二〇〇三年一〇月三日、喜多六平太記念能楽堂で演じられた塩津哲生さんの「山姥」のために、とくに小山さんが上演詞章をお作りくださったのである。『日本古典文学全集』版の「山姥」の上演詞章は、底本として観世流のものを用いていると「凡例」に記されており、塩津さんはいうまでもなく喜多流なので、流派の違いのため、上演詞章にも若干の違いがある。私たちアマチュアはどうせ瑣末の違いは気にしないのだから、わざわざ喜多流の上演詞章を作成、印刷、配布しなくても、『日本古典文学全集』版の上演詞章のコピーを参加する皆さんに配ればよいという考えもあり得るであろう。しかし、そういう考えは小山さんの採るところではなかった。正確さのためには労力を惜しまない、のが小山さんの信条であった。

＊

時間が遡るが、この時点ではすでに大野さんの日本語の起源はタミル語という説がひろく話題になっていた。『孤高』によれば、一九七九（昭和五四）年に大野さんはドラヴィダ語に出合った。大野さんはドラヴィダ語語源辞典を買い求めて調べた結果、ドラヴィダ語は二〇を超える言語から成り立っているが、その中のタミル語が語形も意味も日本語とよく似ていることを知った。以下、『孤高』から引用する。

八月二十六日は、満六十歳の誕生日だった。しかしそんなことは、どうでもよくなっていた。大野は『ドラヴィダ語語源辞典』を慎重に読み返した。そして日本語と対応しそうな単語を抜き出していった。単語は、四百近くあった。それも、「アシ」「ツバ」「シリ」などの人体語や、「ウス」「ハタ」「ワラ」など稲作関係の言葉に対応しそうなものが多いこともわかった。

大野は、昭和五十四（一九七九）年十月十三日付朝日新聞夕刊に、この結果を発表した。「『日本語』はどこから来たか　ドラヴィダ語と酷似」と見出しの付いた文章は、一ページのほぼ三分の二を占める大きさで紹介された。

私には大野さんが日本語の起源はタミル語という説を何故『朝日新聞』に発表したのか、理解できない。あるいは『朝日新聞』の記者に知り合いがあったためにその記者にお話しなさったのか、または当時、大野さんと関係の深かった『週刊朝日』の記者にお話しなさったのを、その記者が朝日新聞社社会部の記者に伝えたか、のどちらかであろう。これはまことに不幸な出来事であった。率直な感想をいえば、大野さんは軽率であった。本来であれば、この学説は、新聞記者などが目にすることもない、地味な学術誌に、発表されるべきものであった。この『朝日新聞』の記事を契機として、このタミル語が日本語の起源説は、学問的な話題というよりもジャーナリズムの話題となったように私には思われる。その延長として、大野さんの現地調査には『週刊朝日』の記者が同行し、その模様はNHK番組として放映されるに至ったのであった。

私にこの説が妥当かどうかを判断できるほどの学識がないことはいうまでもないが、たぶん学問的に見れば、不備な点が多かったのではないか。『週刊文春』の記事を始めとして、大野さんの提唱したタミル語が起源という説はいわば、袋叩きになり、学問的な欠点が面白おかしくさまざまなかたちで報道されたのであった。大野さんはいわばジャーナリズムの餌食にされたのであった。私はそんなふうに記憶している。

＊

大野さんは二度目の遺言書を二〇〇七（平成一九）年一月二六日付で作成なさった。このときは自筆遺言書であり、私がお預かりして、大野さんが二〇〇八（平成二〇）年七月一四日に亡くなって後、同年八月二四日に東京家庭裁判所で検認を受け、この遺言書にしたがい、遺産が分割、相続された。この遺言書の作成の経緯を私はあまりよく憶えていない。というのは、私の記憶では一九九〇年代の終わりごろからこの遺言書の作成についてご相談を受けていたように思うのだが、その動機は、岩波新書の売行が非常に落ち込んだためということであった。これはタミル語問題で厳しく叩かれたためだということであった。きみ、ひどいもんだよ、と大野さんは私に率直に話してくださったのだが、反面では、大野さんはごく意気軒高で、タミル語にはね、係り結びがあるんだよ、などと教えてくださったのであった。大野さんの『日本語の起源』の新版は一九九四年に刊行されているが、同じ岩波新書の『日本語練習帳』は一九九九年に刊行されている。この『日本語練習帳』が刊行された当時に大野さんとお会いしたことはこの本を話題にしたことがあるので、間違いない。何故、私が『日本語練習帳』を話題にしたかと言えば、この本の中で、大野さんが私の「日光植物園のリョクガクザクラ」という随筆の一節を引用、分析し、「この文章は明るくなだらかで、よく分かる文章ですから、こんなふうに分析的な扱いをするのは、文章を傷つけるような感じさえするのですが、むずかしい文章を読み通そうと思う人は、こういうやさしい、よく分かる文章で基本を練習するといい」とお書きくださったので、そのお礼を申し上げたことがあるからである。何としても忘れることのできない思い出だが、私がお礼を申し上げると、大野さんは、一瞬、きょとんとした表情で、やがて、ああ、そう、といった返事をなさったのである。私は、大野さんがことさら私の文章を引用して褒めてくださったのだと思いこんでいたのだが、そうではなかった。大野さんは『日本語練習帳』の素材集めは助手の方か、岩波書店の編集部の方に任せて、これらの素材を論評して一冊の本になさったに違いない、と私は、そのとき、確信したのであった。だから、『日本語練習帳』はずいぶん売行が良かったようだが、全般的には大野さんの著書は、たとえば一九七〇年代や八〇年代に比べて、かなりに売行が落ち込んでいたのではないか。大野さんは意気軒高に見えたのだが、内心、かなりに衝撃をうけておいでになったのかもしれない。そこで、遺産処分の在り方も考え直すことにしたのだが、なかなかお考えがまとまらずに、亡くなる前の年になって、ようやく遺言書を作成なさる決心がおつきになったのではないか。そのために二度目の遺言書は公正証書になさる暇がないので、自筆遺言書になさったのではないか、と思われる。そういえば、大野さんは遺言書について連絡することがあれば、仕事場に連絡してほしい、と言い、仕事場の場所や電話番号などを教えてくださったことを憶えている。遺言書の作成については、あまり口外したくないようなご様子であった。大野さんは、外見はいつも意気軒高であったし、それこそ袋叩きになってもたじろぐ気配もなく「孤高」のように見えたのだが、じつは気弱な面もおありだったのではないか。

すでに記したとおり、自筆遺言書は東京家庭裁判所で検認をうけ、法的に効力をもつことになったのだが、検認にさいしては利害関係をおもちの方々の立会が必要である。そのため、私は検認のさいに初めて大野さんの奥さま、ご子息、それに最初の奥さまとの間に儲けた長女の彩さんとお目にかかり、その後も遺言書にしたがい、遺産を相続していただいたので、これらの方々に再三お目にかかったのだが、その間、相続人の方々のすべてが遺言書の内容は当然のことのように受け取っておいでになるようにお見うけした。つまり、大野さんが遺言書で希望なさった遺産分割・相続の在り方は誰もが納得なさるようなものだったのである。ことさら、遺言書の作成を秘密になさろうとなさったのは大野さんの取りこし苦労であった。このことと直接の関係はないが、ご息女の彩さんがお二人のご子息に対していかにも姉らしい威厳とやさしさで接しておいでになったことに私がつよい印象を受けたことが記憶に鮮やかである。

＊

さて、小山さんに戻ると、加藤周一さんが『朝日新聞』に連載していた「夕陽妄語」に「山姥」の感想をお書きになった。加藤さんは、「友人たち、小山弘志、中村稔両氏に誘われて、塩津哲生氏の『山姥』を見た」と書き起こし、「山中深く、月光に照らされて、山姥の舞う曲舞《くせまい》は、節目の明確な動きが、品位と活力を兼ね備えていた。殊に静から動へ移る決然として急な展開は、実に見事で、長く忘れ難い演技となるだろう」と塩津氏の演技を絶賛した後に、「山姥」という作品を論じているのだが、この加藤さんの文章に比べて、この能を見た後の懇談会での加藤さんと小山さんの問答のさいの加藤さんの発言は、はるかに断定的ではなく、小山さんに意見を確かめるという感じが強かった。「ぼくは、こう思ったのだがね、小山、きみはどう思う」といった口調であった。小山さんは、たとえば、「世阿弥がそこまで考えていたとは思えないけど、きっと加藤、きみの言うとおりだと思うよ」といった調子であった。そこに中村眞一郎さんやいいだももが口をはさんで、「世阿弥はどうしてそう考えてはいなかったのかしら」と訊ねると、小山さんがまた、「それはね」と言って説明する、というように展開した。このお能を観る会の興趣は観能の後の主として加藤さんと小山さんのやりとり、それに絡む眞一郎さんやいいだの発言であり、じつに啓発されるところが多かったのであった。

しかし、この会も二〇〇九年で終わった。加藤さんがその前年にお亡くなりになったことも理由の一つかもしれないが、いろいろの理由が考えられる。一つは参加する人々の数が多くなりすぎて、入場券の入手が難しくなったことである。参加してくださった方々の数が増えたことは私の不手際というほかないのだが、こんな事情があった。当初、ご夫妻一〇組、計二〇人ほどで始まったように憶えているが、たとえば、次回にXさんから都合が悪いので、欠席という連絡を受けると、その分の入場券を無駄にしないために、Aさんをお誘いする。Aさんは当然仲間に入ってもおかしくない、国文学会に関係のふかい方である。そうすると、その次の会にもAさんをお誘いしなければならない。その次の会では、今度はYさんが欠席するというからBさんに声をかける、といった具合に次第に増えて三〇人をはるかに超えるほどに人数が増えて、小山さんの入場券の手配がだんだん難しくなったのであった。それに加えて、小山さんのお考えでは、この会で観るお能は何でも良いということではなかった。たとえば、観世、宝生といった特定の流派に偏ることなく、すべての流派の名人、名手を私たちに見せたいというのが小山さんのお考えであったし、演じられる作品も変化に富んでいるものを、というお考えであった。このために、観能のために何を選ぶか、入場券をどれだけ注文するかに始まり、上演詞章その他、観能の手引きのために、小山さんがご用意なさるものも、次第に小山さんの手に余ることになったのであった。

こうして小山さんを囲んでお能を観る会は終わった。小山さんが亡くなったのはその後、そう間もない、二〇一一年二月六日であった。

小山さんについて書きとめておきたいことがもう一つある。中村眞一郎さんが熱海のお住まいで一九九七年一二月二五日に急逝なさった。たまたま当日、熱海に加藤さんも居合わせていた。そのとき、私がお聞きした加藤さんの感慨も忘れられないのだが、眞一郎さんは浪費家だったから遺産は乏しかった。その遺産の主なものの一つが江戸期の漢詩集のコレクションであった。知られるとおり、眞一郎さんはその最晩年、江戸時代の漢詩を耽読し、かなりの数のエッセイをお書きになっている。これをどこか古書店に引き取って貰おうということになったときに、小山さんから、国文学研究資料館が買い取ってくれるかどうか、打診させてほしい、という申し入れをいただいた。小山さんは東大教授を退職後、資料館の館長をおつとめになった時期がおありだった。その結果、江戸漢詩集コレクションは、古書店に値切られることなく、妥当な価格で引きとっていただけることになった。小山さんはそういうこまやかな気遣いをなさる方であった。

大野さんと小山さんはまるで正反対のような個性をお持ちのお二人であった。それでいて、お二人とも、畏敬に値する方々であったが、何よりもそのお人柄が懐かしいお二人であった。

第四部

北川太一

私は一九五二年弁護士登録して以来、数多くの訴訟事件を取り扱ってきたが、『智恵子抄』事件はその中でもじつに特異な事件であった。『智恵子抄』は一九四一年八月に高村光太郎が龍星閣から刊行した詩集だが、龍星閣主人澤田伊四郎はこの詩集は澤田自身が編集したものと主張し、一九六五年六月一四日にその旨文部省に著作権登録をした。高村光太郎の著作権継承者である高村光太郎の弟の高村豊周さんがこの著作権登録の抹消を求めて東京地裁に訴訟を提起したのが一九六六年であった。訴訟提起の当時は日本文藝家協会の顧問弁護士であった藤井幸弁護士が豊周さんの代理人をなさっていたが、やがて藤井弁護士が重篤な病気に罹ったため、当時の日本文藝家協会の理事長山本健吉さんのご推薦により、私が藤井弁護士の後任としてこの訴訟を担当することとなった。このころは豊周さんはすでに亡くなっていたので、豊周夫人の高村君江さんが原告の地位を承継していた。この事件は一九九三年の最高裁判決に至るまで継続したのだが、その間君江夫人も亡くなり、長男の高村規さんが原告の地位を承継なさった。いまではその高村規さんもお亡くなりになったと聞いているが、訴訟の継続中、私は高村規さんと一、二度お会いした憶えがあるものの、盆暮のご挨拶を別とすれば、経費も手数料・報酬も頂戴したことはなかった。すべて自前の訴訟であった。この訴訟の継続中、たぶん規さんのご姉妹にあたるのではないかと思われる女性が一、二度傍聴においでになったことがあるだけで、高村家の遺族はこの訴訟にほとんど関心をおもちでなかった。日本文藝家協会の山本健吉理事長は、龍星閣の著作権登録を放置しておくべきでないというつよい意見をお持ちだったので、豊周さんにしてもそのご遺族にしても、成行上、訴訟を提起し、また継続中の訴訟を承継したのであった。私は日本文藝家協会の理事をつとめていたので、理事会の都度、山本さんから現状報告を求められた。ただ一人、戦闘の最前線に立たされて戦っている兵士のような心境だ、と歎いたことがあり、高野昭事務局長が一、二度傍聴においでくださったこともあるが、厖大な訴訟記録の隅々まで熟知していないと、一度や二度傍聴したからといって、当日の法廷で何をやりとりしているのか分からない。一、二度傍聴においでになっても、それきりになってしまうのは止むを得ないことであった。

私は私の依頼者は高村光太郎であり、高村光太郎のために努力しているのだ、と自ら慰めていた。私は通常、企業の知的財産権関係の訴訟を手がけている。そうした企業関連の訴訟のばあい、法務部、知財部、それに関係した研究者など三、四人が毎回の口頭弁論を傍聴にくるのが通例である。それに、事務所の若手の弁護士に手伝ってもらい、一緒に法廷に出頭することも通例であったが、『智恵子抄』事件に関しては、高村光太郎の詩作について私ほどふかくひろい知識、造詣をもつ弁護士はいなかったから、若手の弁護士に手伝ってもらう余地もなかった。そういう意味でも、『智恵子抄』事件はじつに特異であった。

＊

たとえば龍星閣主人澤田伊四郎の主張によれば、高村光太郎の許に目次案の如き一覧表を提出し、出版の許可を求めたが、この一覧表が『智恵子抄』の骨格をなすものだから、『智恵子抄』の編集は澤田の構想によるものである、ということがあった。本当にそうした一覧表を提出したかどうか、疑えば疑う余地があるが、澤田が一覧表を提出しなかった、という証拠もない。むしろ、提出したものという前提で一覧表を読むと、初版『道程』所収の一九一四年作の「淫心」から智恵子発狂後の「風にのる智恵子」など一九三五年以降に発表していた詩篇に至るまで、ほぼ二〇年間の作品がすっぽり一覧表からは脱け落ちていることに気づいた。ということは、この一覧表には

智恵子は東京に空が無いといふ、
ほんとの空が見たいといふ。

という二行で始まる「あどけない話」が洩れているということである。私は昭和初期に刊行された改造社版『現代日本文学全集』の一巻『現代日本詩集・現代日本漢詩集』を中学生時代から愛読していたが、その「高村光太郎集」に収められていた「あどけない話」は少年時の私にとって一読忘れがたい清新な感動を覚えた作品であった。円本といわれたこの文学全集は当時教養人・知識人といわれる者は読まないまでも買わなくてはその教養・知性を疑われるのではないか、という思いから、ふだん文学書を読まない知識人もこぞって買い求めたので、莫大な部数の売行を博した。だから、澤田伊四郎が「あどけない話」が洩れている一覧表を高村光太郎に提示した事実そのものが、彼には智恵子関係の詩文を集めて一冊の詩集を編集する資格がないことを示している、と私は考えた。

この円本全集の「高村光太郎集」巻頭の「雨にうたるるカテドラル」は少年時の私の魂を震撼させ

たのだが、これは智恵子に関係ない作品だからしばらく措くとしても、その他にも確か智恵子関係の作品があったはずだと思って同全集を繰ってみると「樹下の二人」「夜の二人」「同棲同類」の三作も智恵子関連作であり、澤田の一覧表から脱け落ちているほぼ二〇年の間の作品である。ついでだが、やはり同全集には「ぼろぼろな駝鳥」も収められている。これも「根付の国」と並んで、高村光太郎の文明批評の詩として特筆されるべき作と私は記憶していた。

このように見てくると、澤田の一覧表は出版企画の発想の域にとどまり、構想ともいえないものである、と私は考えた。前述のとおり、私の助手がつとまるような若手の弁護士は私の事務所にはいなかったが、おそらく、どこを探しても私の助手がつとまる弁護士はいなかったに違いない。

しかし、澤田の一覧表が発想の域にとどまるとしても、『智恵子抄』を編集したのは高村光太郎であることを積極的に証拠づける資料、情報が必要であった。私は北川太一さんに助言を求めたいと考えた。私はいつごろ北川さんの面識を得たかは憶えていない。だが『智恵子抄』事件以前から何かの機会に、一応の面識を得ていたように思う。そうでなければ、北川さんにお願いすれば必ず協力をしてくださるはずだ、という確信をもつはずがないからである。私は北川さんにご連絡し、訴訟記録、龍星閣側代理人の提出した書面、私が提出した書面、それに主要な証拠書類をお読みいただいた。その上で、高村さんご自身でなければできない事柄を探しだし、教えてくださるようお願いした。いうまでもなく、北川さんも『智恵子抄』は高村光太郎自身が編集したものと確信しておいでになった。ご承知のとおり、北川さんはたいへん慎重な方である。右から左へ、さっさとご教示くださることはなかった。思いつかれるその都度、その思いつきを他の資料と照合して間違いないことを確認した上で、私に教えてくださるのであった。そういう機会は一〇回以上あったはずである。

私はごく若いころから詩を書き、詩や詩人に関する評論や随筆を書き、生業として一九五二年以来弁護士をつとめてきた。私の過ごしてきた二つの仕事にかさなる事案は『智恵子抄』事件だけである。（しいていえば、鷹羽狩行さんが訴えられた、いわゆる俳句添削事件がもう一つあり、この控訴審を担当し、勝訴したが、俳句は私の趣味に属することであり、実作者でもないので、勘定に入れない。）この唯一の事件で東京地裁、高裁、最高裁で終始勝訴したのは、私が一応の素養を持っていたとはいえ、北川さんの助言、協力なくしては、ありえなかったことであり、北川さんにはどう感謝しても、足りるような言葉を知らない。

＊

北川さんから教えられた事柄の主なものを思いだすようにつとめて、以下に記すこととする。以下の事実が『智恵子抄』を編集したのが高村光太郎であることを決定的に裏づけているのだが、この点について私は北川さんに全面的に負うている。

（一）澤田伊四郎が提出した目次案というべき一覧表（以下「澤田一覧表」という）には智恵子発狂後の「風にのる智恵子」「千鳥と遊ぶ智恵子」「値いがたき智恵子」「山麓の二人」「或る日の記」「レモン哀歌」はこれらの作品が掲載された雑誌の発行年月が記されているだけで、制作年月日は記されていなかった。龍星閣版『智恵子抄』に収められる作品の制作年月日を澤田に教え、記すよう指示できたのは高村光太郎以外にはありえない。

（二）『智恵子抄』に収められた詩の中で最後になる一九四一年六月一一日作の「荒涼たる帰宅」は、これを書いてはじめて澤田の『智恵子抄』刊行に同意した作品であるので、作品も制作年月日も澤田は知らなかった。これを教え、収録を指示したのは高村光太郎を除いて存在しない。

（三）「樹下の二人」「狂奔する牛」「鯰」「夜の二人」「あなたはだんだんきれいになる」「あどけない話」「同棲同類」「美の監禁に手渡す者」「人生遠視」の『道程』以後、「風にのる智恵子」を掲載することとし、その制作年月日を澤田に教え、これらの作品を『智恵子抄』に収めるように指示したのも高村光太郎以外にはいない。

（四）『道程』初版には『智恵子抄』に収められた作品を含め、すべての作品について制作時が年月日を記しているが、龍星閣版『智恵子抄』では『道程』所収の作品はすべて制作年月のみを記し、制作日を記していない。出版者としての龍星閣としては他作品がすべて制作年月日まで記していると、『道程』所収の作品も制作年月日が明記されているのだから、『道程』所収の作品も制作日まで表記して統一をはかるようにすべきであり、そのように統一したいと高村光太郎に進言すべきところだが、このように制作時の表記について不統一を生じているのは、高村光太郎の何らかの意図によるものに違いない。

（五）一覧表には『道程』所収の「婚姻の栄誦」「淫心」の二篇を収めるように記されていたが、これらを削除するよう指示したのは高村光太郎以外にはいない。（なお「婚姻の栄誦」は智恵子と関係ない作品である。）

（六）「夜の二人」は一九二六年三月一一日作の智恵子に関連する作であるが、これを収めないことにしたのも高村光太郎の意図によるとしか考えられない。

（七）「うた六首」の短歌の収録も高村光太郎以外にはできない。澤田はもちろんこうした短歌の存在自体を知らなかった。

＊

現在の二一巻・別巻から成る増補版『高村光太郎全集』の刊行以前、北川太一さんは多年にわたりガリ版刷りの「光太郎資料」を作成、頒布なさっていた。すべて無償だったに違いない。私は北川さんのご厚意によって毎号頂戴していた。これはそれまでの全集に未収録の高村光太郎の評論・随筆・書簡等が発見されるたびに、北川さんご自身がガリ版に複写し、印刷し、諸所へ郵送なさっていたものであった。じつに奇特な仕事であり、北川さんはこれによって酬いられることは何もなかったはずであった。たぶん、新資料発見の喜悦を光太郎の読者と分かちあいたいという北川さんの情熱によるものだったに違いない。

やがてこれらの資料はすべて増補版全集に収録されたが、考えてみると、この増補版全集はずいぶん不体裁なものである。宮沢賢治についていえば、戦後、はじめて筑摩書房が編集した全集に始まり、入沢康夫・天沢退二郎のお二人以下相当数の研究者の研究成果を結集して、校本全集、新校本全集が刊行され、新修全集まで刊行されている。これらの新全集が刊行される時は、必ず新しい組版で製作されている。私は用事のあるときは新修全集を利用しているが、充分に資料が整理されており、便利にしている。しかし、増補版全集はそうではない。従来の全集の解説だけを新しく北川さんが書き下して改めただけで、その後に発見された資料は増補された巻に収められている。だから、書簡を調べようとすれば、いくつかの巻に分かれて収められているので、不便きわまりない。

おそらく宮沢賢治のばあいは、改版した新全集を製作するに見合うだけの読者があり、高村光太郎のばあいは、増補版を全部新たに組版して製作すると採算が取れないので、できるだけ旧全集の組版を利用し、新資料だけを増補する組版をして刊行したのであろう。こういう増補版は北川さんにとって満足できるものではなかったはずである。しかし、それでも増補版が刊行されることの意義は大きい、と半ば諦めながらも、ご自身を納得させたに違いない。実際、私たち読者にとっても増補版全集は、使い勝手は悪いけれども、これによって裨益されることはじつに大きいのである。

こうして曲がりなりにも増補版全集が刊行されたことは北川さんの高村光太郎研究に対する甚大な功績といってよい。

これと併せて特筆すべきことは『高村光太郎資料』全六巻の刊行である。これは筑摩書房の刊行ではない。文治堂書店刊である。高村光太郎自身の執筆したものでなく、高村光太郎に関する資料、多くの知己友人の回想文や、その時々の時事評論等、高村光太郎の執筆の動機となった資料が、すべてこの全六巻の『高村光太郎資料』に収められている。すべて北川さんが蒐集なさった資料である。これはおそらく採算の取れる出版物ではない。だから、筑摩書房も出版しなかったのであろう。これは北川太一さんと文治堂書店との間の格別の友情、信頼にもとづく太い人間的絆にもとづく出版物であろう、と私は信じている。

北川さんは一巻四、五〇〇頁、A版全六巻の『高村光太郎資料』をあえて文治堂書店にひきうけさせるような人格をおもちであった。私はどれだけ『高村光太郎資料』全六巻のお蔭を蒙っているか、測りがたいものがある。

北川さんはいつも穏やかで、心を開いて話すことのできる方であった。いつも誠実で真摯であった。文治堂書店はそういう北川さんの人間的魅力につよく惹かれていたのであろう。『高村光太郎資料』全六巻を恵与してくださったのが北川さんか文治堂書店か、私は憶えていない。ただ購入したわけでないことは確実である。どちらかの厚意に違いないので、ここでお礼を申し上げておく。

*

北川さんに、あるとき、高村光太郎の戦争中の詩についてどうお考えになるのか、とお訊ねしたことがあった。そのとき、北川さんは、ぼくは高村さんのお気持ちが分かるので、批判するとか、感想を言う気にはなれないのです、というお答えであった。私は、ああ、北川さんはそこまで高村光太郎と一体化しているのだ、とそれなりに納得した。

本項を執筆するため、私は二〇一一年文治堂書店刊の『北川太一とその仲間達』を入手した。実際は刊行当時頂戴していたのだが、いざ参照しようとして探してみたが、整理が悪いため見当たらなかった。文治堂書店・勝畑耕一さんにお願いして再度頂戴したのである。

同書に「北川太一略年譜」が収められているので、以下に抄記する。

大正一四年(一九二五)
　三月二八日、東京市日本橋区に生まれた。
昭和一二年(一九三七)
　四月、東京府立化学工業学校電気化学科に入学。
昭和一六年(一九四一)
　一二月二五日、東京府立化学工業学校を繰り上げ卒業。
昭和一七年(一九四二)

一月、産業技手補《ぎてほ》として、丸の内にある東京都立工業奨励館化学部に勤務。四月、東京物理学校理学部高等師範科II部に入学。

昭和一九年（一九四四）

九月二〇日、東京物理学校を卒業。成績優秀のため校長賞をもらう。同二八日、産業技手補を離職。同三〇日、海軍省より海軍技術見習尉官に任官。浜名海兵団に入団のため静岡へむかう。

昭和二〇年（一九四五）

一月三一日、松山海軍航空隊宇和島分遣隊付第一六分隊士となり四国へむかう。二月三日、愛媛県南宇和郡御荘町に駐屯。五月一日、海軍技術少尉に任官。一四期飛行予科練生分隊士となる。この頃工場実習のため呉に出張。六月一四日、南宇和島陸戦陣地構築２０１中機銃小隊長。六月二〇日、松根油作業のため喜多駅に出張。七月五日、海軍第三燃料廠付。八月一五日、敗戦。九月一六日、帰郷。

昭和二一年（一九四六）

四月三日、東京工業大学有機材料コース入学。

昭和二三年（一九四八）

六月三〇日、都立向丘本郷新制高等学校定時制教諭。

昭和二四年（一九四九）

三月二六日、東京工業大学応用化学科卒業。引続き特別研究生として研究科に在籍。

昭和二五年（一九五〇）

一月、校名を都立向丘高等学校と改名。中学、高等学校の普通教員免許（理科・数学）を取得。

昭和三〇年（一九五五）
一〇月二〇日、金田節子と結婚式を挙げ、住所が日本橋から千駄木に移った。（節子夫人は向丘高校の同僚であった。）
昭和六〇年（一九八五）
向丘高等学校を定年退職。

＊

右の経歴からみると、北川太一さんがどうして理工系の技術者、研究者となる道を選択しなかったのか、ふしぎに思われる。定時制向丘高校の教諭になった経緯については前掲『北川太一とその仲間達』所収の「回想の向丘高校」という文章で北川さんは次のとおり書いている。

「五十年前の焼け跡の中の学校生活を思い出すと、なんだか微笑ましくなる。「一度遊びに来ない」と誘ったのは中学の後輩　英《はなぶさ》一太君だが、二人とも東京工業大学の三年生だった。新制度の高等学校として四月に発足した向丘本郷高等学校の定時制は、焼け残った真砂小学校の二階にあった。何気ない訪問がいわば運のつき。試験も何もあったものではない。その日から授業をやらされ、何とも桁はずれな定時制に四十年近くもかかわることになった。思えば出発からこの定時制高校は不思議な魅惑に満ちていた。校長は東京大学名誉教授東洋哲学の泰斗宇野哲人博士。白髪白髭の鶴のような老学者は、いつもやさしく若い教師たちを教えて倦まなかった。教師といっても大半は戦地帰りの大学生、地理や人脈の関係もあったのか、東大の学生が多かった。旧制中学の卒業生は四年に編入することで新しい高等学校卒業の資格が認められる。兵隊服か学生服を着ているのが教師、社会人風なのが生徒。

翌年全定共通の校舎が出来ても、お巡りさんや郵便屋さん、そんな生徒たちの方がはるかに大人にみえた。」

この『北川太一とその仲間達』にアジア太平洋戦争の末期に北川さんが書いた詩稿「『焔《ほむら》』より」として相当数の詩が収められている。作中に次の詩「わが身に誓う」がある。「二十、二、二八」という末尾の数字からみて、昭和二〇（一九四五）年二月二八日の作に違いない。

陛下　臣わたくし
鞠躬流涕　ただおんかんばせを
　　　　　仰ぎたてまつるのみでございます
醜奴米英　ますますその非望つのり
近く硫黄島をつき
物の多きをたのんで艦隊の飛機をはなち
皇都各地を焼けり
あまつさへ
さきの大きざき居ます
大空の居を

陛下
海をまもるつわものわたくし

ただ大粒の玉砂利に泣き付して
身の不甲斐なき口惜しさ
御わび申上げるすべを存じません
燃えるまなこに
おんかんばせを仰ぎ奉るのみでございます
われをわが身に誓いて
おんかんばせを仰ぎ奉るのみでございます

前に引用した「北川太一略年譜」の昭和二〇年六月二〇日の項に「松根油作業のため喜多駅に出張」とあった。石油がないために中国における戦争がボルネオの石油を目的として米英オランダ等に発展したが、この時期には松根から油を採取しようと試みたのであった。右の詩に「物の多きをたのんで」とあるのは、米英等連合国諸国に物量が豊富なことを言っている句だが、松根油などで連合国に立ち向かえるはずもなかった。

右の詩で私の目を惹くのは、醜奴米英といっても鬼畜米英とまではいうことなく、米英を敵視した表現はあるが、むしろひたすら天皇に対する申し訳ないという気持ちである。天皇危ふし、ということが自分を戦争に協力させた、といった趣旨のことを高村光太郎は語っている。

天皇あやふし。
ただこの一語が

私の一切を決定した。

とは詩集『典型』所収「真珠湾の日」中の三行である。北川さんの戦争末期の詩はその精神において高村光太郎と相通じている。高村光太郎の戦争中の詩については、それらの詩を書いた高村さんの気持ちが分かるから、批判とかどうとか言えないのです、と北川さんは語っていたが、太平洋戦争下の高村光太郎の作品と作品を書く精神について語ることは、北川太一自身の当時の精神の在り方を語ることに等しかったに違いない。そういうふかい意味で、北川さんは高村光太郎と一身同体化していたのであった。

私自身についていえば、沖縄戦の当時から、あるいはそれ以前から敗戦必至と考えていた。海軍力も空軍力も、日本軍はすでに防衛能力を失っていた。一九四五年三月一〇日の東京大空襲にみられるとおり、一九四四年後半から一九四五年にかけて、米軍B29は日本本土のいかなる都市も自在に壊滅させることができた。じっさい、日本を降伏させるのに広島、長崎の原子爆弾投下は不必要であった。私の戦争体験からみれば、高村光太郎の戦争協力は許しがたかった。だが、北川さんはそうではなかった。それだけ私よりもはるかにつよく高村光太郎研究にとりくむことになったのかもしれない。それは北川さん自身の体験の検証の意味をもっていたからである。

若い日の北川さんの詩に「特攻隊志願」という作がある。

「分隊士！」
さっきから俺を呼んで

どうしても特攻隊にやって下さい、と
きかない子供
くり色のすこやかな顔
顔は幾分こわばって
俺をにらみつけ
「分隊士御願いです」ときかない子供
可愛い俺の弟よ
一体何を言ったら良いか
　俺にはそれさえわからない
俺の心はわけもなくただジーンと焼けてきて
めがしらがしぜんにあつくなってくる
「そんなにあせることはない
一億みんな特攻だ
分隊士だって行くんだぞ
もっとしっかり腰をすえ
いつでもお召しが来たときに
立派に死ねる下準備
そいつをやって置くんだな」
俺が結局何を言おうと

子供の心の気高さに及びもつかない無駄ごとだ
火のような練習生をだきしめて
「分隊士も待っているんだぞ
　お前も一緒に待ってくれ」
そう云う以外に弟よ　俺は何を言ったら良いか
言う言葉を知らないんだ

この生徒たちは特攻により死ぬことなく終戦を迎えたようである。それでも、こうして一致報国の覚悟をうながした体験を北川さんは、ふりかえって苦しく疚しく、つらく感じていたに違いない。それも高村光太郎研究にうちこむ動機の一部となったであろう。

＊

さて、私は角川文庫版『智恵子抄』を一九九九年一月に編集・刊行したが、その編集作業を前年一九九八年に行っているさい、『智恵子抄』の底本に何を選んだらよいか悩んだ。それは高村光太郎が白玉書房という書店名で戦後いち早く『智恵子抄』を刊行した鎌田敬止宛て書簡に「龍星閣版には最初かなり誤植があったのでだんだんに訂正しました」とあるので、龍星閣版『智恵子抄』の初版初刷を底本とすることは適当でないことがはっきりしていたからである。しかも困ったことに高村光太郎は「だんだんに訂正した」と書いているので、初版第二刷以降も誤植の訂正を続けていたものと思われる。そこで、第何刷を底本とすべきか思いあぐんだのであった。その結果、私は北川さんのご意見をお訊ねすることとし、千駄木のお宅に参上した。私が北川さんのお宅にお邪魔したのは、これが最初で最後であった。前掲『北川太一とその仲間達』所収の教え子大和田茂の「向丘高校の「良心」――北川先生に励まされた日々」に「先生は生徒には「僕は何もしてやれないかもしれないが、話ならいつでも聞いてやるよ」と、よくおっしゃっていたのを思い出します。確かに定時制の生徒は、それぞれ悩みや問題を抱えていて、じっくり話を聞いてあげるということが大切で、このことは人間関係がギスギスした現代においては、なおさら必要なことだと思うのです」と書いている。『智恵子抄』裁判のさいもそうだったが、北川さんはよく話を聞き、相談にのることを拒まない方であった。そのさいも、教える側と教えられる側という立場でなく、いつも対等の立場で相手の悩みを聞き、相談にのったのであった。ついでだが、『北川太一とその仲間達』は北川さんの教え子たちの執筆した文章が大部分を占める著書だが、「仲間達」とは生徒たちを指している。北川さんは決して偉ぶるところのない方だったし、教えさとすことを惜しむ人ではなかった。

そこで、北川さんとご相談したところ、初版初刷から二刷、三刷と検討している間に、どうも納得できるような結論に達しなかった。龍星閣版『智恵子抄』は一九四一年初版初刷が刊行されて以降、一九四四年刊の第一三刷まで初版とされている。驚くべきことだが、北川さんは初刷から第一三刷に至るまで、そのすべてを所蔵なさっていた。いくつかの刷を検討していった結果、第八刷と第九刷との間に大きな異同があり、第九刷はじつは第二版第一刷と表示すべきものであることが判明した。これは私と二人で検討するまで北川さんも気づいておいでにならなかったことであり、そうした機会を提供したことは私のささやかな寄与であると自負している。

何故、第八刷と第九刷との間に改版されたとみるべきか、について次の諸点に注目した。以下、すべて『智恵子抄』所収の作品の題名を用いて説明する。

「人類の泉」は当初『道程』（初版）に収められ、『智恵子抄』に収められた作品であるがその第二八行は

私は自分のゆく道の開拓者《ピオニエ》です

となっていたが、第九刷でこの「ピオニエ」というルビが削られている。これは高村光太郎の推敲の結果とみる以外、解釈できない。

「或る夜のこころ」は初版初刷から第八刷に至るまで、その第二行は『道程』（初版）以来、

見よ、ポプラアの林に熱を病めり

となっていたが、第九刷に至って、読点が削られ、「見よ」の次がつめられている。

見よポプリの林に熱を病めり

同じ作品の第一五行も『道程』（初版）以来、

こころよ、こころよ

であったが、読点が削られ、空白をつめ

こころよこころよ

と改められている。これも高村光太郎の推敲による指示がなければ、龍星閣が勝手に訂正することはありえない。

ところが、同じ作品の第二一行の「こころよ、こころよ」は初版初刷から第八刷までと同じく、読点を付したままになっている。これは高村光太郎の指示が不充分であったか、龍星閣側の誤解によるか、いずれかであろう。第二行、第一五行の訂正からみると、第五行の「森も、道も、草も、遠き街も」の読点も削り、字をつめるべきであったと思われるが、読点を付したまま、他の個所と比べ、表記の統一がされていない。かりに高村光太郎の指示が不充分であっても、出版社として龍星閣は高村光太郎に注意をうながし、読点を削り、字をつめて、統一すべきであったと思われる。

さらに決定的に改版したものと断定せざるをえないのは、「冬の朝のめざめ」の第二八行、

愛の頌歌《ほめうた》をうたふたり

を

愛の頌歌《ほめうた》をうたふなり

と改めていることである。この誤植は改版したのでなければ絶対に生じえない。龍星閣の校正がいかに杜撰であるかの一例である。

ここで龍星閣こと澤田伊四郎の仕事の質を非難することは私の意図ではない。第一に私が驚嘆したことは『智恵子抄』の初版初刷からたぶんすべての刷本を北川さんが所蔵しておいでになったことである。北川さんの高村光太郎研究はこうした莫大な資料の上に成り立っていることに、私はあらためて敬意を払わずにはいられない。

次に、底本としてどの刷を用いるかについて、私の目前で北川さんが一行一行を比較検討なさったからこそ、第九刷で改版されていることが判明したという事実である。北川さんの仕事はつねにこうした綿密で万全の注意を注いで資料を読みこんだ成果なのである。

北川さんの温容、優しい、しかし厳しい姿勢を思いおこすと、哀傷切なるものがある。

＊

以上で北川太一さんの回想は終わるが、若干付記することにする。それは何故、初版第九刷にさいし、龍星閣が第二版第一刷としなかったか、という動機に関する私の推測である。

龍星閣版『智恵子抄』は売行が良かった。高村光太郎という詩人はこの龍星閣版『智恵子抄』が爆発的に売れ、読まれたことにより、いわば国民詩人となった。国民詩人という表現は私の好みでないがひろく国民の間にその存在を知られた詩人という意味である。たとえば萩原朔太郎よりもはるかに知名度が高かったはずである。

そのため初版のために製作した組版が第八刷まで刷った段階で摩耗して使用できなくなったのだと思われる。この当時は活字工が一字一字活字を拾い上げて版を組んだので、ある程度部数を刷ると版が使用できなくなったのである。このごろの電子出版では再版、三版などということもなくなったが、戦前のベストセラーは再版三版等は決して珍しいことではなかった。

だからといって、龍星閣は何故第二版第一刷としないで初版第九刷として出版を続けたのであろうか。私は、龍星閣が高村光太郎にそれほど多くの部数が売れていることを知られたくなかったからではないか、と考える。

龍星閣版『智恵子抄』が出版されたとき、高村光太郎は澤田伊四郎に、これはきみが作った本だから印税はいらない、きみがとっておきたまえ、という趣旨のことを告げたという。申し訳ないので、澤田が印税を持参しても高村光太郎は固辞して受け取らなかった。そのため「御礼」と書いていくらかの金額を郵便箱に入れてきた、という話がある。

第八刷まで刷ったところで改版しなければならないほどの売行なら、これ以上澤田への義理、恩義をつくす必要はないのではないか、と高村光太郎が考えつくようになってもふしぎはない。高村光太郎は『智恵子抄』のような詩集を刊行するつもりはなかった。澤田が発想し、諦めることなく、執拗に勧めた結果、出版に至ったので、高村光太郎は澤田に甚大な恩義を感じていたのである。これは彼の江戸っ子的義理堅さ、気っぷの良さによるかもしれない。事実、戦後、龍星閣もだいぶ儲けたようだから、ボツボツ印税制にしようか、といった感想を洩らしたこともあったようである。

戦後、宮崎稔が高村光太郎に無断で出版社と交渉し『白斧』という歌集を出版したことがある。高村光太郎は大いに怒ったが、この歌集は自分とは一切関係ないから、といって印税を受け取らず、宮崎に印税が支払われたことがある。こうした常識外れの金銭感覚を高村光太郎はもっていたので、澤田に印税無用と言ったことは間違いない。だからといって、第八刷で改版しなければならないほど売行が良いなら、印税を支払ってもらいたい、と高村光太郎が心変わりするかもしれない、ということを澤田は危惧したのではないか。

こういう事態は、高村光太郎『智恵子抄』以外には生じないであろう。戦後の詩集で増刷された詩集があるだろうか。たぶん皆無ではないかと思われる。かりにあっても、総計三千部も売れれば稀有の事例であろう。龍星閣版『智恵子抄』は数百万部売れたのではないか。

私が編集した角川文庫版の『智恵子抄』もごく少部数ながらいまだに売れている。これは現代詩の世界の奇蹟である。

粕谷一希

粕谷一希についてまず思いだすのは、彼が一九八〇年一一月『二十歳にして心朽ちたり』を出版して後間もなく、粕谷邸に飯田桃と私の二組の夫婦が招待されて粕谷夫人手作りの豪奢なご馳走にあずかったことである。粕谷はそれまで雑司が谷という名称で知られていたのに、いまは東池袋と改称された地域に住居を構えていた。東池袋と改称したのは地域住民の多くが池袋という地名の商業的価値にあやかりたいと考えたからに違いない。粕谷はそんな根性を嫌悪し、雑司が谷という地名に愛着をもっていた。粕谷一希はそういう商業主義を排斥する人格の持ち主であった。たんに保守的だというわけではない。雑司が谷というような歴史をもつ地名を捨て去ることは、歴史の一部を断裁することのように感じていたのではないか。

粕谷の住居は邸宅と呼ぶのがふさわしいような清楚だが、立派な建物であった。新築して間もない、新鮮な素材の匂いをもっていた。和風だが一部洋風で、隅々まで磨きぬかれて光沢を放つように手入れされていた。

そのご馳走は献立が一流の日本料理店のフル・コースとまるで同じだったが、次々に供される料理が、その素材はもちろん、包丁さばきから盛付に至るまで、一流の日本料理店にいささかもひけをとるものでなかった。西洋料理のばあい、フランス大使をつとめた木内昭胤さんの父君でローマの日本文化会館の初代館長をおつとめになった木内良胤先生のお邸に招かれてご馳走になったことがあるが、そのときは木内先生は著名なレストランのシェフを呼び寄せて、自宅で調理させ、サービスさせたのであった。粕谷家ではそういう手配をしていたわけではない。

この豪奢なご馳走は粕谷一希の私たちに対する感謝のあらわれだが、いかに感謝してくれていたとしても、そう容易にできるような饗応ではなかった。粕谷夫人の調理の手腕は、どう考えても、通常の家庭の主婦の水準を遥かに超えるものであった。それに、あらゆる皿に夫人の篤いもてなしの心がこもっているように感じられた。たとえば、わが家でも、亡妻が若く元気だったころは、客に食事を供することもあったが、すき焼きなど手軽なものでなければ、せいぜい一品か二品、ふだんの私の家の食事を一人前増やして召し上がっていただく、といった程度のことしかしていなかった。私たちは粕谷家のご馳走を前に料理の高度の技術と洗練されたもてなしに瞠目するばかりであった。

じっさい、粕谷一希が中央公論社を退社後はじめて刊行した著書『二十歳にして心朽ちたり』の著述について、私たちはそんな饗応に値するほど貢献したり、協力したりしたわけではない。少なくとも飯田は『二十歳にして心朽ちたり』という題名となる言葉を、この粕谷の著作の主人公となる遠藤麟一朗を総括する言葉として、粕谷に告げたという点で、粕谷は飯田に恩義があるかもしれない。しかし、私は一応取材に応じ、若干の遠藤の知人を紹介したにとどまる。私が招かれたのは粕谷が府立五中の後輩だったためかもしれない。粕谷は私が五年生のとき一年に入学した後輩であった。ただ、この点でも粕谷に誤解があった。『二十歳にして心朽ちたり』に私が「五年D組の級長として、ときにゲートル姿で壇上に立って語ったこと」があり、「そのときの口をすぼめた、はにかみがちの表情」

を粕谷は遠くから眺めていた、とあるが、私は級長であったこともないし、壇上から全校生徒に何か話をしたということもない。まったく粕谷の思い違いである。

ここで『二十歳にして心朽ちたり』に戻れば、これは『世代』の初代編集長であった遠藤麟一朗の伝記である。この雑誌の発行を推進したのは飯田桃と中野徹雄であった。また、中村眞一郎さんらが設立した旧制一高の国文学会と称する国文学、歌舞伎・能などの愛好者の会の関係者であった。遠藤麟一朗は飯田より一年上級で、私が入学したときはすでに大学に進学していた。飯田は私の入学した当時、すでに三年生であり、中野は私と同年入学の同級生であった。

それ故、粕谷が遠藤麟一朗を主人公とする伝記を書きたいと考えて、取材の最初に訪ねられたのはたぶん私であった。府立五中の同窓という関係で親しみをもってくれたのか、それ以前から時々丸の内の私の事務所に訪ねてきたことがあったし、まだ共産党員として半分地下に潜っていたような状況の当時、私の家に立ち寄った飯田を粕谷に紹介したこともあった。

『世代』は一九四六年、目黒書店から全国の高専学生文化部、雑誌部の連合体として学生の企画・編集による総合誌として発行された商業誌であり、総合誌であった。遠藤麟一朗は創刊時から第六号まで初代の編集長をつとめた。第六号発行後ほぼ一年経って復刊したが、その時点では遠藤はまったく『世代』と縁が切れていた。それにしても、何事にも経験も乏しく、学識も未熟な学生たちが企画・編集する雑誌を発行するというような破天荒な事業がよく実行できたものだ、という感慨を催す。敗戦後、若者たちは野心的であり、その無謀をとどめる者もいない時代であった。

粕谷邸でもてなしにあずかった夜、粕谷が司馬遼太郎氏から送られた、長文の毛筆で巻紙に書かれた賞讃の言葉をつらねた手紙を見せてくれた。司馬氏にも、このような野望を実現した学生たちの若い群像が興味ふかかったのではあるまいか、と想像している。この『二十歳にして心朽ちたり』はじつにひろく交友関係のあった人々から直接話を聞き、遠藤追悼文集『墓一つづつたまはれと言へ』（以下「追悼文集」という）中のすべてを克明に読みこなし、遠藤麟一朗を中心とする人々および遠藤の生涯を細密に辿った労作である。私としては遠藤がいつ、どうして「心朽ちた」か、が充分書かれていないという不満をもっていたが、本書で別に遠藤麟一朗を採り上げて書いたので、この粕谷の著書についても、そのさい、ふれたつもりである。

＊

粕谷にはまた『面白きこともなき世を面白く』と題し、「高杉晋作遊記」と副題した著書がある。これもじつに周到な取材、可能なかぎりの文献資料にあたって、高杉晋作の生涯を描いた力作だが、学問的評伝というより、歴史読み物という感がつよく、しかし考証が綿密なので、読み物といいきるにはあまりに歴史的考証に筆を費やしすぎている。いわば、学問的著述としても、歴史読み物としても中途半端なのである。私は、この本を一読して、粕谷一希はやはり作家として立つのは無理ではないか、と感じた。

これらの他、粕谷には『戦後思潮』と題する著書と『中央公論社と私』と題する回想録の著述がある。粕谷の面目が充分に発揮されているのは前者であり、第三者として面白いのは後者である。『戦後思潮』は『日本経済新聞』に匿名で連載した短い文章からなり、「知識人たちの肖像」と副題されている。オビに「戦後史を演出したオピニオン・リーダー達の素顔と思想」を描いた、という。

1章「戦争と平和」高村光太郎、田元辺、川端康成、小林秀雄、保田與重郎、高坂正顕ら京都学派、近衛文麿、和辻哲郎、石原莞爾
2章「復活者たち」三木清、河合栄治郎、津田左右吉、柳田国男、永井荷風、谷崎潤一郎、石橋湛山、吉田茂、南原繁、大内兵衛
3章「登場者たち」太宰治、坂口安吾、武田泰淳、大岡昇平、野間宏、椎名麟三、梅崎春生、三島由紀夫、福田恆存、竹内好、花田清輝、丸山眞男、大塚久雄、田中美知太郎、今西錦司
4章「近代化の流れ」川島武宜、桑原武夫、中村光夫、『近代文学』の人々（荒正人、埴谷雄高）、『1946文学的考察』（中村眞一郎、加藤周一、福永武彦）、鶴見俊輔と『思想の科学』、清水幾太郎、唐木順三
5章「平和と革命」竹山道雄、松田道雄、尾高朝雄、戸坂潤、猪木正道、梅本克己、小泉信三、山川均、井伏鱒二、中野重治、宮本百合子、石母田正、遠山茂樹、久野収
6章「動乱の季節」解放されたエネルギー、二・一ゼネスト前後、朝鮮戦争と講和条約、六〇年安保の前哨戦、「六〇年安保」の構造、東京裁判からの歳月、広津和郎と松川裁判、冷戦と革命の可能性、〝労働階級〟の変貌、霧散した可能性、堀田善衛
7章「沈黙と内向の世代」吉田満、阿川弘之、吉行淳之介、安岡章太郎、遠藤周作、服部達、村松剛、詩人と詩人工作者（鮎川信夫、田村隆一、谷川雁、吉本隆明）、いいだもも、谷川雁、吉本隆明、橋川文三、上山春平、島尾敏雄
8章「歴史観の転換」石田英一郎、大島康正、林健太郎、小島祐馬、羽仁五郎、亀井勝一郎、梅棹忠夫

9章「大衆社会のなかで」吉川英治、大佛次郎、長谷川伸、子母沢寛、山本周五郎、獅子文六、石坂洋次郎、舟橋聖一、石川達三、井上靖、笠信太郎、松本清張、大宅壮一、司馬遼太郎
10章「高度成長への道」蠟山政道、中山伊知郎、東畑精一、松本重治、池田勇人、都留重人、伊藤整、石原慎太郎、坂本二郎、開高健、山口瞳、北杜夫、下村治、小宮隆太郎、江藤淳
11章「前衛精神の模索」林達夫、石川淳、安部公房、藤田省三、萩原延壽、大江健三郎、坂本義和、松下圭一、伊東光晴、福田善之、小田実
12章「成熟への道」高坂正堯、永井陽之助、村上泰亮、山崎正和、山本七平、土居健郎、丸谷才一、野坂昭如、井上ひさし、山口昌男、京極純一

右の目次の各章にとりあげられた絢爛たる人々について、その思想を語り、どのようにしてわが国の思想の潮流を形成する役割をもつに至ったか、書物になって見開き二頁で語っている。的確で精緻な筆致ももちろん、これだけ広汎な思想家、学者、文学者、研究者等をここまでふかく読みこんでいることは驚異といわねばならない。こんなに該博な学殖と広い視野をもった筆者はどんな人であろうか、と毎週一回、『日本経済新聞』に掲載されるのをたのしみにして待ち、筆力に感嘆していた。筆者が粕谷一希であることを知ったのは単行本として刊行され、恵与をうけたときが初めてであった。

このような仕事はそれぞれが研究分野をもち、専門としている仕事をもっている学者、研究者、文学者等にできることではない。つねにあらゆる人文系の分野の文章、著書に目配りをしている特異な人でなければならないのだが、そこで各人の言うところを正確に理解し、わが国の文化、文明の思潮の中に位置づけることができる人でなくてはならない。これこそ最高にジャーナリストとしての才能

と理解力をもった人というべきであり、粕谷一希はまさにそういう卓越したジャーナリストであった。

その反面、このような著書は、結局、日本の戦後思潮のガイドブックにすぎない。この著書によって読者は興味をもった学者を発見すれば、読者は自らその学者の著書を読んで検討することになるであろう。そういう意味では空しい仕事である。さらに、中央公論社に勤務している間に、よくこれほどの学殖ひろい分野の見識をもつことができたのは、勤務の余暇をよほど有効に利用したに違いない。粕谷一希とはそういう勤勉で頭脳明晰な人であった。

＊

粕谷一希の著書で面白いのは『中央公論社と私』と題する回想録であると記したが、その意味の多くはエピソードの面白さであり、一部はふつう広く知られていない事実が明らかにされていることにある。

たとえば、政治評論家の細川隆元にふれて校正刷を届けた話がある。

「細川さんは、私に赤坂の料亭にゲラを持参するようにと命じた。その料亭を訪ねて部屋に通されると、細川隆元氏は自民党の小坂善太郎氏とふとんに入ってあんまを呼んでいた。

——ああ、きたか。

といった台詞と共にゲラ刷りをペラペラとめくりながら、起き上がるでもなかった。いくら若僧編集者とはいえ、身仕舞いを正し、別室で相手をするぐらいのマナーがあってもよいだろう。私は怒りよりも不潔感で居たたまれなくなった——。

それ以来、私はこの政治評論家のことを信用しない。」

たしかに細川隆元という人物は不作法だが、粕谷のプライドの問題でもあるだろう。

次は丸山眞男に関するエピソードである。亀井勝一郎が遠山茂樹の『昭和史』を「人間不在の歴史である」と批判したことが契機となって、「同じ吉祥寺に棲む亀井さんと丸山さんに会っていただき自由討議をしてから連載を始め」るということになり、亀井、丸山お二人の会合が井の頭公園の近くの料亭でもたれた。その後、亀井勝一郎を粕谷が担当することとなった。

「私は毎回、丸山さんの家へ伺ってはそのテーマならこの本やこの資料をという示唆を受けて、それを亀井さんに取りついでいた。ところが、私があまり熱心に通ったせいか……、

——君い、なんで私は敵にこんなに塩を送らなくてはならないのかね。

とたまりかねたように丸山さんがつぶやいた。私は瞬間、その意味がよくわからなかったが、そうか丸山さんにとって亀井さんは敵なのか、ということに思い当たって強いショックをうけた。それまで私は、さまざまな意見の対立はあっても個人的対立とは別であり学問上の真理の発見には協力するのが本来だろうと思っていた。しかし、よく考えてみれば、亀井勝一郎氏は日本浪曼派の一人であり、遠山茂樹氏は歴研の一人であった。いくら寛容な丸山さんでも、歴研は味方であり、日本浪曼派は敵なのであろう。」

私と同世代の人々の中には丸山眞男を畏敬する者が多い。私は二、三の著述を読んだが、丸山眞男の著述には感心しなかった。このエピソードで彼の狭量を知り、彼の著述が物足りない所以を知ったかのような感をもったのであった。

『中央公論』に深沢七郎の「風流夢譚」を掲載したことを右翼が問題視し、右翼かぶれの少年が中央公論社社長の嶋中邸に押し入り、お手伝いの丸山さんという老婦人が即死し、嶋中夫人は刺し傷が

心臓近くに達する重傷を負った、という事件があった。この事件自体は大きく報道されていたので、私も承知していたが、『思想の科学』廃棄事件というのが、この一環として起こったことは粕谷の著書ではじめて知ったことであった。六〇年安保の年である。

中央公論社は鶴見俊輔氏らの『思想の科学』の発行をひきうけていたが、同誌五月号に天皇制特集をすることになり、発売直前に全部数断裁し廃棄処分にした、という。この処置は『思想の科学』の人々も嶋中社長も知らない状況下で行われた、という。しかも、この処分以前に公安調査庁の人に閲覧させていた、というのだから言語道断であった。こうした不祥事が嶋中社長の退任をもたらし、長期的には中央公論社の低迷、やがては渡邉恒雄支配下の読売新聞の傘下に入ることとなる遠因となったのではないか。

『中央公論社と私』に戻ると、『中央公論』編集長をつとめた粕谷は同書記載の事情で辞職、やがて『歴史と人物』の編集長をつとめることとなった。一九七〇年である。これ以前、粕谷がまだ『中央公論』編集次長であった時代、粕谷の著書に「出会いの季節」という一章があり、高坂正堯、永井陽之助、萩原延壽と知り合ったことが記述されている。これらの人々を『中央公論』の主要執筆者陣に加えたことにより、粕谷が『中央公論』という雑誌の性格を変えるのに大きく寄与したことと思うが、永井、萩原両氏との出会いは別として高坂正堯との出会いとその後が興味ふかいので、引用したい。高坂正堯がハーバード大学の留学から帰国して国際文化会館に泊まっているから、会ってみたらどうか、と粕谷に勧めたのは蠟山政道の子息蠟山道雄という方であった。初対面の高坂正堯について粕谷は次のように書いている。

「高坂正堯氏は若々しくまだ少年の面影を残しているように思われたが、その物腰や話し方は落ち着いて老成していて著しくコントラストを成しているのが印象的だった。一時間も話しこんだろうか。その会話のなかで、丸山眞男氏との話が刺激だった。丸山眞男氏は六〇年安保が終わって以来、時事的発言を断って純粋にアカデミズムの人に戻った。その丸山氏をアメリカのハーバード大学が招聘し、丸山氏もそれを受けてハーバード大学を訪問した。ハーバード留学中の高坂氏とそこで出会い、何回も対話する機会をもったという。

——残念ながら、安全保障の問題でどうしても意見の一致を見ませんでしたね。

いかにも残念そうな口ぶりで、丸山さんへの敬意と、しかし立場の相違を明言する勇気とを併せもっている様子だった。

——それを文章にして頂けませんか。

私は単刀直入にそうお願いした。高坂氏はしばらく考えこんでいたが、「やってみましょう」との返事であった。

その結果生まれたのが処女論文「現実主義者の平和論」（「中央公論」昭和三十八年新年号）である。そこには丸山眞男氏の名は出てこない。高坂氏が相手にしたのは、坂本義和、加藤周一両氏であったが、問題意識はどちらでも変わらなかった。同じ国際政治学の坂本義和氏と論争した方が、自分にはふさわしいと考えたのかもしれない。

論旨は日本の理想主義的平和主義を批判したもので、その意味では福田恆存氏の平和論批判と変わらない。ただ文学者の批判はレトリックの次元だったから相手はそれを理由に黙殺することができた。しかし、今度は同じ政治学、国際政治学の土俵での論争であり、論者も両者の主張の比較は容易なはずだった。

この論文が掲載された直後、編集部はすぐさまこれまで担当だったK君を通して坂本義和氏と接触し、反論を書いて頂けないかを打診したが、答えはノーだった。それなら対談をと持ちかけたが、これもノー。それでは記事にしないからお会いになりませんか、と持ちかけてみたが、これもノー。では高坂氏自身、お目にかかることを切望しているが、どうしたらよいかを尋ねると、編集部の介在なしに「会いたければ私の研究室まで来てくれ」との返事であった。私はずいぶん尊大な態度だとムカッとしたが、高坂氏は独りで研究室まで行ってくるという。私は社で待機することにした。三時間ほど経過しただろうか。戻ってきた高坂氏はしみじみと、

――溝は深いですね。なんとか対話の糸口をみつけたいと思ったのですが駄目でした。

私はここまで礼をつくした高坂氏への愛着と敬意に胸が一杯になった。」

私はこの文章を読みかえして、あらためて新保守主義者と目すべき粕谷と私は政治思想について話し合ったことがなかったことを思いだした。政治思想を話題にすると、まったく意見が対立し、白けた気分になるので、そうした話題に入りそうになると、お互いに、話題に深入りするのを避けていたのだ、という感がつよい。

この坂本義和の態度が尊大だとは私は思わないし、いったい高坂正堯はどういう見通しをもって坂本と面会したのか、疑問を感じる。私は坂本義和の理想主義的平和論も高坂の論文も読んでいないが、加藤周一さんの理想主義的といえば理想主義的平和論に同感している。かりに坂本義和が『中央公論』に寄稿したとしても、それまでの彼の持論を変えるはずがない。せいぜい現実主義的平和論の危険性を指摘するにとどまっていたであろう。そんな論文を寄稿するのに気がのらないのは当然と言ってよい。

また、高坂は坂本と面談した結果「溝は深いですね」と語ったというが、溝をうめるようなことが、つまりは現実主義と理想主義の間に妥協ないし相互的譲歩の余地がありうるか、といえば、そんなことはありえないのだから、溝が深いのははじめから分かりきったことである。

会いたい、といわれ、研究室で会う、と答えた坂本が尊大だと粕谷はいうが、面会を申し込んだ者が相手の指定する、相手にもっとも便利な場所に出向くのは当然のエチケットであり、尊大などとはいえない。

理想主義的平和論を実現するのは難しい。反面で、現実主義的平和主義は現実に流されやすい。その結果、わが国は、厖大な軍事力を備えることとなり、駐留アメリカ軍への思いやり予算からその増額、さらに集団的自衛権にまでいまつき進んでいる。このような危険は現実主義的に平和論を唱えれば当然予期できることであり、その歯止めのためにも理想主義は堅持しなければならない、と私は考えている。

この点こそが粕谷に対して私がもっていた最大の問題であった。ちょうど、高坂正堯に関連して、私と粕谷との政治思想の違いが浮きぼりにされる機会をもったので、ここに記しておく。

このこととも関係すると思われるが、粕谷は『中央公論』の次長時代、「笹原編集長の了解を得て、中公サロンという会を開いていた時期がある」と記し、「高坂正堯、萩原延壽、永井陽之助、山崎正和、富永健一、金森久雄、村松剛といった人々だったろうか。別になんの目的があるわけではない。ひと月に一遍、集まって、中央公論社七階のプルニエの個室で晩飯を食いながら、雑談する会である」と書かれている。これらの人々が、粕谷が思想的バックアップを期待し、粕谷が中央論壇への売り出しに一役買った人々であろう。ただ、これらの人々の中で、萩原延壽は粕谷と思想的に近かったとは思われない。私は一時『朝日新聞』の紙面批評というコラムを数か月担当したことがあり、その一回に、私は『朝日新聞』を手にすると、真っ先に読むのが萩原延壽の「白い崖」だ、と書いたことがある。もう連載を打ち切りにしたいと考えていた朝日新聞社が、私のこの文章のために連載を続けることにした、という話がある。萩原延壽氏は私の文章を徳として、私を訪ねておいでになり、ちょうど原口統三が逗子で入水自殺をした夜、一高三高戦があり、当時三高生であった彼が一高の寮で泊まった、といった話をお聞きした。そんなことから著書を頂いたり、かなり親交があったが、粕谷との関係は知らなかった。粕谷も私と萩原延壽との関係は知らなかったと思われる。また、村松剛は一高で私より一年下級で、『世代』が同人誌化した後に『世代』の会合で顔を合わせていたし、『世代』に大野正男と並んで評論を発表していた。村松は『世代』に発表した著作が契機になって、文壇に出た点では吉行淳之介と同じ立場だが、私は村松と親しく話したこともなく、ほとんど交際もなかった。村松は『世代』創刊時にはまったく関係していなかったから、粕谷は『二十歳にして心朽ちたり』の取材にさいしても、村松とは連絡をとっていなかった。私と村松の関係も粕谷との間で話に出たことはなかった。

さて、粕谷は『中央公論』の二度目の編集長をつとめることとなる前、一九七〇年から三年ほど『歴史と人物』の編集長をつとめていた。『歴史と人物』は、粕谷の著書に「私の編集者生活のうちで、もっとも楽しかった時代であり、充実していた時代であったが、それは必ずしも部数の上昇に結びつかず、最初の三冊を『中央公論』の臨時増刊という形式で季刊で出していたころは、『中央公論』本誌が十万部であったのに対し、その七〇パーセントの七万部くらいの実売であったものが、三《ママ》冊目から独立した雑誌として月刊に踏み切ってからは、三万部から四万部の間を上下していた」と書き、

「社長から部数の低迷を指摘されて、ときたま嫌味をいわれていた」と書いている。

現在はいざ知らず、三万部から四万部というのは嘆声が出るほど、多い部数である。この当時は活字文化が全盛だったのだ、という感慨がつよい。あるいは活字文化が黄金時代の末期を迎えつつあったのかもしれない。私は、『中央公論』のような総合誌や『歴史と人物』のような読物誌と文芸誌とは、もともと発行部数がまるで違うのだろうと察してはいるが、現在、大出版社の文芸誌『文學界』『群像』などは発行部数三千部だと聞いている。当然、赤字だが、文芸出版社としては、やはり核となる文芸誌は発行を止めるわけにはいかないのであろう。こうして粕谷は一九七八（昭和五三）年に中央公論社を退社し、やがて都市出版の社長として小出版社の経営、雑誌の発行にふみきることになるわけである。

＊

粕谷は一九七八年に中央公論社を退社しているが、その間も時々丸の内の私の事務所に訪ねてきた。彼と会ってどんな話をしたか、私はほとんど記憶していない。彼はいつも取材する側だったから、たしか私に何かしら質問をし、私が答えたのだと思うが、私が、高坂正堯、永井陽之助、山崎正和といった人々の論談に感銘をうけたような発言をしたことはない。それは私を彼が詩人として、また、弁護士として見ていたので、私がどんな思想をもっているかには関心がなかったためかもしれない。

一度は、粕谷に呼び出されて、銀座の喫茶店で会ったことがある。そのとき、粕谷は庄司薫君を連れてきていた。『中央公論社と私』に粕谷が書いていることだが、庄司薫、本名福田章二君と粕谷は庄司君が東大に在学中「喪失」という小説で中央公論新人賞を受賞したが、その後、機会があって、親しくつきあうようになっていたそうである。粕谷は庄司君すなわち福田章二君と池袋で落ち合い、蟹屋でご馳走になった、とあり、そのとき、福田君から「何か私にできることがあったら手伝いますよ」と言われ、「そんな気持があるなら、小説を書いてよ」と粕谷が依頼し、やがて原稿が百枚、二百枚、二六〇枚と出来、担当編集者から、粕谷は

「題名は「赤頭巾ちゃん気をつけて」、ペンネームは庄司薫だそうです。」

と聞かされたこと、「反響は素早く発売直後から、まだ批評も出ないうちから、高校生らしい声の昂奮した調子で、作者の住所を教えてくれといった電話がひんぴんとかかった」と粕谷は書いている。

そんな関係から、粕谷は庄司君を連れて私と会ったわけだが、発表当初から、「赤頭巾ちゃん」はアメリカの作家サリンジャーの作品の剽窃ではないか、という噂というか評判があった。そういう非難に対して、どう対応したらよいか、というのがお二人から私への質問だったと憶えている。そんな雑音は気にする必要はない、ほっとけばいい、本当かどうかは二作目以降で世間も分かってくれるはずだ、というのが私の意見であり、回答であった。実際問題として、題材や雰囲気は似通ったところがあるからといって、この文章がサリンジャーのこの作品のこの文章からとっている、といった具体的な指摘ではなかったから、法律的に、裁判上、争うべき問題ではなかった。私の回答で、手の打ちようはないのだ、と彼らは納得したのであろう。庄司君が、いわゆる赤頭巾ちゃん三部作を完成すると、そんな批判めいた言葉はまったく聞かれなくなった。そんな席で、粕谷はどうといった発言はしなかった。

それにしても庄司君が中村紘子さんと結婚以降ふっつりと筆を折って、まったく創作から遠ざかってしまったことを私は心から残念に思っている。いま東京の住民の多くは地方からの出身者であり、

純粋に都会人といえる人は少ないし、東京の中流階級の生活意識、身のこなし、口の聞き方から考え方に至るまで、庄司君ほど、そうした都会人の感覚を表現した人はいないし、表現できる人はいない。赤頭巾ちゃん三部作はあくまで若者の小説である。成人した都会人の生活感覚のあふれた作品を書けるのは庄司君を措いていない、と私は考えている。これは粕谷と関係ないが、私の無念は是非ここで書いておきたい。

たぶん、やはりまだ粕谷が中央公論に勤めていたころだと思うが、丸谷才一と一緒に、当時の東京會舘のロビーで、粕谷に頼まれて会ったことがある。丸谷の私に対する質問は、たしか明治憲法の文体についてどう考えるか、といったことであった。

粕谷は当時『中央公論』に丸谷の「文章読本」を連載していたし、この『文章読本』は単行本になってベストセラーになった、と粕谷は誇らしげに書いている。私は丸谷とは橋本一明の最初の結婚のとき丸谷が司会したので、そのとき以来数十年の交際があったから、何も粕谷に紹介されなくても、丸谷が直接、私に連絡してきてもよいことなのだが、明治憲法の文体という、法律の文体一般にもかかわる問題なので、あるいは、丸谷に私の意見を聞かせる、ということは粕谷の発想だったかもしれない。しかし、丸谷と私の間で意見はまるでかみあわなかった。私は明治憲法は文語体の文章として整っているし、格調は高いけれども、文語体の文章としてはごく普通の文章にすぎない、というように考えていたので、丸谷が、つまらないことに拘泥しているとしか、思われなかったのであった。

丸谷といえば、その後のことだが、丸谷家のお手伝いさんにカリフォルニアの裁判所から書面が届いたので、理解できないから、読んで解釈を聞かせてもらいたい、という依頼をうけたことがある。手許に届いた書面を見ると、たしか、誰それが死亡したので、債権があれば届出をするように、といった通知であった。やはり商売が違うと、英語の解釈力も違うのだ、と実感した。丸谷には『ユリシーズ』を翻訳することはできても、私が一目見て理解できる法律的文書は理解できないのである。『ユリシーズ』は私にはてんで歯が立たない。これは粕谷とは関係ないエピソードだが、思いだしたので、書きそえておく。

＊

もう一度、粕谷に招かれて、高名な政治学者と一夕小料理屋で同席したことがある。その政治学者はテレビで見馴れているとおり、かなり容貌に品格がなかった。目鼻立ちが整っているか、どうかにかかわらず、すぐれた人物の容貌には品格がある、と私は考えている。私は最近の政治学についてご高説を拝聴するのだろうと予想していたが、彼の話はもっぱら政界、ことに自民党内の動勢の裏話であった。もちろん、私たち庶民の知らない話ばかりだったが、私にはまったく興味がなかった。政治学者は人間としての政治家も学問の対象に違いないが、政治家間の裏側の取引には私は聞く耳をもたなかった。私は、粕谷が声をかければ、こんな高名な政治学者も喜んで出向いてくるのだ、という事実に感心した。同時に、粕谷自身もそうした政界裏話に興味があるようで、適当に相槌をうち、質問をしたりして、座を盛り上げていたことにも、驚いた。粕谷はきっと彼の思想的な談話を聞きたいのだろうと思っていたので、意外であり、失望もしたのであった。

＊

さて、粕谷は、これまで採りあげた著書以外にも二冊ほど著書があるが、そのような文筆活動を止める気になったらしく、一九八七（昭和六二）年に都市出版株式会社という名称で出版業に乗りだした。彼の話によれば、ニューヨークには『New Yorker』という雑誌があって、知識人層にニューヨークとはどういう都市かを伝達しているのに、東京にはこれに匹敵する雑誌がないことは残念だから、是非『東京人』という雑誌を発行したい。それについて、東京都は協力してくれないか、と当時の鈴木俊一知事を口説いたのだそうである。その結果、東京都から相当額の補助金が出ることになっているので、安心した経営ができる、と説明してくれた。私は鈴木知事と直接にそんな話を持ちかけることができるほどに、粕谷が出版人として知名度が高いことを知り、彼を見直す思いであった。

都市出版は『東京人』とは別に『外交フォーラム』という雑誌を発行することになっていた。これについては外務省が粕谷にもちかけたのか、粕谷が外務省にもちこんだのか、その経緯を聞いた憶えはない。ただ、外務省の名はまったく表面には出さないけれども、外務省のPR雑誌を発行するので、外務省が補助金を出してくれるので、これも経営を安定させるのに役立つということであった。『東京人』のばあい、東京都が補助金なり助成金を出すのか、その外郭団体である東京都が出資している財団法人のような機関が出すのか、私ははっきり聞いた憶えがない。『外交フォーラム』についても同様である。おそらく両者とも外郭団体を通じ、補助金ないし助成金が都市出版に与えられていたのであろう。

私は『New Yorker』という雑誌を見たことがないので、内容をまったく知らないのだが、粕谷の当初の構想では、粕谷が世に送りだしたともいうべき高坂正堯、山崎正和、永井陽之助らと同じような水準の筆者を動員し、時々のテーマに沿った東京に関する論説、随筆を掲載する、といったものであった。いいかえれば『中央公論』の東京特集版を月刊誌として発行することであった。

私の知る限り、『東京人』は粕谷の思惑のような雑誌にはならなかった。発行が始まって間もないころ、私は粕谷に『東京人』はまるで観光ガイド雑誌じゃないか、と揶揄したことがある。粕谷は、ともかく採算がとれなくては会社が持ちませんから、といった弁解をした。会社経営を安定化させるために、外務省に働きかけて『外交フォーラム』を発行するため補助金が出るように仕組んだのかもしれない。

私からみると、『外交フォーラム』こそが粕谷の編集・発行にふさわしい雑誌であった。

たとえば、前述の『外交フォーラム』二〇〇九年一一月号の表紙を見ると、「特集　国連外交、再構築のとき」とあり、

- リーダーシップを発揮して、国連外交を再活性化させよ　北岡伸一
- 国連外交の現場　高須幸雄／（聞き手）榎原美樹
- アメリカの国際協調はよみがえるか　ブルース・ジョーンズ
- いまを見つめ、未来を語る　明石康／弓削昭子／加藤登紀子／知花くらら

とある。

そのまま、現在でも通用するようなテーマが並んでいる。内容を見ると、巻頭随筆として「『松本重治伝　最後のリベラリスト』を執筆して」と題する開米潤という元共同通信記者のジャーナリストのエッセイ、「ザンビアでの出会い」と題する、国連世界食糧計画のオフィシャル・サポーターである知花くららのルポルタージュ、「「不可欠だが不完全」な組織に、どう関わるか」という座談会に、

星野俊也（大阪大学教授）、中前博之（日経新聞前米州総局長）、長有紀枝（立教大学大学院教授）、羽田浩二（国連担当大使）の四名が参加している。「国連外交の現場」と題するインタビューは高須幸雄国連大使に榎原美樹NHK米州総局特派員が質問し、回答をえている。鳩山首相の国連総会における演説も全文掲載している。

これこそが粕谷の智能、経験、人脈等を発揮した雑誌であったが、たぶん、二〇〇九年かそれ以前に、外務省からの助成金は出なくなったものと思われる。前後して、東京都からの助成金も打ち切られたはずである。当時いっせいに各官公庁の予算ひきしめが行われたことの余波である。

『外交フォーラム』はきわめて卓越した内容をもつ雑誌だが、これを毎月購読するような教養人、知識人はそう多くない。外務省からの補助金がなければ成り立つ雑誌ではなかった。数十万部を発行する雑誌社で育った粕谷には、あるいは、少数の読者を対象とする雑誌がイメージできなかったのかもしれない。『外交フォーラム』は採算のとれる雑誌であるためには高踏的すぎたのであろう。一方、『東京人』は観光ガイド雑誌化路線を強化していくより他、生き残る方法がなかった。

それでも補助金がうち切られて以降は、赤字続きであった。私は、都市出版が相当多額の債務をかかえて倒産することになれば、債権者に迷惑をかけることになり、粕谷の晩節を汚すことになる、と考えた。そこで、都市出版の代表取締役、社長を退任するよう、それも一刻も早く実行するよう、つよく勧めた。粕谷はなかなか承知しなかった。再建は自分の手に余ると観念するまで、一、二年かかったのではないか。

結局、粕谷は都市出版から完全に撤退した。後任として、粕谷の女婿である高橋栄一君がひきつぎ、苦労しながら、『東京人』の出版を続けている。そういえば、『外交』と題する雑誌を外務省が発行し、都市出版が発売元になっているという広告が出ている。形式を変え、題名も変えて再出発したのであろうが、私は見たことがない。

＊

粕谷一希は二〇一四年五月に他界した。一九三〇年二月生まれだから八四歳である。充分に生きた、といってよいのだろうが、私からみると、中央公論社でも、都市出版でも彼の志はついに遂げられなかったようにみえる。その広汎な学識、人づきあいの良さ、多くの人から愛された人格などを偲び、私は心残りが多い。

清岡卓行

清岡卓行は気難しい人であった。ただ、私が彼を知って以来いつも気難しかったわけではない。彼の晩年というか、後半生、詩人というよりは小説家として生活するようになって以後、私は絶交されていたように感じている。絶交を申し渡されたわけではない。新しい著書が刊行されれば必ず恵与してくれていたのだから、絶交されたというのは私の思い過ごしかもしれない。

私が彼と交友があったのは、彼が日本野球連盟（セントラル野球連盟の前身）に勤め、池上あたりに住んでいた時期までである。彼の最初の夫人が急逝し、葬儀に出向いたとき、私と旧制一高の同級生であり、ロシア文学の翻訳、評論で知られていた江川卓こと馬場宏と出会ったことを憶えている。江川卓はロシア語を独学で学んだはずだが、翻訳もすぐれていたばかりでなく、ドストエフスキーに関する評論も独自の観点からこの大作家の文学を見直したもので、教えられることが少なくなかった。その時、しばらく立ち話をしたのが最後で、彼もすでに他界している。懐かしい知己の一人である。そのとき、清岡が会葬者に挨拶したのだが、その時の彼の蕭然とした表情が忘れられない。ともかく、その後は、私は清岡と顔を合わせることはごく稀であったはずである。

清岡は非常に敏感な感受性の持ち主であった。何かの機会に彼の気に障るようなことを私が発言し、彼がその私の発言に憤りを感じながら、その憤りに耐えていたのではないか、それが彼に私と絶交したかのような態度を取らせるようになったのではないか。私は軽率な発言をすることが多いので、何時、どのような失言をしたか、定かでないが、私の失言により彼が傷ついたことがあったと考えるのが、妥当であろうと思われる。思い当たることは、私が中村稔というおそらく全国では何百人もいると思われる平凡な名前なのに、彼は清岡卓行という稀有の立派な名前なのが羨ましい、と言ったことがあり、それに関連した発言が彼の気に障ったのではないか、と感じている。彼はその姓名が気に入っていた。たとえば、彼から聞いた話に、一高在学中、軍事教練の時間、配属将校から、清岡子爵（?）のお身内ですか、と訊ねられ、まあ、とか言って肯定も否定もしなかったが、配属将校はそう信じこんで、自分が神経衰弱のため、教練の授業は耐えられないと言うと、それならどうぞお休みになってください、と言ってくれたのだよ、だから、その後は教練は免除されたようなものだった、という。たしか、清岡の本籍は高知県、元の土佐藩だが、同じ土佐出身の清岡という子爵か男爵がいたはずである。たぶん、明治維新のさいに功績をあげたのであろう。清岡は、あるいは、本当に、その華族と、遠くても縁続きだったのかもしれない。彼はその姓にも名にも誇りを持っていたので、私の無遠慮な発言に傷ついたことはありえないことではない。

多摩湖の近傍に住み、知られた女性詩人と再婚してからは、私は彼と会話する機会もほとんどなかった。ひとつには私が彼から絶交されたように感じていたことによるが、文壇の限られた人々との交渉を別にすれば、彼は隠者のようにひっそりと暮らしていた。そういう後半生の彼は彼のごく若いころ、大連から引き揚げて帰国して以後、最初の詩集『氷った焔』を出版した一九五九年ころまでの清岡とはまるで別人のように思われる。『氷った焔』の刊行は私たちの周辺ないし書肆ユリイカ、伊達得夫と親密な交友があった若い詩人たちと比べてひどく遅かった。この詩集の「あとがき」に彼は「詩集を作りたいと思ったのは、十九歳の頃であったから、十五年程かかって、やっと処女詩集ができたことになる」と書いているが、この一五年間のころの彼ともまるで違っている。

*

私が一九四四年四月に旧制一高に入学したころ、清岡卓行といえば神秘的なほどに著名な詩人であった。『護国会雑誌』と改題されていた『校友会雑誌』や『向陵時報』という校内紙に毎号詩を発表していた。私が入学し、寄宿寮で生活し始めた当時、清岡はまだ寮で暮らしていた。私は井の頭線の電車で清岡を見かけた。正確には同行していた友人が、あそこに清岡さんがいる、と教えてくれたのであった。その時、私は清岡さんも電車に乗るのか、と、ふしぎな光景を見たように感じた。清岡も電車に乗るという点では私たち凡庸な一高生と変わりがないのだと知って驚くほど、清岡卓行は私たちにとって天上の人であった。

その後間もなく、清岡は大連の生家に戻ったのであろう。清岡が帰省したのち、原口統三と清岡の作品について話したことがあった。原口は清岡が一高の上記の雑誌や新聞に発表した詩を切り抜いてノートに貼り付けて大事にしていた。原口が逗子の海で自死する前に、私はこのノートを原口から譲り受けた。私はだいぶ以前にこのノートを日本近代文学館に寄贈したので、このノートは現存している。話を原口との対話に戻すと、いうまでもなく、原口は清岡に絶大な敬意をはらっていた。崇拝していたというのが正しいかもしれない。明寮十六番の寝室で、午後も遅く、夕陽を浴びながら、原口が「海嘯の彼方」と題する清岡の詩を暗唱して聞かせてくれた。すこし長いが、以下に引用する。

死灰が層をなしてゐる地角の涯に
私は蠍のやうに貪慾の眼を潜ませてゐた
りんりんと身にしみわたる静寂と
仰げば蹌踉として歩む日輪と
死の湖に影を落す森林は石炭紀の植物のやうで
噴火の幻影に怯えた木つ葉はびりびりと葉脈をふるはせてゐた
何といふ夢のやうな　奇怪な　懐しい回想だらう
群る狼のやうなものは血に塗れて舌を吐き
小兎の噛みくだかれた残骸は化石のやうに凍えてゐる
夢のやうな恐怖と恍惚に私の魂はしびれた
そのとき　涯しなく遠い北方から
一つの海嘯の響きがはるかに押寄せて来た
ぐわう　きるる……　　ぐわう　わう
不気味に　重く　沈鬱に吼えてゐた

私はながいあいだその響きに耳を傾けてゐたやうだ
死灰が層をなしてゐる地角の涯に
私は蠍のやうに冷い涙を流した

『私はいつまでもかくあるのか』
『私はいつまでもかくあるであらう』
大気に揺れる海嘯は不思議な豫感を傳へて来る
私の　孤獨な　亡霊のやうな　ほそい影よ
未来の屈辱の豫感にさめざめと泣かうではないか
ぐわう　きるう……　ぐわう　わう
海嘯の唸りはしだいに去つて行くやうだ

私は原口の激情を抑えた沈静な声音を思い出す。そしてこの詩を原口が暗唱し終えたとき、彼も私も無言でいた。しばらくしてから、感動的な詩だね、と私が言い、原口が、これは清岡さんの詩の中でも傑作だ、と答えた。「私」が居る場所についてのイメージが一部分かりにくい措辞の難があるが「私はいつまでもかくあるのか」「私はいつまでもかくあるであらう」という自問自答にみられる、青春の苦悩に感動した。

このような詩によって、私たちにとって清岡卓行は当時の旧制一高において天上の人であった。この「海嘯の彼方」は一九四三年一一月刊行の『向陵時報』に掲載された。清岡は一九二二年生まれだから、二一歳またはそれ以前の作である。第一詩集『氷った焔』に「海鳴り」と改題されて収められている。改変されたのは題名だけではないので、以下に全文を引用する。

死灰が層をなしている地角の涯に

ぼくは貪欲の眼を潜ませる一匹の蜥であつた
りんりんと内臓にしみわたる静寂と
仰げば　蹌踉として歩む日輪と
動かぬ湖に影を落す森林は
石炭紀の植物のようで
噴火の幻影に怯えた木つ葉は
びりびりとその葉脈をふるわせていた
何という　夢のような
奇怪な　懐しい　回想だろう
むらがる爬虫類は血に塗れた舌を吐き
噛み砕かれた哺乳動物の残骸は
化石のように凍えている
夢のような　恐怖と恍惚に
ぼくのひとかけらの肢体はしびれた
そのとき　涯しなく遠い南方から
高まる海鳴りのひびきが
はるかに押し寄せてきた
ぐおう　きるる…………
ぐおう　おう

不気味に　重く　沈鬱に　吼えていた

ぼくは長い一瞬　そのひびきに
哀れな環節をちぢこめていたようだ
死灰が層をなしている地角の涯に
ぼくは冷い涙を分泌する一匹の蠍であつた
「ぼくはいつまでもかくあるのか」
「ぼくはいつまでもかくあるであろう」
大気を揺すぶる海鳴りは
ふしぎな予感をつたえてくる
ぼくの　孤独な　醜い　呪われた影よ
未来の屈辱の予感に
さめざめと泣こうではないか
ぐおう　きるる…………
　　　　ぐおう　おう
海鳴りは更に高まつて行くようであつた

改作された作品の方が『向陵時報』掲載の作品よりも分かりやすい。しかし、元の作品の高い、緊迫した格調は『氷った焔』収録形では失われているのではないか。「私」と「ぼく」の違いが、ことにこの詩の核心というべき自問自答の気迫を弱めているのではないか。また、海嘯ないし海鳴りは一瞬だけ耳にすれば足り、長く高まって行く必要はないのではないか。私は改作時には原作時の詩興が失われていたのではないか、と感じている。

*

やがて、敗戦を迎え、原口は逗子海岸で自死した。清岡は数年後に大連から引き揚げてきた。おそらく橋本一明に誘われたものと思われるが、『世代』の集まりに顔を出すようになった。『世代』は一九四八年二月に第一〇号を目黒書店から発行して以後、休刊していたが、一九五〇年頃にガリ版刷りの第一一号を発行、一九五一年二月に活版で第一二号を発行、一九五三年二月に第一七号を発行、この第一七号が終刊号となった。この時期がいわば、『世代』の第三期だが、終刊に至るまで、『世代』の同人たちは会合を続けていた。『世代』の同人といっても、資格審査のようなものがあるわけではなく、同人費を徴収されていたわけでもないから、いわば『世代』の集まりに関心を持つ人々が出欠自由、出たいときに出る、といった集まりで、会合の場所も一定していなかった。そのような会合の場所の一つに当時の一高前駅から近い一幸という廉い、気楽な小料理屋があった。書肆ユリイカとして知られる伊達得夫の遺稿集『詩人たち——ユリイカ抄』に「パイプはブライヤア」という文章が収められている。書肆ユリイカが原口の『二十歳のエチュード』を刊行したことを冒頭に書いたうえで、伊達はこの文章で「この本を読んだ者は誰でも気のつくことだが、全篇をつらぬくはげしい反抗的な姿勢にもかかわらず、つねに敬愛の念をもってくりかえし書かれているただ一人の先輩の名がある。清岡卓行。」と記し、『二十歳のエチュード』から次の一節を引用している。

「僕のマドロスパイプはブライヤアだ。所でブライヤアとは薔薇の根であり、薔薇の根で作ったパイプは上等だ、と始《ママ》めて教えてくれたのは清岡さんだ。

パイプ。いかにも清岡さんの風貌に似合ったものであった。」

伊達はなお『二十歳のエチュード』からの引用や橋本一明の文章などを引用しているが、途中は省く。肝心な箇所は伊達が初めて清岡と出会った時の情景である。以下に、この初対面を描いた場面を引用する。

「ぼくが発行人になっていた「世代」という同人雑誌の集会に出席するために、駒場の一幸亭という小料理屋に出掛けたことがある。一九五一年の夏である。その店のことを同人たちはワン・ハッピイあるいはワンハッツと称していたが。そのワンハッツの奥座敷にぼくが入ったとき、橋本一明が、見なれない小肥りの男を相手に将棋を指していた。

「あゝしばらく」と橋本が言った。それから相手の男をぼくに紹介した。「この人が、清岡卓行氏」

清岡卓行が引揚げて東大に復学したことは聞いていた。「世代」の同人になって、十三号にシナリオを十五号にエッセイを十六号に詩を書いているのもぼくは読んでいた。しかし、これまで会う機会はなかった。人間の想像力なぞというものは全く信用できないものだ。『二十歳のエチュード』を読み、橋本一明や中村稔から話を聞いて作りあげていたぼくのイメージと、そこに将棋をさしている人物を結びつけるのにぼくは戸まどった。

「キヨオカです」そういって、かれはニヤリと笑った。ぼくのとまどいを見ぬいたのであろう。「妙なところに勤めています」と言いながら名刺を出した。それには、「日本野球連盟」と印刷されてあった。

かれはぼくの狐につままれたような顔をまともに見て心地よさそうに「ゲラゲラゲラ」とわらった。」

「……？」

橋本一明が年齢も一高卒業年度もはるか先輩の清岡を「清岡卓行氏」と呼んで「清岡卓行さん」と呼ばなかったのはずいぶん無礼だと思うが、橋本の一種の気取りなのであろう。

伊達が書いているとおり、私が戦時中の清岡の風貌を伊達に話していたとすれば、戦後、大連から引き揚げてきて初めて会った時の清岡は戦時中にかいまみた彼の風貌とはまるで違っていた。井の頭線の電車内で見かけた清岡はいかにも鬱屈した雰囲気、誰も寄せつけないような烈しい孤独感につつまれていた。戦後に親しく会った時の清岡には俗中の俗、といった趣きがあり、別人の感があった。私は清岡が戦時中ことさら詩人らしい風貌をよそおっていたとは思わない。当時は見かけたように孤独感にさいなまれていたに違いないし、死を身近に感じ、鬱屈していたに違いない。戦後は日本野球連盟に勤めて給与を受ける一市民になって、砕けた人間関係を築くことに馴れるようになったのではないか。戦時中も、ごく親しい人々の間では、砕けた人間関係をもっていたのかもしれない。しかし、彼はもともと感受性が敏感で、気難しい性質の持ち主であったから、後半生になると、そういう砕けた人間関係を持続するのが面倒になったので、隠者のような生活をするようになったのかもしれない。いずれにしても、複雑で多面的な性格の持ち主であったと私は考えている。

＊

さて、清岡は一九五二年三月刊行の『世代』第一五号に「最初のセナリスト　シャルル・スパーク論」を発表している。ここで清岡は映画に関する彼の蘊蓄をかたむけて、シャルル・スパークというシナリオ作家について論じている。「スパークのシナリオ制作における第一の動機は、カードルの発見であった」という。カードルとは事の行われる場所をいう。「われわれは、スパークのカードルが、全く特殊な環境であったことに気づかねばならない。「外人部隊」の植民地軍隊、「ミモザ館」の賭博場、「女だけの都」の一七世紀フランドルの小都市。「地の果てを行く」における再度の「外人部隊」、「我等の仲間」の安アパートと新築レストラン、「どん底」におけるまさしきどん底、「大いなる幻影」の捕虜収容所、「旅路の果て」の俳優養老院、等々……である。社会の特殊な地理的部位！ 医師が人間の肉体の病患部を看て歩くように、旅行者スパークは社会の病患部を往診して歩いたのであった」。以下、それぞれの作品についての論証が記述されているが、省略する。ただ、上記したところから清岡の映画に関する深い造詣を窺い知ることができるであろう。私の記憶では、一時期、清岡はドキュメンタリー映画の制作に関与したことがあるはずである。しかし、映画制作の実務は清岡の肉体的状況では耐えられない苛酷なものであったので、諦めざるを得なかった、と聞いている。

一九五二年七月刊行の第一六号では「余興」と題する詩を発表している。これは『氷った焔』に収められていないし、私には皆目理解できない作品だが、これは彼のシュルレアリスムの試みではないか、と思われる。そういう類の試みに清岡は戦後、詩作の努力を捧げて成果を得なかったのではないか。彼は飯島耕一、大岡信らが提唱したシュルレアリスム研究会に属し、その機関誌『鰐』に詩を発表していた。この同人誌は彼ら三人のほか、岩田宏、吉岡実だけ、同人は五人だけの俊英の集まりであった。清岡は一九二二年生まれだから、一九三〇年生まれの飯島耕一、一九三一年生まれの大岡信よりもほぼ一〇年、年長であった。戦時中、ボードレール、ランボーに心酔していた清岡はほぼ一〇年若い飯島、大岡らと交わって、シュルレアリスムに近づいたのであった。涙ぐましい変身の試みであった。彼は現代詩の作者として認められるように努めたに違いない。ただ、清岡の詩については、拙著『現代詩人論　男性篇』の清岡卓行の項に詳しく私の見解を記したので、この回想では触れないこととする。

『世代』第一七号（一九五三年刊）に清岡は「マキの新婚旅行」と題するシナリオを発表している。彼の映画に対する関心を見るべき作品だが、これは、いわば、後日彼が発表し、芥川賞を受賞した「アカシヤの大連」の後日譚とみられる作品である。彼は石室先生という名前で、その妻はマキという名前で描かれている。彼らは事実上夫婦生活をしていたようである。大連からの引揚船が彼らの新婚旅行であり、引揚船が彼のいう「カードル」である。石室は教師をしていたらしく、女生徒から、石室先生は自分の奥さんのことを「ちょっと」「ちょっと」と呼ぶと言ってからかわれている。マキには、石室との結婚を思いとどまるように、と執拗に勧める牧師が付きまとっている。引揚船の中で、右翼青年主催の反省会が催され、呼び出された石室は「わたしは、生徒たちが真理に近ずくように教育しました」などと答えたために、主催者らに殴打され、医務室に逃げ込み、はては、投身自殺を偽装し、舞鶴に着いたときに姿をあらわす、というストーリーである。偽装自殺を除けば、この出来事は真実なのではないか。この話からみると、清岡は引き揚げ前、大連で女生徒に対し教鞭を執っていたようであり、彼と彼女は事実上夫婦として認められていたようである。このシナリオはドタバタ喜劇に近く、評価できる作品とは思われないが、清岡の生活史の一部としては必須の意味を持つものに違いない。

＊

私が清岡と親しい関係をもったのは、私の事務所が大森から丸の内の三菱二十一号館という赤煉瓦・五階建てのビルに移転した一九五七年から五八年ころであった。その当時は清岡は日本野球連盟に勤めていて、その事務所は銀座の三原橋の近くにあったはずである。私たちはほとんど毎日、電話で話しあったように憶えている。文学の話ではない。もっと砕けた日常的な事柄が話題であった。一、二週間ごとに顔を合わせた。どうしてそんなに頻繁に会うような用事があったのか。何もどうしても話さなければならない切迫した用件があったわけではなかった。暇つぶしのようなものであった。たとえば、私は彼から、東京で一番シューマイのうまい店は山水楼だ、と教えられた。大連で本場のシューマイを知っているから、自分の判断には自信がある、といった感じであった。山水楼はいま帝劇の入っている国際ビルの東南の角、言い換えれば、丸の内仲通りと帝劇の前の通りと交わる角の二階にあった。実際は、私は、山水楼ではシューマイよりも中華饅が美味しいと思っている。シューマイの美味しい店は銀座二丁目か三丁目にあった中華第一楼だと信じているが、今では山水楼も中華第一楼も廃業してしまった。このような良質な店舗が次々に消えていくのが時代の移り変わりというものであろう。

清岡に教えてもらった店に「ミルク・ワンタン」がある。この店は今、交通会館という有楽町駅の東側のビルが建つ前に、駅にほぼ接して、バラックの闇市のような建物があり、食べ物屋がひしめいていた、その食べ物屋の一軒で、ワンタンに濃厚なミルクを注ぎ、中央にモツの煮込みを載せたものだけを提供していた。ごく素朴な食べ物だが、その味は絶妙であった。冬に食べると、ことに体が温まった。婚約中だった当時、私は亡妻を案内したことがあり、たしかに美味しいけれども、体が熱くなって洟《はな》がかみきれないので困った、と苦情を言われた憶えがある。この店はバラックが取り壊された時に、有楽町駅と東京駅の間のガード下に移転した。移転後の店に私は行ったことがない。しかし、二〇二一年の年末に廃業した、という新聞記事を見たことがある。新聞が廃業を報道するほど、一部に熱心な贔屓客がいたに違いない。

清岡は、そんな話題のついでに、後楽園球場の場内アナウンスをしている女性が、とてもいい子だから、中村君、彼女と結婚しませんか、というようなことを私に勧めた。きっと、気立てもよく、賢い女性なのだろうとは思ったが、私の連れ合いになるのにふさわしいとは思われなかったので、いい加減な返事をしている間に、その話はお流れになった。そんな世話焼きも彼の性分であった。

また、ある時、米川家に一緒に行ったとき、清岡が米川丹佳子夫人に、米川家の電話番号と我が家の電話番号は、下半身が同じなんですよ、と言ったことがある。東京であれば、03に始まり、私の事務所の電話番号は3211－8741だが、この8741にあたるのが清岡のいう「下半身」である。ことさら下半身というのが、いわば清岡の趣味であった。このような表現で米川夫人が顰蹙するのを彼は愉快に思っていたらしい。

相手を顰蹙させるのが好きであったということについては、拙著『忘れられぬ人々 三』の大野正男の項に書いた、大野の結婚披露宴における清岡のスピーチにここでも触れざるをえない。このスピーチで、清岡は、最近、大野君が書いた文芸時評中「白い肉体」という言葉が頻繁に出てくるので、ふしぎに思っていたところ、本日の結婚披露宴に出席し、腑に落ちた思いがする、と清岡は語ったのであった。この文芸時評は一九五四年二月号の『新日本文学』に大野が、村松剛、清岡卓行と三名の名で発表した伊藤整の「火の鳥」評の中に、五百字中「白い肉体」という言葉が四回使われていることを揶揄したものであり、結婚披露宴の祝辞としては、まことに不謹慎、無礼なものであった。ただ、私は大野正男の項を書いたときには、清岡の祝辞の意味が分かっていなかったと、いまでは考えている。この祝辞の意味は清岡の体験に即して理解する必要がある。彼が「アカシヤの大連」の発表の前に『群像』一九六九年五月号に発表した「朝の悲しみ」に語られている回想がある。戦後の大連で清岡は彼女と知り合った。「彼は二十五歳で、彼女は二十歳であったが、終戦から二年ほど経った頃であっただろうか」、ある夜、彼は彼女をその家に送って、「たがいちがいに絡み合わせた二人の手の温かさを、彼は今もほのぼのと思いだすことができる」と書いた上で、次の文章に続く。

「夜が遅すぎたので、彼は彼女の家に泊ることになった。彼女の両親の眼を盗んで、二人は夜中に会う約束をした。午前二時ちょうどに、彼女は彼の部屋に忍び込んできた。二人はその夜、はじめて結ばれたのであった。そして、朝の光に浮かびでた彼女の花やかな裸体は、その後の彼にとって、苦難とたたかって生きて行くための大きな記憶の支えとなったのであった。」

二十歳の彼女の大胆さに驚くが、それはともかく、清岡にとって、愛し合う男女はすぐに結ばれることが当然なのであった。だから、大野が「白い肉体」と何度も繰り返す文章を発表したときは、不思議に感じたが、その時、彼は彼女の裸体に接していたので、このような表現になったのだ、という意味で、腑に落ちた、と言ったに違いない。そう考えると、ますます不謹慎な祝辞であったという感がふかい。清岡はそのような祝辞が大野夫妻やその家族を顰蹙させるであろうことを予想し、それを愉しみに、祝辞を述べたのであった。

ある時、清岡が、世の中の人はふつう、大学を卒業し、就職し、結婚するのだけれど、自分は、はじめに結婚し、それから就職し、その後に大学を卒業したのだ、と言って、自嘲するように苦笑いしたことがあった。しかし、じつは、むしろ、彼はそのような経緯を誇りに思っていたのではないか。その結婚も、まず二人が結ばれ、その後に、同棲したはずだが、まさか、同棲前には双方の両親の了解を得ていただろう。そういう意味でも、清岡は世間一般の常識を気にしない性格であったようにみえる。

*

清岡は『群像』一九六九年一二月号に「アカシヤの大連」を発表し、同年度下半期、第六二回の芥川賞を受賞した。私はこの作品を読んで、これは小説だろうか、これは回想記ではないか、と感じた。それに、大連に帰り着くまでが全一〇章の中の四章を占めているのもまったく余計であり、全体として冗漫ではないか、と感じた。さらに、根本的な欠陥として彼自身を客観的に描いていないのではないか、ちょうど原口が思い描いていたような、純粋で、苦悩し、鬱屈した、彼の一面だけしか、描いていないのではないか、この作品だけから彼を想像する読者は彼の実像を見誤るだろう、と思った。その反面、抑制された、深沈たる文体はじつに魅力的であり、この文体を確立しただけでも芥川賞に値すると思った。清岡が亡き妻への哀悼の散文詩ともみられる、この作品で文学の世界でその地位を確立したことを祝福したいと感じた。この授賞式に私も出席し、清岡を中心に、その両脇に、大野正男と私が立っている写真が『文藝春秋』に掲載されているはずである。

ただ、その後も、清岡が小説として発表する作品はいずれも回想記ないし文芸評論を、彼の魅力的な深沈たる文体で記したものであり、これが小説かという疑問をいつも感じ続けていた。彼が多摩湖の近くに転居してからは、会うこともなくなった。

先走ったが、高見順賞が設けられたさい、その第一回の選考委員に清岡は選ばれた。他の選考委員は、鮎川信夫、谷川俊太郎、大岡信、寺田透といった方々であった。その第二回の選考会に、清岡は井上靖『季節』と吉野弘『感傷旅行』を推したが、他の選考委員の賛成が得られず、清岡は「棄権」すると宣言し、この第二回限りで選考委員を辞任した。彼は気難しい人であった。賞の選考は投票で行われるわけでなく、話し合いの結果で自ずから妥協ができるところに落ち着くのだから、棄権というのは無意味である。この清岡の辞任は、当時、高見賞の事務局を引き受けていた思潮社とその社長の小田久郎をずいぶん困惑させたらしい。

当時、清岡は、井上さんに今度の高見賞は井上さんに行きますよ、と請け合っていたのに、そうならなかったので、当日「棄権」を宣言し、後日、辞任を申し出たのだ、という噂を聞いたことがあった。井上さんは小説についてはあらゆる文学賞を受賞していたが、詩については賞をもらったことがないので、高見賞を切望していた。しかも、清岡が芥川賞を受賞したとき、手放しで「アカシヤの大連」を推したのは井上さんだったから、清岡さんは井上さんに恩誼を感じていたのだ、ということであった。私には到底信じられないことであった。清岡がそんな安請け合いをするほど愚かだとは思われない。

そこで、『文藝春秋』一九七〇年三月号の芥川賞選評を読むと、舟橋聖一は「授賞作「アカシヤの大連」を私は買えない」と言った上で「小説として物足りないばかりでなく、随筆としても、紀行文としても、思い出としても、もっと鮮やかな陰陽がほしい。詩人の書いたこの散文は、素直で感傷的だが、その散文が小説になる変り身の芸が足りない」などと評している。丹羽文雄は「清岡卓行君の

「アカシヤの大連」には新風がない。小説的な野心もない思い出を語りつづけている」などと言い、瀧井孝作は「清岡卓行氏の「アカシヤの大連」は（中略）大方甘い詠嘆と感傷だけで、事物は何も描いてなかった」と記している。このような選評の中で、井上靖の「候補作十篇の中では、清岡卓行氏の「アカシヤの大連」の出来を抜群だと思った。文章も正確で危っけがなく、感覚も健康でみずみずしい。詩人としての資質を十二分に生かした作品である」という評が目立って好意的である。この評に、大岡昇平、中村光夫、三島由紀夫といった方々が賛成して、受賞が決まったようである。清岡が井上靖に感謝したのは当然だし、おそらく手紙か、面会してか、お礼を申し述べたのではないか。そして、翌年、井上靖が詩集『季節』を刊行したとき、これを寄贈され、清岡は、この詩集を高見順賞に推したいと告げたに違いない。しかし、高見賞が井上靖に行きますよ、と言ったとはありえないと思われる。他の選考委員であった、鮎川信夫、大岡信、谷川俊太郎らの眼から見れば『季節』は現代詩の潮流からみて、あまりに古風な抒情詩とみえるであろうことを、まさか清岡が予期しなかったとは考えられない。ただ、選考会の席で、清岡の『季節』推薦の言葉はおそろしく冷ややかに受け取られ、たちまち、受賞作の候補から外されたのではないか。その経緯が彼を大いに失望させ、それが選考委員を辞任するに至らせたのではないか。

清岡は気難しい人であった。この年齢になって、長年抑えてきた気難しい気質が抑えきれなくなったのではないか。私には高見賞選考委員辞任の実態はそのようなもののように思われる。友情による間違いと批判されても致し方ないが、これが私の理解であるとしか言いようがない。

＊

　このころには、すでに述べたとおり、私は彼に絶交されていたように感じていた。著書は寄贈され続けていたし、私も著書を刊行したときは必ず寄贈していた。彼の著書について、私は思い出話あるいは文芸評論であって、小説ではない、と感じていた。彼は結局一篇の小説も書かなかった、と私は考えている。多摩湖に近い住まいで隠者のように暮らし、著書から思い描く清岡卓行に憧れ、慕う若干の人々と面会する他は、引きこもって、暮らしていたようである。かつて彼は私には天上の人であったが、晩年の彼は、やはり、私の交友圏外の人として、気難しい人として、遠くから見守っている存在となった。ある時期、ひどく親しかったことが夢のように感じられる。

高見秋子

『高見順賞五十年の記録』と題する浩瀚な書物をいただき、頁を繰って、恥ずかしいこと、辛いことなど様々な思い出に耽ったが、こよなく懐かしいのは高見秋子夫人である。

　私は一九七九年度の第一〇回高見順賞の選考委員を務めることになって、高見順賞に関係したので、その機会に初めて夫人にお目にかかったに違いない。その年の年末に選考会が開かれ、渋沢孝輔さんの詩集『廻廊』に高見順賞をお贈りすることが決まったので、たぶん選考会の後にお会いしたのであろう。夫人は選考会にもお出かけになって、選考委員の労をねぎらう、といった心配りの行き届いた方であった。

　私は思潮社の小田久郎さんに声をかけられて選考委員をお引き受けしたのだが、選考会のときには、思潮社や小田さんはもう高見順賞の事務局から手を引いていた。その経緯も私には不審であったが、それはともかくとして、『高見順賞五十年の記録』によると、私は一九八三年度の第一四回まで選考委員を務め、さらに一九八九年度の第二〇回から一九九三年度の第二四回まで、二度目の選考委員を務めている。『高見順賞五十年の記録』に私の選評が掲載されているが、軽佻浮薄、いい気で思い上がった妄言を連ねており、到底まともに読めるものではない。若気の至りとはいえ、恥ずかしい限りである。

そういえば、私が選考委員をお引き受けする前の第七回、一九七六年度の選考経過は『現代詩手帖』一九七七年二月号に掲載されていたということだが、私はこの雑誌を読んではいなかった。そのため、私はこの選考経過を『高見順賞五十年の記録』を頂戴して初めて知ったのだが、私の詩集『羽虫の飛ぶ風景』が候補詩集の一つに挙げられている。だが、私のこの詩集については、中村眞一郎、田村隆一、山本太郎、大岡信、入沢康夫の五人の選考委員のうち、中村眞一郎さんと入沢康夫さんがごく短い感想を述べているだけで、他のお三方からは黙殺されている。中村眞一郎さんの感想は「作者の出発点が、私などとは共通の場であったという懐しさもあり」といったもので、懐かしかったから一応推薦した、という趣旨であり、入沢さんは天沢退二郎さんと並んで「試行はまだ緒に就いたばかり」というのだから、まるで評価されていないに等しい。（いったい、中村眞一郎さんは私の詩作品を批判したことはしばしばだったが、褒めてくださったことはなかった。私が眞一郎さんの詩を、ごく初期の「西王母に捧げるオード」を除き、まったく評価していないので、いわば詩として考える世界が違うのであろう。しかし、眞一郎さんには高見順文学振興会その他でずいぶん便利にお手伝いをさせられたが、まるで私がお手伝いをしたこともないのに、最初の詩集からはじまり、終始、私の詩作に好意を示してくださったのが、眞一郎さんの無二の親友であった加藤周一さんだったのだから、ふしぎといえば、ふしぎである。）

さて、このときは、吉岡実の『サフラン摘み』に高見順賞が贈られているのだが、『サフラン摘み』がすぐれた詩集であることについては私も同感ではあるけれども、きわめて前衛的で、グロテスクであり、私は感興を覚えるけれども、共感はできない、私の志向する詩とは正反対の極に位置すると言ってよい（しかし、吉岡実は私の大いに好きな人柄の持ち主であった）。私が、もし小田久郎さんから選考委員を打診されたときに、この選考経過を知っていたら、私は選考委員を引き受けたであろうか、と考える。つまり、選考委員の方々と私とは志向する詩の世界が大いに違うので、選考委員の仲間入りをすることに躊躇したのではないか、と思いかえすのである。そうすれば、高見順賞とも高見順文学振興会とも関係しなかったことになるだろうし、高見秋子夫人に面識を得る機会もなかったのではないか、と考える。偶然とはふしぎに運命を左右するものだという感慨に駆られるのだが、ついでにつけ加えると、私の記憶が確かとはいえないけれども、小田さんが私に選考委員の依頼においでになったとき、おそるおそる、といった態度で話しかけ、私が承知すると、ひどく安堵したような表情を示したことを憶えている。これは、あるいは、前年の高見順賞の選考経過を小田さんが熟知していたためかもしれない。なお、私の『羽虫の飛ぶ風景』は読売文学賞を受賞したので、この詩集を評価してくださる方もおいでになったのだという事実が私の心の慰めである。

＊

さて、私が高見順賞の選考委員になって、秋子夫人の面識を得たことは間違いないが、高見順文学振興会の仕事をお手伝いするようになって、はじめて親しく夫人とお話しすることになったのだと思われる。中村眞一郎さんと大岡信さんのお二人が常務理事として振興会を仕切っておいでになったのだが、私は、中村眞一郎さんに命じられて、監事という職責を担っていた。それも、はじめて選考委員に就任してからしばらく経ってからであったのであろう。それまでは小田久郎さんと思潮社のスタッフが事務局を引き受けていたから、振興会運営の雑務はそちら任せであったのが、思潮社と小田さんが手を引いたために、中村眞一郎さんと大岡さんが振興会の運営の雑務を処理しなければならないことになり、眞一郎さんは一高国文学会以来の後輩である私に雑務を押し付けるために、私を監事という職務に就くよう、取り計らったに違いない。ただ、中村眞一郎さんは『高見順賞五十年の記録』に収められている高見秋子夫人との対談で、「大岡信とか中村稔とか僕とか、いわゆる振興会の詩賞運営三人委員会」に言及しておいでになるので、私はそういう立場で中村眞一郎さんのお手伝いをしていたようである。

私は、監事に就任すると、監事という職責を遂行するためにできるだけの努力をしたつもりである。監事としての私の最大の懸念は、秋子夫人が、遺言をしないまま、亡くなると、夫人の遺産のすべては養女の高見恭子さんが相続することになるので、高見順文学振興会は夫人の死去後直ちに立ち行かなくなるということであった。そのような事態を回避するためには、何としても秋子夫人に遺言書を作っていただかねばならない、そのさい、恭子さんにはただお一人の養子として、遺産の二分の一を遺留分として受け取る権利がある。このような民法の規定にしたがい、振興会に遺産の二分の一を取得させるような遺言書を夫人に作成していただくことが、私に課せられた最大の責務であった。

そこで、何故、夫人は恭子さんを養女になさるような養子縁組をして届け出をしたのか、ということになるわけだが、『高見順賞五十年の記録』に秋子夫人の「回想の高見順」という文章が収録されており、その中の「恭子と私」という章に詳細が記載されている。私もいまはじめてその経緯を知ったのだが、ここで夫人はこう書いている。

「恭子のことが分ったのはほんとに偶然でした。昭和三十三年四月に高見がソビエト作家同盟の招待でソ連旅行をしたことがありました。そのとき、パスポートを申請するため戸籍謄本を二通取りよせ、高見が旅立ったあと、何気なく残った一通に目を通していると、いやに高見の欄がこみ入っているのです。そこに恭子の名前があったのです。ショックでした。そんなことの影響で心が虚ろになっていたのでしょうか、ある日、風呂場のプロパンガスが洩れているのに気付かず、マッチで火をつけようとして、ガスが爆発、大火傷をしてしまいました。

高見が帰ってきたときは、私はまだ入院中で、顔も両手も包帯でぐるぐる巻きにされたままでした。こんな私の姿を見て、こんどは高見がショックを受けたようでしたが、私は高見を許せないと思っていました。生まれた子どもには何の罪もないけれど、高見は許せない、別れようとベッドの中で思いつめていました。でも、自分の手が自由に動くようになるまで半年以上もかかってしまい、何となく時期を逸した感じで、この件について話し合うこともならずお互いに胸の中に不発弾を抱えたまま、いつしか元の忙しい生活に戻っていました。

恭子を引き取るということも考えてみましたが、私はとてもじゃないけど自信がありませんでした。昭和十五年に娘の由紀子を、もうすぐ三歳という可愛いさかりに亡くしているだけに、恭子を引き取っても「自分の子なら、こうじゃなかったはず」なんて考えるに違いない。純粋にあの子に向い、育てていく自信がなかったんです。

それでも一度、おちびちゃんに会ってみようと、ここに呼んだことがあります。恭子が三つか四つの頃、人見知りをまったくしない、明るい利発そうな可愛い子どもでした。やっぱりこの子は向こうの親の手元に置いといて、そのかわり学校に行きたかったら、大学まではきちっと面倒をみる、留学したいというほど勉強の好きな子なら、何とかかなえてやりたい、と思い、生活費と毎学期の学費を渡すことにしました。この約束は恭子が成人するまで続けられ、高見の死後も親子連れだって年に何回か取りに来てくれていました。」

ここから、恭子さんの母親になる女性のことを秋子夫人は語っているが、その部分は省略する。これからが養子縁組をするに至った経緯の記述である。

「それから高見の死ぬまでの七年間、いろんなことがありました。昭和四十年五月頃、高見の死がいつきても不思議はない、という状態になりました。私は、恭子のことをきちんとしといてやらなくちゃいけない、と思うようになりました。高見の胸の奥底にも沈んだままになっているはずの不発弾をとりのぞいてあげたい。それは私の気持次第でできるのだ。二カ月余り考えた末、七月半ばに先方に使いを出して、恭子を養女として正式に戸籍に入れることを申し出ました。八月二日、恭子は晴れて高間家の戸籍に記載されました。

その日の午後、ベッドで目を閉じている高見に、「恭子は二学期から高間京子として小学校に行くようにしましたよ」と報告しました。答えがないので、眠っているのかな、ともう一度、声を大きくして言いかけると、閉じたままの両眼から涙が溢れ出し、痩せた頬に流れ落ちました。枕元のガーゼをつと取って、自分の眼をおおってしまいました。

高見が亡くなったのはそれから丁度半月後の八月十七日、一年十カ月余の闘病の果てでした。五十八歳でした。」

恭子さんを養女になさった経緯はここではっきりしたが、高見順が、その話を聞いて涙が止まらなかったということは、彼が恭子さんを気にかけていたからに違いないし、それを察して養子縁組した秋子夫人の心構えはまさに文士の妻の鑑というにふさわしい。だが、私はこの文章で初めて知ったことだが、恭子さんが成人するまでその生活費、学費を送り続けていたという。この事実は驚嘆のほかない。おそるべき心遣いであり、寛容さである。私は恭子さんとの関係について度々、夫人から聞かされていたけれども、この事実については夫人から聞いたことはなかった。これも夫人の謙虚な生活態度のあらわれと思われるし、私には夫人を偲ぶよすがである。

＊

『高見順賞五十年の記録』を読んで痛感したことの一つは、第一回以降の選考委員に鮎川信夫、寺田透、清岡卓行、大岡信、谷川俊太郎という方々が顔をそろえているという事実である。この錚々たる顔ぶれの選考委員の人選はいかにも思潮社小田久郎らしいが、この人選により高見順賞の権威が決まったと言ってよい。つまり、賞が権威を持つに至るかどうかは、選考委員の顔ぶれで決まるのであるから、これほどの人々に選考委員を依頼した小田さんの功績ははかりしれないものがある。同様に、選考委員の人選について高見秋子夫人はまったく発言しなかったに違いない。高見順の名を冠した詩の賞を設け、賞金などを負担する、ということを申し出て、どのような人に選考委員をお願いするかなどは、すべて思潮社小田久郎にお任せし、一切、口出しはしない、というのが、秋子夫人の高見順賞に対する姿勢であった。これは誰にでもできることではない、と私には思われる。金を出すなら口も出す、というのが当然である。その口を噤んでいるということは高見秋子夫人の稀な資質であった。私は、第一回の選考委員について記したけれども、選考委員が交代しても、やはり、あの人の後任であれば、それ相応の人を選ばなければならないことになるので、第一回の選考委員の人選が後の選考委員の人選にまで影響することになる。清岡卓行が選考委員を辞任した後、田村隆一さんが選考委員に選ばれている。田村さんもまた、清岡以上に、現代詩のスターであるから、申し分のない人選である。ここでも秋子夫人は人選に口を出してはいなかったはずである。私が人選に関係するようになっても、秋子夫人が選考委員の人選に口を出すようなことはまったくなかった。これは夫人が亡くなるまで同じであった。これはやさしそうだが、たやすいことではない。

金は出すが口は出さない、ということに関連して言えば、『高見順賞五十年の記録』の欠点は、高見順賞の選考委員の選評をすべて収録しながら、この事業を支えた事実や関連する基礎的な事実をまるで記載していないことにある。たとえば、高見順賞の賞金の金額である。高見順賞の創設と賞金については大岡信さんが夫人の葬儀のさいの「弔辞」の中に次のとおり述べている。

「高見順さんが生前、「若いいい詩人はいっぱいいるのになあ。三年に一度とか五年に一度しか出せない詩集を、一所懸命、地道に書き続けているいい詩人たちに、もし僕が金持だったら、ご褒美をあげたいなあ」と、よく呟いていた希望を、何とか実現してみたいということからでした。奥さんはこれを自分の使命として受けつごうと考えたのでした。そして長年の親しい信頼する友人であった中村真一郎さんやほかの方々に相談され、高見順文学振興会を作り、一冊の詩集を自費で出版できる額という目安で、賞金二十万円の高見順賞を創設しました。この金額はやがて三十万円、五十万円とふえてゆきましたが、詩人たちにとっては、金額の多寡など問題にもならないくらい、手に入れたい賞となったと思います。あなたのご意志は、立派に実を結んだのでした。」

この弔辞から、高見順賞の賞金が当初の二〇万円から、三〇万円、五〇万円と順次増えていったことが分かるが、この変更が何時行われたのかは分からない。佐々木幹郎さんの「高見順賞五十年史」には「最初は二十万円だった。後に三十万円となり、第十二回（一九八一年度）のとき、五十万円に増額され、第五十回（二〇一九年度）まで維持された」とあるが、何時三〇万円に増額されたかは記されていない。こういう事実も『高見順賞五十年の記録』という書物を出版するのであれば、調査して記録に残しておいていただきたかった情報である。

また、高見順賞を贈呈する母体になった高見順文学振興会が設立された意図はこの大岡さんの弔辞から分かるが、何年かは分からない。しかし、「現代詩の未来を拓くために――高見順賞の十三年をふり返って」という中村眞一郎さんと秋子夫人の対談で、一九七二年に財団法人として設立された旨が語られている。このことも高見順賞の五〇年を回顧する上できわめて重要な事実であるので、特記すべきであると私は考える。

高見順の文学的業績について、荒川洋治「高見順・著作案内」という行き届いた著作が収められているが、年譜もほしいところである。しかし、高見順の年譜は、この『高見順賞五十年の記録』によらなくても、いろいろの形の年譜が刊行されているから、必ずしも収めなくても差し支えないかもしれない。私が何としても調査し、作成し、収録してほしかったと思うのは秋子夫人の年譜である。この『高見順賞五十年の記録』に収められている、松元眞という方の「高見秋子さんの矜持」と題する文章に、秋子夫人について「昭和八年、名古屋の県立女子師範学校を中退、東京へ飛び出して来た秋子さんは、銀座のバーに勤めた。改造社文庫の『マルクス・エンゲルス全集』を小脇に抱え、チェーホフを人一倍愛読した。美貌の上に才気煥発。生来、体操の得意なお転婆娘であった。モガ・モボ時代、しかし当時、いかに学力優秀でも、女性の進学には限界があった。向学の熱気を持て余した秋子さんは密かに、独学で英語、フランス語を学んだ。バーには勤めたが、前向きな気迫と矜持は決して棄てなかった」と書いている。また、夫人自身は「回想の高見順」という文章の中で、「高見とは昭和十年に結婚しました」と書いている。これらが、結婚以前の夫人に関して得られる情報のすべてである。夫人が名古屋の出身らしいことは想像できるが、どのような出自であったのか、県立女子師範学校に進学する前はどんな学校で学んだのか、まるで情報がないことが残念である。ついでに、夫人の亡くなった年月日も新藤涼子さんの「高見順を生きたひと」と題する文章に「二〇〇〇年五月二十日、東慶寺で行われた高見秋子夫人のお通夜の日」とあることから、亡くなった年月日が判明するが、享年おいくつであったかは、分からない。高見順賞を創設したご本人なのだから、せめて出生の年月日、経歴のあらまし、結婚や死去の年月日、享年など、略年譜でも調べて書き上げ、収録してほしかった、という思いが切である。

ついでに、思い出したので、書きとめておくと、ある年の高見順賞の贈呈式の後の懇親会のパーティの席で、秋子夫人と私が並んで椅子に腰を下ろしていると、年配の男性が夫人に近寄ってきて、「奥さん、私は奥さんが銀座のバーに勤めていたころ、常連のお客だったので、奥さんをよく憶えていますよ」と話しかけてきたことがあった。私は思わず、むっとしたが、夫人は、平然と受け流して、たじろぎもしなかった。私は、夫人を、立派だなあ、と感嘆していた。この時には飯田橋のホテル・エドモントが会場だったと憶えている。ホテル・エドモントを会場に使うようになったのは、『高見順賞五十年の記録』において、贈呈式の会場が記されていない第一五回、一九八四年度からかもしれないが、確実には第一六回、一九八五年度以降である。ところで秋子夫人が銀座のバーに勤めていたのは昭和八（一九三三）年から昭和一〇（一九三五）年までの二年足らずである。ほぼ五〇年も昔、本当にその男は夫人が勤めていた銀座のバーの常連だったのだろうか、たんに嫌がらせを言いにきただけなのではないか、当時、年齢が三〇歳であったとしても、高見順賞の贈呈式のころには八〇歳になるはずだが、それほどの年配には見えなかった、といまでは疑っている。ただ、真実がどうであれ、夫人がまるで歯牙にもかけないといった態度であったことが忘れられない。

＊

ホテル・エドモントはその後ホテル・メトロポリタンエドモントと名称が変わり、第五〇回高見順賞に至るまで、贈呈式がこのホテルで行われていたとのことである。第一回の贈呈式は朝日生命ホールで開催されたというから、懇親会パーティは催されなかったのであろう。第二回は紀伊國屋ホールというから、同様であろう。第三回は神楽坂の日本出版クラブというから、このときも懇親パーティは催されなかったに違いない。第五回の贈呈式がどこで催されたかは、『高見順賞五十年の記録』には記載がない。第六回は谷川俊太郎さんが受賞を辞退したので、贈呈式は行われていない。第七回以降が赤坂プリンスホテルで贈呈式が行われている。第七回以降、贈呈式の後に懇親パーティが催されることになったのではないか、と思われる。私は第一二回の高見順賞が鷲巣繁男さんの『行為の歌』に贈られたときの贈呈式を憶えているが、このとき、鷲巣さんはモーニングという礼装でおいでになった。戦後の詩人はモーニングなど着たことも、持ったこともないのが普通だったから、鷲巣さんの服装は場違いな感じがしたのだが、もちろん、場違いと思うのが間違いであり、鷲巣さんの服装は贈呈式にふさわしいものであった。このとき、贈呈式は、当時旧館と称していた、戦前は李王家の邸宅として使われていた、格式の高いたたずまいの建物で、鷲巣さんのモーニングがまことに似合っていた。その後、懇親パーティは新館と称していた戦後に建てられたビルで催された。それ故、私は、赤坂プリンスホテルが贈呈式の会場になって以後に懇親パーティが催されることになったのではないか、と考えている。つまり、このころから贈呈式の後に懇親パーティが催されることになり、高見順賞の創設のころから比べると、次第に派手になったようである。ホテル・エドモントで贈呈式が催されることになったのが、第一六回、一九八五年度からか、その前の第一五回、一九八四年度からか『高見順賞五十年の記録』からははっきりしないのだが、いずれにしても、私の記憶では、ホテル・エドモントの贈呈式の後の懇親パーティは会費制にしたらどうか、といわば振興会の会計から庶務全般の面倒を見ていた川島かほるさんから夫人に提案があり、私も意見を求められて、会費制にすべきでしょう、と申し上げたことがあった。それまでは懇親パーティの費用も振興会が、ということは、夫人が、負担していたのであった。夫人は、金を出すが、口を出さなかった、と言われるが、その金とは、高見順賞の賞金だけではなく、選考委員に対する謝礼も、選考委員会の会場費も、贈呈式の会場費も、すべてを含んでおり、それまで、懇親パーティの費用まで、含んでいたのであった。川島さんの提案について、夫人はなかなか承知なさらなかった。夫人は会費制にすると贈呈式においでになる人も減り、寂しくなることを危惧しておいでになった。また、贈呈式においでくださる方々はすべて招待するお客様だ、というお考えもお持ちだったようである。いまごろ、ただでパーティに出席して飲み食いしようとする人なんかいないでしょう、もしそういう根性の人がいたら、そんな人に来てもらう必要はないでしょう、といったことを私は夫人に申し上げた。結局、夫人は、しぶしぶではあったが、承知なさった。会費制にしても、贈呈式、懇親パーティに参加、出席する人数は変わりはなかった。

この事実も『高見順賞五十年の記録』に記載されていない。しかし、夫人の高見順賞に対する態度、姿勢を示す事柄であると思うので、書きとめておく。

＊

恭子さんとの関係で、私が夫人に遺言書を作成していただくように、熱心にお勧めしたことは間違いないのだが、なかなか作成してくださらなかった。それは、夫人が形見分けに何かしら身の回りの物品を差し上げたいと思っておいでになった方が、たぶん、十数人おいでになり、それらの方々にどれを差し上げるべきか、毎日、お考えになっては、いや、これはあの人にはふさわしくないから、こっちにしよう、と翌日になると考えを変えたりなさって、いろいろ思い悩むことが多く、それが最終的に決まらないためであった。しかも、夫人は多くの方々に、これを形見分けに、あなたにあげることにした、というようなことを話しておいでにもなった。その一環として、私は夫人から高見順さんのものという、ひどく上等な帯を頂戴したことがある。ただ、私は和服というものを持たないので、使ったことはない。また、夫人がお元気だったころに、高村光太郎の短歌を揮毫した書軸を頂戴したことがある。これは高見順さんが高村さんをお訪ねして、お願いして、揮毫していただいたものだそうであった。そんな貴重な軸を私すべきではないと考えて、私は、振興会の理事長を退任したころに日本近代文学館に寄贈したのだが、このことからはっきりするように、夫人は形見分けを真剣にお考えになり、悩みぬいて、なかなか結論を得なかったのであった。

私は、見るに見かねて、夫人に、ともかく形見分けはあとで追加してお書きになるとして、さしあたりは、恭子さんの遺留分は別にして、残りは振興会に遺贈する、という趣旨の遺言書をお作りください、とお願いした。もしもの時に、遺言がなければ、遺産はそっくり恭子さんが相続なさることになるので、それでは振興会が立ち行かない、ということは高見順賞も取りやめになるしか、ないからである。私が遺言書の草稿を作成したことも間違いあるまい。この遺言の趣旨に夫人に異存があるはずもなかった。自筆の遺言書であれば、裁判所の検認という手続が必要だが、夫人の遺言書についてそのような手続を採らずにすむように、公正証書遺言を作成していただいた。そのために、私の懇意な銀座公証人役場にお越しいただいたはずである。結局、形見分けについては、夫人はいかなる書面もお残しにならなかった。

＊

二〇〇〇年五月に秋子夫人は亡くなったが、その葬儀を私が取り仕切ったように憶えている。中村眞一郎さんのいう、振興会運営の三人委員会のうち、眞一郎さんは一九九七年の年末に急逝なさっていたので、高見順文学振興会は事実上大岡信さんと私の二人で仕切っていたのだが、大岡さんよりも私の方が年長なので、葬儀について私が責任者のような立場になったのではないか。

通夜の始まる前に、私は恭子さんとお話しし、通夜、葬儀は、恭子さんと振興会が共同の喪主として執り行い、費用も折半して負担することにしたい、と申し出て、恭子さんの承諾を得た。そこで、通夜、葬儀は滞りなく行われたのだが、長慶寺に費用をお支払いするときになって、恭子さんが、私に、結局、通夜も葬儀も、自分は名ばかりの喪主で、すべてを振興会が仕切ったのだから、費用の半分を自分は負担しない、という申し出があった。もちろん、通夜も葬儀も集まる人々といえば、高見順賞や振興会の関係者か、高見順さんや夫人の知己、友人たちに限られ、恭子さんの側では、恭子さんお一人が、孤立無援ともいうべき状態だったから、どうしても振興会が主になることは避けられなかったし、恭子さんとしてはそれが不愉快であったのだろう。私は振興会と恭子さんがこのような些末な事柄で紛争になることは好ましくないと考えて、費用は全部、振興会が負担することにした。そのとき、恭子さんに、その旨、返事をする前に、大岡さんに了解を得たと思うのだが、確認しているわけではないし、このようないきさつは書面で残っているわけでもない。ただ、『高見順賞五十年の記録』には私と大岡さんの葬儀のさいの弔辞が掲載されているが、恭子さんの挨拶は載っていない。恭子さんが、通夜、葬儀のさいに、まったく何の挨拶もなさらなかったのか、私の記憶でははっきりしないのだが、まさか、私としても大岡さんとしても、恭子さんに、共同の喪主として挨拶なさるよう、お願いしたに違いないが、その記録はない。恭子さんが喪主として挨拶なさったとしても、お通夜も葬儀も、実際問題として振興会が仕切っていたことは事実であった。

＊

夫人が亡くなって以後、私が振興会の理事長に就任している。その経緯などは憶えていない。おそらく、夫人の死去の後始末のために、私が理事長に就任したのであろう。ただ、夫人の遺言に関して、遺言執行者として、私が信頼していた知己である栗林信介弁護士を指名していたので、遺言の執行について栗林弁護士と緊密に連絡をとりながら、遺言を執行していただき、遺産の半分を振興会が取得するようにしていただく必要があり、それには、私が理事長に就任して責任を果たす必要があったわけである。

後始末は、夫人の遺産を調査し、遺産のすべての目録を作成し、換価すべき資産は金額に置き換え、恭子さんから苦情が出る余地のない、公正、正確な目録を作成し、恭子さんの了解を得た後に、遺言書にしたがって、遺産の二分の一を恭子さんに差し上げ、残りを振興会の口座に振り込む、といった手続を採らなければならない。これは弁護士が公認会計士や税理士の協力を得て、成し遂げることのできるような、きわめてプロフェッショナルな仕事である。栗林弁護士と私はほとんど毎週、少なくとも一回は電話で連絡、相談しながら、遺言にしたがって遺産を処分したのであった。その結果、栗林弁護士は見事にこの難しい仕事をやりとげてくださった。栗林弁護士のなさったことを説明すると、遺産の目録を作成して、恭子さんにお示しし、その納得を得た上で、遺留分である、遺産の二分の一を恭子さんに差し上げる、という処理をするわけだが、遺産目録にしても、もし漏れがあることが後に判明すれば、恭子さんから苦情が出るに決まっているから、精密、正確でなければならない。目録中の動産、不動産についても、これらをいくらと評価するか、恭子さんからの批判の余地のない、妥当なものでなければならない。この処理に関して、夫人の秘書同様に夫人を支え、振興会の庶務、会計などを担当していた川島かほるさんに大いにお世話になったに違いない。ただ、恭子さんが渋谷弁護士という方を代理人として立ててくださったので、渋谷弁護士と栗林弁護士との間で、円満な話し合いで解決したようである。私はこまごましたことは記憶していないが、ともかく、恭子さんから苦情が出ることのない形で、処理を済ますことができたときには、心底、ほっとしたのであった。

しかし、夫人の周辺においでになった方々からは、形見分けはどうなるのか、といった苦情が絶えなかった。実際、これをあなたに、あげる、といったことを夫人がかなり多くの方に喋っておいでになっていたらしいのだが、書面でお残しにならなかったので、私にはそうした形見分けをする権限がまったくなかった。そのことの不満をずいぶんとお聞きしたが、私にどうにかできることではなかった。夫人があまりにこまごました大勢の方々への形見分けにこだわって、最終的にお決めになって書面をお作りにならなかったために、私が苦情を聞く羽目になったのであった。

相続については、当初、振興会が依頼していた税理士の申告には税法の誤解による間違いがあることが後に判明し、私の事務所で税務処理をお願いしている田村忠雄税理士に調べていただき、栗林弁護士と相談の上で、最終的には二〇〇一年一一月に修正申告をし、納税を済ませた。

その後、振興会が相続した高見家の居宅は、かねて売りに出していたのだが、なかなか買い手があらわれなかったところ、二〇〇二年の春になって買主があり、ようやく売却することができた。これも当然、栗林弁護士と相談の上で行ったことであり、売却代金が振興会の収入になった。また、同じ年の秋には、やはり振興会が相続により所有権を取得していた絵画数点を美術評論家の瀬木慎一さんの斡旋で、たしか、宇都宮美術館に売却した。その売上金が振興会の口座に入金されたことは言うまでもない。瀬木さんが、このとき、意外にいい絵をお持ちだった、と言っていたことを記憶している。こうして、高見夫人の死去にともなう後始末の仕事がすべて終わった。

そこで私は二〇〇三年五月一四日の理事会で任期満了により理事長退任を申し出、大岡信さんが後任理事長に選任された。その後は私は高見順文学振興会とは縁がなくなったわけだが、実際、まったく関係を持つことがなくなったのである。このように回想して、夫人がお元気だったころがひたすら懐かしく思われる。

小田久郎

小田久郎が二〇二二年一月に亡くなっていたことが『現代詩手帖』二〇二三年四月号に「訃報」として発表されていると教えられて、その「訃報」を読み、一年以上も前に他界していたことをどうして秘匿していたのか、不審に感じた。だが、きっとそれなりの理由があるのであろう、と思いながらも、半世紀以上にわたる交友を偲び、ふかい感慨にふけったのであった。

私が小田久郎に初めて会ったのは昭和二八（一九五三）年の九月であった。私は昭和二九（一九五四）年の九月と記憶していたので、そのように拙著『私の昭和史』にも書いたのだが、小田久郎の著書『戦後詩壇私史』によれば、私の記憶よりも一年早かったようである。この最初に小田久郎に会ったときのことを私は『私の昭和史』に書いているのだが、くりかえして言えば、新橋駅前に在った蔵前工業会館で、何か詩人たちの集まりがあったときに出会ったのである。蔵前工業会館は東京工業大学、その前身の蔵前という略称で知られていた東京高等工業学校の同窓会の施設だから、何故そんな場所で詩人たちの集まりがあったのか、ふしぎだが、世話人に東京工業大学の卒業生がいたのかもしれない。そのとき、私は二六歳、弁護士になって二年目であった。その当時は私の事務所は土曜日も午後三時まで勤務することになっていたし、それでなくても弁護士業務に不馴れなため、忙しく暮らしていたから、詩人の集まりなどに出席する暇もなかったはずだが、どういうわけか、出席していたのであった。しかし、詩人たちに顔見知りもいなかったので、誰と会話するわけでもなく、隅の方で所在なく佇んでいると、若々しく、端正な容貌の青年が颯爽とした足どりで近づいてきて、中村さんですか、こういう者です、と言って名刺を差し出してくれた。名刺には、牧野書店、『文章倶楽部』編集部、という肩書と、小田久郎、という名前が記されていた。小田久郎は、詩を書いてくださいませんか、と丁寧な口調で話しかけてきた。それまで、私は伊達得夫と親しかった。また、矢内原伊作さんが編集長であり、嵯峨信之というペンネームで知られる大草実さんが編集の実務を担当していた、雑誌『文学51』に関係していたので、私は嵯峨さんを通じて『詩学』とも縁ができていたが、そういう縁故関係のない編集者から、原稿を依頼されたことは、このときが最初であった。私は上気するような思いで、もちろん、小田久郎の依頼を承諾した。

『戦後詩壇私史』によれば、このとき『文章倶楽部』で「現代詩特集」を企画して、そこに寄稿する二十数名の詩人たちの一人として小田久郎は私を選んだようである。

この文章を書き始めて、私は小田久郎をどのように呼ぶべきか迷った。小田さんでは他人行儀だし、小田君では失礼な感じがするし、というわけで、小田久郎はすでに社会的な存在として充分に認知されているのだから、そういう社会的存在としての小田久郎を偲ぶ文章ということで割り切ることとし、以下でもすべて小田久郎または小田という敬称なしで、書き続けることとする。

前述のように、この初対面が昭和二八年であれば、当時、私は二六歳であった。『現代詩手帖』の「訃報」によれば、小田久郎は一九三一年生まれという。そうであれば、このときには、小田はまだ二二歳の若さであった。大学を卒業して、一年か二年しか経っていなかったに違いない。その若さでともかく『文章倶楽部』という雑誌の編集長を務めていたのだから、どこで、どのように編集の実務を学んだにしても、驚くべきことである。

驚くべきことは、むしろ小田久郎に『文章倶楽部』の編集を委ねた牧野書店の社主、牧野武夫氏の勇断である。偶然だが、私は牧野氏を存じ上げていた。彼は元『中央公論』の編集長であったが、たまたま同誌に掲載された、石川達三の「生きてゐる兵隊」が反軍的であるということで、引責辞職した経歴の持ち主であった。牧野氏の長男が私の兄と誠之小学校で同級であったことから、知りあい、私たち一家が蒲田沖の潮干狩りに招かれたこともあった。私が旧制一高の寮で暮らしていた戦争中、蒲田の広壮な牧野氏邸に遊びに伺ったこともあった。中背だが、知的で精悍な感じの容貌をお持ちであった。戦後、乾玄社という出版社を設立なさったという話を聞いてお訪ねしたことがある。そのときに、原敬日記、南方熊楠全集の刊行を準備中だということで、これらの刊行がどれほど意義ふかいものか、私は牧野氏から教えられた。その後、乾玄社は倒産し、牧野氏は牧野書店を設立して出版を続けていくようになったらしいが、小田久郎はそんな志の高い出版人に目をかけられて、二二、三歳の若さで『文章倶楽部』の編集を任されたのだから、いわば幸運の星の下に生まれて来たのではないか、という思いがつよい。

ところで、牧野氏が、どうして由緒ある『文章倶楽部』という雑誌の出版の権利をお持ちだったのか、知らないが、牧野書店はやがて行き詰まって廃業することになった。そこで、牧野氏は小田久郎に『文章倶楽部』を引き続き刊行する権利を無償で譲り渡した。無償、というのは私の想像だが、小田から牧野氏に対価を支払ったという話を聞いたことはないし、牧野氏の性分から考えても、小田に対価を要求したとは考えられない。牧野書店が廃業すれば、小田は失業し、『文章倶楽部』とも縁が切れたはずだが、牧野氏の好意によって小田は『文章倶楽部』の刊行を続けられることとなったわけである。これも小田久郎が幸運の星の下に生まれたことの証しと言ってよいかもしれない。もちろん、『文章倶楽部』の刊行を継続するためには相当の資金を必要としたに違いない。このとき、小田久郎にどれほどの資金があったのか、聞いたことはない。ただ、自転車操業に近い資金繰りでも、何とか、出版を続けることができたのであろう。そんな戦後の混乱期であった。

＊

小田久郎がいわゆる昭森社ビル、神田神保町の裏通りの木造二階建ての建物の二階に移転したのは、『文章倶楽部』を彼自身の手で刊行するようになってから間もなくではないか、と思うのだが、記憶は確かではない。『戦後詩壇私史』には、「私が昭森社ビルに机を借りて思潮社をスタートさせたのは（中略）五六年にはいってからで、以後、休日を除いて毎日毎日、伊達と顔をあわせるようになった」とある。この昭森社ビルで昭森社の森谷均、書肆ユリイカの伊達得夫と机を並べることになり、いわば彼らを反面教師として、小田久郎は詩書出版社として自立する心構えを持つことになったのではないか。この「昭森社ビルから水道橋に近い建物に引っ越したのは一九六三年九月のことである」と小田は『戦後詩壇私史』に記している。そのときには彼は三二歳になっていた、という。

そこで、伊達得夫が『戦後詩人全集』全五巻を刊行したときには、小田はまだ昭森社ビルに机を借りていたわけではないが、すでにその制作の状況を知るほどの交友があったらしい。この『戦後詩人全集』に対する小田の批判については後に触れることとし、伊達得夫と小田久郎という二人の人間性の違いについて先ず記しておきたい。伊達はいつも憂鬱そうであり、小田はいつも快活であった。伊達はいつも物憂いような表情であったが、小田はいつも明朗で活発であった。伊達が筆者に原稿料を払うことは考えにくかったが、小田は、安くても、原稿料は必ず支払っていた。伊達は勘定がいい加減であったが、小田は勘定がきちんとしていた。伊達は終日、喫茶店ラドリオでコーヒーを飲みながら若い詩人たちの身の上相談などに乗っていたが、小田が若い詩人たちと心を開いて話し合う光景に接したことはなかった。一見したところでは、伊達は気難しそうであり、近づきにくい感じがあったのに対して、小田は気安く話しかけることができそうに見えたのだが、じつは伊達は若い詩人たちにとって近づきやすく、小田はたやすく若い詩人たちを寄せつけない鎧を心にまとっているかのような趣があった。

こうして二人の人間性の違いを思い出してみると、小田久郎は伊達得夫を身近に見て、伊達のような出版者になってはいけない、と自戒していたのではないか、小田の眼には伊達はだらしなく、社会人としての規律を無視した生き方をしているように見えたのではないか、と思われる。私は伊達の処世の在り様を是とし、小田の在り様を非とするわけではない。また、その逆でもない。これは小田が伊達の在り様を反面教師として小田の在り様を決めたのではなく、二人の生来の素質によるものかもしれない。ただ、いわば、見方によれば、戦後詩の育ての親といってもよいような、伊達得夫と小田久郎という二人の対蹠的な処世の在り様の違いが私には興味ふかく思われるのである。

＊

さて、昭和二九（一九五四）年九月から翌昭和三〇（一九五五）年五月までの間に伊達が出版した『戦後詩人全集』全五巻は伊達の生涯を決定した冒険であった。この『戦後詩人全集』について、小田久郎は『戦後詩壇私史』において、いろいろと回想し、批判している。先ず、装丁、造本について、次のように書いている。

「表紙の小口の上に串田孫一が書いた蜂や兜虫、蟷螂や蝶などのカットが一巻ごとに銀箔で押されている。この小味なアクセントには、いかにも繊細な伊達らしいセンスが光っている。表紙の資材は当時、竹尾洋紙店が特殊製紙と共同で開発したばかりの新製品「ベルベット」という毛足のある特殊な紙の黄土色を使っている。（中略）肌ざわりといい色具合といい、いかにも伊達好みといいたいところだが、紙は所詮「紙」でしかなく、新製品はやがて旧製品になってしまう。布地のベルベットと競うべくもないのは、模造品の宿命であるだろう。

「どうだ、なかなかいいだろう」と得意顔の伊達に、私はこのときばかりは少し首をかしげたことをいまでも覚えている。」

この文章から、小田が伊達の装丁、造本の過程を身近にいて観察していたことが分かる。この当時、『戦後詩壇私史』の記述によれば、小田はまだ昭森社ビルに事務所を構え、伊達と机を並べることになるより前であるが、伊達の身近にいたことは間違いないと思われる。それに、小田は布地のベルベットと比較して模造品というけれども、初めから、紙としてみれば、この表紙の資材はいまでも古びているわけではない。模造品という批判は、非難のための非難という感がつよい。だが、小田は模造品を嫌う性質であったということかもしれない。後に彼が刊行した「現代詩文庫」はソフトカバーで、造本にまったく飾るところがない、無個性で、廉価、誰でも手に取りやすい判型である。『戦後詩人全集』に限らず、書肆ユリイカの出版物は伊達得夫の趣味と個性で貫かれていたが、そんな趣味、個性に偏らないのが小田のその出版物に関する信条のようにも思われる。

さて、『戦後詩人全集』の内容についても、小田は『戦後詩壇私史』の中でつよく批判している。批判は多岐に亘るが、一つは次のとおりである。

「収録された二十八人の詩人のなかには、まだ一冊の詩集しかもっていない中村稔や那珂太郎、前年『他人の空』をだしたばかりの無名の青年飯島耕一や、なんとまだ一冊の詩集ももたない大岡信がいる。そして各巻の解説を村野四郎、金子光晴、壺井繁治ら前世代の詩人に依頼した。無謀な企画だった。しかしそれだけにその斬新さはいっそうスリリングに感じられる。それは、過去の決算ではなく、未知の見取図といえたと、とりあえずはいっていいかもしれない。

だが、待てよ、待てよ、なのである。当時の詩壇が過渡的で、まだ見通しがききにくい時期だっただけに、いまからみるとこの人選に疑問がないわけではない。」

このように記して、小田は「この『戦後詩人全集』の刊行が、「戦後詩」という地点から眺望した場合、時期尚早だったのではないか、ということを指摘しておきたい」と述べ、五四年の後半から五五年にかけて、天野忠、生野幸吉、谷川雁、入沢康夫、吉岡実、川崎洋、茨木のり子、安西均、辻井喬など「戦後の詩を代表する詩人の詩集がぞくぞくと刊行されたのを見ても判る」と指摘したのであった。

このような小田久郎の『戦後詩人全集』批判は公平とはいえない。過渡期かどうかは、その時期が終わってから言えることで、その時期のさなかにあって分かることではない。また、一九五五年から五六年には、小田によれば、過渡期が終わっているようだが、じつはまだ過渡期であったかもしれない。それに、『私の昭和史』に書いたことだが、一冊しか詩集を出していなかったのは、那珂太郎、飯島耕一、私の三人だけではなかった。中村眞一郎も、三好豊一郎も、木原幸一も、関根弘も、木島始も、『戦後詩人全集』に収められているけれども、まだ一冊しか詩集を出していなかった。
小田久郎は『戦後詩人全集』を評して「未知の見取図」と言ったが、未知の見取図としては七、八分がた正しく、未知の世界を指し示したのではないか、と私は、伊達贔屓の見方かも知れないが、考えている。その反面、小田久郎は未知の見取図を描くことが嫌いだったのではないか、と考える。彼は賢かった。伊達得夫のような、向こう見ずな、捨て鉢の冒険は、彼の好みではなかった。彼はいかにもさかしげであった。それが彼の長所でもあり、短所でもあったと思い、懐かしさに胸が締めつけられる感を覚えるのである。

*

この間、小田久郎は『文章倶楽部』を改題して、ごく短い期間『世代』と称していたが、すぐに『現代詩手帖』と称するようになって、現在に至っている。『現代詩手帖』掲載の「訃報」の下の略歴に「一九五九年「現代詩手帖」を創刊」とあるのが、改題の時期であろう。ただ、この略歴に続けて「谷川俊太郎、大岡信ら同世代の若い詩人を積極的に登用し、戦後詩のブームを作りだす」とあるのはどうだろうか。私は改題した当時の『現代詩手帖』を見ていないが、谷川俊太郎、大岡信らを積極的に起用したのは伊達の創刊した詩誌『ユリイカ』の路線であり、小田はむしろ鮎川信夫、田村隆一ら、戦後派詩人たちを尊敬し、同時に谷川俊太郎に共感して出発し、徐々に谷川俊太郎、大岡信ら現代詩の作者たちに重点を移したのではないか、というのが私の記憶である。それはともかくとして、小田が昭森社ビルに事務所をもっていたころは、まだ『詩学』の全盛期であり、これに伊達が『ユリイカ』を創刊して、三誌が鼎立する状態になったと記憶している。この中で、戦後詩を切り開いたのは、先ず『詩学』であった。木原孝一と嵯峨信之との二人が編集していた『詩学』は、木原が「荒地」の同人であった関係もあり、鮎川信夫、田村隆一、三好豊一郎、中桐雅夫、北村太郎らの活動の場であった。同時に「詩学研究会」という投稿欄を設けて、川崎洋、茨木のり子、吉野弘などを見いだし、彼らは後に創刊された『櫂』の同人として、さらに谷川俊太郎、大岡信らを誘い、戦後詩から現代詩へ移行する、重大な役割を果たすことになった。そういう意味で『詩学』が果たした役割は大きいと思われる。

書肆ユリイカが創刊した『ユリイカ』は『戦後詩人全集』に収められた、小田のいう「未知の見取図」の詩人たちを中心にして、新風を吹き込んだかに見えた。その中で、後に改題して『現代詩手帖』となる雑誌は必ずしも独自性や個性を充分に発揮するには至っていなかったように憶えている。

小田久郎が思潮社を設立したのは一九五六年と「訃報」に記されているから、神保町の昭森社ビルに机を構えるようになって、すぐに違いない。そのさい、森谷均の昭森社が敗戦後すぐの一九四六年に『思潮』と題する雑誌を刊行していたことを知っていたものと思われるのだが、そのような社名について森谷均がどのように感じていたか、小田久郎はまったく気にかけていなかったようである。森谷均がどう感じていたか、聞いたことがあるわけではないが、おそらく若干の不快感を持ったのではないか、と私は想像している。それは小田が『文章倶楽部』を『世代』と改称したときに、私たち『世代』の同人たちがみな不愉快に感じていたからであり、しかも、すでに刊行をとうに止めている雑誌の題名について小田に苦情を言えないからであった。森谷均が、かりに不快に感じていたとしても、小田に「思潮社」という社名を変更してもらいたいと要求できるような法的な根拠はなかったので、黙視するよりほかはなかったはずである。ただ、小田久郎には、森谷均がどう感じるか、というようなことはまるで頭の隅を掠めることもなかったのではないか、と思われる。

ここで小田久郎が『戦後詩壇私史』に記している森谷の思い出にふれておきたい。森谷が彼の刊行していた雑誌『本の手帖』の一九六九年一月号（第八〇号）の編集後記に「あと二年生き伸びて百号記念号は編んでみたい」と書いた前後に、小田は森谷を見舞いに行ったという。

「むかしと変らぬ突当りの奥の大きな机に森谷は坐っていた。少しやつれていたが、森谷らしい笑顔を見て、私は一瞬ほっとした。だがつぎの瞬間、森谷の机の上をみて、私はいいようのない悲しみに胸がいっぱいになった。森谷は自費出版の校正をしていたのだ。

――森谷さん、もう仕事をやめて、休んでください。

私は自分の心に向って叫んだ。

――もう森谷さんは、他人のために仕事をすることはありません。仕事を離れて、ゆっくり本を読むなり、絵を見るなり、好きな旅に出るなりしたらどうですか。」

森谷均が自費出版の書物の校正をしていたことを小田は「他人のため」の仕事だ、と書いているが、自費出版を引き受けなければ、雑誌『本の手帖』の刊行を続けることができなかったのではないか。自費出版を引き受けることは昭森社の存続のために必須だったのではないか、と私には思われ、そんなことが小田に分からなかったはずがないと考え、ここに小田が書いている彼の心の中の叫びが本当か、疑いたい思いがつよい。

＊

小田久郎の戦後詩、現代詩への最大の寄与というべきものは、誰も異存がないはずだが、「現代詩文庫」の創刊であった。

ここで私的な回想になるが、わが家に鷲巣繁男という詩人が不意においでになったことがある。私は詩人たちとの交際がほとんどないので、わが家を訪れた詩人といえば、安東次男を除けば、この鷲巣さんただ一人である。彼は大宮の郊外に住んでいたので、同じ大宮に住んでいる私を訪ねてみようと思ったらしい。私が招いたわけでも誘ったわけでもないのに、突然、わが家の玄関に現れたのであった。彼は高踏的で、宗教的な香気をもつ孤高の詩人と思っていたし、その日、彼の俳句を短冊に書いてくれたりしたのだが、驚いたことに、私に向かって、あなたの詩は「現代詩文庫」に入っていないから、ずいぶん損をしている、小田さんにお願いして早く「現代詩文庫」に入れてもらうようになさるといい、とたいへん俗世間的な忠告をしてくれたのであった。私の記憶では、「現代詩文庫」が始まって間もないころから、私の作品を「現代詩文庫」に入れたいという話を小田久郎から聞いていたが、私は作品が少ない上に、多くは十四行詩で、短い詩ばかりなので、到底一冊には足りないため、小田の折角の好意に応えられないままになっていたように憶えている。しかし、鷲巣さんの話で、「現代詩文庫」に入っているかどうかが、社会的にそんなに重大な意義を持っていることを教えられて、眼を開かれる思いがしたのであった。じっさい、最近でも、私の若いころの作品を教科書や受験参考書に載せたり、試験問題の材料にしたり、することがあるが、出典は必ず「現代詩文庫」版の『中村稔詩集』であり、いうまでもなく、その作品を最初に収録した詩集ではないし、全詩集として出版した書籍でもない。「現代詩文庫」に入っていなければ、私の作品が世人の眼にふれることはとうになくなっているに違いない。そういうことで私は日々「現代詩文庫」の社会的な意義を痛感していると言ってよい。

ところで、『中村稔詩集』は「現代詩文庫71」であり、一九七七年一月に初版初刷が刊行されている。これには、私の第一詩集『無言歌』、第二詩集『樹』、第三詩集『鵜原抄』、第四詩集『羽虫の飛ぶ風景』までが収められ、これらの詩集に収録しなかった作品や随筆、評論も併せてようやく一冊にまとめたものであった。ちなみに「現代詩文庫1」は『田村隆一詩集』であり、これは一九六八年一月に刊行されている。「現代詩文庫」の2から10までを挙げると、谷川雁、岩田宏、山本太郎、清岡卓行、黒田三郎、黒田喜夫、吉本隆明、鮎川信夫、飯島耕一の九名の各詩集である。以下、気づいたままに拾ってみると、12吉野弘、14吉岡実、16那珂太郎、18長谷川龍生、19高橋睦郎、20茨木のり子、24大岡信、25関根弘、26石原吉郎、27谷川俊太郎、28白石かずこ、31入沢康夫、33川崎洋、36安東次男、37三好豊一郎、38中桐雅夫、41吉増剛造、42渋沢孝輔、44三木卓、46石垣りん、50多田智満子、51鷲巣繁男、56吉原幸子、61北村太郎、63辻井喬、64新川和江、といった具合である。かなりにアットランダムという感がつよいこの順序は必ずしも小田久郎の評価を反映するものではないだろうが、巨視的には、以上に名前を挙げなかった詩人たちを含めて、「現代詩文庫」についての小田の構想を示しているように思われる。

＊

この「現代詩文庫」の刊行が始まった時点では、書肆ユリイカ、伊達得夫は他界していた。また、一九六三年以降、『詩学』も昔日の勢いを失い、詩学社も事実上出版を止めていたはずである。清水康雄が青土社を創業して第二次『ユリイカ』を創刊した一九六九年よりも一年前であった。それ故、詩書の出版社は小田の思潮社の外には事実上存在しなかった。このように評価の定まった詩人たちの詩集を手軽に読めるような叢書として出版するという企画そのものが小田の卓越した才能の現れであったが、同時に彼は時にも恵まれていたと言ってよい。ここでも小田は幸運の星の下に生まれたという感を新たにするのである。

じっさい、「現代詩文庫」を創刊し、これに百人を超す戦後詩、現代詩の詩人たちの大アンソロジーを社会に送り出したことは、戦後詩、現代詩の普及について不滅の功績ともいうべきものであり、戦後詩、現代詩に限って言えば、岩波文庫が明治以降の文学作品を知識人・読書人に提供したことに等しいような意味を持っている、と私は考えている。つまり、森鷗外、夏目漱石の作品といえども、川端康成、谷崎潤一郎らの作品といえども、与謝野晶子、若山牧水、長塚節らの作品といえども、岩波文庫がなければ、これほど読み継がれることはなかったと私は考えるのだが、田村隆一、谷川雁、鮎川信夫らの詩がいまも読まれているとすれば、「現代詩文庫」に彼らの作品が収められていることによるものとしか考えられないのである。

＊

ところで、「現代詩文庫」に対しては玉石混交という批判があると私は承知している。「現代詩文庫」に収められている詩人たちの誰が玉であり、誰が石であるか、私は知らない。じっさい、百冊を超える詩集の中で、私が知っているのは二、三〇冊に過ぎないから、そういう意味で私には「現代詩文庫」を批判する資格がない。むしろ、私は小田久郎が意外に頑固に認めない詩人たちがいたことに感銘を覚えている。それは土曜美術社という出版社が刊行している「日本現代詩文庫」に収められている詩人たちを瞥見して感じたことであった。この土曜美術社の「日本現代詩文庫」ほど小田にとって不快な出版物はなかったに違いない。版型から、内容のレイアウトまで、よくこれほど「現代詩文庫」を真似られたものだという思いがつよいのだが、この叢書には、「現代詩文庫」に収められなかった詩人たちの作品が収められている。私にはこの土曜美術社版に収められた詩人たちの中で、少なくとも数人は「現代詩文庫」にその作品が収められてよいものであったと考えるが、彼らは小田が何としても認めない詩人たちであった。そういう意味では小田は自分の批評眼、評価の見識に高い矜持を持っていたようである。小田のこのような頑固さは、いまとなって、私は彼の愛すべき一面であった、と考えている。

＊

前述したとおり、小田が「現代詩文庫」を創刊した翌年、一九六九年に清水康雄が青土社を設立して、第二次の『ユリイカ』を創刊した。清水はまた一九七三年に『現代思想』も創刊した。清水は伊達得夫と親しく、伊達の『ユリイカ』の編集を手伝ったことがあったと聞いている。そのためであろうが、清水は小田と面識があった。そればかりでなく、何かにつけて小田を頼りにし、小田に相談をかけたようである。小田にとっては強力なライヴァルの出現だったはずだが、小田は心よく胸襟を開いて清水の相談に応じていたようである。もちろん、清水は詩を書いていたことはあるが、小田と違って、詩が好きというよりも、哲学、ことにハイデッガーの崇拝者だったし、第二次『ユリイカ』の最初から編集者に三浦雅士を迎えて三浦を育てる立場にあったから、清水の志は小田とはかなり違っていた。それだけに小田と清水は気安く付きあうことができたのではないか、と思われる。このような同業者間、ライヴァル間の親しい関係は傍からみていても心地よいものであった。

あるとき、清水が私に、小田君は、『現代詩手帖』の編集は若い人に任せて、自分は自費出版の詩集をせっせと作って、思潮社の屋台骨を支えているのですよ、と言っていたことがある。真偽は確かでないが、たぶん事実であろう。きっと『現代詩手帖』の当時の編集長が詩誌の編集者として高い能力を持っていたに違いないが、このようなことは誰にもできることではない。小田久郎はそういう度量の持ち主であった。

このことは、森谷均の死去の前に森谷を見舞いに行って、小田が自費出版の仕事は「他人のため」の仕事だと思って、森谷に、そんな仕事はおやめなさい、と心の中で叫んだ、ということと矛盾するようである。私の想像では、『現代詩手帖』は思潮社、小田久郎の看板であり、この看板の事業を継続するためにも自費出版の詩集の出版を引き受けなければならなかったのではないか。最晩年の森谷均と違い、健康であった小田は、そうした裏方にも見える仕事に打ち込んで『現代詩手帖』の刊行を支えていたのではないか、と私は考えている。

＊

生野幸吉が死去したのは一九九一年だから、小田が「現代詩文庫」の刊行を始めた後、清水が青土社を創業したときからは、ずいぶん年月が経っている。『生野幸吉詩集』は「現代詩文庫23」として刊行されており、『大岡信詩集』に先行している。どういうわけか、私は小田、清水と同じ自動車で生野の通夜に赴いた。そのとき、焼香の列に並んでいたところ、スピーカーから私の弔電の朗読が流れてきたのを憶えている。その確か三鷹の寺院への往復の車の中で、小田と清水は、ある著名な詩人の再婚の相手がどんな女性か、どれほど収入があるか、といった話題に興じていた。私は、なるほど、

「詩壇」とはこんな世界をいうのかと思ったのであった。

生野幸吉の死去の前年、吉岡実が死去したとき、小田はどういうわけか私を誘って、渋谷駅からさほど遠くない吉岡のマンションに赴き、吉岡夫人に挨拶し、吉岡の死に顔に対面したことがあった。私が吉岡の人柄が好きだったことを知っていたからだろうが、このこともまた、小田が吉岡をかけがえのない詩人として大事に思っていたことの証しのように感じている。

＊

小田久郎は詩の評価についてつよい矜持を持っていたことはすでに記したとおりだが、生き方にも妙に頑固なところがあったように私は感じている。私は小田に勧められて高見順賞の選考委員を一九七九年度から引き受けたのだが、選考が始まった段階では小田久郎および思潮社は高見順賞の事務局からまったく手を引いてしまっていた。それまでは選考経過も高見順賞の受賞者も、受賞者の言葉など併せて『現代詩手帖』に掲載されていたのだが、そういうこともいっさい『現代詩手帖』はしないこととなった。そこで、高見順文学振興会としては、それまで『現代詩手帖』に掲載されていたようなことを『樹』という冊子に載せることになった。それよりも高見順賞の第一回の選考委員は、鮎川信夫、寺田透、清岡卓行、谷川俊太郎、大岡信という豪華な顔ぶれであった。私の考えでは詩の賞の権威は選考委員の顔ぶれで決まるので、高見順賞がかなりの権威を持ったのは、小田の最初の人選によると考えている。ところが、私が小田に頼まれて選考委員を引き受けた直後に、小田はまったく高見順賞と縁を切ったのであった。しかも、何故、絶縁したのかは分からないままである。事情を知っているのは小田と高見秋子夫人だけかもしれない。しかし、何か小田を絶縁に踏み切らせるような事情があったに違いないのだが、誰も教えてくれない。どんな事情であるにせよ、小田久郎の矜持を傷つけるような出来事があったに違いない。そういう意味で、小田は一徹で、誇りたかい人物であった。しかも、絶縁に至った事情、理由は固く口を噤んでとおし、誰をも非難しない、自制心を持っていた。これも誰にでもできることではないように思われる。

＊

小田久郎が思潮社の経営を子息たちに任せ、一人は編集、もう一人は営業と、分担させてから何年経ったのか、正確なことを私は知らないが、一〇年以上にはなるのではないか。しかし、事実上、手を引いていても、思潮社と『現代詩手帖』「現代詩文庫」という事業の背後には小田久郎が眼を光らせている、という感じがあった。勘ぐって言えば、そのような感じを与え続けるために、死去の事実を遺族は一年以上も伏せておいたのかもしれない。死してなお、小田久郎にはそれだけの力があったわけである。これは彼の偉大な存在感を示すものともいえるだろう。

小田康之さんからお聞きしたところだが、小田久郎は二〇二一年の年末に体調を崩して入院、二〇二二年一月中旬、肺炎を発症、家族が駆け付けたときにはすでに息を引き取っていたということである。九〇歳を越えていたのだから、長寿を全うしたというべきかもしれないが、突然の死に狼狽するのは遺族だけではない。哀悼の気持ちが切であることを記しておきたい。

樋口 覚

二〇二三年三月一五日付で刊行された日本近代文学館の館報第三一二号の一面に「樋口覚元専務理事」の次のとおりの訃報が掲載されている。

「十一月二十四日、樋口覚元専務理事が逝去された。七十四歳。一九九九年評議員、二〇〇一年理事、〇七年常務理事、〇八年から一二年まで専務理事として、長く館の発展のために尽くされた。〇一年から一二年まで文学者の自作朗読会「声のライブラリー」の司会を務め、館の講座、映像資料制作に多大な貢献をされた。」

この館報の二面には中島国彦理事長の「樋口覚さんのお仕事」と題する追悼文が掲載されており、次のとおりの回想が記されている。

「樋口さんが文学館の理事になられたのは二〇〇一年、中村稔理事長の時である。二〇〇八年六月からは専務理事に就任され、高井有一理事長、十川信介副理事長を支えて力を尽くされた。その頃の理事会での明快な発言が、思い出される。その後、坂上弘理事長の時代となるが、二〇一二年十月、体調を崩されて専務理事の職を辞されることとなった。

樋口さんは長いこと「声のライブラリー」の発展に力を注いでこられた。一九九五年から始まった

「声のライブラリー」は、毎回三人の文学者をお迎えし、自作朗読と自由な座談会で構成されている。樋口さんは、二〇〇一年から二〇一二年までの長きにわたり、ほぼ毎回にわたってその司会をつとめられている。その間、総計一二六名もの文学者から、貴重な話題を引き出してくださったことになる。その人選に関わることは、とても大変なことであったろう。ご自身の幅広い人脈を駆使して、その任に当たられた。その記録は、文学館にとって大切な財産となっている。」

この文章は続いて樋口覚の文学的業績に触れているが、この業績については後に詳しく検討するつもりなので、引用を省き、中島国彦理事長が憶えているエピソードの記述を引用する。

「樋口さんとの思い出で忘れられないのは、一九九八年秋、中原中也の会のシンポジウムでご一緒したときのことである。樋口さんの司会で、谷川俊太郎、佐々木幹郎、わたくしが参加したが、議論を見事に整理なさり、問題を深めるきっかけを与えてくださって、皆の発言が一層活発になった。樋口さんの存在が、新しいものを生み出してくれる現場に居合わせる思いがした。そういう樋口さんだからこそ、「声のライブラリー」が充実したものとして一〇年以上続いたのだと思う。」

私が樋口覚について思いだすことは、やはり「声のライブラリー」との関連における事柄であり、それも究極的には自責の念に堪えないことなのだが、悔恨の思いをこめて、以下に回想してみたい。なお、この文章では、敬称を略して、彼を樋口覚と呼ぶことにする。文中の文学者も原則として敬称を省略することとする。

＊

樋口覚を回想することは、私にとって、日本近代文学館の「声のライブラリー」を回想することとほぼ等しい、そこで、先ず「声のライブラリー」の発足に遡って、どういう経緯でこの催しが行われることになったのか、説明したい。私は小田切進さんが急逝なさったさいに、黒井千次さんとともに、中村眞一郎さんに日本近代文学館の理事長就任をお願いした。そのとき、実務は私どもがいたしますので、是非、理事長職をお引き受けくださいと申し上げた。その結果、一九九三年三月の理事会で、中村眞一郎理事長、黒井千次専務理事が選出され、私も常務理事の一人に選出された。そしてその翌年三月の理事会で私は副理事長に選出され、あわせて前回の理事会で設置が決まった未来構想委員会の委員長に就任した。「委員には今橋映子、紅野謙介、鈴木貞美、曽根博義、津島佑子、十川信介、中島国彦の七氏が就任、四月二十七日、第一回会合が開かれた」と一九九四年五月一五日付で刊行の館報第一三九号に記載されている。私の記憶では佐々木幹郎も委員に選ばれていたと思うのだが、その裏付けとして、同年一一月一五日付館報第一四二号には「九月二十九日、定例の理事会が開かれた。未来構想委員会の提案により、作家の自作朗読を中心とする会を、来年度から年四回、館ホールで開催することが決まった」とあり、一九九五年三月一五日付館報第一四四号には「十二月十七日、定例の理事会が開かれ、一九九五年度事業計画について活発な協議が行われ、新しい事業として文学者の自作朗読を中心とする会「声のライブラリー」を館ホールで開催することが決まった。これは、将来に向けて館がより開かれた存在になるよう検討を重ねている未来構想委員会の提言によるもので、第一回は五月十三日、堀田善衞、吉増剛造、津島佑子の三氏を迎え、佐々木幹郎同委員の司会で開催、以後九月、十一月、来年二月の第二土曜日に開かれる予定。なお会の模様はビデオに収録し、あわせて音声・映像資料の充実もはかっていくこととなった」と記載している。この記事から見ても、佐々木幹郎は未来構想委員会の委員であったと思われる。

私がそのように憶えているのは、文学者の自作朗読をビデオに収録して音声・映像の資料として後世に遺す、ということが未来構想委員会で決まった後に、どのような名称にすべきかを議論したさい、私が何気なく提案ともなく呟いた「声のライブラリー」という名称を佐々木幹郎が、ばかに気に入って強力に賛成したからである。私は、この会は音声だけの記録ではなく、映像の記録でもあり、「声のライブラリー」では不都合と思っていたのだが、佐々木幹郎の強力な支持もあり、他に適当な案もなかったので、「声のライブラリー」に決まったのであった。幸い、この「声のライブラリー」を録画の記録として残すことについては石橋財団から助成を受けることができたので、文学館としては現代の文学者たちの自作朗読の音声、映像の記録を文学的資産として後世に遺すことができることになったのであった。

続く第二回の「声のライブラリー」は安岡章太郎、谷川俊太郎、中沢けい、司会佐々木幹郎により、一九九五年九月九日に、第三回は、水上勉、富岡多恵子、辻仁成、司会佐々木幹郎により、同年一一月一一日に、催されている。これらのビデオ録画の制作会社を紹介し、契約したことについては、佐々木幹郎の尽力があったはずである。なお、第三回の富岡多恵子は詩人として彼女の詩を朗読したのであって、小説を朗読したのではない。

＊

ここで「声のライブラリー」において自作朗読していただく三人の文学者について私が抱いていた構想を記しておきたい。文学者はただ三人の文学者を選んで、彼らに依頼すればよいというものではなかった。私は老、壮、若、の三世代の文学者に朗読していただきたい、と考えていた。つまり、老大家といわれる文学者、油ののりきった五〇代から六〇代前半の文学者、それに、たとえば芥川賞を受賞して数年後くらいの二〇代後半から三〇代前半の文学者を考えていた。それに、二〇代の文学者に自作朗読していただいたと仮定すると、彼または彼女が二、三〇年後にまた「声のライブラリー」で自作朗読し、四、五〇年後にまた自作朗読していただく。そのように自作朗読していただくと、その文学者のごく若いころから老年にいたるまでの時期の朗読を見、聞きすることができることになり、このようなコレクションはさぞ興趣がふかいに違いない、と考えたのであった。

それに、三人の文学者の中の二人は小説家（劇作家、文芸評論家でもよい）、一人は詩人（歌人、俳人でもよい）という組合せ、また、三人の中の二人は男性、一人は女性という組合せで「声のライブラリー」においでいただき、自作の朗読をお願いする、というのが私の構想であったし、この構想にしたがって、人選、出演交渉が行われたのであった。

しかし、このような理想的な組合せで三人の文学者に「声のライブラリー」にお越しいただき、自作朗読を承諾していただくのは至難であった。私は小説家の人選、依頼をすべて黒井千次さんにお願いした。黒井さんが依頼し、自作朗読を承諾してくださった方々の顔ぶれを見て、それが老年および壮年の男性の小説家であれば、私は若い女性の詩人に「声のライブラリー」に出てくださるようお願いしたのであり、どういう詩人あるいは歌人、俳人にお願いするかは、黒井さんがどういう方々にお願いし、どういう方々が承諾してくださったかによって、決めたのであった。それ故、黒井さんに非常なご苦労、ご面倒をおかけすることになり、私は黒井さんにじつに頻繁に電話をおかけし、また電話を頂戴して、連絡しあうことになった。

樋口覚が司会者として貢献してくださったことに関係することではないのだが、脇道に逸れてすこしだけ私的な回想をさしはさむと、印象ぶかいのは、水上勉さんの越前訛りのつよい「越前竹人形」の朗読であり、安岡章太郎さんの「犬」の朗読であった。ことに安岡さんは原作の若干をそぎ落として所定の二〇分に収まるようにあらかじめ充分に準備なさっておいでになったことに私はつよい感銘をうけた。安岡さんのこのような心遣いとは対照的に、若い世代の方々の中には、二〇分が二五分になっても三〇分になってもお構いなく、ご自分が朗読すると決めただけ朗読する、という方が少なくなかったのである。また、強烈に憶えているのは石垣りんさんの朗読であった。詩も心をうつ詩に違いなかったが、その朗読も胸が痺れるほどに見事であった。

私的な感想を続けると、私はあと一、二年前から始めていれば、遠藤周作さんらも収録できたのに、と思っていたし、また、大江健三郎さんがノーベル賞を受賞なさって極度にお忙しくなり、ついに「声のライブラリー」においでいただけなかったことも心残りに思っていた。

そこで、元に戻ると、いったい、詩人のばあいには、吉増剛造さんのように朗読に情熱をお持ちの方もおいでになり、おおむね朗読の経験があり、あるいは、朗読に消極的ではないのが普通である。これに反して、小説家は朗読の経験のある方はごく稀であり、ご自分の作品を、ごく短い時間、朗読したからといって、その作品の興趣が聴衆に伝えられるものではない、とお考えの方が多いように思われる。それに小説家は、締切や取材のための旅行の予定など、詩人と比べてよほど多忙なようである。そこで、世代の違う、小説家二名を選んで、「声のライブラリー」においでくださるよう、承諾を得るための黒井さんのご努力は尋常ではなかった。比較的には、私が詩人一人を選び、連絡をとって、承諾を得ることは、日程が合いさえすれば、さして難しいことではなかった。

ところで、「声のライブラリー」は三名の文学者の方々に、それぞれ二〇分を目安に自作朗読していただき、休憩をはさんで、三名の方々に座談会形式で自由にお話しいただくことにしていた。自作朗読に先立ち、朗読してくださる文学者を聴衆に紹介することのほか、後半の座談会の進行の司会がどうしても必要である。この司会者の手配は私が担当することになっていた。思うに、この司会には二つのタイプがあるようである。一つは自作朗読する作品を含め、まったく、あるいは、ほとんど、その文学者の作品について予備知識がなく、聴衆と同じ立場で、朗読した文学者三名の方々に質問し、その回答の中から、文学者の方々が互いに共通の話題を発見し、あるいは司会者が共通の話題を発見し、そうした話題を発展させるのに任せる、といった、進行の仕方である。もう一つは、三名の文学者の方々の朗読してくださる作品はもとより、代表的な作品をふかく読みこんだ上で、それぞれの文学者の特徴を引きだし、三名の文学の共通点や相違点が浮き彫りになるような発言をうながして、座談会を盛り上げていくような進行の仕方である。いうまでもなく、ここに挙げたのは極端な例であって、実情は、その中間にさまざまな司会の仕方があるわけである。私としては、司会者がどういう方法を採るにしても、ともかく司会をしてくださる方が必要であった。

館報を見ると、「声のライブラリー」の第一回から第五回まで佐々木幹郎、第六回から第八回まで三浦雅士、第九回から第一二回まで青野聰、第一三回から第一七回まで佐々木幹郎、第一八回、第一九回が奥泉光、第二〇回から第二二回が川本三郎、という記載がある。ただし、第二一回については館報の「声のライブラリー」の予告には司会者の氏名の記述がないし、第二三回についても同じく司会者の記述がない。注釈を加えれば、これらの司会を引き受けてくださった人々の中で、佐々木幹郎は、どちらかといえば前記の前者のタイプに近かったが、他の方々は後者のタイプの司会を心がけ、そのために毎回、心労を尽くし、数回、司会を務めると、もう次回は司会はできないとおっしゃるのであった。そのため、司会の適任者はたやすく探し当てられなかったのである。近代文学館の館報には、二〇〇一年二月一〇日開催の第二四回の予告にはじめて司会者樋口覚という記載が登場する。中島国彦さんの追悼文に樋口覚が「声のライブラリー」の司会をすることになったのは二〇〇一年からとあるので、第二三回の司会は誰か分からないが、あるいは、川本三郎だったのかもしれない。いずれにしても、「声のライブラリー」の予告に司会者の氏名がないことは、この館報の原稿の締切までに司会者が決まっていなかったことを意味する。私は当時、司会を依頼できる人を懸命に探していて、結局、樋口覚に巡り合ったのが二〇〇〇年の年末であったらしい。そういえば、中島さんの追悼文にいう中原中也の会のシンポジウムの当時、私は中也の会の会長をしていたはずだが、このシンポジウムについては憶えていない。憶えていれば、もっと早くに樋口覚に「声のライブラリー」の司会を頼んだはずだと思い、若干、ふしぎな感じがする。

*

樋口覚が初めて司会をつとめた二〇〇一年二月一〇日の第二四回「声のライブラリー」は杉本苑子、佐々木幹郎、村上龍の三人の自作朗読が予定されていた。このときは、杉本苑子さんは、どちらかといえば、通俗小説の作家だから、日本近代文学館に関係する学者、研究者の研究の対象の範疇には入らないけれども、私は、永井路子さんとともに杉本苑子さんの歴史に関する見識を高く評価していたし、個人的にも親しかったので、黒井さんの了解を得て、私が依頼したのであった。また、私は『中原中也全集』の編集をつうじて佐々木幹郎と昵懇な交際をするような関係になっていたので、黒井さんは村上龍さんだけに依頼したものと思われる。その次の第二五回、五月一二日の会では、曽野綾子、長田弘、辻原登の三人だが、このときは曽野綾子、辻原登のお二人を黒井さんが依頼して、出演の了解をとりつけ、長田弘からの了解は私がとりつけたはずである。このように、私が近代文学館の理事長を務めていた間は、三人の文学者の人選、交渉、出演の了解のとりつけ、といった厄介なことはすべて黒井さんと私がひきうけ、といっても、難しい小説家、劇作家らとの交渉はすべて黒井さんがひきうけ、樋口覚は司会に専心していたのであった。

第二六回以後に「声のライブラリー」においでになって自作朗読してくださった方々を館報から拾いあげると、次のとおりである。

第二六回、二〇〇一年九月八日　山本道子、荒川洋治、奥泉光
第二七回、同年一一月一〇日　馬場あき子、三浦哲郎、池澤夏樹
第二八回、二〇〇二年二月九日　長谷川龍生、吉田知子、佐伯一麦
第二九回、同年五月一一日　中村稔、伊井直行、小川洋子
第三〇回　同年九月一四日　李恢成、鈴木志郎康、山田詠美
第三一回　同年一一月九日　新川和江、清水邦夫、佐藤洋二郎
第三一回　二〇〇三年二月八日　秋山駿、財部鳥子、新井満
第三二回　同年五月一〇日　天沢退二郎、水村美苗、藤沢周
第三三回　同年九月一四日　柴田翔、平出隆、川上弘美

このように列挙してみると、老、壮、若、という三世代の文学者に自作朗読をお願いする、という私

の構想は若干実現していないけれども、おおむねは私の構想にしたがっていることが判明する。

このようなかたちで三人の文学者の人選、出演交渉、出演の了解のとりつけが行われたのだが、その最後のとき、私の理事長在任中、二〇〇八年二月九日の第五二回は、館報には、加賀乙彦、新藤涼子のお二人しか名前が出ていない。三人目の人選、了解のとりつけが、館報の原稿締切に間に合わなかったのであろう（文学館事務局の教示によれば、三人目は奥本大三郎である。人選の苦心が察せられるし、朗読を承諾していただくのに手間取ったのも無理からぬことと思われる）。次いで、五月一二日の第五三回は、丸谷才一、リービ英雄、日和聡子、九月一三日の第五四回、阿刀田高、アーサー・ビナード、木坂涼の三人である。第五四回の人選はずいぶん無理をしているようである。アーサー・ビナードは私が秋谷豊さんに頼まれて、秋谷さん、新川和江さんとともに埼玉県羽生市の「ふるさとの詩」という公募作品の選考委員をしたさいに応募し、私たちが賞の贈呈を決めたのが最初で、そのときに彼が木坂涼と結婚していることも聞いて知ったのであった。その後、彼は中原中也賞を受賞したのだが、私はこのときも選考委員だったので、彼と面識があり、木坂涼とも知り合っていた。そこで、木坂涼には散文作品の朗読を依頼したものと思われる。このときに阿刀田高に依頼したのは黒井さんだと思われるが、阿刀田氏もいわゆる純文学の作家ではないから、この三人にお願いしたのは、かなり人選に悩んだ結果、やむを得ず、この方々にお願いすることになったのであろう。第五二回に三人目の文学者が館報に記載されていないことと併せ、この時点で、人選や交渉がずいぶん難しくなっていたように感じられる。それにしても、私が理事長在任中は「声のライブラリー」のための三人の文学者の人選、出演交渉、出演の了解のとりつけは黒井さんと私の担当であった。

＊

そこで、樋口覚の司会の話になるが、私は樋口覚ほどの司会の適任者は他にありえないと信じている。一方では、彼はじつに博学多識であった。他方、彼は司会者としてまことに用意周到、準備が行き届いていた。しかも、穏やかで、思いやりがあり、人間性に溢れていた。こんな司会者は樋口覚を措いて他に得られるはずがない、と私は信じていた。

初めに、樋口覚の博学多識について説明したい。そのためには、彼の二〇冊に近い著書のすべてを解き明かすことができればよいのだが、そうもいかないので、彼の代表的著作の一で、三島由紀夫賞受賞作、一九九六年刊行の『三絃の誘惑』の目次を以下に示したい。

序　堺と江戸に見る三味線音楽

第一章　近世の音――正岡子規と中江兆民

竹本義太夫の墓

三絃の誘惑

兆民と子規と律

中江兆民の義太夫論

兆民最後の奮闘

第二章　三絃の誘惑に抗して――木下杢太郎と林達夫

林達夫の歌舞伎論

木下杢太郎と林達夫
木下杢太郎の明暗
『食後の唄』自序
第三章　旅宿の境界――荻生徂徠と近松門左衛門
管弦哀歌のコーダ
旅宿の境界と浮世
「世のまがひもの」と「無頼の徒」
『曾根崎心中』論
遊女論の系譜
九鬼周造の芸者礼賛
第四章　平民思想と俗曲――露伴・透谷・二葉亭
幸田露伴の『一国の首都』論
北村透谷の『三日幻境』への旅
二葉亭四迷の俗曲論
第五章　谷崎潤一郎の『蓼喰ふ虫』――淡路島幻想行
眠れぬ夜の物語
大阪の「湿気」と大阪人
土門拳と小出楢重
萌黄の闇の人形

江戸の荻生徂徠、近松門左衛門から幸田露伴、北村透谷、二葉亭四迷を経て、九鬼周造、谷崎潤一郎、林達夫に至るまで、対象としてとりあげた人物の多彩多様なこと、幅のひろいことは驚異に値する。いささか衒学的に見えると言っても過言ではあるまい。

もう一冊、樋口覚の著書を紹介するとして、二〇〇〇年一一月刊行の『日本人の帽子』を挙げることにしたい。その目次は次のとおりである。

Ⅰ　中也のお釜帽子
　近代の肖像写真
　自己演出としての写真
　「無帽」と「脱帽」の間
Ⅱ　お釜帽子の撮影者
　お釜帽子の正体
　有賀乕五郎の写真修行時代
　中原中也と有賀乕五郎の対決
　富永太郎の臨終写真
Ⅲ　帽子のコスモロジー
　失われた帽子を求めて
　フロイスが見た日本人の衣服

江戸遷都と「一国の首都」
明治天皇の「衣服革命」
「無帽」の時代
レンブラントの帽子

IV　帽子が人間を作る
帽子の下に顔がある
帽子の起源と表象機能
衣服と人体の生理学

V　カーライルの『衣装哲学』と帽子
仕立て直された仕立屋
『衣装哲学』の周辺
「着衣の世界」と「脱衣の世界」

VI　スウィフトの「帽子哲学」
カーライルを曲解したニーチェの批判
スウィフトの「近代的脱線」――『桶物語』と『ガリバー旅行記』
ヴォルテールの『哲学書簡』とクエーカー教徒の帽子

VII　漱石の帽子
カーライルの「趣味の遺伝」――『猫』と『館』と『塔』
『吾輩は猫である』にみる帽子

漱石と探偵
Ⅷ 山高帽の誕生とパナマ帽
漱石の『カーライル博物館』
ロック帽子店と山高帽の誕生
漱石のパナマ帽
「帽子を被らない男」の脅威
パナマ帽の明暗
Ⅸ 内田百閒の「怪異の帽子」
内田百閒と漱石の「趣味の遺伝」
「文学」の病いとしての『山高帽子』
同期する芥川龍之介と内田百閒の不安
怪異としての山高帽子
Ⅹ 帽子を落した男
内田百閒の山高帽子とフロックコート
森田草平からの帽子の譲渡
国木田独歩の『帽子』
川端康成の『帽子事件』
Ⅺ 女帽子の「花」
カフカとプルーストの帽子

森茉莉の『父の帽子』と三島由紀夫の『帽子の花』
制帽と軍帽

XII 帽子を冠れる自画像
小出楢重の『蓼喰ふ虫』と木村荘八の『濹東綺譚』
実現しなかった宇野浩二の挿絵と狂気
小出楢重の「帽子を冠れる自画像」
二つの『枯木のある風景』

XIII フロベールの「帽子哲学」
「新入生」の奇妙な帽子
シャルルの帽子の象徴的意味
フロベールの『紋切型辞典』と帽子
サルトルと小林秀雄のフロベール論

XIV 帽子の下に顔はない
身体のシンメトリーと「歩き方の理論」
マラルメの帽子論と『最新流行』
マネにみる帽子と黒衣の肖像
ボードレールの『帽子の悲歌』

この東西古今にわたる多彩な文学者、画家、哲学者らを「帽子」を媒体とした視点から解き明かす斬新、多様な文学論、文明論を展開する博識は類を見ないといってよい。
私が樋口覚の著書の中で愛着を持っているのは『グレン・グールドを聴く夏目漱石』である。この著書において、著者は「三絃」といわれるわが国の伝統音楽に造詣がふかいばかりでなく、特異なピアニストとして知られるグレン・グールドにみられるように、西洋音楽にも見識を持ち、しかも、T・S・エリオット、エズラ・パウンドにも精通していることを示している。彼にとって短歌はホーム・グラウンドに等しいようだが、最後に文春新書に収められている、樋口覚の『短歌博物誌』を採り上げたい。「生き物百四十種、五百首。鳥獣虫魚に抱かれた日本人の暮らし」と「蜻蛉」とこの本のオビに書かれている。百四十首、五百首をすべて紹介することは出来ないから、冒頭の「蜻蛉」と架空の生物「河童」だけを紹介する。「蜻蛉」は次のとおりである。

篙《き》の上に蜻蛉《あきつ》とまりてあら川の浮間のわたし人がげもなし　佐佐木信綱

ぬばたまの黒羽蜻蛉《あきつ》は水の上母に見えねば告ぐることとなし　斎藤史

古代日本の国名で、あきつ、あるいは、あきづとも呼ばれる。蜻蛉は漢名だが一般にはとんぼとして親しまれ歌われてきた。秋津島日本の国名はすずやかなとんぼに由来し、美しい詩語であった。飛翔するとんぼが羽をたたんで休む風景も鳥とは異なる風情がある。斎藤史の作品は盲目となった母を看病していた時期の歌で、たまたま水上にやってきた黒羽蜻蛉のことを知らせようとしてもできないことを、「告ぐることとなし」と強く言い切った。端座する母子の間のいかんともしがたい距離を冷徹に描いた絶唱で、古代万葉から歌われてきたとんぼのイメージを一新させた。蜻蛉を主題とした句には与謝蕪村の「稲妻や波もてゆへる秋津島」があり、近代的な鳥瞰図として卓抜である。詩には北原白秋と富永太郎に「目玉の蜻蛉」について書いたものがある。樋口覚が短歌にも俳句にも詩にも知識ふかく、鑑賞眼の確かなことを示して余すところがない。次に「河童」を引用する。

おもひでのなかに河童の多見次ゐていまもをりをりわれにもの云ふ　吉井勇

一本の葦の重さに耐へぬる　河童《かはひろ》がゆく芥川ゆく　岡野弘彦

いつのころよりかわれの室にも河童棲みさびしきときに低く歌へり　馬場あき子

うつうつと汗ばむ吾が身熱あれば悲しき顔に河童寄り添う　宮柊二

水中に住む妖怪の一種で、天狗などとともに恐れられ、かつ親しまれた動物で、わが国の妖怪学を広めた功績は甚だ大。日本人の空想能力を高め、目に見える現実のみによって人が生きるものであるとする偏見を打ち砕き、物語と空想、虚と実の境界を破ったことは長く称賛されよう。日本の妖怪学は妖怪博士の井上円了を筆頭に、江馬務の『日本妖怪変化史』、柳田國男の『妖怪談義』によって発展したが、文献にでてくるのは意外に遅く近世以降である。『遠野物語』の刊行にいたっては明治四十三年である。これら日本の民俗の研究とは別に妖怪談の名手であり、この世のすべての現象を「怪談」として定義した幸田露伴も妖怪学の先達といえよう。その怪異は日本以外に古代中国、天竺まで及んでいる。露伴は柳田國男が「妖怪名彙」を制作したように物事を収集して分類するのが好きで、『水上語彙』と『音幻論』を著し、それは『幻談』という小説や音韻論的な鳥名論に結実した。水辺は妖怪が出現する格好の場所であった。また柳田國男のいうように、夕刻は物《もの》の怪《け》の現れる逢魔が時であり、「雀色時《すずめいろどき》」と呼んだ。これらは日本独自の博物学といえる。埴谷雄高の『死霊』もこの系譜に位置づけられる。

妖怪はなにもケルト神話だけにみられるのではない。近世の文学では上田秋成『雨月物語』の天狗、絵画ではなんといっても円山応挙の幽霊であろう。文芸作品としては泉鏡花の『高野聖』、芥川龍之介の『河童』である。謡曲『紅葉狩』の鬼女の故郷は奥深い信州の鬼無里である。石田英一郎に『新版河童駒引考』があり、小泉八雲に「妖怪の歌」がある。俳句に河童が多数登場することは柴田宵曲の『俳諧博物誌』でも分かるが、芥川龍之介の忌日を河童忌とし、河童忌は俳句の季語である。日野巌『動物妖怪譚』は様々な河童の挿絵をいれて紹介している。

まことに樋口覚の博学多識にはただ脱帽という感がふかい。

*

樋口覚は一九四八年一月、長野県生まれ、祖父は東京帝大卒で県立長野中学の校長を務め、祖母は島木赤彦門下の歌人、父は国文学者という、いわば長野県教育界の名門の出身であり、一橋大学社会学部を卒業し、医学書院に勤務しながら、数多くの著書を著したのであった。

人柄は穏やか、良家の子弟らしく、礼儀正しく、感受性が豊かで、文学について間口が広いように、人間関係についても好き嫌いがなく、他人の言うことによく耳を傾ける聞き上手であった。「声のライブラリー」の司会をお願いするようになってから知ったことだが、彼はじつに用意周到で、三人の文学者がそれぞれ朗読する作品はもとより、時間が許すかぎり、彼らの代表作も読み、座談会において、誰に、どのような質問をするか、さらに、どのように座談を盛り上げて行くか、その筋書まで、考えぬいて、当日の司会をしたようであった。彼が司会しているときは、つねに睦子夫人が視聴者席の一隅においでになったし、かなり頻繁に可愛らしいお嬢さんもご一緒していた。彼は良き夫であり、父であり、良き家庭人でもあった。彼以上の司会者は望み得ないと私は感じていたし、彼の広く、深い学識は日本近代文学館にも寄与できるはずであろう、と考えていた。

＊

それにしても、私が理事長を退任して以後、樋口覚は自作朗読していただく三人の文学者の人選から出演交渉、出演承諾のとりつけまで、つまり、それまで黒井千次さんと私がひきうけていた、しごく厄介で、面倒なことまで、背負いこんだのであった。そうでなくても、五十数回催していれば、すでに百五、六十人の文学者の方々に朗読のためにお越しいただいているのだから、二回目にお願いする方々は別として、まだ朗読していただいていない文学者を探しだすこと自体が難しいはずである。それに加えて、小説家の方々に自作朗読をお願いしても、そんな煩わしいことには関わりたくないとお考えの方が普通なのであった。そこで、樋口覚が人選、交渉して自作朗読をしていただいた方々を第五五回から第五九回までの五回を見ると次のとおりである。（以下は、文学館事務局の教示による。）

第五五回、二〇〇八年一一月八日　平岩弓枝、三枝昂之、青山南
第五六回、二〇〇九年二月一四日　梁石日、野村喜和夫、沼野恭子
第五七回、同年五月九日　小林信彦、森まゆみ、夏石番矢

第五八回、同年九月一二日　沓掛良彦、赤坂真理、水原紫苑
第五九回、同年一一月一四日　鈴木道彦、岩田宏、齋藤恵美子

この顔ぶれを見ても、樋口覚の苦労のほどを推察することができる。いわば、老大家と言われるような文学者はここには見当たらないし、いわゆる純文学の作家はほとんどいないようである。一方で、沼野恭子（ロシア文学）、沓掛良彦（比較文学、西洋古典）、赤坂憲雄（民俗学）、鈴木道彦（フランス文学）、といった学者、研究者の大家に朗読をお願いしていることが目に付く。つまり、これらが、樋口覚の努力の成果を示しているし、よく独力で、これらの方々を選び、交渉し、「声のライブラリー」においでくださるよう、説得できたものだという、感慨を覚えるのである。ただ、第五九回では、岩田宏、齋藤恵美子のお二人が詩人で小説家が入っていないことに気づくのである。

そこで、彼が人選し、出演を依頼し、司会した最後の四回、出演してくださった方々を、文学館事務局の教示にしたがい、次に示す。

第六五回、二〇一一年五月一四日　吉増剛造、有働薫、三角みづ紀
第六六回、同年九月一〇日　穂村弘、和田竜、朝吹真理子
第六七回、同年一一月一二日　清水房雄、季村敏夫、竹本駒之助、鶴沢寛也
第六八回、二〇一二年二月一一日　野田哲也、野田ドリット、栗木京子

第六五回についていえば、朗読してくださっている三人が三人とも詩人である。樋口覚が声をかけ

ることができる小説家も学者、研究者もいなくなったのであろう。このような異常な事態が起こっていることを近代文学館の理事者はどうして気づかなかったのか、ふしぎと言えばふしぎである。一方、ここに見られるように、歌人は、樋口覚のホームグラウンドであるためか、穂村弘、清水房雄、栗木京子という、三人ともひろく知られた人々だが、その他の方々は、私は業績を存じ上げていない人々である。ことに問題は、第六七回である。清水房雄は歌人として老大家といってよいし、季村敏夫は知られた詩人である。このお二人が男性だから、三人目は女性であるはずだが、性別ははっきりしない、竹本駒之助、鶴沢寛也というお二人の名前が挙げられている。竹本駒之助、鶴沢寛也のお二人は女性だそうである。ことに前者は人間国宝に指定されていたという。戦後それまで生きながらえた娘義太夫である。このばあい当然、竹本駒之助が浄瑠璃の太夫、鶴沢寛也が三味線で、演目は「傾城恋飛脚」の「新口村」の段であったという。これは文楽でも定番の出し物の一つだから、樋口覚としては珍しい女義太夫による古典の語り、口説き、謡いを聞くのも一興と考えたのかもしれない。しかし、こういうものは「声のライブラリー」の趣旨に反するのではないか、という批判、非難の声が一部からも上がっていたと私は承知している。批判、非難はもっともと言ってよい。

ただし、木下杢太郎が『スバル』明治四〇年一一月号に発表し、その後『木下杢太郎詩集』に収めた「街頭初夏」の第二節に「濃いお納戸の肩衣の／花の昇菊、昇之助」の句があり、昇菊、昇之助は当時の青年たちを熱狂させた美貌の姉妹の娘義太夫の太夫であった。その他にも、娘義太夫については志賀直哉その他の文学者が多く回想しているので、明治期の文学の理解には娘義太夫がどういうものかを知ることが必須ともいうことができる。竹本駒之助はその伝統を今に伝える名手であり、鶴沢寛也はその相三味線であるから、彼女らの演奏を録画することは文学史的に見て大いに意義があるということもできるかもしれない。

樋口覚が人選し、出演していただき、司会した最後の第六八回は、歌人として栗木京子だが、残る二人の中の一人は版画家として知られる野田哲也であり、もう一人は同じ野田姓だから、野田哲也の夫人と思われる。彼らのエッセイの朗読をしていただいたのであろう。このばあい、男性一人、女性二人という組合せになる。このように見てくると、歌人、詩人はともかく、残りの二名の人選はまったく行き詰まっていたようである。このような人選について批判的な人々がおいでになったと承知している。

しかし、批判、非難は易しいけれども、人選し、出演交渉する樋口覚としては、ずっと以前から人選について絶望に近い感情を抱いていたものと思われる。この時点では、彼の心境は、おそらく弓折れ、矢尽きた思いであったに違いない。その結果、第六八回を最後に彼は倒れたのであった。激しい戦闘に傷ついたに等しい、無残な終局であった。

このような結果を招来したことについて、私は重大な責任を感じている。どうして彼は助けを求めなかったのか。助けを求めることは彼の矜持が許さなかったのかもしれない。彼は他人に依存することを嫌った。彼は自尊心も自負心もつよかったとはいえ、彼の苦労を思いやるべきであったという、後悔の思いが切である。私は理事長を退任したときに心身ともに疲労困憊し尽くしていたので、文学館について、また「声のライブラリー」について私が微力を尽くすほどのエネルギーを持ち合わせていなかったのだが、それにしても樋口覚を独り曠野におきざりにしたのではないか、という思いがつよい。私は彼を重宝に扱い、彼を見殺しにしたという思いを抱き続けるに違いない。

野見山暁治

野見山暁治さんが二〇二三年六月二二日に亡くなった。野見山さんは一九二〇年一二月生まれだから、享年百二歳だった。野見山さんを私の故旧の一人というのはおこがましいかもしれない。私は野見山さんに、駒井哲郎が他界した後しばらくの間、頻繁にお目にかかる機会があった。また、私が一九九一年一一月に刊行した『束の間の幻影——銅版画家駒井哲郎の生涯』（以下「拙著『束の間の幻影』という）の執筆にさいしては、ずいぶんと取材させていただいたり、教えられたりもした。

しかし、その後は折にふれて会合などで顔を合わせることはあっても、交際というほどのお付き合いはなかった。それだけの知り合いだから親しい友人だったとは言えない。もちろん、私も野見山さんの卓越した画業について知っているけれども、私は野見山さんの画業について語ろうとは思わない。反面で、私は野見山さんの散文の愛読者であり、ことに短い挨拶の手紙などの筆者として、野見山さんは比類のない名手と思っていたので、私からも拙著を差し上げてきたし、そのお返しに、野見山さんが著書をお出しになれば頂戴するといった関係であった。いわば、ペン・フレンドといってもよいが、そういう意味では、私は野見山さんの熱烈なファンの一人であったというべきであろう。野見山さんが挨拶文の名手であることは、後にいろいろの挨拶の手紙をお示しするつもりだが、さしあたり、一例だけ先ずお示しすることにする。次は野見山さんが文化勲章を受章なさったときの挨拶の手紙である。

この度の、わたくしの受賞を喜んでいただき
有難いことだと思っております
幼いころから、わたしは絵ばかり描いておりました
これは自分だけの身勝手な、なりわい
それについて、天からご褒美をいただく
はい、と両手をさしだしてよいものか
うしろめたいことながら、皆さまのあとおし
ふかく感謝いたします
二〇一四年　秋

野見山暁治

以上の印刷文に、手書きで、

こんなことに
なりました

野見山

と書き添えられている。

文化勲章の受章にさいして、こんなにも砕けた、日常的な言葉で、挨拶できるということはなまじの才能ではない。天性、天分という外はないのだが、しかつめらしい挨拶は誰にもできるけれども、このような挨拶は野見山さんでなければ、誰も真似ができるものではない。本文についていえば、野見山さんは、文化勲章は政府が授けてくれたものでも、総理大臣が授けてくれたものでも、天皇が授けてくれたものでもない。天からの授かりものだと言って、いわば権威・権力をやんわりと否定し、このような天からの授かりものに与かったのは皆さんのおかげですと、友人、知己の人々に感謝している。

その上で、自筆のペン書きによる「こんなことになりました」という添え書きに、野見山さんの羞じらいを読みとり、野見山さんの滋味あふれる人間性にふれることとなる。この添え書きで、印刷された本文がまた、いっそうの陰翳をもって読者に受けとられることになるわけである。

*

野見山さんは駒井哲郎について何回か書いている。

「とっくに戦争はおわっていたが、戦地でわずらった体の具合はいっこうに思わしくなく、又それをいい事にして、私はいかにもシャバの空気から弾き出された半病人みたいな甘え方で、何ひとつしない日々を送っていた。そんなある日、友人のところで、東京から届いたという絵の雑誌をパラパラとめくっていたら、一頁いっぱいに駒井哲郎の姿が出てきた。戦争でとだえていたこの種の雑誌を、何年ぶりかに手にして私は、この世の夜明けのような大袈裟な感動をそのとき覚えたものだが、こともあろうに、その夜明けの颯爽たる新人が、学校時代の自分の同級生だったことに、私は自分の前途が、とたんにお先まっくらとなり、ムラムラとした気分に突き落された。この人知ってるんですか。友人は、その雑誌を自分の手にひきもどして、いい男ですねェ、と言った。いくぶん削げた頬、一点をみつめている瞳、机においた指の繊細さ。いまさら言うことはない。駒井哲郎は、私がはじめて逢った幼い昔から、気高く瘠せていい男だったのだ。

中学の卒業試験をおえて、九州の炭坑町からまる一日、汽車に揺られて上京してきた私は、同舟舎という今の予備校みたいな、と言っても薄汚い一部屋だけの塾のなかで、慶応の帽子をかむった駒井を見た。日本橋の生れだという事だった。一緒に美術学校の油画科に入ったが、それから卒業するまで、私は、駒井を見た、としか言いようがない。無口なこの都会人に、ずっと私はいじけっ放しだ。ポウル・クレーの幻想に似た駒井の銅版画がその雑誌の頁のなかにいくつも組みこまれていて、口惜しくもそれは田舎者の私には描けない世界だった。」

これは、野見山さんの『四百字のデッサン』の「同級生――駒井哲郎」の項に記されていることだが、拙著『束の間の幻影』の取材のときに、じかに野見山さんから駒井との初対面のころの思い出をお聞きしたので、そのことを私は拙著に次のとおり記している。

「同舟舎の粗末な木造家屋は玄関で靴を脱いで座敷に上るような構造であった。あるとき、彼の前に靴を脱いで入っていく詰襟の慶応の生徒がいた、その靴を脱ぐ動作があまりにきちんとしているので、がさつな炭鉱町で育った野見山は都会の子は靴の脱ぎ方までこんなに違うのか、と感銘をうけた。言葉はかわさなかったが、それが駒井との初対面であり、はじめて駒井からうけた強烈な印象だった、という。いうまでもなく都会育ちの少年たちのすべてが駒井ほどに行儀よかったわけではないし、良家の子弟のみなが駒井のようだったわけでもない。それはかなりに駒井の生来の性格によるものであった。挙止物腰がいつも静かで、控え目で、自らの気配りが始終挙動ににじみでていた。それが駒井が多くの先輩、友人たちから愛された側面の一部であったことも間違いあるまい。それがひとたび泥酔して抑制のタガがはずれたとき、手がつけられない狂気、醜態に一変したこともまた多くの知人たちのふかく記憶しているところである。」

同舟舎は当時の美術学校の教授小林万吾が主宰していたデッサン研究所であるが、野見山さんの回想を拙著『束の間の幻影』から引用する。

「この同舟舎で駒井とはじめて会った野見山暁治は、『一本の線』の中で、〈二月なかばの東京は冷えびえとしていた。乃木神社の境内を斜めにつっきって、坂をくだった通りに、一学級入れるくらいの粗末な木造の建物があって、中に入ると、浪人たちが石膏像をとり囲んで黙々と描いている〉と書き、美術学校に行きたい、と中学の絵の先生に申し出たとき、〈そんなら好き勝手な絵を描いていては駄目だな、と言われた。石膏デッサンをやらなくちゃ試験には通らん〉といわれ、同舟舎に通うことと なった動機をあきらかにしている。石膏デッサンの勉強とは、野見山によれば、〈光線の加減で立体を表現するには、木炭の調子に約束があって、それを修得すること〉だそうで、〈決められたモチーフと、それによる技法の画一化は耐えがたかった〉という。〈入試のはじまる最後の週をコンクールと称して、その間に描いたデッサンを助手が序列順に並べ、小林先生の批評を仰ぐ。小林万吾という先生は美校の教授だ。はじめに並んだ四、五枚の作品とその生徒たちの顔を先生は確かめ、かなり有望であると確約のVサインを目でおくり、次のブロックには、来年は入るだろうと励ました。

今では考えもつかない。官立の学校の教授が予備校を経営している。正確に言うと、これは予備校ではなく、塾だ。画家の主義主張のもとに開かれた塾が、時代とともにすっかり予備校の性格を持ってしまったということだろう。それが何のわだかまりもなく許されていたというのはいい時代だ。試験の一発勝負で及落を決めるより、つね日頃、受験生の作品に接している方が確かな選別法に違いない〉。序列のおしまいあたりで小林万吾は野見山の絵の前で足をとめ、誰が描いたのかと尋ね、〈どういう教師につき、どういう教わり方をしたのか？　先生は根ほり葉ほり尋ねたあげく、みんなは立体を描こうとしているが、石膏像の重さを描いているのはこの絵だけだ、と一同を見渡した〉。その年の入試に野見山が合格したのは、〈その瞬間に決まったことではなかったのか。いい時代だった〉と野見山は回想している。（中略）野見山は石膏デッサンの修練をつんでいたとはいえ、同舟舎に通ったのは、中学の卒業試験終了後上京し、美術学校受験までのごく短い期間にすぎない。」

やはり、野見山さんの画才は尋常のものではなかったことが、このような些細なエピソードからも推察できる。

＊

野見山さんは一九六四年に一二年間滞在したパリから帰国し、一九六八年に東京藝大の助教授に就任、七二年には教授に昇進した。野見山さんは一九二〇年一二月生まれだから、四月を基準にすると、助教授になったのが四七歳、教授になったのが五一歳であり、決して若くはない。野見山さんと同じく、駒井も一九二〇年生まれ、しかし、六月、野見山さんよりほぼ半年早く生まれている。駒井は一九七一年同じ東京藝大の助教授に就任し、後に一九七二年に教授に昇進した。駒井のばあいは、東京藝大においてはじめて公式に設けられた版画の講座を担当することになったのであった。しかし、五九年から駒井は非常勤講師として教鞭を執ってきていた。これはあくまで非公式であり、文部省が版画講座の設置を認めたのが、一九七一年であったわけである。とはいえ、これも、油絵科の一部に間借りしているような状態であって、版画科が設けられたわけではない。それにしても、同級生であった駒井と野見山さんは、こうして母校の後身である東京藝大で顔を合わせることになった。野見山さんは「同級生の話」の中で次のとおり書いている。

「母校の芸大の教師となってからも駒井は、飲むと顔をひきつらせて誰彼かまわず罵り出した。二日酔いと云うものではなく、いったん酔っぱらうと三日も四日も飲みつづけて極度に憔悴してゆく。私たちはもう若くはなかった。あれこれ考えて私は学校に辞表を出した。じっと家にとじこもっていたある夜、駒井が訪ねてきた。きみは学校をやめれていいな。なにくれとなく私たちは学校の雑事や組織のうえでの厄介さを、気をあわせて切りぬけるようにしていた。私がやめれば駒井はどんなに困ることだろう。しかし駒井は、やめてくれるなと私には言わなかった。学校をやめれていいな。駒井は暫くまをおいてまた同じことを言った。そうして羨ましそうに私のアトリエをしげしげと眺めた。養わなければならない家族もなく、健康で酔っぱらうこともなければ何も月給にしばられることはないのだ。駒井は疲れていた。私はその顔を見ているうちに、明日は学校に行って辞表を払いさげにしようと決めた。おれは停年まで学校には居ないよ。やがて新学期になって私も学校に出ているのに駒井はそんなことを言った。停年までモタないんだよ、そんなに生きちゃいないよ。駒井の最後を見たのは後姿だった。版画研究室を出て校門の方へ立ちさってゆく姿に、私は声をかけなかった。舌癌の手術をした駒井の顔は少しくゆがみ、衰弱しきった体からは髪の毛もぬけかかっていた。」

心に迫り、胸を熱くする文章である。駒井は、藝大で野見山さんと同僚になってから、私たちにも、しばしば、野見山はいいよ、絵がいいよ、と言って聞かせてくれたので、私にも野見山暁治という名前は馴染みがふかかった。絵がいい、と駒井が言う意味は、画家としての野見山さんを認め、かつ、人間としての野見山さんが好きだ、ということであった。野見山が学校を辞める、と言っている、ということも当時、私は駒井から聞いていた。辞められていいな、野見山は、という嘆息を聞いた記憶がある。はたして、野見山さんは、養わなければならない家族もなく、健康で酔っぱらうこともないから、藝大教授という定職に縛られなくてもよかったのか。駒井は家庭を持ち、妻子を養わなければならないから、酔っ払いだから、藝大を辞められなかったのか。もちろん、駒井には銅版画を油絵と同様の美術の一ジャンルとして社会に認めさせたいという使命感があったに違いない。ただ、それだけではない、と私には思われる。駒井と野見山さんとはその幼少のころと成人してからとの境遇が極端に違っている。幼少のころは、駒井の生家は日本橋の氷問屋でごく裕福であり、慶應の幼稚舎に通っていた。野見山さんは、彼の中学受験のころは、「どうか落ちますように、と母は祈ったという」と書いているように、合格しても学費が続かないというほど、貧しかった。ところが、成人してしばらくしたころ、駒井の生家は倒産していたから、駒井は銅版画を制作し、その技法を、多摩美大で、また、藝大で教えることによって、糊口をしのいでいかなければならなかった一方、野見山さんは父君が炭鉱を掘り当てたので、非常な資産家の子息になっていた。戦後、早々とパリに留学し、一二年も滞在することができたし、帰国後もすぐに彼の作品はたかく評価され、いわば、売れる作家であった。駒井も銅版画家としての評価は高かったが、その作品を売って生活するのは、妻子を持つかどうかとは、関係なしに、難しかったのだ、と思われる。野見山は、辞められていいな、と駒井が言うのは、そういう二人の立場の違いによるのだと私は考えている。

野見山さんは、駒井の酔余の罵詈雑言について私が質問したのに答えて藝大におけるエピソードを教えてくださった。以下、拙著『束の間の幻影』から引用する。

「あるとき、芸大の人事委員会に属する教授たちの会合があり、ある学科が他の学科から貸しているポストを返せ、いや借りていない、といったことが話題になった。借りているといわれている科の教授から前夜野見山に電話があり、借りているというのは本当なのだが、貸しているといいはっている人物が嫌いだから、そのまま借りていないといいはるけれども、その人物がいなくなればけりはつけるから、そういうつもりで明日は黙って聞いていてほしい、このことは駒井にも電話して了解を得ている、ということであった。その人事委員会に駒井は泥酔してあらわれた。そして、席につくと、ポストを借りているといわれている教授にむかって、おまえは昨日、本当は借りてるんだといったじゃないか、と罵り、ポストを貸していると主張している教授にむかって、おまえがみんなから嫌われているから悪いんだよ、と罵り、おかげで人事委員会の議事は目茶苦茶になってしまったという。駒井の酔態はじっさい目にあまるものであった。関係した二人の教授が駒井の非常識、無軌道を許しがたく感じても決してふしぎではない。ただ、駒井のために弁解すれば、建前と本音を便宜に使い分ける、といった処世術は駒井にとって我慢ならないものであった。」

まことに野見山さんは貴重な証人であった。駒井は泥酔すると目の前にいる相手を罵倒するのがつねであった。その内容は相手の弱点を抉り出すものであることが多かったように思うのだが、具体的にどのように罵倒したかは、この野見山さんの証言を除いては見当たらないのである。

＊

さて、私がかなり頻繁に野見山さんにお会いしたのは駒井の歿後、彼の葬儀のときに始まるのだが、野見山さんは、いわば銅版画家をふくむ画家たちの駒井の友人の総代というべき存在であった。その他に、慶應の幼稚舎以来の友人もいたし、安東次男や私のような詩を書き、駒井の作品を愛していた人たちもいたのだが、野見山さんは、何と言っても、駒井が、画家として、また、人間として、もっとも敬愛していた美校以来の友人であり、駒井のお弟子さんたちからも、また、画壇のその他の人々からも、一目も二目も置かれていたから、駒井の歿後の雑事の取りまとめのために、かけがえのない人であった。

その最後の問題が遺族の生活費に充てるために駒井の遺した銅版画の製版から歿後版を印刷して、販売したらどうか、という案であった。遺作管理委員会といった名称を付けたように憶えている。駒井のような銅版画家のばあい、死後にも作品の製版が残っている。駒井の晩年には、駒井の指示にしたがって、渡辺達正君のようなお弟子が、駒井の作品の製版を印刷した経験もあるので、駒井の死後でも、生前と同じく、駒井の作品を印刷し、愛好者に販売することができるわけである。ただ、むやみに、印刷するわけにはいかない。管理委員会のような組織の管理・監督・指示の下で、駒井の遺した銅版画の製版から印刷しなければならない、という発想であった。かなりに議論が紛糾したように憶えている。つまり、いかに管理委員会の管理の下に印刷するのであっても、生前に、たとえば、二〇部とか三〇部とか、印刷部数の最大限を決め、その中の3番とか5番とか何番とか記して販売したのだから、そういう番号を信じて買ってくれた人に対する背信行為だという考えがあった。一方で、駒井は、几帳面でなかったので、創作の当初は二〇部とか三〇部とか印刷するつもりでも、途中で何番まで刷ったのか、分からなくなって、作者の見本摺りといった名目で、刷ったものが多いから、必ずしも、背信行為にはあたらないという意見もあった。私自身は、駒井の生前に貰い損ねたというべきか、買い損ねたというべきかはともかくとして、是非手元に買い求めたい作品がいくつかある。そんな作品を歿後版で入手できるなら、買い求めたいものだ、と思っていた。

野見山さんはいわばこの委員会の座長であった。野見山さんがどういう意見か、お聞きする機会がなかったが、このことは日本の銅版画の世界において重大な先例となるので、慎重に考える必要がある、という立場に変わりはなかった。よく他人の意見も聞いた上で、充分に考えて、先例として恥ずかしくないような、結論を得たいという姿勢であった。いまになって考えてみると、野見山さんの姿勢は、つまりは、このような歿後版を刷って販売するのは好ましくはない、という意見にもとづくものであったと思われる。

このときの野見山さんの姿勢は、ご自分の意見を言うことを差し控えて、関係者の意見によく耳をかたむけ、無理のない、関係者の全員の納得する結論を得ることとしたものであった。何回かの会合におけるこのような野見山さんの座長としてのふるまいはまことに公正で、しかも、この結論が版画界における重大な意味を持つ先例となることへの充分な配慮と心配りに満ちたものであった。

結局、歿後版は一部といえども印刷・製作すべきではないということとなり、この話は立ち消えになったのだが、この会合を通じて、私は野見山暁治という人物の人格を知ったのであった。

＊

私が野見山さんの『パリ・キュリイ病院』を頂戴したのは、この著書が弦書房から版をあらためて刊行された二〇〇四年一一月であった。この留学先のパリで亡くなった野見山さんの最初の夫人、陽子さんの死に至る経緯をこまごまと記した哀切きわまる文章に私は心を揺さぶられた。たとえば、終わりに近く、こんな一節がある。

――オニイちゃん――陽子が夜半にぽつりと呼んだ。

――ヨーコ、もしかしたら死ぬようなことはないでしょうね――

はっきりした語調だった。私は自分のベッドに臥したまま腕を組んでいた。

――オニイちゃん――

暗い時刻の中で、声は小さいお下げの少女のようだった。組んでいる指と指のあいだを空気が蒼然とぬけていった。

これは涙ぐまずにはいられない文章である。「陽子さん」は野見山さんの妹の同級生だったそうだから、妹が野見山さんを「オニイちゃん」というのにならって、自然と、陽子さんも野見山さんを「オニイちゃん」と呼ぶようになったのだろう。それにしても、このような会話を思いだし、書き綴っているときの野見山さんの、陽子夫人に対する、いとおしい思いに読者の心は痺れるのである。

もう一カ所、陽子さんの臨終の情景を、少し長いが、引用したい。

「ふい、と私は目をあけた。陽子は大きく息を吸いこんでは、喘ぐように吐き出していた。どうした気配か、誰かが私を起こし、立ちあがることを指示している。」（途中だが、この「誰か」は天の啓示とでもいうのであろう。）

私はベッドをぬけだし夜着をひっかけ、ベッドの向う側へまわって陽子の枕もとに椅子をよせた。二時をだいぶ廻っている。いまわの命だ。

彼女の吸う息はひとつひとつ、大きく険しくなった。機関車が部屋を通りぬけていくようだ。私は小さく彼女の傍にうずくまり、いまにも私をおし潰してしまうかもしれない強い響音の反復に打ちひしがれそうになった。

半時間もその音を聞き続けたろうか、呼鈴を押した。看護婦のやってくる足音がする。深夜私ひとりで彼女と別れようかとも考えたが、私は病院の秩序に従った。

あわただしく入ってきた看護婦は、けげんな顔でのぞきこんだ。

「ムッシウ、彼女はとりたててどうということはありません」

「いいや、死ぬんだ」

人の目には、これが昨日となんら変っていないように見えるのか。

「当直の医者を起こしてくれ」

「怒られるかも知れませんよ。べつに異常はないんだから」

「ともかく起こしてくれ」

看護婦はしぶしぶ出ていった。しばらくして若い医者が聴診器をもって入ってきた。

「どうなんです？　ムッシウ」

「彼女はだめのようです」

彼もわからないようであった。

「名前を呼んでみたら」

呼んだって聞こえるわけがない。彼女は昨日の夜、私や自分自身の記憶を洗いざらい落してしまったのだ。医者も看護婦も私の意志に従い、相変らずくり返される単調な呼吸音を見守った。

やがて吐息は間隔をおき、曠野を吹きわたる風のように舞上り、いずこかへ吹きつけるとみえて、ふっと停止した。

医者は看護婦に、カンフル注射を整えに医療室へ走らせた。いそがしく足音が遠ざかった野っ原のなかで、私は舞上った空間にしがみついた。再び風が鳴り陽子は大きく目をあけ、さも二十八年の生涯に退屈したように深々と息を吐きだした。


野見山さんは駒井哲郎に比べてずいぶん恵まれた人だと私は思っているが、二度結婚して、二度連れ合いに先立たれているということでは、野見山さんが断然気の毒である。ことに、享年二八歳と記された最初の連れ合いの陽子さんのばあいは、野見山さんの彼女へのいとおしい思いがひしひしと感じられて、慰めの言葉もない。それにしても、このような情景をまざまざと記憶し、その記憶を文章に再現した筆力も驚くべきものと思われるのである。そういう意味では、野見山さんは彼女の死にも耐える強靱な精神の持ち主であった。強靱な精神と言えば、駒井はパリに留学して、銅版画の歴史の重みに打ちひしがれ、自信を喪失したが、野見山さんは、油絵の本場にあってたじろがない強靱さを持ち合わせていたからこそ、一二年もパリないしフランスにとどまっていたのではないか、とも思われるのである。

この『パリ・キュリイ病院』によって私は野見山さんの散文の筆者としての魅力に惹きつけられたのであった。

＊

私は野見山さんの油絵については一点だけ買い求めたことはあるが、論じるほどの知識も能力もない。もっぱら野見山さんの散文に魅了されている。ことに挨拶文については、野見山さんは古今を通しての名手と信じているが、その前の、散文の作品を一篇だけ採り上げてみたい。『アトリエ日記』と題する随筆集を野見山さんは確か四作ほど刊行しているはずだが、ここではその二〇〇七年に刊行された最初の著書を読むことにする。題につられてアトリエで絵を描いているときの心の動きや手足の動作などを記しているのか、と思うと、それは間違いだと気づくことになる。おおむね、アトリエの外に出て、展覧会を見たり、その他の雑用を始末する様子がこまかに書きとどめられている。二〇〇三年一一月一八日の記事、「ノンちゃんの運転で、カンちゃんも一緒に大宰府のあたりを訪ねる。二〇都府楼跡、観世音寺、秋の陽をうけて舞台のように静かだ。二人の妹と歩いていても、これは花道。／夕暮、東京へ戻る。銀座で、ベイリィさんお別れの会の打合せ。」とある。ノンちゃんとはどんな人か分からないし、カンちゃんも分からないが、やがて妹だと知ることになる。こうして妹たちと大宰府を訪ね、都府楼跡や観世音寺の静けさのなかにいる野見山さんを思うと、この静けさこそが野見山さんが欲していたものだとわかるように思える。ベイリィとはだれか、差し当たって思いつかないけれど、これがどんな人物か注釈を加えないのが、この著書の興趣なのだ。やがて、野見山さんの日常が自然と分かってくるのだが、その日常は、おおむね私の知らない、名前も聞いたことのない人々の間で営まれているのであり、この日記を読み進むにしたがい、それら未知の人々が親しく、懐かしい人々となり、野見山さんの日常が浮かび出てくるのである。

翌年三月二八日の日記を引用する。

うららかな日和、岩尾さんの車で福岡へ向う。別府湾が望めるドライブ・インで昼食。幸人さんがこの世にいなくなったなんて嘘のようだ。

夕方、弟の家に着いて、黒い上下の服に黒い靴も借り、お通夜に出る。

洋子さんと抱きあって泣いた。泣くひとを抱きとめる胸をぼくは持っているのか。悲しみをわかつ心を持っているのか。かつてパリで妻を亡くしたとき、椎名老人はこう言った。これからは悲しむ人の中に入っていってあげるんだよ、きみはその資格を持ったのだから。

野見山さんは黒い靴を持っていなくても（これは黒い靴しかもっていない私には信じられないことなのだが）、悲しみをわかつ心をもっているわけである。この記事も幸人さん、洋子さんが、どんな人か分からないが、分からなくても、野見山さんが幸人さんの死を悼んで洋子さんを抱きしめて悲しみをわかちあっていることが分かれば充分なのである。

同年六月二八日の記事は次のとおりである。

「一昨日の夜、FAXで届いていた週刊誌インタビューのゲラ、さっそくにも昨日、校正を送り返しておいたが心配になり、今日、記者に電話してみたら、本日発売だと言う。ウソだろう。じゃあ、あのまま記事になって出たのか。カミさんの遺骨を、唐津湾ぞいの仕事場から望める海に散らしたが、

「今は離れ離れだけれどいずれこの海で一緒になれると思うと、ときめきすら感じます」。ぼくはこんなこと言わない。死んだ奴が一緒になったりするか、そんな妄想を抱いたことは一度もない。死は一切を拒絶して無なのだ。死後ときめいたらお化けだ。編集者が始めから物語を想定してのインタビューは許せない。終日、悔しかった。」

週刊誌の記者はひどいものだが、野見山さんの憤りが尋常でないことは理解できるように思われる。同年八月二二日の記事の末尾にも次の記述がある。

「カミさんが逝って丸三年になろうとする。あんなに欲がなく、あんなに一人の人間に捧げつくした女は、もう生きることが出来なくなったのかもしれない。」

ここにいう「一人の人間」とは野見山さんに違いない。ここまで「捧げつく」されたのか、と思うと羨望を禁じ得ない。この女性は博多の繁華街、中洲でもっとも格式の高いクラブのマダムであったと聞いている。私は、生涯で、クラブというところに足を踏み入れたのはただ一度しかない。大岡昇平さんに連れられて銀座のクラブにいったのだが、その頃まだ二〇代だった私は、そのクラブの女性たちがお婆さんばかりだ、と思った。その後、大岡さんが「花影」を発表なさった後、きみには彼女に引き合わせているよ、あのクラブで、と言われたが、私にはまるで記憶がなかった。それ故、クラブのマダムと結婚するまでに親しくなることは、私には、そのいきさつが夢幻の世界の出来事のように思われる。そういう意味で、野見山さんは、私とは別の世界で生きていた人なのだ、という感をふかくする。

この『アトリエ日記』でも、何回か無言館にふれているが、その一つだけを紹介する。同年七月一六日の記事である。

秋田駅に近いホテルから、こんもりと緑の塊が望める。中に入っていったら佐竹藩のお城跡だった。お城というのは殿様のお邸だと思い込んでいたが、殆どがお役所だと初めて気付いた。人に言わなくてよかった。笑われる。

千秋美術館で戦没画学生の展示会。上田市にある無言館の出張展といえば叱られるか。あの薄暗い無言館で安らかに息づいている作品群。この明るい空間に引き出されて、いささか戸惑うのではと案じていたが、〈死〉はそんな脆弱なものではなかった。死という永遠性で裏打ちされた彼らの言葉や作品は、どの場所に在ろうと無言の響きを保っている。

下手クソで生真面目な風景画や人物像だが、あの動乱のさなか、そういう日々を過していたことに、わたしは頭をさげる。

ここに戦没画学生の作品に対する野見山さんの思いが率直に語られている。

＊

ここでようやく野見山さんの手紙、挨拶文について記したい。はじめにお断りすれば、私は野見山さんの散文、ことに手紙や挨拶の文章に魅了されていたので、いつの日か、その魅力をご存じない方々にお伝えしたいと思っていた。しかし、公表されていない私信を筆者の承諾なしに公表することは法律上許されない、そこで、野見山さんから承諾を得ておきたいと考えて、葉書を差し上げた。以下がその返事である。野見山さんの住所は糸島市志摩船越６０２である。

「ようやくの思い、九州のアトリエに着いてみると、すでに中村さんのハガキが待っておりました。はてな！

今は、言った事、書いた事、片っぱしから忘れてゆきます。私のこと、何を書かれても構いませんが、賞められると羞かしい」

最後の野見山さんの含羞が何とも言えず、野見山さんの人柄を偲ばせ、懐かしさひとしおである。この問い合わせの葉書は野見山さんが車椅子の生活になったとお聞きしてから発送したものなので、「ようやくの思い」という野見山さんの言葉のとおり、ずいぶん苦労なさって最後に糸島のアトリエに引き揚げた直後の文章と思われる。そうとすれば、二〇二二年の早春のころではないか、と思うのだが、間違っていれば、訂正することにやぶさかではない。

たぶん二〇一七年一〇月に私が刊行した『故旧哀傷』と題する回想文集を差し上げたときに、私は次のとおりの礼状を頂戴した。

折々に、ほんとうに申訳ないほど本をいただいております。ずいぶんお会いしないので、知らない遠いところから、不意に我が家の玄関に届いているような、そんな感じなのです。

近ごろ、知人、友人、かなり亡くなりました。ぼくが今交渉を持っている人たちは、友人の倅くらいの年齢だから、同じ人の仲間と思えないのです。ひとりアトリエをほっつき歩いて、これが楽しいのです。

先日届きました「故旧哀傷」、多少とも顔を合わせたことのある安東次男氏の章、ぼくにとっては駒井哲郎のことがあれこれ思いだされ、とても遠い昔、つまり昔というより、いまにつながらない、以前のことのように感じられてなりません。

気がつけばあたりの顔見知り、いつの間にか消えていて、どうにもなりません、独りぶつくさ呟きながら

ゆっくり、本当にゆっくり、相変らず　絵を描いております。

十一月三日

野見山暁治

中村稔様

『アトリエ日記』の二〇〇四年一一月二〇日の項に、次の記述がある。

「銀杏忌、この日、駒井哲郎が亡くなった。美校で同級生だったし、芸大でも同じ時期、教師を務めた。五十六歳で終っている。毎年、それなりの知人が集って、もう何年目か、ぼくと同じ年だから、すぐ数えられるが、そういう年数は嘘のような気がする。

いつの間にか美術史上の人物、日本の銅版画の草分けみたいになったが、歴史というのはごく最近の物語りだ。」

このときには、野見山さんは、まだ、駒井を「ごく最近の物語り」の人物と捉えているのだが、二〇一七年になると、現在に繋がらない、回想できる昔より以前の「歴史」の中に埋れている人物として、駒井を思いだしているわけである。

この手紙をくださったとき、野見山さんはまだ八六歳であった。これは情感あふれる、感動的な手

紙である。野見山さんに刺激されて、思いだすと、私には今に繋がらない歴史上の人物の記憶が多い。一五世市川羽左衛門、六代目尾上菊五郎、初代中村吉右衛門、野球で言えば、巨人の沢村栄治、セネタースの苅田久徳、タイガースの若林忠志など、私は、このような戦前のスターたちの本当の輝きを知っている、ごく少数者なのだが、だからといって彼らの芸や魅力がいまに繋がってはいないと痛感し、空しい感じに襲われるのである。

もう一通、野見山さんの手紙を紹介したい。

この一ヶ月ほど前から唐津湾ぞいの岬に来ています。いつもの夏の住家にコロナ・ウイルスを防ぐ思いもあっての事です。

〈忘れられぬ人々〉が贈られてきました。驚いたなあ、中村さんの旺盛な体力。先に戴いた高村光太郎をようやく、ここで読みはじめたところでした。

私は朝の食事が終ると、もううたた寝、昼がおわると、程なくねむる。こんな態たらくです。体はかなりぼろぼろになってきました。思ってもみなかった、寿命はある日、ぽろりと落ちて終るのかと思い込んでおりました。

かなりぼろぼろ、こうして粉々になって、消えるのが、この先どうなるのか、ともかく生きていたい。やらなきゃならん事がまだまだ沢山あるのです。

七月五日

野見山暁治

悲痛だが、「ぼろぼろ」になった体に鞭うってやり残している仕事をやりとげたい、という気持ちの張りが見事という外ない。このときの拙著『忘れられぬ人々 二』は二〇二〇年六月刊だから、野見山さんは、このとき、まもなく百歳であった。このけなげさを私は見習いたいと思っている。

いよいよ最後に、野見山さんの挨拶の葉書を紹介する。野見山さんは年賀状を出さない主義であったらしく、年賀状に代えて、寒中見舞いを出すことを毎年のならわしにしていたようである。手元にそんな寒中見舞いが三通残っている。二〇一五年の寒中見舞いは次の通りである。野見山さんは九四歳であった。

寒中お見舞

近ごろ
やたらと涎がたれる
そんなに欲しいものが
あるのかな

二〇一五年　冬

野見山暁治

この葉書には、郵便切手が、たぶん間違えて、上の左隅でなく、下の右隅に貼ってある。そのため、この寒中見舞いの葉書の余白にペン書きで

逆さまに
　切手を貼っちまい
　ました　これは爺々　だな

とある。この寒中見舞いは、本文が如何にも可笑しい。
次は二〇一六年、野見山さん九五歳の寒中見舞い状である。

　寒中お見舞
生れたのは　きのうだったか
ずっと遠い日のことだったか
いや判らない
もう聞かないでくれ
　二〇一六年　冬
　　　　　　　　野見山暁治

この印刷文字に加え、余白に

放っていたら
そのまま

生きてます

と自筆で書かれている。散文詩のような文面である。
どこにしまい込んだのか、二〇一七年の寒中見舞いは見当たらない。二〇一八年、野見山さん、九七歳の寒中見舞いは次のとおりである。

ずっとカッコつけて
歩いてきたもんだ
脚がよろよろに
なっちまった
二〇一八年　冬

野見山暁治

この印刷文の余白に、自筆で
ま　無理もない
みんな故障ばかり
です

と記されている。

野見山さんの短いけれども、肝心のことだけを抉りだした、ユーモアに満ちた挨拶状は誰も真似のしようもないほどにユニークで、砕けていて、ひたすら感嘆するばかりである。

ただ、どのように老いていくかは、やはり千差万別なのだとも感じるのである。

この稀有の人物の死が悲しくてならない。悲しんでどうなることでもないが、悲しい。

菅野昭正

菅野昭正にはじめて会ったのは一九四七（昭和二二）年一月二二日であった。この日付を私が記憶していたわけではない。菅野がそう教えてくれたのである。菅野がどうしてその日であったと憶えているのか、菅野自身も分からない、ともかく、その日だった、と菅野が言うので、私もそれに違いないと思うことにしている。そうとすると、当時私は旧制一高の三年生で卒業がごく近くに迫っていたころである。卒業試験が二月二日から一八日まで行われることになっていたし、三月の上旬には東京大学法学部の入学試験を受験するつもりであった。そんな事情だから、かなり多忙な時期だったはずだが、私は卒業試験をあまり気にしてはいなかったらしい。そこで、当時、駒場の寮で暮らしていた私は大宮の白井健三郎さんのお宅に遊びに出かけて、菅野に出会ったものと思われる。一九四五年春、後に宗左近というペンネームの詩人として知られることになった古賀照一さんが徴兵されて入営することになって、その送別会が、原宿の古賀さんのお宅で催されたさいに、人間であることが先か、日本人であることが先か、という熾烈な論争が橋川文三さんと白井さんとの間で交わされ、人間であることが先だという立場を採って終始穏やかに冷静に対応していた白井さんに感銘を受けて、その直後に大宮のお宅をお訪ねして以来、私はかなり頻繁に大宮に出かけて白井さんにお目にかかっていた。

菅野と出会ったのが白井さんのお宅であったことは間違いない。

菅野は一九三〇（昭和五）年一月生まれだから、彼は私よりも三学年遅いはずである。そうとすれば、当時は、一七歳で、まだ中学五年生のはずだが、私と初対面のときに彼はすでに浦和高校（旧制）の学生であった。だから、菅野は浦和中学の四年修了で浦和高校に合格していたに違いない。菅野と初めて会ったころから、私は菅野を自分よりも年少で、未熟な少年と思ったことはなかった。菅野は初めて出会った当時から、私と対等につきあう友人であった。考えてみれば、菅野はずいぶん早熟であったと言ってよい。彼はすずやかで、いかにも聡明そうにみえた。

菅野から聞いたところでは、あるとき、フランス語を教える、という文字が書いてあるポスターのようなものが電柱に掛けられているのを目にとめて、白井さんを訪ね、フランス語の個人教授を受けることになった、という。二、三回教えていただいたころに、白井さんから、きみは貧乏か、金持ちか、と訊ねられ、貧乏だと答えると、白井さんが、それなら授業料は要らない、と言った。ただで教えてもらうのは嫌だから、それからは教えていただかないことにした、と菅野から聞いている。これは白井さんの性格をよくあらわすエピソードだが、それ以上に、菅野の気性をあらわすエピソードだと思われる。たぶんこれは菅野が私と出会う以前、一九四六年の出来事であろう。私の理解しているところによれば、当時の旧制高校で、正規にフランス語の授業があるのは一高と三高だけであった。浦和高校にはフランス語の授業はなかったはずである。それ故、菅野は白井さんからフランス語を学ぼうと志したものと思われるが、中学四年修了で旧制浦和高校に入学した直後、一六歳になったばかりの少年の向学心は驚くべきものである。それ以上に、注目すべきことは、ただでよいと言われたら、フランス語を教えてもらわない、とする自らを甘やかすことのない、つよい自立心であり、こうした信条を彼は生涯にわたり抱き続けたのではないか、と私は考えている。

このようにフランス語の個人教授を受けない決心をした後も、彼は白井さんのお宅に始終お邪魔していたようである。一九四六年は白井さんの最初の奥様がお亡くなりになった年であった。この奥様を私は一、二度お見かけしたことがあったが、いかにもか弱そうな、ほっそりした、面立ちの整った方であった。結核で亡くなったはずだが、菅野はこの奥様が入院なさったために留守がちになっていた白井さんのお宅の留守番を頼まれて、度々、留守番をお引き受けしていたそうである。これも見上げた心がけというべきであろう。

私は白井さんをお訪ねすると、白井さんから、ハイデッガー、ジャン＝ポール・サルトルをはじめ、ロラン・バルト、ジャック・マリタンといった思想家について教えられ、また、白井さんはヴァレリーの「海辺の墓地」の一部をフランス語で朗読し、日本語に翻訳し、解説して、その魅力を教えてくださった。つまり、白井健三郎さんは、私に現代思想への入門の手引きをしてくださり、またヴァレリーをどう読むかを教えてくださった最高の個人教授ともいうべき師であった。菅野がこの当時、フランス語の初歩は別として、白井さんから何を学んだか、聞いたことはないが、おそらく私と同様であったろうと想像している。

このころの菅野は目を瞠るような美少年であった。晩年になっても、端正な容姿に往年の俤をとどめていたとはいえ、初対面のころを考えると、容色衰えたという感がふかい。

＊

この初対面の当時から三年後に、私の父が千葉地裁から東京高裁に転勤になった。その結果、一九四五年八月に青森に赴き、その後、弘前、水戸、千葉と転々と暮らした私の家族は、五年ぶりに一九五〇年三月に大宮の家に戻ってきたのであった。私の生家は、市制をしく以前、大宮町といったころの大宮の旧市街地の北部に属し、大宮駅から七、八分の距離に位置していた。白井さんのお宅は駅前通りを真っすぐに東に向かって、一五分ほどの距離に位置する天沼に所在していた。今では、建て込んだ住宅地の一隅になっているが、菅野と会った当時は、白井さんの姉君にあたる方のご一家の住居と白井さんのお宅が二軒並んで建っており、その周囲は畑地であった。菅野は結婚するまで大宮に住んでいたが、いつから大宮に住んでいたのかは聞いたことはないし、大宮の住所も正確には知らない。たしか、大宮の旧市街地の南部、与野より、つまり、東京よりの駅から一〇分ほどの距離の場所に住んでいたものと理解している。菅野の家庭の状況や境遇も聞いたことはなかったし、私はそうした事柄にまるで関心がなかった。私は、一家が大宮に引き上げてからは、司法修習生を二年間つとめ、その修了後は弁護士として中松事務所に勤務することになったが、このような住居の関係から、白井さんを介して、菅野と親しい交友関係をもつようになったのであった。

このころ、私は菅野と白井さんのお宅で会っていたが、私が菅野の住居を訪ねたことはなかった。しかし、菅野がわが家に私を訪ねて来てくれたことがあることは確かである。二、三度訪ねてきてくれたのではないか、と思うのだが、確実な思い出はただ一度である。私は当時、隠居所と呼んでいた、八畳と四畳半の二間の離れに、四畳半を私の仕事場とし、夜は、祖父がもう亡くなっていたので、祖母と二人で、八畳間で寝起きしていたのだが、その八畳の部屋の前廊下に腰を下ろして、菅野としばらく話し合ったことがあった。そのとき、菅野がしきりに悩んでいたことは、何を専門にしてよいか、というか、何を専攻したらよいか、決まらない、ということのようであった。フランス文学科の学生だったはずだから、卒業論文に誰を採り上げるべきか、という悩みだったかもしれないし、文芸評論の対象として採り上げるのが誰であるべきか、といった悩みであったかもしれない。いずれにしても、私はいつもその場その場で場当たり的に興味のあることに関心をもつ性分なので、あらかじめ自分の専門なり専攻すべき対象を決めて、それに打ちこんでいく、という菅野の姿勢に、私は意表をつかれた思いをもったのであった。日差しの心地よい季節の午後であった。二人で話し合った情景だけが記憶に残っていて、会話の中身はまるで憶えていない。

*

菅野が『世代』に関係することになったのは、私が勧めた結果だと思っているが、あるいは、橋本一明に誘われたからかもしれない。菅野は一九四九年四月に東大文学部フランス文学科に入学し、同時に橋本一明もフランス文学科に入学して同級生になったはずである。だから、橋本に誘われたということもあり得るのだが、私の方が橋本よりもはるかに『世代』とは縁がふかかったので、やはり私が菅野に『世代』の会合に出てみないか、と誘い、菅野も私の誘いに応じて『世代』の会合に顔出しすることになった、と考えるのが自然だと思われる。

『世代』は第一次が一九四六年七月刊行の創刊号から同年一二月刊行の第六号まで、第二次が一九四七年九月刊行の第七号から一九四八年二月刊行の第一〇号まで、その後久しく休刊していたが、同人たちの集まりは続いていた。私の処女詩集『無言歌』が一九五〇年九月に刊行され、その出版記念の会合が『世代』の同人たちにより催されたさいに、ガリ版でもよいから復刊しようということになり、翌一九五一年に第一一号がガリ版で刊行された。

『世代』はこの第三次からは同人誌となったように思われるが、同人費を徴収されるわけでもなく、誰でも一度でも会合に出席すれば同人と認められた。実際、同人制の規約を作ろうとする計画はあったので、私が規約案を作成した憶えがあるけれども、実施に移されることはなかった。ガリ版といえども、制作のためには費用がかかるはずだが、この費用は都留晃がどこからか魔法のように調達してきてくれたので、都留以外の同人の誰も負担してはいなかった。『世代』はガリ版で第一一号から第一三号まで、三冊刊行された後、突如、綺麗な活版印刷になって、第一四号から一九五三年二月刊行の第一七号まで刊行され、この第一七号が終刊号になって終わったのだが、私が弁護士になって定収入を得るようになってから、都留から、これだけ借金があるので、何とかならないか、と言われ、幾許か出捐《しゅつえん》した記憶がある。このことはだいぶ後に吉行淳之介に話したことがあるが、何とかせにゃあいかんねえ、という返事を吉行から貰った。しかし、吉行が何かしてくれたことはなかった。

そんな状態であったので、ガリ版の雑誌に掲載するかどうか、原稿の選択も誰が責任者であったのか、分からない。第一一号には小川徹の住所が連絡先として記載されているし、小川が「近世四年の記録」と題して、第二次『世代』の休刊後、第三次のガリ版第一一号刊行までの時期の『世代』の動向について回顧する文章を載せている。したがって、誰のどういう原稿を載せるかは、小川が決めたか、小川が日高普その他誰かと相談して決めたのかもしれない。

この第三次『世代』には、新しく、平井啓之、村松剛、大野正男、橋本一明、菅野昭正、栗田勇など、二、三歳年長の平井は別として、私よりも若干年少の人々が新しく参加して、『世代』に新鮮で強烈な息吹を吹き込んでくれたのであった。

そこで、菅野に戻ると、この『世代』第一一号に「管野」という名で詩が一篇掲載されているが、これが菅野昭正の作であることは日本近代文学館が復刻版を制作してくれたときの冊子「「世代」複刻版　別冊解説」の「変名・無署名一覧」に掲載されているところである。たぶん菅野の処女作と思われる詩「一つの訣れ」を次に示す。

訣れていつた　時じくの花の蕋　樹氷のそよぎ
滾りたつ怨嗟の風に星のない夜々は衰え
あゝ　訣れていつた　しるべは倒れていた
夢と夢とのあはいに
稚い二つの夢……地平には夜明けが待つものあるを
告げてはいたが
瞳はねむつていた　燃えさかつていた――
さきざきの鏡のように
あざやく記憶に羞らいをかゝげ　崩ほれた樹に
傲りを汲もう
悶えていた二つの夢よ　稚いよろこびの
二つの蝶よ！
訣れていつた　さすらいの果てにも
逝きし日は待つであろうがと……

だが　何故に古い版画ばかりは空にはためくのだろう
途絶えもせずに　嘗ての夢ばかりがくれないにしぶき
心の弱さは自嘲の弦にゆゑしらぬ悔いを鳴らし

何故に眞冬の灰は温まるのだろう　物思はない
るつぼで……
ああ　僕　僕は逃げまどう　訣れて来た
あの潮騒の群から
遠い日輪はいつの日か浴びせるだろうが――
――漆黒の波を　銀の沫吹を

（一九四九・五）

ガリ版の原本の復刻版から引き写したのだが、読みにくい文字も多いので、引用が正確かどうか、自信がない。しかし、詩のおおかたは理解していただけると考える。これは菅野昭正一九歳のときの作であり、彼がたぶん公表した唯一の詩であるという意味で、貴重といってよいと思われる。あるいは、後年マラルメの研究に業績を遺した菅野の詩精神がこの詩にすでに胚胎していたと見られるかもしれない。

＊

一九五一年七月一日刊行の『世代』第一三号に菅野は「堀辰雄論」を発表している。この評論が彼の文芸評論の最初であることは間違いあるまい。四百字で四、五〇枚もあろうかと思われる労作なので、次にその論旨を辿ることとする。

まず、第一節では、「レーモン・ラディゲの影響の下に書いた『聖家族』によって出発し、プルースト、モーリアック、リルケに養われた藝術家の自覚的意識によって生来の繊細鋭敏な感受性を磨きあげた小説家は、更に、王朝の物語の現代に通ずる面を抽象して、意識的に日本の近代文学の主流に抵抗した。一九二〇年代末期に始まる其の文学的経歴は、日本の近代小説にとって例外的であり、例外的であることによって光栄的であった。実生活の日常的経験の記録と選ぶ所のない私小説の風土の圧政に抗して、堀辰雄は生の体験から、人生の本質的なものを導き出し、人生の可能的な方向を追究し、小説に造型する困難な道を歩んだ」と結び、第二節では「菜穂子」の主人公都築明のモノローグを引用し、このモノローグとそれに続く文章の美しさは「日常的な習慣の起伏する人生の奥で、魂が永遠に触れる純粋時間の流れる瞬間に、死と生の根源的な意味を問おうとする決意の美しさである」と書き、「生を「死の相の下に」捉らえ、人間性の永遠的な本質を追究するならば、孤独な精神の現実はモノローグによってのみ表現することが出来る」と記し、リルケ作の「ドゥイノの悲歌」の第十の悲歌と都築明のモノローグが近い、と書いている。第三節では、モーリアックを論じて、「堀辰雄が、体験を分析し、解体し、新たな秩序に蘇えらせて、文学の次元に置き換えたのは、彼の人生を試めす意志とモーリアックの影響で豊かとなった構想力に依拠する。人生と藝術とは密接に堀辰雄の精神と関わり合っていたが、テレーズの作家の影響は彼の藝術家に囁きかけ、それのみに語りかけたのである。人生は藝術を模倣しない。若しも精神が弱少でないならば人生は藝術家の影響を享受しない」と述べている。第四節では、「近代のヨーロッパの小説は堀辰雄の藝術家を展開させて決定的であったが、それと共に彼の感受性は王朝の宮廷文学に何物かを発見した。「蜻蛉日記」の自由な現代語訳は懐古的な郷愁や近代の超克という合〔言〕葉の所産ではなく、人生と藝術に真摯な精神が物語の人生に、生の或る可能性の藝術的表現を発見した結果に外ならないであろう」と書き起こし、「僕は人生を充足的に生きようと目掛け、絶え間なく人生に決断し、意志と行為を藝術に結晶した一人の作家に限りない敬意を惜しまない。僕の人生の或る時期に、人間の内的現実への志向を招いて呉れた詩人に、不滅の感謝を僕は忘れない。然し、敬意とは一人の作家を同じ道程に追う事ではないし、感謝とは優れて個性的な文学を新たに繰り返すことではない。出来もしない事だが、仮に出来るにしても試みた所で無意味である。僕は、継承した精神を新たな道程に蘇生させ、未知の方向に展開して豊ませない限り、敬意と感謝を表明する道はあるまいと思う」と結んでいる。第五節では堀辰雄における政治と文学について究明を試みているように見える。ここでは「戦争という未曽有の歴史的現実についても彼はついに沈黙を固守した。恐らく戦争も彼にとって何事でもなかった。彼にとって究極には藝術があり、それのみがあった」と書き、また「堀辰雄の到達した世界は、反政治的精神の偽満的な打算とは些かも係わらず、政治を隔絶する事遠く、永遠の声に触れる」とも書いている。そして、この評論の最後では「スターリンは文学者を「魂の技師」と呼んだ。堀辰雄は人間の魂の或る部分の見事な技師であったが、歴史的現実に定位される総体的人間の全き魂の技師であることが、現代の文学者に課せられた最大の責任であろう」と記している。

堀辰雄礼賛の辞に充たされたかに解されるこの評論の最後で、菅野は堀辰雄に対する不満を記したかに見えるのだが、この複刻版『世代』は非常に読みにくいので、引用の正確さにも自信がないし、論旨を完全に伝えることができたとは到底言いきれない。ただ、当時一九歳であった菅野昭正の最初の文芸評論としては、たぶん恥ずかしくないものと思われる。引用が十分ではなかったが、私がつよい感銘をうけたのは、菅野が堀辰雄の初期作品から晩年の作品に至るまで、すべての作品をふかく読みこみ、通暁しているという事実であった。菅野は小説が好きであり、読み巧者だったのだ、という思いを新たにし、後の文芸評論家としての素質を私はこの評論に見たのである。

一九五一年一二月一日刊行の『世代』第一四号は活版印刷である。この号の「同人雑記」に菅野は「酷薄な現実」と題するエッセイを寄せている。その後半は次のとおりである。

「抵抗した、沈黙した、という事自体は立派であり、尊敬すべきものであるにしても、抵抗し、沈黙しながら生き延びて来た以上、どのように些細なものであれ、必ず何処かで何がしかの戦争協力を強いられたに違いないし、抵抗や沈黙もそれを打ち消す事は出来ないだろう。不幸にして戦争という状況のなかに我々が投げ込まれる日が来たら、抵抗しながらも協力を余儀なくされるという背理的な事実は益々深刻化するに違いない。であるとするならば、「協力か否か」という二者択一は全く無意味だし、随分呑気な話だと思う。そして、もっとも重要な事は、殉教者や抵抗者を名乗る事は自由だが、それが生き延びて来たという事実の確認の上に立っていなければならないという事だ。」

この時期は朝鮮戦争の真っただ中であった。私たちは戦争にまきこまれるのではないか、という危惧を強くしていた。そのばあい、どのように自分の信念、信条を貫くことができるか、という課題に直面していた。菅野のこの文章はそのような状況において書かれたものである。

＊

その後もほそぼそと菅野との交友は続いていたはずだが、特に印象につよく残っていることは、

『世代』のころから十数年の後、パリで菅野夫妻のもてなしにあずかったことである。一九六七（昭和四二）年三月から五月にかけて、私は工業所有権制度調査団の一員として欧米を旅行した。本来、特許制度とは、特許が出願された発明について審査して、新規な発明であるか、従来知られた発明・技術から容易に考えられるか、などを審査し、その他、特許を許可すべきでない理由がなければ、特許を許可する、という制度だが、この当時、審査請求制度といわれる制度がオランダで採用され、ドイツでも近く施行されることになっていたので、このような制度にどういう問題などがあるか、を調査するため、官民合同の調査団を派遣することになり、私は弁護士の一人として参加したのであった。この調査団には団長に三菱重工業の常務取締役をなさっていた方が就任し、その他の団員には企業の特許部長、特許課長をなさっていた方々、弁理士、特許庁の審判長、東京高裁の工業所有権訴訟担当部の総括をなさっていた山下朝一判事、弁護士として、鵜沢晋、松本重敏といった方々が加わっていた。一体特許を出願しても、その出願人が直ちにその発明を実施するとは限らない。その後、数年の間に、実施するか、実施しないかを決めるのだから、一定期間内に審査を請求した出願だけを審査し、期間内に審査請求をしなかった出願については審査をすることなく、出願がなされなかったこととみなす、といった制度が審査請求制度であり、いわば特許庁の負担軽減策とみるべきものだが、前述のとおり、当時オランダではすでに施行されており、ドイツ、当時の西ドイツでも、近く施行されることになっていた。日本の特許庁もこの審査請求制度を採用したいと考えて、このような官民合同、ことに民間の利害関係者が主体の調査団の結成、派遣を要請した結果であろうと思われる。私たちはイギリス、オランダ、ドイツを経てパリに入った。

パリには当時パリ大学東洋語学院で日本語・日本文学を講じるために菅野昭正が滞在していた。あらかじめ菅野に連絡しておいたところ、菅野がホテルに私を迎えに来てくれたので、一緒に菅野の住居を訪ねた。私の記憶によれば、地下鉄のエトワール広場から二十数駅目で下車して二〇分ほど歩いた。そこに五階建てか六階建てのビルがあった。このビルの最上階か屋根裏のような部屋で菅野夫妻は暮らしていた。この場所はパリ大学東洋語学院に便利だったのだろうと思うけれども、たしか、八畳一間ほどの部屋で、机が一つ、ベッドは一つ、椅子が二つしかなかったから、菅野はベッドに腰をかけて、応対してくれたのだった。この居間兼寝室の外には厨房とトイレ、浴室があるだけのようであった。そこで初めて私は菅野夫人の三重さんにお目にかかった。三重夫人は初々しく、羞じらいがちな、菅野に似つかわしい、まだ美少女というのがふさわしいような、若夫人であった。

そこで何を話したかは憶えていない。記憶にふかく刻まれているのはシュリンプの天婦羅をご馳走になったことである。これは三重夫人の手料理であったが、文字どおり、山盛りで、揚げ立てで、ひどく美味しかった。私はヨーロッパの諸都市やアメリカのいくつかの都市に用事があって、相当の回数、これらの都市の日本料理屋で日本食を賞味したが、この夜の菅野夫人のシュリンプの天婦羅ほど美味しい食事をしたことはない。じつに絶妙であった。それ以後、菅野三重夫人にお目にかかったことはほとんどないが、いつも好意と好感をもっているのは、この天婦羅によることが多いのではないか。

それにしても、学者のパリ滞在はご苦労なことだとつくづく感心した。それというのも、その前の夜、松本重敏弁護士に誘われて、松本さんの知人の商社員の住居をお訪ねしたので、どうしても、商社の駐在員の暮らしと比較するからである。その商社の方の住居は、エトワール広場から地下鉄で四、五駅、駅から数分の場所のいわゆるマンションで、居間が畳で言えば一五畳ほどもあり、ゆったりしていて、その他に、寝室、食堂、厨房、浴室などがあった。いかにも優雅に暮らしているようにお見受けした。商社の駐在員の方々が必ずしも同じではないかもしれないが、学者、研究者の暮らしとはまるで違うし、学生の暮らしとは比較にもならない。しかし、反面、商社などの駐在員に比べて、学者、研究者の方がよほどフランスあるいはパリの庶民ないし市民の近くに生活し、フランスやパリについて、地についた知識、経験をもつことになるのではないか、と感じたのであった。もちろん、商社をはじめ企業の駐在員であっても、フランスその他の外国の都市に暮らして、その地と溶け込んでふかい知識を持ち、現地の人々の人柄、性格、慣行などに通暁した人々も少なくないことも、私は承知しているのだが、それでもなお、学者、研究者の方々の暮らし向きとは比べようがないのではないか、と常々感じているのである。

＊

その後、私は菅野と交際らしい交際をした記憶がない。あるいは、パリで会う以前かもしれないのだが、安東次男の自宅で、菅野がマージャンの卓を囲んでいたのを見かけた憶えがある。安東がまだ東京外語大の教授に就任する前、菅野がまだ東大の助教授に迎えられる前であったように憶えている。安東が橋本一明に誘われて國學院大學で非常勤講師を務めていた時期であったのではないか。その頃、中野孝次も、あるいは丸谷才一も、また、菅野も橋本に誘われて、國學院と関係を持っていたのではないか。これは私の記憶が間違っているかもしれないのだが、当時、右記の人々が『秩序』とかいう同人誌の刊行を計画し、これらの外国文学の専門家たちが親密な関係を持っていたのではないか。その当時、安東の家を訪ねたところ、橋本、中野、菅野らが安東とマージャンをしていた光景を見たように思っている。確実な事実として私が記憶しているのは、菅野が安東夫人、多恵子さんを愛称で呼ぶのを耳にしたことである。私は安東次男、多恵子夫妻とずいぶん親しかったが、多恵子さんを愛称で呼んだことはなかったし、愛称がどういう呼び名であったかも知らなかったので、かなり吃驚したことがある。ともかく、その当時、これらの人々が安東家に頻繁に出入りし、安東夫妻と親交があり、多恵子夫人を愛称で呼んでいたことは間違いない。ただ、その後間もなく、丸谷才一は安東と絶交して、安東から贈られた、安東の署名入りの著書一〇冊近くを古書店に売り、古書店の目録に、これらの安東の著書が写真入りで紹介されていたことがあった。丸谷の話では、丸谷が著述を企画していた、後鳥羽院か、藤原定家か、誰か、そんな時代の文学者の著書について、安東が、自分の企画を横取りした、と苦情を言ってきたのが、まったくの言いがかりであったからということであった。私は安東が死去したときに、葬儀委員長を務めたのだが、その日、中野さんはおいでにならないのかしら、と多恵子さんが言っていたことを思いだす。右記した人々は、確かに、一時期、かなり足しげく、安東家のマージャンに打ち込んでいたのだが、安東が威張るのに辟易して次第に足が遠のいていったらしい。丸谷はもちろん、中野も、菅野も、安東の葬儀には顔を見せなかった。それにはそれなりの理由や経緯があったに違いない。ただ、私には、菅野が多恵子さんを愛称で呼ぶほどに安東夫妻と親しい時期があったことが、菅野には似つかわしくないように感じたので、記憶にふかく刻まれているのである。そういえば、マージャンも菅野とは似つかわしくないと思うのだが、私の記憶によれば、安東家で彼がマージャンの卓を囲んでいたことは間違いない事実である。

＊

その後も一年に二、三回ほどは、詩の賞の選考会とか表彰式のパーティとか、そうした集まりで私は菅野と顔を合わせていたはずだが、これと言って特筆するようなこともなく、年月が過ぎ去っていったようであった。そういう時日の間、菅野は一九八一年から二〇〇四年まで二十数年間にわたり『東京新聞』に毎月、文芸時評を執筆していた。この文芸時評が後年、『変容する文学のなかで』という題名で上中下三冊の書籍として刊行されていることは知られるとおりである。

私は『東京新聞』を購読しているので、いつもその文芸時評を目に留めていたが、読んだことはなかった。それは、私が『文學界』『新潮』『群像』といった文芸誌を読んだこともなかったからである。ついでに言えば、私はこれらの雑誌に寄稿したこともなかったので、文芸誌そのものに関心がなかったし、したがって、文芸時評で採り上げられるような小説をまるで読んでいなかったし、そうした小説に関心を持ったこともないからであった。ただ、毎月、一〇篇かそれ以上の数の小説を読み、中から論じるに足りる作品を選んで論評する、などという仕事を菅野はよく続けられるものだ、と感心していたのである。このような仕事はよほど小説を読むのが好きでないとできないはずであって、私には想像もできないのだが、菅野はそれだけ小説を読むのが好きだったのであろうし、これはごく若いころに堀辰雄の初期から晩年にいたるまでのすべての作品をふかく読みこんでいたことからも窺われる、菅野の特別な資質であったように思われる。

余談だが、私の記憶では、当初は時評の末尾の筆者紹介に「東大教授」とあったのだが、途中からこの肩書が「文芸評論家」に変わったはずである。私は当時「東大教授」よりも「文芸評論家」の方が偉いのか、と奇妙に感じたのだが、いま考えてみると、文芸時評を担当する筆者には、東大教授よりも文芸評論家の方がふさわしいから、というだけのことかもしれない。なお、菅野は一九九〇年には東大を定年退職しているから、その後はもちろん東大教授という肩書は使えなくなったが、強いて言えば、東大名誉教授という肩書を使おうと思えば使えたはずである。しかし、彼はむしろ、文芸評論家と呼ばれたのであった。

この間に、菅野は一九八六年に『ステファヌ・マラルメ』と題する、彼の専門分野の浩瀚な著書を刊行している。これが彼の学術的業績に違いない。ただ、マラルメを研究し論じることと日本の現代小説を月評することとは、かなりに異なる精神の所産のように感じるのだが、どうであろうか。つまり、これは菅野昭正という人物がまことに異能の人であるということなのだが、このような資質は菅野の親友と思われる鈴木道彦さんやそのご尊父の鈴木信太郎教授には到底見られない資質であった。

＊

お互いの著書の若干を贈ったり、贈られたり、一年に二、三度ほどは何かの機会に顔を合わせたりしたものの、これということもなく、数十年が経過した。昨年、二〇二二年の年末、私は思いがけなく菅野昭正から書簡を受けとった。一二月一九日付であった。鳩居堂の便箋には、初めにご無沙汰の挨拶があった。

次いで本文だが、「小生」と始まる文章の冒頭の「小生」という文字が行の右わきに小さく書かれていた。この書簡でもその後の書簡でも、自分のことをいうときは常に同様、「小生」という字を小さく書いていた。菅野昭正という人はこんな気遣いをし、古風な礼儀を守る人だったのだ、とあらためて私は感じ入ったのであった。

そこで、本文だが、四月に腰部第二椎骨を骨折、九段坂病院に入院し、国際的に著名な名医による手術を受けたこと、手術は成功したのだが、呼吸器に余病を併発して、一二月一日にようやく退院したこと、入院生活の間は、武道館の屋根だけを病室の窓越しに見るだけの空疎な日々を過ごしたこと、などを記し、まだ歩行は万全ではないが気長に回復をめざすしかない、と述べ、括弧をつけて、といっても時間があるわけではありませんが、と付け足しているのが、いまになって読みかえすと、残された時間が長くはないかもしれないという予感を彼がもっていたのではないか、と思い、私は胸を締めつけられるような感にひたるのである。彼の言葉で言えば、こうした愚痴めいた、とりとめないこと、を記した後に、彼は、遺言書を作成しておくべきであると思い至ったので、弁護士を紹介してほしい、という用件を記し、まことに唐突なお願いで恐縮の至り、といった、しごく丁寧な文言を添えていた。

私自身はすでに弁護士の実務から遠ざかっている。そこで、中村合同特許法律事務所と称する私の属する事務所には十数名の弁護士がいるので、誰に頼んだらよいか、私は事務所と相談し、私よりも一世代若い、いいかえれば、私とは親子ほどの年齢差のある、信頼するに足ると考えた弁護士に頼むことに決めた。そこで、私はその弁護士に、彼に頼んだ旨を菅野に伝えるので、新年になったら、菅野に連絡し、菅野の意向を聞いて、遺言書作成のために、草稿を作成、公証人役場とも連絡して、公証人に菅野のマンションに出向いてもらうような手配をしてもらいたいと話し、一方で、こういう弁護士に依頼したので連絡があるはずだから連絡を待ってもらいたい、という手紙を菅野に宛てて書いた。

九段坂病院は、私が一高に入学して国文学会の部屋で暮らし始めたころ、同じ部屋に暮らしていた理科の三年生であった中川三与三という方が、院長をなさっていたことから私は何となく親しい感じをもっていた。中川さんは大柄で、いつも莞爾と微笑なさっているような穏やかで暖かな人柄であった。彼は浦和中学の出身で、東大医学部を経て医師になり、しばらく前、むかし国文学会に属していた人々の会合があったときにご一緒したことがあり、そのときに九段坂病院の院長をしているとお聞きしたのであった。そういう縁故もあったことなども私は、あわせて、菅野に伝えたのだが、彼が公証人役場に出向くことができる状態ではないと理解していたものの、どれほど深刻な状況であるかは、思い至っていなかった。このために、菅野の生涯の最後の時期に、まことに不運で不幸な結末を迎えることになったのだが、そのいきさつはこれから書くとおりである。

その後、菅野から私は一二月二七日付の書簡を二通受け取っている。二通とも速達で送られてきたのだが、一通は私の依頼した弁護士の選任について感謝しているということを先ず記し、ウクライナ戦争や感染症のパンデミック化など、不安な騒然たる一年もあと三日で終わり、年が変わるとすぐに九三歳になるので、来る年はすこしは落ち着いた晩年になってくれればよいが、と思っている、などと書いている。ここでも自分をいうときの「小生」という文字を右に寄せて小さく書いているのに気がつくのだが、それよりも健康状態に不安も持っていなかった様子が窺われるのである。私も彼が穏やかな晩年を迎えるものと信じていた。なお、彼の誕生日は一月八日であるが、そのことにもこの書簡はふれている。

もう一通のやはり速達で送られてきた書簡には、かさねて私が事務所の弁護士を紹介したことの礼を記しているが、退院後一か月になるのに歩行が不自由であること、戸外の散歩もできず、家の中でもシルヴァーカーといわれる手押車のようなものを使っていること、私の手紙から察せられる私の状態の方がだいぶ恵まれているように見える、といったことを書いている。ついでだが、宛名に「中村

稔様　侍史」とあり、末尾に「菅野昭正　拝」とある。これは二通とも同じである。菅野はずいぶんと三歳だけ年長の私を立ててくれていたのである。

菅野の二通の書簡に先立ち、私は菅野に事務所の弁護士を紹介した手紙のなかで、私の状況を知らせたようである。私の状況は当時も現在もほとんど変わりはないのだが、二〇一七年五月、連休明けに、私は人事不省で、さいたま市民医療センターに担ぎこまれた。すぐに肝膿瘍と診察され、手術を受けて肝臓の膿みを剔出していただいた。その間、私はまったく意識がなかった。その後、菅野と違い、余病を発症することもなく、一般病棟からリハビリ病棟に移り、八月に退院するまで医療センターに厄介になったのだが、その間、医療センター所属の理学療法士、作業療法士の指導を受けて、七月には立つことから歩くことの練習を始め、退院したころには二、三〇〇メートルほどは、杖なしで、歩くことができるようになっていた。菅野に手紙を書いた当時も同じだったので、私は、菅野に比べ、よほどリハビリが順調に進んだようにみえる。

この二通の書簡に対する返事を私は菅野に書いたようである。菅野からさらに、一二月三一日午後二時に書いている、と記された「謹賀新年」と始まる書簡を私は新年早々に受け取った。ここでは、私たちよりもずっと年少の世代が円熟してきた、という印象を教師として感じてきた、と言い、私が紹介した事務所の弁護士に対する期待を記している。その上で、話題は変わって、体調のことですが、と断って、かなり詳しく説明している。これによれば、週三回、理学療法士に来てもらって、毎回、約五〇分間のリハビリテーションを受けている。座位から立ち上がること、それから連動して歩行できること、ただし、歩行は少しなので、大兄に、つまり、私に劣るのだが、追いつき、追い越せ、という貧しかった時代の日本のモットーを思い出すことがある、と書き、理学療法士は、歩行できるようになる、と言ってくれているが、絶対的な保証ではない、と書き添えている。

私はだいぶ詳しく菅野に私の状況を知らせたらしい。当時も現在も、私は週二回、毎回四〇分、理学療法士のリハビリを受けている。一回は主としてストレッチ、もう一回は主としてマッサージ、その後、二回とも、私の家の周辺の一角を、理学療法士が付き添って一周する、というのが通例である。一周ほぼ三五〇メートルないし四〇〇メートルほどの距離である。途中で一回は休息しないと、歩きとおせないし、家に戻ったときは、脈拍が毎分九〇台の前半、悪いときは一〇〇近くなり、飽和酸素も九〇に達しない（平常は、脈拍が一分間六五ないし七〇、飽和酸素値は九六か九七である）。そのため、帰宅後すぐベッドに倒れこんで、一〇分ほど静臥しなければならない、といった状態だから、確かに菅野よりはましだが、情ない状態であることにはあまり変わりはない。

この書簡の最後に、私が蕪村について執筆中であることにふれ、かつて安東次男（菅野は「安次氏」と書いている）が『澱河歌の周辺』を上梓したさい、理解度を試され、落第と宣告された故事を思いだし、私の新著を愉しみにしているという、いわば、外交辞令でこの書簡を結んでいる。この書簡も宛名は「中村稔様　侍史」、筆者は「菅野昭正　拝」である。

上記の書簡の後、一月一七日付で、本日、私が紹介した弁護士が来宅、小生（この二文字も例により右に寄せて小さく書かれている）の遺言書について打ちあわせ、というよりいろいろとご指示ご指導、を賜りました、とあり、まったく無知であった自分も必要な知見を多少なりとも理解できたと考えている、といったことを書いている。そこで、私が頼んだ弁護士が菅野の意向に沿うと思われる遺言書の草稿を作成し、その草稿にもとづいてさらに協議するつもりだが、次回がいつになるかは不明だとはいえ、これで懸案が一歩進んだと考えている、と続けている。その余は、私の詩作についての感想を述べ、体調は一進一退というか、相変わらずというか、そういった状態である、と記し、蕪村について「北寿老仙を悼む」の近代的なことに驚いた記憶がある、というようなことを書いて締めくくっている。

この書簡に対して返事を書いたかどうか、憶えていないが、ともかく、この書簡が菅野から受け取った最後になった。そして三重夫人から三月九日に突然、彼が亡くなったという電話をいただいた、というのが私の記憶である。そのとき、遺言書はどうなりましたか、とお訊ねしたところ、結局、作成されなかった、というお答えであった。

私は早速、私が菅野の件を依頼した弁護士に電話したところ、まだ下調べの途中だったので、間に合いませんでした、ということであった。

まさか、こんなに早く菅野が他界することになるとは本人も思っていなかったろう、ということは私宛ての書簡からも窺われるのだが、それにしても、遺言書が作成に至らなかったことは、遺言書の作成に先立って調べておかなければならない事情の調査に時間がかかっていたためとはいえ、もっと迅速に調査を進めるべきであったかもしれない。まさか、こんなに早く菅野が亡くなるとは思いもよらなかった、というのが担当した弁護士の感想であり、私の感想でもあった。菅野に死がまことに思いがけず迅速に訪れたという感がふかい。

どうしてもっと早く、菅野の死期が迫っていることが分からなかったのか。一月一七日に担当の弁護士が菅野と面会したさいに、いかにも弱々しく、ずいぶんと容態が悪そうに見えたなら、それなりに、急いで作業をすすめたはずである。私にしてもその弁護士にしても公正証書遺言の作成を当然のこととして考えていたのだが、自筆遺言書の作成でも、後に、裁判所の検認が必要になるだけで、有効性に変わりはないのだから、余命いくばく、ということがその場で分かっていたなら、あるいは推測できたならば、さしあたり、自筆遺言書をとりあえず作成しておいてもらうことも考えられたはずである。私自身は菅野に会っていないから、外見から、菅野がどれほどの状況であるのか、判断できなかったかもしれない。私のばあいは、理学療法士は毎回、体温、血圧、飽和酸素値、脈拍を測定し、胸部に聴診器を当てて、異常の有無を診察してくれるし、隔週に一度、看護師が訪問、しごく丁寧に診察などしてくれるので、同じようなことは菅野も受けていたのではないか。そうとすれば、もっと早い時期に疾病を発見することができたのではないか。彼にそんなに早く死が到来することは理学療法士をはじめ、彼の周辺にいた人々にも、おそらく、菅野自身にも思いもよらぬことであった。

私は、遺言書が作成されないまま、菅野が他界したことについて、いささかの負い目を感じているが、弁解かもしれないとはいえ、事態はまことに不運、不幸であった、としか言いようがない。このような言葉で菅野昭正を回想する文章を終えるのは残念だが、致し方もない。

米川哲夫

米川哲夫と題したが、哲夫と彼の弟、和夫、良夫の三人を本項で回想したい。三人そろって、懐かしく、忘れがたい友人であった。私にとって彼らは哲っちゃん、和ちゃんであり、良ちゃんであったが、本項では、哲夫《てつお》、和夫《かずお》、良夫《りょうふ》と記すことにする。三人の兄弟は、体格、容貌、性格も違っていたが、それぞれが敬意に値する人格の持ち主であった。哲夫は、中背よりはやや背が高かったが、長身というほどではなかった。彼はいつもほっそりしていたが、痩せているという感じはなかった。和夫は中背で、頑丈な体つきであった。良夫はどちらかといえば小柄だったが、若いときは美少年の俤が残っていた。彼らの性格などは後に記すつもりである。

はじめに哲夫について書くことになるのだが、何時はじめて哲夫に会ったのか、私の記憶ははっきりしない。私が米川正夫先生のお宅にお邪魔するようになったのは、たぶん私が大学を卒業した後、司法修習生であったころだと思うのだが、正夫先生とはマージャンのお相手をするだけで、ほとんどお話をお聞きしたこともなかった。主として丹佳子夫人にお会いして雑談したのだが、それも日高普が清瀬の結核療養所で夫人と知りあい、夫人を敬慕していたので、日高に連れられて米川家に伺った当初から、米川家に伺うということは夫人にお目にかかることと同義であった。

私は、米川家に初めてお邪魔したころ、哲夫と会い、面識を得たとは思われない。そのころ、彼はモスクワに留学していたのではないか。哲夫は東京外語大のロシア語学科を卒業したが、敗戦後、東大が旧制高校の卒業生以外にも門戸を開放したので、東大文学部西洋史学科に入学した。東大ではロシア史を専攻したはずだが、東大の教授たちにはロシア史の専門家はいなかったから、林健太郎先生から歴史研究の方法論を教えていただいたほどのことにとどまるであろう。そこで、ロシア史を本格的に研究するためにはモスクワに留学するしかない、ということになって、留学した。そのために、私が米川家に出入りすることになったころ、哲夫は留守だったに違いない、というのが私の記憶に推察をまじえた結論である。

モスクワ留学はもちろん米川正夫先生の人脈を頼りにして実現したはずだが、モスクワ大学の博士号でも取得するといった野望を抱いてモスクワに赴いたのではないか。私のおぼろげな記憶によれば、哲夫が、もうモスクワで勉強を続けるのには耐えられない、と悲鳴をあげてきている、という話を丹佳子夫人からお聞きしたことがあった。詳しく言えば、哲夫は、修士課程は修了したが、博士課程に進み、博士号を得るための論文を仕上げるには、モスクワで、あと、短くても二、三年、アパート、図書館、大学の間だけを往来して過ごさなければならないのだが、そんな気力も体力もない、ということであった。当時モスクワで勉強し始めてすでに二、三年、経っていたはずである。博士号の取得というのは、あるいは私の記憶違いであったかもしれない。いずれにしても、留学の当初の目標を達成するのはまだまだ年月を必要とするので、もういい加減で切り上げて日本に帰りたい、という泣き言を手紙で書いて訴えてきた、ということであった。米川正夫先生と夫人との相談の結果か、あるいは正夫先生の決断か、その経緯は知らないが、哲夫はその後間もなく帰国した。私は、大学卒業のころ、何人かの友人がフルブライト留学生としてアメリカに渡り、ハーヴァード大学などのロー・スクールへ勉強に出かけたことを聞き、まだ勉強を続けるとはえらいなあ、と感心しても、自分ではそんな気持ちはつゆほども持たなかった。私は本質的に怠惰で、勉強嫌いである。当時のアメリカは平穏で豊かな国だったから、フルブライト留学生たちの多くは、アメリカに非常な好印象を抱いて帰国したようである。しかし、モスクワは気候も厳しいし、生活の諸条件がアメリカとは比較にならぬほど貧しいに違いなかった。私は大いに哲夫の心境に同情し、彼が留学を止めて帰国するのを待ちかねていたように憶えている。

私は多年、哲夫が米川家の長男だと思っていたが、本当は三男であったそうである。長男、次男の方を私はまったく知らない。おそらく夭逝なさったのではないか。丹佳子夫人は後妻であり、哲夫、和夫、良夫の三兄弟の継母だから、前妻だった方は男ばかりの兄弟五人を産んで早逝なさったのであろう。

初めて会ったときから、哲夫は些末に拘泥しない性格のようであった。いつも飄々としていた。喜怒哀楽を表情に出さぬ人であった。むしろ私は、米川哲夫という人は、怒るということを知らないのではないか、また、悲しむということも知らないのかもしれない、と思ったことがある。だから、哲夫が、橋本一明の妹の道子さんと結婚したと聞いたときも、哲夫はどんな表情で、どんな言葉で、道子さんを口説いたのだろうと思いを巡らせて、どうにも思い当たらなかった。私の眼には、米川哲夫はそんな浮世離れをした人のように映っていたのであった。

私が迂闊だったのかもしれないが、米川哲夫が東大教養学部に助教授として迎えられ、ロシア語、ロシア文学の教鞭を執ることになるより以前、彼がどこで何をしていたのか、私は憶えていない。

まったく聞いていなかったのかもしれない。モスクワから帰国した直後には、高校の社会科の先生の口でも探そうか、などと言っているのを聞いたことがあるが、少なくとも東京外語大や早稲田大学などでロシア語、ロシア文学を教えていたことはないはずである。いきなり、東大教養学部でロシア語を選択科目として教えられることとなり、米川哲夫が助教授として迎えられたわけだが、彼が適格であることをどうして東大は判断したのであろうか。あるいは、彼が東大で西洋史を学んだこと、モスクワ大学で、私がうろ覚えに憶えているように、修士号でも取得していた、ということではないか。私は東大でもロシア語を教える時代が来るだろうという話はだいぶ前から聞いていた。そこで江川卓というペン・ネームで多くの翻訳を出版していた、私や原口統三と同期の旧制一高の出身であった、馬場宏などがロシア語の最初の教鞭を執るのにふさわしいだろう、と噂されていた。ところが、ほとんど翻訳について業績のない、米川哲夫が選ばれたのだから、私にはふしぎでならなかった。しかし、哲夫はしごく当然のように助教授に就任した。彼はやがて教授に昇進し、どこからも誰からも、ふしぎに思われなかったのだから、哲夫は客観的にみて適格であったに違いない。私が憶えていることは、哲夫は彼が東大教養学部に迎えられることにいささかも驚いていなかったという事実である。

しかし、哲夫の生涯をふりかえってみても、およそ彼は業績に乏しい、という感がつよい。ロシア文学についていては、トルストイの伝記を書いたことが唯一の業績であり、ロシア文学、ロシア史については、翻訳、それも共訳者の一人として、若干の翻訳を手がけているだけである。私の記憶では、米川正夫先生の訳に、哲夫が手を加えて、共訳のかたちで、正夫先生訳を現代文化した、ドストエフスキーの何かの作品があって、これは贈ってもらったことがある。ざっと目をとおして、さすがに新鮮な、よい翻訳だ、と感心したので、その後もひき続き、同じように、正夫先生訳を改訳して出版するのか、と思っていたが、一作品だけで、止めてしまったようであった。哲夫は怠け者なのだ、と私は思いこんでいた。反面で、哲夫は、金儲けに精を出すのは性に合わないし、また、名誉も評判も、気にかけない性格だと思っていたから、正夫先生のように朝から晩まで、息抜きに、時々、マージャンをするだけで、孜々《しし》として翻訳に打ちこむことはできないのだろう、と想像していた。

ところが、宇田健と雑談のついでに、哲っちゃんは怠けもんだねえ、と言ったところ、宇田健は、むきになって、それはとんでもない誤解ですよ、哲夫さんは本当に立派なえらい方です、と言いかえした。宇田によれば、正夫先生の翻訳の改訳をして、現代にも通用させるると、それだけ、若い世代のロシア文学者に門戸を閉ざすことになる、できるだけ若い世代のロシア文学者が育っていくためには、米川正夫訳は一日も早く、この世から消えてしまった方がいい、哲夫さんはそういう考えで、改訳はしない決心をしたのですよ、ということであった。なるほどねえ、と私は答えて、米川哲夫という人物を見直したように思った。そして、ドストエフスキーに限らず、トルストイでも、若い世代の方々の新訳が続々と出版されている背景の一つには、そんな事情もあったのだ、と蒙を啓かれた感を覚えたのであった。

そういえば、哲夫はロシア文学会の会長をつとめていたことがあり、たいへん評判がよかった、と聞いたことがある。哲夫は飄々として、名利に恬淡たる性分だったし、それに、自己顕示欲というものもまったくなかった。ロシア文学会の会長になっても、偉ぶることはなかったに違いない。ロシア文学会の運営についても、きっと公平であったに違いない。およそ私利私欲とは無縁だったから、非難や批判もまるでなかったのであろう、ということは容易に想像できた。

考えてみると、米川哲夫ほどに、名利に恬淡、私利私欲に無縁で、物事に拘泥することなく、飄々と世をわたった人を、私は他に知らない。たとえば、私が畏敬して止まない年長の友人、日高普は、多年、法政大学の教授であったが、東大経済学部から教授に招かれて、断ったことがあった。これは日高が東大教授という肩書に魅力を感じなかったからだが、その心理の底には、東大は定年が早いので、定年後の身分まで、日高が考えた結果だという推測も成り立たないわけではない。

哲夫は東大教養学部に迎えられて教鞭を執ることとなったとき、ロシア語、ロシア文学の後継者を育てることに専心することとし、翻訳などに励むことはしないことにしたのであろう。なまじ、ロシア史やロシア文学の分野で業績を上げ、名を遺すよりも、すぐれた若い世代を育てる方がよほど意義がある、と思ったのであろう。だから、東大で定年になったときは、名誉教授という称号も贈られることになったのであろう。そして、そうした称号を気にかけることもなしに、哲夫は二〇二〇年九月、ひっそり他界したのであった。

哲夫の思い出として、つけ加えておくと、私が、米川丹佳子夫人について回想の文章を発表したとき、夫人の本名は隆子、東京女子高等師範学校、俗にいうお茶の水の、卒業、と書いたところ、哲夫から、お茶の水は中退、卒業はしていない、本名は隆であって、隆子ではない、と教えられた。米川夫人は哲夫の継母だが、彼はそのようなこまごました事柄にも気を配っていた。継母についてもそのような気配りがあったから、継母と哲夫ら三人の兄弟の間がいかなる軋轢もなく過ごすことができたのであろう。夫人の性格からみれば、哲夫の側の方がよほど多くの気配りをしたに違いない、と私は信じている。

＊

和夫について回想したい。私は北軽井沢、大学村の米川正夫先生の山荘で和夫に会ったのが初対面であったように憶えている。私が弁護士登録をして二年目の夏、丹佳子夫人にお誘いをうけて山荘にお邪魔した。何故か、そのとき、和夫と二人で米川山荘から草軽電鉄の北軽井沢駅の方向に歩いていったことを憶えている。いまではアスファルト舗装されているが、当時は舗装されていなかったので、歩いていくと土ほこりが立った。誰一人すれ違う人影もなく、静かだった。和夫が、鄙《ひな》には稀《まれ》な美人にでも出会わないものかな、とつぶやいた。私も調子にのって、そうそう、ヒナマレ、に出会いたいもんだ、と言った。何の用事があったのか。新聞でも買いに行ったのか、何も記憶にない。そんな他愛ない会話を交わしたことだけが、和夫との初対面の思い出である。

和夫はやがて的場香代子さんと結婚した。香代子の姉のすずゑさんは濃艶な美貌の持ち主であったが、香代子さんは容貌についていえば、鄙には稀の美人とは言えないが、しごく気だてが善く、世話女房としてじつに得難い資質の女性であった。このように回想しながら、当時、和夫は何で生計を立てていたのか、私は憶えていないことに私自身驚いている。ただ、香代子さんは和夫にとって良い配偶者であると同時に、姑の米川丹佳子夫人にもまめまめしく仕え、大いに気に入られた良き嫁でもあった。本書の都留晃の項で記したとおり、香代子さんは都留晃の札幌一中時代の親友であった的場清さんの妹で、私は彼女が日本女子大に入学して上京してきたころから見知っていた。彼女は都留に連れられて米川家に出入りしていて、和夫に見初められたわけであった。

そこで、後にふれるポーランド訳詩集『北の十字架』に編者として私が訳者、米川和夫の紹介を書いているが、これはこの訳詩集出版のころに哲夫らに教えられて書いたものに違いない。この紹介によれば、和夫は一九二九年一月二六日生まれだから、私よりも二歳年少、哲夫よりも二学年下であった。一九五一年三月に早稲田大学文学部露文科を卒業、一九五八年一一月、ポーランド、ウーチ所在ポーランド語研修所に入学、翌五九年九月卒業、同年一〇月から一九六七年九月までワルシャワ大学東洋学研究所日本学科講師としてポーランドに滞在した、という。これによれば、香代子さんと結婚した当時、和夫は職業らしい職業に就いていなかったのであろう。いろいろと、その場しのぎのアルバイトをして生計を立てていたものと思われる。そういう意味では、この結婚は最初から無理があったのかもしれない。また、和夫がポーランドに渡ったことは、ここで起死回生を図る試みであったのかもしれない。

和夫はポーランドに渡り、ポーランド語を習得し、その後、ワルシャワ大学で日本語を教えることになって、単身赴任した。たぶん夫婦で生活するには給与が足りなかったのであろう。私の記憶では、香代子さんは米川家で暮らすことになり、丹佳子夫人のお世話をしながら米川家に寄食することになった。いまから考えると、これもはなはだ好ましくない夫婦生活の形態であった。香代子さんは、無理を押しても、和夫と一緒に、ポーランドに赴くべきだったのかもしれないし、北海道、美幌の実家に帰っていた方が良かったかもしれない。香代子さんは丹佳子夫人にじつに気配り良く仕えて、夫人にとってかけがえのない存在になった。これは香代子さんが賢く、気立てが善かったためでもあるが、反面では、気が弱く、内向的な性分だからでもあったように思われる。

そのうちに和夫が日本に一時帰国してきた。用件は、ワルシャワでブランカさんという女性と愛し合うようになってしまったので、香代子さんと離婚したい、その上で、ブランカさんと結婚したい、ということであった。これは和夫の律儀な性格による悲劇であった。ブランカさんとはほどほどに付き合い、さっさと日本に帰国してしまえば、良かったかもしれない。もっとも、そのころ、いいだももが言っていたことだが、ポーランドの若い女性は西側諸国に出たくてしょうがないから、西側から来た男性を捕まえようと鵜の目鷹の目で狙っているので、一度捕まったら最後、もうどうにも逃げられないんだな、和夫はその網に引っ掛けられたんだ、という。後のことだが、和夫が若くして急逝した後もブランカさんはいまに至るまで日本にとどまり、和夫の歿後間もなく倉田さんという方と再婚なさった。

それにしても、和夫のポーランド滞在は一九五八年一一月から一九六七年九月まで、ほぼ九年間であった。その間に、香代子さんと離婚し、ブランカさんと結婚したわけだが、香代子さんとの別居生活は異常に長い。香代子さんとの離婚後、日本への帰国をためらったのではないか、とも考えられるが、和夫の内心はともあれ、ブランカさんを連れて帰国、香代子さんは米川家に居場所を失くしたことになる。

ブランカさんは日本の風俗、習慣、文化に馴染むのに時間がかかったようである。座敷に靴を穿いたまま上がるというようなことが相次ぎ、丹佳子夫人は大いに気に入らなかった。相変わらず、香代子さんを嫁のように扱い、旅行などにも同行させたりした。傍から見れば、香代子さんは米川家に出入りするのを止めるべきであったが、気弱な香代子さんは丹佳子夫人から声がかかると断ることができなかったらしい。こうして香代子さんの内心の鬱屈は年々高じていった。一方、和夫はブランカさんを日本の風土、文化、習慣に馴れさせるために苦労していた。帰国後の和夫は早稲田大学などで、ポーランド語やロシア語を教えていたが、一九八二年一月、五二歳の若さで死去した。

和夫はポーランドの詩を愛して、その翻訳に情熱を注いでいた。一九八七年四月、私は米川丹佳子夫人に招かれて、和夫のポーランド詩の訳稿が、そのごく一部は雑誌などに発表されているものの、全貌が陽の目を見ないまま埋もれてしまうのは心残りなので、是非とも出版したい、ついては翻訳の原稿を整理し、編集してもらいたいというご依頼を受け、お引き受けし、同時に、出版は青土社、清水康雄がお引き受けした。私は、工藤幸雄の全面的な協力を得て、編集にあたり、和夫の訳稿は『北の十字架　ポーランド詩集』として一九八七年一一月、出版された。この出版に先立ち、米川丹佳子夫人は一九八七年七月二〇日に他界なさったので、この訳詩集をお目にかけることはできなかった。

　私は『北の十字架』を読みかえし、つくづく和夫の訳業に感心した。この訳詩集はこれまで私が愛読してきた、すぐれた訳詩集『海潮音』『月下の一群』などに匹敵するほどに秀逸な訳詩集であると信じ、これが初版、初刷で終わり、二度と陽の目を見ないことを心から無念に思った。この和夫の鏤《る》骨《こつ》の成果である翻訳は、もちろん、和夫が選んだポーランドの詩人たちの作品が魅力に富んでいることに大いによるけれども、和夫の日本語を駆使する豊かな才能、それに彼の凝り性の結果、じつに心うつ詩集になっている。この訳詩集は第Ⅰ部から第Ⅴ部までの五部からなり、その第Ⅰ部にコンスタンティ・イルデフォンス・ガウチンスキの作品を紹介する。二七篇を収めているので、その中から先ず、「来客」と題する詩を紹介する。

ササ、ご遠慮なく……おくつろぎください、ゆっくりと。
なんなら、
どうぞ、どこなりと、ジロジロ見まわしてくださっても結構です。
エ、これ？
これはヤカン。——いや、まったくへんてこなものですね！

笛までつけていますよ。

なになに、
うなり声ですと?　アアあれは……あなたになら
教えてあげましょう、こっそりと。あれはサロモン、猫なんです。
それから、この——
花をもってもの思いにふけっている婦人……
これがわたしの家内です。

次に第Ⅱ部に二八篇が収められている詩人タデウシュ・ルジェーヴィッチの作品「おさげ」を読んでいただきたい。

はこばれてきたひと列車の女が
のこらず髪をかられたあと
四人の労働者が四人
菩提樹のほうきに掃きよせ
きずきあげた髪の毛の山

くもりないガラスのむこうにいま横たわる

こわばった毛
息をガス室でとめられたものから
うばわれた毛のおぞましいこの山のあいだに
骨のくしが　ヘアピンが

その髪にいまは日はあたらない
風にみだされる日ももはやない
手のひらも雨もくちびるも
けっしてもう触れることはない

大きな箱にもつれからまる
窒息させられたものたちの
かわいた髪の毛
そのなかにリボンをつけたネズミの尾
灰色のおさげ
いつの日か学校で悪童どもに
つかまれて引っぱられたこともあっただろうに。

この詩の末尾に「オシフィエンチム——博物館。一九四八年」と付記されている。アウシュヴィッツのポーランド名である。
この詩人の作品をもう一篇、紹介する。「おれたちのこと」と題する詩である。

忘れてくれ　おれたちのことは
おれたちの世代のことは
人間のように生きてくれ
おれたちのことは忘れてくれ

うらやんだ　おれたちはいつも
草を　石を
また犬を

おれは言わなかったか　あのとき
ネズミになってしまいたいと

目をとじたまま答えたあの娘《こ》
いっそ　いなかったほうがよかったわ
眠ってしまいたい　このまま
いくさの終わるその日まで

忘れてくれ　おれたちのことは
その青春を問いただすのはやめてくれ
構わないでおいてくれ　おれたちのことを

もっと和夫の翻訳を紹介したいのだが、これら三篇の翻訳からも、詩の内容によって文体を選び、用語を選び、内容にふさわしい翻訳になるように米川和夫がどれほど細心の注意を払ったか、理解できるはずである。

和夫の若すぎた死を悼む思いは切である。

*

米川兄弟の末弟、良夫と初めて会ったのが一九六一（昭和三六）年一二月、私が滞在していたミラノのホテルであったことはごくはっきり記憶している。当時、私は四〇日近く滞在する予定だったので、出発前に米川丹佳子夫人から良夫をミラノに呼んで会って、早く帰国するように説得してほしい、と頼まれていた。そこで、ローマに滞在していた良夫に連絡し、ミラノの私のホテルに訪ねて来てもらったのである。それまでに私が良夫について聞いていたところによれば、彼は早稲田大学でフランス語、フランス文学を学び、パリのソルボンヌ大学に留学した。しばらく受講して、彼はとても大学の授業にはついていけない、と思って、高等学校に入学した。しかし、高校の授業にもついていけないので、中学に入学、中学の授業にもついていけないことを自覚して、フランス語、フランス文学の勉強に絶望して、イタリーに逃げだした、ということであった。イタリーでは土産物屋でカメオなどを売るアルバイトをして暮らしている、とも噂されているということであった。自分の悪評が高い日本にはもう帰れない、と良夫は考えているらしい、とお聞きした。

初対面の良夫はひどく礼儀正しい、几帳面な、気分のよい青年であった。私は、きみのことなど、噂している人などいないのだから、早く日本に帰るべきだ、と言った。彼は、頷きながらも、帰国することには同意しなかった。彼が帰国を決意したのは、その後、半年ほど経って、米川正夫先生がモスクワ訪問の前にローマに立ち寄って、説得した結果であった。

ところで、良夫は土産物屋でアルバイトしていたことはなかったようである。三井物産、三菱商事など、日本企業の方々がイタリーの企業と商談をしたり、その他、交渉したりするさい、通訳を依頼されて、引き受け、報酬を得て、生活している、ということであった。後になって、考え合わせると、このローマ滞在中、良夫はたんに日常会話に足りるイタリー語を習得していただけではなく、本格的にイタリー語、イタリー文学を勉強していたに違いない。彼は帰国後に数多くのイタリー文学の著書を翻訳し、出版したが、その素地はこのイタリー滞在中、いわば日本での悪い評判が飛び交う間に培われていたのであった。良夫は、私と会ったとき、そんな素振りはすこしも見せなかった。私はいまになって、きみのことなど日本では誰も気にかけてはいないんだから、早く帰国した方がいい、などと勧めたことを恥ずかしく思っている。良夫ははるか先を見て勉学に励んでいたのであった。しかし、彼のイタリー語、イタリー文学は学校で習得したものではない。独学に近いものであったかもしれない。しかし、彼の訳業を見ると、彼がこの時期にすさまじい勉強をしていたことは間違いないと思われる。

ところで、良夫は、その日、私を観光案内してあげる、と言って知りあいのミラノ在住の柔道の先生から自動車を借り出し、半日、ドライブに連れて行ってくれたのだが、どこを案内してくれたのか、まったく憶えていない。ミラノ郊外のとりとめないドライブであった。良夫はローマは詳しくてもミラノはほとんど知らなかったのではないか。彼は日本の商社のために通訳はしても観光ガイドをしたことがなかったのではないか。いまでは私は良夫が、身内の人たちを含めて日本で想像していたのとはまったく違う、かなりに禁欲的な生活をし、勉学に励んでいたものと確信している。ところで、これも、良夫がミラノに不案内だったためだが、自動車を返しに柔道の先生の住まいに行くのに道が分からなくなって右往左往した記憶が鮮やかである。ミラノの市街は四つ辻、十字路というものはほとんどない。パリのエトワール広場と同様の放射状に六本か八本の道路が集中する広場がいたる処に存在する。たとえば、ある交差点にイロハニホへという六本の道路が集中し、放射状に出ていたとする。イという道路から交差点に入り、ホという道路へ出なければならないのに、間違えてニという道路に入ってしまうと、間違いに気づいても、ホという道路に戻るのは容易なことではない。よほどミラノの地理に明るい人でないと自動車を運転するのは難しいのである。そこで良夫は道に迷って四回も五回も電話をし、汗だくになってやっと自動車をお返しできたのであった。良夫とのミラノにおける初対面はこの道に迷ったことがもっとも強烈な思い出だと言ってもよい。

帰国した良夫はまもなく國學院大學文学部で教鞭を執ることとなった。國學院での教職はおそらく橋本一明の斡旋によったものであろう。良夫がどこの国の言語、文学を教えていたのか、私は聞いたことがなかった。まさか、國學院大學文学部の履修科目にイタリー語があったとは信じられない。それに良夫はイタリー語の学習履歴がなく、独学でイタリー語を習得したのだから、イタリー語を教えていたとは思われない。やはりフランス語を教えたのではないか、と想像している。帰国後の良夫と何遍か顔を合わせる機会があったけれども、そういうことを聞く必要があるとは思っていなかったのである。

帰国後の良夫を語るには何よりも旺盛なイタリー文学作品の翻訳についてふれる必要があるに違いない。良夫は一九六四年には早くもイタロ・カルヴィーノの『木のぼり男爵』の翻訳を出版している。白水社Uブックス版の同書の解説に、良夫は一九七八年九月付で、「本書の訳文は、すでに十三年前のものである。白状すれば、これが最初の私の翻訳の仕事であった。確かに今から見れば、訳文は生硬未熟なもので、当時、ある読者からはがきでお叱りを頂いたことを今でもおぼえている」と書いているが、これは謙遜であって、見事な日本語を駆使した翻訳である。この解説の末尾にこの著書にあらわれるロシア語については、「亡父米川正夫になお直接、問うことができたが、仕事中の父の手を休めさせて、ロシア語の発音をくり返し試みさせては、一々それを片カナ書きに転写して本文にルビをふった」思い出を記している。この挿話は米川正夫先生が良夫を彼の兄弟たちの中でもとりわけ愛していたことを示すように思われる。哲夫がてつお、和夫がかずお、とごく普通に読まれるように呼ぶのに、良夫だけが、りょうふ、と読み、呼ぶのだが、この「りょうふ」はロシア名のレフに近い、レフ・トルストイのレフの発音はリョウフに近い、という理由で良夫と名づけられたのだと聞いたことがある。このロシア語にルビで発音を、意味をそのロシア語の次に括弧でくくって示しているのは、本書全30章の終わりに近い29章である。ここに米川正夫、良夫父子のうるわしい愛情の結晶を見ることは良夫の友人の一人として嬉しい限りである。

ところで、『木のぼり男爵』だが、一二歳のときに登っていた木から下りないと宣言し、生涯、地上に降りることなく、凄絶な死をとげるにいたる、きわめて寓話的、ファンタスティックな小説だが、正直、私には興趣を覚えることのできない作品であった。寓話的であっても、何をどう寓しているのか、私の理解、想像力の外であり、木の上で暮らすのに、穀物はどのように入手するのか、衣服、ことに下着類などはどのように調達するのか、まるでそのようなものなしで暮らしているように見えて、不自然で、不出来な寓話としか思われなかった。しかし、この作品の主人公は、良夫が持っているような一徹さが共通しているように感じたのであった。折角の労作である訳書に共感を覚えなかったために、私は良夫と文学について話し合う機会を失くしたように感じている。その後のカルヴィーノの作品『不在の騎士』も私にはついていくことができなかったし、カルヴィーノの評論『カルヴィーノの文学講義』も机上に置いたまま、ついに繙くに至らなかった。

私は良夫と顔を合わせても彼の翻訳を話題にすることは避けていたと言ってよい。いまになれば、率直に話し合えば、カルヴィーノの読み方についても、あるいは、目を開かれたのかもしれない、と後悔しても、すでに遅いのであった。

彼は北軽井沢の大学村の哲夫が相続した正夫先生の山荘の裏にささやかな山荘を持っていた。その近くに弁護士の長島安治さんが山荘をお持ちであった。長島さんは弁護士数百人を擁する、わが国屈指の大法律事務所、長島・大野・常松法律事務所の創始者である。私はかねて面識はあったが、顔を合わせる機会はほとんどなかった。その稀に長島さんとお会いした機会に、彼から、米川良夫という方は、ずいぶん変わった方ですね、ご自分にはまったく関係ないのに、岸田衿子さんの山荘からの眺望が損なわれる、といって、大学村の外に計画されている、別荘マンションの建築反対の署名運動など、ひどく、うちこんでおいでになるのです、という話があった。長島さんだけでなく、常識的には、理解できないかもしれないが、良夫の思考回路から言えば、当然の反対運動であったに違いない。彼の考えでは、たぶん岸田山荘にとって景観を損なわれることは、大学村の景観が損なわれることと同義なのである。彼らの反対にもかかわらず、マンションは建築され、マンションは分譲されたようである。このことも良夫の一徹な性格、もっと言えば、自分の利害得失など、まったく度外視した、頑固な正義感のあらわれのように思われる。

その話の当時は私は北軽井沢の大学村とはまるで縁がなくなっていたが、二〇〇〇年に、事情があって、吉田健一さんがお使いになっていた山荘を吉田さんの長女、暁子さんから譲りうけて利用することになった。ある夏の日、良夫が私を訪ねて来たが、あいにく、私は留守にしていた。私の方から良夫を訪ねておけばよかったのだが、こちらから出向くのも面倒だし、また訪ねて来るだろうと思っているうちに、二〇〇八年四月、良夫は亡くなってしまった。良夫とゆっくり話す機会を持たなかったことがまことに心残りだし、申し訳なくも感じている。

小田切進

小田切進さんは私よりも一回りも二回りも大柄な人であった。それに顔も人並みはずれて大きい人であった。存在感のある人であった。

小田切さんとお会いすると、いつもにこやかに頬をほころばせてくれたが、何故かお愛想笑いをしているのではないか、と私は感じるのが常であった。ただ、これは私の僻みかもしれない。用事があると、小田切さんは必ず当時は日本近代文学館の総務部長であった清水節男さんに用事の説明をさせ、ご自分で説明なさることはなかった。清水さんは中背というよりすこし小柄で、同僚、部下などに対してはどうであったか知らないが、小田切さんに対してはじつに忠実であり、私に対しても篤実、実直であった。

＊

昭和五四（一九七九）年一月の日曜日、文学館の理事長であった小田切進さんから突然私の自宅に電話をいただいた。小田切さんは、文学館の死命を制する重大事が発生したので助けてほしい、と言い、すぐに清水に説明に参上させる、ということであった。そこで清水さんが、日曜日にも拘らず、その夕刻に大宮のわが家においでになった。ちょうど、夕食の時刻であった。亡妻がスペア・リブを亡妻の独特のたれで味つけしてグリルしたものを用意していたので、清水さんに召し上がるようにお勧めした。食べ終わって、彼が、こんな美味しいものをいただいたのは初めてです、とごく率直な感想を聞かせてくれたことを昨日のことのように憶えている。彼は、初対面でも、勧められれば夕食を共にし、その夕食について率直な感想をすぐに口にする、そんな人柄であった。

私は、弁護士の仕事と私生活とを峻別してきたので、弁護士を生業として七〇年を越しているが、弁護士業務の客をわが家に迎えたことはほとんどない。いま、思いだしても、この時だけの例外だったのではないか、と思われる。これは、すぐに総務部長の清水を差し向けますから、事情をお聞きください、という小田切進さんのひどく強引な申し出に私が押し切られた結果に違いない。じっさい、翌日の月曜日に、丸の内の事務所で、清水さんであれ、誰であれ、事情をお聞きしても同じだったはずである。これが、いわゆる漱石複刻版事件にかかわった最初であった。

*

小田切さんは、当時リーダーズ・ダイジェスト社（以下「リーダイ」という）が大々的に新聞広告をしていた夏目漱石の初版本の複刻版一二点・一四冊の発売が日本近代文学館の死命を制する問題なので、何としてもこれを差し止めてもらいたい、と言い、詳しい事情は清水から聞いていただきたい、と言って、清水節男さんをわが家に差し向けたのであった。これ以前から文学館では夏目漱石をはじめとする日本の近代文学の名作の初版本を複刻、製作し、株式会社ほるぷ（以下「ほるぷ」という）が訪問販売というかたちで販売し、ほるぷは複刻版の製作者である文学館に売上の何パーセントかを支払っていた。リーダイの販売価格がずいぶん廉価であったのに比べ、私はほるぷの販売価格を憶えていないが、たしか思い切って高い価格であった。たぶんリーダイの複刻版の販売価格はほるぷの販売価格の三割かそれ以下の価格ではなかったか、というのが私のおぼろげな記憶である。私の理解しているところによれば、文学館は、その運営の経費について、ほるぷから受け取るこの収入に大いに依存していたようである。そこで、リーダイの販売によってほるぷの訪問販売が打撃を受ければ、文学館の運営に支障をきたすことになるわけである。じっさい、このころにほるぷから受け取った金額がいまだに文学館運営の資金に充てられているはずである。それ故、たしかに小田切さんの言うとおり、これは文学館の死命を制する、由々しい問題であった。私は、同年三月一二日、文学館の代理人として、リーダイに対して、漱石複刻版の販売の禁止を求める仮処分を申請した。これがいわゆる漱石複刻版事件である。

しかし、夏目漱石の著作権はとうにその存続期間が満了しているから、誰もが、その初版本を複刻、製作、販売しようと自由である。名著複刻という企画に何の権利もあるはずがない。私たちにとって唯一の手がかりは、リーダイの複刻版と称するものが、じつは本当の初版本を複刻したものではなく、文学館の複刻版の複刻版である、という事実であった。この漱石複刻版事件は裁判所の勧告により、和解で解決した。和解の条件はリーダイの漱石複刻版の在庫のすべてを断裁し、リーダイは今後一切漱石複刻版を製作、販売しない、文学館はリーダイに対する損害賠償請求権を放棄する、ということを要旨とするものであり、いわば百二十パーセント勝訴したに等しい、夢のような結果に終わったのであった。

このような結果は小田切さんをはじめとする文学館の関係者にとっては当然に見えたかもしれない

が、法律的にはほとんど勝ち目のない事件であったというのが法律専門家の大方の意見と言ってよいと思われる。私は、このような結果になったのは、法律的には難しくても、正義は文学館の側にある、文学館の複刻版を複刻してあたかも初版本からじかに複刻したように宣伝しているリーダイの側には正義はない、という心情に裁判所が共感してくれたことが主たる原因であり、次に従たる原因としては、リーダイの訴訟代理人が、失礼を顧みずに言えば、あまりに弱気で、この種の事件に馴れていなかったということを挙げてもよいと思われる。

リーダイの訴訟代理人であった弁護士が何故弱気になったかと言えば、やはり、文学館の複刻版を複刻してあたかも初版本からじかに複刻したように宣伝しているリーダイの立場を疚しく感じたためではないか。強気の弁護士がリーダイの代理人であったとすれば、このようなリーダイにとって屈辱的な和解条件を裁判所から提示されたときに、このような条件では和解に応じられません、と言って裁判所に法律的判断を迫ることもあり得たのだが、そのような強気の姿勢を取ることをリーダイの代理人である弁護士は躊躇したのである。

何故リーダイは初版本から複刻版を製作しないで文学館の複刻版から複刻したか。この漱石複刻版事件については、私は『私の昭和史・完結篇　下』の第一九章において回想したとき、この点について次のとおり説明している。

「漱石の初版本に限らないが、当時は活版印刷であった。後年、鉛の活字を組んだ版を厚紙に型どりした「紙型」を作り、これを鋳型にして印刷用原版を作るようになったが、漱石の時代はまだ紙型をとっていなかった。そこで、植字工が一々活字を拾いあげて、印刷用の版をくむ。少部数ならともかく、相当部数を印刷するときは、組版から活字がこぼれ落ちることがある。そこで、いくつかの活字が脱落したままの書籍が刊行されることがおこりうる。活字がこぼれ落ちたのに気付いて、そこに活字をくみ入れても完全に元の版と同じになるわけではない。そのため、活字が完全に組版された状態で印刷、製本されて、流通する初版本は稀有といってよい。そうでなくても漱石の初版本は一部といえども古書店で入手するのはそう容易ではない。入手できてもかなりに高価である。ところが、こうして入手した初版本が本来ありうべき状態で印刷されているわけではない。三部、四部、初版本をとりそろえ、緻密に読みくらべて、はじめて脱字が判明する。こうして脱字を正しく組み入れた、本来のあるべき形の初版本を再現するのは厖大な労力を必要とする。日本近代文学館の複刻版はこうした労力の成果として世に送りだされていた。複刻版とは、こういうものであるべきだ、というのが小田切進理事長をはじめとする日本近代文学館の理事者の考え方であった。

「このようにして刊行された日本近代文学館刊の複刻版とリーダイ製作の複刻版とを比較すると、実際問題としては、各作品について一頁一頁克明にひきくらべた結果、リーダイ版は日本近代文学館版の複刻版と寸分違いのないことが判明した。リーダイとしてはこの事実を争うことはできなかった。いわば他人の労務の成果に便乗して利益をあげようとするものであった。ちなみに、民法第七〇三条は「法律上の原因なく他人の財産又は労務によって利益を受け、そのために他人に損失を及ぼしたる者は、其利益の存する限りにおいてこれを返還する義務を負う」と規定している。これを不当利得という。」

このように私は書いているが、いま考えてみると、このように本来のあるべき形の初版本を再現した複刻版を製作したのは、日本近代文学館の理事長である小田切進さんの高邁な理念によるものに違いないのだが、同時に、複刻版の製作の現場を担当した人々の情熱も大いに与っていたのではないか、と私は感じている。

そして、リーダイの行為が不当利得であるとしても、利得の存する限りにおいて返還義務を負うだけであった、いいかえれば、文学館としては不当利得の返還をリーダイに求めることはできても、この行為の差止を求めることができる、とは法律は規定していないのである。

このように私は苦慮していたので一度、文学館を訪ねてみたいと考えた。その時に私は初めて文学館に足を踏み入れたのだが、その後、ふかい縁をもつことになるとは、当時は、つゆほども感じていなかった。文学館では、半地下のような部屋が名著複刻版製作チームの作業場であった。この部屋で、私は倉和男さんを紹介された。倉さんがチームの責任者であった。私は倉さんから複刻版製作のために初版本の各ページを厳密に写真撮影するのがいかに難しいか、を教えられた。私は倉さんの説得力のある説明に感銘を受けて、写真の著作権にもとづいて差止を求めることにし、倉さんに裁判官にもじかに説明していただいたのであった。このような理論構成やそれにいたる経緯について、小田切さんはまったく無関心であったし、いかなる助言をしてくれたわけでもない。

とは言え、写真の著作権については、「平面的、二次元的対象を写真撮影しても、写真の著作権は成立しない」と現行著作権法の立法当時の著作権課長であった加戸守行さんの著書『著作権法逐条講義』にも記されているように、被写体が平面的なときは、その写真撮影に著作権は成立しないとするのが通説であった。裁判官が和解を勧告したのは、通説を考慮し、倉さんの説明に心を動かされたからであった、と私は考えている。

この事件の打合せのときとか、裁判所における審尋のときとか、いろいろの機会に文学館を代表して出席していたのは清水さんであった。小田切さんが顔を出したのは、和解が成立して、いわば打ち上げのお祝いの席をほるぷが銀座の「レカン」という高級フランス・レストランに設けたときだけであった。そのくせ私が文藝家協会の理事会などで小田切さんと顔を合わせると、彼から必ず、お世話になっています、などと丁寧な挨拶をうけたのであった。そういう意味で、小田切さんは行き届いた方であった。清水さんに、どうして小田切さんは打合せに参加しないのだろう、と聞いたことがあった。そのとき、清水さんの答えは、小田切先生は文学館は文壇の三団体の一つ、文藝家協会、ペンクラブと同格と思っておいでになります、ということであったと憶えている。文壇三団体の一つの理事長ともなれば、打合せに出席すると沽券にかかわるのか、と清水さんの説明をお聞きして、私は可笑しく感じたのであった。しかし、文学館およびその活動が社会的に認知されていない時代に、小田切さんが、高見順さんなどごく少数の同志と協力して、自力で、国や自治体に頼ることなく、文学館の創設にかかわり、運営してきたことを考えれば、文学館を文壇三団体の一つと誇示することは、いじらしいともいうべきことであり、批判的にみるのは誤りである、といま私は考えている。じつは、現在でも、文学館というものの本当の意味での存在意義は、社会的に認められているわけではないのではないか。たとえば、多くの文学館は文学者の遺品、遺稿などを展示することによって観光に資することを第一義的な活動としている。しかし、じつは、文学館とは、第一義的には、研究者等のために各種の文学資料などを蒐集、保存し、研究者などに閲覧させるなどによって、近現代の文学の調査、研究を下支えする施設、活動であり、これが本来の文学館の責務である。これは、古典について、国立の国文学研究資料館が担っているはずの責務であると私は理解している。それ故、これらの収蔵品を展示して、公衆の閲覧に供することは二義的な役割と見るべきである、と私は考えている。したがって、古典に関する国文学研究資料館と同様、近現代文学に関しても、同様の施設を設立し、運営することが、本来なら、国を挙げての事業であるべきものを、高見順さんや小田切さんなどの有志が、国に代わって、立ち上げた事業と見るべきものである。そのように考えて、やはり、小田切さんの企画力、実行力は大いに評価すべきものだ、という感をふかくするのである。

それにつけて思いだすのはドイツのマルバッハという辺鄙な町に所在するドイツの近代文学館である。シュトゥットガルトからあまり遠くない場所だが、そのごく現代的な、建物、施設、設備はもちろん、その充実したコレクション、その研究者に提供する仕組みの行き届いていることなど、ただ息を呑むばかりである。この文学館が研究者のために宿泊施設まで備えている事実だけを見ても、私たちの想像を絶するものであることが分かるはずである。この別棟の宿泊設備には三〇の個室があり、各室約三〇平方メートルの広さで、電話、Wi-Fi設備、机を備え、シャワー、トイレ、厨房を備えており、別に共用の洗濯機、乾燥機などがあり、面会室、会議室、卓球台まで備えた娯楽室までがあるという。このドイツ近代文学館には、おそらく日本近代文学館の数十倍か、そこら、比べようもないほどの維持、管理の費用を国が負担しているに違いない。私の次女はパウル・ツェラン関係の資料の調べのために、この宿泊施設を一週間ほど、何回か、利用したそうだが、これも一泊三千円ほどの費用で、清潔で行き届いた、充分な設備のある部屋を利用できたと言っている。ここでは文学資料の展示の建物は別棟になっており、これは公衆のための施設に違いないが、あくまで第二義的な施設のように見えた。

日本近代文学館においても、受付に接して来館者が図書などを借りだし、読書し調査する閲覧室が広々とした、静かな空間を占めている。このことは、やはり研究者のための施設であることを第一義に考え、図書館機能を果たすことを設立の第一の目的として掲げ、展示室を二階に設けて、第二義的に位置づけた、創立にかかわった方々の見識によるものであり、その見識に敬意を払わずにはいられない。それにしても、ドイツの近代文学館を考えると、いかにも侘しく寂しい感に堪えないのである。

ただ、私が日本近代文学館の理事長をつとめた時期でも、私は展示パックと称して、地方の文学館に収蔵品を展示のために貸し出し、その代償をえて、文学館の維持、運営のために資金とすることなどに情熱を注ぎ、いかにして維持、管理の資金を調達し、獲得するかに執心していた。そのため、本来の文学館の活動に決して熱意を傾けなかったことをいまさらながら恥じている。強いて言えば「文学者を肉筆で読む」講座を連続して催したことなどは、研究施設としての文学館の本来の在り方に近いものと言えるはずである。それにしても、実際問題として、国や自治体などからまったく援助を受けていない、日本近代文学館の維持・管理・運営の費用を賄うことは並大抵の苦労ではない。私は現在の理事長以下の理事者、事務局の方々に甚大な敬意を払って、なお足りないと思っている。

*

私は昭和五六(一九八一)年に文学館の理事に選任され、翌昭和五七(一九八二)年に常務理事に選任された。私は文学館のために何の寄与、貢献をしたこともなく、理事会に出席したこともなかった。このような人事は、漱石複刻版事件が実質的に勝訴したに等しい和解で決着したことに対する小田切さんの感謝の意の表明としか思われなかった。それは筋が違うと私は考えていたが、名前だけ理事、常務理事に就任することまで拒絶したわけではない。理事会に出席したことはなかったし、小田切さんとは文藝家協会の理事会で顔を合わせるだけの関係であったが、清水さんはかなり頻繁に私の事務所に訪ねてきた。たとえば、理事就任のための必要書類を受け取るためであったり、その他、文学館の状況を説明する必要があったり、したからであった。こうして、漱石複刻版事件で親しい関係をもつようになったのは清水さんであり、次いで倉和男さんであったが、これも小田切さんの筋違いな論功行賞的人事のおかげであった。いまになって考えると、この筋違いな人事のために、私が文学館の理事長を引き受けざるを得ないような事態が生じ、私の生涯にとって、思いがけず、文学館活動に深入りすることになったのだから、そう思うと、人生はどこにどのような曲がり角があるのか、分からない、不可解が潜んでいるという感を覚えるのである。

ここでついでに書きとめておくと、清水さんの総務部長という肩書が私には奇妙に思われるのである。何故かと言えば、文学館には大久保さんという事務局長がいて、事務局員の指揮、監督にあたっていたはずだが、清水さんが大久保さんの指示や命令を受けているようには見えなかったし、総務部員がいるようにも見えなかったからである。大久保さんとは私はほとんど交渉をもったことはなかったが、私の知るかぎり、知識、経験が豊かで、きわめて有能、文学館の事務局員の間でも非常に人望のある方であった。

＊

昭和六二（一九八七）年に小田切さんからの指示にしたがい、清水さんが事務所においでになった。用件は、中国旅行に同行しないか、ということであった。文学館の代表が中国の現代文学館に招待されている。そこで、文学館の代表として井上靖先生を団長として、小田切さん、清水さんも同行することになっているが、これに参加しないか、井上先生は日中文化交流協会の会長であり、中国には顔もひろく、非常に歓待されることは間違いないから、どうだろうか、ということであった。

これも小田切さんの論功行賞の続きのように感じたのだが、井上靖さんが中国で非常に尊敬されているという評判を聞いていたので、どんなに歓待されるのか、その余沢に与かりたいと考えて、私も参加することに決め、その旨、清水さんにご返事した。ところが、出発間近になって、井上さんが体調を崩して旅行を取りやめることになさった。そこで、小田切さんを団長とする、私と清水さんの三人だけの旅行になった。この当時、神奈川近代文学館がすでに開館しており、清水さんはその事務局長であり、小田切さんがその館長を兼任していたはずである。私はその前後に数回、中国を訪問したことはあったが、いつも特許の関係の仕事の旅行であったので、観光旅行をしたのは、このときだけであった。

三月二八日に出発し、北京から西安、杭州、上海をまわって、四月七日に帰国した。この旅行で、西安、かつての長安を訪ねることができた。その城壁を見物に行ったとき、夕暮れ、城壁に登ると、これが往年のものではないと聞かされていたが、それでもこの門からシルクロードが始まったのだという感動に心揺さぶられる思いがした。私は、しばらく黙って城門から伸びる果てしない道を見遣っていた。兵馬俑もまた、感動的であった。このときは小田切さんも一緒であったが、私は巨大な権力に対する畏怖と戦慄に打ちのめされる感を覚えたが、あまりにつよく打ちのめされたために、小田切さんとも清水さんとも、感想を話し合うこともなかった。杭州に滞在中に紹興を訪ねたことも印象ふかいものであった。魯迅故居を訪ねたのだが、それよりも私には紹興の街並みとその周辺の風景が大いに気に入ったし、また、街頭の秋瑾女史記念碑に思うことが多かった。それはたぶん武田泰淳に「秋風秋雨人を愁殺す」の作のあることを思いだし、秋瑾女史の生涯と中国の現状について思うことが多かったのであった。この旅行の当時は改革開放路線といわれる路線を中国共産党は推進していたので、秋瑾女史が存命であればこの方針をどう思ったか、という感慨に捉われたのだが、もっぱら一党独裁の市場経済主義路線を進めているかに見える中国共産党の現状を秋瑾女史はどう見たか、と考えると、ますます感慨ふかいのだが、この感想を小田切さんと分かち合うことはなかった。

この旅行のさい、印象つよく憶えているのは、どこへ行っても、北京でも西安でも上海でも杭州でも、必ずその地の作家協会の方が二、三人、私たちに同行し、案内してくださったことである。これらの方々は作家ではなく、作家の世話をし、面倒をみるのが仕事のように見えたのだが、はたしてそうなのか。いまだに不可解である。ただ、現在では作家協会もそれほど庇護されていることはあるまいと思われる。その他、この旅行中に私は中国の現代作家の作品をまるで知らないことを痛感し、このように歓待されるのであれば、せめてすこしは現代中国の文学作品を読んでおくべきであったと反省したのであった。これは小田切さんも同じであった。

忘れられないことが一つ、二つある。その一つは北京滞在中に清水さんが私に声をかけてきて、小田切先生がこれから瑠璃廠においでになると言っていらっしゃいますが、ご一緒においでになりませんか、と誘ってくれたことである。そこで同行したのだが、さすが北京だけあって、いわゆる文房四宝の専門店が軒を連ねている一画であった。その中の一軒の店に入った小田切さんが、印鑑を注文した。その店に依頼すると、北京随一の篆刻の大家に印鑑を彫っていただける、ということであった。小田切さんの下調べが行き届いていたようであった。このような事情は特許の仕事をしている人々の間ではまるで知られていなかった。小田切さんに教えられて初めてこのような一画の存在を知ったのだが、いまでも健在かどうか、考えても無意味であろう。ともかく、小田切さんは中国旅行の土産にすると言って、二〇も三〇も認印のようなものを注文した。その傍らで待っていた私は待ちくたびれていた。そこで、どうせなら、私も印鑑を注文しようか、と思い立って、その場で、号を考えだした。わが家の庭の一隅に、樹齢二百年はゆうに越す、と樹木医が鑑定してくれた、ケヤキがある。そこで咄嗟に、「欅蔭草房」という号を思いついた。それで、これを北京随一といわれる篆刻の大家に彫っていただくよう注文したのであった。一日か二日後に、印鑑を受け取りに行ったが、この印鑑はじつに見事なものであった。いま見直しても惚れぼれとする。これは小田切さんの好意のおかげというほかない。あまり藝のない号だが、ときにこの印鑑を押捺することがある。そのたびに小田切さんを思いだすのである。

もう一度は、たしか上海であったと思うのだが、小田切さんに怒鳴られたことである。私は生来恵まれて育ってきたので、両親から怒鳴られたことはなかったし、まして他人から怒鳴られたことはなかった。後にも先にも、怒鳴られたのはこの一度だけである。ただし、その後、さいたま市民医療センターに肝膿瘍という珍しい病気のため入院したさい、泌尿器科の医師に怒鳴られるという以上に、罵倒されたことがあるが、これはずいぶん後のことである。いったい、中国では現地の人に案内していただくと、ガイドブックなどに紹介されていない店でもひどく美味しい料理を供されることが多い。そのときも、あまりの美味しさに感動して、私が、主人の中国作家協会の方に、日本においでになったら、ご馳走します、と言った。その夜、晩餐会が終わってホテルに戻ったとき、小田切さんが私を怒鳴りつけて、何ということを言ったのですか、ご馳走なんてとんでもない、と私を激しく非難した。私はほとんど訳が分からなかった。毎週一度や二度は、内外の来客を接待するために東京會館などでご馳走するのが私の日常であったから、非常に気軽い気持ちで、私はそんな言葉を口にしたのであった。清水さんが傍から、中村先生は自費で招待する、とおっしゃっているのです、と懸命にとりなしてくれたのをまざまざと憶えている。しかし、小田切さんは、それとこれとは話が別だ、と言って、いっそう怒りをつよくしていたのであった。私は小田切さんという人は付き合いにくい人だとただ呆れていた。そのくせ、翌朝には、何事もなかったかのように平然と顔を合わせるのだから、ますます私は小田切進という人格について不可解な思いをつよくし、清水さんはよく小田切さんに仕えていられるものだ、とただ感銘をふかくしたのであった。ただ、考えてみると、日本近代文学館の貧しい財務状態を常々感じているからこそ、私の場当たりの発言に困惑して、何ということを言ってくれるのか、と小田切さんは感じたのであろう。私を怒鳴りつけたのも、近代文学館の財政、運営の厳しさに由来する、小田切さんのまことに率直な反応であったに違いない。そういう事情に思い至らなかった私が、むしろ恥ずかしいと思うべきだ、といまでは考えている。

＊

この中国旅行の後、間もないころだったように憶えているが、小田切さんから電話があって、証券会社に騙されて文学館が根こそぎ資産を失くしてしまったらしいのです、何とか助けてください、ということであった。私は株式を持ったことがないし、まして株式の投機とはまったく無縁、無知なので、私はお役に立てない、と言い、松下康雄に紹介してあげますから、松下に相談してご覧なさい、と答えた。小田切さんは、それでは直ぐに清水を松下さんの許に差し向けます、ということであった。このような事態でも、小田切さんは自分では決して出向くことはなかった。このときには清水さんは神奈川近代文学館の事務局長だったはずだが、株式投資で大損したのは日本近代文学館であった。小田切さんは文学館の理事長であり、神奈川近代文学館の館長を兼ねていた。文学館が資金運用に依頼していた証券会社はいわゆる四大証券とか三大証券とかいわれる証券会社の一つであり、高い信用を博していた会社であった。松下康雄は私の旧制一高の同級生で、大蔵省の事務次官をつとめ、後に、日本銀行総裁をつとめたが、私はかねてからかなり懇意にしていた。

この問題のころ、松下はさくら銀行の会長であったように憶えている。清水さんの説明を聞いた松下は大蔵省の証券局に出かけてくれたらしい。松下が証券局で何をどう話したのか聞いていないが、ともかく、大蔵省は証券会社の責任者を呼び出して、文学館の株式投資か投機か、その経緯を聞き質したようである。その結果、取引の九割ほどは文学館に無断で証券会社が勝手にやったことだから、その損失の責任は証券会社が負うべきもので、文学館は一割についてだけ責任を負うべきだ、ということになった。文学館は、名著複刻版の報酬としてほるぷから支払われた金額を貯め込み、その資金運用に大いに依存して経営していたので、このように決着しなかったならたちまち立ちゆかなくなる破目になったかもしれない。こうして危うく、文学館は救われたのであった。この問題は私が直接何をしたわけでもなく、すべてが伝聞なので、正確ではないかもしれないが、私が理解していることはここに記したとおりである。

それにしても私に理解できないことは、この資金を運用するために証券会社と連絡を保っていたのは事務局であり、小田切さん自身ではなかったことである。これは異次元の金融緩和、ゼロ金利政策の始まる前であったが、それにしても資金の運用ほど難しく、かつ、大事なことはない。当然、理事長自ら慎重に資金の運用に当たらなければならないと私は考える。私が理事長を務めた時代は、私自身は投資、投機について全く無知であったが、染谷事務局長をはじめ、いろいろの方々の知恵を借りて、安全で、しかも、利回りの良いと見込まれる投資に心血を注いだ記憶がある。小田切さんは資金をどう運用すべきか、ご存知なかったのであろう。そこで、事務局が資金の運用について小田切さん以上に知識、経験があるわけではないことも小田切さんには分かっていたはずだが、ご自分ではできないので事務局に資金運用を任せるほかなかったのであろう。その結果の責任は理事長として小田切さんが負うことになるので、私に助言を求めたに違いない。小田切さんはまことに度胸の据わった人物であった。

この後すこししてから、小田切先生が、松下さんにお世話になったお礼に神奈川近代文学館（以下「神奈川文学館」という）をご案内し、帰りに中華街で早めの夕食をさしあげたい、と言っているという誘いがやはり清水さんをつうじて届いた。清水さんが関係者の日程を調整し、ある日曜日に横浜の港が見える丘公園の一角にある神奈川文学館を訪ねることが決まった。その間際になって、松下から、小柴昌俊が一緒に見学したいと言っているので、連れていってよいか、という連絡があった。小柴は私や松下よりも一高の一年、下級生だが、当時から親しい友人であった。そこで、その旨を清水さんに告げると、小柴先生がおいでくださるのであれば、むろん否応はありません、という返事であった。まだ小柴がノーベル賞を受賞する前だったから、小田切さんは歓迎しない気配だったらしいが、清水さんはご子息が物理学を専攻なさっていたせいか、小柴がノーベル賞の候補にあがっていることをよくご承知で、その旨、小田切さんに説明したようである。

その日、松下は自家用車を自分で運転し、小柴を助手席にのせて、神奈川文学館を訪れた。銀行では、自分で運転して万一事故でもおこしたら困るからやめてくれ、というのだがね、私用で銀行の車を使うのも気が進まないから、と弁解していた。

私たちは館長応接室のような豪華な部屋に通され、茶菓の接待を受けた後に、館内を見物した。展示スペースがゆったりとしていたし、展示施設も、収蔵品の収蔵庫も、完備していた。こんな展示スペース、設備に見合う文学展を催すのは、さぞ大変だろうと思ったのだが、それ以上に吃驚したのは収蔵庫であった。その立派なことは、むしろ豪奢と言った感じであった。この神奈川文学館の収蔵庫を銀行の金庫に比すれば、日本近代文学館の収蔵庫はまるで庶民の物置だ、と痛感し、こんな収蔵庫を見せられれば、どんな作家でも、自分の遺品、遺稿はこの神奈川文学館の収蔵庫に収納してもらいたい、と思うだろう、とひどく感心したのであった。

このときには館長室は見なかったが、後年、中野孝次が館長だった時に、黒井千次さんと一緒に中野に会いに行ったことがある。私はわが国の大企業の社長室を見たことはないが、おそらくどんな社長室でもこれほどの広さ、豪華さではあるまい、と思われるほどの部屋であった。その一隅に大きく立派な館長の机と椅子があり、その前に、二、三の来客用の椅子があった。中野が呼び鈴を押すと、すぐに事務室から秘書らしい女性が現われ、ご用は、と訊ねた。中野が、きみ、コーヒーを三人前、持ってきてくれたまえ、と命じると、女性秘書は、かしこまりました、ちょっとお待ちください、といって引きさがり、暫くしてコーヒーを持ってまた、現れたのであった。

これは小田切さんの好みを中野幸次が受け継いだものであった。これほどの広大な建物と施設、設備を維持するだけでも大変な費用がかかるに違いないが、それに見合う文学館職員の人件費を考えると、私などは背筋が寒くなるような気分に襲われるのだが、そのような費用は、実質的に神奈川県が負担することだから、小田切さんはまるで費用など苦にすることもなく、神奈川文学館の館長を兼ねていたのであった。

帰途、私たちは重慶飯店でご馳走になった。いわば、日本近代文学館がなすべきお礼の席を神奈川文学館の交際費でまかなったわけであった。

＊

私の誤解かもしれないのだが、私が教えられたところによると、神奈川文学館の設立は清水さんの尽力によることが多いそうである。それというのも、清水さんは当時の神奈川県知事長洲一二の横浜国立大学教授時代の教え子であった。その師弟関係はずいぶん親密であったようである。清水さんは、いつでも気安く長洲知事に面会して、相談したり、相談を受けたりする関係だったらしい。そこで、神奈川県立の文学館が欲しい、という話になり、清水さんから小田切さんに話が通じ、小田切さんもすぐに大乗り気になって、日本近代文学館の姉妹館として神奈川文学館を建設することになったのだという。それ故、神奈川県が文学振興会といった財団法人を設立し、この振興会が母体となって神奈川文学館が建築された。その過程で、小田切さんの意向がすべて反映され、小田切さんがひそかに望んでいたような文学館として神奈川文学館が建築され、開館に至ったという。当然のこととして小田切さんが館長に就任、清水さんが事務局長に就任、それに加えて、倉和男さん以下数名の気鋭で文学館運営の知識、経験の豊かなスタッフが日本近代文学館から移籍したのであった。小田切さんも清水さんもあくまで日本近代文学館の姉妹館という位置づけであったから、日本近代文学館が神奈川文学館の出発にあたってそれだけの援助をしたのだが、清水さんの後任の事務局長倉和男さんが定年退職するころには、神奈川文学館は日本近代文学館と姉妹館という関係ではなくなっていた。逆に、本来であれば、日本近代文学館に寄贈されるに違いないと思われるような作家の遺稿、遺品が神奈川文学館に寄贈されることになった。それは、設備、施設から見れば、作家の遺族の当然の選択に違いなかったが、そういう意味では、神奈川文学館は日本近代文学館にとって最大、最強のライヴァル文学館になったのであった。それは文学展についても同じである。日本近代文学館では、その展示スペースの制約のため、実施できないような大規模の展観を、神奈川文学館では実施してもいる。かつてはデパートで文学展を催すことがあり、そういうときは日本近代文学館としてはその豊富な収蔵資料により賑やかで充実した大展覧会を催すことができた、現在では、日本近代文学館としては大規模の展覧会を催すことができないので、この点では、神奈川文学館に対抗できない。しかし、これも文学館運動として考えれば喜ぶべきことに違いない。とは言え、神奈川文学館の成り立ちと日本近代文学館の関係を考えると、若干、可笑しい感じがないわけではない。しかし、姉妹館というような関係がそもそも在り得るはずがないことを思えば、当然といえば当然でもある。このような事態を小田切さんが予期して神奈川文学館の構想を推進したのか、疑問がないわけではない。

しかし、神奈川文学館は第一義的には文学資料などの展示を目的とする施設である。研究者のための施設としてどれだけ有効に利用されているか、私は疑問を感じる。神奈川県としても観光客を呼び込むための施設を作ることに積極的であったのに違いないし、小田切さんもそのような神奈川県の意向に沿うように神奈川文学館を立ち上げたのであろう。私の誤解かもしれないが、日本近代文学館が果たしているような図書館的な機能も神奈川文学館は果たしていないように見えるし、日本近代文学館にもまして研究者のための施設として機能していないのではないか。そういえば、中島敦の全作品の原稿をオンラインで閲覧できるようにしたと聞いている。これはたしかに研究者や一部の読書人への便宜に違いないが、費用対効果を考えるとどんなものか、と首をかしげざるをえない。神奈川文学館はいわば文学展を開催する観光施設としての機能が主となっているのではないか、これが小田切さんの長洲知事の要望に応えた文学館であるなら、小田切さんは初心を忘れたともいえるのではないか。小田切さんは文学館の維持・管理・運営の辛さよりも、文学館が果たす文学の啓蒙活動に高い意義を見出したというべきだろうか。

＊

ところで、小田切さんは一九九二年一二月二〇日に急逝した。私はその葬儀に赴いたという記憶はない。翌年のごく早いころに清水さんが事務所に来て、文学館の後任理事長には中村眞一郎先生以外においでになりませんから、眞一郎先生に理事長を引き受けてくださるよう、黒井千次先生とご一緒に説得してくださいませんか、ということであった。私は何となく清水さんの頼みにのって、黒井さんと一緒に、東京會館のロビーで、中村眞一郎さんにお目にかかって、雑務は私たちがいたしますから、理事長に就任してください、とお願いし、承諾していただいたのであった。その当時、清水さんは文学館の理事の一人であったように記憶しているが、これも確かではない。それにしても、これが私のその後の人生を決める契機となったのだが、いま考えてみると、どうして清水さんが、中村眞一郎さん以外に理事長として適任者がいない、と決めつけたのか、いささかふしぎである。理事に名を連ねている学者、研究者の方々の社会的知名度と比べて、中村眞一郎さんははるかに知名度が高かったと思われるが、逆に文学館に対する使命感とか情熱という点では、眞一郎さんはまるで学者、研究者とは比較にならないほど使命感も情熱もお持ちではなかった。清水さんにどんな思惑があったのか、私にははっきりしない。ただ、そんなことを思いめぐらすと、私も黒井さんも清水さんに操られてきたのかという思いに駆られるのである。

＊

考えてみると、小田切進という人は日本近代文学館の理事長、神奈川文学館の館長として、文壇の大物のように自負し、そのようにふるまっていたが、研究者としての業績がほとんどなかったことに驚く外ない。紅野敏郎さんは、若干くせのある方だったが、明治時代の文学から戦後文学に至るまで、訊ねて知らないことがなく、必ず詳しく正確な答えを聞かせてくれた該博な知識と見識をもっていた。しかも、紅野さんは小田切さんほど偉ぶることはなかった。しかし、小田切さんは日本近代文学館の理事長としては、紅野敏郎さんよりもはるかにふさわしい、企画力、実行力、それに度量をお持ちであったように思われる。

＊

小田切さんとは関係のないことだが、これまで再三清水節男さんについてふれてきたので、ついでにその後の清水さんについて記しておく。やがて小柴昌俊がノーベル賞を受賞した。その機会に、小柴は、わが国には基礎科学の普及が必須だという、かねての持論から平成基礎科学財団という財団法人を設立して、新しい丸ビルに事務所を構えて、活動を始めた。それを聞きつけた清水さんは、是非小柴先生のお力になりたい、と言って、ヴォランティアで、財団につとめたいので、あらためて紹介してほしい、と私を訪ねてきた。財団では、経理面をしっかりしておく必要があるはずだが、自分はその面でお手伝いできると思う、ということであった。私は小柴に清水さんを紹介し、清水さんは毎日、財団に勤務することになった。財団には高松さんという二〇代の終わりか三〇代のはじめと思われる女性の秘書が雇われていた。この女性はじつに有能で、財団のこまごました雑用から主たる事業である、やさしい基礎科学、といった様々な分野の先端的な科学の分かりやすい講座の開設の仕事に至るまで、すべて小柴の意を受けた先生方の指示にしたがって、処理していた。清水さんの出る幕はあまりなかったようである。それに小柴はたいへん自己中心的で、我儘であった。どうも小柴と清水さんは気が合わなかったようである。私は清水さんの善意に応えられなかった小柴の身勝手に責任があると思っているが、どういう確証があるわけではない。いずれにしても清水さんは気の毒であった。

私が文学館の理事長を辞めた後であったはずだが、清水さんが京都に旅行していて、交通事故で亡くなったとお聞きした。私は文学館を辞めた当時、疲れ果て、体調がひどく悪かったので、ろくにお悔やみも言わないままに終わってしまった。正しくは、清水さんはご次男のお住まいの京都に滞在中、誤嚥性肺炎のために亡くなったということである。このように死を迎えたことは彼にも無念であったに違いないが、私としても悔いが残る死であった。

私は文学館の職員として、染谷長雄事務局長をはじめ男性では、伊藤義男、渡邊展享、安倍秀次郎、明石一郎、鎌田和也、女性では原祐子、小林章子、富樫瓔子その他といった有能で、学識豊か、文学館の業務に造詣のふかい方々を知り、こうした方々に言葉に尽くしがたいほどの助力を得て、理事長をつとめたのであった。しかし、清水さんのように、わが家にまでおいでになった人はいないし、海外旅行をご一緒した人もいないし、小柴の財団にかかわり、旅行先で死去なさる、といった方も他にはおいでにならない。それだけに、清水さんを悼む気持ちが切である。

平井啓之

平井啓之とは、ただの一面識以上の交際、袖振り合う縁という以上の交際があったけれども、親しいというほどではなかった。それでも、その強烈な個性により、平井啓之は私にとっては忘れられない知己の一人である。その乏しい付き合いを通じて触れた、平井啓之という人格を回想してみたい。

初めて平井啓之を知ったのは、たぶん一九五〇(昭和二五)年の春、私が司法修習生になって間もないころであった。そのきっかけを作ってくれたのは当時東大文学部フランス文学科に在学中であった橋本一明であった。橋本は私と同年、一九二七(昭和二)年生まれだが、旧制一高では私よりも一年下級生であった。私と同学年、同級生であった原口統三に兄事し、原口の自死に至るまでごく親密な交友関係を持ち、原口の思想にふかく捉えられていた。原口の遺著『二十歳のエチュード』を刊行したのも橋本であった。私は原口との関係で橋本一明を知り、原口の生前から死後にかけて、橋本と毎日のように顔を合わせていた。そのころから三年余の時が経ち、私は東大法学部を卒業し、司法修習生になったものの、いつも暇をもてあましていた。そのため、本郷の東大の正門前を少し入った、森川町の橋本の下宿にしばしば彼を訪ねていた。その橋本に平井啓之を紹介されたことは間違いないのだが、どういう機会、どんなかたちで、平井を紹介してもらったかは判然としない。

はっきりしていることは、後に、平井啓之と結婚なさった女子学生と橋本の下宿で出会ったことである。その女子学生もフランス文学科の学生であったはずである。それに、私の記憶に間違いなければ、彼女は栃木県選出の著名な政治家のご息女ということであった。私は彼女と、一〇分か二〇分間、同席したにすぎないが、目鼻立ちの整った、清潔な感じの女性であったという印象を持っている。ただ、そのことよりもはるかに鮮明に憶えているのは、佐久間穆から、一明も困ったもんだよ、と聞かされたことである。佐久間は後に朝日新聞社に入社し、ウィーン特派員などを経て、中央ヨーロッパないしバルカン半島諸国の歴史、経済、政治などの専門家になり、朝日新聞社を定年退社後は獨協大学の教授をつとめた。私は佐久間とは彼の生涯にわたり親しく付き合ったが、当時、佐久間は、東大文学部東洋史学科に学んでいた。彼は私より年長だが、一高では私よりも一年か二年、下級であったはずである。私は東大法学部に入学したころ、父親が水戸地裁の所長をつとめていたが、裁判官の給与ではとても私を東京に下宿させることはできなかったので、水戸から千葉地裁に父が転勤になるまで、水戸の官舎で毎日ぶらぶら遊び暮らしていた。母親の友人の好意で二、三週間、大宮の母親の知人に厄介になったのが、その間におけるただ一度の例外であった。そのような立場から見ると、橋本一明にしても、佐久間穆にしても、ずいぶん恵まれた境遇にあったものだ、という感がつよい。ただ、橋本については、父親が何か、蚕糸関係の役職についておいでになったと聞いているが、それほど富裕な家庭であったようには見えなかった。ただ、女性の姉妹の間の一人息子であったので、大事にされていたのかもしれない。佐久間の家庭についてはまったく聞いたことがない。そういうことはともかくとして、佐久間穆の話によれば、かの女子学生は、はっきり平井啓之を選んでいるのに、橋本一明は、彼女が平井か、橋本か、どちらを選ぶか迷っているのだ、と思っているから、一明が彼女と話しても、どうにも頓珍漢で、傍で見ていても、滑稽なのだよ、ということであった。橋本一明は自分がハンサムだと自任していたし、事実、多くの女性にちやほやされていたから、そういうこともあり得るだろうと納得しながら佐久間の話を聞いたのであった。

＊

さて、私が平井啓之と知り合ったのは、橋本一明の紹介であったことは間違いないのだが、当然のことだが、橋本は平井啓之とそれより前から知り合っていた。平井に『ある戦後』と題する自伝的エッセイ集がある。「わだつみ大学教師の四十年」と副題されている。私は平井を大学の教授とか教師とか、いうよりも、フランス文学者と思っているので、「大学教師の四十年」という副題は、平井にふさわしいものではない、と感じているが、本書を読んだところでは、平井は私が考えていた以上に「大学教師」ということを重く見ていたようである。そのことはまた、後にふれることにする。

ところで、この著書『ある戦後』の第Ⅳ章に「橋本一明とそのランボー論のこと」と題する文章が収められている。この文章は、橋本の東大文学部フランス文学科の卒業論文として大学に提出した「ランボー論」を刊行したさいに、橋本の友人、菅野昭正、渋沢孝輔から依頼されて執筆した、その「解説」という性質からか、徹頭徹尾、驚くほど、橋本に好意的に書かれている。以下に、橋本一明と平井啓之が知り合った状況について記している箇所を引用する。

私は昭和二十四年九月から東大仏文科の助手となったが、橋本はその年の四月に旧制一高を経て入学してきた。この年の仏文入学者として同期には、小林善彦、鈴木道彦、福井芳男、菅野昭正、二宮敬、横田ふさ（後の二宮夫人）、滝田文彦、栗田勇その他がいて、その後のこの人たちの多産な仕事ぶりをみれば、東大仏文科にとって一つの画期的な世代をつくるものであったことが分る。今日にして思えば、これは、敗戦とともに「文化国家」という耳馴れない言葉が、一せいに叫ばれ出した戦後の一時期に、その旧制高校三年間を送った連中であり、その中には、敗戦前なら当然、有能な外交官や大蔵官僚を目指したはずの秀才たちも含まれていて、フランス文学科という、それまでは多少ともに世のすね者といった趣きをそなえた文学青年の集まる世界に、急に陽がさしはじめたその最初の現象であった、と言えるかも知れない。橋本はこうした新入生たちの間にあって目に立つ存在であった。彼は同じ旧制一高からきた小林、鈴木、福井たちよりも元来一年上級であった。その入学が遅れたのは、彼の畏友であった原口統三の死のショックのため――具体的にはその遺稿『二十歳のエチュード』を整理して出版する仕事に彼がかかりきっていたためらしい。渋沢孝輔の思い出の記などによると、当時のベスト・セラーの一つとしての『二十歳のエチュード』の編者として、したがって原口のかけ替えのない親友として、橋本はすでに、同世代の一部の人々の間では有名人であったらしいが、迂闊な私はそんなことは少しも知らなかった。

この文章は、すでに述べたとおり、橋本の卒業論文である「ランボー論」の解説として執筆されたものだから、そのために橋本にきわめて好意的に書かれているように思われるのだが、橋本が『二十歳のエチュード』において原口の親友として描かれているので、すでに同世代の人々の間で著名であった、ということを除けば、この記述にはあまりに誤りが多い。第一に、橋本一明は、『二十歳のエチュード』の出版に関して編集はもちろん、何もしていない。原口から預けられたノートをそのまま、当初前田出版社という出版社の編集者であった伊達得夫に手渡したにすぎない。『二十歳のエチュード』は、このノートを伊達が筆写して作成した印刷用原稿にもとづいて、出版されたものである。本来であれば、橋本が印刷用の原稿を作成して、これを伊達に渡し、原口の遺品であるノートそのものは橋本がその手許に大切に保存しておくべきものであった。どういうわけか、この原口が『二十歳のエチュード』を書き遺したノートは、都留晃が保管し、後に、私が日本近代文学館の理事長をつとめていたときに、都留から文学館に寄贈されたのであった（ちなみに、都留は橋本と共に、原口に心服、兄事し、その最後まで、原口の面倒を見ていた人物であり、橋本の同級生である）。それ故、橋本は『二十歳のエチュード』の出版について、いわゆる印税、著作権使用料を伊達を通じて前田出版社から、取り立てて、浪費した以上のことは何もしなかったのである。

したがって、橋本の東大入学が一年遅れて、鈴木道彦らと同年になったのは、橋本が学業を怠けていたために、もっと正確にいえば、『二十歳のエチュード』の著作権使用料収入によって遊び呆けていたために、東大入試に失敗したからであった。このとき、橋本だけでなく、都留晃も同様、東大入試に失敗したのであった。この後に、平井の文章でもふれているが、ここで、橋本、都留の二人は大宮の白井健三郎さんのお宅に同居して、白井さんからフランス語をしごいていただくことになったのだが、私が彼らを白井さんに斡旋したのである。言いかえれば、私は、橋本、都留が東大入試に失敗したことを聞き、容易ならぬことと思った。前年、私が東大法学部を受験したとき、旧制一高から百名余が受験したが、不合格になったのは一名かそこらにすぎなかった。文学部の入試が法学部より難しいとは思われないが、それにしても、東大入試に二人そろって失敗するとは私には信じがたい事件であった。そこで私は、橋本、都留の二人を同居させて、フランス語をしごいていただきたいと白井さんにお願いして、承諾していただき、橋本、都留に白井家に一年間、間借りして同居し、白井さんにフランス語を教えていただくのが、君たちにとって最善だと教え諭して彼らを納得させたのであった。当時、白井さんは最初の奥さまが結核のためお亡くなりになったため、大宮のお宅にお一人でお住まいであった。

＊

平井の文章は、ここで当時の彼自身について、次のとおり、続いている。

私の方は、といえば、昭和十八年十二月一日、例の学徒出陣で大学の二年次生のまま、学徒兵として入営し、敗戦直後に傷病兵として復員、昭和二十二年四月に病気も直りきらぬままやっと復学して、二十三年の秋に卒業したのだが、卒業論文の「プルースト論」が或る評価を得て、その年の春に東大助教授になられたばかりの森有正先生の推輓で、『方舟』の仲間、中村真一郎、福永武彦、加藤周一、原田義人たち、の準同人のような形になっていた。研究室でやった卒論発表会には、中村、加藤、原田氏たちが来てくれたが、当時急速に仕事をはじめたばかりのこの人たちの忙しさを思えば、やはり異例のことだったのだろう。後に機会を得て、『近代文学』昭和二十六年七月・八月の二号にわたって発表した二百枚足らずの「プルースト論」はほぼそのままのものであり、『方舟』が真善美社の都合で三号で終らなかったら、その次の号だかに収載されるはずであったのだ。橋本が本書（橋本一明『ランボー論』）の五十八ページに引用している官能性、肉感性 sensualité なる言葉についての定義は、その中の一節である。

橋本は入学草々、私に親しみを見せるようになった。彼の生来の人なつこさと、それに、彼は当時、これも彼の遺稿集である『純粋精神の系譜』のあとがきで、詩人の中村稔が伝えているように、やはり『方舟』の同人であった白井健三郎に私淑していたので、白井氏を通じて私のことに、何となく関心をもったのだろう。私はその頃、プルースト論につづく次の仕事のテーマとして、ランボーのことが四六時中、頭にあった。ランボーのことは、前に一寸述べたように、私にとって、旧制三高時代からの中心的関心事であり、プルースト論よりもむしろ、それに先立つ主題であった。私と同期で仏文科に入り、兵隊に行かなかったために戦時下の研究室にとどまり、東大仏文科の助手として私の前任者であり、現在は立教大仏文科の同僚である川村克己は、ランボーのことばかり話す私の卒論主題は当然ランボーと思いこんでいたので、それがプルーストであることにびっくりした、と語ったことがある。そういう私に、橋本は或る日、『二十歳のエチュード』を一冊くれて、読むように、と言った。

ここで、引用を区切ることにして、注釈を加えれば、橋本は白井健三郎さんからじかに教えられたのであって、彼が白井さんに「私淑」したわけではない。橋本一明は、白井健三郎さんの住まいに一年間同居し、フランス語はもとより、現代フランス文学、フランス思想のあらましを白井さんから教えられたのであった。橋本が、同年、東大のフランス文学科に入学した鈴木道彦らよりも目立つ存在であったとすれば、それは『二十歳のエチュード』によりその名を知られていたことによることは言うまでもないが、それを別にすれば、白井さんの薫陶によるものである。「私淑」とは、『三省堂国語辞典』によれば、ひそかにある人を先生としてしたい、書物などを通して学ぶこと、をいう。橋本は白井さんから、白井家に同居して教えを受けたのであって、決して「私淑」したわけではない。そのように平井啓之は理解していたようだが、これは平井の誤解である。私としては、まさか、橋本が、白井さんとの関係について、誤った説明を平井にしていたとは思わない。ただ、つけ加えれば、橋本一明にしても都留晃にしても、白井健三郎さんの家に同居して、白井さんからフランス語をたたきこまれてもらうようにと、私が彼らに勧めるまでは、白井さんとは一面識もなかったのである。

*

平井の文章の続きを引用したい。

『二十歳のエチュード』を私は或る深い感慨をもって読んだ。感慨と言って感動と言わぬ根源の理由はあとで説明する。しかしまず、純粋精神の極北を目指して、そこに表現を絶した死を自覚的にえらび取った一青年の心の記録という、『エチュード』の衝撃性は、その限りでは私には衝撃的ではなかった。宮野尾文平——橋本が心に秘めた一人の死者が原口であったように、私にとっての一人の死者——の思い出が消えようもない私にすれば、この現世に対して、ほんのわずかな、日影に憩う無心なとかげほどのささやかな安らぎの場を求める以上のことはせず、しかも死に先立つ半年前にすでに末期の眼差をもって存在の奥処を見つくしてしまい、それを一月半ばかりの倥偬《こうそう》の間に、形式・内容ともにまさに詩人の存在証明としてみごとという外はない、八篇、三百五十行の『星一つ』として結実させ、そのノートを戦友の手に残したまま、さらに半年の死と真向う敗戦下の航空隊の孤独に耐えて、黙々と殺されていった宮野尾が引受けた宿命性を、生き残ったわが身への負目と感じていた私にすれば、『エチュード』の普通の意味での衝撃性は、その起爆力をもたなかったことは分ってもらえるだろう。

宮野尾文平の詩については後にふれるつもりだが、平井は、『二十歳のエチュード』に感動しなかったとは言いながらも、原口の遺作「海に眠る日」から、「原口の詩才を真物と思い、その十分な開花を可能にする忍耐を原口が持ち合せなかったことを心から悼む」という感想を橋本に伝えたところ、この平井の感想は「橋本に我が意を得たりという思いを与えたのであろう。橋本はこの頃から、それまで兄事していた白井健三郎をはなれて、急速に私に近づいてきた」と書いている。

ここで、平井自身のランボー体験とでもいうべき事柄が記述されているのだが、その記述の後に、次のとおり平井は書いている。

「昭和二十四年の秋ごろから、橋本一明は、急速に私に近づいてきたが、その後、一年余りして、私が駒場の教養学部に勤務替えになるまで、私たちはほんとうに親しかった。そうした親しみのなかで、私が橋本一明の人格のなかに見出したものは、彼の天性の資質としてのやさしさであった。これをフランス語に直すとtendresseという言葉に一番ちかいことになるだろうが、これはまた愛情とも訳出できる言葉である。愛情という訳語は当然amourというフランス語を喚び起すが、amourには、性的な欲情にまつわる有償性のニュアンスがある。しかしtendresseという言葉の特徴はその無償性にあると言ってよいだろう。それはまた繊細さdélicatesseときわめてちかい意味をもち」と書き、「最も高い塔の歌」でランボーが（以下、フランス語の原文を示した後に）唄うとき、「私としては」と書いて、

やさしさゆえに、
ぼくは生涯をだめにした。

と訳出したくなる。橋本一明はまさにこうした意味でやさしい男であった。

この記述を読んで、平井はここまで橋本一明が好きだったのか、と知り、私は唖然とするばかりである。橋本一明は人懐こかったし、甘えん坊であった、というのが私の記憶である。後に米川丹佳子夫人の小姓のように日夜その傍らに侍して、数か月にも及んでずるずる入り浸った橋本をよく知る私には、この平井の言葉はまるで別人を指しているとしか思われない。ただ、橋本一明がやさしい人であった、とは安東次男夫人の多恵子さんも話していたから、女性には橋本の人懐っこさや甘えが「やさしさ」に見えたのかもしれない、と考える。それに、平井が書いている時期は、橋本の生涯でも稀な、学問的情熱に燃えていた時期のようである。そのために、橋本は学問的に兄貴分のように平井に接したので、学問的情熱のつよい平井には橋本がそのように映じたのかもしれない。それにしても、平井啓之は、少なくとも一時期、橋本に全身的にほんとうの親しい交わりを結んだことは間違いないようである。これは平井の激情的な性格によるところが大きいのではないか、と私は考えている。

さらに、上記の引用に続く文章にも私は唖然としたのであった。平井は次のとおり記述している。

「橋本のことを、鈴木信太郎先生は、その名前を覚える前に、助手である私に、「あの小林秀雄に似た学生」と言われたことが記憶に残っているが、そう言えば、彼の小作りだが端正なひきしまった目鼻だちは、小林秀雄に似て男らしかった。それに、橋本には、その天性としてのやさしさを男らしさの外貌で被いかくそうとするような気持があり、それが彼にことさらに颯爽とした男性的ポーズをよそおわせることにもなるように、私にはみえた。このいかにも男らしい外見と心に秘めたやさしさとの交錯は、彼の長からぬ生涯の女性関係にもはっきりと影をおとしているように思うのは私ばかりだろうか。彼は女性に好感をもたれる男で、その点でははなやかな噂に事欠かなかったが、しかし究極のところで、必ずしも恋の勝利者になり得ないようなところがあった。」

橋本一明が目鼻だちの整った人物であったことは間違いないのだが、彼の容貌が「端正なひきしまった」という形容には私はかなりの抵抗を感じる。彼の目鼻立ちが整っていたことは間違いないとしても、甘えが目立っていたので、決して男らしいという感じを私は持っていなかった。私が容貌について男らしさを感じていたのは安東次男であり、橋本一明ではなかった。彼が、女性関係において、必ずしも恋の勝利者ではなかった、と平井が言うのはまさにそのとおりである。平井夫人となった女子学生を彼が恋慕していたことも平井は承知していたので、このような表現となったのであろうが、私の考えでは、彼と付き合った女性たちは必ずしも平井のように橋本を見ていなかったからである。それにしても、ほとんど同性愛者の告白に近いような平井啓之の橋本一明観に私はまったく吃驚したのであった。

私が橋本から平井啓之を紹介されたのは、彼らがこのような親しい交友関係にあったころであった。私が平井啓之を知ったころ、彼と何を話したのか、その記憶は判然としないのだが、この平井の橋本のランボー論の解説の文章の中で、平井はこう書いている。

「私は昭和二十五年十一月、一年余りの本郷フランス文学科での勤務から、駒場の教養学部へ転出することになった。それとともに、それまでの東大正門前の下宿を引払って、京都から出てきた母と浦和で暮すことにもなり、また、ちかく結婚することにもなっていたので、それに先立つほとんど一年ちかく、毎日と言ってよいほど顔を合せていた橋本とのつきあいも、或る変化を生ずることは予想できたし、誰かいつでも兄事するに足る人を必要としている橋本のことが気がかりでもあったので、当時倫理学科の学生ではあったが、その卓抜な学問的能力に敬服していた竹内芳郎を橋本に紹介することにした。」

竹内芳郎には米川正夫先生宅で橋本に紹介されて一面識を得たことがあるが、私が書きとめておきたいと思ったことは、竹内を橋本に紹介しなければ橋本が兄事する人がいなくなることを懸念する平井の心配りが、たんなる友情以上に、全身を挙げて橋本の面倒を見なければ気が済まない、というほどの思いつめたものであったことを知り、平井がこのような激情の持ち主であったことに感慨を覚えるのである。この文章から思いだしたことだが、平井が母堂と二人で浦和に暮らしていたころ、私は二回か三回ほど浦和に平井を訪ねたことがある。当時、平井が私の大宮の自宅に来てくれたこともあるような気がするのだが、はっきりしない。平井の浦和における住居は一七号国道から少し入った、一戸建ての家であった。何を話したかといえば、朝鮮戦争の真っただ中だったから、私はしばしば朝鮮戦争を話題にしたけれども、平井は朝鮮戦争について話すよりも、むしろ宮野尾文平について語りたがった。平井と会うと必ず、平井から、宮野尾文平について聞かされるのが常であった。それも、平井は宮野尾がいかにすぐれた詩人であるかを説いて、倦むことがなかったので、かなりに閉口したのであった。橋本のランボー論の解説を収めている『ある戦後』には、同じ第Ⅳ章に「宮野尾文平遺稿『星一つ』について」という文章と、宮野尾文平詩集『星一つ』が収められている。この平井の宮野尾の追悼文に、平井は次のとおり書いている。

「昭和二十年の九月初め、私は傷病兵として、岡山の陸軍病院から京都に帰った。そして其の後も二年近く、黒く疲労のしみついた身体を横たえていなければならなかったが、宮野尾の戦死を知ったのは、この病床でのことであった。宮野尾は二十年四月に特攻隊員として沖縄で死んだらしいということで、それ以上のことは判らなかった。」

平井はまた、宮野尾の戦死について「確実なことはただ、宮野尾が昭和二十年の三月末あるいは四月のはじめに、一片の肉片もとどめず虚空に散ったという事実だけかも知れない」と言い、『星一つ』について次のとおり記している。

「『星一つ』は、その全体が徹底した「死」の諦念によって領された抒情詩である。『星一つ』の詩境は、「死」をゆく手にのぞむ予感によって、というよりはむしろ、もうすでに「死」の内側にあって、書かれたような印象をあたえる。」

こうして平井は『星一つ』の六章の詩について懇切丁寧な解説、鑑賞を記しているのだが、初めに、宮野尾が旧制三高の文芸部雑誌『嶽水』に投稿した詩「錯覚」を紹介している。この詩の第一節は次のとおりである。

青光る　とかげ
青苔の　石の高垣に
はらばふ　白昼《まひる》の
かなしい　幻影

……………………

平井は「三十年に余る歳月のへだたりにも拘らず、『錯覚』をはじめて眼にしたときの感動は、今も鮮かによみがえる」と書き、「四・四・五の三詩節から成る、やや古風と言えば言えなくもない十三行のこの小詩には、いかなる先人のものでもない、作者一個の個性というより外はない独特の感受性の質があらわれていることを、私は一読して直感した。」

この「錯覚」に独特の感受性を認めることができるにしても、平井の評価はいささか過褒というべきではないか、というのが私の率直な感想である。

昭和一九年四月三〇日の日付のある『星一つ』以前の詩「昔はものを」になると、切実さに心が迫るが、確かに『星一つ』は格別の作に違いない。『星一つ』の六章の中でも私がもっとも感動的な作と考えている第五章について、平井は以下のように述べている。

「一時《いっとき》俺の胸の中」ではじまる第五の詩は、しずかな観照の詩である。作者の資質と、その資質がとらえる対象との渾然たる一致が傑作を生む、という見方に立てば、私はこの詩は宮野尾の詩作中の傑作だと考える。

あそこに
長い板塀に沿つて
西日の陽光《ひかり》が蹲踞《うずくま》つてる

人の気ものの気
さらにない

時刻《とき》の滑りのひそやかさ

この存在そのものの奥処《おくが》にしのびこむような作者のまなざしは、処女作『錯覚』の、あの日だまりにうずくまるとかげにそそがれたかなしみのまなざしのはるかな延長上にある。時空そのものへの透徹を、ここまで可能にする作者の心の基調は、やはり「許容《ゆる》し」である。「従順《おとな》しく」なった彼の魂が、「うなづき頷き眺めてる／薄藍色の光たち」は、彼の死後も、「土色をなごませ」たり、「枯草をわづかに浮き上らせ」たりするだろうか。

うすい冷い影這ひ伸びる
其処の向ふの入日の蹲踞《そんきょ》
土は土色やゝなごめいて
枯草わづかにうき上る

たしかなことはといえば、宮野尾がやがて自分の存在がそれに帰るはずの、土や枯草など、物そのものの世界を、このとき見つくしていたことである。

平井の解説が行き届かないところがあるとしても、この詩が卓抜、秀逸、というよりも、読者の心に迫り、言葉を失くさせるような作であることは間違いない。ただ、この詩は、特攻隊の兵士として死を余儀なくされた若者の、一回かぎりの、末期の言葉である。このような詩は、まことに感動的だが、どこまで普遍性を持ち得るのか。宮野尾の死に至る状況を度外視したときに、どこまで心に響くのか、これが私には測りがたいのである。

平井との会話の中で、私は『星一つ』の評価について、卓抜な作品であることを認める点では平井に同意したものの、平井のように全身全霊をあげて称揚するのは躊躇する思いがあったが、同時に、これは私が平井と資質を異にするからではないか、と疑ったのであった。

＊

平井啓之を『世代』に誘ったのが私であったか、橋本一明であったか、憶えていないが、そのどちらであってもふしぎはない。いずれにしても、ガリ版刷で一九五一（昭和二六）年七月一日付で刊行された『世代』第一三号に平井啓之は「三つの浦島物語」と題する評論を寄せている。この号の編集責任者は吉行淳之介・橋本一明・浜田新一の三名であり、浜田新一は日高普のペン・ネームである。したがって、橋本が平井に原稿を依頼し、その依頼に応じて、平井が旧稿に補筆して発表した、可能性が高い。

「三つの浦島物語」を紹介することにしたいのだが、この『世代』第一三号は、ガリ版印刷の復刻版によるので読みにくい文字が多く、読み違いのあり得ることをあらかじめご容赦いただきたい。そこで平井の文章を引用すると、「白砂青松の浦辺を舞台背景に、幻想的な夢のシーンを展開するこの古代のメルヘンも、一寸そのシィテュエーションを変換すれば、俄かに、七情の業因を担ふ現身《うつしみ》を生き難き人の世に生かさんとする息苦しい愛憎の物語とならぬでもない」と記し、風土記などに触れた後、次の記述になる。

「さて浦島子と浦島の妻の物語は生の流転相を示してゐる点で甚だ文学的な主題である。戦後二、三の作家がこの主題を採り上げた例もあつたと思ふ。僕は先日、はからずも西鶴、モーパッサン、フィリップの三人の短篇作家がこの主題を捕へて、ひとしく見事な短篇を書き上げてゐる事実を知つて甚だ興味をそそられた。」

そこで、西鶴、モーパッサン、フィリップのそれぞれの作品のあらすじを平井啓之の叙述により、次に示すことにする。

「先づ、僕達の祖父達の有した唯一のリアリズム作家西鶴について見れば、浦島子の主題は、「懐硯第一巻第四話」「案内知つて昔の寝所」と、万の文反古巻四第一話「南部の人が見たも眞言《まこと》」の二つの短篇に等しく採り上げられてゐる。前者は鰥網に雇はれて他国へ出稼ぎに行く漁夫の話、後者は旅の商ひの商人の話となつてゐるが、共にその仕事に出た異国の空で不慮の災害から死んだことと信ぜられてゐたが、何年かの後にひよっこり戻つて来る。留守宅では女房は親族一同の奨め黙し難く新しくむこを取つてしまふ。そこでトラブルが起るのであるが、今、より典型的な短篇小説の形を採つてゐる懐硯の方に即して叙述すれば、久しぶりに還つて来た久六なる男は女房懐しさに勝手知つた寝所に入り込むのである。そこに女房の変らぬ臥姿を見つけてこれ幸ひと添寝に夢驚かせば、夜着の下から這ひだすのは新夫杢兵衛である。不幸なことにこの杢兵衛は浦島子にとつて年来の遺恨ある仲である。そこでひよんなことになり、思ひつめた浦島子は白刃を抜いて妻と新夫にとどめを刺し、かへす刀で自らも生命を絶つのである。「萬の文反古」の方も三角関係が死に依つて終つてゐる点は同じであるがこの場合は、新夫は浦島子の血のつながつた弟である。「一分たちがたし」と思ひ込んだ二人は刺し違へて死に、妻は家を出て行方知れずとなつてしまふ。

次にモーパッサンの場合を見て行かう。それは、彼の数多いノルマンヂーの賤民の生活を描いた作品の一つで「帰宅」と名告けられる一篇である。漁夫マルタンが難船して同船の者が死に盡した後も不思議に生命を完うする。幾年の後に故郷の妻子の下へ帰つて見れば妻は他の男を夫としてゐる。彼自身の姿も変貌を極めてゐて、最初は妻子も故郷の人も彼だと見極めがつかぬ位である。併しやがてそれと気附いて顔を合す。途方に暮れた一同は村の司祭様に相談するがよからうと打連れて出掛ると云ふ所で短篇は終つてゐる。これも見事な知篇である。

最後にフィリップについては、彼はモーパッサンと同じ表題の「帰宅」なる短篇を、彼の短篇集「小さき町にて」の冒頭に収めてゐる。蹄鉄工のラルマンヂヤは呑んだくれの気まぐれから何と云ふことなしに妻子を残して家を飛出す。何年か経つてヒヨックリ帰つて来る。妻アレクサンドリーヌは大工のバティストと一緒になつてゐる。こゝまでは一切が西鶴やモーパッサンの場合そつくりである。ところが、ラルマンヂヤとバティストとは嘗つて同じ聯隊で共に兵役を済ませた仲なのである。やがて一同は食事を共にして、ラルマンヂヤは再び家を出て行くのである。」

このようにあらすじを説明した後、平井は縦横にこれらの三篇の作品を比較検討しているが、その詳細は省いて、結論と思われる記述を読むと次のとおりである。先ず、フィリップについての記述を読む。

「カトリックとして死んだフィリップの祈りは、人間宿命への愛憐がそのまま神への祈願となつて昇華する底の生命の叫びであつた。人間事象からの絶望的韜晦の果てにあつた「橄欖畑」のアベの祈りではなかつたのである。併しフィリップの中には、神への途以外に今一つの展開の可能性が存在する。ユージェヌ・ダビ達がプルースト末流のブルヂョワ心裡小説に対して「無産大衆の生活を愛の眼を以て眺めよう。彼等の生活に内在する美しい詩情を表現しよう」とポピュリストとしての旗印を鮮明にした時、僕等の脳裡には、偉大な先駆者としての木靴屋の息子ルイ・フィリップが浮んでゐたことは疑ひを容れぬであらう。」

次は西鶴である。

「西鶴は人間的な自覚の欠除から来る逆上が倒錯された封建倫理が、やがて自殺特攻隊とまで到りつく島国日本の封建作家である。彼は最後に「西鶴置土産」に見られるやうな諦観洒脱へと到りつくが、それは、今こゝで詳述出来る問題ではない。」

最後がモーパッサンについての文章である。

「モーパッサンはフランス・ブルヂョワヂーの十八世紀以来の思ひ上りが末期の苦悶を呈し始める世紀末の作家である。僕はモーパッサンの苦悩の姿の誠実さに敬意は表するが、彼の発狂への歩みの跡は止むを得なかつたことと考へるのだ。」

このように書いた上で、平井の文章は次に続く。

「さて、三人三様の作家が同一の素材を扱つた跡を追つて来て、僕は現在の日本に生きる自分達自身の問題について何かの示唆を得なかつたであらうか。」

と問いかけ、浦島子の物語を愛したラフカディオ・ハーンの文章を引用した後、「ハーンは、歴史の死霊、即ち封建倫理の亡霊がやがて日本を亡ぼすであらうと予言し、当時にあつて既に十万二十万の特攻隊の可能性を説き、しかもそれがついに国を救ふに役立ち得ぬことを言つてゐるのだ」などと述べ、次の結びに続けている。

「フィリップの作家精神には生活への愛が生活建設の意志を伴つて、より高次なユマニテへの上昇の途を展いてゐる。だからフィリップの浦島子の物語は、その人間性の輝き故に、如何なるメルヘンにも勝つて美しいのである。彼の歩んだカトリシスムの途と、彼の裡に先達を見出したポピュリスト達の指向する途は、各々別個であるが、その根底に流れる愛情ゆたかなユマニテの大河は、二つの途につながる土壌をひとしくうるほすものである。僕達の祖国の伝統に欠けてゐたものは第一にこのユマニテの流れであつた。」

この文章は一九五一年六月二七日の日付になっているが、この文章の第二節に、それまでの文章を書いたのは四年前であったと書かれている。そして、新たに追加した第三節ではトーマス・マンの文章を引用して評釈し、結論として、「僕達の祖国の伝統に欠けてゐたものは第一にこのユマニテの流れであつた」という結論に変わりはない旨を述べている。

このように、この評論は、西鶴、モーパッサン、フィリップという三人の作家の同じ素材を扱った作品を比較して論じたということは勿論だが、むしろ特攻隊的精神構造を生んだのはどのような土壌であったか、を探ることに本来の趣旨があったと解されるのであり、いわば、平井は、いつも宮野尾文平の死などを思い遣りながら、悲憤慷慨して書き遺したのがこの文章であったと思われる。そういう意味で、この評論はいかにも平井啓之らしい熱情の産物であると私は感じている。

＊

ところで、この評論の第二節で、この評論の主要な部分である第一節は、四年前に執筆したものであると平井が書いていることはすでに記したが、当時、平井が亀島貞夫、小野協一らとともに出していた雑誌のために書いた、と平井が書いていることを読み、私は、本来、橋本一明を介して平井を知るより前に、彼と接点を持っていたことを知ったのであった。亀島貞夫はごく若いころに八雲書店が刊行していた雑誌『藝術』の編集長をしていたし、『近代文学』に戦記文学の白眉の一つといわれる「白日の記録」を発表して華やかに活動していた。この八雲書店に私の都立五中に在学中であったころからの親友、高原紀一がつとめ始めていた関係かと思われるのだが、亀島貞夫に依頼されて、私は『別冊・藝術』一九四九年三月号に「横たわる男」と題する詩を発表したことがあった。そのような因縁から、私は亀島を知り、その知遇を得ていたのである。それ故、私は橋本一明を介して平井を知る以前に、亀島貞夫を介して平井を知る機会があったはずである。亀島は八雲書店が倒産した前後に、前橋高校（新制）の教諭となり、一生を終えたのだが、私は彼とはその生涯にわたり頻繁に文通し続けていた。私の理解するところでは、彼は前橋高校において伝説的な信望を得ていたようである。私は、彼が八雲書店につとめていたころ、彼の同人誌に加わるように勧められて小野協一その他に紹介されたのであった。小野はまた、安東次男の友人で、東京外語大の教授であったころ、「文学」を担当する教授として安東を東京外語大に招聘してくれた人物であり、そういう関係などでも、私は小野を知っていたので、平井をめぐる人間関係のふしぎさに今さらながら驚くのである。

＊

このように平井は『世代』に彼の旧稿を発表するような関係を持っていたので、この当時、『世代』

の集まりに何回か参加したことがある。この集まりでは、真面目な話題もとりあげたが、バカ話に興じることも多かった。あるとき、男女間の愛情などの話題に興じていたところ、平井啓之と吉行淳之介との間の論争に発展した。論争が何を問題にしたか、どちらがどういう立場に立った論争であったかは記憶していない。鮮明に憶えていることは、最後に、平井が、甲高い声で、

「吉行、きみは女を知らんよ」

と叫び、吉行は『世代』の仲間の中でもっとも女性通として定評があったので、一同があっけにとられたことがあった。

その後、平井は『世代』の会合に出かけて来ることはなくなったように思われる。その後は、私が平井と会うこともなくなったのである。

＊

平井とは、私は顔を合わせることはなくなっても、一通りの文通は絶えることはなかった。やがて、平井が東大教養学部の教授を辞職した、ということが大きく報道された。東大紛争の終わりに近いころであった。私は平井の激情による辞職であろうと想像し、辞職という選択は、平井でなければ、採ることができないだろう、と感じたのであった。『ある戦後』には「〈一般教育〉の二十年」という文章が収められている。この文章の「はじめに」と題して、冒頭につぎのように平井は書いている。

「私は昨年（一九六九年）七月十五日付をもって、東大教養学部の教官の職を辞した。大学紛争を直接間接の契機として学園を去った大学教師の一人である。省みれば私は昭和十八年十二月一日の学徒出陣によって学生生活を中断され、復学後の第二次の学生生活を二十三年九月に到ってようやく了え

ることを得た。卒業後一年足らずして、二十四年八月に東大フランス文学科の助手となり、その翌年には駒場の教養学部に移り、その後昨年七月の辞任にいたるまで、ちょうど丸二十年間を東大教官として過したことになる。東大教養学部が第一回の新制度による学生を迎えて入学式を行ったのは二十四年七月のことであり、私が駒場に移った翌二十五年には、旧一高の居残り組も去って、ここに新制度の大学の新しい学部が名実ともに誕生したのである。偶然のこととは言え、大学教官としての第一歩を、自分の奉職する学部の発足と同時に踏出したという事実は、私の教養学部への帰属意識に影響を与えていたかも知れない。竹内芳郎はしばしば「あまりに学校や学生に関心をもちすぎる」筆者のことを、ときには揶揄的に、ときには真顔で、批判したものである。」

この教養学部への「帰属意識」という極度の愛着が、『ある戦後』の「わだつみ大学教師の四十年」という副題に「大学教師」と自称して「フランス文学者」と言わなかった理由であろうし、また、この帰属意識が、私には平井の辞職の引き金となったように見える。この文章は、工学部、理学部、法学部、経済学部などの専門学部と教養学部とのあるべき関係について深く広い視野からの考察を行っているようにみえるが、その最後の部分を読むことにする。

「東大紛争そのものは直接には一般教育、一般教養の問題と関係はないだろう。しかし〈一般教養〉の問題をどのような角度から把える場合にも、〈人間〉というあいまいだが具体的な言葉が、問題の帰趨中心にすえられることは間違いがなさそうである。全共闘運動そのものが、もしそれを技術万能の趨勢に対する人間復権の要求であるとみれば、〈一般教養〉への問題提起そのものであると言えなくもないだろう。永久運動のような人間恢復への要求を教育組織のなかに組入れようとすれば、現代のような社会状勢や技術状況の変化のはげしい時代には、どのような〈一般教育〉の工夫も、或る年月の後には、衰退ないしは挫折の必然性を負うのではないだろうか。東大教養学部は、敗戦の体験の後に、戦後の日本の社会状勢のなかで、一般教養の問題が意識的に追求された有意義なこころみであったと思う。一般教養運動には無限要求のような性格がある以上、東大教養学部が背負ってきた問題も、今後さらに形を変えて生きつづけるであろうが、しかし、東大紛争を区切りとして、少くとも一つのラウンドが了ったという判断は必然のものであろう。」

「いかなる制度上の改革も、現在の大学問題について万能ではないことは言うまでもないであろう。しかし試行錯誤を覚悟の上で、そこに新しい情熱をそそぐ意欲があれば、その行手がたとえ挫折であろうとも、その過程には、学生の側にも教官の側にも人間復活の体験の可能性があるのではないだろうか。ほとんど例外なしに、創成期の学園が教育的成功を納め得た理由の一半はここにあるのであろう。さまざまな試行錯誤を大胆に敢えてする以外には、日本の大学問題について、その解決の手がかりさえ得られないのではないだろうか。」

私の引用が拙劣のため、平井啓之が何故辞職したのか、その理由が判然としないかも知れないが、私の理解する限りでは、東大紛争に対する大学側の対応に平井が納得できなかった、ということに尽きるであろう。そして、上記の文章からも理解されるように、教養学部の在り方について、挫折を覚悟しても試行錯誤すべきだ、と平井は説いていると思われる。平井啓之はまことに熱情的であり、昂然と自ら信じる方途を選んだに違いない。私は平井の選択はあまりに理想主義的であったのではないか、と疑っているが、その人格の高潔さには深甚な敬意を払うことにやぶさかではない。しかしなお、辞職が正しい選択であったか、と私は考える。卑俗なことかもしれないが、彼はなりわいをどう考えていたのだろうか。結局、彼は、後に立教大学に教職を求めたではないか、と思い、立教大学は彼の理想を追求できる場ではなかったはずだ、と考えるのである。なりわいを考えれば、駒場の教養学部にとどまる、という選択もありえたのではないか、という思いがつよいのだが、なりわいはさておき、ともかく、彼としては、辞職より他の選択肢は脳裡に浮かばなかったに違いない。その点が、平井啓之らしいと言えば、そうも言えるのである。

＊

立教大学につとめる前に、平井は、一時期、パリに滞在していた。当時、私は頻繁にパリに用事があったので、パリ滞在中の彼を訪ねたことがある。夫人が同席なさっていたが、夫人はまったく発言なさらなかった。平井は意気軒昂であったが、会話はとりとめない話題に終始した。ごく短い時間、私は彼ら夫妻と顔を合わせたというにとどまり、特記する事実はなかった。

その後、平井と会ったこともなく、ことさら書きとどめるべきこともないまま、一九九二年一二月に彼は他界した。享年、七一歳であった。私は、私の青年期に、ごく短い期間、彼と交渉をもったにすぎない。しかし、私の生涯をつうじて、彼ほど熱情的で爽快であった人を他に知らない。私とは遠く離れた人生を歩んだ人だが、私の記憶に深い痕跡を刻んだ、高潔な人格であった。

後記

本書には『ユリイカ』二〇二一年一一月号から二〇二四年一〇月号までの間に三六回にわたり連載した「忘れられぬ人々・故旧哀傷」のすべてと、『ユリイカ』二〇一八年二月号に掲載された連載「私が出会った人々・故旧哀傷」の「ベルンハルト・ザイドラー」の回を収めた。

見出しでは「大野晋・小山弘志」の二名を含め計三五名の人々を挙げているが、連載回数より少ないのは「遠藤麟一朗」について四回連載したためである。反面、「米川哲夫」の項に哲夫のみならず、その弟の和夫、良夫を回想していることに見られるとおり、見出しは一名だが、採り上げている人物は数名という文章もいくつか含まれているので、本書で私が回想している人物は、私の九十余年の生涯に出会った人々、四十余名と思われる。

こうして本書に採り上げて回想した人々を思いかえすと、懐かしさ、いとおしさに胸が締めつけられる感を覚える。まことに多彩、多種、多様な、稀有の知性や教養を持った人々、強烈な個性、構想力、実行力を持った人々、こよなくやさしく親切な人柄の持ち主であった人々など、それこそ百花繚乱、私が彼らから被った恩義や親愛の情、彼らから受けた薫陶は、筆舌には尽くしがたいものがある。

本書は私が彼らに捧げる微々たる哀悼の辞であり、もし読者が私の哀悼の心情をすこしでも汲みとってくださるならば、これほどうれしいことはない。

私としてはこのような分厚い、高価な本にするより、半分ほどの文章を切り捨て、手軽で廉価な本にしていただくよう、希望したのだが、青土社社長、清水一人さんの『ユリイカ』に発表した文章はすべて収めたいというお考えにより、このような本をお目にかけることになった。蕪雑な文章が多いことをお詫びしたい。

本書の刊行については編集部の足立朋也さんに非常なご苦労をおかけした。最後に清水一人さんと足立朋也さんに心からの感謝を申し上げたい。

二〇二四年一一月一〇日

中村　稔

私の交遊抄　故旧哀傷・五

2024年12月17日　第1刷印刷
2024年12月27日　第1刷発行

著者——中村 稔

発行人——清水一人
発行所——青土社
東京都千代田区神田神保町1-29 市瀬ビル　〒101-0051
電話　03-3291-9831（編集）、03-3294-7829（営業）
振替　00190-7-192955

印刷・製本——双文社印刷

装幀——水戸部 功

ISBN978-4-7917-7692-4　　Printed in Japan